**VERA FELICIDADE
DE ALMEIDA CAMPOS**

EMPAREDADOS
PELO VAZIO

BEM-ESTAR
E MAL-ESTAR
CONTEMPORÂNEOS

**VERA FELICIDADE
DE ALMEIDA CAMPOS**

EMPAREDADOS PELO VAZIO

BEM-ESTAR
E MAL-ESTAR
CONTEMPORÂNEOS

© Vera Felicidade de Almeida Campos, 2025
Todos os direitos desta edição reservados à Editora Labrador.

Coordenação editorial Pamela J. Oliveira
Assistência editorial Vanessa Nagayoshi, Leticia Oliveira
Direção de arte, projeto gráfico e capa Amanda Chagas
Diagramação Emily Macedo Santos
Preparação de texto Bruna Del Valle
Revisão Amanda Karine Grossel

Dados Internacionais de Catalogação na Publicação (CIP)
Jéssica de Oliveira Molinari - CRB-8/9852

Campos, Vera Felicidade de Almeida
  Emparedados pelo vazio : bem-estar e mal-estar contemporâneos / Vera Felicidade de Almeida Campos
  São Paulo : Labrador, 2025.
  704 p.

  Bibliografia
  ISBN 978-65-5625-800-3

  1. Psicologia 2. Psicoterapia 3. Comportamento humano 4. Doenças mentais 5. Distopias – Aspectos sociais I. Título

25-0301   CDD 158.1

Índice para catálogo sistemático:
1. Psicologia

Labrador

Diretor-geral Daniel Pinsky
Rua Dr. José Elias, 520, sala 1
Alto da Lapa | 05083-030 | São Paulo | SP
editoralabrador.com.br | (11) 3641-7446
contato@editoralabrador.com.br

A reprodução de qualquer parte desta obra é ilegal e configura uma apropriação indevida dos direitos intelectuais e patrimoniais da autora. A editora não é responsável pelo conteúdo deste livro. A autora conhece os fatos narrados, pelos quais é responsável, assim como se responsabiliza pelos juízos emitidos.

SUMÁRIO

Introdução ———————————————————————— 19

Referenciais conceituais e contextos perceptivos

Origem, começo e causalidade ————————————— 22
Continuamos aristotélicos ——————————————— 25
O homem, sempre o mesmo —————————————— 26
Verbos e substantivos: dinâmica,
movimento, interação —————————————————— 28
Definições e conceituações ——————————————— 29
Diferenças nas psicoterapias —————————————— 30
Natureza ————————————————————————— 33
Conhecimento é percepção ——————————————— 35
Dados relacionais ————————————————————— 36
Decisão comprometida: distorção,
perplexidade, incapacidade ——————————————— 37
Credibilidade ——————————————————————— 40
Conhecimento e imaginação: a força da palavra ———— 41
Objetificação do relacional ——————————————— 44
Coordenadas vivenciais: temporalidade e espacialidade — 46
O denso e o sutil ————————————————————— 49
A Terra não é quadrada: processo versus finalidade —— 53
Experimentar e significar: o sentido que se atribui —— 56
Validação do acontecido:
quando o que se vê é o que se vê? —————————— 57
Abstração: insight, arte e ciência no cotidiano ————— 60
Imperativo categórico, grande insight kantiano ———— 63
Saber e agir: sugestões kantianas e psicológicas ———— 66

Mundo inventado: a paradoxal dissonância cognitiva — 68
Estranheza e irrealidade: as fragmentações
geradas pelas dissociações — 71
Diferenciações de uma mesma questão:
Sófocles e Édipo Rei — 73
O inconsciente — 75
Por que o inconsciente? — 77
Interno e externo não existem — 83
Expectativa diária: ser considerado não é suficiente — 85
A dúvida continuada dilacera — 87
Autorreferenciamento — 89
Distorções que estruturam o autorreferenciamento — 92
Dedicação e desespero: problemas e soluções — 96
A psicoterapia dinamiza, a problemática imobiliza — 97
O cérebro é o outro: neurociência e elementarismo — 99
Anestesia — 102
Desatando nós — 103
Liberdade é a compreensão
das necessidades, dizia Hegel — 105
Paradoxo e simplificação — 107
Por que se distorce? Por que se unilateraliza? — 108
Antítese e oposição — 109
Disponibilidade — 111
Transposições, sinestesias, histeria e poesia — 112
Higiene mental e psicoterapia — 114
Mudar não é substituir: problemas
transformados em justificativas — 115
Dignidade é unidade — 117
Impasses e conflitos — 118
Alívio de sintomas — 120

Adaptação e mudança: aceitação da não aceitação	121
Neurose e condição humana: desespero e realização	123
Não se tem neurose, se é a neurose	125
Paradoxos da neurose	127
Molduras que ocultam	130
Aspectos que desmascaram	132
Mitos	133
Monotonia	135
Manutenção e transformação: tudo se repete, tudo é diferente	138
Adiando a mudança: neutralização de contradições	140
Limites: impedimentos e transposições	142
Hybris e onipotência	148
Impasses solucionadores: mudança e limites	150
Aprisionado ao bem-estar	152
Atitude	154
Sentimentos e emoções	155
Densidade, liberdade e confinamento	157
A eternidade está no presente	159
Sem saída	160
Infinito abrigado pelo finito	162
O em si	164
Surpresa e cálculos	165
Nada além do que se vivencia	167
Falta e carência: busca de complementação	168
Sistema de referência	170
Aderência indicando imanência	173
Permanência de contradições desencadeia acontecimentos	174
Simbólico, imaginário e real	177

Questionar certezas é libertador:
se o problema do outro lhe atinge, o problema é seu ——— 179
Questionar ——————————————————— 181
Enfrentar frustração é mudar atitudes:
psicoterapia e questionamento ————————— 183
Convencer não é questionar ——————————— 186
O que humaniza o homem? ——————————— 187
Convenções: como decidir o que é
humano e o que é monstruoso? —————————— 192
Universalidade ———————————————— 195
Constatação: impasse e movimento ———————— 196
Transformação ———————————————— 198
Trajetórias humanas: impotência e frustração ———— 199
Mudança e manutenção de hábitos ———————— 202
Conveniências: pontos de
apoio e construção de objetivos —————————— 205
Vazio e revolta: despropósitos revelados
em quebras de acordos —————————————— 207
Deslocamentos da não aceitação —————————— 209
Disparadores, gatilhos e traumas —————————— 211
Oposição e mediação: desdobramento de problemas — 213
A radicalidade do desejo ————————————— 215
Filtrando experiências: significados aniquiladores ——— 218
Preservar e continuar —————————————— 220
Memória e pensamento —————————————— 221
Pensamento: prolongamento da percepção ————— 223
O homem como centro do mundo:
Iluminismo, esclarecimentos situantes ——————— 225
Percepção de si e do outro ———————————— 227
Vivências medidas e contadas:
quanto se ama? Quanto se sofre? —————————— 240

Misantropo	242
A certeza como engano	243
Desconfiança	245
Organizar	246
O poeta, o adivinho e o rei: descoberta, crença e constatação	247
Por que se acredita?	250
Desejo e magia: Sarah Bernhardt e Houdini	251
Improbabilidades que se realizam: certezas delirantes	253
Comunicar é remediar: "A linguagem é perigosa"	255
Nó górdio	257
Generalizações	258
Pele e alma: selvageria e civilização	259
A ignorância é um sistema	261
Inteligência: ferramenta ou habilidade?	264
Superstição	266
Erro trágico e peripécias	268
"Tanto pior para os fatos"	269
Tranquilidade	270
Normatizar e normalizar	271

Fragmentações e impedimentos: sociedade e individualidade

Indivíduo e sociedade	274
"A mentira se transformará na ordem mundial": Kafka antecipando a contemporaneidade	275
Verdades e mentiras	279
Mentiras são necessárias?	283
Curar e ajustar: amordaçamento da subjetividade	285
Educação	289
Alavanca para o sucesso	291

Educação e alienação — 292
Formação de identidade — 294
Implicações: visões amplas e visões restritas — 295
Metamorfoses e imitações — 298
Política — 299
Polarização, cismogênese, divisão — 301
O silêncio da maioria — 304
Cinismo — 306
Demagogia e ilusão — 308
Distribuição: representantes, representados e democracia — 310
Polarização e asno de Buridan — 312
Proselitismo — 314
Seguir é se perder — 315
Processo dialético: mudança e acomodação — 316
Homogeneização de campo — 319
Às vezes organizar é destruir: democracia dizimada — 320
Individual e coletivo — 324
Liberdade, Igualdade, Fraternidade — 325
Imaginar o igual e o diferente: somos iguais, somos humanos — 327
Diversidade: adaptação e camuflagens — 329
Querer não é poder — 331
Vontades pseudorredentoras — 333
Interrupção e continuidade — 335
Zeitgeist ou espírito da época — 337
Sobrevivência e angústia: infraestrutura e superestrutura — 338
Miséria como felicidade: valores responsáveis por distorções — 341

Cotidiano ameaçador: medo, ansiedade e pânico — 343
A pedra no caminho nem sempre derruba:
impedimentos, impasses e esclarecimentos — 345
Obediência: submissão e desumanização — 347
Oprimidos e submissos — 350
Apoio e poder: dinâmica entre opressor e oprimido — 353
Submissão — 356
Por que algumas mulheres que são espancadas
pelos companheiros continuam com eles? — 357
Por que o oprimido anseia por mais opressão? — 359
Novo — 361
Prazer, sedação e repetição — 361
Tédio e liberdade — 363
Lutas e acomodações — 365
Luta por poder e valorização — 367
Merecimento e direitos:
relações coisificantes e alienantes iniciadas na família — 369
Vitimização — 371
Impaciência é indignação — 373
Legalidade e legitimidade — 374
Acorrentados: disciplina e insatisfação
controlando o cotidiano — 375
A crise contemporânea da identificação:
ilusão e realidade — 377
Ferocidade: redes de crime e opressão — 380
Poder, egoísmo, arma-na-mão e maldade — 382
Persistência e padrão — 384
Arrumação — 386
Ajustes e regulações — 388
Despersonalização — 389

Sistemas e robôs	391
Estigmas	393
Convivência: medo e preconceito	394
Comportamento sexual: acertos, contratos, preconceitos	396
Transexualidade: dilemas e soluções	400
"Ele que o abismo viu"	402
Estética e ética não existem na sobrevivência	404
Sobrevivente não questiona	405
Marcos civilizatórios: duas ceias	405
Ressentimentos e submissão: ética do oprimido	409
O oposto como semelhante	410
Liberdade, sua exequibilidade: prisões contemporâneas	412
Liberdade e escolha	414
Vontade libertadora: romantismo	418
Controle: a ilusão da liberdade individual	420
Religião: anseio de absoluto	422
Cristo, o desobediente: fé autenticamente livre	423
Crer e confiar: sentido transcendental do humano	426
A crença que fecha e abre caminhos: dispersão e concentração	428
Malabarismos	430
Orar, acreditar e esperar	431
Sociedade audiovisual	435
O caráter efêmero da coexistência: agrupamento e dispersão	434
Realidade Virtual	436
Qual o impacto das redes? Mídias sociais e robotização	439

Novos aspectos da Inteligência Artificial:
o outro não é mais meu semelhante —————————— 441

Papel em branco e criatividade:
solipsismo e repetição ———————————————— 445

Pressentimentos e interpretações ———————————— 447

O acaso ——————————————————————— 448

Difícil é tudo que é inútil: o que propicia
dificuldade e o que a neutraliza ———————————— 450

Simples e complexo ———————————————— 453

Trágico e cômico é viver sem autonomia:
ilusões e comprovações —————————————— 455

Isolamento ———————————————————— 456

Solidão —————————————————————— 459

Divergências: polarização da solidão e
impossibilidade de encontro ————————————— 460

Desamparo: importante desencadeante de paranoia ——— 462

Isolamento social e covid-19: ser e ter ————————— 464

Encurralado ————————————————————— 468

Acédia e mal-estar na atualidade ———————————— 469

"A bolsa ou a vida" —————————————————— 470

O diálogo nos conecta tanto quanto nos distancia ———— 472

Emparedados pelo vazio: a obsessão aprisiona ————— 473

Perceber o próprio problema é libertador ———————— 476

O fascínio pela desgraça ———————————————— 477

Pecados e patologias:
explicações que desresponsabilizam —————————— 479

Vilões castigados: autoridade e crueldade ——————— 481

Temor e tremor: máscaras e imagens —————————— 484

Aporias: torpor e massacre —————————————— 486

A dor ———————————————————————— 488

A possibilidade de transformação é
intrínseca às contradições processuais ——————— 489

O herói ————————————————————————— 490

Harmonia ————————————————————————— 491

Problemáticas humanas: encontros e desencontros

Trocas e recriações ——————————————————— 494

Problemáticas humanas: questões estruturantes ——— 495

Mutilações e realizações (BIID) ————————————— 503

Mecanização, vazio e desespero ——————————— 506

Afetos alugados: filhos e parentes ———————————— 507

Fuga: evasão de dores e fracassos ——————————— 510

Ansiedade ——————————————————————— 513

Enlouquecimento: estranheza e paradoxo ——————— 515

Raiva ————————————————————————— 517

Tristeza: a ausência do que significava ———————— 519

Inquietação: trampolim para o abismo ———————— 520

Simbioses doentias —————————————————— 521

Responsabilidade ——————————————————— 523

Caráter: força e debilidade ——————————————— 524

Coragem ——————————————————————— 526

"Cara eu ganho, coroa você perde" —————————— 527

Renúncia: unificação de contradições ————————— 529

Perguntas e respostas ————————————————— 530

Vale o que se tem: vitória de Pirro ——————————— 531

Hedonismo alienante: desejos e barganhas —————— 532

Estruturação de necessidades: deslocamento do vazio —— 534

Expectativas ————————————————————— 536

Preocupação x ocupação ———————————————— 537

Covardia ——————————————————————— 538

Perdão ———————————————————————— 540

Hipocrisia	541
Discernimento	543
O ser que é não ser	544
Usurpar, plagiar	545
Stalker: perseguições constantes	547
Urgência	549
Intimidação	550
Experiência	551
Deslocamentos e pânicos	553
O medo da morte	555
Metas e vacilação	556
Escuridão	557
Derivações	558
Impossibilidade do possível	560
Subterfúgios legitimados	561
Vínculos	562
Recompensa e ambição	563
Faz de conta	565
Adiamento	567
Envolvimentos desintegradores	568
O nada: sem expectativas	569
Empenhos	570
Precariedade	572
Desentendimentos	573
Neutralizações	575
Ideia fixa	576
Desvitalização	577
Decepção	578
Dispersão	579
Desvios e caminhos: dons e talentos	581

Rejeitados — 582
Confusão e perversão — 583
Dilema — 586
Dissimular — 587
Enigmas e encaixes — 589
Irreversibilidade — 590
Artimanhas — 591
Falta e excesso — 592
Crianças desobedientes — 594
Mundo infantil: características relacionais — 596
Continuidade e vitalidade — 597
Funcionalidade — 599
Dificuldades contínuas — 600
Inevitabilidade — 601
Oportunismo — 602
Quando despertar é entorpecer: paradoxo e contradição — 603
Sinceridade — 605
Muito desespero cria esperança — 606
Chantagem — 608
Ciúme: obsessão e fragilidade — 609
Unilateralizações — 611
Perfídia — 613
Aleatoriedade — 614
"Tenho tudo, não preciso de nada e nada me deixa feliz" — 615
Caridade, solidariedade e amor — 617
Reproduções estereotipadas — 618
Comportamentos esquemáticos — 620
Adequação transformadora — 621

Desapego	622
Aversão	624
Mecânica dos mecanismos	625
Pactos	626
"Se eu fosse diferente do que sou, eu seria feliz e satisfeito"	627
Tenacidade	628
A armadilha da superação	629
Torcendo para que aconteça	631
Individualidade e grupo	633
Avaliação e vazio	634
Solidariedade	636
Vingança	637
Fidelidade	638
Sedução	639
Confrontos	640
Pessimismo	641
De repente, o outro	642
Manipulação	642
Organizar e problematizar	644
Biológico censurado e regulamentado	645
Restrições e realizações	646
Aplacamento: reificação ad infinitum	648
Compensações	649
Manutenção do ritmo	650
Dúvidas e medos: como são reconfigurados	652
Mistério e obviedade	653
Insinuação de presença	655
Esforço	656
Espontaneidade comprometida	658

"Se queremos preservar a cultura
devemos continuar a criar cultura" ———————————— 660

O insurgente transformado em bode expiatório ————— 662

Valor e afeto ————————————————————— 663

Engenhosidade ———————————————————— 664

Ambição e frustração ————————————————— 666

Incerteza: caminho para depressão ——————————— 667

Riscos ———————————————————————— 669

Natural e artificial: imanência e aderência ——————— 670

Finalidade —————————————————————— 671

Desistência comprometida ——————————————— 672

Imposições —————————————————————— 673

Pilares contraditórios ————————————————— 675

Quando tudo é explicado
por a priori, nada é explicado ————————————— 676

Satisfação: felicidade e harmonia ———————————— 678

"Reconheci a felicidade pelo barulho
que ela fez ao partir", Jacques Prévert ————————— 680

Alegria, contentamento e depressão ——————————— 681

Aceitação do que ocorre e do que pode ocorrer —————— 682

Bem-estar e suas implicações —————————————— 684

Viver: sentido, obrigação e resultados —————————— 686

Medicalização do amor ————————————————— 687

Amor ————————————————————————— 689

Paixão ———————————————————————— 691

Arte ————————————————————————— 692

Fenomenologia do grafite: arte e expressão urbana ———— 694

Tatuagem ——————————————————————— 696

Édipo: ações e consequências —————————————— 697

Sobrevoando o caos —————————————————— 699

Unificar, não dividir —————————————————— 700

INTRODUÇÃO

Para este livro, escolhi e revisei artigos que venho escrevendo ao longo dos últimos anos. Eles foram originalmente publicados em meu blog[1] e na revista digital *MEER* (antiga *WSImagazine*).[2]

Iniciei o blog em 2011 para exemplificar o conceito de que perceber é conhecer. Percepção é conhecimento; o pensamento é um prolongamento perceptivo; e a memória é um armazenamento desses conhecimentos. Com essa presença digital, eu pretendia atingir um público mais amplo, que fosse além de psicólogos e estudantes de psicologia, chegando a leitores diversos e interessados na temática, mais facilmente alcançáveis pelas redes sociais, pela web em geral, e não só tornando acessível esse pensamento, mas também estabelecendo comunicação. Foi um contato muito motivador e trouxe contextos novos: a modernidade das plataformas digitais como forma de expressar e continuar o desenvolvimento e questionamento de ideias. Tem sido uma experiência rica e me motivou para realizar esta publicação impressa.

Diversas situações comuns e cotidianas, outras conceituais, outras, ainda, típicas dos paradoxos relacionais e dos comprometimentos ditos neuróticos, foram enfocadas ao longo desses anos. São exemplificações conceituais de tudo que constitui os limiares básicos e estruturais da Psicoterapia Gestaltista, seus princípios e fundamentações. São escritos ilustrativos de meu trabalho e

---

[1] PSICOTERAPIA GESTALTISTA: PERCEPÇÃO, CONHECIMENTO, RELACIONAMENTO. Disponível em: www.psicoterapiagestaltista.com.br. Acessado em: 12 nov. 2024.

[2] MEER é uma publicação em seis idiomas, com sede em Budva, Montenegro. Disponível em: www.meer.com/pt/authors/254-vera-felicidade-de-almeida-campos. Acessado em: 12 nov. 2024.

conclusões sobre os diversos aspectos e dinâmicas do mundo que nos rodeia, que nos suporta, que percebemos. É diálogo, são perguntas e respostas acerca de inúmeras questões: constatação de dados, evidências que nos atravessam, detêm, dinamizam e explicitam.

Agrupei os artigos em função de contextos básicos, exemplificações conceituais e fragmentações causadas pelas atitudes de não aceitação diante de limites, principalmente enquanto contexto social. Considerei também os aspectos mais sinalizadores e gritantes da trajetória humana com uma seção intitulada "Problemáticas humanas". Fiz esses agrupamentos para facilitar acessos, embora saiba que tudo poderia estar sob o título de "Referenciais conceituais e contextos perceptivos", ou como se percebe, o que se percebe, quem percebe.

O último texto, "Unificar, não dividir", é o encerramento dos vários tópicos. Acredito que se existir unificação, e não fragmentação nas explicações e abordagens dos comportamentos, fatos e fenômenos, pode haver considerável diminuição do mal-estar contemporâneo. É também uma ampla questão para discussões do humano em seu contexto, sem esquecer suas implicações pragmáticas e políticas.

REFERENCIAIS CONCEITUAIS E CONTEXTOS PERCEPTIVOS

ORIGEM, COMEÇO E CAUSALIDADE

Wassily Kandinsky dizia que tudo começa no ponto. Ele simplificou ou esqueceu que o ponto é uma interseção de retas. Sua afirmação enfatiza ideias de começo, de origem e de causalidade. Quando se pensa em começo, em início, busca-se origens, causas do existente. Descobrir o início é a grande pergunta da ciência, tanto quanto açambarca toda ideia de criador e criatura, remetendo a um absoluto, a uma causa explicativa de tudo.

Onde começa o eu? Quando inicia o mundo? Qual é a causa das grandes paixões e dos encontros não realizados, não continuados? Qual é o instante abismal que colapsa perspectivas, o ponto responsável pela mudança, pela continuidade contingencial criadora de interseção? Frequentemente o entendimento dessas questões é expresso por meio de variáveis deterministas, que procuram abranger e especificar o que é considerado causa explicativa.

Nada começa, nada finda, tudo continua e essa é a reversibilidade inexorável que cria os processos. São sequências de variáveis, interseções infinitas ocasionadas pelos processos, tanto quanto deles resultantes, que estabelecem pontos, variáveis, sistemas que insinuam começo e fim. Não há começo, não há origem, não há fim, não existe causalidade. O que existe são processos relacionais, movimentos convergentes e divergentes criadores de posicionamentos, lacunas e abismos. Diante deles somos referenciados em contingências e estruturas que determinam nosso estar no mundo. Essas posições podem significar começos à medida que suas variáveis configuradoras são descontinuadas, fragmentadas. Buscar causas é negar a dialética dos processos, é transformar o processo da vivência humana em regra linear.

Perceber e pensar o mundo, refletir sobre o que acontece como decorrência de relações de causa e efeito é uma maneira prática, obtusa, autorreferenciada e cômoda de viver e se relacionar com fatos e pessoas. Esse comodismo facilita o dia a dia tanto quanto incapacita a autonomia e a definição. Achar que tudo depende de A ou de B, que as situações têm causas determinadas, facilita ao transformar o mundo em um grande teclado onde se pode criar sinais, senhas e certezas. Entretanto, essa facilidade é amputadora, pois para tonalizar ou enfatizar A ou B nega-se a multiplicidade de outras variáveis que emergem.

Determinar causas resulta de cortes aleatórios, resulta de ignorar processos contínuos, dividindo-os arbitrariamente. Essa atitude gera posicionamentos e cria medos na mesma medida em que pode gerar certezas e confiança. É uma faca de dois gumes que tudo corta e que divide de qualquer jeito. Não havendo globalização[3] das variáveis e processos, não há como entendê-los, nem como participar deles, a menos que as pessoas sejam questionadas, modificando assim suas atitudes. Empacotados e emparedados, os indivíduos pouco se locomovem e continuam como seus pais. As mudanças são mínimas e, mesmo quando percebidas, são reeditadas por meio de explicações já garantidas. Desse modo, mantêm-se certezas, medos e a necessidade de mais garantias, de bodes expiatórios que tudo expliquem, de atitudes polarizadas em torno de certo, errado, bom ou ruim. Vida engessada, rigidez e relacionamentos potencialmente conflitivos.

Perceber as totalidades é o que se exige para que se consiga apreender as implicações processuais. Quando isso não é feito, aumenta a massa de robôs, autômatos, seduzidos e polarizados pelas meias verdades oferecidas pelos grandes temores e ameaças criadas como pontos de convergência. Não há autonomia, não há segurança. Isso muda quando se questiona, quando se descobrem

---

3   Nota da autora: Utilizo a palavra "globalização" no sentido de "apreensão de totalidades".

as centralizações, quando as polarizações daí decorrentes são apreendidas e os processos configurados.

O determinismo que o pensamento causalista possibilita é sedutor: achar que todo desacerto da vida foi causado pela morte prematura do marido, por exemplo, ou por não ter conseguido passar no tão desejado concurso, é atribuir pontos cegos e arbitrar condições determinantes e definitivas. Os cortes abruptos apenas alienam das ordens constituintes, mas também permitem mudanças quando suas implicações são apreendidas.

Na esfera psicológica, querer saber quando começa o medo, quando começa a dificuldade de relacionamento, por exemplo, e encontrar "traumas" como resposta, ou explicar pela situação de pobreza, de riqueza ou outras situações nas quais a rejeição era constante são explicações que não globalizam o processo humano, são maneiras de amesquinhá-lo pelo aprisionamento a referenciais históricos, a referenciais socioeconômicos. Medo é omissão diante do que ocorre, é a não resposta, a não participação, geralmente resultante de ter sido posicionado, arrebentado, despersonalizado em outros processos, em outras variáveis criadoras de atitudes, de comportamentos alienados. Tudo começa onde acaba exatamente porque são insinuados parâmetros configuradores de realidades das quais se está diante. É a interseção de situações que impede a pontualização, tanto quanto permite a explicação globalizante. Imaginar começos, pontos de origem e causas é aristotélico, causalista e também cartesiano. Ato e potência, *res extensa* e *res cogitans* são abordagens lineares baseadas em tipificações, em classes, baseadas na divisão denso e sutil estabelecedora de dualismos e complexidade, como a clássica ideia de matéria e espírito, de consciência como pre-existência do conhecimento, sede da alma, mais tarde sinonimizada como sujeito, favorecendo abordagens de viés introspectivo.

Penso que sujeito e objeto são aspectos de uma polaridade, não começam, nem terminam, não estão dentro, nem fora, são apenas polos de um eixo. Não há o mundo do sujeito (classicamente configurado como subjetivo pela filosofia e pelas psicologias causalistas, principalmente as de fundamentação psicanalista), nem o mundo do objeto, da mundaneidade. Há um ser humano que percebe e isso é a dinâmica relacional do estar no mundo. Conceituações e denominações classificatórias de sujeito e objeto criam estagnações, criam divisões na maneira de enfocar o homem. É através da percepção que se estruturam o sujeito e o objeto. O ser humano não é sujeito nem objeto, ele é ser humano, que, a depender da própria percepção, se configura em sujeito ou objeto, ocorrendo o mesmo em relação à percepção do outro: o outro ao me perceber configura a mim como sujeito ou como objeto.

Tudo começa no ponto, isto é, na interseção das retas que o configuram. Sabemos que a reta é uma infinita sucessão de pontos, consequentemente de interseções. Kandinsky sempre desenhou o relacional, apesar de achar que tudo começava em um ponto. Configurando a trajetória do ponto, ele sequenciava suas interseções.

CONTINUAMOS ARISTOTÉLICOS

Continuamos aristotélicos. Isso é muito ruim, distorce e consagra explicações causalistas, dualistas e elementaristas, como já escreveu Kurt Lewin em "Teoria de Classe, Teoria de Campo".[4] Antes, quando não se conheciam as estruturas e os processos contextualizadores dos fenômenos, não era possível estabelecer leis globalizantes esclarecedoras deles: as explicações dos acontecimentos, quando surgiam, eram pela via sobrenatural, pela via mágica ou pelo que se pensava ser "natureza própria" ou "estado natural" das coisas.

---

4   LEWIN, Kurt. *Psychologie Dynamique*. Paris: Presses Universitaires de France, 1967.

Aristóteles dizia que as pedras retiradas do seu estado natural — a terra — queriam, pela sua natureza, voltar para seu lugar próprio, e caíam no chão. As penas, as folhas, os corpos mais leves, quando se afastavam do chão, também estavam procurando seu lugar natural — o céu. Não se conhecia a Lei da Gravidade para explicar, por exemplo, a queda livre dos corpos.

Hoje, quando consideramos a violência, a velocidade, o excesso das grandes cidades como causa do estresse e do medo, datamos essas vivências como índices de modernidade. Não é isso, é a impotência experimentada, vivenciada diante dos limites não integrados. Muda tudo pensar assim, integramos a relação, saímos do causalismo pontualizador (elementarista) aristotélico.

Limite e impotência diante do medo sempre existiram para o homem diante do "pélago revolto" (Camões), das doenças, do medo das cobras nas terras africanas, de Lampião no nordeste brasileiro etc.

O HOMEM, SEMPRE O MESMO

O homem sempre exerce no mundo suas necessidades e possibilidades de relacionamento. Ao longo do tempo, do ponto de vista psicológico, o homem é sempre o mesmo, assim como o é biologicamente, como organismo. Suas carências, suas necessidades, suas motivações (não o conteúdo, mas a estrutura), sua busca pelo prazer, seus medos, sua aceitação e não aceitação, sua integração de limites, o enfrentamento da realidade em que vive etc. são uma estrutura constante no decorrer do tempo. O que muda? Ou o que tem mudado? A percepção que se tem do homem, consequentemente, as teorias explicativas (que são históricas e dependem tanto de descobertas quanto de sua adequação ao seu tempo de atuação), os dados culturais (no sentido antropológico de cultura), em outras palavras, as circunstâncias, esse mundo humano resultante da relação homem-mundo.

Um dos males das teorias psicológicas deterministas e aristotélicas — psicanálise, por exemplo — é conceituar o homem como causa ou como resultado. Lembram de quando Freud, Melanie Klein e outros diziam que todo comportamento humano dependerá da relação que se teve com a mãe, seja através do seio, seja pela realização de desejos incestuosos (Édipo)? Para os psicanalistas, o que determina o comportamento humano é o inconsciente, com seus grunhidos de raiva ou aplausos de satisfação diante do que vivencia. "O demônio no sótão", como dizia Freud ao falar do inconsciente. Pensando assim eles jamais conseguiam perceber que a relação não é uma causa ou um resultado.

Para mim, a relação é o estruturante das percepções, do conhecimento e das atitudes. A essência do humano é a possibilidade de estabelecer relações, ou melhor, a essência, a característica do ser, é a possibilidade de estabelecer relações. A relação homem-mundo é sempre a mesma, uma relação. Sem a integração de limites, ocorria e sempre ocorrerão: angústias, ansiedades, medos, invejas, pânicos e estresse. Era assim antes e é assim agora, nos tempos modernos.

O que desumaniza, o que massifica o humano? Fundamentalmente é o posicionamento nas suas necessidades orgânicas (fome, sexo, sede e sono). Ficar reduzido a resolver problemas engendrados por esses contextos é muito alienante, gera medo, ansiedade, ambição, agressividade, revolta etc.

VERBOS E SUBSTANTIVOS: DINÂMICA, MOVIMENTO, INTERAÇÃO

Franz Brentano, precursor da Fenomenologia, ao romper com o causalismo aristotélico que encarava os processos sob a forma de atos liberadores da potência, dizia que o importante não é o amor, mas sim amar. O amado vira um receptáculo, um objeto que guarda o amor, fazendo-o desaparecer.

A atitude, a atividade, o movimento, a ação — os verbos — são os determinantes do relacionamento do *ser no mundo*. Quando o homem se posiciona, quando se imobiliza, quando perde dinâmica, ele estabelece referenciais aprisionantes de vivências e quereres. Tudo passa a depender de ideias preestabelecidas, de metas, de conveniências e inconveniências, de realizações e imagens, ajustes e encaixes, agindo sempre em função de derrotas ou conquistas que asseguram posições ao mesmo tempo que alienam e despersonalizam. É a atitude o que mantém a dinâmica. Ser capaz de amar, por exemplo, é mais importante do que deter, zelar e cuidar de seus amados. É a disponibilidade, o "ter condições de", que permite a convivência, o relacionamento e as interações humanas. Quando surgem posicionamentos, aparecem os entes queridos, os entes odiados que funcionam como "buracos negros" engolidores de nossa disponibilidade. É o conquistado, o possuído, o receptor do afeto ou do desafeto, o pertencimento ("minha família, meus colegas, meus pares"), o estranhamento ("não convivo, não aceito, deve ser destruído"), enfim, é a estagnação, a perda da fluidez característica dos comportamentos espontâneos e disponíveis.

O denso e o sutil, as necessidades e possibilidades, também podem ser arroladas nesses processos que permitem infinitas diminuições ou ampliações das possibilidades humanas. Transformar o outro em objeto de amor, transformá-lo no amado, é uma maneira de coisificá-lo, mesmo quando a transformação faz criar o sentido da própria existência, o amuleto.

Viver é estar em relação. Essa configuração permite liberdade, movimento, dinâmica. Vida é dinâmica, é movimento, e por isso não pode ser aprisionada em gaiolas, não pode ser aprisionada em ilusões de bem-estar, embora bem-estar, assim como muitos referenciais de abrigo e aprisionamento, se pareçam. O importante é entender, é perceber que as ações são prévias, ações são dinâmicas, são motivantes relacionais, e que delas decorrem posicionamentos, situações outras que são secundárias. Certas situações despersonalizam o indivíduo. Isso é assim, por exemplo, quando para ele o importante é a casa, o conforto, a segurança, o apoio, quando ele perde a dinâmica ao ancorá-la em determinismos funcionais de sua identidade relacional. Viver é participar, equilibrar, organizar e, para tanto, o movimento se impõe. Quando esse movimento é transformado em adaptação, em encaixe e regras, destrói a dinâmica, destrói as motivações relacionais, os dados processuais, a fim de criar sempre conforto, mesmo que isso implique em cortes, em podas ordenadas no que escapa à métrica dos pequenos espaços.

DEFINIÇÕES E CONCEITUAÇÕES

É impossível definir alguma coisa sem inseri-la em seu universo conceitual, mas essa impossibilidade é cotidianamente o mais fácil e frequente, e é assim que tudo é definido, decifrado e explicado.

Vamos nos deter na questão do igual ou da igualdade. O que é igualdade enquanto relacionamento, enquanto vivência e constatação? É fácil pensar, entender e verificar os vários níveis de igualdade, mas tudo se complica ao perceber que o igual ou a igualdade só pode existir em relação a alguma outra coisa ou a alguém. Enfim, debaixo, atrás da igualdade, amparando-a e determinando-a está a comparação. Esse processo, esse comparar, destrói ou realiza a ideia de igualdade? Percebemos uma forma, dizemos que é um triângulo, que são retas em outras posições, outras configurações, mas o plano é o mesmo, é igual. Igual a quê? Compara com o quê? Essas imprecisões e incertezas assolam o cotidiano. O outro é o semelhante que é também o diferente. Semelhante e diferente enquanto roupas que se usa, posse de dinheiro, educação, ou como aspecto, como configuração humana? Inúmeras questões que são absorvidas pelo sistema, pela política, pela sociedade como direitos e deveres criam novas faces para as questões comunitárias. O cosplay é o quê? Travesti é o semelhante ou é o diferente? O torturador é a exceção ou a regra em regimes totalitários e não democráticos? Difícil dizer se não houver globalização das variáveis contextuais e, para tanto, é necessário não esquecer que o todo não é a soma das partes e, ainda, que a percepção do que ocorre é estruturada por conceitos independentes de sua ocorrência, e que, por fim, regularidade e frequência nada significam quando se trata da apreensão da configuração essencial do aparecer, do ocorrer.

Estar adequado e satisfeito com o que vivencia, por exemplo, pode ser apenas uma das maneiras de estar deprimido, neutralizado em suas possibilidades relacionais.

DIFERENÇAS NAS PSICOTERAPIAS

Toda psicoterapia é semelhante em seus objetivos de melhorar, individualizar, criar condições para resolver as problemáticas que infelicitam o ser humano. Entretanto, essa igualdade se dissolve, aparecem grandes diferenças quando consideradas as fundamentações teóricas, conceituais, metodológicas responsáveis pela visão do que é comportamento, do que é ser humano, e de como tratar e modificar os problemas humanos.

Além da Psicoterapia Gestaltista, atualmente podemos ordenar as psicoterapias em dois grupos principais: psicanalíticas, ou de fundamentação freudiana, e as baseadas em neurologia, biologia. Orgânico, biológico, neurológico estão, assim, conceitualmente opostos ao psicológico. A Gestalt Therapy, de Fritz Perls, apesar de falar em Gestalt, fundamenta-se em dualismos e mantém o conceito de inconsciente. Perls dizia: "perca sua mente e ganhe seus sentidos".

O que caracteriza o pensamento de visão psicoterápica ao longo das épocas é o dualismo, a separação entre homem e mundo. Os freudianos pensam o homem em oposição ao mundo (homem versus mundo), os funcionalistas — William James e agora os neurologistas — acham que há uma interação (homem e mundo), organismo e funções, e os behavioristas postulam que tudo decorre do processo de aprendizagem (é o homem do mundo). Assim, Descartes e Aristóteles continuam nas mantidas divisões corpo e alma (Descartes), tanto quanto nos reducionismos classificatórios (Aristóteles).

Na Psicoterapia Gestaltista, considero o homem no mundo uma Gestalt, uma unidade, integrando os conceitos da Gestalt Psychology e atualizando-os pelas visões fenomenológica e dialética (inexistentes na Gestalt Psychology). No processo de criação da Psicoterapia Gestaltista, chegar a essa conclusão foi básico e definidor para mim, pois, ao enfocar os processos psicológicos, eu pensava na relação. Mesmo na Gestalt Psychology havia divisão entre homem e mundo, orgânico e psíquico, corpo e alma, não era enfatizada a relação. Para mim, a relação é o que existe e por meio dela falo em possibilidades e necessidades. O homem está no mundo limitado por necessidades orgânicas e processos biológicos, e libertado pelas suas possibilidades relacionais, que são infinitas, desde que não se posicione no sobreviver.

O tratamento psicoterápico, sob o ponto de vista da Psicoterapia Gestaltista, é propiciar mudança da percepção do indivíduo acerca dele próprio e dos seus referenciais, consequentemente de "seu" mundo (homem no mundo é uma unidade). Isso só é possível ao globalizar sua divisão, segmentações estruturais geradas pelo autorreferenciamento criado pela não aceitação estruturadora de metas, desejos e demandas.[5]

Trabalhando a percepção, desde que perceber é conhecer, muda-se o comportamento. Na Psicoterapia Gestaltista não existe inconsciente, consciente ou instinto. Tudo é relação, tudo é processo dialético. As globalizações terapêuticas são responsáveis por questionamentos e pela configuração das problemáticas. O processo terapêutico é a "arte do diálogo", bem diferente da "arte da escuta" freudiana.

Koffka, Koehler e Wertheimer, gestaltistas clássicos, não estabeleceram procedimentos psicoterápicos. Estavam dedicados a modificar os conceitos psicofisiológicos quantitativos e o conceito de sensação como captação de dados posteriormente elaborados pela percepção. Jamais imaginaram a percepção como sinônimo de conhecimento, jamais afirmaram que perceber é conhecer, como afirmo, pois estavam comprometidos com visões elementaristas e dualistas, apesar de seu conceito de Gestalt — globalização que só aplicavam ao considerado mundo físico. Essa divisão era típica da época, início do século XX, e correspondia ao esforço de transformar a psicologia em

---

5   Nota da autora: Para ler sobre o desenvolvimento dos conceitos criados por mim, cf. CAMPOS, Vera Felicidade de Almeida. Criação, questões e soluções da Psicoterapia Gestaltista. *Revista E-PSI*, Portugal, v. 1, p. 35-54, 2012. Disponível em: https://revistaepsi.com/artigo/2012-ano2-volume1-artigo2/. Acessado em: 13 nov. 2024.

ciência. Eu, beneficiada pelos estudos de percepção da Gestalt Psychology e pela formação em materialismo dialético e fenomenologia (Husserl), pude unificar o dividido, afirmando que o homem está no mundo e que perceber é conhecer. Essa é sua estrutura relacional significativa, que anteriormente era chamada de consciência.

Infelizmente, a ideia de relação, de relacional, ainda se perde na densidade contingente dos pontos de partida, das causas prévias: traumas, instintos, repressões, vocações, mapas genéticos.

NATUREZA

Spinoza dizia que a natureza é Deus ou Deus é a natureza. Com essa afirmação ele situou o clássico dualismo entre corpo e alma de Descartes — denso e sutil — em outra dimensão. Ultrapassou o dualismo cartesiano, mas gerou outro: natureza incriada e natureza criada, ou infinita e finita, ou metafísica e objetiva. Natureza, em Spinoza, é o que está aí e existe por si mesma, é a divindade infinita, eterna. Pensar natureza como prévio é o que possibilita o dualismo criado/incriado (originado/Deus), e as repercussões dessas colocações são inúmeras nas metodologias científicas.

Essa ideia de natural como não criado foi responsável pelo estabelecimento de conceitos reducionistas e arbitrários dentro da psicologia, como, por exemplo, talento, dom e instinto. Freud, um homem do século XIX, herdeiro de tradições biológicas mecanicistas do século XVIII, só podia pensar o homem (sua humanidade, referencial psicológico) como algo complexo, mágico, mas sempre determinado e estabelecido por condições biológicas, por "forças naturais". A ideia da libido como força propulsora do comportamento repousa nessa visão biológica, nessa explicação restritiva. O homem era lançado no mundo e sua "natureza humana" se explicitaria pela realização de seus instintos e pulsões. A ideia de natural gerou também uma série de empecilhos para o desenvolvimento das condições relacionais humanas. Conceitos como "selvagem sem alma", "sociedades primitivas", "religiões animistas" explicitam quão danosa foi a fragmentação e os dualismos conceituais para a humanidade. Tipificando, explicando através de causas e resultados, perde-se a totalidade relacional do ser no mundo.

Quando se diz que é da natureza do pobre submeter-se ou da do artista ser livre, ou ainda quando se acredita que mulheres nascem para gerar, cuidar e alimentar, enquanto homens conquistam e inovam, lutam e transformam, tipifica-se, criando pequenos nichos incapazes de abranger toda reversibilidade da dinâmica humana. Não existe um prévio gerador como condição natural, não existe natureza humana ou instinto. O que existe são necessidades e possibilidades relacionais caracterizadas por autonomia, medo, barganhas, justificativas, metas. O ser humano é uma estrutura biológica com necessidades orgânicas de automanutenção e possibilidades de transcender esse referencial de necessidades. Essa transcendência de sua condição biológica é que lhe dá a percepção de ser humano. Transcender a imanência biológica é perceber a própria humanidade. Todo ser humano ao nascer é um organismo com necessidades e possibilidade de relacionamento.

O que é visto como natureza humana nas explicações causalistas eu conceituo como dinâmicas relacionais constituintes, que, por acúmulo de superposições, podem até se tornar aderentes, constituídas.

CONHECIMENTO É PERCEPÇÃO

Toda percepção é conhecimento, ou seja, perceber é conhecer pelos sentidos: visão, audição, olfação, gustação e tato. Perceber é apreender o mundo, a realidade, o que está diante. Quando se percebe que percebe, se constata, e as constatações são inseridas em referenciais. Esse banco de dados é individual e é o contexto para aplicação e restauração, ou seja, para tradução do conhecido. Quanto maior o referencial cognitivo, maior a possibilidade de constatação. É saber que sabe, é conhecimento e reconhecimento das redes individualizantes. Família, professores e sistemas que encaixotam, que agrupam fatos e realidades segundo conveniências e regras pessoais e sociais, direcionam e dificultam a ampliação do conhecimento, desde que o canalizem para propósitos específicos.

Ser livre é validado pelo acesso a informações sem censuras nem seletividades decorrentes de interesses particulares. Separar o joio do trigo requer formação e informação. Ser formado e informado por heterogeneidades perceptivas, sem escoadouros adaptados e sem posturas preconceituosas antecipadas permite discernir e possibilita compreensão, verificação e avaliações propiciadoras de insights. É preciso ser livre para perceber as situações que podem estar camufladas ou escondidas, derretidas sob o calor de cuidados alienadores. Regras totalitárias, índices religiosos e políticos solapam o real, obscurecem o sol, a luz que permite distinguir alhos de bugalhos, verdades de mentiras, insinuações de constatações.

Tudo pode ser colocado como possibilidades perceptivas e isso é o necessário para a formação dos processos de conhecimento. É assim que o conhecimento, a relação perceptiva, os configuradores do presente são apreendidos; é assim que os referenciais são estabelecidos. Viver é perceber, é estar de corpo inteiro diante do mundo, do outro e de si mesmo, é relacionamento com o que circunda e situa.

DADOS RELACIONAIS

O encontro, a percepção do outro e das situações enquanto elas próprias estabelecem os referenciais, os contextos do comportamento humano. Caso os problemas, as angústias, os medos e os desejos se interponham nesses referenciais, começam a surgir distorções, problemas gerados pelos posicionamentos autorreferenciados. O encontro é, então, transformado em objeto que impede ou facilita a consecução de objetivos e, assim, o outro é esmagado, seja como objeto retirado, seja como apoio facilitador. Esse processo autorreferenciado transforma os dados relacionais em resultantes do que se quer vivenciar, do que se quer atingir, pouco significando enquanto realidade vivenciada. Sem diálogo com o que ocorre, com o presente, começam a existir verificações atordoantes, merecedoras de posições balizadas por sucesso ou fracasso.

    O indivíduo se transforma em um sistema de convergência e também em um sistema divergente ao se afastar do que não interessa a seus propósitos. Tudo que ocorre sequer é percebido, pois não faz parte da configuração de propósitos. Manipular vivências, fazê-las convergir para o que se deseja conseguir, ou provar, é uma maneira de pontualizar, de fragmentar os acontecimentos. Muitas famílias, por exemplo, no afã de criar supercidadãos, incentivam maldades: deixam os filhos brincarem de destruir, de matar, pois, assim, eles aprendem a enfrentar adversidades. "Ser forte, ser macho, agir como homem" é afirmação de muitos pais que acreditam estarem formando vencedores. Em nenhum momento questionam os critérios de vitória, de força e os atributos qualificadores de seus preconceitos. Não pensam nas implicações, não veem que ao valorizar forte e bom como o macho, o homem, o poder, estão condenando mulheres, mães e esposas. Querendo criar o supermacho, criam o supermisógino, na prática disfarçado como Don Juan. Vivenciar as implicações das escolhas e dos propósitos muito esclarece. Saber que querer já é poder quando tudo pode ser destruído para validar desejos é uma reflexão necessária.

Tudo está sempre em relação com tudo, e não perceber isso ou negar essa evidência é transformar os dados relacionais em protótipos, em gavetas cheias de coisas escondidas, de coisas superadas, ou cheias de ferramentas mágicas que podem manter ilusões: prestidigitadores decepcionam na continuidade das vivências, embora encantem no instante, na precipitação abismal das superposições agregadas, produzidas por aderência e justaposição de dados relacionais.

DECISÃO COMPROMETIDA: DISTORÇÃO, PERPLEXIDADE, INCAPACIDADE

Toda percepção é estruturada pelos dados relacionais, da mesma forma que é possibilitada pelo isomorfismo (formas iguais e continuadas) dos processos orgânicos e neuropsicológicos. Para que exista percepção visual é necessário um globo ocular e sua estrutura neurológica. Na cegueira é impossível a percepção visual, embora haja substituição dela por estruturas tácteis e auditivas, por exemplo. Percebemos o que está diante de nós e essa percepção depende da nossa estrutura tanto neurofisiológica quanto psicológica.

Quando estamos psicologicamente referenciados em nossos desejos, dificuldades e metas ficamos impermeabilizados ao que ocorre, ou, ainda, estabelecemos interfaces que se constituem em filtros captadores, refratores, consequentemente distorcedores do que ocorre, criando extrapolações ao percebido. As ideias fixas, os medos e "torcidas" fazem com que aquilo que acontece e aquilo que é percebido seja catapultado para outras realidades, outras telas, criando acréscimos, decréscimos, deslocamentos.

O respeito ou não respeito ao outro, a depender de como se configure — aceitação ou discriminação de roupas, língua, nacionalidade, cor da pele, condição social e econômica —, é um exemplo dessa filtragem. No contexto do a priori, da discriminação, não está diante de nós uma pessoa que encontramos, está diante de nós alguém que pode nos ajudar nas inseguranças políticas e sociais (os que aparecem com perfil que aceitamos), ou está diante de nós o assaltante, o assassino (os que aparecem com perfil que não aceitamos). Não se vê o que acontece, se vê o que se deseja ou teme acontecer, pois a percepção dos dados é realizada no horizonte das problemáticas, tais como medos, anseios e dúvidas.

Edmund Husserl falava da necessidade de colocar entre parênteses os dados que apareciam quando se desejava o verdadeiro, o real significado do acontecido. É o que a *epoché* nos restitui, a vermelhidão, por exemplo, em lugar do vermelho. Densificar é desconstruir pelas aposições construtivas.

Em psicoterapia, questionar as próprias necessidades e problemas é uma maneira de estruturar disponibilidade, limpar autorreferenciamentos que impedem a percepção do que ocorre enquanto ocorrido. Nas situações de distorção, no estar cheio de expectativas ou desejos, cria-se referenciais que mudam tudo para gerar motivações, justificativas, explicações do que se domina como alargamento monovalente. Tudo se transforma e é percebido como estímulo sexual quando a vivência das demandas sexuais e não aceitação delas é uma constante. Não foi à toa que Freud, trabalhando no universo rígido e repressor da Viena do século XIX, viu a sexualidade como base de toda motivação humana. Teóricos também distorcem quando buscam explicações deterministas, reduzindo tudo às plataformas da causalidade. A ideia de "causa e efeito" é uma maneira de simplificar a abrangência das implicações processuais.

Estar no mundo diante do outro é o encontro, nada existe além disso. E é exatamente nesse momento mágico, quer para o bem, quer para o mal, que as coisas acontecem. Tudo que acontece está contextualizado na estrutura desse encontro e em tudo que está à sua volta. Vida, arte, felicidade, maldade, acidentes, catástrofes, tudo assim pode ser configurado, entendido, percebido. Filtros, a priori, preconceitos apenas carregam o que se dá para outros contextos e para atmosferas alheias ao dado. Filtrar é selecionar resíduos para abrigá-los ou abandoná-los. Supõe sempre uma determinação, uma atitude prévia, invasora do que acontece. Quebrar a dinâmica é uma violentação aos processos relacionais. A continuidade dessa atitude cria pressupostos responsáveis pela não disponibilidade. Assim se geram vazios, assim surgem automatismos, assim o ser humano se submete ao que acontece, sem integração ao acontecido. Nesses casos não há vivência do presente, apenas existe armazenamento de experiências que são cotadas por acúmulo, são resíduos positivos ou negativos.

Distorcer e filtrar é se impermeabilizar à vida e, desse modo, se fazem autômatos, peças da engrenagem reguladas por compromissos e regras. Ao tranquilizar, essas filtragens, compromissos e regras alienam e esvaziam tanto quanto deprimem. Selecionar o que vale a pena ser evitado, o que causa dano, é uma maneira de diminuir suas possibilidades, sua disponibilidade. É assim que se constrói o caminho da amargura, da avaliação, do medo, da melancolia: sentir que viveu e não realizou o que devia, o que queria, o que podia.

CREDIBILIDADE

O que é crível, passível de ser acreditado, depende da facticidade respeitada, depende do que se constata e observa, tanto quanto depende também de quem e de como se veiculam essas constatações e observações. As narrativas são as malhas que sustentam e amparam as constatações. Apenas constatar nada significa, pois o relato das constatações, o diálogo em torno do observado é invadido por outros referenciais, principalmente os que situam quem relata, quem reproduz os fatos, quando isso é feito e a quem é feito. Narrar um acontecimento é validado em função do narrador; sua importância, dificuldade, compromisso e disponibilidade o transformam em pessoa que pode ser acreditada, que é confiável ou que é alguém que apenas amealha desconfiança, não é pessoa de se acreditar, não tem credibilidade.

A questão de as coisas não significarem enquanto elas próprias é intrínseca — é a estrutura dos próprios processos. O símbolo invade o real, o real também se camufla no simbólico. Este vai e vem ocasiona distorção e usurpação. Neutralizar as escapatórias, drenar compromissos que são leis e regras para trocar gato por lebre é frequente quando se estabelece sistemas educacionais e sociais. Os slogans, as aparências, o fazer de conta atualmente constroem credibilidade. Aparentar ser o que não se é, ter o que não se tem, querer o que não se quer gera confiança. Construir sistemas, amplificações que possibilitam ideias-resumo e ser significativo é uma das primeiras atitudes para se conseguir credibilidade. Assim, cercar-se de pessoas aceitáveis, ser participante do clube dos bem-sucedidos dá crédito e estrutura, oferece fiabilidade. Estar acima de qualquer suspeita permite que tudo possa ser feito; é a blindagem ideal, é também a melhor forma de obter confiabilidade, precisando, portanto, sonegar, empenhar e distorcer fatos e realidades. Nesse contexto, fazer de conta é o que mantém aparências, é o que abre portas e derruba impedimentos. É o império dos lobos com pele de cordeiro, e assim se perpetuam maldades, mentiras e inautenticidade. "Ver para crer", máxima de São Tomé, já não significa, pois constatar é apenas aquisição futura, pedra construtora de narrativas esclarecedoras do que se objetiva e sonegadoras do que ocorre.

CONHECIMENTO E IMAGINAÇÃO: A FORÇA DA PALAVRA

Conhecer é o processo perceptivo que permite se relacionar com o que está à nossa volta, diante de nós, prolongando-se em pensamentos que se referem seja ao passado, ao presente ou ao futuro. Esse processo, quando às vezes faz o não existente existir, é realizado pela visão e pela audição, e aí a palavra é fundamental, pois essa existência só existe nela. Embora essa palavra não tenha densidade, forma e cor — critérios que, para os empiristas e causalistas, eram os determinantes do existente —, ela é significativa. Às vezes o significado do mundo não tem correspondência com o que se considera real, passível de ser visto, segurado, cheirado.

A linguagem é a expressão do percebido, e não o determinante dele. A palavra não cria o mundo, ela o reflete, expressa e até organiza trilhas que englobam o percebido, o estruturado, tanto quanto o parcializam. Quando as palavras se referem ao que não existe, elas resultam de outras vivências, de globalização que pode gerar conceitos e enunciados explicativos, tanto quanto pode fundir vivências e significados, criando assim verdadeiros conglomerados que escondem vivências e realidades.

As globalizações do existente por meio de conceituações permitem conhecer alguma vida e densidade até mesmo no metaforizado. Fantasiar, delirar, inventar são também maneiras de expressar significados, mais tarde passíveis de serem globalizados e conceituados. Essa espiral do tempo possibilita novas apreensões, novos referenciais, novas percepções, e assim diversas concretudes apenas imaginadas passam a significar e a ser percebidas, perfazendo o que se usa chamar do conhecimento das coisas — a percepção do percebido.

Frequentemente palavras expressam o que não existe, realizando o papel de imaginação, de fantasia. A frase "a leveza do ar e o frescor de sua presença" muito expressa, ela permite conhecimento do que se quer referir, mas não traz nenhuma densidade explícita ao conhecimento direto, palpável. É sempre suposta e necessária uma plataforma relacional, densa, que possa ser cogitada. A memória, nesse caso, é um explicitador fundamental enquanto elo de linguagem. Tudo isso nos leva a admitir que o conhecimento verbal não ocupa lugar no espaço, ele é distante dessa relação espacial. É o conceito, é a globalização, tanto quanto a fantasia, a quimera, o delírio. Isso configura o nosso lidar cotidiano com palavras, objetos, afirmações, enunciados, crenças e valores. As palavras indicam, resumem, mas não são duplos, pois nem sempre o referido tem existência densa, concreta. A questão da existência enquanto concretude é um dos quebra-cabeças epistemológicos e também teológico-religiosos. A necessidade de manifestação, a prova do divino se constitui em um equivalente da prova factual necessária em algumas etapas do pensamento científico. Chomsky diz, citando Humboldt: "uma palavra não é uma cópia do objeto em si, mas da imagem produzida por este objeto na alma".[6] Reeditar o dualismo entre corpo e alma, real e mágico é um "dividir para governar" ou para entender que apenas estabelece distorções.

---

6   CHOMSKY, Noam. *Linguística Cartesiana*. Petrópolis: Editora Vozes, 1972, p. 86.

Partindo da unidade e acompanhando as direções que ela estrutura, visualizamos inúmeras configurações, relações que nos permitem dizer que a percepção (conhecimento) é que estrutura o significado, o sentido linguístico, semântico, passível de ser comunicado, expresso e compreendido. O processo de estruturação de significado ocorre por meio de categorização, ou seja, de perceber que se percebe. Todos os significados são estruturados no contexto da percepção. Percepção é conhecimento e categorização é conhecer que conhece, perceber que percebe,[7] é o conhecimento do conhecido. Nesse processo, as redes relacionais são estruturadas por closura, proximidade, semelhança, boa forma ou pregnância, enfim, segundo as leis perceptivas.[8] O mais pregnante passa a ser percebido mais frequentemente. Essa frequência é valorada positiva ou negativamente em função dos referenciais estabelecidos, isto é, pontos, nós da rede. Surge o significado, o conhecer que conhece. Essa estrutura relacional perceptiva começa a criar os mapas significativos. A referência, a indicação desses mapas significativos, desses significados percebidos possibilita comunicação e linguagem. As continuidades significativas contextualizam sentido, direção, percepção da percepção, conhecimento e outras relações.

Problematizar e entender a força da palavra veiculando verdades e mentiras, conhecimento e fantasia é importante no mundo contemporâneo dominado pela facilidade e velocidade na circulação de ideias (com suas questões de disputas por poder, veracidade, fake news etc.), mas, especificamente na psicologia e psicoterapia, isso é de importância fundamental. Como afirmei em outra ocasião, a fala é uma das digitais mais individualizantes do ser humano.

---

[7] CAMPOS, Vera Felicidade de Almeida. *Desespero e Maldade*: Estudos Perceptivos Relação Figura-Fundo. Salvador: Edição da Autora, 1999.

[8] CAMPOS, Vera Felicidade de Almeida. *Autismo em Perspectiva na Psicoterapia Gestaltista*. São Paulo: Ideias & Letras, 2024.

OBJETIFICAÇÃO DO RELACIONAL

As ambiguidades e as indefinições geram a necessidade de explicitar o sutil. É uma atitude responsável por dúvida, avaliação e consequentes necessidades de comprovação: especular, flagrar, classificar, fotografar garantem e sistematizam. A formação de símbolos, de ícones nas suas diversas formas de imagem e metáfora tornam denso, tornam pregnante o relacional, encobrindo, assim, as infinitas possibilidades dos processos, configurando-os como boa forma[9] e frequentemente criando distorções. Hábitos são formados, novas histórias e demandas surgem, frequentemente geradas por distorções e enganos. Reivindicações e protestos costumam adensar e fragmentar possibilidades, quando ancoradas em posicionamentos causadores de maniqueísmo entre bom e ruim, certo e errado, familiar e estranho, por exemplo. Essas divisões são destruidoras da temporalidade, da unidade dos processos. Transformar o existente em ponto de convergência, em referência de um sistema cria posicionamentos destruidores da totalidade. As partes transformadas estabelecem novas percepções distorcidas, que parcializam e sempre, ao transformar a parte em todo, maximizam o percebido. Essa reversibilidade perceptiva cria adensamento sonegador das relações implícitas nas sutilezas processuais.

Antropomorfizar, tomar a forma humana como padrão, é um exemplo dessas convergências, é uma maneira de tornar próximo, tornar familiar o não semelhante, o diferente. Isso causa enganos e ilusões. Deuses, entidades mágicas são por esse processo entro-

---

[9] Boa forma é a lei da percepção que diz ser mais pregnante (perceptível) o já conhecido, o mais simétrico e nítido, por exemplo. É a percepção privilegiada pela pregnância da organização perceptiva. Exemplo: o velho que chora e se arrasta é percebido, geralmente, como vítima — mas pode ser um algoz. Hitler velho seria um velho, mas seria Hitler velho submerso na pregnante velhice, no caso, solapadora de realidade e vivência.

nizados, assim como, já por ulterior desenvolvimento, ideias de superior, inferior e primitivo resultam de cogitações baseadas em antropomorfismo. É clássica a explicação dada por Platão para a formação e regulamentação da sociedade: os filósofos (superiores — cabeça) governavam, orientavam, os soldados protegiam e os camponeses (inferiores — pés) sustentavam, proviam. O corpo, a forma humana, era o modelo validado para criação do (corpo) social. Atitudes etnocêntricas foram criadoras de visões compactas e isoladas sobre sociedades e culturas. Postular "inferiores" e "primitivos" como codificação de diferenças foi uma maneira de facilitar, segmentar e dividir para afirmar os próprios modelos.

Psicologicamente, viver neste universo densificado deriva da necessidade de segurança, resultado e sucesso. Cifras, diplomas e anel de compromisso substituem o relacional. Abrigar, guardar e deter impõem caixas, gaiolas: espaços de segurança e garantia que posicionam as vivências. Buscar a "pílula da felicidade", a droga que acalma, o reconhecimento que acha merecer é também uma maneira de densificar, pontualizar em supostos inícios e esperadas soluções, é destruir matrizes relacionais, tessituras promissoras. Surge a causalidade criando divisões para tentar controlar as contradições. Na objetificação do relacional, o próprio espaço, o que está acima, o que está abaixo, o que melhora, o que piora é o mapa a ser organizado e seguido. A densificação sempre cria tijolos, futuros muros, muralhas que defendem, dividem e isolam. Antropomorfizar e simbolizar é exercer autorreferenciamento, é, no afã de entender o outro via comparações, negar toda a relatividade processual. Mas descobrir o outro só é possível quando não existem modelos, paradigmas para abraçá-lo, captá-lo.

COORDENADAS VIVENCIAIS: TEMPORALIDADE E ESPACIALIDADE

Tudo que existe ocupa um lugar no espaço, tanto quanto existe em um tempo. Esse é um conhecimento básico. Qualquer experiência humana, qualquer vivência é sempre exercida pelos processos perceptivos que atestam, que permitem a constatação de que tudo que existe ocupa um lugar no espaço e existe em um tempo.

Variações temporais (passado, presente, futuro) e espaciais estabelecem modalidades que propiciam separar posições relacionais, desde as mais simples como: "eu agora me lembro", "estou aqui", "está ali", até o "não sei quando", "não sei onde", vivenciando-as como aderências cognitivas e significativas, embaralhando e se perdendo nas próprias vivências do real e imaginado, do realizado e desejado, enfim, espacializando o tempo, fazendo com que ele ocupe um lugar no espaço. Essa densificação da temporalidade é uma das distorções mais frequentemente realizadas quando não se aceita a continuidade e sequência de acontecimentos e mudanças. Isso ocorre, por exemplo, quando se desenvolve aversão a um dia da semana porque foi o dia da morte do pai. O tempo vira espaço e espacializar é transformar em fetiche, em ornamento necessário para expressar medos, dores, lutos e traumas.

Para os filósofos védicos, a questão do tempo e do espaço era fundamentalmente abordada como finito e infinito. Shankaracharya falava que o finito ignora o infinito ou ignora que é também infinito, esta "ignorância" é a causa de todos os sujeitos e objetos (mundo empírico).

Visitando uma exposição de trabalhos de Louise Bourgeois, li uma de suas frases que dizia: "espaço não existe, ele é apenas uma metáfora para a estrutura de nossa existência".[10] Quando li, lembrei de Heidegger — temporalidade como morada do ser —, pensei que tanto Shankaracharya quanto Louise Bourgeois e Heidegger advogam uma metafísica no enfoque das questões de temporalidade e espacialidade, transformando atributos em substantivos ou vice-versa, no desenvolvimento das questões de estrutura, existência, finito e infinito, denso, sutil.

As vivências temporais e espaciais são mais explícitas quando abordamos as percepções de tempo e espaço. Ao focalizarmos o homem, ele é Figura[11] e o mundo é Fundo (e vice-versa), e ao tentar compreendê-lo, temos toda a nossa atitude referenciada no Fundo, no contexto que nos permite essa percepção, nos referenciais de determinação, ocasionando parcialização perceptiva. Diremos, por exemplo, que o homem é fruto de uma sociedade, que é resultante de uma família, que reage a padrões biológicos etc., e esses referenciamentos impedem a percepção globalizada do homem. Para que realizemos a globalização é necessário perceber o homem no mundo. Homem no mundo é uma Gestalt (totalidade), percebemos uma relação constante e integrativa (homem no mundo) que não pode ser dividida. O homem, quando nasce, ocupa um lugar, tem um plano puramente biológico de existência, mas, ao encontrar o outro, é modificado, começa a ser humano graças à nova dimensão, a dimensão do outro. Por exemplo, a mãe não é mais um canal que transmite a informação demandada de alimento, a mãe é uma Gestalt, uma totalidade, um sistema que transmite esta informação.

---

10 Exposição *"Louise Bourgeois: Larger Than Life"*. Akbank Sanat Art Center, Istikulal Cad. nº 8, Istambul, Turquia. 1 set. 2015 - 28 nov. 2015.
11 A organização perceptiva obedece a leis (Gestalt Psychology) cujo princípio básico é o de que toda percepção se dá em termos de Figura e Fundo; percebemos o elemento figural e o Fundo nunca é percebido, embora seja estruturante da percepção. Existe sempre uma reversibilidade entre Figura e Fundo, o que é Figura transforma-se em Fundo e vice-versa.

A expressão significativa das formas passa a existir. Não se trata de época, tempo como dado cronológico. Trata-se da transformação de uma relação quantitativa em uma relação qualitativa. Ganhando condições de ser humano, considerando a vivência de estar no mundo com outros seres em determinada organização cultural, o homem começa a perceber-se não mais como um organismo, pois seu contexto já não é apenas orgânico, seu contexto é também social, religioso, econômico, moral. O homem está no mundo, é por ele constituído enquanto configuração espacial resultante de padrões culturais, morais, sociais e econômicos, sendo também um constituinte destes mesmos padrões enquanto vivência temporal.

A percepção do tempo e sua vivência são feitas por meio de referenciais, tal como ocorre em toda percepção de qualquer fenômeno. O referencial para a percepção do tempo é o espaço vital do indivíduo, significado por suas memórias e atitudes. A vivência humana se constitui pela transcendência do espaço, pela saída de posicionamentos para relacionamentos, pois ao nos relacionarmos com o outro, constituímo-nos em temporalidade: passado, presente ou futuro. Participando da relação com o outro que está conosco, constituímo-nos no presente; relacionando-nos com o outro enquanto transmissores de atitudes aprioristicas, presentificamos o passado; relacionando-nos em função de metas, antecipamos o futuro. Assim, conceituo o ser humano como temporalidade enquanto vivência relacional e como espacialidade, no sentido de posicionamento estruturado. O relacionamento com o outro transcende a imanência biológica e confere, ao homem, condições de humanidade, e esta vivência é temporal. Quando nos situamos apenas na faixa do biológico, somos um organismo com necessidades de relacionamento. O ser humano é temporalidade enquanto vivência psicológica. Seu relacionamento com seu situante constituinte, o mundo, o outro, é feito pela percepção, daí sua vivência psicológica ser toda sua condição de relacionamento.

Tudo depende do outro, contexto que permite transformação: seres em movimento ou que geram espacialização: seres posicionados.

O DENSO E O SUTIL

Tudo o que conhecemos, toda nossa vida psicológica decorre do que percebemos. Somos um organismo com um sistema nervoso responsável pela realização desse processo perceptivo. O que nos permite perceber e o que é percebido vai depender das relações perceptivas que estabelecemos com o outro, com o mundo, conosco. O processo perceptivo, relacional sempre ocorre no tempo presente. Seja essa percepção de algo presente, passado ou futuro, quando é vivenciada, ela é o que ocorre, não importando se é uma lembrança, uma antecipação ou um estar diante. O contexto de estruturação da percepção pode estar relacionado com o que ocorreu (passado) ou com o que vai ocorrer (futuro), mas o que se vivencia é sempre presente, quer seja o que se lembra, quer seja o que se antecipa.

Vida psicológica é vida perceptiva, podemos dizer que o processo perceptivo nos constitui, nos define e identifica. O pensamento é a continuidade, o desdobramento de nossas percepções; a memória é o que nos permite mantê-las, estocá-las. As falhas de memória são decorrentes de vivências não presentificadas (o presente como Fundo não é percebido). Quanto mais voltados para trás, para o que ocorreu, ou voltados para o futuro, preocupados com o que vai ocorrer, menos ocupação com o que ocorre, consequentemente menor formação de memória, de engrama. Percebemos pela visão, audição, olfação, gustação e tato. A organização existente é assim apreendida. Os dados sensoriais não são captados e recolhidos pelos sentidos para organizações posteriores como diziam os que não globalizavam o processo perceptivo (os que achavam que existiam sensações elaboradas pela percepção: Locke, Hume, Aristóteles, Freud e todos os elementaristas acompanhados também pelos dualistas: Descartes, Kant, entre outros), que pensavam que consciência, inconsciente, alma, psiquê eram responsáveis pelo conhecimento.

Perceber é conhecer. Eis a grande solução, eis o grande problema colocado para as abordagens epistemológicas e psicológicas. Os psicólogos gestaltistas descobriram em experimentos que toda percepção ocorre graças à existência de relações de Figura-Fundo. Diziam que o percebido é a Figura; o Fundo nunca é percebido. Quando se percebe o Fundo é por ele ser Figura, é a reversibilidade perceptiva.

Cartão postal alemão de 1888.
Fonte: Wikimedia Commons.

Neste desenho, quando percebemos o colar (Figura) percebemos uma jovem; quando o pregnante da percepção é o nariz, percebemos uma velha.

A vivência dessa reversibilidade, dessa passagem, da mudança entre Figura e Fundo é o mesmo processo que possibilita apreender as dinâmicas do processo relacional do ser no mundo. Durante o processo de crescimento e desenvolvimento, o sistema de referência perceptiva mais pregnante para a criança é o decorrente do que está diante dela: o espaço, o outro (mãe, pai, babá, por exemplo) e o seu próprio corpo. O que é quantificável, comparável, organiza: mais forte, mais fraco, mais rico, mais pobre etc. O denso assim organizado decide e regula. O conhecimento começa a ser hierarquizado, é mais confiável o que se vê do que o que se ouve, por exemplo. Pegar e provar (gustar) são muito comprobatórios. Sutil é frequentemente o que escapa ao tato ou ao olfato, à visão, à audição, à gustação. Acontece que o sutil, o relacional é o que configura e permite a globalização da totalidade, de tudo o que se percebe.

Não se percebendo a totalidade, segmentando-a, criou-se a separação entre denso e sutil, surgindo assim inúmeras explicações filosóficas, psicológicas e religiosas. Ato e potência (Aristóteles), *res extensa* e *res cogitans* (Descartes), consciente e inconsciente (Freud), espírito e corpo, por exemplo.

Para nós, perceber o sutil é tão instantâneo quanto perceber o denso, basta estar voltado para o que se dá[12] ou viver o "ser das

---

12 É o colocar entre parênteses husserliano. Noesis é o ato pelo qual se pensa. Noema é o que é pensado. Husserl tinha seu pensamento orientado para o problema da correlação do sujeito e do objeto no ato do conhecimento, passando assim de um certo realismo eidético para um idealismo transcendental. Mais radical que a dúvida cartesiana, a redução fenomenológica consiste em colocar entre parênteses a atitude natural e ingênua da consciência, afirmando espontaneamente a existência do mundo, e em isolar o dado natural, contingente (o mundo exterior e o eu empírico) do eu puro, do sujeito ou ego transcendental. Modelo de toda evidência original e necessária,

coisas", como dizia Clarice Lispector, ou ainda o que percebe a mãe quando olha para seu filho e o vê feliz ou triste, por exemplo.

Na teoria do conhecimento, no desenvolvimento do conhecimento psicológico, o dualismo é responsável por distorções e incoerências conceituais. Por exemplo, dizer que a imitação, a repetição são fatores responsáveis pela aprendizagem gerou muitos enganos: ao privilegiar o denso, o quantitativo, quebrou-se a unidade, a totalidade.

Não se aprende por imitação nem por observação, muito menos por esforço ou por ensaio e erro. Köhler fez uma experiência com chimpanzés para demonstrar isso. Como gestaltista, ele estava muito preocupado em mostrar que o todo não é a soma das partes e ainda que isso se aplicava a toda e qualquer vivência humana, inclusive ao processo de aprendizagem. À época, o dominante para explicar os processos de aprendizagem era a teoria behaviorista. Atualmente psicólogos cognitivistas estão presos a esse esquema conceitual e mesmo quando tentam melhorá-lo com a ideia de percepção (que entendem como processamento de informações captadas pelos sentidos), permanecem elementaristas e reducionistas.

Köhler fez seu experimento na ilha de Tenerife (Canárias). Ele queria mostrar que não se aprende por imitação, mas sim por insight, apreensão súbita de relações. Construiu uma grande gaiola onde colocou vários caixotes no solo; pendurou no teto um cacho de bananas. Colocou um chimpanzé dentro da gaiola e deixou outro chimpanzé observando a experiência, vendo o que acontecia. O chimpanzé que estava dentro da gaiola passeava, olhava e,

---

a consciência pura se descobre como "intencionalidade", fonte de toda significação, pois que constituinte do objeto. Sua análise eidética permite precisar modalidades de consciência: consciência perceptiva, consciência imaginativa etc. Insistindo sobre a experiência fundamental e original que o sujeito tem do outro e fazendo da intersubjetividade o próprio fundamento da objetividade do mundo, Husserl evitou o solipsismo para onde arriscava conduzir o idealismo transcendental.

quando avistou a banana, pulou, gesticulando para tentar pegá-la. Não conseguiu. Depois de andar, olhar o ambiente (conduta exploratória), viu os caixotes, arrastou-os e os colocou uns sobre os outros embaixo do cacho de bananas, conseguindo pegá-las para comer. Os caixotes são, então, desarrumados, o chimpanzé é retirado da gaiola e o outro chimpanzé, que a tudo assistia, é colocado na mesma gaiola para ver se imitava o que tinha assistido, para ver se ele tinha aprendido. Logo que entra, em disparada, ele corre para os caixotes e os empilha, só que não consegue pegar as bananas, pois apesar de colocar os caixotes uns sobre os outros, não os colocou embaixo das bananas. Imitou o que viu — caixote em cima de caixote —, mas a relação caixote em cima de caixote embaixo de banana não pôde ser imitada, era a sutiliza relacional configuradora da globalização, do insight.

Quando copiamos, quando imitamos, apenas utilizamos, não temos insight, não apreendemos a relação configuradora dos fenômenos, não transformamos; seguimos mantendo as adaptações. Nos massificamos no processo de conseguir, de parecer. Tudo passa a significar enquanto resultado, vitória ou fracasso. A necessidade de adaptação e utilização estabelece blocos, padrões que subtraem o sutil (o dado relacional).

A TERRA NÃO É QUADRADA: PROCESSO VERSUS FINALIDADE

As clássicas e populares questões de onde viemos, para onde vamos e o que somos ainda hoje permeiam todas as abordagens filosóficas e psicológicas acerca do humano. Não é possível desvincular essas perguntas e suas possíveis respostas do cenário, ou melhor, do background epistemológico bem explícito e resumido no antagonismo entre questões dialéticas e teleológicas.

Entendendo dialética fundamentalmente como processo e teleologia como finalidade, estabelecemos dois parâmetros irreconciliáveis quanto à concisão e coerência, desde que a relação entre oposição e transformação — dialética e processo — não se assemelha às explicações causalistas, deterministas, que desembocam em explicações finalistas como determinantes de acertos e consistência. Tudo se desenvolve nesses contextos, nessas vertentes opostas; assim se percebe, assim se pensa, assim se dialoga e discute, mesmo sem saber a que referencial se pertence. Acreditar ser fruto da evolução das espécies ou ser por Deus criado também exemplifica essa filiação.

Nas constatações empiristas — nas quais o pregnante é a sensorialidade — o verificado é o denso, o funcional, a finalidade que tudo explica e justifica. Nas visões dialéticas, processuais, os processos e suas mediações se impõem. Quando se diz, por exemplo, que o importante para o homem é o prazer, é sentir-se bem, mesmo sofrendo ou fazendo sofrer, como é o caso das mundanas explicações do livro *Cinquenta tons de cinza* e outros equivalentes (restabelecendo o sadomasoquismo do Marquês de Sade), se afirmam finalidades como justificativa de comportamento: nesse caso é o prazer, em outros pode ser a vingança, o poder ou o encontro com Deus.

Finalidades não definem o homem, elas nada explicam desde que são contingenciais aos seus propósitos e implicam em negar como relacional a estrutura biológica e neuropsicológica do humano. Quando não existe esse entendimento, surgem explicações elementaristas, explicações causalistas acerca das questões "o que somos" e "o que é humano", por meio, por exemplo, de conceitos como natureza humana, instinto ou fruto de um criador como construtores do homem. O ser humano é um organismo que se realiza enquanto satisfação de necessidades, mas ele é também uma possibilidade de relacionamento. Esgotar possibilidades em necessidades é transformar-se em animal, em máquina (robô, despersonalizado), por isso, quanto mais o indivíduo se situa enquanto finalidades, enquanto resultados, mais se desumaniza. Autorreferenciar-se em sua estrutura biológica, em sua estrutura orgânica é despersonalizar-se, animalizar-se e assim ser capaz de qualquer atuação para realizar desejo, para conseguir prazer e ultrapassar a presença do outro, transformando-o em objeto de prazer, poder ou fúria. Nesse referencial orgânico das necessidades não há transcendência, não há consideração, não há questionamentos, e consequentemente impera a lei do mais forte, na qual tudo pode ser feito para sobreviver, para obter satisfação de desejos. Quando os únicos critérios são os da finalidade, os do resultado (como, por exemplo, ter prazer), nada há que interdite o pedófilo, o necrófilo, o zoófilo. Os processos são reduzidos às relações causais predeterminadas e determinantes.

Quando se torna mais pregnante a dimensão relacional, o indivíduo descobre-se com possibilidades além de necessidades contingenciais, além de necessidades biológicas, percebe que subordinar suas motivações às finalidades e aos resultados segmenta e mutila a existência em função de vantagens/desvantagens, conveniências/inconveniências, satisfação/insatisfação. Virar um subproduto de ordens econômicas, sociais e religiosas é desumanizar-se, tanto quanto é também desumanizador se preparar para viver buscando prazer, redenção de atos, absolvição de culpas, construção de blindagens e proteções por meio de poder e riqueza.

Buscar finalidades é construir escala para valores que balizem, contenham e justifiquem as entregas às religiões, às instituições (família etc.) e aos divertimentos prazerosos das drogas ao sexo, por exemplo. Questionamentos ao que é bom ou ruim são sempre propícios, embora o mais importante seja não estar balizado por esses critérios teleológicos, para que então se possa globalizar a miríade de variações estruturantes e contextuais dos processos relacionais.

EXPERIMENTAR E SIGNIFICAR: O SENTIDO QUE SE ATRIBUI

É comum a afirmação de que não basta ver a foto de um copo d'água para matar a sede. Essa é uma afirmação simples, facilmente compreendida e aceita pois remete a uma experiência densa: a sede saciada. Acontece que as mais diversas formas de comportamento humano não se resumem à satisfação de necessidades orgânicas, bem ao contrário, se sofisticam em nuances, plenas de significados atribuídos e implicações nas várias esferas do comportamento.

Na verdade, experimentar e significar podem ser idênticos, tanto quanto podem ser infinitamente distintos. O semelhante, o outro ser humano, o próximo pode ser visto como o amigo, assim como pode significar ameaça se não o conheço e sei que é um habitante de zonas consideradas perigosas na cidade, por exemplo.

Conceitos e preconceitos invadem o presente, invadem o percebido, criando significados que fazem acréscimos e lhe dão base. Esse processo — sua sequência — orienta e também desorienta. As informações são vitais para o estar no mundo com o outro, assim como também são destruidoras de disponibilidade e espontaneidade. O estar aqui sempre segue um padrão: ou vamos além ou nem mesmo podemos fazer isso. Frequentemente a liberdade é o limite mantido e não o limite ultrapassado. Na rede de valores, nas situações extrínsecas, o ser humano se configura em função de estratégias. Essas vivências estruturam pragmatismo, que, por sua vez, cria escalas de certo/errado, bom/mal, útil/inútil, caro/barato, que assim começam a ser resumidores comportamentais. Vive-se para atingir o bem e evitar o mal, para perseguir utilidades, sucessos e ganhos. O significado atribuído ao comportamento e às aparências é o definidor. O indivíduo passa a ser o que os outros desejam, ensinam e aprovam que ele seja. Abrir mão de si e das próprias motivações é se transformar em massa de modelagem, papel em branco que será escrito, rasurado, borrado pelos seus circunstantes.

O significado de vivências é resultante das motivações que as estruturam e independe de modelos copiados. É uma configuração, uma fisionomia que se reconhece, se estranha, se aceita, se odeia, mas que se sabe própria. Esse apoderar-se de si mesmo traz satisfação, traz questionamentos e, à medida que as respostas são dadas, experiências e significados surgem. Nessa sequência de descobertas, significados mudam, o mundo se amplia ou se estreita, mas o indivíduo, por meio do outro, se percebe descobrindo novos significados para o seu estar no mundo.

Sem o encontro, sem disponibilidade para o outro, a existência transcorre em função de esperas, contingências, ilusões e decepções. Tudo é um enigma que precisa exibir significado para experimentar vitalização e alegria.

VALIDAÇÃO DO ACONTECIDO: QUANDO O QUE SE VÊ É O QUE SE VÊ?

Infelizmente a ideia de constatação como verificação e validação de acontecimento ocasiona esvaziamentos em relação ao que acontece. Dentro dessa ideia, não basta acontecer, é preciso provar o que acontece, é preciso descobrir autoria. A insatisfação com a evidência é um compromisso com a causalidade, com garantias e ordens extrínsecas ao ocorrido.

Nas visões pragmáticas e cônscias de utilidades e bom senso, sempre cabe explicar, sempre cabe dizer: "não é nada do que você está pensando, posso explicar". "As aparências enganam" é o que normalmente se usa como justificativa. Esses desrespeitos e acréscimos à evidência são uma maneira de negá-la por meio de transformações. Quando o que se vê é o que se vê? Quando se percebe o que se evidencia. Quando o que se vê não é o que se vê? Quando se interpõem dados extras ao percebido, desde memória, medos e desejos a expectativas. Esses dados extras são todos responsáveis pelas distorções, daí não se saber se o que está acontecendo, acontece.

Encontrar a estimada porcelana chinesa quebrada é também encontrar a possibilidade de checar a quebra. A porcelana quebrada é um encontro tão insatisfatório e frustrante que automaticamente a frustração é deslocada para saber como quebrou, quem quebrou, quando quebrou. Perguntas que nada esclarecem nem mudam a situação — porcelana quebrada —, apenas permitem checar o quebrado. Esse é o fato, e transformá-lo em necessidade de flagrante e em seguida buscar suas causas cria autores, cria crime, erros, culpa e transforma o fato — porcelana quebrada — em índice, motivo ou objetivo de batalhas a vencer, indenizações a receber. Essas atitudes ocorrem frequentemente, daí ser corrente a ideia de que se não há flagrante, não há crime. Tanto quanto o flagrante, erros e acontecimentos têm autores e podem ser crimes. Isso é tão determinante para os comportamentos, que já está estabelecido como maneira de negar acontecimentos: se não há flagrante, não há crime. O jarro caiu por acaso, ninguém o derrubou; o vento era forte, quebrou. Queda é também uma variável fortuita. A diferença entre acaso, fortuito e necessário passa a estabelecer os critérios do que acontece, concluindo que não há crime pois não há autor e consequente flagrante. Muitos pensam que se eximir do flagrante faz mudar os acontecimentos. Essa atitude é desconexa e absurda, entretanto, existe até em relação às obviedades da vida pessoal e grupal. Desse modo, encontramos pessoas que dizem que são analfabetas pela preguiça de estudar, são ricas pela graça de Deus, pobres pelo fato de não ter diploma, de não ter estudado. São explicações autorreferenciadas que negam as estruturas relacionais, que desconsideram os problemas de acumulação, de insuficiência e empobrecimento — os fatos —, transformando flagrantes situacionais em narrativas que distorcem o acontecido.

Não há como ser pescador de trutas nos oásis do deserto da Tunísia. Achar que só há crime quando há flagrante é incentivar a negação da evidência. Ver o antes, ver o depois é fundamental; entretanto, jamais se pode negar a evidência do agora, e quando se faz isso, busca-se negar responsabilidades, até mesmo culpas. Essa mudança de atitude cria implicações, uma delas é a ênfase na busca de causas expressas por flagrantes e erros.

Flagrante é a validação do ocorrido, o que necessariamente cria outra evidência. Nesse sentido, flagrante não pode ser entendido enquanto causa e explicação do que ocorre, ou seja, detectar o flagrante nada prova, apenas estabelece evidências esclarecedoras da continuidade do ocorrido. Dedicar-se à continuidade é esclarecedor pois traz evidências estabelecidas no mesmo contexto do acontecido, ao passo que imaginar o fato como resultante de causas aleatórias em relação às suas estruturas contextuais provoca dispersão e/ou aglutinações descontínuas. Não deixa de haver a morte — o fato — e não é necessário flagrar o seu autor pois nada muda em relação ao ocorrido — alguém morto. Os fenômenos existem independentemente de serem incluídos em redes conceituais que os expliquem. A constatação ou verificação deles é apenas um invólucro que nada muda em sua configuração enquanto evidência, mas que se transforma em outras evidências a depender de seus contextos estruturantes, como flagrantes e crimes, por exemplo.

ABSTRAÇÃO: INSIGHT, ARTE E CIÊNCIA NO COTIDIANO

Geralmente é muito informativo e ampliador se deter na etimologia das palavras que se está conhecendo, percebendo ou definindo. A etimologia é a base, o contexto a partir do qual as palavras evoluem, trazendo, consequentemente, sua história, sua trajetória transformada ao longo das culturas e das épocas. Abstração, por exemplo, é uma palavra que expressa o processo no qual as ideias são distanciadas dos objetos. Quando lembramos que em latim *abstractum* é particípio passado de *abstrahere* e significa destacar, afastar de ou puxar fora, ganha mais sentido e se torna perfeito o significado de abstração enquanto apreensão de totalidades implícitas e configuradoras de processos. Isso ocorre em todos os níveis da percepção, do pensamento humano, em qualquer contexto relacional, seja ele científico (conceito), seja técnico (apreensão das relações configurativas dos processos que mecanizam e de suas funcionabilidades) e também artístico (as cores informando diversas densidades da expressão do que se deseja mostrar, ou criando os espaços, ou os traços substituindo, mantendo arquivos). As pinturas rupestres com suas figuras insinuadas, a linguagem digital com seus emojis, por exemplo, reconstituem histórias e possibilitam caminhos e direções. Nos relacionamentos familiares ou afetivos, o arquear de sobrancelhas e o olho enviesado muito exprimem. É o abstrato que reconfigura, é o silêncio eloquente, o falar emudecido que grita e explica.

Para abstrair é necessário se afastar. Esse destacar é sair do denso, das configurações explícitas esgotadas pelos seus limites sinalizadores. Quanto mais seguro — preso ao que está aí assim diante de si —, menos condição de abstração. É essa característica do "ir além do dado", de afastamento do contingente e circunstancial que ancora a abstração no reino das artes, da pintura principalmente. Foi também esse não se deter no considerado real como sinônimo de denso, causal e explícito, que empurrou a abstração para o domínio do símbolo e da poesia, levando-a assim a algumas vezes ser entendida como "subjetividade explicitada" e símbolo de realidades nomeadas. Abstrair é uma constante em nosso cotidiano. Sem abstração, sem esse afastamento, sem essa separação do dado apresentado, nada seria compreendido, salvo as constantes sucessões de causa e efeito. Viver e compreender se transformariam em meras conclusões de causas que geram efeitos, em mecanização ou automatismo presidindo todos os processos. Seria como a humanidade estar agarrada, presa ao que acontece, sem possibilidade de questionamentos, como o aprisionamento resultante dos que se agarram a um lado do cabo de guerra, perdendo-se na evidência, no que acontece. Estar de um lado ou estar do outro lado nada define, tampouco situa ou exclui, apenas expressa aprisionamento a causas e efeitos, que não passam de aspectos, consequentemente, parcializações dos processos. Abstrair, destacar e separar das contingências e limites faz logo perceber que a causa de X é o efeito de Y, e que isso pode ser resíduo fragmentário de somatórias anteriores.

Pensar não é acrescentar ou subtrair exemplos e explicações. Pensar é dar continuidade às constatações e inferências. Avaliações, *quiz* ou listas são apenas resumos, não são a totalidade que pretendem sinonimizar. Ao criar o círculo vicioso, ficamos presos sem saída e, assim, sem possibilidade de abstração. Consequentemente, ficamos sem entendimento do que acontece, do que ocorre. No processo criativo, abstração é uma atitude fundamental para sair da mecânica repetida pela adição, pela soma de dados lançados no pódio das realizações. Atado, aprisionado, sem se separar do que ocorre, não se cria, apenas se repete, apenas se sobrevive.

Abstração, esse destaque e separação dos dados densos e situacionais é o que permite transcendência, existir enquanto ser no mundo sem se prender na tessitura do familiar, nas redes dos circuitos estabelecidos. A humanidade evolui quando abstrai, quando transcende. O simples plantar e coletar foi transformado, ampliado quando se percebeu que isso dependia do sol e da chuva, por exemplo. Entender o ciclo natural das estações chuvosas e das secas foi orientador de como trabalhar com a terra, as sementes e a colheita. Esse processo, que faz destacar a causa de plantar semente e o efeito de nascer planta, foi a apreensão das relações configuradoras de todo o processo, sem estar preso ao dado inicial — plantar — e ao final — colher. Sair da linearidade, da contingência, separar e destacar possibilitou ter ideias, pensamentos distanciados dos densos aspectos que os detinham e aprisionavam.

Perceber-se como detentor de inúmeras necessidades, delas conseguindo se soltar, se afastar, amplia cada vez mais as possibilidades individuais. Estar no mundo com o outro pode ser limitador, contingente, tanto quanto integrador, transcendente. Abstrair é se destacar, se soltar de qualquer limitante. A própria ideia de Deus, de absoluto como algo diferente do que se vivencia e procura é a desesperada ambição de se agarrar ao que não é denso, não é objetivo, mas que precisa ser atingido pela fé, pela esperança, pelas orações, pelas expectativas e pelos amuletos. Abstrair é tirar os anteparos que impedem a configuração globalizada do que está aí, do que se evidencia enquanto processo. Acompanhar essa configuração processual é entender, escutar toda explicação do que se dá, do que se evidencia, do que acontece. É não cair em maniqueísmos, em polarizações redutoras de processos. As ciências, as artes e nosso dia a dia nos falam disso a todo momento. Vida é abstração, é superação, mudança, separação transformadora.

IMPERATIVO CATEGÓRICO, GRANDE INSIGHT KANTIANO

As pessoas podem ser bestiais, desumanas e cruéis quando agem em função de seus interesses e conveniências, quando não agem livremente, quando estão submetidas a injunções pragmáticas, políticas, a conveniências e circunstâncias.

Como agir livremente quando se está imerso e submerso em sociedades, empresas, famílias, clãs? Kant dizia que só agimos livremente quando agimos de acordo com o imperativo categórico e não de acordo com imperativos hipotéticos, pois os imperativos hipotéticos estão ligados a compromissos, ou a atingir resultados vantajosos, a fugir de situações estressantes, ou a preparar para algum objetivo conveniente posteriormente. O imperativo hipotético faz com que nossa vontade não seja determinada por nós e, sim, por forças externas, por nossas necessidades circunstanciais, por desejos. Só através da autonomia, ele dizia, podemos escapar dos ditames da natureza e das circunstâncias e agir com liberdade, segundo leis universais e determinação que impomos a nós mesmos. Para Kant, a lei não pode ser condicionada por nossas vontades e nossos desejos particulares, não se atrela a finalidades individuais, está condicionada ao dever, ao coletivo, a princípios universais que se esgotam em si mesmos e se baseiam no que ele chamou de imperativos categóricos.

Não pode haver autonomia sem disponibilidade, ela é necessária para perceber e optar pelo caminho da solidariedade, da compaixão, da participação, da luta, dizemos nós. Em Kant, as rígidas noções sobre liberdade e moralidade estão interligadas. Agir livremente, ou seja, de forma autônoma, e agir moralmente, de acordo com o imperativo categórico, são, em última análise, a mesma coisa. Sua concepção de moralidade e liberdade leva Kant à uma crítica contundente do utilitarismo. Para ele, buscar a moralidade em algum interesse ou desejo particular, tal como finalidade ou utilidade, está destinado ao fracasso. Ele afirma que qualquer princípio baseado em interesse não passa de um princípio condicionado a algo externo, e não pode, portanto, ser considerado uma lei moral, é sempre um imperativo hipotético condicionado a inúmeras outras situações.

Kant é um filósofo metafísico, entretanto ninguém avaliou, considerou e se deteve no comportamento humano enquanto razão, exercício de regras e deveres, medo e paixão como ele: basta ler *A crítica da razão pura* (1781) e *A crítica da razão prática* (1788). Está implícita em Kant a visão do homem como mero animal sobrevivente que tem de se apoiar nas manadas, em seus grupos iguais, para sobreviver. Nele também lemos as críticas ácidas ao comportamento que se baseia em fazer de conta que se é humano, que se é solidário, altruísta e compassivo. Hobbes dizia que "o homem é o lobo do homem", Kant se opôs a isso e ainda apontou alguma saída, alguma esperança, caso o homem se humanize pelo que ele chamava de imperativo categórico, que é a atitude moral, idônea, autônoma criada pela liberdade que permite não utilizar vantagens, e que possa agir por princípios maiores, em última análise: compaixão, liberdade, honestidade. Mesmo a busca da felicidade ou da satisfação de conveniências é chamada por ele de imperativo hipotético. O imperativo categórico é a exigência absoluta que deve ser obedecida em todas as circunstâncias e se justificar como um fim em si mesma. É parecido com o equivalente cristão dos dez mandamentos, só que é estruturado com mais requintes e implicações psicológicas, pois Kant enfatiza o próprio ser humano e sua autonomia, e não finalidades como a obediência a Deus, proposta pela religião. Não mentir, não se aproveitar do fraco, não utilizar o outro para suas próprias conveniências, pois essas ações se baseiam em objetivos individuais.

Quando o homem abre mão da moralidade e da solidariedade, ele inicia sua própria destruição. É a animalização do que está sendo guiado pelos resultados, pelas buscas e pelos desmesurados desejos de poder, tanto na esfera individual quanto na social. Hobbes predomina, é a visão utilitária que transforma o homem em sobrevivente, animal sem discernimento. Assistimos a isso nas guerras ao longo da história e também nos conflitos entre indivíduos e pequenos grupos.

Aqui no Brasil, recentemente vimos uma acusação contra o Padre Júlio Lancellotti, um religioso que ajuda e alimenta moradores de rua. Acusado de ser comunista por causa de suas declarações a favor dos desprovidos, perseguido há anos, agora foi levantado que possa talvez estar desviando dinheiro, e foi criada, pela Câmara de Vereadores de São Paulo, uma Comissão Parlamentar de Inquérito (CPI) encarregada de investigar sua atuação. Quando surgiu um clamor popular contra esse inquérito, vários parlamentares assinantes da CPI desistiram e retiraram suas assinaturas. Para eles, as vantagens de seguir determinações políticas partidárias desapareceram diante da imagem pública ruim que causaram. Esses políticos, que assinaram apoiados em vantagens e conveniências, imperativos hipotéticos, como diria Kant, recuaram diante do brilho impoluto da liberdade caridosa do Padre Lancellotti e do imenso e eloquente apoio popular ao padre e repúdio à sua injusta perseguição.

Existem pontos inegociáveis, que nos sustentam como homens e que, quando não são considerados e seguidos, nos transformam em abjetos e poderosos senhores de Estado, família e grupos. Mesmo nos colapsos civilizatórios, sociais e econômicos, mesmo na guerra, o imperativo categórico se impõe e, quando ele desaparece, o que se vê é genocídio, crueldade, maldade. As regras morais são vitais, pois questionam e sustentam o ser humano, o estar no mundo com os outros. É explícita e clara a necessidade de autonomia: a transformação do ser humano, deixando de ser objeto e passando a ser agente determinante de sua vida. É um longo percurso que requer constatação, renúncia, denúncia e questionamentos. E, por mais que pareça absurdo afirmar, é a exigência do imperativo categórico no tratamento de questões como guerras entre Estados, disputas políticas e interesses de pequenos grupos que abre horizontes e possibilidades de manter a humanidade.

SABER E AGIR: SUGESTÕES KANTIANAS E PSICOLÓGICAS

Diante do mundo, diante do outro, depois de processos educacionais e experiências familiares, enfim, depois de inúmeras vivências relacionais, às vezes os seres humanos se perguntam: "o que posso saber?". Para Kant, essa era a primeira pergunta (seguida de "o que devo fazer?" e, consequentemente, "o que posso esperar?"). Poucos têm esse interesse. Quando a pergunta é feita, é a curiosidade, interesse gerado pela vontade de responder, de entender o significado do mundo, do outro, dos propósitos e contribuições individuais ao panorama humano.

O homem que pergunta o que pode saber percebe sua curiosidade, percebe que ela é ampla, que não está amarrada nem direcionada, mas que ele precisa se organizar para que a pergunta seja respondida. Ele sabe que método e organização se impõem e que as respostas se articulam no âmbito da ciência ou da transcendência — geralmente religiosa —, sabe que a pergunta se desdobra em perguntas sobre a origem, sobre para onde vamos, de onde viemos e o que somos. O que se pode saber — até ser respondido — abre infinitas possibilidades, requer cuidadosas imersões nos múltiplos existentes organizadores de respostas. O que se pode saber é contextualizado pelos referenciais possibilitadores desta mesma pergunta. Nesse sentido, a pergunta amplia os contextos de curiosidade, ou os transforma em instrumentos, em alavancas de contingência, em utilitários, por exemplo: "o que posso saber para vencer na vida? Para ganhar dinheiro?". Essa contingência é implícita, pois está subordinada às necessidades e permite desenvolver esperteza, inteligência, habilidade comprometida com resultados. A própria curiosidade, logo atendida, é interrompida, desaparecendo, e jamais se coloca o que posso saber. A curiosidade, o querer saber implica necessariamente em uma práxis — que lembra a questão kantiana do que devo fazer. Decorrente da curiosidade, decorrente das buscas e nelas ancorado, surge: "o que devo fazer?". Desdobramento que é coerente com o que se busca: o desejo de realizar o que se sabe.

A sociedade e sua organização econômica canalizam saberes, comprometendo diversificações. Essa homogeneização estabelece regras e soluções de como viver, tão genéricas que as especificidades individuais são comprometidas em prol de um conjunto definidor e determinante. Daí nem sempre existe coerência, as vivências são fracionadas, o que se deve fazer é, normalmente, imposto por regras ou vantagens — e não decorrente do questionamento do que se pode saber —, e quando isso acontece, utilidade e resultado norteiam a resposta. Esforço, sacrifício, abnegação se impõem ao tropeçar no egoísmo, no autoritarismo, limitando a liberdade de realização da coerência. São inúmeras as situações nas quais observamos esta incongruência: das atitudes individuais e cotidianas aos posicionamentos coletivos ou institucionalizados, das omissões em posicionar-se diante do que se sabe injusto, por exemplo, às opções pensadas e estrategicamente decididas, como quando um grupo decide abrir mão de algum de seus princípios em prol de algum contrato vantajoso. Questões éticas surgem. Certo, errado e adequações são questionados, uma vez que fazer resulta sempre em criação de outras configurações que escapam aos seus próprios estruturantes. A ética é fundamental, é o passo inicial para o outro ser considerado. Ela se torna regra esvaziada quando há desconsideração às individualidades que diferem das próprias prerrogativas antecipadamente colocadas. As contendas ou embates gerados por conveniências criam controles, esvaziam, criam expectativas e ansiedade. O perguntar e esperar (expectativa) já denunciam ter transformado curiosidade e ação em empreendimento, em desejo solucionador de diferenças e impossibilidades.

Para Kant, o dever e sua realização ética na esfera humana eram fundamentais. Psicologicamente, o fundamental é não viver em função de resultados, metas e valores alienantes — ainda que aglutinadores de ordens estabelecidas.

Ser verdadeiro, isto é, estar no mundo percebendo-se com o outro, faz com que se conheça limites e possibilidades, percebendo, assim, o que pode ser feito e consequentemente o que pode ser esperado. Tudo isso é uma vivência contínua e inteira. Quando alienado — robotizado, cooptado por ordens constituídas, desumanizado —, nunca se sabe, salvo o ensinado pelos manuais, mídias, cartilhas e instituições. Eles também determinam o que se faz, instalando ringues, rinhas, cenários nos quais vencedores e perdedores sabem o que esperar.

MUNDO INVENTADO: A PARADOXAL DISSONÂNCIA COGNITIVA

Nos dicionários, dissonância é a reunião de sons que causam impressão desagradável ao ouvido, ou seja, é a falta de harmonia. Na Psicologia Cognitiva, o conceito de dissonância é ampliado para falar da desarmonia entre o que se pensa, sente e faz. Essa abordagem iniciou quando, em 1957, Leon Festinger, aproveitando-se de alguns estudos já existentes, ou acreditando melhorar os estudos da Gestalt Psychology sobre percepção, criou a teoria da dissonância cognitiva para explicar comportamentos conflitivos. Em outras palavras, para explicar comportamentos baseados em mentira, desonestidade e desejo. Ele tentou colocar bases motivacionais inconscientes nas teorias perceptivas, mas essa mistura de conceitos é no mínimo incoerente, pois as bases teóricas dos estudos perceptivos da Gestalt não comportam qualquer possibilidade de colocar a emoção e o inconsciente como fatores prévios e determinantes de comportamento. Os comportamentos humanos não resultam da sedação de necessidades nem da expressão de motivações inconscientes. Isso foi exaustivamente demonstrado pelos gestaltistas clássicos — Wertheimer, Koffka e Koehler — em suas pesquisas sobre aprendizagem. Aprende-se, por exemplo, apesar da fome, do cansaço e da sede. Aprendizagem é descoberta, é insight, é reconfiguração de situações, de totalidades, é também a apreensão de relações constituídas e estruturantes do dado, do colocado diante de nós.[13]

Na teoria da dissonância cognitiva existe uma mescla de abordagens com o intuito de reconfigurar e gerar novas explicações. Para Festinger, a dissonância cognitiva ocorre quando uma pessoa expõe uma opinião ou tem um comportamento que não condiz com o que ela pensa de si, de suas opiniões e comportamentos, ou seja, age percebendo a própria contradição ou incoerência. Trata-se do que é comumente chamado de mentira e desonestidade. É a mentira em função de um comportamento que se julga aceitável, necessário e útil. Esse despropósito, essas mentiras seriam explicadas por Freud como exercício de fantasias, e na Psicoterapia Gestaltista são explicadas como deslocamentos de não

---

13   O desenvolvimento mais amplo desta pesquisa de Koehler pode ser lido no capítulo "O denso e o sutil" (p. 49).

aceitação de si e de suas vivências, problemas e soluções. Atitudes dissonantes são as máscaras usadas como ponte de ligação entre a fragmentação de objetivos e crenças.

Geralmente, quando existe oportunismo e ambição, existem também ações com o intuito de enganar pessoas, manipular dados, falsear fatos, criar metas. Nessas situações é frequente encontrarmos mentiras ou contradições que podem ser chamadas erroneamente de dissonância cognitiva. Acontece que dissonante é todo comportamento estabelecido em precedentes que se mantêm, ou no depois que é antecipado. A continuidade de dissonâncias aumenta as contradições, perde-se o suporte dos acontecimentos, e assim esvaziam-se vivências ao esgotar o significado do dado, do acontecido. Muitas vezes, nesses contextos surgem os grupos, os que se associam para tentar traduzir, somar e agregar o que está em volta, o que ocorre. O caos aumenta e as dissonâncias consequentemente se acentuam. Desesperadas, catando pedaços, juntando cacos, tentando arrumar dados utópicos, sonhados e desejados, as pessoas se transformam em membros de hordas, bandos liderados por miragens e por organizadores, manipuladores.

A polarização gerada pelas dissonâncias, que antes apenas criava honestos e desonestos, satisfeitos e insatisfeitos, mentirosos e não mentirosos, agora cria sábios e ignorantes, consequentes e inconsequentes. Nesse contexto somos assolados por fake news, mentiras que envolvem indivíduos e coletividades. Isso cria conflitos, despropósitos e mais dissonâncias. Essas misturas e confusões são geradas em função de metas e de organizações, de regras extemporâneas e ultrapassadas. São tentativas resultantes de objetivos que desconsideram a realidade, desconsideram o fato de que o que acontece independe de como se classificam, aceitam ou rejeitam os fatos. A realidade é desconsiderada pois defendem valores, mantêm compromissos alheios a tudo que está ocorrendo e, como sempre, compromissos levam à alienação e à subversão de realidades.

ESTRANHEZA E IRREALIDADE: AS FRAGMENTAÇÕES GERADAS PELAS DISSOCIAÇÕES

Dissociação é o resultado de divisões contínuas, de motivações geradas pela falta de autonomia, por ser comandado por desejos e ambições. Essa alteração distancia as pessoas da realidade circundante e as faz convergir para as realidades desejadas, para o utópico e o que se ambiciona atingir.

Em geral, quando se fala em dissociação, se fala como sintoma de síndromes psiquiátricas (como a esquizofrenia e outros transtornos dissociativos), mas fora da esfera psiquiátrica, dissociar é um sintoma característico das pessoas dedicadas à realização de seus propósitos, ambições e ganâncias. É mais comum do que se imagina e sua gravidade varia de acordo com as estruturas individuais. Quando tudo converge e é habilitado para a consecução de metas, de objetivos a realizar, esse foco em um alvo a alcançar, um complexo de inferioridade a resolver, uma não aceitação a esconder dificulta tanto a vivência quanto a aceitação do presente, da realidade imediata.

À medida que se vive, oportunidades surgem e podem ser agarradas com muita ambição quando são relacionadas a possibilidades de construções maiores. Desse modo, muros, torres, tapumes são edificados impedindo qualquer percepção do real, do que acontece, salvo por meio desses densos filtros, que pouco possibilitam vislumbrar, exceto pelo que se encaixa na construção da grande obra, a realização de uma vida, de sonhos e desejos. Ações e relacionamentos convergem para o ponto determinado, sem flexibilidade ou abertura para interação com os acontecimentos à volta, sem consideração ao conflitivo e contraditório, ao que se desenvolve em oposição ao que se deseja e planeja.

Nesse processo, quando se está no caminho de finalizar empreendimentos, pode-se repentinamente ser atingido por choques, por impedimentos ao que se está construindo. Seja a mãe doente que requer cuidado, gastos e presença, o filho que comete atos fora da lei ou a doença súbita que assola o cotidiano, inúmeros acontecimentos podem exigir desvio de rota. E então, na esteira da dissociação, a realidade é negada, pois continua a ser percebida pelas frestas do empreendimento. Surgem justaposições, surge a discrepância de adequar as duas realidades: o desejo, visto como realização e propósito da vida, e a obrigação, a culpa, as retribuições.

É característico de indivíduos mergulhados nessa dinâmica, reações desconexas, despropositadas com relação ao que experienciam, com visões que expressam descontinuidade e sobreposições de vivências, comportamentos dissonantes, dissociados.

Para a pessoa apoiada com os pés em duas canoas próximas, sem estabilidade, resta o medo, a expectativa, o ter de dar certo, a ansiedade. Fica impossível perceber a solução óbvia: a de que é preciso mudar os rumos, se deter no que existe, renunciar ao que não existe, ao que pode existir. Esse óbvio é incomensuravelmente difícil, é vivenciado como perda, fracasso, ou como entregar os pontos.

Situações assim criam desespero e ansiedade. Surgem os conselheiros com suas proposições genéricas e também os "ombros amigos" como tentativa de solução, até que a pessoa perceba a impotência, a necessidade de questionar e mudar atitudes e propósito de vida, enfim, a necessidade de procurar ajuda. Nesse momento, novo caminho é aberto na forma de desespero e adiamento ou busca de orientação e questionamento psicológico, técnico.

Esse processo varia em função das configurações individuais: a pessoa pode se dirigir ao pastor, ao padre, à mãe de santo, ao guru espiritual buscando ajuda mágica e amigos que protegem, ou pode buscar profissionais, psicoterapeutas que resolvam ou entendam que o problema é a própria pessoa, suas motivações e desejos, e quando isso ocorre, a dissonância é finalizada. Surge a unidade que ordena o sistema caótico, ou seja, o questionamento das próprias motivações e interesses. É um momento fundamental no qual agem as orientações psicológicas técnicas, e também quando passa a ser percebido o outro, o si mesmo e a realidade de outro modo. É a transformação iniciada pelos questionamentos do próprio estar no mundo. Isso unifica ao transformar os referenciais iniciais. O presente é nítido — as situações não estão dissociadas —, tudo se explica e coloca enquanto o que está aqui e agora, independentemente do sonho, medo, desejo e frustrações.

DIFERENCIAÇÕES DE UMA MESMA QUESTÃO: SÓFOCLES E ÉDIPO REI

Sófocles, no Édipo Rei, escreve que "os sofrimentos atormentam mais quando são voluntários". É uma afirmação muito discutível.

Se considerarmos voluntário como autoimposto, pensaremos em renúncia. Renunciar é transpor referenciais contextualizados em função de significativos anseios e demandas que, realizadas, neutralizam a renúncia. Não há tormento, e quando ele existe, quando persiste, é por ser recriado pelas divisões, avaliações e jogo pragmático. Precisa-se perder e não quebrar, ter de inventar e reinventar maneiras de ultrapassar limites irreversíveis, criando, assim, tormentos, nada mais que a renúncia não admitida, ou mesmo falhada. Entretanto, se imaginarmos voluntário como escolhido, decidido como expressão de uma continuidade sucessiva de situações que apontam para escolha, escolher sofrer, às vezes, é um caminho que se coloca para integridade humana. Aceitar ser submetido às torturas, aceitar ser massacrado para não destruir organizações e comunidades que espelham as próprias ideias é a coerência que mantém vivo, íntegro e disponível o ser humano. Quanto mais pisado, mais seviciado, mais transcende o que o destrói, mesmo que isso o mate, o aniquile. É um sofrimento que destrói para não atormentar. Caso atormente, surge a vacilação que quebra a unidade da crença e defesa dos ideais, morre o homem, a alma, salva-se o corpo atormentado, o organismo.

Nas dimensões trágicas, habitat de Sófocles, ser voluntário é sempre um resultado, é sempre um aspecto do involuntário, pois tudo é desenvolvimento do irremediável, do enigma misterioso tecido pelas Moiras, pelo destino. Chega o voluntário como uma bola, um pedaço do céu que cai, uma bala que abate. Fugir disso, ou a isso se render, é o critério que define a vontade, o voluntário. A inteligibilidade da questão fica maior se lembrarmos que, para os gregos, os homens, suas ações, sucessos e insucessos, dependem da vontade dos deuses e essa é a verdadeira tragicidade do existir, do ser mortal, do ser homem, não ser deus. Sófocles é grego e por isso ressalta o tormento. Ser atormentado é um certo resgate pela percepção da implicação de seus atos: é o tormento e sua constatação que exigem regeneração. Édipo fura os próprios olhos quando descobre toda a trama e suas implicações não percebidas, não enxergadas.

Freud, ao considerar a história de Édipo, não expõe, não valoriza essa sua atitude voluntária, de furar os próprios olhos, pois ao querer provar a dimensão inconsciente como básica na direção e orientação humana, transforma o homem, Édipo, em um objeto, uma folha ao vento, uma figura, uma metáfora incapaz de questionar e buscar a remissão de seus atos por se responsabilizar por eles.

A máxima de Sófocles, "os sofrimentos atormentam mais quando são voluntários", é transformada em "há sofrimento, não há crime, não há problema se está tudo voluntariamente escondido e sob controle". Crimes, falhas e enganos não imploram por responsabilidade, buscam ser escondidos para que as punições não alcancem seus autores, e assim surgem alienação e massificação que decidem nossa vida atrás de governantes, de pais, de modelos educacionais e sociais que se dedicam a mantê-los escondidos, desde que utilidades e vantagens sejam conseguidas e perpetuadas.

O INCONSCIENTE

Inconsciente é o que não é consciente. Para Freud é a base da vida humana, é a esfera incognoscível de onde emergem os desejos, motivações, medos, criatividade, enfim, um campo misterioso e inacessível que não só compõe a psique humana, mas a fundamenta. Nas explicações deterministas, biológicas e causalistas, o homem é o somatório de dinâmicas existentes no seu psiquismo.

Para os psicanalistas, pela projeção inconsciente expressamos nossos medos (fobias), resistências, preferências e desejos, que são então "percebidos" pela consciência. Percepção é entendida aqui de forma elementarista, ou seja, como elaboração de dados apreendidos pelos sentidos. Da mesma maneira, a consciência elabora os dados advindos do inconsciente. O inconsciente é uma instância psíquica, e como tal tem existência espacializada, tanto quanto é um constructo responsável pela explicação do comportamento instintivo sexual e afetivo-social. É um conceito necessário à explicação psicanalítica sobre o psíquico e é também um "objeto interior" responsável pelo equilíbrio e desequilíbrio psíquico e emocional. Nas palavras do próprio Freud podemos ver a dificuldade de lidar com este malabarismo de conceitos, a tentativa de objetivar algo que não passa de um constructo, terminando com a afirmação da impossibilidade de compreensão da psique ou de sua incognoscibilidade.

> A Psicanálise nos obriga, pois, a afirmar que os processos psíquicos são inconscientes e a comparar sua percepção pela consciência com a percepção do mundo exterior através dos órgãos dos sentidos. Esta comparação nos ajudará ainda a ampliar nossos conhecimentos. A hipótese psicanalítica da atividade psíquica inconsciente constitui de certo modo uma continuação do animismo, que nos mostrava sempre fiéis imagens de nossa consciência e por outro lado a da retificação feita por Kant da teoria da percepção externa. Do mesmo modo que Kant nos levou a considerar a condicionabilidade subjetiva de nossa percepção e, a não considerá-la idêntica ao percebido incognoscível, convida-nos a psicanálise a não confundir a percepção da consciência com o processo psíquico inconsciente objeto da mesma. Tampouco o psíquico precisa ser, em realidade, tal como o percebemos. Mas, temos que esperar que a retificação da percepção interna não ofereça tantas dificuldades como a da externa e que o objeto interior seja menos incognoscível que o mundo exterior. [14]

A Psicanálise é uma teoria pontualizada, segmentada, trabalha com divisões e incoerências bastante fáceis de serem entendidas e

---

[14] FREUD, Sigmund. Metapsicologia. *In:* FREUD, Sigmund. *Obras Completas.* Madrid: Biblioteca Nueva, 1948, v. 1, p. 1045.

reproduzidas. Não é por acaso que alguns de seus conceitos fundamentais caíram no uso popular, viraram senso comum, como a própria noção de "inconsciente" e frases como "Freud explica". No entanto, o inconsciente é um conceito-chave da Psicanálise em torno do qual se desenvolve todo seu corpo teórico e prática terapêutica, tem enorme influência nas várias abordagens psicológicas, mas não passa de um constructo. Inconsciente não é um existente, não é uma instância psíquica que tenha necessariamente que ser considerada por todas as teorias psicológicas.

Para mim, o inconsciente é um mito. Tudo o que é explicado pelo inconsciente, pelos instintos, pelos traumas é explicado na Psicoterapia Gestaltista por meio da percepção pelas dinâmicas relacionais. Por exemplo: não perceber o próprio problema não é porque o problema seja inconsciente, mas sim porque ele é o Fundo estruturante do comportamento, e o Fundo nunca é percebido enquanto Fundo (Lei da Percepção).

POR QUE O INCONSCIENTE?

No final do século XIX, Freud se preparava para lançar sua teoria sobre a natureza humana no livro A interpretação dos sonhos (1900), com o intuito de entender e tratar distúrbios, doenças e, conforme ele, tratar a neurose. Sua postulação do inconsciente como explicação da dinâmica da vida psicológica do ser humano está fundamentada em conceitos elementaristas e consequentemente reducionistas. É o que havia na psicologia recém-saída da psicofisiologia desenvolvida por Wilhelm Wundt, que tentava explicar, medir e descobrir causas de toda e qualquer conduta humana. Esse resíduo associacionista estrutura e valida a ideia denatureza humana. É uma ancoragem explicativa desastrosa para o desenvolvimento dos enfoques sobre comportamento. Além da influência da psicofisiologia, a visão de atemporalidade implícita no conceito de inconsciente resulta de influência kantiana. A noção explícita em Kant de que nada pode ser conhecido em si mesmo e que, portanto, o conhecimento só é possível a partir de como as coisas aparecem à mente (distinção entre coisa em si e "aparição"), associada a outras divisões do processo de conhecimento (faculdade de conhecer, faculdade de apetecer, faculdade de julgar, categorias etc.), quebra a totalidade, erigindo e estabelecendo complexidades enganosas.

Em uma visão unitária não há como admitir existências atemporais. Por causa desses dualismos de influência metafísica, o postulado do inconsciente não pode ser comprovado. A psicanálise justifica-se dizendo que o inconsciente é um constructo lógico, explicitando a impossibilidade de comprovação experimental, e criando novo impasse, ou seja, sendo um constructo, toda a ideia de sistema inconsciente, dentro do ponto de vista tópico, fica negada, isto é, já não se poderá falar em Id, Ego e Superego, consciente e pré-consciente como instâncias psíquicas. Em meu primeiro livro, *Psicoterapia Gestaltista: conceituações*, afirmo a partir da visão gestaltista que o inconsciente é um postulado, é um mito, e comento:

> A distorção perceptiva, resultante de perceber o todo homem como soma de partes (instintos, inconsciente, Id, Ego, Superego), originou uma visão mágica do processo humano, e exatamente aí, nesse elementarismo mecanicista, reside a impossibilidade psicanalista de abranger a dinâmica humana enquanto ser no mundo, e o erro não é somente da psicanálise, mas de toda a metafísica subjetivista, ao distorcer a relação Figura-Fundo, resultante da quebra da Gestalt, da quebra da relação unitária. Essa divisão da

unidade, por não apreensão da bipolaridade da unidade relacional, provocou a visão dualista e nela a hierarquização metafísica, idealista, de que a ideia é primária e cria a matéria.[15]

A respeito da visão mágica, duas atitudes básicas caracterizam a explicação cognitiva científico-metodológica, tanto quanto a apreensão perceptiva de qualquer realidade. Designemos essas atitudes como mágica e objetiva, distorcida ou não. A atitude mágica seria resultante da vivência unilateral da situação configurada, quer isso se dê por autorreferenciamento, distanciamento ou superposição da situação enfocada por meio de sua pluralidade dimensionada, espacial ou temporalmente. O autorreferenciamento é a decodificação da realidade em termos de conhecimentos já existentes; toda vez que isso se dá, existe, na relação cognitiva, preexistências constitutivas, daí o dado real (realidade e derivados são empregados no sentido de descrição contextual, enquanto meio geográfico) ser substituído por um significado extrínseco à sua estrutura significativa.

O distanciamento resulta de uma configuração não pregnante da realidade, o que é uma decorrência de autorreferenciamentos homogeneizadores. Por meio de vários conhecimentos preexistentes, estratificam-se esquemas a partir dos quais as realidades conhecidas são afastadas para postulados genéricos e explicativos. Havendo preexistências cognitivas (autorreferenciamento), responsáveis por distanciamentos do fenômeno que se dá para conhecer ou que está sendo conhecido, a vivência temporal começa a ser

---

15 CAMPOS, Vera Felicidade de Almeida. O Mito do Inconsciente. *In*: CAMPOS, Vera Felicidade de Almeida. *Psicoterapia Gestaltista*: conceituações. Rio de Janeiro: Edição da Autora, 1972, p. 71.

apofânica (empregado no sentido de vivência derreística),[16] surgindo daí uma temporalidade espacializada, estruturando-se, portanto, como um ponto a partir do qual se planificam as linhas conformadoras do que está se cumprindo como objeto de conhecimento.

Ora, se determinada situação existente agora começa a ser percebida em confronto, comparação ou por meio de *antes*, significa que ela é percebida por meio de *outra*, embora semelhante, mas *outra*. O que se dá, então, é o conhecimento analógico, dedutivo e, portanto, cartesiano. A mesma situação de agora pode também ser percebida pela estrutura temporal de depois, o que já implicaria em visualização de finalidades canalizadoras, justificativas explicativas do que-aqui-agora conheço.

Por sua vez, é diferente do memorizado ou imaginado (antecipação na qual o pensamento é mediador). Esses deslocamentos temporais fazem com que o fenômeno que está sendo conhecido, apreendido perceptivamente ou categorizado se transforme em um espaço, ponto de interseção do tempo, que como tal já se torna uma variável posicional, espaço, portanto. Essas explicações acerca da atitude mágica são enfaticamente demonstradas como fundamentações concretas do conhecimento em toda posição metafísica. Tal é o caso, por exemplo, de Kant, em seu conceito de categorias lógicas, o a priori, isto é, a possibilidade do conhecimento reside além ou antes do que se está dando a conhecer.

O homem foi durante muito tempo conhecido e consequentemente explicado magicamente. O animismo, espiritualismo e idealismo são etapas sistematizadas dessa posição. O "conhece-te a ti mesmo!" é um típico representante dessas abordagens: "oh, homem, conhece-te no que não és, para que sejas um homem!".

---

[16] Cf. CONRAD, Klaus. *La Esquizofrenia Incipiente*: intento de un análisis de la forma del delírio. Madrid: Alhambra, 1963.

Esse apelo vocativo enfeixa bem toda a atitude da preocupação mágica de conhecer-se. Essa abertura para procurar o que não era conhecido do homem no homem era resultante do a priori de que o homem era um fruto da criação divina: conhecer a criatura implicava em desvendar, conhecer o Criador; portanto, em um deslocamento.

O distanciamento surgiu e o homem passa a ser conhecido por verdades genéricas, desde moira, *maktub*, até Deus, Santíssima Trindade etc. Aí surgem indiferenciações entre o que é criado ou o que cria, a prova do Criador passa a ser a criatura e vice-versa, a superposição existe. Somente por meio de transcendências que estruturem dogmas se poderá conhecer o homem. O "conhece-te a ti mesmo" socrático, agora já na Suma Teológica de São Tomás de Aquino, é amar, e amar é ter fé, o conhecimento é a transcendência, tese desenvolvida por Kant e base do inconsciente para Freud.

Concluindo, verificamos que apesar de todas as elaborações decorrentes do autorreferenciamento, distanciamento e superposições contextuais, o homem não se conheceu como homem enquanto ele mesmo, pois nunca se viu senão por meio de absolutos, razão de sua essência relacional não ter sido apreendida, pois ele buscava se conhecer negando-se como passível de conhecimento, quer dizer, sempre se colocava como um ponto sem plano, à medida que se fazia uma pontualização centralizadora do conhecimento de si em si mesmo. Fenomenológica e objetivamente falando, o conhecimento do homem, do mundo e dos fenômenos existe pela apreensão das relações que os constituem e que são por eles constituídas.

As cisões realizadas entre homem e mundo (funcionalismo), às vezes homem do mundo (behaviorismo) e homem x mundo (psicanálise) são nefastas. Essas dicotomias negam os dados relacionais, criam ideias de interno e externo, isolam o indivíduo de seu mundo, tirando-lhe os pés do chão. As implicações teóricas são imensas.

Admitir uma natureza humana é resultante da dicotomia, do reducionismo metodológico, e além disso cria e instala a ideia de complexidade do ser humano, que assim só poderia ser explicado pelo entendimento de seus vários constituintes, como seus instintos e motivadores inconscientes. Essa postura exila a dinâmica relacional e, consequentemente, impede perceber que o ser humano é possibilidade de relação e que isso é tudo. Estar no mundo com os outros, perceber, perceber que percebe, conhecer, constatar, pensar é o que tudo possibilita e explica, e essas conceituações, eliminando a divisão entre homem e mundo, sociedade e indivíduo e descobrindo que o aparente é o real, são algumas das novas abordagens que propus a partir da visão fenomenológica, existencial. Ela me possibilitou, no desenvolvimento da teoria (Psicoterapia Gestaltista) e no exercício de meu trabalho psicoterápico, perceber o ser humano, transformar o que se considerava complexidade da natureza humana em infinitas possibilidades de estar no mundo com os outros.

Entender vocação, temperamento, talento, inteligência, maldade, bondade como características humanas prévias, definidoras de sua personalidade e constituintes de sua natureza é uma hipótese reducionista que destrói o humano ao contingenciá-lo a seus limites biológicos e sociais. O homem é um ser no mundo, simples, nada misterioso, nada enigmático que precise ser decifrado. Sua trajetória pode ser imprevisível ou previsível a depender dos contextos, dos caminhos percorridos.

Ao perceber o mundo que está diante de si, tudo é explicitado. Ao perceber o antecipado (futuro) ou o lembrado (passado), ao sair do aqui e agora, passa-se a estar em seu mundo particularizado por suas vivências ou autorreferenciamento. É a lembrança ou o desejo, é a frustração do não realizado. Viver no presente é realização de possibilidades e satisfação de necessidades. Deter-se no passado ou voltar-se para o futuro é acumular frustrações e desejos não atendidos. Nesse universo repleto de infinitas variáveis é impossível aplicar parâmetros de causa e efeito, partindo de pressupostos complexos. Isso lembra o desespero de Aristóteles com sua Teoria de Classe, como dizia Kurt Lewin, ao tentar explicar o fenômeno físico da queda dos corpos. Aristóteles dizia que os corpos ou a matéria tinham uma natureza celeste ou terrestre. Afastados de sua natureza terrestre, longe de seu lugar, os corpos caíam, pois queriam voltar para seu mundo: a pedra, retirada da terra, queria voltar para o elemento de sua natureza terrestre. Os corpos que tinham natureza celeste, penas, por exemplo, voavam buscando seu lugar natural. Aristóteles não conhecia a Lei da Gravidade. Freud não sabia que a percepção é a possibilidade relacional que caracteriza os processos cognitivos, que não é um mecanismo de projeção inconsciente, e assim, consequentemente, podem ser dispensados os pilares por ele construídos para sustentar o estudo do comportamento e motivações humanas.

INTERNO E EXTERNO NÃO EXISTEM

Interno e externo são apenas indicadores semelhantes à ideia de direita e esquerda quando indicamos direção. Sempre exigem uma referência a partir da qual são estabelecidos. O uso frequente dos termos interno e externo transformou-se em metonímia, um filtro, uma lente pegajosa que atrapalha a percepção, a categorização do que é humano, do que é psicológico. Freud, por exemplo, falava em "realidade externa" e a via como projeção do inconsciente. Para ele, esse processo de projeção era gerenciado e controlado pelo próprio inconsciente, e caracterizava a natureza humana.

Essa dicotomia foi tão divulgada e incorporada ao pensamento ocidental de maneira geral que, atualmente, qualquer coisa diferente disso pode até ser entendida e aceita, mas sempre é vista como tradução da mesma questão.

Para mim não existe interior, não existe exterior, existe uma relação. Uma coisa "interna" a A é "externa" a B e vice-versa. Trata-se de mera sinalização. Sinais são convenções. Tudo é construído, exceto a possibilidade de se relacionar, de construir. No livro *Terra e Ouro são Iguais*, escrevo:

> É muito difícil para o psicólogo dualista, categorial, tipológico entender o comportamento humano sem recorrer às ideias de interior e exterior. Ainda hoje Jung é seguido e tido como grande pensador: ele classificava o humano em tipos introvertidos e extrovertidos. Achava, tanto quanto Freud, que a percepção é uma projeção dos conteúdos internos do sujeito. A própria percepção, nessas conceituações, é um objeto.[17]

Com o conceito de isomorfismo, os gestaltistas alemães disseram que as estruturas (Gestalten) neurológicas são iguais às psicológicas, afirmaram ainda que o que está dentro, está fora. Nós percebemos porque há estruturas neurológicas e psicológicas que possibilitam isso.

Imaginar um interior e um exterior é coisificar o homem, é transformá-lo em uma caixa e depois procurar abrir saídas, janelas para suas demandas e realizações, estabelecendo aplanadores de caminho, como fazem várias psicologias e psicoterapias adaptativas, que, não sabendo o que é o homem, criam uma série de

---

17   CAMPOS, Vera Felicidade de Almeida. *Terra e Ouro são Iguais*: Percepções em Psicoterapia Gestaltista. Rio de Janeiro: Jorge Zahar Editor, 1993, p. 27.

senhas para decifrá-lo e explicá-lo. Falam de interioridade como se existisse um lugar do psicológico dentro do organismo humano, como mente, inconsciente etc.

Não existe o inconsciente gerenciador da realidade interna, também não existe a mente, receptáculo de dados. O que existe é o homem no mundo, percebendo, categorizando, conhecendo. Perceber é se relacionar, é conhecer. O pensamento é o prolongamento da percepção. Pensar é prolongar o percebido, é uma percepção que se expressa ou que se memoriza.

EXPECTATIVA DIÁRIA: SER CONSIDERADO NÃO É SUFICIENTE

Na filosofia, afirmar a evidência tem um grande marco em Descartes, embora essa afirmação faça tudo depender exclusivamente do pensamento, das ideias. René Descartes era um convicto racionalista e o criador da célebre frase, hoje um clássico, "penso, logo existo". Para ele, a razão era o que definitivamente afirmava e validava a existência, ou seja: sabendo-se pensante, o sujeito sabia-se existente. Mais tarde, cem anos depois, o filósofo escocês David Hume, igualmente debruçado sobre a questão de como se conhece e do que existe como primário ou secundário no processo do conhecimento, se opunha ao colega francês, afirmando a importância da experiência no processo de conhecimento humano.

Hume dizia que todo o nosso conhecimento decorre da experiência sensível, e ainda que nada existe na razão que não tenha estado anteriormente na experiência. É o poder da experiência, da sensação, é o empirismo.

Partindo em direções opostas, ambos, entretanto, valorizam o que se pensa, o que se sente, e consequentemente tudo é comandado pelo eu, seja pensando, seja sentindo. Essa maneira de explicar o que se pensa, o que se sente, tudo confluindo para o eu, equivale psicologicamente ao que conceituo como autorreferenciamento, que no decorrer da vivência estrutura o indivíduo isolado, que descobre ser ponto de partida e chegada de tudo que ocorre em sua vida e à sua volta.

Primado de ideias, primado de experiências ou primado de desejos, futuros e realizações, tudo isso é o que isola o indivíduo do mundo. Perder de vista a continuidade e globalidade dos processos é sempre estabelecer pontos de ancoragem ou de fuga. As certezas, incertezas e dúvidas resultarão do que se pensar ou sentir. O indivíduo acha que traz em si todas as condições de estabelecer critérios para o que é verdadeiro e para o que é falso. Acreditar, por exemplo, que é enganado por todos à sua volta e que ninguém o valoriza ou acreditar que é o centro dos acontecimentos gera delírios de onipotência ou de impotência, que funcionam como coletores de experiências, triturando-as com pás de raiva, inveja e vingança.

Descartes duvidava de si mesmo (e só se reencontrava nessa dúvida que o afirmava pensando). Hume achava que nada garantia o amanhecer no dia seguinte, salvo a repetição de sua experiência. Em algumas vivências, o indivíduo sozinho, autorreferenciado, isolado em si mesmo apenas se descobre quando, por mil artifícios, consegue aceitação ou rejeição. Ser considerado não basta, ele pensa que deve haver um motivo, uma vantagem para o outro, por exemplo, que faz sinalizar esse comportamento. Para o autorreferenciado, descobrir as motivações alheias é, assim, a única maneira de garantir a própria sobrevivência. Nesse processo, cria-se medo que se transforma em pânico. Não há participação, existe apenas expectativa, desespero e até mesmo maldade, e é na maldade, na maledicência, na violência que o outro é alcançado e submetido. Ser o controlador, o ditador das regras é o que garante certeza ao indivíduo autorreferenciado. Isso às vezes é feito por meio do acúmulo de informações, do acúmulo de simpatia e até mesmo da continuidade de *likes* e votos para presidir o clube, o condomínio, a cidade, a nação, enfim, a atual network. O poder é a transformação que condiciona, sustenta e garante ao autorreferenciado o isolamento. É a prepotência, é a carência, é a diplomacia e gentileza que tudo escondem, atravessam e mantêm.

Pensamento e experiência como referenciais predeterminados nada explicam além de estruturar a priori e metas: insatisfação, medo e carência do outro, de si mesmo, do mundo. Expectativa e realização nada garantem, salvo compromissos, limites e desesperados anseios para manter conquistas, desejos e ilusões. Voltando à filosofia, Hegel, com a dialética e a visualização da continuidade dos processos, rompeu o elementarismo das ideias, da experiência e da sensação antes imaginadas por Descartes e Hume. O ser humano, indo além, estabelecendo continuidade entre o que sente e pensa pode, pela apreensão de contradições, realizar questionamentos, aceitação e não aceitação, realizar mudanças e viver com os outros enquanto evidência que configura certezas, que permite continuidade. Desaparece o medo, surgem caminhos, aparecem encontros.

A DÚVIDA CONTINUADA DILACERA

A afirmação negada que possibilita uma pergunta é a dúvida.[18] Esse aspecto dinâmico gerado por antíteses estrutura a dúvida, desenvolvendo motivação e curiosidade. Isso nos leva a crescer e

---

[18] Nota da autora: Tenho um capítulo sobre a dúvida em: CAMPOS, Vera Felicidade de Almeida. *Relacionamento*: Trajetória do Humano. Salvador: Edição da Autora, 1988, p. 41.

a mudar. A dúvida pode gerar desenvolvimento humano, tanto quanto científico, social e filosófico. Descartes, por exemplo, ao vivenciar a dúvida decorrente de inúmeras perguntas colocadas e negadas, chega ao ponto de duvidar da própria existência, supõe-se sonhando ou existindo sob a ação de um gênio maligno. Em suas próprias palavras: "considerar-me-ei a mim mesmo absolutamente desprovido de mãos, de olhos, de carne, de sangue, desprovido de quaisquer sentidos, mas dotado de falsa crença de ter todas essas coisas".[19] Ele é o fundador do racionalismo e, portanto, enfatizava a dúvida como imprescindível na busca de conhecimento. Na continuidade de suas reflexões, ele consegue resolver a dúvida sobre a própria existência, constatando-a pelo pensamento: é o famoso cogito cartesiano "penso, logo existo". Shakespeare, em seu magistral *Hamlet*, erudito desenvolvimento de inúmeras questões como traição, fidelidade, governo, lealdade filial e medo, resume emblematicamente tudo isso na célebre dúvida "ser ou não ser?" como questão fundante e construtora do humano e da sua humanidade. A dúvida, a depender do seu contexto estruturante e de quem a vivencia, pode ser transformada em conflito responsável por medos, fobias etc. No século passado, a realização ou não realização de desejos sexuais diferentes do que a família esperava causava dúvidas persistentes, continuadas até aos dramas e angústias existenciais, geralmente esclarecidas e superadas depois de muitos questionamentos psicoterápicos.

A dúvida nos movimenta ou nos emperra. Quando nos detém, ela divide, dilacera, fragmenta. Quando negamos antíteses, negamos a dúvida, mantemos o que já foi destruído, o que já não existe, fazemos de conta que nada mudou. Negamos o movimento, fugimos da dialética do universo. Essa fuga é feita por meio de

---

[19] DESCARTES, René. *Meditações*. Tradução de J. Guinsburg e Bento Prado Júnior. São Paulo: Abril Cultural, 1979.

deslocamentos, não há como destruir o movimento, pois mesmo parados estamos nele. Deixar para depois o que está se evidenciando cria medo e pânico. Nós engendramos as dúvidas, elas são sempre resultantes de nossas vivências, não podemos ignorá-las sem nos alienar, sem nos despersonalizar. Nos relacionamentos, a dúvida continuadamente mantida gera desconfiança do outro e insegurança quanto a si mesmo. Ela é um momento perceptivo possibilitador de relacionamento estruturante do humano ou de relacionamento desestruturante do humano. Quando se enfrenta o impasse gerado pela dúvida, surgem configurações que caracterizam o humano, colorindo a existência. Quando se omite diante do impasse gerado pela dúvida, surgem desespero, alienação, embotamento da existência tonalizados pelos conflitos que escamoteiam e escalonam a dúvida para uma outra dimensão: a da escolha.

AUTORREFERENCIAMENTO

"Duas tarefas no início da vida: limitar seu círculo cada vez mais e verificar continuamente se você não está escondido em algum lugar fora do seu círculo"[20] — esta frase de Kafka é uma maneira de resumir o autorreferenciamento.

Vivenciando o que ocorre no presente, no aqui e agora, estamos disponíveis para o outro, sem regras, sem medos. É a dinâmica relacional que permite teses abertas a antíteses desencadeadoras de sínteses. Por causa disso, os seres humanos motivam-se, apreendem, desenvolvem-se, relacionam-se. Quando esse processo relacional fica posicionado nos próprios padrões, estrutura-se o autorreferenciamento. Podemos dizer que o eu, o ego, é

---

20 KAFKA, Franz. *Essencial Franz Kafka*. Tradução de Modesto Carone. São Paulo: Penguin Classics Companhia das Letras, 2011, p. 104.

o autorreferenciamento, é o posicionamento. Quando reduzido a suas posições, sua história de vida, seus sucessos e fracassos, suas metas, o indivíduo se autorreferencia. Passa a ser o centro a partir do qual tudo é percebido, pensado, lembrado. Ser centro é estar posicionado. O contexto, o Fundo não é percebido, diz a lei da percepção, mas a reversibilidade entre Figura e Fundo sempre existe, afirmaram os gestaltistas.

Posicionado, autorreferenciado, o homem passa a ser o Fundo, o contexto imutável de todas as suas percepções. Ele passa a ser a medida de todas as coisas. Tudo é avaliado, valorizado ou desvalorizado em função do que é bom, do que é ruim, do que é útil, do que é inútil para ele. Ao construir esse sistema de valores, estabelece também regras e padrões que o massificam.

> Autorreferenciados nos posicionamentos relacionais estruturadores do eu, lutamos pelo que criamos e produzimos: nossa família, nosso trabalho, nossos bens, nossa criatividade, passando a estabelecer relações em função de critérios preexistentes, defasados em relação aos contextos vivenciados. É o antes e o depois que nos norteiam. É a massificação, é a desvitalização. Esse processo esvazia à medida em que exila o ser como possibilidade de relacionamento. [...] O ser humano, enquanto possibilidade de relacionamento só existe no presente, no aqui e agora. Contextualizado em antes — no passado — ou em depois — no futuro — ele se posiciona. É a sua história, seus medos, seus desejos, suas necessidades e convicções que o guiam. É o eu situado, é o autorreferenciamento.[21]

---

21 CAMPOS, Vera Felicidade de Almeida. *A Questão do Ser, do Si Mesmo e do Eu*. Rio de Janeiro: Relume-Dumará, 2002, p. 36-38.

Quando o autorreferenciamento é a base de tudo, tudo fica contaminado: percepção, pensamento, comportamento, leituras, opiniões, relações etc. Para manter o posicionamento, o autorreferenciado se mune de aderências que o tornam mais blindado às dinâmicas da vida, tudo passa a ter o sentido ditado pelas necessidades: saber o que se é, o que se quer, qual o propósito da existência em função de suas metas, desejos e valores, tudo isso é necessário para manter os posicionamentos que suportam o seu vazio; desse modo, só lhe resta escolher, decidir, lutar, querer. Ele luta por um mundo melhor onde suas necessidades serão satisfeitas. Assim, no autorreferenciamento a percepção do outro, por exemplo, é contextualizada nos próprios padrões. Consequentemente surge a ideia de semelhante a mim, diferente de mim, e assim são gerados os preconceitos. O etnocentrismo é um exemplo de autorreferenciamento ampliado para todo o contexto social, explícito na ideia "indígenas não têm alma", ou em crenças de que sociedades africanas e sociedades tribais são sociedades primitivas. Essa valorização é arbitrária, autorreferenciada. Ao desejar algo como: "meu filho terá uma vida melhor que a minha", esse amoroso propósito paternal está prenhe de autorreferenciamento. Referenciando-se nas próprias vivências, considerando-as não satisfatórias, espera-se que o filho obtenha melhores resultados, cria-se compromissos e modelos, estruturando no filho gratidão dependente ou revolta, frustração, culpa, medo, raiva e impotência. Esses fatores são responsáveis e resultantes da não aceitação: nunca ter sido aceito pelo que é, mas sim pelo que deveria ser. Temos, assim, a sociedade de consumo, mantida por reivindicações, pela violência e pela depressão.

Questionando, sendo questionado pelos impasses do aqui e do agora e de antíteses proporcionadas pela psicoterapia, retoma-se a dinâmica, surge a mudança, neutraliza-se o autorreferenciamento. É a disponibilidade do estar com o outro no mundo.

DISTORÇÕES QUE ESTRUTURAM O AUTORREFERENCIAMENTO

As distorções decorrem da não apreensão da totalidade do que está diante de si. Colocando-se como centro, como ponto de confluência, o indivíduo pensa que o que ocorre deveria ajudá-lo e não prejudicá-lo, e que tudo sempre o maleficia. "Tudo tem que estar ao meu favor, não contra mim", "nada comigo dá certo", diz o exilado do presente.

Retirar-se do que ocorre, do presente, e resguardar-se em gaiolas passadas ou foguetes propulsores do futuro almejado é lesivo. Retira da vida, do mundo, da convivência com um outro que ainda não foi transformado em objeto temível ou desejado para consecução de desejos. Ser cativo dos próprios referenciais — o autorreferenciamento — é o polarizante de isolamento, consequentemente de distorções. Assim, os acontecimentos são traduzidos pelos referenciais desse indivíduo que se acha o alfa e ômega dos processos. A culpa é sempre do outro, o outro não é confiável, o prejudicou ou tinha que ajudá-lo, assisti-lo, tinha que dividir riquezas, por exemplo, e com essa distribuição ser solidário, amigo e irmão. Pensando, sentindo e falando a partir dos seus pequenos nichos, a partir de seu bunker, o autorreferenciado sofre. Tudo o frustra. Quando realiza algum desejo, o medo de perder e o questionamento à quantidade do adquirido são constantes. Tudo começa nele e nele acaba. O que começa? O que acaba? Injustiças, vitórias, derrotas, o outro que o aniquilou e que podia ter ajudado, o que ajudou, mas não fez mais que cumprir obrigação tardia. O autorreferenciado faz com que tudo seja distorcido, nada é percebido enquanto ocorre, pois os filtros que esvaziam e dilatam os processos são usados. A realidade é sempre distorcida, já que o indivíduo a reduz a suas aspirações, a seus desejos e a suas frustrações. Vive para conseguir o bem, para evitar o mal e, quando consegue, tem que evitar perder o que conseguiu. Essas vivências são equivalentes às voltas no globo da morte, onde a velocidade colapsa todas as direções sob o giro em torno do mesmo ponto. Ansiedade, depressão e medo são as resultantes. Não há diálogo com o outro nem com o mundo, uma vez que tudo é resumido em termos de vantagem/desvantagem e assim não se conhece nem se percebe o que acontece. Não se percebe a configuração real das possibilidades e das impossibilidades.

O autorreferenciamento estrutura duas atitudes básicas: ficar de boca e braços abertos esperando alimento e esperando ajuda ou atingir posições poderosas e obrigar todos a estarem a seus pés, a servi-lo e endeusá-lo, reconhecendo sua importância. Característicos desse processo são o chefe poderoso, o *pater familias* dominador, o sacerdote tendencioso, o governante autoritário, a mãe que tudo faz pelos filhos etc. Uma das piores consequências do autorreferenciamento é o aumento da ignorância — o não discernimento —, visto que não existe discernimento quando se distorce, quando não se percebe a totalidade dos processos.

A psicoterapia é uma das possibilidades de restaurar a percepção da totalidade e, desse modo, o indivíduo percebe que se colocar como centro dos processos ou à margem dos mesmos é uma exclusão gerada pelo medo e que, da mesma forma, a inclusão obtida pelo sucesso é igualmente alienadora. É o clássico vive-se para conseguir, para ser poderoso, para ser cuidado e admirado, para ser o centro do mundo, da família, a confluência de aplausos e dedicação. Essa posição, essa atitude é o caminho régio para a neurose, a não aceitação, a insatisfação e o desespero de estar no mundo com os outros.

Inúmeros indivíduos se sentem com dificuldades de lidar com pessoas e/ou situações, se vitimizam sentindo-se incompreendidos e desamparados e, nesse contexto, a alienação impera e não há a percepção de si mesmos, dos próprios problemas, não há constatação ou questionamento, o mundo começa e acaba na própria pessoa e tudo é percebido em função de suas satisfações e insatisfações, seus desejos, suas conquistas e fracassos, avaliando e decidindo em função dessas pontualizações. Percebendo o mundo e os acontecimentos a partir dos próprios referenciais e das próprias necessidades, tudo é categorizado nesse contexto. É o autorreferenciamento — essa maneira distorcida de neutralizar não aceitações — se posicionando no que é valorizado, no que entende como importante e sinalizador de sucesso e aceitação. Esse processo resulta necessariamente em surgimento e ampliação de sintomas — tonturas, tiques nervosos, pânico, ansiedade, depressão etc. —, em posicionamentos sobreviventes criadores de inúmeras dificuldades relacionais. Perceber tudo o que ocorre a partir dos próprios referenciais e vivências, das estruturações específicas da própria história, medos e desejos — passado e futuro —, é o normal, é o cabível e é também o que separa o indivíduo de seu mundo, de seus semelhantes. Os referenciais, os contextos estruturantes das individualidades se transformam em barreiras na acronia quando ficam fora de sintonia com o que acontece. Tomar o vivenciado como base e estrutura do que se vivencia e do que ocorre cria comparação que enseja avaliações e descompassos, além de erigir o grande avaliador, o sistema que tudo compara, julga e decide.

Estar autorreferenciado — estabelecido nos próprios parâmetros — cria afastamentos. Essas distâncias começam a ser diminuídas ou neutralizadas por pontes, ligações que são precárias, pois se constituem em acessos a objetivos além e aquém, enfim, indiferentes a suas configurações e a seus próprios contextos. Chegar ao outro, ao mundo, por meio de pontes e de acessos, traduz sempre um objetivo, um querer, um desejo. É exatamente assim que o outro passa a ser o ancoradouro e o escoadouro de desejos, medos e metas. Embora sempre percebido como possibilidade fundamental de satisfação de necessidades e anseios, ele se torna mero instrumento, um detalhe enquanto existência compartilhada. No autorreferenciamento tudo é isolado. Essa impermeabilização faz com que o indivíduo se transforme em robô, manivela propulsora de ordens, criador de sistemas aniquiladores de sua própria humanidade. Para sobreviver tem que destruir, e o outro é apenas o receptáculo de seus desejos e necessidades.

Quebrar a blindagem do autorreferenciamento, aceitar que não se aceita, perceber os próprios problemas, deixar de se vitimizar e/ou de transformar os outros em objetos úteis, por exemplo, são possibilidades resultantes do encontro psicoterapêutico. São constatações denunciadas no processo terapêutico, difíceis de serem aceitas, mas que ampliam espaços para novas percepções do próprio processo do estar no mundo, iniciando percepções em contextos diferentes dos posicionamentos estruturantes do autorreferenciamento. É um processo de libertação, de conhecimento e dinamização da vida. Nesse processo terapêutico, o questionamento ao autorreferenciamento é desequilibrante, embora libertador. Cada nova globalização, cada implicação descoberta reanima tanto quanto desespera, pelo desengano que cria. Viver engessado é seguro, não importa que seja também imobilizante. Abrir espaços, portas, janelas, questionando o que está enrijecido, é uma descoberta. Estar livre amedronta, mas permite andar, enxergar, viver. É a saída da prisão, é o questionamento de todos os a priori, é a retirada de âncoras que trazem felicidade, alegria e descoberta de si mesmo por meio do outro que propõe, transforma e muda. Os primeiros passos desse processo são vivenciados enquanto questionamento terapêutico. Essa descoberta de si sem os apoios e as algemas do autorreferenciamento liberta e possibilita descobrir o que se é, o que se quer, o que se faz/fez de verdades/mentiras, sonhos/pesadelos, ilusões e realidades.

DEDICAÇÃO E DESESPERO: PROBLEMAS E SOLUÇÕES

É frequente se procurar psicoterapias para remoção de sintomas, para resolução de problemas que se considera causados pela família, pelos relacionamentos, pelo trabalho, pela sociedade, sempre pensando que se tem problemas e nunca que se é o problema ou que as problemáticas são constituintes de seu estar no mundo enquanto atitudes e comportamentos.

Sempre que se busca a solução de alguma coisa, isso pode ser feito dedicando-se aos dados, ou seja, às estruturas problemáticas, ou afastando-se delas na tentativa de esclarecê-las. Detendo-se, dedicando-se ao problema, consegue-se percebê-lo em sua totalidade constitutiva e, consequentemente, a resolução é alcançada. Buscar outros contextos para solução de problemas dificulta e ainda cria ilusões, distorções, que levam a perceber soluções onde elas não existem.

Para solucionar é preciso problematizar. O questionamento à própria estrutura do problema gera sua solução, mas frequentemente os questionamentos são feitos a outras estruturas, considerando-as solucionadoras. Na educação de filhos é frequente essa distorção. Acredita-se que mudando as amizades, criando novos interesses, muda-se o comportamento inaceitável do filho, sem perceber que as motivações comportamentais dele resultam de frustrações, medos e não aceitações de si, gerando suas escolhas e propósitos. Na sociedade, um dos grandes erros da humanidade foi buscar soluções dos problemas individuais na esfera coletiva.

Não é o todo que determina as partes, é a relação da totalidade com suas imanências e aderências, que as configuram. Quando se pensou em resolver o problema da necessidade de alimento, criou-se a propriedade. O público e o privado transformaram a parte — alimento — em tesouro fundamental — totalidade —, convergência a partir da qual todas as divisões foram estabelecidas: donos dos alimentos, alimentos sem dono e os sem alimentos, por exemplo. Quando as percepções mudam, novas configurações surgem e este processo infinito possibilita determinação, solução e problematização.

Nas crises cotidianas, nos dilemas existenciais, aceitar que se é o problema é o início de uma mudança. O indivíduo começa a se responsabilizar por suas problemáticas, incomodando-se, percebendo o desagradável de sua aparentemente confortável alienação. Quanto mais se insistir que se está sendo atacado, alvejado por problemas, mais dificuldades surgem, desde que a antropomorfização do problema — pensar que ele existe independente de si — é uma divisão, um deslocamento fragmentador. Da divisão inicial — eu e o problema — chega-se a uma multiplicidade deles. O indivíduo dividido, fragmentado, transforma a vida em uma busca de objetivos: consertar o erro, mudar o que atrapalha etc.

Sempre que se busca resolver problemas fora da situação que os engendrou, candidata-se a soluções impossíveis, a problemas nunca resolvidos. Assim, a maneira de perceber e reagir a essas situações é dizendo que a vida é assim mesmo, as coisas não se resolvem sempre. Essa conformação é a distorção que conduz a rastejamentos, humilhações, perda de disponibilidade, busca eterna de salvadores. As dependências e oportunismos são alimentados nesses padrões distorcidos.

A PSICOTERAPIA DINAMIZA, A PROBLEMÁTICA IMOBILIZA

O questionamento é a alavanca, o combustível que permite continuar a trajetória humanizada, a dinâmica de ser no mundo. Posicionado e imobilizado, cercado e identificado pelas próprias dificuldades e problemas, o indivíduo colapsa, perde dinâmica. Toda sua movimentação é na construção de máscaras, pontes e artefatos para atingir soluções, e assim segue dividindo, se fragmentando. O outro, enquanto terapeuta, pelo diálogo, ao globalizar os pontos de fragmentação, os núcleos de não aceitação, possibilita que o indivíduo tenha novas percepções acerca dele próprio. É um momento de dinâmica que altera a imobilidade do ajuste/desajuste gerado pela problemática, pela não aceitação e sintomas. Quanto mais questionamento, mais mudança, e quanto mais busca de solução dos problemas, mais desgaste, mais deslocamento, mais metas e desejos de resultados satisfatórios, e consequentemente de ansiedade.

No posicionamento imobilizador gerado pela problemática, a ansiedade é uma constante. Tentativas de correr de um lado para outro, imobilizado pela amarração aprisionante, criam a ilusão de movimento e dinâmica pela ansiedade gerada como resíduo. Quando transformada em situação nova e independente, a ansiedade se transforma na ilusão criadora de vícios e hábitos que a arrefecem. Um desses aspectos é o conhecido prazer de ir às compras, ou as masturbações assíduas, ou os diversos vícios, como alcoolismo, redes sociais, jogos etc. A ansiedade cria demandas, como se fossem ilusões ópticas, que parecem comportamentos obsessivos e descontrolados: a ilusão de movimento obriga a busca de freios, de paradas. Nada dinamiza, tudo imobiliza. Quanto mais se bebe, menos sente que bebeu, quanto mais se busca o prazer sexual, menos goza, enfim, quanto mais se move, mais parado está.

A imobilização criada pelos posicionamentos problemáticos e deslocada pela ansiedade aniquiladora só pode ser interrompida pela dinamização psicoterápica. Outras dinâmicas às vezes aparecem, mas, como não globalizam o que tem que ser dinamizado, são esgotadas, extenuadas, gerando mais fragmentação, mais posicionamento. Apenas a dinamização do questionamento permite a unificação, a aceitação e transformação dos problemas.

O CÉREBRO É O OUTRO: NEUROCIÊNCIA E ELEMENTARISMO

As relações entre físico e psíquico, entre corpo e alma, orgânico e psicológico são padrões conceituais responsáveis por reducionismos dualistas desde Descartes — marco fundamental das investigações psicológicas ditas subjetivas. Atualmente, a neurociência sobressai-se nesse reducionismo dualista ao repaginar William James, que se interessava pelo estudo dos limiares perceptivos, tendo estudado no laboratório de Wundt em 1879. William James foi o criador da teoria das emoções com base fisiológica. Ele dizia que nos sentimos tristes porque choramos e sentimos raiva por tremermos e não o contrário, ou seja, postulava que era a modificação orgânica e neurológica que criava a emoção.[22] Assim, ele validava neurologicamente o que ele chamava de consciência motora.[23]

O princípio isomórfico (isomorfismo) estabelecido por Koehler e Wertheimer em 1912 — psicólogos fundadores da Psicologia da Gestalt — diz que a toda forma neurológica/orgânica corresponde uma forma psicológica, por exemplo: a percepção visual decorre de

---

22 JAMES, William. *The Principles of Psychology*: Volumes 1 e 2. Nova York: Dover Publications, 1950.
23 Essa teoria da consciência motora permitiu criar instrumentos para estabelecer diferenças individuais, inclusive diferenças de personalidade, como o PMK (Psicodiagnóstico Miocinético), criado por Mira y Lopez e muito usado na segunda metade do século passado.

haver um aparelho visual (olho e sua estrutura orgânica/neurofisiológica) relacionado com um contexto cujos objetos e iluminação são focados, percebidos.

Acredito que toda a psicologia, filosofia e ciência podem partir do conceito de relação: como ela é estruturada, que sujeito e objeto são seus fundantes e possibilitam seu significado, eficácia e operação, explicando os processos relacionais. Perceber é estar em relação com. Esse relacionar-se é o que permite unificar as dicotomias entre orgânico e psicológico, entre organismo e meio. A relação estabelecida pelo voltar-se para as coisas é a intencionalidade, a consciência husserliana.

As relações cognitivas, conhecimento e significado (categorizações), percepção e percepção da percepção são estruturadas perceptivamente. Os gestaltistas alemães descobriram, experimentalmente, leis que regem o processo perceptivo cuja base é a Lei de Figura-Fundo.

Toda percepção se dá sempre em termos de Figura-Fundo. O percebido é a Figura, o Fundo nunca é percebido, existe uma reversibilidade, uma modificação entre o que é Figura e o que é Fundo. A Lei de Figura-Fundo explica o que é percebido e o que não é, sem necessidade da construção teórica ou hipótese do inconsciente, seja no sentido freudiano, seja o "Iui" lacaniano, seja o subliminar da neurociência.

Quando a neurociência fala no subliminar como o equivalente ao inconsciente, atualiza Freud mantendo todo seu reducionismo. Nessa visão, o cérebro evolutivo tem a última palavra, como diz Leonard Mlodinow em seu livro *Subliminar*:

> Quando tentamos dar uma explicação para nossos sentimentos e comportamentos, o cérebro realiza uma ação que sem dúvida o surpreenderia: faz uma busca no seu banco de dados mental de normas culturais e escolhe

algo plausível. Por exemplo, nesse caso o cérebro pode ter procurado no registro: 'por que alguém gosta de festas' e escolhido 'as pessoas' como a hipótese mais provável [...].[24]

Ou, ainda, conforme citação do mesmo autor relatando o que ouviu de outro conhecido neurologista:

> [...] eu penso sobre meus sentimentos, minhas motivações. Falo com meu terapeuta sobre eles, e finalmente saio com uma história que parece fazer sentido, que me satisfaz. Eu preciso de uma história para acreditar. Mas, será verdade? Provavelmente não. A verdade real está em estruturas como meu tálamo, hipotálamo e amígdala, e a isso eu não tenho acesso consciente, não importa o quanto sonde meu interior.[25]

Explicar o comportamento humano, as ações sociais e psicológicas por esse reducionismo neurológico serve apenas para criar modelos e paradigmas úteis a políticas e ações mercadológicas. Pode ser que, em um planeta povoado por mais de 8 bilhões, seja necessário e útil esse arsenal, essas ferramentas para, por exemplo, dar novo significado à canibalização, explicar que ela é uma forma de suprir proteínas ou ainda dizer que proibir a reprodução humana tem como objetivo salvar o planeta, que viver é funcionar produtivamente e esse é o futuro desse enorme contingente de pessoas medicadas e homogeneizadas. Os neurocientistas postulam que a evolução fundamentalmente não projetou o cérebro humano para entender a si mesmo, mas sim para nos ajudar a sobreviver.

---

24 MLODINOW, Leonard. *Subliminar*: Como o inconsciente influencia nossas vidas. Tradução de Claudio Carina. Rio de Janeiro: Jorge Zahar Editor, 2013, p. 227.
25 *Ibid*. p. 212.

Diante de tudo isso, desse caos, penso que precisamos de perguntas que globalizem contradições, unifiquem divisões, por isso devemos fugir das respostas esclarecedoras e facilitadoras que criam o dividido para poder governar, poder controlar seus resíduos e fragmentações.

ANESTESIA

A vivência de terapias geralmente é feita no contexto — Fundo — de tratamento, ou de remédio (contexto médico), ou de magia (adivinhação, descoberta do destino etc.). Não há crítica, não há questionamento, existe apenas desejo de melhorar, de tirar sintomas ou conseguir realizações e metas. Assim, um dos primeiros atos no processo psicoterápico é transformar o terapeuta numa ferramenta útil ou inútil, precariamente ou oportunamente usada.

Todo anestésico, se adequadamente usado, é bom enquanto medicação necessária. É um primeiro passo para cirurgia, para intervenção transformadora. No processo terapêutico, a confiança no processo, no outro-terapeuta e em si mesmo enquanto não aceitação da não aceitação funciona como anestésico, mediação necessária para as cirurgias da alma, do psiquismo, os cortes e transformações dos nós e núcleos relacionais. Mas a terapia jamais deve ser usada como anestésico. Quando isso ocorre, ela é utilizada, capitalizada como justificativa e explicação, negando assim sua função básica: transformar, mudar o estado de angústia, de apegos e medo em estado de presença, disponibilidade e participação.

Inúmeras vezes, ter problemas é vivenciado como horror que precisa ser escondido, negado, não falado, e a psicoterapia é vista como saída ou alívio, jamais anestésico, pois se tal acontecer, ela é descaracterizada de sua função precípua: despertar, clarificar. A psicoterapia e o psicoterapeuta, percebidos como ombro amigo, como apoio, são também devorados pela não aceitação de problemas. O se deixar devorar é uma forma de se tornar cúmplice e garantir sua utilidade, mas é a última coisa a esperar de um terapeuta. Antes de qualquer coisa, o terapeuta é o outro, a antítese, o diferente que contradiz, tanto quanto afirma possibilidades e necessidades à medida que as configura sob novas luzes, novos contextos, novas demandas. É um encontro não compromissado que permite estabelecer a verdadeira dimensão do que estrutura e desestrutura autonomia, aceitação, aceitação da não aceitação, tanto quanto construção de máscaras, de imagens fabricadas por meio das ressignificações, bricolagens e deslocamentos da impotência, do medo e das incapacidades.

Mudar, aceitar que não se aceita é um passo indispensável e vigoroso no caminho da autonomia e vislumbre das dimensões configuradoras do próprio ser, das condições de relacionamento. É o exercício, sem tortuosidade, sem posicionamento, das possibilidades relacionais de ser no mundo com os outros e consigo mesmo. É realização motivacional, é integração polarizante de convergências e divergências, é a desalienação, o deixar de ser objeto, coisa posicionada, situada e representada por funções exercidas. É a realização de suas possibilidades de relacionamento, de sua humanidade.

DESATANDO NÓS

Para resolver um problema ou uma questão é necessário se dedicar ao que desafia, ao que cria complexidades, ao que problematiza. Enfrentar a problemática é o requerido, independentemente de se ter ou não condições de resolvê-la. A princípio, se deter, encontrar o problema, a dificuldade, é o que possibilitará acesso à sua resolução. Sem encontro não há constatação, não há diálogo.

Constatar um problema, uma impossibilidade, causa sempre estranheza e remete à convicção de ter condição ou não de modificar o que problematiza. Esse momento de constatação, quando é ambíguo, quando vivido autorreferenciadamente, adia a solução, transforma o problema em justificativa de avaliação, criando a famosa descoberta de que "não poderia fazer nada!". Estar submisso, amassado pelas impossibilidades é, para muitos, solucionador e absolvedor. Avaliar, medir é uma maneira de fugir do confronto, da ação, da mudança. Não é o que pode ser feito que desata nós, é o que precisa ser feito que os desata, muda posicionamentos, abre prisões e estabelece a liberdade de enfrentar e de questionar. É impossível se acomodar e mudar, é impossível transformar zonas de conforto sem reeditar dilemas estabelecidos sobre conveniências. Indivíduos comprometidos com resultados jamais mudam, jamais percebem os caminhos, os meandros do que vai delinear soluções, desatar nós, afrouxar asfixias, destruir apoios comprometidos.

Desatar nós, resolver problemas é abrir mão de apoio e reagir ao que oprime e esmaga. O não entendimento dessa contradição cria fracionamentos responsáveis por divisões posteriormente conflitivas. De tanto enganar o outro, de tanto camuflar a nitidez do uso que estabelece e sofre, fica subordinado, escravizado pelas próprias mentiras, pela manutenção delas, sem sequer perceber que a manutenção do inexistente — da mentira — cria outra ordem de fatos, sequências de ilusão, que aproximam por imobilização. Já não se procura atar nós, não é necessário amarrar. O indivíduo preso na imobilidade e nas vivências desvitalizadas descobre o que é preciso ser feito para reviver. Entretanto, essa descoberta que precisa ser feita não pode ser feita, mas já foi. Esse conflito é resolvido por exaustão, pois novas realidades são agora percebidas: além da conveniência e do medo, surge o livrar-se da dor, da depressão, da imobilidade, o ficar vivo ou ser um objeto que de vez em quando recebe sopros de vida e paga para isso.

Descobrir que toda omissão, todo faz de conta implica em outros processos, gera outros custos, compromissos e alienações, cria mudança.

LIBERDADE É A COMPREENSÃO DAS NECESSIDADES, DIZIA HEGEL

Somente por meio de questionamentos, indagações, esclarecimento de dúvidas e divisões é que se percebem limites e dificuldades. Perceber os limites e a eles se dedicar abre horizontes ao desfazer os nós que aprisionam. Essa mudança de configuração cria mudanças perceptivas responsáveis por novos entendimentos e questionamentos. A continuidade e a reversibilidade dessas vivências apontam sempre para novas direções, é a descoberta de possibilidades que configura a ideia de Hegel de que liberdade é a compreensão das necessidades.[26]

No universo político social, quando se pensa que o ponto de apoio é também o ponto de opressão, novas compreensões e comportamentos são desencadeados: o medo desaparece ou o medo aumenta. Nesses contextos se descobre que "a união faz a força". O grupo é o existente fundamental para se desenvolver a mudança que possa ocorrer, as mudanças que possam ser operacionalizadas em reivindicações e consequente aquisição e manutenção de direitos sonegados e ameaçados. Compreender os pontos de contradição é subtrair-se dos alienantes, é libertar-se dos enganos, dúvidas e medos. É necessário livrar-se do "canto das sereias", amarrando-se aos postes da realidade que são pilares

---

[26] Sobre liberdade e necessidade em Hegel, cf. HEGEL, Georg Wilhelm Friedrich. *Ciência da Lógica*: A Doutrina do Conceito. Tradução de Christian G. Iber e Federico Orsini. Petrópolis: Editora Vozes, 2018.

edificadores de objetivos, de não dispersão, que configuram o ir à luta coeso e inteiro, sem se perder no imediatismo da satisfação contingente de necessidades e aquisição de vantagens que apenas mascaram e retardam contradições. As contradições estão sempre apontando a saída: é o fio de Ariadne que tudo libera e resolve.

Psicologicamente, estar em conflito, ansioso e sem saber o que fazer cria desespero e angústia, estados geralmente escondidos, aliviados por meio de esperança e medo. Voltar-se para o passado, evitando o temido ou se apoiando no acontecido solucionador, jogar-se para um depois no qual tudo será realizado ou no qual só existem ameaça e aridez são maneiras de estruturar polaridade. Esse ir e vir é comprometedor. É a criação de balizas, escaninhos e gavetas onde tudo se organiza, se perde e se nega. As situações problemáticas e angustiantes deixam de significar, resumindo-se no aguentar ou não aguentar. A expectativa cria compromissos, e eles, ao estabelecerem critérios e modelos, amarram, aprisionam, criando limites. A radicalização da situação estabelece o ser ou não ser, o ter ou não ter, o existir ou sobreviver. Negando-se como possibilidade, totalmente submerso nas necessidades, o indivíduo se angustia, se deprime, se aliena, se robotiza.

O processo terapêutico enquanto antítese e questionamentos ao que neutraliza, ao que compromete e divide é personalizador à medida que, por meio da constatação de limites, da compreensão de necessidades, liberta e faz perceber a infinita possibilidade diante de si, por estar no mundo com os outros. Perceber limites, aceitar necessidades, medos e angústias é a maneira de iniciar mudança, é a maneira de sair de apoio-opressão, de sair da imobilização que desvitaliza e compromete ao sedar, e consequentemente aniquilar. Vida é movimento, relacionamento é dinâmica, tempo é continuidade. Liberdade é não estar oprimido pela satisfação de necessidades, significativamente percebidas e configuradas.

PARADOXO E SIMPLIFICAÇÃO

Estabelecer paradoxo é uma maneira de manter opostos. Simplificando, paradoxo é um problema cuja solução é outro paradoxo, ou ainda, paradoxo é a contradição do estabelecido, do posto. O inesperado é paradoxal. Quebrar certezas oriundas de regularidade e frequência cria paradoxo. Saber que qualquer coisa estéril frutificou, por exemplo, é também paradoxal, caso não se considere a possibilidade de enxertos. Saber que uma mulher dependente e espancada por anos foi à Delegacia após meses sem ser seviciada é paradoxal, caso não se considere o tempo de construção da lucidez, gerado por visitas de agentes sociais ou por outras intervenções. Enfim, paradoxal é tudo aquilo que rompe uma cadeia de referências situantes das constatações que estão sendo consideradas paradoxais.

Na esfera moral é na família que se vivenciam os maiores paradoxos. A mãe que se recusa a aceitar que a filha tenha uma vida sexual quando ela mesma não esconde seus inúmeros relacionamentos sexuais, o pai que ameaça cortar a mesada do filho que não estuda e não trabalha quando ele próprio vive de expedientes questionáveis etc. A tabela de valores é oscilante, pois outros contextos interferem. O paradoxo em relação a alguma situação é solução para outra. A própria palavra em sua etimologia esclarece que é outra doxa, outra opinião. Quanto mais se vive, mais se morre, mais se aproxima da morte, é mais um exemplo de paradoxo. Tudo que é quantificado, destituído de sua qualidade, seu *quali* — essência especificadora —, pode se constituir em paradoxo.

Atualmente se estabelecem abismos, contradições, divisões, conflitos psicológicos e se tenta resumi-los em situações paradoxais como justificativas de manutenção. Querer e não querer o mesmo que está diante de si é uma divisão, uma explicitação de fragmentação de perspectivas, é a motivação flutuante em função de referenciais próprios, impermeabilizados a questionamentos. Não querer mais e continuar vivendo com um companheiro que trai e engana, mas ao mesmo tempo querer que ele mude, que ele seja outra pessoa é o desejo paradoxal alicerçado nas quimeras da insegurança e dependência. Geralmente, o confronto das contradições, a vivência das situações paradoxais é gerada por insegurança e absurdos resultantes da mistura do espaço e do tempo. A situação de agora, a verdade que inunda é confrontada com o sonho, o que se desejaria que fosse, o que se pensava que era. Enfim, as situações são percebidas e categorizadas pelos filtros dos sonhos, dos medos e dos desejos e, assim, não é possível desistir da mulher que diz preferir outro amante, não é possível aceitar que o filho escolha outra profissão diferente da programada, por exemplo.

Paradoxos desaparecem ao se perceber que o que ocorre alcança todas as suas implicações e nuances, e assim se afirma a nova ideia, a cristalização de outra doxa, outra opinião, outras visualizações.

POR QUE SE DISTORCE? POR QUE SE UNILATERALIZA?

Ilhados na sobrevivência, os seres humanos percebem o que está em volta de si pelos valores em função da satisfação ou insatisfação de suas necessidades (demandas). Uma das resultantes imediatas desse processo é a transformação do outro em instrumento, ferramenta, meio para satisfazer desejos (deseja-se o que falta) e necessidades (é o que permite sobreviver). O outro passa a ser caçado e utilizado para apoio e prazer.

A distorção é resultante da manutenção de posicionamentos, da quebra da dinâmica relacional do estar no mundo. Inicia-se assim um processo que se caracteriza por buscar metas, por autorreferenciamento etc., enfim, distorção perceptiva, unilateralização. Nesse contexto, tudo que se percebe, consequentemente o que se pensa — pensamento é prolongamento da percepção — é binário, mecânico, limitado: é bom? É ruim? Serve? Não serve? Esse referencial, essa matriz verifica e avalia tudo que ocorre. Qualquer situação nova vai ser assim examinada. Nada é feito ao acaso, nada é feito por fazer. Diletantismo é considerado loucura, é considerado perda de tempo. Apoiados nesses critérios, observam e avaliam o que leem, o que veem, o que ouvem, o que lhes propicia prazer. Sabem o que deve ser buscado e o que deve ser evitado. O que não couber no esquema tem que ser adaptado: fragmentam, dividem para manipular. Esse processo esvazia, aliena do presente, leva à criação de metas, busca de objetivos como: "paz interior", "realização de sonhos" etc. Nessa nebulosidade nada é claro, nada é luz, tudo é distorcido, misturado, confuso. Não há apreensão de totalidades, só existe luz no fim do túnel e ela tem de ser buscada.

Quando o que acontece é percebido em contexto diverso do que está estruturado ou acontecendo, ocorre distorção perceptiva. A percepção do percebido é a categorização, o saber que se percebe. Quanto mais relacionada ao percebido está a percepção dele, maior a globalização; quanto mais distante — temporal ou espacialmente —, maior a fragmentação, a parcialização. Nesses casos, para nomear, significar, tem que se preencher os vazios, somar as partes. Esse processo é a distorção perceptiva responsável por preconceito, divisão, oposições e semelhanças.

ANTÍTESE E OPOSIÇÃO

A dialética dos processos consiste em antíteses, em oposições. Entretanto, nem sempre se vivencia esse processo, nem sempre se vivencia esse movimento, pois se está ancorado em algum bem-estar ou mal-estar. Imaginar que não pode quebrar, que não pode mudar o momento feliz, que não pode mudar o processo considerado perfeito ou, por outro lado, que nada vai salvar nem mudar a infelicidade do que se vivencia é um exemplo desse pensamento, desse autorreferenciamento otimista ou pessimista.

Tudo muda, tudo se movimenta, esse é o contexto humano, da mesma forma que sempre podemos estar posicionados, sempre podemos estar situados. As passagens são feitas em volta de referenciais, e a percepção da imutabilidade, às vezes da eternidade, daí decorrem. A continuidade desse estado gera uma vivência de não contradição, mas essa vivência é tão realizadora quanto anestesiadora. Essas possibilidades antagônicas — dualidade — são uma maneira de recriar movimento, de recriar contradição. As grandes histórias de amor, seus temores, por exemplo, estão ancoradas nessa reversibilidade. É o desejo de eternizar o instante, o popular "por que não para, relógio?" é a contradição, é o estar no mundo com o outro, sendo um organismo cheio de necessidades e repleto de possibilidades. Sem antíteses, o processo se encerra — a morte do indivíduo, por exemplo, embora continue como matéria orgânica, já não é personalizada, não há intencionalidade, não há consciência. Vivenciar a não antítese é estar entregue a si mesmo, isso pode configurar disponibilidade e explicar o autorreferenciamento no qual o indivíduo se sente só e único no mundo, tendo os outros à disposição de seus quereres e necessidades.

Nas vivências de disponibilidade, as contradições são vivenciadas como constatações, não há avaliação, ou seja, o processo não é visto como impedimento. Estar disponível resulta de vivenciar o que ocorre enquanto evidência, sem avaliações ou cogitações. Nas vivências autorreferenciadas, as contradições são vivenciadas como obstáculo que tem de ser transposto, destruído ou negado. Os propósitos e desejos, metas e planos são as regras que determinam tudo, as contradições são negadas, só existem obstáculos a vencer ou o medo de fracassar.

Sempre é estruturante e humanizador perceber as contradições existentes, como elas se relacionam, modificando-as, transformando-as em constatações ou integrando-as. Desconsiderar a dinâmica é criar desertos reais, que obrigam imaginar castelos de areia sempre simbolizados por situações de medo, dúvida e pânico.

DISPONIBILIDADE

A disponibilidade só é atingida quando não há existência de propósitos e desejos a realizar, isto é, quando o determinante de vivências, participações e escolhas é estritamente em função do presente. Essa condição é difícil de acontecer, ela só é possível quando o futuro — o que está colocado para depois — se constitui em perspectiva, em continuidade do presente. Mas acontece que frequentemente o futuro, o depois, é espacializado e buscado, é o lugar, o ponto do sucesso a atingir, ou o lugar a contornar, a morte a evitar.

Preso a desejos, o indivíduo transforma a disponibilidade, o estar aberto ao que acontece, em possibilidade de renúncia, em desapego. Essa colocação implica sempre em compromisso. Estar disponível não é o contrário de estar comprometido, pois as atitudes de disponibilidade são estruturadas pelos processos de aceitação do estar no mundo com os outros, de perceber possibilidades e necessidades, de enfrentar, transformar e aceitar limites.

Manter apegos é sempre agregar condições (pessoas e situações) que possam se constituir em apoio, em base de segurança, em catapulta para realizar desejos, tanto quanto desapego é o mesmo processo ao inverso quando o que se considera necessário é estar solto para os grandes voos de aventuras do espírito, das experiências inéditas, das drogas etc. Enfim, o apoio e o apego são buscados, pois ou são inferidos, absorvidos por meras circunstâncias, ou são premissas para buscas espirituais, lisérgicas, químicas vistas como dignificadoras do sonho, do ânimo, da vida. Portanto, o apego, logo que surge, implica em dependência, segurança, medo, compromisso.

Estruturar disponibilidade começa pela admissão de comprometimentos individuais: ocupar lugar em um tempo, em um espaço, ser um corpo, estar no mundo com os outros. Quando tudo isso é percebido e aceito, os limites se integram, a liberdade surge, o fazer parte integra, liberta, e a disponibilidade surge. Esse processo é sempre atravessado por antíteses, anteparos que entortam as percepções. O limite da casa, da família, do corpo, do mundo é transformado em referenciais identitários e assim todo compromisso e apego são estabelecidos; ouvimos inclusive vivências binárias, contingentes, por exemplo: "quebro ou mantenho esta situação familiar, sigo este padrão traçado, enfim, renuncio ou mantenho?". Colocações comprometidas jamais possibilitam disponibilidade, daí a diferença entre disponibilidade, apego, renúncia e abrir mão. Mantendo e valorizando as conquistas, o adquirido, as vitórias sobre frustrações e fracassos, o indivíduo se candidata a posicionamentos comprometidos que, mais dia, menos dia, vão exibir seus efeitos que enrijecem e alienam.

TRANSPOSIÇÕES, SINESTESIAS, HISTERIA E POESIA

Existem situações nas quais todas as variáveis percebidas são polarizadas para um alvo, um objetivo. Na dramaticidade do perigo, a expectativa de ser atacado por um animal feroz, uma cobra venenosa, por exemplo, cria impeditivos que imobilizam. Nesses momentos, o que se enxerga, o que se sente, cheira ou ouve, além do gosto de travo na boca, são referenciados na situação que imobiliza. Tudo é polarizado em um ponto que permite transposições e unificações das várias percepções — é a sinestesia. Voltagens rápidas, turbilhões de acontecimentos, medos, alegrias desenfreadas criam estas percepções unidirecionadas, unilateralizadas, sinestésicas.

No pânico, o que se vê, cheira, sente, o gosto amargo na boca, tudo é unilateralizado em função do desbordante, da ultrapassagem dos limites. As vivências são tão intensas que não são suportadas pelos limites e configurações relacionais do que está acontecendo. Certas visões de cemitério, de câmaras de tortura, celas de confinamento, relembram situações tão vividamente vivenciadas que se sente cheiros, ouve-se gritos, choros, se tem enjoos e até desmaios. São situações que relembram histórias nas quais a vivência era caracterizada pelo embaralhamento, a não discriminação do que ocorria, pois partia-se de um ponto, partia-se de fragmentos e assim se reconstruíam ou construíam totalidades diferentes das que agora acontecem. Existem símiles na literatura, como na poesia: do "avista-se o grito das araras", de Guimarães Rosa, chega-se ao todo misturado por não se identificar o que se mistura, chega-se às opressoras sensações, percepções do céu pesado, cinza chumbo que desaba.

Essa transposição de formas, transposição da percepção é resultante da polarização redutora de medos, vivências e expectativas. O medo antecipa as percepções e acidentes, tanto que materializa fantasmas. Os locais onde ocorreram torturas trazem gosto de sangue e cheiro de podridão, de sujeira, enfim, em alguns casos, o que às vezes se considera sintoma histérico, pode também ser explicado como sinestesia gerada pela intensidade de vivências determinadas pelo que ocorre. Quanto mais o indivíduo é tomado pelos acontecimentos, mais condição tem de polarizar e totalizar vivências. A entrega como imersão geralmente é questionável devido à perda de limiares e limites, entretanto, pode existir como resultante de impactos. Ser atingido por um acontecimento, sem reconhecer que ultrapassa e unifica referenciais, independe das condições individuais, da mesma forma que ser absorvido, tragado pelo que ocorre sem reação, exige omissão — medo que imobiliza. Perigos, ameaças representadas por guerras, por cataclismos, às vezes até mesmo assaltos, são homogeneizados, impedem discriminação do que está acontecendo. Isso explica o comportamento às cegas, tipo manada, das multidões comandadas por palavras de ordem (atualmente a hashtag tem também essa função), agrupando situações dispersas sem explicá-las, sem possibilitar questionamentos, mas que funcionam como estímulo ou freio para imobilizar ou movimentar.

Transposições são possíveis e férteis quando se mantém a unidade a ser transposta. Quando as transposições são realizadas pela junção de unidades diversas, surgem estruturas incoerentes, sem lógica unitária, responsáveis por criação de híbridos, verdadeiras quimeras, fontes de ilusão e preconceito. Transposições de partes ocupando o lugar do todo geram preconceitos, erros e até mesmo delírios e alucinações.

HIGIENE MENTAL E PSICOTERAPIA

Frequentemente se ouve comentários deturpadores e críticas ao tratamento psicoterápico. "Para que psicoterapia? Não serve para nada", "o que nasce torto, torto permanece", diz a maioria, ou ainda: "o que se perdeu, o que não se fez, não há mais como recuperar, como fazer". Essas visões limitadas a resultados, pragmáticas e unilaterais não dão conta da diversidade relacional que configura o comportamento humano.

Não se faz terapia para isto ou aquilo, nem por causa disto ou daquilo, se faz terapia para se encontrar no mundo com o outro, para mudar o enrijecimento do medo, da angústia existencial, da mesmice das repetições viciosas. Psicoterapia é tratamento tanto quanto profilaxia, é higiene mental, e nesse sentido equivale a tomar banho, trocar de roupa, escovar os dentes. É cuidado, é tratamento, é limpeza, higiene, cuidar de si, cuidar do corpo, cuidar do ser. Como afirma Michel Foucault em todo um capítulo dedicado à ideia de cuidado de si como atitude, como uma forma de estar no mundo, como um olhar crítico de nossas atitudes, cuidar de si leva a uma reelaboração de nossa maneira de agir, de ter relações com os outros, de encarar as coisas.[27]

MUDAR NÃO É SUBSTITUIR: PROBLEMAS TRANSFORMADOS EM JUSTIFICATIVAS

Em meu livro *Mudança e Psicoterapia Gestaltista*,[28] afirmo que conceituar comportamento como movimento é fundamental para responder às questões humanas, sejam elas vivenciais ou teóricas. Extraio desse conceito (movimento) implicações para o processo humano, seu desenvolvimento, suas problemáticas, seu tratamento. Estar no mundo implica em mudar, em movimentar-se, e a continuidade da mudança é fundamental, pois o desenvolvimento humano é uma continuidade de teses negadas, antíteses afirmadas, sínteses constituidoras de novas teses, antíteses etc. Em outras palavras, desenvolvimento humano é mudança, é superação do estabelecido, do contexto de ajuste, é atualizar-se, é responder aos questionamentos, aos estímulos do estar no mundo.

---

[27] FOUCAULT, Michael. *História da Sexualidade III*: O Cuidado de Si. Rio de Janeiro: Edições Graal, 1985.
[28] CAMPOS, Vera Felicidade de Almeida. *Mudança e Psicoterapia Gestaltista*. Rio de Janeiro: Zahar, 1978.

Nem sempre a mudança tem o sentido de disponibilidade, e apesar de sempre ser descontextualização, ela pode criar manutenção ou uma organização rígida. Em estruturas divididas, pulverizadas em sintomas, a mudança pode corresponder à neutralização de possibilidades, na qual os problemas são transformados em justificativas e aí a estagnação se instala, surgem posicionamentos, criando contextos perceptivos estáticos, autorreferenciados.

Nas situações de permanência e estagnação se realizam trocas, não são mudanças, são apenas substituições. Quando os contextos permanecem, tudo é percebido em função dessa permanência. Toda percepção (Gestalt Psychology) se dá em termos de Figura e Fundo; percebemos o elemento Figural, o Fundo nunca é percebido, embora seja estruturante contextual da percepção. Existe reversibilidade, o que é Figura transforma-se em Fundo e vice-versa: percebemos uma pessoa na rua, por exemplo, a pessoa é Figura e a rua é Fundo; quando se chama a atenção para a rua, a rua passa a ser Figura e a pessoa passa a ser Fundo. Esta reversibilidade é a dinâmica do processo perceptivo. A estaticidade quebra a dinâmica, gerando a permanência do Fundo, da moldura, criando uma série de estigmas, de preconceitos, tanto quanto certezas e confiança. Pensar em alguém como um rapaz de "boa família", de "boa aparência", sempre gentil, educado, sem perceber que ele é um manipulador, um mentiroso contumaz — mesmo quando se é vítima direta de suas manipulações —, é um exemplo deveras comum de estagnação perceptiva: o determinante da percepção é a moldura mantida ("boa família", "boa aparência", "gentil", "educado"). Tudo é percebido no contexto dessa variação: transformação do que é evidente, do que contraria todas as certezas prévias em dados irrelevantes.

Quando convicção — oriunda de garantias outras que não as vivenciadas — e medo substituem vazios motivacionais, isso se constitui em instrumento, ferramenta que permite viver: construir casa, empresa, família e relacionamentos vários. O denso substitui o sutil, tanto quanto o corporifica. Tudo converge para a preocupação de ficar bem, de ser aceito, ser reconhecido através de seus funcionamentos, de seu status. Esse processo é criador de imagens, oportunismos, medos, ansiedade, agressividade, timidez, faz de conta, vazio, tédio, angústia, que sempre denunciam sua humanidade amassada pelos compromissos criadores de limites que esvaziam.

Mudar resulta de dispensar padrões e contextos de referência, de descobrir o que está aqui e agora, o que é e o que não é. É o presente percebido no contexto do presente. Essa interrupção cria descontinuidade, quebra contextos anteriores e faz surgir o novo. O anterior descontextualizado é o novo, pois sua referência, seu significado muda. Relacionar-se com o novo só pode ser estabelecido quando há disponibilidade — isto é a mudança.

Não havendo disponibilidade, substitui-se e tudo permanece, tudo pode ser substituído e parecer igual, tanto quanto diferente, quando apenas se percebe parcialmente. A distorção parte/todo cria um infinito de substituições e transmite a variada experiência que é apenas colorir o preto e branco do vazio, das expectativas. Quanto mais se substitui, mais se mantém, menos se muda e transforma. Os mestres da exploração e conveniência política já diziam e dizem que é preciso "mudar para manter", ou seja, sabem como substituir figuras, imagens e assim, tornando parcial, transformam totalidades em mosaicos labirínticos.

No nível individual, "mudar para manter" (cuidar do sintoma) é a regra constante quando se transformam problemas em justificativas. Os conflitos criados por este artifício transformam o problema em apoio (justificativa) e também em opressão (impossibilidades conflitivas).

DIGNIDADE É UNIDADE

Os problemas psicológicos do ser humano resultam da divisão gerada pelos processos de não aceitação. Obrigado a se dividir, a se parcializar em função de resultados satisfatórios, ele se desestrutura. Desde cedo, ainda criança, acontecem os processos de divisão diante de antíteses e contradições. Elas podem ser enfrentadas, podem ser negociadas ou desconsideradas. Não sendo enfrentadas, surge a divisão, a desintegração. É como expressa o ditado: "uma vela a Deus, outra ao diabo". Contemporizações, acertos e pacificações passam a ser constantes. No decorrer desses processos, impõe-se a negociação, o despistar, o aparentar. A dignidade não existe. Sem unidade, divididos, somando e calculando negociações, tudo é feito em função de resultado e de conseguir satisfação. A atitude é de aparentar, enganar para controlar, para conseguir.

A unificação da divisão é o objetivo da psicoterapia, e é a única maneira de resgatar a humanidade do sobrevivente alienado e coisificado pela meta da realização dos desejos. Na neurose, o drama é imenso: cada desejo é realizado às custas da negociação, da "armação" (planejamento estratégico) e da esperteza. Para realizar o que não é aceito pelos pais ou pela sociedade, o indivíduo traveste-se para aparentar ser o que não é, ter o que não tem. Andaimes, armadilhas, pontes que funcionem são construídas. A moldura institucional e a legitimação são buscadas e valorizadas como vitais. É preciso cobrir, esconder o que não é aceito, é preciso despistar. Esse processo dicotomiza e com o tempo pulveriza e o transforma em arauto de verdades que para ele são mentiras. A unidade, a união das divisões e o questionamento delas dignifica, faz com que se pise com os próprios pés e que se ande por conta própria — é a autonomia.

IMPASSES E CONFLITOS

Para a Psicoterapia Gestaltista, neurose é um processo que se caracteriza pela não aceitação. Os relacionamentos familiares trazem padrões sociais significativos de acertos, erros, coisas boas e coisas ruins. Os resultados alcançados são compilados e comparados. As pessoas são elogiadas ou criticadas, rejeitadas ou aceitas, mas sempre dentro de padrões. Nesse processo se estrutura a experiência da não aceitação enquanto individualidade ao mesmo tempo que se estrutura a aceitação ou não aceitação enquanto acertos ou erros determinados pelos padrões. Assim estruturados não há aceitação como individualidade, mas sim como indivíduos que acertam ou que erram. A pessoa não se sente aceita pelo que é, mas sim pelo que pode ou não conseguir e, consequentemente, não se aceita, mas quer ser aceita. Para conseguir tal incoerência — não se aceitar e querer ser aceita —, ela tem que camuflar o que não aceita em si, enganar, esconder, mentir, ousar e tentar. Nesse jogo surgem sintomas, posicionamentos, inseguranças, medos, angústias, ansiedades.

A ansiedade desorganiza tudo. Dessa desorganização resulta a fragmentação, o aparecimento de partes descontínuas, posicionadas e apoiadas. Divisões, pontualizações, falta de sequência e dificuldade de dar continuidade às ações criam paradoxo e incongruências relacionais: o indivíduo apoia-se no que oprime, conserva o que destrói etc. Com o passar do tempo aparecem os conflitos que não são vivenciados como tal, mas que esmagam e pressionam, gerando pânico, vazio, insegurança. Não se sabe o que fazer da vida.

Em psicoterapia, quando as máscaras, os disfarces da não aceitação são denunciados, o indivíduo se sente ameaçado. Arrancar a máscara é vivenciado como arrancar a própria pele. Ele resiste, desiste, até que percebe que não arrancar a máscara é imobilizar-se e desistir de viver.

Esse impasse entre querer continuar no processo da não aceitação e sentir-se imobilizado por ele, essa percepção das implicações, é o que possibilita a continuidade. Os pontos começam a ter sequência, o movimento começa a se estabelecer. É a mudança, é o movimento, é a transcendência dos limites até então responsáveis por medos (omissão), submissão, raiva. O processo de aceitar que não se aceita se inicia. Essa aceitação é fundamental para quebrar os posicionamentos, para mudar o autorreferenciamento, para contextualizar novamente os impasses e conflitos.

ALÍVIO DE SINTOMAS

Quando os deslocamentos que criam ansiedade, medo e insegurança são neutralizados pela psicoterapia, aparecem tranquilidade, determinação e segurança. Sem mudar a estrutura, essa substituição de vivências e de atitudes acontece na estrutura de não aceitação, de pessoa descontente, por exemplo, e cheia de restrições a si. Quando isso ocorre, os sintomas desaparecem, são superados, mas geralmente não há mudança.

O que impede o processo de transformação da estrutura problemática é causado pelo posicionamento, pela instrumentalização do bem-estar, da melhora. Essa instrumentalização é feita no sentido de realizar todas as demandas: as metas geradas pela não aceitação. Sem o pânico paralisante, o indivíduo reinsere, retoma sua cega obstinação em ter prazer, por exemplo, não importa como nem com quem. Obstinadamente busca realizar suas metas, procurando ter o que lhe satisfaz. Reinstala-se o círculo vicioso. Sem saída, cada vez mais marcado pelo que necessita, voltam os deslocamentos. Até que ele consiga globalizar, apreender seu processo, ele tenta, por ensaio e erro, somar, aplacar, consumir, canibalizar o que considera vital para seu bem-estar. Desistindo dos processos transformadores a fim de manter os desejos realizados e metas alcançadas, começa a se formar ansiedade, que, aplacada ou mantida, torna-se responsável por prepotências geradoras de depressão etc.

Transformar o problema em justificativa é o grande álibi que mantém as parcializações. São os vitoriosos que, aos olhos de todos, são excelentes pessoas, apesar de terem um problema (fobias, depressão, ansiedade etc.). O grande nó, a liberação terapêutica é perceber que o que satisfaz é também o que aumenta, mantém e nutre os problemas. Surge o insight: a questão não é superar limites, é transformá-los.

ADAPTAÇÃO E MUDANÇA: ACEITAÇÃO DA NÃO ACEITAÇÃO

Geralmente o adaptado é o posicionado, o que renunciou a qualquer mudança para manter o que conseguiu. Assim vivendo, ele é um mediano, é também o que não se aceita medíocre, adaptado. Surgem sintomas e deslocamentos a fim de criar um movimento, uma dinâmica — ainda que ilusória — diante de seus posicionamentos. Movimentos pendulares, ao longo do tempo, dividem e fragmentam, estruturando a não aceitação de ser o que é, de ter a vida que tem. No processo terapêutico, ao perceber a não aceitação, suas estruturas e implicações, surge a aceitação da não aceitação. É um momento muito importante, é a quebra da adaptação, do posicionamento e o início da mudança. Tudo é novo, diferente, as metas são transformadas em perspectivas, o que gerava vergonha e medo passa a ser questionante de responsabilidade e de participação. Inicia-se a mudança responsável pela aceitação.

Apegado à ideia de que toda mudança decorre de luta, revolta e desadaptação que seriam responsáveis pela transformação social, não se consegue imaginar a aceitação como uma ação antitética. Antítese só surge se existir um ponto de encontro. O ponto de encontro das contradições é a própria antítese, isto é, a configuração do impasse e da impossibilidade. No contexto das relações humanas, a percepção desse ponto de encontro das contradições permite aceitar o que ocorre, independentemente de padrões valorativos, necessidades de sobrevivência ou desejos de mudança. Negar uma realidade com o objetivo de criar outra é estabelecer vias paralelas que não configuram antíteses. Não há encontro nem integração das contradições. A revolta e a não aceitação estruturam o desejo, a necessidade de mudar e de não sofrer mais. Se há negação do fenômeno, é impossível o encontro, e, portanto, a contradição. A negação do limite de uma dada situação estabelece a existência de paralelas que criam dualismos, responsáveis por divisões e fragmentações tanto no indivíduo quanto em suas relações com os outros.

Uma das grandes questões humanas é como existir fora dos padrões sociais e econômicos e, ao mesmo tempo, estar neles e deles depender. Quanto maior for essa contradição, maior também será a possibilidade de se perceber e se descobrir como ser humano. Tal descoberta é libertadora, quebra as ordens contingentes e produz antíteses. A aceitação da realidade se caracteriza pela integração do limite, mas, muito frequentemente, a aceitação é confundida com conformismo, com submissão àquilo que oprime, frustra e agride. No entanto, a integração do limite é o que ocorre quando vivenciamos o presente, quando, sem medo nem esperança, nos relacionamos com a realidade. O medo é a avaliação do que acontece em função de referenciais outros que não os do momento. São os a priori, os traumas, as certezas já assumidas que carregamos como filtros responsáveis por novas categorizações, preconceitos, estigmas, culpas, inferioridades e vivências já acontecidas e cristalizadas. Esperanças constituem anseios, vontades e desejos contextualizados no futuro.

A questão da temporalidade é complexa na filosofia, na psicologia e na física, mas em certo sentido é simples quando relacionada com vivência e percepção. Exemplo disso é a percepção de que o patrão que explora é o mesmo que alimenta, de que aquele que oprime também apoia. A vivência dessa contradição cria sentimento de revolta, medo, culpa, angústia e também resistência, ao mesmo tempo que enseja luta, oportunismo e despersonalização, quebrando a individualidade e impedindo a mudança. A transformação surge apenas quando se percebe, por exemplo, que apoio e opressão são dois aspectos do mesmo processo. A percepção do limite estrutura as antíteses responsáveis por sínteses. A liberdade e a consequente quebra das barganhas abrem novos caminhos.[29]

NEUROSE E CONDIÇÃO HUMANA: DESESPERO E REALIZAÇÃO

A neurose não é característica da condição humana, ela é um dado relacional, isto é, ela decorre das atitudes que o indivíduo estabelece com ele próprio, com o outro, os outros e o mundo — seus contextos relacionais. Acreditar que a neurose — distorção perceptiva ou dificuldade de adaptação — faz parte do indivíduo é o determinismo psicanalista; é a ideia de que traumas e características biológicas inatas e inconscientes determinam nossas atividades.

O ser humano é uma possibilidade de relacionamento com necessidades biológicas a realizar. Nasce livre e limitado. Possibilidades de exercer motivações são suas características, tanto quanto elas são estabelecidas por seus contextos relacionais, entendendo-se aí família, sociedade e cultura. Se nasce livre para ser o que se é: um ser em relação com os outros e com o mundo, também estruturante para com os outros, seus desejos, medos e compromissos,

---

29 Nota da autora: Ideias desenvolvidas por mim nos livros *Terra e Ouro são Iguais: Percepção em Psicoterapia Gestaltista* (1993) e *Mãe Stella de Oxóssi: Perfil de uma Liderança Religiosa* (2003), ambos publicados pela editora Zahar.

situados e estabelecidos em sociedades, em épocas, criando realizações e contradições. Lembro aqui do Prometeu de Kafka:

> Sobre Prometeu dão notícia quatro lendas:
> Segundo a primeira, ele foi acorrentado no Cáucaso porque havia traído os deuses aos homens, e os deuses remeteram águias que devoravam seu fígado que crescia sem parar.
> De acordo com a segunda, Prometeu, por causa da dor causada pelos bicos que o picavam, comprimiu-se cada vez mais fundo nas rochas até se confundir com elas.
> Segundo a terceira, no decorrer dos milênios sua traição foi esquecida, os deuses se esqueceram, as águias se esqueceram, ele próprio se esqueceu.
> Segundo a quarta, todos se cansaram do que havia se tornado sem fundamento. Os deuses se cansaram, as águias se cansaram, a ferida, cansada, fechou-se.
> Restou a cadeia inexplicável de rochas. A lenda tenta explicar o inexplicável. Uma vez que emerge de um fundo de verdade, ela precisa terminar de novo no que não tem explicação.[30]

Na dinâmica da vida, as contradições e os encontros criam limites que são aceitos ou não. Quando são negados, estrutura-se a não aceitação da realidade, não aceitação do que existe, e dessa forma são estabelecidas sinalizações de omissão (medo), de recusa, além de posicionamentos e escolhas determinadas por essas contingências relacionais. Esses posicionamentos criam divisões responsáveis por polarizações convergentes ou divergentes criadas por colocações autorreferenciadas, nas quais os indivíduos se posi-

---

30 KAFKA, Franz. *Narrativas do Espólio*. Tradução de Modesto Carone. São Paulo: Companhia das Letras, 2002, p. 107.

cionam, se percebem como início e fim dos processos. Para essas pessoas, tudo depende delas, é criado por elas ou voltado para elas. Esse posicionamento gera distorções, transforma o outro em objeto que reflete e refrata; o indivíduo distorce e assim configura o que se conhece por neurose. Essa distorção perceptiva cria vítimas, opressores, preconceituosos, raivosos, medrosos, carentes, enfim, estabelece os referenciais de neurose responsáveis por conflitos, violências, carência — dificuldades relacionais.

Neurótico é o indivíduo que se isola dos processos relacionais, se detém e se separa do outro, do mundo, da realidade, exercendo assim seu papel de vítima ou de opressor e oprimido, expondo seu vazio e desespero.

NÃO SE TEM NEUROSE, SE É A NEUROSE

Frequentemente se diz que existem problemas, que existe neurose, mas que isso é apenas um aspecto da personalidade. Pensar assim expressa a visão de que o indivíduo está bem, mas tem um distúrbio. São enfatizados os aspectos saudáveis, não neuróticos. Comprometidos com a ideia de que a totalidade é a soma de seus vários constituintes, acreditam na doença, na neurose, como uma parte, um aspecto da personalidade que existe, mas não compromete o que nela é saudável.

Acontece que o todo não é a soma de suas partes; qualquer coisa que aconteça, acontece em sua estrutura, em sua totalidade. É sempre assim em qualquer organismo, em qualquer totalidade. Não há como falar em partes boas e partes más e achar que dessa maneira se percebe a problemática psicológica humana.

Na clínica psicoterápica, a visão de que se é a neurose, de que ela não é uma aderência, é uma visão fundamental para o resgate do humano. Neurose é não aceitação que cria autorreferenciamento, distorção perceptiva e deslocamentos. Estar triste, deprimido, ansioso é resultante de processos de não aceitação do que se vivencia. A dificuldade de se comunicar, por exemplo, de se expressar, não é simplesmente um aspecto psicológico que caracteriza a vivência neurótica. A dificuldade de conversar e de se expressar é uma das características do processo de não aceitação que afeta tudo. Não sendo aceito, o desenvolvimento do indivíduo é realizado por posicionamentos criadores de divisão: eu e o outro, eu e os meus desejos, eu e o mundo. Nessa divisão surgem posicionamentos autorreferenciadores. Começa a separação: "no trabalho e com os amigos está tudo ótimo, não tenho problemas; só tenho problemas em casa com a família e quando fico só comigo mesmo".

É comum observarmos que ser é substituído por ter, e dessa operação surgem mais parcializações, mais alienação e conclusões como essa de que não se é neurótico, se tem neurose. Uma das implicações desse reducionismo elementarista — generalizado pela visão psicanalista que vê o homem como formado por Id, Ego e Superego — é a soma de instintos e desejos. Constitui-se em terreno fértil para a medicalização: não se é, se tem problema. A dessubjetivação denunciada pelos psicanalistas foi gerada por eles mesmos. Quando se pensa "tenho neurose", equivale a "tenho dor no peito, tenho dor de cabeça". Para curar esses males, toma-se remédio.

Não se tem neurose, se é a neurose. A neurose não é um atributo, ela é a estrutura que caracteriza todo o relacionamento e trajetória do ser no mundo quando ele não aceita seus limites, suas necessidades e possibilidades.

PARADOXOS DA NEUROSE

É conhecida a escalada paradoxal da hipocondria: viver faz mal, causa doença. Esse implícito funciona como uma espada de Dâmocles, é condutor e mantenedor do comportamento paradoxal. Não ir até o fim, negar, desconhecer e subtrair implicações permite sobreviver, gera divisões, paralelas que nunca se encontram, que não estabelecem conflito, embora sejam paradoxais. A não globalização fragmenta, pontualiza e, ao firmar posicionamentos, nega toda possibilidade de dinâmica, de diálogo. Várias situações no viver neurótico e distorcido — na não aceitação — criam atitudes paradoxais. Cuidar dos sintomas, evitá-los, estabelece um caudal ritualístico, maneiras de com eles conviver ao ponto de criar vícios ou hábitos. É frequente o viciado em síndrome de pânico. Enfileirar queixas, estabelecer reivindicações, fazer com que familiares e acompanhantes participem dos cuidados necessários para evitar o pânico é um vício que desloca tensão, e consequentemente alivia. Detestar a solidão, demandar relacionamentos mais íntimos, mais intensos e, quando eles surgem, evitá-los por desconfiança e medo, é também paradoxal. As divisões vivenciadas posicionadamente impedem correlação, constatação e categorização. Nesses casos é muito difícil perceber que o que apoia oprime, ou que a mão que alimenta é a mesma que explora. A mãe que todo dia reza para ver sua filha protegida dos desejos eróticos e cobiçosos do pai, seu marido, é a mesma que faz de conta que não viu o que viu, que nega o que enxergou ocorrendo. Paralelas estabelecem obliquidades disfarçadas que distorcem o existente, tanto quanto geram espaço ocupado pela ansiedade e desespero pela aparente impossibilidade de soluções. Ter pânico, para algumas pessoas, é a maneira de saber-se vivo e cuidado, tanto quanto é também uma maneira sutil e carente de dizer não, de dizer sim, de recusar o enfrentamento, a decisão e a ação — é o álibi. A continuidade desse processo vicia, aplaca, é o caminho conhecido no qual o despropósito prazeroso impera. Nesse contexto, viver em função de valores, de resultados justificadores do próprio existir é se condenar à mecanização. Esses ajustes sociais capacitam para bons comportamentos que sempre vão trazer resultados satisfatórios e reconhecidos pela sociedade, da mesma forma que cada vez mais alienam o humano de sua humanidade.

A questão não é vencer, a questão não é ser aceito. Colocar a vida nesses parâmetros é negar quaisquer possibilidades de transformação. É o estar sempre esperando a remissão dos atos, a justificativa do existir. Geralmente esse processo é encontrado, é exercido como disfarce da não aceitação de complexos, sentimentos de inadequação e aspectos considerados inferiores. Reconhecer em si mesmo e não aceitar algo que é socialmente desconsiderado e querer ser considerado e aceito pelos outros, assim como querer ter os mesmos direitos dos que controlam e determinam status, cria constantemente a busca de realização e superação de impedimentos. Esse querer fazer diferença é responsável pelo estabelecimento das vítimas, dos revoltados e até mesmo dos lutadores, dos opositores do que os oprime. Querer tomar o lugar do opressor cria também opressores, caso não sejam questionadas e transformadas as relações da opressão. A mera substituição para "o jogo das vantagens e prejuízos" e ter os mesmos direitos é alienador, pois tudo é exercido e gira em torno e em função de contingências alienantes. O desejo de superar dificuldades, assim como de superar condições consideradas ruins para o desenvolvimento da própria vida, engendra metas. Tudo que é estabelecido e frutificado nos desejos decorre de não aceitações. Querer superar o que falta, conseguir o que não teve, preencher carências é o propósito, o motivo que lança o indivíduo para o futuro, estabelecendo, desse modo, o conquistador vitorioso ou o ressentido fracassado. Nesse contexto, ir além do próprio limite negando-o constrói as motivações para a superação dos problemas e dificuldades.

O que limita deve ser vencido, ultrapassado, integrado, absorvido, absolvido no próprio processo do estar no mundo. É como apreender as coisas, aprender a falar, aprender a ler, adquirir técnicas que promovam mudanças da realidade, que determinam aptidão e escolhas profissionais. É fruto do embate, do que está determinado, do que limita. Quando os processos vitais e relacionais são transformados em etapas a serem vencidas, a luta pelo poder e aceitação se instalam. Surgem classificações valorativas e o bom, o ruim, o puro, o impuro, o capaz, o incapaz são configurados a partir dos desejos, metas e pódios a atingir. E desse modo o indivíduo é movido por ansiedade, medo e ganância. Nesse contexto, tudo que atravessa seu desejo de superação e mudança tem que ser destruído, e superar é o desejo, o objetivo que constrói seu dia a dia. Todas as proposições e motivações são dessa maneira estabelecidas.

Transformar valores, quebrar apoios, mudar lugares e posições é o que transforma contingências. Caso isso não se realize, apenas surge a "troca de cadeiras" durante a música, indicando quantos pares conseguiram as novas habilitações, as novas posições. Transpor contingências situacionais não é a maneira de transformar regras alienantes. A questão não é ocupar lugares privilegiados, a questão é quebrar a contingência que tudo posiciona em melhores e em piores.

Nas vivências psicológicas, o importante não é conseguir, sem frustrações e impotências, realizar desejos. O fundamental é questionar os panoramas individuais que possibilitaram e engendraram o escape dos desejos, a criação dos sonhos e padrões estruturantes do medo, da opressão, das vivências incapacitantes e alienantes.

Quanto maior a admissão de saídas, quanto maior a pontualização, menor a libertação do que está amedrontando e alienando.

Não querer o lugar do opressor é o primeiro passo para destroná-lo. Perceber a própria desumanização, perceber o estar orientado para padrões e valores alienantes é a maneira de transformar contingências, limites. É o contar com o que se é, com o que se tem para realização do estar vivo, cheio de possibilidades, cheio de medos e desejos. Essa constatação é o primeiro passo da mudança. A partir desse momento é estabelecido o início da mudança, da transformação.

Ao perceber dificuldades, incapacidades e indisponibilidades, o indivíduo percebe os limites que as configuram. Quando a realidade e as contradições são aceitas e percebidas, essa vivência lhe dá condições de mudar e caminhar por onde pode estruturar autonomia. É um processo bem diferente de burlar limites e criar dinâmicas que o orientam e ajudam a chegar aonde deseja. A aceitação do processo e a vivência do presente é o que vai permitir estruturar autonomia. Quanto mais se nega o que existe — o presente — e se busca o sonhado, o desejado para superar dificuldades, mais o indivíduo se submete, no mínimo, aos próprios desejos, acomodando-se às depressões resultantes da avaliação das falhas, dos resultados diferentes dos almejados.

MOLDURAS QUE OCULTAM

O conceito corrente de que se tem neurose, de que ela é uma parte, um aspecto da pessoa, engendra regras, normas e pseudossoluções. Sentindo-se com uma mancha — a problemática — que gera não aceitação, busca-se limpá-la, escondê-la atrás de uma marca, uma presença notável, afirmativa e de sucesso, poderosa e responsável. Uma série de ferramentas, de instrumentos se tornam necessários para essa afirmação social. Uns utilizam como senha a beleza, outros a inteligência, outros o dinheiro, outros o poder, e outros a tradição familiar. Existem ainda as molduras institucionais, perfeitos salvaguardas do que se quer apresentar ou esconder.

A moldura institucional, do emprego ao casamento, passando pelas sociedades beneficentes e recreativas, é fundamental para a criação de imagens, de marca aceitável, de logotipo vitorioso. Ter dinheiro e ter poder é a varinha de condão, o instrumento mágico para abrir portas, para conseguir o que se deseja. É comum usar armaduras, fantasias que confundem. Equivale a não acreditar em Deus e entrar para um convento, a militar contra a alienação e viver alienado, enfim, é o esconder, o fingir. Nesses casos, um arsenal de ferramentas e molduras sempre despistam e podem construir imagens favoráveis. É muito frequente encontrar pessoas preconceituosas em público que realizaram entre quatro paredes tudo que elas discriminam.

Quando percebem que são neuróticas, que sua problemática não é um acessório, começam a mudar ou, sentindo-se desmascaradas, destroem o que está em volta, até mesmo elas próprias, pois, percebendo-se divididas, acreditam que um ato final de destruição (suicídio, por exemplo) as salvará da vergonha da desmoralização. Ter poder, ter pessoas, ter sucesso, ter é a ferramenta, o instrumento necessário para a manutenção da desumanização, da ansiedade e da não aceitação. Quem tem uma mancha quer uma marca, mas, como não se tem neurose, se é a neurose, a busca dessa marca apenas camufla, aumentando o problema.

ASPECTOS QUE DESMASCARAM

Neurose é o processo gerado pela não aceitação de si, da própria estrutura familiar, social e econômica. Não aceitando as próprias características biológicas (aspecto físico, sexo, cor de pele, tamanho das orelhas, cor dos cabelos etc.), não aceitando a família pobre ou a família rica com seus consequentes limites e características socioeconômicas, sendo percebido pelos pais ou substitutos como entraves, o indivíduo não se sente aceito pelo que é, mas sim pelo que pode ser, fazer ou realizar.

Ao não se aceitar e não ser aceito, o indivíduo busca atingir o que é aceito pela sua família e pelo sistema social que o situa. Estabelece metas, objetivos a partir dos quais, se atingi-los, será vencedor. Essas metas nem sempre são atingidas, surgindo os frustrados, os despersonalizados, os desumanizados. Quando as metas são atingidas, surge o vencedor, o realizado, o que conseguiu chegar aonde queria — venceu. É rico, é pobre, despoja-se do supérfluo que envergonhava sua família corrupta, por exemplo. Essas metas atingidas satisfazem, mas também posicionam em situações deslizantes, inseguras. É uma vivência em função de realizar metas, em função do futuro de tudo fazer para atingir o buscado, é enfraquecer-se, esvaziar-se, desumanizado e despersonalizado pela não vivência do presente e dependente de apoios. Instala-se um círculo vicioso. Constatando a necessidade de apoio e segurança, vai estabelecer novas metas: agora precisa garantir o conquistado, vivenciado como o que supõe ser de seus pares, semelhantes vitoriosos. Novas contradições, novo empenho para conseguir, ansiedade, medo de perder o conquistado. Estrutura-se submissão, vergonha, desânimo, medo de ser descoberta a sua origem, por exemplo. Vive para conseguir apoios. Qualquer ameaça ao já conseguido é desestabilizadora.

Processos são contínuos, dinâmicos e implicam em contradições, em antíteses. Meta dentro de meta, presente transformado em futuro, esvazia, desvitaliza. Não há consistência. Nada significa, tudo tem que ser agarrado, tudo é apoio e se o apoio é retirado, o indivíduo colapsa. Para manter as metas, agora ameaçadas, se desumaniza, rasteja, abre mão do que tem, faz qualquer negócio para não perder o apoio que, no entanto, não mais o apoia. Nesse momento, é um ponto perdido, solto no espaço. Se não surgir nenhum aglutinante questionando todo o processo, por exemplo, uma psicoterapia, o indivíduo se fragmenta, adoece, desiste. Sem questionamento, não há clareza, não há diferenciação do vivenciado. Surgem contemporizações que esvaziam e destroem.

Situações vivenciadas estão sempre a requerer corpo/alma, dignidade, revolta. De tanto viver de aparência e imagem, o indivíduo já não tem recursos para fingir que é capaz quando todos os recursos são congelados pelos impasses que desmascaram.

Os deslocamentos da não aceitação dos próprios problemas frequentemente são responsáveis pela desestruturação do comportamento e instalação de quadros depressivos, tanto quanto os de dependência do álcool, do sexo e outras drogas lícitas e ilícitas. É fundamental deter o deslocamento da não aceitação para que se possa aceitar que não se aceita e, assim, estabelecer o início do processo de aceitação, de humanização, isto é, deixar de se colocar como um objeto à mercê de valorações atributivas.

MITOS

Eric Hobsbawm já escreveu sobre a invenção das tradições como fator importante nos processos ideológicos, nos processos históricos. A construção de identidades por meio dos mitos de origem é frequente nas sociedades, gerando manipulações delas para conseguir "benesses" dos poderes públicos, assim como possibilitando a criação de histórias que servem para deslocar não aceitações.

Reis e rainhas povoam o imaginário dos adeptos de candomblé e muitos deles, oprimidos e escorraçados, deslocam suas não aceitações, utilizam máscaras régias, fazem uma fusão entre os mitos ou lendas dos Orixás com sua personalidade. Têm sido tão frequentes esses processos no Brasil, que foram pesquisados pela psicóloga Monique Augras como estudos de personalidade, no livro *O duplo e a metamorfose* (2008).

Temos outro exemplo, na cultura indiana clássica, que engendra essa fusão entre mito, identidade e ideologia. Na Índia, com seus múltiplos deuses e avatares, a heroína Sita do Ramayana é o modelo de identidade feminina: mulher submissa, esposa, mãe, raptada, vítima injustiçada e salva pelos deuses, é uma identificação valorizada que serena e mantém a obediência às regras familiares. No âmbito das manipulações sociais, as divindades Kali e Durga, muito violentas, são modelos, são exemplos que, se seguidos, possibilitam energia, força para enfrentar conflitos e por isso mesmo servem à manipulação política do imaginário popular nas lutas entre grupos religiosos.

Nas sociedades ocidentais em geral, baseadas na tradição greco-romana, a identificação com os mitos dessa tradição já não é operativa. Atualmente se insere no mundo contemporâneo ocidental a ideia de vidas passadas (karma), por exemplo, e de reencarnação como explicitação de situações paradoxais, inesperadas e não aceitáveis, mas que justificam identidades.

Quando os mitos são deslocados de sua função resultante, decorrente de perguntas diante dos "mistérios" do mundo, e passam a ser utilizados como background, como base, surge uma inversão penosa, desagregadora. Enganos são estabelecidos, reis, rainhas, deuses abundam, mitigando o desespero, criando deslocamentos, produzindo válvulas de escape para drenar a não aceitação que congestiona. São deslocamentos expressos em frases como: "sou pobre, mas minha família era latifundiária", "venho de origem real da Nigéria", "ser mulher é assim mesmo, eu sei sofrer", "é o meu karma, por isso sou assim" etc.

Quanto mais é mantido o mito como explicação da identidade, mais alienação e ilusão se estabelecem. Psicologicamente, esse deslizamento de conceitos é importante para entender os contorcionismos gerados pela não aceitação. De tanto repetir, se acredita, e assim se organizam comunidades que sobrevivem desse saber, dessa tradição reinventada. São cenários que obrigam a desempenhos e camuflam não aceitações, além de se constituírem em ilhas de fantasia enganosa.

MONOTONIA

Quando o aderente é o fundamental, o ser humano se escraviza ao que o aliena. O vício (não conseguir desempenhar suas funções, não conseguir viver sem estar alcoolizado, a droga como sedativo constante do sofrimento e da dificuldade de estar no mundo com os outros), viver em função dos outros, ou em função das aparências, ou das instituições que dignificam, que conferem status, são formas de aderência.

Intrínseco, imanente é o constituinte, o legítimo. Imanente ao humano é sua possibilidade de relacionamento com os outros, consigo mesmo e com o mundo. Transformar essa possibilidade em necessidade de relacionamento, em carência,[31] faz surgir ade-

---

[31] Cf. CAMPOS, Vera Felicidade de Almeida. Carência afetiva. *In*: CAMPOS, Vera Felicidade de Almeida. *Psicoterapia Gestaltista*: Conceituações. Rio de Janeiro: Edição da Autora, 1972, p. 42.

rência explicitada gradualmente em satisfação e insatisfação. Possibilidades exercidas não são quantificáveis ou "quando se trata de direito não há legitimidade", como dizia Luypen, fenomenólogo holandês. Não se discute a legitimidade de caminhar, embora se discuta para onde se pode ir. Dirigir as possibilidades para alvos específicos cria esgotamento e transbordamento. Esse processo pressupõe manutenção, cuidados, aderências. Assim, para continuar é necessário manter "como um caminho no outono: mal se acaba de varrer, logo se torna a cobrir de folhas mortas [...]",[32] como dizia Franz Kafka.

Manutenção é o que dá continuidade e também o que destrói o cotidiano das pessoas. Quando ela não é realizada, cria resíduos que aumentam, crescem, tornando-se obstáculos no dia a dia. Quando realizada pela persistência e continuidade, exila o novo, pois o que se repete, o que continua, já é o esperado. No exemplo de Kafka, as aderências sazonais, em relação ao caminho, exigem que ele tenha sua existência preservada pela limpeza (varredura) ou pela drenagem (gelo e água) para que continue sendo caminho — possibilidade. Tudo sempre igual. A repetição preside os processos, dos metabólicos à passagem do tempo: dia, noite, claro, escuro, nascimento, morte e velhice. O ter que se sustentar, ter que se alimentar, a manutenção da vida é a maior contradição do processo, da dinâmica da vida. Só há continuidade se houver manutenção. Atrelar dinâmica ao estático, movimento à inércia, é dialética. Viver sem contradição é o desejado, tanto quanto é o impossível.

Os indígenas guaranis, por exemplo, execravam a terra má, odiavam o uno, odiavam a unidade. Para eles, o um é toda coisa corruptível. O modo de existência do um é o transitório, o passageiro, o efêmero. Os guaranis odiavam o transitório, a passagem,

---

[32] KAFKA, Franz. *Parábolas e Fragmentos*. Tradução de Geir Campos. Rio de Janeiro: Philobiblion Editora Civilização Brasileira, 1956, p. 32.

a mudança, e achavam que isso era gerado pelo um, que eles significavam como o incompleto.

Nós, ocidentais, entendemos a unidade como o inteiro, o não fragmentado, o que se mantém enquanto autonomia e possibilidade. Nesse sentido, nossa coincidência em relação aos guaranis se resume na admissão da unidade, do uno como possibilidade única de dinamização, isto é, mudança, passagem, o que para nós é bom. A divergência surge quando, para os guaranis, mudança e transitoriedade são ruins. Como eles mesmos dizem: "e muitas vezes, chegamos lá, nas praias, nas fronteiras da terra má, quase à vista da meta, o mesmo ardil dos Deuses, a mesma dor, o mesmo fracasso: obstáculo à eternidade, o mar indo com o Sol".[33]

Não há eternidade, pois não há imobilidade. A dinâmica, o não posicionamento dos desejos realizados, a felicidade que escoa geram monotonia e tédio quando essa dinâmica não é aceita. Nada é para sempre. Sempre é uma abstração que só pode ser entendida enquanto continuidade, e pelos implícitos de manutenção que ela impõe, continuidade é monotonia.

A vivência da monotonia e do tédio é muito frequente, pois o presente, os processos são atravessados por expectativas preenchidas e geradas por avaliações. O simples fluir da dinâmica, a continuidade, não traz em si significado, não aponta para bem ou para mal, e se assim for percebida, ela é ritmo, contexto, paisagem. Não havendo avaliação, não há inserção de atributos fragmentadores e referenciadores de porquê, para quê, quando. Sem interrupção, não há colapsos geradores de ansiedade. A ansiedade é que cria monotonia, pois estabelece referenciais outros, tais como ritmos, frequências que geram expectativas ao afastar o indivíduo de suas

---

[33] CLASTRES, Pierre. *A Sociedade contra o Estado*. Tradução de Theo Santiago. Rio de Janeiro: Ed. Francisco Alves, 1978, p. 121.

vivências. Entregue ao que acontece, vivenciando o acontecido, sem significar vantagens e desvantagens, não há interseção, avaliação possibilitadora de metas, medos ou desejos. Monotonia e tédio traduzem o fato de estar exilado de seu presente, resultam da não aceitação dele. Se tudo é vivenciado como tedioso, o presente deve ser transformado. O primeiro passo é abandonar o conforto da adequação, da repetição, do hábito. Para atingir montanhas é necessário abandonar planícies, tanto quanto o trajeto pelos cumes pode ser tão habitual que a busca da planície seria uma diferença, uma quebra da monotonia. Vivenciar o que está diante é sempre dinamizador (mesmo que só se encaixe nos critérios do que se considera ruim). A dinamização exila monotonia e tédio, diferente de instalar-se no adequado que provoca convergências pontualizadoras que, na continuidade, enrijecem: sem autonomia se acerta, se erra, se automatiza. Automatizar, agora, é o plano, a configuração que instala tédio e monotonia.

Neutralizar aderências implica em explicitar imanências. Mudar uma visão preconceituosa acerca do outro, do semelhante percebido como diferente, realiza o milagre do encontro, do reconhecimento, da descoberta do novo, por exemplo. Abrir mão de apoio, mesmo arriscando cair, é libertador. Saber que tudo acontece na exata dimensão das possibilidades realizadas e das possibilidades atualizadas dá consistência, confiança para mudar, para permitir o novo, para se surpreender, para quebrar a monotonia da alienação.

MANUTENÇÃO E TRANSFORMAÇÃO: TUDO SE REPETE, TUDO É DIFERENTE

Se estabelecermos cortes longitudinais na história da humanidade ou nas nossas histórias pessoais, no nosso cotidiano, sempre encontraremos repetições e padrões. Tudo é previsível. Não poderia ser diferente, pois o ser humano é estruturado como organismo mantido por relógio biológico, por demandas celulares e fisiológicas. Ele é também estruturado em sociedades e culturas, que por sua vez são determinadas por fatores econômicos e produtivos.

Será que isso sempre ocorre? Serão a mesmice e a previsibilidade os traços mais marcantes das histórias? Tudo isso muda quando se atinge a dimensão de transcendência dos limites estabelecidos, sejam eles os limites sociais ou os biológicos. Quando surge o outro, o encontro, o desencontro, surgem as possibilidades de mudança e de transformação. Tudo pode ser diferente, único e inédito, pois as variáveis configuradoras do encontro são inimitáveis.

Convém considerar essa impossibilidade de imitar. Quando os encontros são deslocamentos das necessidades de sobreviver, de manter, respeitar ou negar as regras sociais e biológicas, a previsibilidade se insinua e será atingida, é apenas uma questão de tempo. Tudo é processado no tempo e no espaço, tudo pode ser continuado ou descontinuado e pode, consequentemente, ser previsto. Mas quando os encontros realizam integração e transformações que ultrapassam fronteiras e limites, nos deparamos com a imprevisibilidade. São, por exemplo, os célebres que se eternizam, mesmo ao virar protótipos romanceados: Romeu e Julieta, Madame Bovary, Raskólnikov.

A qualidade nova de um acontecimento cria motivações que ultrapassam as características já explicadas como determinantes dos fatos, pouco significando o ocorrido, mas sendo muito significativa a possibilidade de ter ocorrido. É essa condição, essa possibilidade que identifica, individualiza e torna irrepetível a motivação humana. Mesmo quando alguém é considerada igual a Madame Bovary ou considerado igual a Raskólnikov, não se é nem um nem outro. O duplo não cobre o único, pois existir como duplo, como cópia, só é validado pela fonte, pela unidade que o gerou. O original, como dizia René Chateaubriand, não é o que não imita, é o que não pode ser imitado.

São essas vivências únicas, essas individualidades, esses encontros, que tornam inesquecíveis as ações humanas e as pessoas com as quais interagimos. Interagir só é possível entre seres humanos. Quando surge a coisificação, quando se transforma o outro em objeto, surge a troca de pessoas, como se troca de móveis, casa ou roupas, tudo é repetição, tudo é substituível. Essas repetições geram solidão e depressão. O uso aliena. Transformar o outro em objeto é também se coisificar. É perder dinâmica, é abrir mão da interação possibilitadora de vivências únicas e surpreendentes.

ADIANDO A MUDANÇA: NEUTRALIZAÇÃO DE CONTRADIÇÕES

O contrário, aquilo que descontinua, ocupa outro lugar no espaço e no tempo. É assim que ele, o contrário, se constitui em antítese. É assim que as mudanças ocorrem e continuidades são estabelecidas e reestabelecidas em outras condições, em outros contextos.

Toda vez que surge uma contradição, uma antítese, surge divisão e conflito. A maneira de perceber essa divisão, esse conflito, vai estabelecer como lidar com a situação, ou seja, com o conflito. A contradição sempre possibilita acomodação ou não acomodação: adaptação ou não adaptação. Adaptar-se ao que contradiz as próprias crenças, valores, propósitos, objetivos é um jeito de negar o que questiona, de apagar o que foi percebido como diferente, inesperado, contraditório ao anteriormente vivenciado. Ao passo que se desadaptar resulta de não negar a quebra, a descontinuidade, a mentira, a verdade, o novo que surge.

Ao fazer de conta que o que acontece não acontece, desde que nada tem com os próprios desejos e compromissos, o indivíduo neutraliza sua percepção do que está acontecendo. Essa renúncia de suas vivências e constatações o retira do presente, lançando-o nos desertos de quimeras futuras ou de estéreis passados. Tudo é percebido em função do que se quer manter, do que se quer atingir. O presente é negado, e assim também é negada a contradição que tudo questiona.

Relacionamentos amorosos caracterizados por ajustes, acertos necessários e consequentemente contingentes e circunstanciais são polarizadores de contradições. Ser estruturado em função de objetivos transforma o necessário em sua matéria-prima constituinte. Quando a vivência do presente, quando o estar com o outro não se esgota nesse processo, quando sempre se relaciona a algum depois, a uma causa, a uma consequência, o relacionamento se transforma em compromisso, propósito, desejo, empreendimento, negando-se como encontro, integração, descoberta. É quase impossível manter descobertas, encontros e paixões sem autonomia e disponibilidade. As necessidades de complementação e de socialização geralmente são argamassas de construção, e nesse processo, pactos, acertos realizados começam a descontinuar. Isso é mudança, é vivência da contradição. Quanto mais se nega o que contradiz, mais se estabelece ajuste, satisfação e insatisfação. São descontinuidades pendulares aplacadoras das contradições, mas que a todo momento as revelam. As infidelidades, por exemplo, hoje em dia neutralizam contradições de uniões afetivas que são consideradas necessárias, mas que nada mais significam enquanto encontro afetivo e relevante. Tempos atrás, casamentos eram alimentados por essas transgressões; o amante, a amante geravam culpas que se constituíam em combustível para manutenção da família, pois, sentindo-se culpado(a), tratava-se bem cônjuges e filhos. A culpa esconde a impotência.

Abrir mão de realizar o que se gosta e fazer o que se precisa, o que é necessário, é uma maneira de neutralizar contradições, de não aprofundar o conflito entre gostar e precisar. A neutralização da contradição é o fazer de conta, o jeito mágico ou desonesto de negar o que está acontecendo. Mas quando se é desonesto? Por que isso ocorre? O ético é uma decorrência circunstancial, decorre da constatação do que está aí e assim consigo? É preciso considerar que valores são determinantes de compromisso, mas também são determinantes de liberdade. Só por meio de questionamentos as continuidades são estabelecidas, e isso só acontece se as contradições não são neutralizadas, não são negadas, mas são vivenciadas, possibilitando mudança.

LIMITES: IMPEDIMENTOS E TRANSPOSIÇÕES

Por que é mais fácil se deixar explorar do que reagir à exploração? Por que é melhor se submeter ao companheiro que espanca do que o abandonar? Por que é melhor silenciar diante de abuso sexual, físico ou econômico do que denunciar? Por que é mais fácil procurar um médico do que um psicólogo? Por que é mais fácil dizer que o problema é do outro do que de si mesmo? Por que é mais fácil esperar que as coisas se resolvam do que enfrentá-las?

Por causa do medo (omissão), da esperança que Deus ajude, por causa das capitalizações, das conveniências e deslocamento, enfim, por causa das necessidades não satisfeitas, desde fome, sono, sexo até o emprego que não vem. O indivíduo precisa sobreviver. Nessa dinâmica ele é apenas o animal mais desenvolvido, e segue a manada, segue o rebanho. Busca sobreviver, cumprir as ordens que seus mestres, seus patrões, seus protetores ditam e organizam.

Humanidade sobrevivente é por definição não humana, é um conjunto de máquinas e animais treinados para seguirem regras.

Transpor limites, mudar regras, conseguir autonomia é o que se constitui na estruturação de individualidade, disponibilidade e bem-estar no mundo. Essa felicidade, cada vez mais distante e inacessível, não povoa o mundo da sobrevivência. Sobrevivência é a nova forma de escravidão e aprisionamento que o ser humano sofre. Basta pensar, por exemplo, no tráfico de drogas, de mulheres africanas, latinas e asiáticas agenciadas para exercer prostituição nos países desenvolvidos. Basta pensar nos recolhedores de mão de obra escrava na Índia e em todo o Sudeste Asiático para trabalhar em empresas.

Os processos de sobrevivência estão criando os subumanos. Essas contingências precisam ser quebradas, o estouro das manadas precisa ocorrer, só que dificilmente pedras e estampidos se produzem nessa ordem mantida para garantir hegemonia e lucro nesse mercado de escravos. É mais fácil buscar o denso, o que aplaca a fome, o frio, o sono, o desejo, do que perceber e transformar os processos que os eternizam. A mudança é a apreensão da sutileza das contradições, só assim se realizam as transformações.

Aceitar o limite é transformador. Quando a percepção muda, o que antes limitava passa a ser percebido como um contexto, como realidade na qual o limite está estruturado, ele já não é um obstáculo. Essa evidência gera mudança, podendo criar, entre outras coisas, liberdade, responsabilidade e autonomia. Exemplifiquemos com algumas situações: uma do herói, outra do cidadão comum, outra do sobrevivente oprimido.

Sísifo, apesar de mortal, desafiava os deuses gregos (era, ele próprio, filho de deuses e tido como muito inteligente e rebelde). Em uma das versões do mito, Sísifo é castigado por tentar salvar Prometeu, o titã condenado por Zeus por ter roubado o fogo para entregá-lo aos humanos. O castigo de Sísifo consistia em diariamente carregar uma enorme pedra até o cume da montanha, pedra essa que era empurrada de volta à base, obrigando-o a novamente carregá-la montanha acima dia após dia. Depois de muito esforço e desespero, Sísifo percebeu que seu castigo não era apenas levar a pedra ao cume da montanha, mas levá-la e vê-la rolar montanha abaixo, tendo consequentemente que carregá-la novamente em um repetir incessante. Ao perceber isso, libertou-se, apreendeu a totalidade da situação e não mais esperou se livrar do castigo. Perceber o processo o deixou sem expectativas, o fez suplantar o castigo. O mito de Sísifo deu margem a muitas páginas de literatura e filosofia. A analogia com o trabalho cotidiano e repetitivo, com os problemas a serem enfrentados do dia a dia, se impõe. A aparente falta de sentido da vida, ou o "absurdo da vida", como diria Camus, são aí expressos e resolvidos.

São inúmeras as situações nas quais se vivencia o limite: a morte, as doenças, as condições diversas de vida etc. Doenças, vivenciadas como limite, geralmente desencadeiam medo de morrer, raiva e impotência. A aceitação desse limite leva à busca de tratamentos, à mudança de atitude, transformando medo e raiva em cuidado e disciplina, em responsabilidade. Frequentemente as pessoas se queixam de falta de tempo, por exemplo, de falta de dinheiro e de amores permanentes. Queixas e lamentos pelo trabalho subdimensionado, vocações não realizadas, sensibilidades poéticas sufocadas pelas rotinas do trabalho, tudo isso expressa a não aceitação do limite. Só se verifica falta ou excesso quando se avalia, e só se avalia quando surge verificação sobre a realização de metas e desejos.

Perceber o limite depende da estrutura de aceitação ou não aceitação. Quando a pessoa não se aceita, ela desloca seus desejos, sonhos e fantasias para objetivos, para metas a realizar, e, consequentemente, ela se divide, vivenciando parcialmente o presente.

Nessa vivência parcial do presente, quase tudo limita, quase tudo é obstáculo. Quando esse processo é percebido, surge a mudança. Essa mudança perceptiva ocorre, via de regra, na psicoterapia por meio de questionamentos e antíteses. Quanto maior a divisão, maior a vivência de situações limitadoras, até ao ponto em que a própria pessoa é um limite: síndrome de pânico, depressão, hipocondria. Esses deslocamentos são vivenciados como naturais, orgânicos, como caindo sobre o indivíduo, e nada se pode fazer, exceto suportá-los com ajuda de remédios, rezas ou amuletos.

Perceber o que está ocorrendo com o limite gerado pelo processo da não aceitação — criador de metas que esvaziam — faz desaparecer o robô programado para dar certo e não falhar, traz de volta a individualidade, humaniza. A não aceitação do limite pode gerar onipotência responsável pela violência. Na sociedade, o "precisar e roubar" exemplifica esse aspecto e deixa claro que quando se transforma o problema em justificativa, mais limitado se torna, e outros deslocamentos surgem: agressividade, oportunismos etc. Também as situações de opressão percebidas como "sem saída" (donas de casa sustentadas por maridos opressores, homens e mulheres que se percebem incapazes de ação autônoma) se transformam quando são questionadas a submissão e tolerância em função das próprias metas e desejos. Esses questionamentos mostram que manter a conveniência é a chave perdida da saída.

A partir dos questionamentos, caminhos são encontrados e mudanças surgem. Alguém que só pode viver sob efeito de drogas, ao perceber que a droga é a morte, não consegue mais usá-la para viver, e se continua a usá-la é para morrer. Aceitar o limite é decidir, e é a única forma possível de eliminar os conflitos causados pela necessidade de escolher, resultante de acumulação de limites não aceitos. Aceitar o que limita implica em poder transformar o obstáculo, implica em mudar. Experienciar o não limite — seja de tempo e espaço, de situações enquanto elas próprias ou do outro que as engendra ou que as neutraliza — é significativo de ampliação de contextos vivenciais, de ampliação de contextos relacionais. Essas ampliações criam disponibilidade ou compromisso, criam medo e opressão, esvaziam ou permitem questionamentos humanizadores a depender de suas relações estruturantes.

É importante configurar a questão do limite enquanto impedimento ou como sustentáculo, desde que é por meio dessa reflexão que podemos atingir aberturas ou limitações éticas, que podemos perceber obstáculos, compromissos, deveres, possibilidades e impossibilidades.

O imponderável, o impossível, o que nos neutraliza como agentes e atores, o que nos colapsa nos deixando apenas como espectadores e, às vezes, como vítimas, receptáculos do esvaziamento de todos os referenciais vivenciados (morte, acidente, por exemplo), e o imprevisível são limites vivenciados geralmente como impasse, como átimo não percebido. É o que é expresso, por exemplo, como "ser arrancado do chão", é o incomensurável, que esvazia a própria percepção de limite. Vendavais, terremotos, acidentes, atentados e, em alguns casos, a descoberta das novas faces dos entes familiares — a transformação do familiar em estranho — podem ser limites tão estarrecedores que passam a ser ignorados. Em psicoterapia se ouve relatos de abusos sexuais sofridos na infância por parte de progenitores e que geralmente criam perda de referenciais, transformam familiares em estranhos. São relatos que exemplificam a aniquilação dos limites, fazendo desaparecer o significado de confiar, acreditar, ou mesmo de desconfiar, desacreditar, a depender das sequências vivenciadas. Esse não limite — assim gerado — é redutor, oprime, deixa o indivíduo entregue a ele próprio, revestido de solidão, temor e desconfiança em relação a tudo que é familiar, a tudo que é estranho, a tudo que não seja ele próprio. Entregue a si mesmo, surge um enquistamento das possibilidades relacionais — o autorreferenciamento —

e assim só há impedimento, sem nenhuma possibilidade de transposição. A experiência do não limite configura e mantém a situação aniquiladora.

Igualmente aniquiladora é a vivência constante do limite. As regras, as proibições realizadas pela sociedade, pela família, quando não são integradas através de diálogos, reflexões e análises, transformam-se em limites dificultadores. A vivência diária passa a ser a de burlar os limites ou de respeitá-los. Temor, pavor e esperteza aliados a oportunismos são referenciais e contextos gerados por essas aderências limitadoras, desde que distanciadas das sinalizações representadas. Impedimentos são criados e todas as respostas de aceitação ou de não aceitação deles exilam a disponibilidade, a harmonia, o entendimento. Nessas situações, o limite estrangula.

Tanto nas vivências constantes de limite quanto nas experiências de não limite, abertura para diálogo e presença são fundamentais para a recuperação da dinâmica da vida. Transposições surgidas e questionadas, ordens familiares quebradas por separações afetivas, por exemplo, fracassos econômicos, desesperos causados por suicídios de familiares, mortes prematuras, todos esses acontecimentos imprevisíveis podem criar situações de diálogo, esclarecedoras de acertos, de erros, de comprometimentos. Quando isso acontece, começa a ser estruturada disponibilidade, começa a ser percebido que o inevitável existe, que as constantes não são fixas, que a variabilidade é uma dinâmica, que vida é dinâmica. Perceber esse movimento lança para o infinito o limite, deixando-o como organização que paira sobre tudo, não mais como caso irreversível, mas sim como infinitas possibilidades do ser e estar no mundo com os outros. Faz com que se perceba que todo impedimento pode ser transformado, pode ser superado e que toda transposição é flexibilidade, é disponibilidade, é trajetória humana.

HYBRIS E ONIPOTÊNCIA

A não aceitação de limites possibilita vários deslocamentos, e um deles consiste na tentativa de ultrapassar o limite. Essa desconsideração do que está diante é gerada pela onipotência oriunda do autorreferenciamento. Ao se perceber impotente, surge aceitação ou não aceitação da vivência. Recolhimento ou exacerbação vão caracterizar essa constatação. A onipotência é um deslocamento da impotência. Não existem duas situações: onipotência e impotência. A impotência não aceita e deslocada configura a onipotência.

A construção de imagens, de máscaras aceitáveis é característica dos que vão além da própria dificuldade, atingindo bons resultados que camuflam e parecem neutralizar os limites. Gigantes de pés de barro nascem. Escorar-se nos bons resultados obtidos, exibi-los, é uma atitude indicativa de que problemas foram superados, e assim agindo aumenta a necessidade de mostrar, de exaltar o conseguido.

Na atitude onipotente, a vida é resultado, não é processo. Não importa como foi conseguido o que era necessário para ser valorizado e considerado, basta querer e lutar para conquistar, seguindo roteiros que vão desde ter amigos influentes até realizar todas as etapas necessárias à profissionalização, por exemplo, e esperar o sucesso. Essa atitude em função de metas, esse foco nos objetivos desconhece limites. Para preencher o vazio daí resultante, surgem crenças e ideologias fanáticas, rigidez, obsessões, compulsões, exercícios e disciplinas extenuantes. A fé, a esperança, a persistente preocupação com os próprios direitos, os deveres cumpridos são os lemas, os suportes desse esvaziamento. Ultrapassar limites negando-os é autorreferenciamento. É o não limite gerador de onipotência, que nada mais é que uma das formas de autorreferenciamento característica dos processos de não aceitação. Tudo é percebido a partir das próprias necessidades, desejos e vivências. Esse acúmulo de referências em um mesmo contexto pontualiza. Quando isso acontece, novas situações são requeridas, novos contextos, até um outro eu (dividir para suportar), é a imagem, *hybris*[34] maior, responsável pela despersonalização, pela desumanização.

Na Grécia Antiga, Hybris era uma deusa que personificava a insolência, a desmedida, o excesso. Aristóteles associava *Hybris* ao "erro trágico" do protagonista dos dramas gregos, erro esse que advinha da tentativa de ação correta em uma situação em que isso era impossível, em outras palavras, um grande engano. Enfatizar é parcial, divide, consequentemente desorganiza; qualquer ênfase gera excesso, *hybris*. Enfatizar o belo, enfatizar a cultura, torna parcial. Achar que só se pode viver em um mundo belo, espiritualmente refinado, socialmente igualitário, economicamente justo, por exemplo, estabelece regras (o belo, o feio, o refinado, o grosseiro, o adaptado, o marginal, o rico, o pobre etc.), situações antagônicas, duais, geradoras de valores determinantes de hierarquias e criadoras de posicionamentos, tais como: a luta do revolucionário, as verdades religiosas, a eternidade da beleza. Os limites não são integrados, permanecem como valores, são transformados em referenciais. É o "erro trágico", a *hybris* dos bem-intencionados que, enfatizando seus próprios referenciais, apenas expõem suas onipotências. A superação de limites torna unilateral. Superação não é aceitação. Aceitação de limite implica em integração do limite, o que só é possível se não tiver uma meta a ser atingida. Ultrapassar limites negando-os é uma forma de fazer de conta que não está limitado. Este processo não é inócuo: ansiedade, excesso de gastos, responsabilidades postergadas e imagens fabricadas se transformam em perseguidores. O gigante

---

[34] *Hybris*: palavra grega que significa excesso, arrogância, insolência, soberba, impetuosidade, violência — em português está dicionarizada como "húbris".

dos pés de barro, as imagens criadas, compromissos assumidos não têm base de sustentação. O indivíduo colapsa, tentando corrigir o erro, ele mata, ele morre. Não aceitação de limites, onipotência, excesso, exagero — *hybris* — é o autorreferenciamento, resultante da não aceitação.

IMPASSES SOLUCIONADORES: MUDANÇA E LIMITES

Relendo Hegel, deparei-me com um conceito de limite: "o limite é a mediação através da qual algo e outro tanto são quanto não são".[35]

Imaginemos que o limite é o que configura um espaço, um tempo, até mesmo uma percepção. É o que podemos chamar de marco, de contorno e, ainda, vejamos que a borda, a diferenciação que expressa o dito externo, por exemplo, configura também o dito interno. Esse processo dialético, Lacan quis resolver — na psicologia — com a fita de Möbius, tentando anular as bordas, os limites configurativos.

Eu afirmo que ser ou não ser só podem ser apreendidos e significados enquanto possibilidades relacionais. Nesse sentido, a possibilidade relacional sempre aponta para exercer-se ou negar-se, simplificado para sim ou para não. Ao assim se posicionar, surgem limites. Essa nova configuração é significativa de ser ou de não ser. Esse significado só pode ser elucidado por meio de seus mediadores. A evidência revela posicionamentos, criando limites configurados e definidores do existir enquanto evidência, ou insinua-se como possibilidades deles. É o jogo do sim e do não, do

---

[35] HEGEL, Georg Wilhelm Friedrich. *Ciência da Lógica*: A Doutrina do Ser. Tradução de Christian G. Iber, Marloren L. Miranda e Federico Orsini. Petrópolis: Editora Vozes, 2016, p. 131.

poder e do não poder, que se mostra. Lidar com essa alternância requer configuração ampla do que está estruturado. Nesse sentido, nenhum fato traz em si suas leis, embora eles sempre as explicitem. Descobrir o limite estruturante nas tessituras do medido é o que vai estabelecer polarização configuradora de antítese, diferente de oposição paralela que nada explicita, pois se trata de alinhamento de variáveis díspares. A mudança só existe quando apreendidos os limites, assim as mediações são configuradas tanto quanto os processos antitéticos.

Inúmeras vezes nos sentimos paralisados, até mesmo esmagados, pelas circunstâncias de nossas vidas individuais ou da sociedade na qual vivemos. A sensação de opressão e estagnação expressa a dificuldade de enfrentamento, a omissão e a percepção equivocada de que "tudo parou", de que não existe saída para determinadas situações. Em psicoterapia, a modificação de problemas e empecilhos — esse impasse/solução mediado diante de transformações e seus limites — está sempre presente. O mesmo acontece com relação às necessidades de esclarecimento e mudanças sociais e políticas.

Como mudar o que aliena e destrói? É um processo que pode ser acelerado? Do que depende a aceleração? As vivências e os limites estão dispersos em vários contextos que os estruturam, tanto quanto nos contextos que os contêm. Esses contraditórios atuam quase como uma magia, pois a fragmentação de vários limites dispersos cria totalidades, espécies quiméricas, fantasmagóricas, ampliando os processos e aparentando linearidade. Tem que haver a catalisação a x, o que, por sua vez, faz seu desenrolar em $x1, x2, x3... xn$, a fim de que possam ser configurados como limites e, assim, resgatadas suas estruturas mediadoras. É o limpar, o deixar no osso que permite reconstituir a totalidade, o esqueleto que, por sua vez, também é outro limitante. Enfim, a aparente e enigmática afirmação de Hegel se torna cristalina e permite entender que limite é acicate tanto quanto apoio, ou ainda, nos faz compreender que o que apoia oprime, e mais, que essas contradições são os percursos naturais de processos transformados por meio da quebra dos referenciais e perímetros que sempre estão a organizar a desordem e são também renovadores das contradições. Enquanto existirem pontos de apoio, sistemas outros e limites diversos estão a interferir nas mediações, nas mudanças.

Dar cara, voz e cor aos limites é a maneira de enfrentá-los, transformando-os, mas, quando ao desmascará-los, ao descobrir suas fisionomias, suas condições, essa descoberta é reveladora e transformadora, ela apazigua contradições e nos adapta às rodas, às engrenagens que mascaram as possibilidades de transformação, de mudança, além de criar subterrâneos limitantes e esmagadores de individualidades e de cidadania.

Enfim, mesmo quando não configurado, o movimento existe e se evidencia em outros níveis no momento não percebidos. Nada para, tudo continua, e a única maneira de não ser esmagado pelo processo é ampliar e polarizar seus estruturantes de contradição, tornando assim coeso e consistente o que está fragmentado.

APRISIONADO AO BEM-ESTAR

Adaptação, acomodação e adequação são frequentemente sinônimos de limites, renúncias e aprisionamentos. Manter compromissos, negar a própria vontade, disfarçar desejos, esconder e negociar motivações são maneiras de construir alienação, despersonalização. Nada mais tranquilo, nesse contexto de alienação, do que o previsível, o certo e limitado. A organização realizada por aderências — padrões e regras — é o que existe de mais alienante e aprisionador.

Sem determinação não há iniciativa, vive-se a ilusão de ter iniciativa pela chamada escolha. Esse acaso arbitrário — a escolha —

é muito valorizado por trazer colorido à vida. Brincar disto ou daquilo, de sim e não, é fazer de conta que existem dúvidas conflitantes, que existem possibilidades de escolha. Nas vivências comprometidas não existem antíteses, nada destoa do bem-estar e adequação: a dúvida entre comer carne ou peixe, por exemplo, quando se tem comida, não é desesperadora; enlouquecer por não conseguir escolher um dos dez ternos utilizados para reuniões de negócios ameaça, mas não quebra a prisão do bem-estar, adequação e regras.

Manter-se seguro, protegido, exercendo ajustes e adaptações, geralmente não é percebido como aprisionamento, é entendido como conforto e bem-estar. As implicações do processo também não são percebidas devido às fragmentações que posicionam e ao não questionamento. Quando o excesso de deslocamentos ultrapassa os limites possibilitados pelas necessidades realizadas, surgem sintomas desconfortáveis, causadores de mal-estar. Inicia-se um processo de divisão, de alienação. Não se percebe que o mal-estar é uma resultante do bem-estar, e aí, buscando uma terapia, os problemas podem ser globalizados e novas percepções surgem. De outro modo, buscando remédios para aplacar e neutralizar os sintomas, surgem níveis de sedação e fragmentação que alternam mal-estar e bem-estar e que fazem desejar o limitado e aprisionante bem-estar como felicidade suprema: conseguir dormir uma noite depois do tranquilizante é o nirvana, tanto quanto ter seu medo encoberto pelo remédio mágico é tudo de bom que se deseja.

Abrir as portas da prisão, destrancar as grades, aceitar que conforto e desconforto, tranquilidade e intranquilidade são lados da mesma moeda, aspectos e faces do estar no mundo com o outro é liberdade, satisfação e contentamento.

ATITUDE

A psicologia do século XIX costumava dividir o homem em intelecto, atividade e vontade (emoção). Atividade se referia a gestos, comportamento motor, significando atitudes. Hoje em dia atitude é um comportamento que frequentemente se exerce expressando a própria estrutura individual, psicológica, daí ela caracterizar a visão que se tem do mundo, de si mesmo e do outro.

Em Psicoterapia Gestaltista, atitude é sinônimo de motivação. Para nós, a motivação está sempre no contexto relacional, ela não é criada, construída "interiormente" e projetada "exteriormente", como pensam os psicanalistas, os terapeutas da Gestalt Therapy (Perls) e outros.

Os gestaltistas clássicos, ao discutirem com os behavioristas, argumentavam que se aprendia independentemente de as necessidades (drives) estarem ou não saciadas. O *requiredness*, o caráter de demanda explicado por Koffka, mostra como o ambiente, a realidade, cria a motivação (os publicitários bem sabem disso). Perceber essas demandas, essas motivações é agir estruturando atitudes. O contexto do percebido aqui e agora pode estar estruturado em passado (memória), em futuro, como metas ou perspectivas (pelos prolongamentos do percebido, pensamento), ou pode estar estruturado no próprio presente. Sempre que se percebe o que ocorre no contexto do que está ocorrendo, se é espontâneo, globalizando o que está ocorrendo, isso é instantâneo. A atitude que surge é quase descritiva, totalizante do percebido. Há, por exemplo, liberdade.

Quando o que ocorre é percebido no contexto anterior — presentificado pela memória —, a possibilidade de distorção é grande e atitudes preconceituosas, conservadoras, repetitivas de vivências anteriores, são típicas. Quando o que ocorre é percebido em função de metas, de perspectivas (futuro), estrutura-se atitude de observar, aguardar, avaliar, recolher informação, dados. É o aproveitamento da experiência presente, do que se está vivenciando no presente, transformando este presente em uma parte, um instrumento, uma ajuda para o que se quer realizar ou evitar.

Com esses exemplos, não estou tipificando a forma de agir do ser humano, estou apenas delineando posicionamentos, relacionamentos esclarecedores do que se percebe, do que frequentemente se faz com o percebido. Cotidianamente ouvimos falar de pessoas impulsivas, pessoas cautelosas ou desligadas, quase como sinônimo de personalidade, de característica típica dessas pessoas. São as manutenções de atitudes que configuram esses perfis. Quanto maior o nível de posicionamento, maior a possibilidade de ser manipulado, maior o ajuste e a dificuldade de perceber o outro, a dinâmica do mundo e a ultrapassagem do instante.

Questões tais como permanência, impermanência, aceitação de perdas, de ser abandonado, de morrer podem ser trabalhadas, percebidas quando são colocadas no contexto de estruturação das atitudes individuais. As percepções mudam o mundo, o mundo muda as percepções. Perceber que a grande perda é uma grande mudança que traz liberdade é uma percepção restauradora, cria atitude otimista, traz motivação. Perceber que tudo que se faz é ancorado nos desejos de vencer e ter sucesso estabelece atitudes solitárias, pessimistas e avaliadoras.

SENTIMENTOS E EMOÇÕES

Uma das implicações do conceito da Psicoterapia Gestaltista de que tudo é relação[36] — percepção é relação, o ser é possibilidade

---

[36] Nota da autora: Entenda-se "relação" como defino na Psicoterapia Gestaltista: percepção é relação; o ser é possibilidade de relacionamento. Não se trata do substantivo que nomeia relações afetivas, trata-se de conceito do processo perceptivo.

de relacionamento — é rever a noção elementarista, dualista, causalista, de afetividade humana. A fundamentação dualista, a ideia de interno e externo, de sujeito e objeto como posições preexistentes, distorcem o conhecimento, o trabalho e o pensamento psicológicos, catalogando e esquematizando a vida psicológica em categorias como sensível versus insensível, bondoso versus maldoso, sentimental versus racional etc. Eles fazem também uma distinção entre "sentimento" e "emoção", na qual o "sentimento" remete à "interioridade" e a "emoção" à "exterioridade", à expressão física (como lágrimas, aumento de batimentos cardíacos, calafrios etc.).

Alguns psicólogos pensam que sentimento é algo subjetivo, interno. Acham que sentimentos são característicos de pessoas sensíveis. E quando perguntamos qual o significado de "sensível", respondem: "é o que não é racionalizado". Sensibilidade, paixão, emoção, bondade fazem parte da mesma genealogia, que se origina na dicotomia entre afetividade e razão. Para eles, pessoas sensíveis seriam aquelas que não racionalizam suas emoções, seus sentimentos.

Não existem sentimentos ou emoções, essa ideia advém da psicologia do século XVIII, que vê o ser humano como tendo uma parte afetiva, uma motora e uma intelectiva. Freud renova essa abordagem com os conceitos de instinto, consciente e inconsciente. As pessoas, em geral, falam da questão de maneira dualista: emoção e razão. Emoção, sentimento, sensibilidade associados à bondade, e razão associada à frieza, insensibilidade. É lugar comum ouvirmos, por exemplo: "o criminoso, o *serial killer* não tem sentimento".

Mas existem as situações que são chamadas de sentimento e emoção? Sim, o ser humano é uma totalidade, e o que é visto de forma partida e separada como sentimento e emoção são posicionamentos de dados relacionais. Tudo é percepção, tudo é relação. Dado relacional e percepção são sinônimos. A partir da percepção, a pessoa se sente com medo, raiva, desconfiança ou alegria e prazer, por exemplo. Quando o indivíduo posiciona o dado relacional, isso é contextualizado na rede geral das próprias vivências, é a constatação na qual o presente, o percebido, é a percepção da percepção que estabelece o conhecimento de, o sentir que, com diversos significados (bom, ruim, agradável, desagradável, feio, bonito etc.). Esses posicionamentos são os ditos sentimentos causados pelas situações A, B ou C. Essas percepções diláceradas, posicionamentos mantidos, estabelecem o que é normalmente chamado de sentimento e emoção pelas abordagens elementaristas.

Portanto, sentimento é o posicionamento do dado relacional, do perceptível. Entender sentimento como resultante do dado relacional perceptivo transforma toda a maneira de abordar o psicológico, de abordar o comportamento humano. Dizer que o "sentimento de amar" — o amor — é o responsável pela dependência e carência afetiva não tem sentido, a não ser o de expressar a ideia causalista de que amar é se entregar, se vulnerabilizar, fixar-se em alguém. Relações amorosas são estruturadas em disponibilidade, aceitação, não resultam de acertos, contratos e complementação. Comportamento resulta de processos relacionais vivenciados por pessoas que se aceitam ou não. Quanto mais presentificada a vivência, mais espontaneidade, menos posicionamento, menos rigidez, mais vivacidade. Pensar nisso como "sentimento de entrega", "energia que flui", é fragmentador do humano ao criar esquemas a partir dos quais se classificam os ditos "sentimentos bons e ruins".

DENSIDADE, LIBERDADE E CONFINAMENTO

Ir além de onde se está geralmente cria lugares imaginários, cria utopia — o não lugar, o lugar que não existe. O não existente, o utópico, se caracteriza por não estar ancorado em valores. O mundo sem valores, a vida sem sinalização de positivo ou negativo, de adequado ou inadequado, de certo ou errado é uma utopia. Buscar o não valor é buscar sair de contingências, sair do limite demarcador.

Os marcos civilizatórios ajudam a sobreviver, ajudam a realizar individualização, aperfeiçoar capacidades, tanto quanto, ao estabelecer limites, criam valores e aprisionamento. Viver sem valor — que sempre é aderência ao que é configurado — seria libertador. Imaginar as sociedades sem dinheiro, regidas pelo escambo — troca do que é necessário a uns e outros — é imaginar um universo onde prevalece o denso, o que significa, independentemente de sua simbolização. É apenas o perceber, independentemente do perceber que percebe.

O perceber é dinamizado pela criação de continuidades repetidas, nas quais as próprias percepções se explicam e significam pela continuidade. É a magia da repetição. É o real, o denso tudo invadindo, é a coisa sendo o que é, independentemente do que significa ou simboliza. É o horizonte sem valores, o presente se esgotando no próprio presente. Não havendo continuidade de percepção, consequentemente não há pensamento. Há apenas vivência. Equivale a imaginar as sociedades não regidas por dinheiro, não regidas por valores, mas por participação, trocas e liberdade configuradoras do próprio trabalho. Marx, em seus manuscritos econômicos iniciais que compõem o *Grundrisse,* já vislumbrava excluir o valor como determinante de trocas. Sobre esse problema, ele escreve em *O Capital*: "o reino da liberdade começa de fato só onde cessa o trabalho que está determinado pela necessidade e pela finalidade externa; este reino reside, pois, conforme a natureza da coisa, além da esfera da produção propriamente material".[37]

Psicologicamente pode-se atingir essa situação ao conseguir eternizar o presente. Espalhar-se no instante, eternizá-lo como

---

[37] MARX, Karl. *O Capital*: Livro III - Crítica da Economia Política. Tradução de Rubens Enderle. São Paulo: Boitempo, 2017, p. 882.

continuidade e vivência é liberdade, é quebra das paredes da expectativa, medo e ansiedade. É libertador não esperar, não desejar e não ter medo do futuro. Transcender limites é a maneira de não criar novos, é sustentar-se nos próprios pés, situação às vezes improvável graças aos limites desumanizadores.

Quando as religiões prometem vida eterna, expiação dos males, evolução para e por outras vidas, elas aumentam os limites, impõem o futuro, o depois como realidade densa, e assim cada vez mais alienam o humano de si mesmo. Fé e esperança são remédios, implicam sempre em falhas, em doenças anteriores.

Estar aqui, agora, consigo e com o outro no mundo, não aprisiona, pois liberta do medo (omissão — passado) e da ansiedade (expectativa — futuro). Essa aparente utopia é o que liberta e realiza individualidades.

A ETERNIDADE ESTÁ NO PRESENTE

Não estar limitado pelo que acontece (memória e vivência) nem referenciado no que temos ou desejamos só é possível se vivenciamos o presente, se ele nos deixar ocupados sem preocupações, verificações e validações.

Nossa estrutura biológica é aprisionante, e o máximo de libertação que conseguimos é mantê-la neutralizada. Ao transcender o limite biológico, sem transformá-lo em limite psicológico, se vive o presente. O presente é o contexto específico de cada um com todas as suas direções e redes relacionais. Integrado nele, sem metas, nem a priori, não posicionados, se exerce dinâmica. Não pensar no futuro, não tornar parciais os dados do percebido por essa dimensão inexistente traz ao homem eternidade. Eu e o outro, eu e o que está sendo vivenciado, é integrado. Perspectivas surgem como decorrência e consequência do que se vivencia. Essa descoberta, nova paisagem, exila a mesmice, a repetição e o tédio. Respira-se por respirar, e isso é tudo, isso é nada, não é resultante, é processo.

Viver os processos de estar no mundo com o outro, consigo mesmo, nos eterniza, nos faz transcender circunstâncias e contingências, consequentemente eliminando valores de bem e de mal, positivo e negativo. O presente é eterno, atemporal, nele não existem avaliações. O não posicionamento resultante dessa vivência atemporal é o que permite isso, tanto quanto a não existência de categorizações deixa o indivíduo solto, sem base. O posicionamento é o que permite a roda girar, é o depois da criação da mesma, é a colheita, é a manutenção, é o dia a dia marcado.

Individualizar a rotina transformando-a é base — pé, mão e olho para empurrar a roda —, e assim, individualizar passa a ser libertador, possibilitador de disponibilidade. Prometer ao homem vida eterna, dizer que tudo fica para depois é uma maneira de dominar o bem-estar, o prazer. São as regras do estar no mundo. Geralmente as religiões são determinantes da educação e das regras familiares. Elas esvaziam, educam, dividem para governar. A roda tem que ser empurrada, os sistemas precisam ser mantidos. Eles são mantidos por suas instituições, mas não podemos ficar acorrentados a essa manutenção, e, portanto, vivenciando o presente, exercemos dinâmica individualizante da rotina.

SEM SAÍDA

Vivenciar o presente pode ser sinônimo de vivenciar o desagradável, o despropositado e ameaçador. Situações de guerra, assalto, doença, desastre deixam isso bem claro. Essas ocorrências determinam ansiedade e medo — que é a omissão diante do que ocorre — ou determinam coragem e participação. Ter medo é se omitir, é colapsar, sumir diante do que está acontecendo. Isso se dá, muitas vezes, no desmaio, no desespero, nos gritos e nas rezas obstinadas. Havendo participação não há medo: enfrentamos ou fugimos, às vezes a única maneira de enfrentar, mas ainda assim, ação.

Quando não temos metas — ou seja, planos e desejos a realizar no futuro, que não têm estrutura na própria realidade —, não estamos divididos ao vivenciar o presente. Essa organização nos permite não colapsar com os impactos, o caos, a desorganização que está acontecendo no presente. Essa atitude cria perspectiva de vida responsável pelo descongestionamento; "o grande horror" que acontece adquire proporções menores, suportáveis e começa a ser percebido como obstáculo a ser resolvido, a ser neutralizado ou contornado.

Kurt Lewin relata o que aconteceu com os judeus alemães diante da escalada destruidora do nazismo e do antissemitismo na Alemanha. Esse caos social desumano levou vários judeus ao suicídio. Ao perderem toda e qualquer perspectiva de vida, abreviavam o final terrível que parecia inexorável. Frequentemente essa atitude era a do judeu assimilado. Lewin nos relata que o judeu apoiado em sua tradição religiosa, em sua história, sabia que o que estava acontecendo era mais uma perseguição. Durante cerca de 5 mil anos outras já haviam ocorrido e seu povo sobrevivera. Perceber esse processo serviu de respaldo, abriu perspectivas e fez com que resistissem ao desespero, resistissem à vontade de desaparecer, de sumir, mesmo com o sacrifício da própria vida. Esse estudo de Lewin foi eloquente no sentido de mostrar que o caos pode ser organizado, que o respaldo surge da própria história individual. O judeu assimilado à cultura germânica achava impossível haver tais perseguições dentro de uma sociedade tão civilizada como a alemã. Os que estavam apoiados na tradição judaica sabiam do antissemitismo que sempre existiu nas diversas culturas e sociedades. A vivência do terror não foi inesperada para eles, tinham o processo histórico como contexto.

A vivência é sempre do presente, mesmo quando se recorre à memória. Na situação do presente aterrorizante, reduzido ao fato, a lembrança, a memória (recordações são vivências presentificadas, são prolongamentos perceptivos) estrutura um novo contexto que permite a percepção do que ocorre, no caso o caos, de uma maneira nova, responsável por continuidade, consequentemente por perspectiva de vida.

Na vivência pontualizada do presente como sem saída, os pontualizadores podem ser situações presentes neutralizadoras de perspectivas, ou podem também ser situações de memória, presentificadas sob a forma de medo e pânico. Em um de seus escritos, Kafka nos conta que, ao esperar a execução na forca marcada para o dia seguinte, o condenado, não querendo passar pelo que o aguardava, na véspera se enforca em sua cela.

Qualquer situação absurda possibilita enfrentamento ou crise, tudo vai depender de se estar inteiro ou dividido na vivência do presente ameaçador. Quando o passado se superpõe ao presente, mesmo que sob forma de esperança, ele divide, consequentemente aliena do presente, criando ansiedade pela necessidade e espera da saída. Quando o passado alarga o presente, surge perspectiva, surge o futuro; a redução ao que está acontecendo, o estreitamento é alargado e novas configurações surgem neutralizando o sem saída e estruturando coragem, tenacidade, resistência.

INFINITO ABRIGADO PELO FINITO

O organismo humano, enquanto necessidade e limitado pelo seu próprio desgaste, é uma contingência biológica que fragiliza o homem e revela sua precariedade. Viver em função dessa necessidade é sobreviver, é fazer convergir todas as suas possibilidades relacionais para este foco: a sobrevivência. No entanto, esse organismo é também possibilidade relacional. O homem percebe o outro, o mundo e a si mesmo, categoriza, questiona-se, comunica-se, perpetua-se pela escrita, pelo desenho, pelo que cria e produz, assim como expressa vivências. Nesse processo ele é imortal, é infinito. Transcendendo suas necessidades biológicas, exercendo suas possibilidades relacionais, rompe com a finitude de seus limites, atingindo o ilimitado, o infinito. O corpo, o organismo perece, mas as expressões relacionais afetivas eternizam-se. Questionamentos, explicações, dúvidas perpassam séculos ao desequilibrar os limites vigentes.

Esforçando-se por sobreviver da melhor forma ou de qualquer forma, o ser humano esvazia-se enquanto possibilidade relacional. Esse posicionamento na sobrevivência cria os que buscam prazer, bem-estar, notoriedade, não importa como. Sobreviventes exercem sua desumanização em várias situações, das mais corriqueiras e cotidianas às consideradas perversões, como no caso de pedófilos, torturadores, enganadores, demagogos, gananciosos, deprimidos, todos compõem a galeria dos que estão reduzidos à sobrevivência. Ultrapassar os padrões limitadores e abrir perspectivas é a maneira de realizar a infinita possibilidade humana de ser no mundo. Mas perceber o antagonismo entre necessidade e possibilidade, sem globalizar, gera inúmeras visões religiosas e espiritualistas, por exemplo, criando o além de, o depois da vida e depois da morte como redenção final para o homem. Esses paraísos buscados via religião foram também apreciados pelos usuários de diversas químicas, como ópio, heroína etc.

Aceitar as necessidades e transformá-las, não se reduzir às necessidades simplesmente, é o que nos permite realizar a infinitude do estar com o outro no mundo sem posicionamentos nem fragmentações alienadoras.

O EM SI

Kant afirmava que a coisa-em-si jamais poderia ser conhecida, pois não há um absoluto configurador. Para ele, é sempre por meio de outros conceitos, situações ou pessoas que a coisa-em-si é conhecida.

Nem sempre os psicólogos pensam nos fundamentos epistemológicos das questões com as quais estão lidando. Para mim, entretanto, a abordagem epistemológica se impõe ao lidar com as estruturas perceptivas na própria prática terapêutica. Entendo que só por meio dos estudos da percepção é possível configurar o Ser, o Eu, o Si mesmo, tanto quanto o medo e a esperança, por exemplo.

Não há o em si, não há a coisa-em-si, não há o absoluto, tudo que existe, existe enquanto relação. O estar diante, o estar com, o pensar sobre, o perceber o que ocorre são os dados relacionais que configuram e contextualizam. Não existe o absoluto, ou o único absoluto é o relativo. Só há sombra se houver luz, morte caso haja vida, enfim, os opostos se continuam, gerando unidades polarizadoras. Os polos são aspectos da unidade. O dois é dois um. O quantitativo é a trajetória do qualitativo. Dividir é uma maneira de controlar e de suprir as dificuldades das apreensões, da globalização.

Amedrontados diante do limite, do finito, cria-se o espaço do além, do outro, do depois. Isso é bem representado, por exemplo, na ideia de outra vida, outro mundo, outro ser, Deus. A não aceitação da finitude cria também parâmetros de continuidade, como os filhos ou as obras criadas. Admitir essa finitude exigiu absolutos confortadores. O depois é uma necessidade de esticar o agora, e quando isso acontece negando o esticado criam-se parâmetros e limites que esvaziam, apesar das aparentes complementações sugeridas. O que está aqui, o ser assim, o existir como, são os definidores dos processos relacionais. É a fluidez, a massa da água, a quantidade do ar, a movimentação ígnea que situam o habitado, o terreno.

Essa base é o dado relacional jamais passível de ser subtraído dos processos relacionais, embora seja sempre negado. É impossível enxergar o chão que se pisa, ainda que sempre se saiba que se está pisando no mesmo. Saber ou perceber estabelece convergência e divergência, embaralha e dá continuidade. São os processos definidores do estar no mundo com o outro. É o dado relacional que tudo esclarece ou escamoteia, afirma ou nega a depender de sua contextualização e inserções processuais nas situações. Destacar ou seccionar é cortar, intervir segundo outros critérios, outras redes processuais. A constante relatividade é o absoluto definidor do processo de estar no mundo com o outro, consigo mesmo. Nesse movimento, o em si salta do encontro: é o ponto de confluência que a cada momento se modifica, se afirma, se nega. É o dado relacional. Nesse sentido, é o em si do processo humano.

SURPRESA E CÁLCULOS

A percepção do que existe, a vivência do presente se torna exequível quando vivenciamos o que está diante de nós como o que está diante de nós. Esse se despir de desejos e significados faz apreender o que se dá, o que acontece enquanto ocorrência.

Estar diante do outro, do além de mim, do que me continua, quebra aprisionamentos, inclusive os de catalogação e sistematização. É a voragem — essa sucessão -, fluxo de vivências que dá continuidade ao que acontece, ou seja, ao que está acontecendo independentemente do que significa. Essa continuidade de vivências tudo muda. Via de regra, acontece o que pode acontecer e assim nada causa surpresa nem sai do lugar. As utilidades/inutilidades são os legalizadores do que acontece, do que pode ou não deve acontecer. Atualmente, até a própria morte ou a dos outros é calculada, estabelecida ou evitada. Inúmeras proteções e neutralizações são criadas, até mesmo a ideia de morte necessária, utilidade descoberta para evitar desgastes, privações e tristeza.

A criação de normas para o que é útil e para o que é inútil obriga os acontecimentos a realizarem-se em tempo oportuno. Evitar o inesperado ao se preparar para ele é uma maneira de burlar a vida e tudo que é espontâneo e inesperado que ela enseja. Alçando-se como superprevidente, categorizador de imprevisíveis, o ser humano se coisifica. Virar objeto de si mesmo é a primeira divisão conseguida, e a partir de sua operosidade, saberes, humores, desejos e conflitos instalam sofisticados sistemas de cálculo. Busca tudo fazer, descobrir uma maneira de funcionar sem utilizar a energia viva, a espontaneidade, o ânimo e ainda assim alcançar os propósitos. Alimentando-se do ser vivo — de si mesmo —, consegue desfigurar-se. Quando o ser humano é transformado em máquina de bem-viver, ele vive atrás do que pode dinamizá-lo, motivá-lo. Tédio e depressão surgem. A continuidade de busca, de vazio, de desencontro deprime, desumaniza.

Seres amarrados e agarrados à máquina que os protege povoam o cotidiano, e para eles são criados parques de diversões, paraísos artificiais, assim como ilhas excludentes que podem abrigar os que primeiro se protegem dos resíduos criados para suas máquinas de guerra e destruição. Essa metáfora, ao longo dos anos, tem sido exemplificada pelos ditadores que se nutrem do sangue de suas vítimas, como Idi Amin na África (Uganda), que foi exemplar no exercício de prepotência e crueldade, e semelhante a isso, inúmeras vezes a submissão de um país, de um povo é representada em pequenas esferas: nas escolas, nos quartéis, nas igrejas, nas famílias. Dominar é quebrar a continuidade de acontecimentos, revertendo-os para objetivos defasados e arbitrários em relação à existência dos demais, dos outros seres.

NADA ALÉM DO QUE SE VIVENCIA

Nada além do que se vivencia, essa aparente pontualização, nada mais é que a total vivência de estar no presente contextualizado no próprio presente.

A vivência do presente contextualizada no presente é característica da infância feliz (cada vez mais inexistente, pois foi invadida pelas regras e normas de utilidades, vantagens e necessidades). É também frequente, embora fugaz, nas vivências afetivas nas quais, pela intimidade, pelo prazer, se é cercado por um turbilhão de circunstâncias. São cada vez mais raras essas vivências, pois as expectativas de resultado, o medo de ser rejeitado e os anseios de conquistas interferem nas vivências do presente. Criam ilhas de expectativas, e os recursos apelativos de performances e imagens voltadas para conseguir realizações geram simulacros, escondendo o que se é e revelando outros aspectos considerados aceitáveis e não reprováveis.

Sem vivenciar o presente contextualizado no presente, são construídas paredes protetoras, que são também as escadas para se realizar os desejos, as metas. Essas paredes fazem o sol nascer quadrado. São prisões que protegem e isolam. Estar sozinho, entregue à busca de realização, de consecução de objetivos, é perturbador, é apoiar-se em todos os clássicos incentivos para realização, é mergulhar no tumulto das não aceitações e expectativas. Nessa balbúrdia, nessa confusão, se perde discernimento. Qualquer coisa que agrega para o que se objetiva é agarrada. Perdem-se, assim, critérios, ética. De repente a mão que espanca é a que aquece e situa nas trevas da solidão. Quando não se vivencia o que ocorre enquanto situação que ocorre, quando se agrega a ela valor, medo, metas e objetivos, o mundo é diluído em medos ou espera, em antes ou depois que apenas nega o vivenciar, agregando inúmeras variáveis às mesmas distorções, mesmo que aparentemente reconfigure melhor aspecto à vida. Essas aderências são esvaziadas pois se referem ao que não existe, às situações que não se dão enquanto aqui e agora, e assim, consequentemente, são criados limbos que esvaziam.

FALTA E CARÊNCIA: BUSCA DE COMPLEMENTAÇÃO

Uma das principais características do humano é a carência afetiva. Ter a possibilidade de se relacionar, se complementar, se integrar com o outro são processos resultantes da carência de afeto, de contato, de diálogos e participação. Vivenciados enquanto possibilidade, os processos carenciais permitem a percepção do outro, permitindo encontros/desencontros, descobertas. Geralmente os processos de não aceitação de si, do outro e do mundo e consequentes autorreferenciamentos transformam a carência afetiva em alavanca e imã a fim de conseguir realizar suas necessidades de afeto. Ao coisificar, ao transformar os processos carenciais, imanentes ao estar vivo, em objeto, coisa, plataforma estabelecida para realização de desejos, se exerce essa transformação na qual a carência afetiva passa a ser necessidade de afeto. Esse processo de coisificação estabelece critérios, metas, padrões do que se necessita para resolver as faltas, vazios e desejos.

Para a psicanálise e para toda a psicologia de orientação freudiana, ser carente é um aspecto significativo, um sintoma das configurações neuróticas que assolam o indivíduo. Essa conclusão é fundante de seus processos terapêuticos, de suas orientações teóricas.

Acontece que se é carente como se tem olhos, mãos e pés. A carência é intrínseca ao ser humano, é sua possibilidade relacional. Quando negada, a carência afetiva se transforma em um apêndice, um referencial a partir do qual tudo é configurado, percebido, transformando-se assim em necessidade de complemento, satisfação e realização de dependências, proteção para medos e incapacidades. Essa vivência do necessário cria apegos, faltas, medos, usos e desejos. Sentir falta de alguém que satisfaz desejos sexuais, de alguém que realiza compromissos sociais, que represente e signifique, que pague contas, ajude, respeite, satisfaça passa a ser o grande propósito da vida. A própria sociedade regulamenta esses processos, criando parâmetros e instituições para esse fim. A estabilidade afetiva, consequentemente o bem-viver em sociedade, resulta de casamentos, uniões que suprem essa falta, que atendem essa necessidade. Estar sozinho é prova de incapacidade, é índice de fracasso: pobreza, velhice, feiura, ignorância, que impediram de se tornar desejável e assim ser escolhido, formalizando o desejo de encontrar o par, o complemento, a união, o engajamento no mundo das pessoas que significam.

A possibilidade de se movimentar, de perceber, de falar, ouvir, dialogar é estabelecida pelo próprio estar vivo, não são necessários andaimes, senhas, códigos, pontes para que isso se realize, é intrínseco ao processo da vida, apenas quebrado por acidentes ou configurações pré-natais, genéticas, geralmente raras e mesmo assim sempre compensadas ou até neutralizadas pelo desenrolar de outras possibilidades e configurações. Quando essas possibilidades intrínsecas ao humano passam a ser contingenciadas em função de valores, considerações, conveniências e inconveniências, se cria o denso vazio, abismo que tudo traga: é a carência afetiva transformada em necessidade. Saber o que é bom, o que é ruim, o que é correto ou incorreto como determinantes iniciais de processos relacionais estabelece a priori. Essa antecipação esvazia o presente à medida que o esconde, tampa, cobre pelas superposições relacionais. Por exemplo, o outro diante de mim é o que serve ou não serve para encaixar em meus esquemas e propósitos. A própria ideia de encaixar, servir, é destruidora das condições vitais e dinâmicas. Essa ideia é também o que vai criar os critérios do válido, inválido, possível, impossível, adequado, inadequado. Coisifica-se o outro, transformando-o em objeto. Desse processo resulta a utilização, destruição, tanto quanto seres solitários que sentem falta de amor, de afeto, de companhia. Sentir-se só é estar fechado em si mesmo, autorreferenciado em suas não aceitações e desespero, procurando alguém que possa ser utilizado por submissão, que possa ser cooptado por vantagens, enganado por desespero e apto a suprir faltas, destruir medos e ser a bengala necessária que se pode comprar ou roubar.

Como afirmo em livro anterior:

> A carência afetiva configura o outro no sentido de possibilidade ou de necessidade de relacionamento. Sendo intrínseca, assumida, a carência possibilita o outro; caso contrário, como necessidade de relacionamento, ela é uma barreira, começando o outro a ser uma meta ou um obstáculo. [38]

SISTEMA DE REFERÊNCIA

Perceber é uma relação, um comportamento decorrente de relações estruturais que configuram um Fundo (contexto) e um dado, uma situação (Figura). As decorrentes e contínuas percepções são os contextos que possibilitam constatação (percepção da percepção)

---

[38] CAMPOS, Vera Felicidade de Almeida. *Psicoterapia Gestaltista*: Conceituações. Rio de Janeiro: Edição da Autora, 1972, p. 42.

que é o conhecimento, criando valores e significados e também classificação e nomeação do percebido.

Os sistemas de referência são formados desde os primeiros anos de vida, tanto quanto as estruturas de aceitação ou de não aceitação do outro, dos limites, de si mesmo. Os sistemas de referência são modais por excelência, desde que estão também imersos em horizontes culturais, sociais, econômicos. Os elos de fixação desta impermanente e anônima atmosfera são mantidos pelo outro. Estar com o outro, ser por ele criado, educado é o que permite constatar e integrar ou desconstruir sistemas de referência: o próprio corpo aceito ou não, assim como as referências culturais e sociais.

Através do outro, geralmente pai e mãe, aprendemos uma língua, significados, nuances e assim adquirimos ferramentas e habilidades que permitem inclusão, inadequação, operosidade, passividade, realização ou não realização de necessidades, aberturas ou fechamentos para as possibilidades que estruturam o humano.

Sistemas são referenciais à medida que posicionam regras e padrões, permissões e proibições. Todo relacionamento gera posicionamentos, geradores de novos relacionamentos, que, por sua vez, geram novos posicionamentos indefinidamente; consequentemente, nos sistemas de referência, a variável de estar defasado, inadequado e superado é constante, entretanto, ao serem convertidos em padrões aceitáveis ou não, eles se tornam marcos rígidos criadores de muito desassossego e insatisfação quando assim percebidos. Mais de quinhentos anos e ainda a América Latina conserva a ideia de "branco, civilizado, europeu", frequentemente se pensa que olhos claros definem superioridade e riqueza. A ideia ou preconceito — desde que conceito a priori independente de qualquer evidência a não ser frequências modais (norma estatística) — cria as imunidades "amorosas" atreladas ao pai, à mãe, crenças que impedem mudanças como investigação de crimes sexuais e, em casos extremos, de infanticídio, parricídio.

Toda percepção vai sempre ser estruturada em um contexto — Fundo — que, mantido permanente e repetido, cria unilateralizações responsáveis por fragmentação.

As vivências residuais de segunda, terceira mão, que garantem que o que é bom para pessoas famosas é bom para todos, são despersonalizantes e fazem buscar imitações: o aderente e artificial, o produzido e copiado. Quanto mais copia, mais se anula, mais se vira o sistema de referências que o constitui, mais contingencia suas decisões e determinações nas pequenas urnas oferecidas para contabilizar o acerto, a conformidade ou os desacertos. Viver segundo o estabelecido é o fundamento para que se realizem novos estabelecidos; entretanto, proteger-se e dedicar-se aos bons resultados conseguidos ou pretendidos é frear, tentar deter o momento, a temporalidade. O belo, o bom, o feio, o ruim, o adequado e o inadequado não são fixos, eles mudam com o passar do tempo (temporalidade), com novos recortes sociais e culturais, estabelecem novos sistemas de referência e criam novamente aceitação e não aceitação, alienação, medo e desejos de segurança. O controle e a obsessão, o querer "ficar bem na foto" mostram bem como a desumanização e massificação, dela resultante, saturam os referenciais. As conhecidas "carteiradas" (apresentação de documentos que comprovam, demonstram o poder e suas redes), além da exibição das redes relacionais que sustentam suas demandas e realizações, substituem as referências dos oitocentos e novecentos, onde sobrenomes tradicionais, ilustres, poderosos, caminhavam, falavam, ouviam, eram acompanhantes significativos do poder e acesso ao que se pretendia.

As demandas econômicas de mercado criam, no curto prazo, grandes dinâmicas, reversibilidades necessárias para vender e reciclar produtos. Neste ambiente, o novo sempre é substituído, reciclado. A datação de produtos cria prazo de validade para seu uso, cria o démodé, o velho, o fora de moda; tudo isso impõe mais cópia, mais imitação, mais desistência, ou seja: abrir mão dos próprios critérios e vivências para seguir a corrente, a tendência e nela afundar como forma de sobreviver. É uma pseudodinâmica, pois que se está posicionado em função de resultados; isso ocorre em várias situações e contextos, tudo é avaliado: artes, esportes, escolas, universidades, ciência, religião e família.

O maior sistema de referência — dinamicamente integrador/desintegrador — é o outro: o ser humano que nos aceita ou não aceita.

ADERÊNCIA INDICANDO IMANÊNCIA

Toda questão de sintomas, significados e indicações recai neste tópico: aderência como o que aparece (o que é percebido) e imanência como o que não aparece (o que não é percebido).

A persistência da ideia de dentro e fora leva à associação de aderente com externo e imanente com interno. Este a priori interfere na percepção, na constatação e cria distorções perceptivas.

Contextualizando-se na reversibilidade dos processos, na dinâmica do existente, não há distinção entre interno/externo. Ao perceber um ser humano, não percebemos seu fígado, seu cérebro, salvo se estivermos em aulas de anatomia, fisiologia ou em centros cirúrgicos, onde o fígado, o cérebro são os percebidos, e seus possuidores, os seres humanos, tornam-se referenciais remotos, não determinantes do aqui e agora cirúrgico, por exemplo. A reversibilidade perceptiva privilegia, tanto quanto relega ao infinito, algumas constantes caracterizadoras do que ocorre. Não considerar esse processo cria divisões, unilateralidades que podem trazer parcialidades e ser responsáveis por distorções resumidas no popular "quem vê cara, não vê coração". O indivíduo nem sempre é o que indica; frequentemente esconde ou despista no próprio fato de indicar. Esse aparente paradoxo se dissolve quando se percebe que indicar, geralmente, é vetorizar para direções desejadas. A religião, a educação geram pasteurizações quando enfatizam o que se precisa apresentar e utilizar, conseguindo, assim, repressão e adaptação responsáveis por divisão e inautenticidade.

Sintomas são aderentes em relação a suas estruturas orgânicas ou psicológicas, entretanto eles as expressam — se não forem percebidos isoladamente pelas classificações e rótulos — permitindo apreender seus constituintes relacionais.

A arte, a psicoterapia, o questionamento unificam ao apresentar o escondido, o privado como o escancarado, como o público. Desde as máscaras usadas no teatro grego ou no japonês Nô, essas ambivalentes disparidades são unificadas. O vodu haitiano consegue indicar seus zumbis — mortos-vivos — em máscaras e danças, uma situação típica de indicação da imanência através da aderência. É a unificação realizada na divisão por meios artísticos e mágicos. A ludoterapia, a maneira como as crianças vivenciam suas satisfações e insatisfações através de formas, cores e espacialidade ocupada/esvaziada, é eloquente para mostrar como constituinte e constituído, imanência e aderência andam sempre juntas ou, como disse Goethe: "a natureza não é miolo nem casca, é tudo de uma vez".

PERMANÊNCIA DE CONTRADIÇÕES DESENCADEIA ACONTECIMENTOS

Em realidade, tudo que acontece, esperado ou inesperado, depende da permanência de contradições. Permanência de contradições é o que permite manter, em um mesmo contexto, todas as variáveis estruturantes do que é focalizado como processo responsável pelos acontecimentos (ou não acontecimentos). Expectativas levam a previsões, que, baseadas em causalidade, distorcem a percepção do presente. Por exemplo, morrer será um acontecimento na vida de qualquer pessoa, mas, se perguntarmos quando uma pessoa vai morrer e como, a resposta vai depender da globalização das situações vivenciadas pela pessoa, pela configuração da permanência de contradições que estabelecem vida ou morte e não de conjecturas mágicas ou análises causalistas.

Possibilidade, necessidade, contingência e acaso se constituem em explicações do acontecido, do evidente, entretanto a realização e expectativa de certos acontecimentos é falsamente explicada pelas possibilidades causais deles. Causalidade e evidência contrastam e se afirmam, "as coisas só são previsíveis quando já aconteceram", dizia Machado de Assis, e "tudo o que pode acontecer, acontece, mas somente pode acontecer o que acontece", falava Kafka.

Quando as contradições permanecem, o desequilíbrio surge, o movimento continua, os processos acontecem, gerando o novo, mas a permanência de contradições na configuração dos fenômenos, quando parcialmente mantida, gera deslocamentos, podendo também estabelecer neutralização desta mesma permanência e nada surge diferente do já ocorrido. A mudança é sempre uma modificação; nesse sentido, é um novo, diferente de repetição ou continuação. Querer saber se alguma coisa vai acontecer ou não expressa preocupação com a continuidade/descontinuidade. A continuidade das coisas estabelece hábitos que não provocam curiosidade. Querer saber o que vai acontecer ou não vai acontecer é querer saber se a continuidade vai ser quebrada ou mantida. Para atingir certezas, é necessário globalizar as contradições existentes em um processo, desde que só através da permanência delas é que se consegue obter as direções decisivas. Transversais a esses processos criam posições fragmentadas que englobam expectativas, gerando dúvidas, incertezas e, neste contexto, só o que acontece permite sua explicação, negando a previsão, como dizia Machado de Assis, assim como é neste momento que se afirma o fatalismo, o "determinismo realista kafkiano".

Quanto maior a contradição, maior a possibilidade de certos acontecimentos, maior a possibilidade de mudanças, consequentemente de expectativas, de previsões se realizarem e serem até, às vezes, entendidas como adivinhação ou fatalidade.

Na esfera psicológica a permanência de processos contraditórios gera mudança quando percebidos, mas estes também são responsáveis por acomodações e adaptações infinitas ao serem percebidos por angulações deslocadoras que criam imagens distorcidas, fragmentadas e parcializadas dos acontecimentos. Explicações surgem e esbarram em magia, por exemplo. O não perceber implicações relacionais gera pensamento autorreferenciado, supersticioso, estereotipado, e é a partir disso que tudo é explicado: "sair com o pé direito para que tudo dê certo" é um exemplo dessa minimização relacional. Ultrapassar os limites das variáveis, dos dados e supor forças externas aos mesmos como explicativas das evidências é criar crenças e explicações sobrenaturais para os fenômenos, para o que ocorre.

Homogeneização, neutralização, gera monotonia, tédio, inércia que em si são desencadeantes de novas contradições, e assim surgem novas configurações, que se mantêm desde que situadas em seus próprios estruturantes. Neutralizar também é deslocar contradições que só reaparecem através de fragmentações desequilibradas. A contradição cria variáveis (pontos) onde as coisas acontecem, seja pela mudança, seja pela manutenção devido aos deslocamentos que a impedem. Os eternos "casamentos perfeitos" que de repente acabam em tragédia exemplificam este processo ou, ainda, as ditaduras que desabam como pó, depois de muito tempo.

Na Psicoterapia Gestaltista, a permanência de contradições existe quando se percebe os próprios problemas, quando se percebe que eles não são aderência. Perceber que não se tem o problema, mas que se é o problema, faz mudar a percepção de si, do outro, do mundo e do que o aflige; faz entender que se o problema do outro o atinge, o problema é seu. Essa percepção mantém contradição, impede deslocamento e faz as coisas acontecerem nos contextos em que as mesmas são estruturadas (a problemática), faz com que se busque solução nos contextos das próprias contradições problemáticas e não nos desejos do que poderia solucionar, do que precisa resolver, do que deseja que aconteça.

SIMBÓLICO, IMAGINÁRIO E REAL

Opiniões a respeito das coisas, objetos que representam, relembram situações vivenciadas, imagens de divindades, rituais religiosos ou não, superstições, amuletos, crenças, certezas, dúvidas, interpretações, enfim, quem nunca se perguntou sobre o que é real ou simbólico nas suas vivências cotidianas?

Lacan, coroando toda a conceituação psicanalista — freudiana —, diz que o homem se realiza ou se frustra, se comporta, enfim, dentro de dimensões simbólicas imaginárias ou reais. Ele está assim, por meio de uma nova linguagem, explicando o Id, o Superego e o Ego, ou seja, são as necessidades instintivas, inconscientes e biológicas, as responsáveis pelo estabelecimento do simbólico, do imaginário e do real. Projeção, resistência, mecanismos de defesa do Ego, formação reativa e foraclusão são conceitos decorrentes dessas divisões reducionistas.

As certezas ilusórias são frequentes nas explicações do comportamento humano pelo inconsciente, por entidades possessoras ou pela vontade de Deus, constituindo-se em alicerce para a manutenção de preconceitos. Por exemplo, no *Seminário*, Lacan diz:

A ordem simbólica ao mesmo tempo não-sendo e insistindo para ser, eis a que visa Freud quando nos fala do instinto de morte como sendo o que há de mais fundamental — uma ordem simbólica em pleno parto, vindo, insistindo para ser realizada.[39]

Os dados relacionais, os processos perceptivos, nos trazem outra visão, outra explicação, outra conceituação. Real é o que eu percebo. Quando isso se dá enquanto presente, é globalização do dado percebido; se a percepção do existente (Figura) é realizada com o passado como Fundo, essa percepção é representativa do percebido em função do passado e não do presente. Isso é a simbolização, repetição do dado ao inseri-lo em outra ordem constitutiva. Ao perceber o que está diante de mim em desdobramentos e ampliações de metas e desejos, medos e apreensões, tendo como Fundo a estrutura do futuro, imaginamos.

Tudo que percebemos é real.

Nas relações de Figura e Fundo, o percebido é a Figura, o Fundo é o estruturante, nunca é percebido; ilusão é o Fundo, o nunca percebido, portanto nunca real. Geralmente os preconceitos, a priori, as crenças e certezas constituem o Fundo, o referencial de nossas percepções. Quanto mais crenças, certezas e fé, menos disponibilidade, mais rigidez. Crenças, certezas e fé são estruturadas no sistema categorial, resultando sempre de experiências prévias, de avaliações. A ilusão é o que dá as certezas.[40]

---

39 LACAN, Jacques. *O Seminário*: Livro 2 - O Eu na Teoria de Freud e na Técnica da Psicanálise. Rio de Janeiro: Zahar, 1985, p. 407.
40 CAMPOS, Vera Felicidade de Almeida. *A Realidade da Ilusão, a Ilusão da Realidade*. Rio de Janeiro: Relume-Dumará, 2004, p. 44.

Basta perceber o ser no mundo como unidade, diferente do ser versus mundo psicanalítico, que conseguiremos entender e explicar seus processos relacionais, sua estrutura de aceitação e de não aceitação.

QUESTIONAR CERTEZAS É LIBERTADOR: SE O PROBLEMA DO OUTRO LHE ATINGE, O PROBLEMA É SEU

Quando afirmo, no trabalho psicoterápico, que se o problema do outro lhe atinge, o problema é seu, muitos podem pensar em solidariedade. Mas, na realidade, pensar que o problema do outro lhe atinge é um questionamento à atitude neurótica de culpar os outros e justificar as próprias problemáticas, angústias e frustrações como sendo causadas, ditadas e provocadas pelo outro. Atitudes solidárias também podem ser explicadas pelo fato de ser atingido pelos problemas do outro, mas essa atitude de solidariedade é gerada por uma constatação da necessidade do outro, o foco da constatação é o outro, bem diferente do que ocorre quando se atribui ao outro o núcleo da própria dificuldade, da própria problemática.

As diferenças nas atitudes de solidariedade, empatia, raiva, atribuição de culpa e medo, por exemplo, são explicadas pelas contextualizações, pelas estruturas relacionais. No contexto de disponibilidade, perceber o outro, o semelhante, gera encontro. Nos contextos autorreferenciados, nos quais se é o centro do mundo, determinam-se desejos e comportamentos reduzindo-os à contingência, e as atitudes são geradas pelas próprias necessidades e frustrações. Nessas estruturas o outro é o disparador de raiva, medo, inveja, ganância, atitudes comprometidas com resultados, justificativas para as próprias incapacidades, frustrações e medos. Nos relacionamentos afetivos e nos relacionamentos familiares é muito comum encontrar opressor e oprimido, vítima e algoz. Essas caracterizações, esses posicionamentos geram culpados, omissos e angustiados. Esses padrões são visíveis e frequentemente impostos: não há como responsabilizar quem apanha, quem é vitimado, caso não se questione acomodação, ajustes e barganhas com o que/quem vitimiza.

Nas dinâmicas relacionais, nas vivências psicológicas, estar ajustado a quem desconsidera, humilha e atrapalha, geralmente é uma imposição da sobrevivência. Este "não ter saída" resulta do reducionismo às próprias necessidades. Negando toda e qualquer possibilidade, reduzido à sobrevivência, o ser humano se desumaniza. Essa alienação o transforma em objeto, daí se sentir receptáculo, alvo de tudo que nele é jogado; é sempre a vítima e assim consegue se eximir de responsabilidade e de autonomia. A perda de autonomia é percebida por ele como ponto de justificativa, é o lucro final: a culpa é do outro, do sistema, da sociedade, da família, da escola, enfim, dos outros. Nessas situações, é muito difícil perceber que se o problema do outro o afeta, o problema é seu, seja por compactuar, seja por conviver.

Participação e omissão geram soluções tanto quanto podem problematizar. Ser desconsiderado cria questionamentos, denúncias, tanto quanto apassiva, coopta. A diversidade de atitudes vai definir submissão, passividade, fará perceber limites, regras impostas, arbitrárias e preconceituosas, assim como a possibilidade de transformá-las, assumindo as próprias motivações e identidade. Sempre que o problema do outro lhe atinge, infelicita, preocupa ou culpa, o problema é seu. Perceber esse processo, questionar as ambiguidades e certezas é libertador, pois ter os problemas no próprio controle, ao dispor, é o que permite mudança, reestruturação, libertação.

Frequentemente, diante de preconceitos como discriminação por ser negro(a), gordo(a) ou imigrante fica quase despropositado dizer que se o problema do outro o atinge, o problema é seu. Mas esse despropósito desaparece quando são questionados valores, quando é levantada a aceitação da própria identidade, da própria aparência e história, autonomia e segurança. Ser massacrado/abatido ou seviciado em situações repentinas não possibilita vivências de justificativas dadas pela própria pessoa que é vítima das mesmas. É enfático e apodítico o abuso, a agressão, a maldade. Essas situações são enfrentadas ou esquecidas, e assim não são consideradas como resultantes do próprio problema ou do problema do outro.

Deslocamentos, deslizamentos para criar justificativas são impossíveis diante do inesperado e despropositado. Não se trata de autorreferenciamento, mas sim de uma realidade que se nega, se esconde ou que se extirpa e transforma. Caso haja repetição, a frequência do ocorrido pode gerar justificativas, explicações, culpabilidade e deslocamentos infinitos nos quais se vivencia autorreferenciamento, e assim tudo passa a ser explicado como sendo: "a culpa é do outro", "a sociedade permite isso", "é por eu ser imigrante", por exemplo.

Sempre, se o problema do outro lhe atinge, o problema é seu. Assumir esse dado relacional, perceber que nada está isolado é estruturador de autonomia, de liberdade, de disponibilidade necessárias a qualquer ação que se pretenda questionadora de preconceitos e discriminações sociais, e fundamentais à vivência da própria vida.

QUESTIONAR

Frequentemente se pensa em questionar como sinônimo de perguntar. Na Psicoterapia Gestaltista, questionar e perguntar não são sinônimos, referem-se a situações diferentes. Entendo questionar como sendo a fala, e até mesmo a pergunta, que resulta da globalização das inúmeras variáveis que interferem em um comportamento, em uma motivação. Dessa forma, o questionamento permite sempre percepção do que não se percebia, do que era Fundo, do que era contexto estruturante da motivação, do que era estruturante do comportamento. Consequentemente, através de questionamentos são estabelecidas antíteses. Pensar em questionamento como sinônimo de pergunta é pontualizar, parcializar processos. Para o posicionado em zonas de conforto ou de necessidade é difícil apreender configurações relacionais, pois os momentos principais de seu dia a dia são esgotados em ordens convergentes ou divergentes. As reduções binárias — em função dos autorreferenciamentos de alívio/dor — impedem a apreensão das dinâmicas relacionais e tornam tudo pontualizado. A vivência em linha reta subtrai diversidade, subtrai nuances, tanto quanto possibilita ajustes e adaptações desumanizadoras.

Toda pergunta possibilita respostas, mas não necessariamente questiona, nem esclarece, nem faz pensar nos estruturantes relacionais dos aspectos comportamentais motivantes do que é perguntado e do que é respondido. No universo da sobrevivência, a globalização que permite o questionamento inexiste, pois nesse universo tudo é aplacado e minimizado em função de facilitar as necessidades imediatas e, portanto, a pontualização se impõe: cortar, separar antecedentes, separar relações e evidências de suas redes estruturantes, tratá-los como isolados, como significados absolutos, indenes a quaisquer processos. Essa divisão estabelece o medo, a despersonalização, a alienação, tanto quanto transforma relacionamentos em pontilhados, insinuações de possibilidades, configurados para serem interceptados por propósitos que nada significam, salvo preenchimento de dúvidas ou certezas, omissão e participação manipuláveis.

Só é possível questionar quando se apreende as imanências contraditórias responsáveis por divisão, conflitos e acomodação, que destroem a alegria e o bem-estar.

ENFRENTAR FRUSTRAÇÃO É MUDAR ATITUDES: PSICOTERAPIA E QUESTIONAMENTO

Sentir-se infeliz ou deprimido e não saber o que fazer ou como suportar o cotidiano são vivências constantes na vida do ser humano quando ele não se aceita enquanto resultado de possibilidades e impossibilidades.

Estar no mundo com os outros decorre de configurações culturais, sociais, econômicas e familiares. Essa é a base na qual tudo se constrói. São estruturadas satisfações, insatisfações, adaptações, desadaptações e também revoltas e desajustes. Ao enfrentar o que frustra, se consegue mudança. Quando o indivíduo coloca de lado o desagradável, o que o frustra, e se dedica à realização do que lhe falta, do que deseja, ele começa também a debruçar-se sobre o abismo que é a falta de saída, a ausência de salvação, a tentativa de salto que o levaria a outras paragens, a outras paisagens. É a não aceitação de limites criando soluções mágicas, que também criam mágoas, ressentimentos, medos e insatisfações. Todo esse processo é patrocinado e dirigido pela própria pessoa, colecionadora dessas vivências, desses desejos irrealizados e batalhados. É o desajuste, é o problema, é o desespero, o medo, o tédio, variando segundo a persistência de impossibilidades e dificuldades. Nesse ponto o problema é instalado: pânicos, fobias, desajustes, antissociabilidade, tanto quanto passividade, excesso de sociabilidade pela necessidade de se exibir e de ocupar lugar no espaço, ou de checar o limite dos desejos. Isso é, em linhas gerais, como os ajustes ou desajustes humanos levam ao que se convencionou chamar de neurose.

Nesse panorama, buscar ou propor psicoterapias é buscar solução para os problemas, para os delírios da depressão, violência e medo, enfim, desajustes do indivíduo com ele próprio, sua família, sua sociedade, seu mundo.

Infelizmente, é comum se dizer que o processo terapêutico propõe e deve conseguir o fortalecimento do ego, fazer com que os indivíduos desajustados confiem, acreditem mais em si próprios, se percebam como capazes de vida, de ter prazer e alegria. Essa é uma proposta enganosa, uma visão mágica. Fortalecer o ego é fortalecer todo o aprisionamento às contingências, aos limites, desde que o ego, o eu, é um referencial, um posicionamento, um resumo congelado de possibilidades e de necessidades. É um arquivo, e assim a percepção do eu é sempre feita no referencial passado, no contexto de memória, e consequentemente fortalecer o ego é negar o presente, é viver no passado ou no futuro em busca de metas ou objetivos. Nesse sentido, o fortalecimento do ego é também fortalecedor do autorreferenciamento, do isolamento, da impossibilidade de se relacionar com o que está diante de si, desde quando se busca realizar desejos frustrados e se aspira realização de sonhos.

O ego, o eu, é um arquivo que precisa ser questionado, atualizado, pois ele é responsável por posicionamentos, regras e a priori. Tudo passa pela chancela do ego, do eu, criando fronteiras, muros e separações. Assim, as possibilidades de relacionamento são limitadas pelos referenciais do ego, do eu, das necessidades, e esses são os mapas orientadores do comportamento. Na massificação, na sobrevivência, na miséria que assola um terço do planeta, o que ocorre com o ser? As possibilidades de relacionamento estão reduzidas à busca de comida, por exemplo. Essa meta passa a ser o estruturante identificador do ser. Comer é ser. Os viciados posicionados na droga, no sexo, na comida, no trabalho, reduzem possibilidades de relacionamento, ancoram o ser. Não há transformação, pois a possibilidade de relacionamento permanece imutável, fixada em seus desejos. Esses exemplos radicalizados estão sendo postos para enfatizar que o ser, a possibilidade de relacionamento como essência humana é a própria condição, aptidão humana. O drama humano começa quando as possibilidades de relacionamento ficam restritas, limitadas à sobrevivência. A fome, a opressão, a violência, enfim, as mais diversas formas de escravidão, reduzem as possibilidades de relacionamento, empobrecem o ser.

Os tratamentos psicoterápicos devem visar transformação. Para que isso ocorra é necessário questionamentos aos fatores limitantes, a tudo que posiciona. A psicoterapia deve questionar a primazia e superioridade atuante do ego, do eu — arquivo de medos, papéis, habilidades e inabilidades. Isso é o que deve ser questionado, transformado, pois os processos responsáveis pela estrutura da identidade são ampliação dos posicionamentos do ego, do eu.

O processo de identificação com o ego, o eu, e todo seu contexto sociocultural nos transforma em representantes de ordens constituídas. Nos sentimos aceitos, válidos, bons, ou nos sentimos desconsiderados, desprezados, ruins. Contextualizar-se nesse processo valorativo de identificação constitui um empobrecimento do ser. Sua vivência sempre cria demandas psicoterápicas, visto que, nesse contexto, as possibilidades de relacionamentos são transformadas em necessidades de manter os relacionamentos, de sobreviver.

Abrir mão de desejos, de pontos de refúgio e apoio, questionar propósitos é o que permite mudar, transformar, sair do estado de indivíduo fracassado, abandonado, passando a realizar mudanças para estar no mundo com o outro diante de turbilhões ou paradisíacas paisagens. É assim que se estrutura aceitação do que existe, responsável pela aceitação de limites e amplidões.

CONVENCER NÃO É QUESTIONAR

Certo dia li uma frase atribuída a José Saramago: "aprendi a não tentar convencer ninguém. O trabalho de convencer é uma falta de respeito, é uma tentativa de colonização do outro". Pensei: convencer é arbitrário, mas questionar é o que faz mudar, é fundamental. Proselitismo não é mudança.

Podemos pensar em paralelas ou em ângulos. Os pontos de encontro, os pontos de atrito geram mudanças. Perceber o que acontece ao outro, o que acontece no mundo como paisagem, como filme, como obra de arte ou notícia de jornal é se colocar em andaimes ou prisões guardadas. A impossibilidade de acesso impermeabiliza. Estar presente, diante do outro, participar do que ocorre obriga a reações, a diálogos, obriga a questionamentos.

Regras sociais, convenções religiosas — "é a vontade de Deus", por exemplo — são explicações do que se vê, do que se ouve, do que se sente, que insensibilizam. Gritos, uivos e ais exibem, no mínimo, sustos, e são mudanças de postura. Essa impermeabilização, incipiente forma de participação, tudo justifica e entende. É também uma forma de negar realidades, de inventar paraísos ou infernos redentores, informações rudimentares e generalizantes. Atualmente o impossível, o genérico é a única realidade da redenção, do exercício de humanidade e transcendência: fazer, permitir, assistir o deslocamento, a manutenção das paralelas que apenas no infinito podem criar ângulos, estabelecer antíteses.

Só o questionamento abolirá a insensibilidade, destruindo explicações polarizadoras. Inverter os pontos de encontro, o lugar para onde tudo conflui de bem e de mal, é o faz de conta criador de falsas direções, que ocorre pois é a explicação, a ideia de causa e efeito configurada — buscadora de verdades — que acaba com a autenticidade, o encontro, e consequentemente com a transformação do vivenciado. Não metabolizar o que não se assimila é notório nos processos orgânicos, tanto quanto é a percepção resultante dos processos configuradores do estar no mundo, a estrutura dos processos psicológicos. Tudo resulta do que se percebe, e quanto mais emoldurado, compartimentado, iluminado, escondido ou aberto se coloque o que se pode perceber, mais endereçamentos congestionados são criados, é quase o equivalente de ter que engolir o pão de cada dia com sua embalagem. O tormento de assimilação cria medos e destrói antes de ser assimilado. Fazer com que se engula ou não, ser convencido a isso é um processo simplificador. Arrumar prateleiras pelas embalagens que escondem e atrapalham pode permitir acesso direto e condicionamentos transportáveis, úteis e até necessários, mas não se aplica à assimilação. Abrir pacotes, exibir conteúdo escondido é o que resulta do questionamento mantido e utilizado como apoio para perceber o que não se visualiza: o saldo posicionante que aniquila individualidades.

O QUE HUMANIZA O HOMEM?

A vida, a possibilidade de mudança, o nascer, crescer e morrer. Essa definição iguala homem, animal e plantas. Isso significa ser vivo, e a partir desse ponto se começou a pensar em alma, consciência, espírito como diferenciadores do humano. Animais não têm alma? Para os representantes da Igreja, dos descobrimentos à escravidão, os negros e os indígenas não tinham alma, podendo por isso ser escravizados; não eram considerados humanos.

Definir alguma coisa por algo supostamente existente — alma, por exemplo — é logicamente precário. Como definir e diferenciar homens de animais? Tentou-se definir pelo pensamento. Afirmar que o homem é um animal racional implica em admitir irracionalidade para os animais. Mas, quando nos detemos nos processos perceptivos, no conhecimento que isso estrutura, vemos que os homens pensam e os animais também, pois ambos percebem, e pensamento é prolongamento da percepção. Então, o que os diferencia?

O que faz do homem um humano é a possibilidade de questionar e de se questionar. Esse processo simultâneo e reflexivo os animais não têm. Vamos até admitir que eles questionem ao reclamar, ao avançar, entretanto eles não se questionam. Só o homem se questiona quando transcende os níveis de sobrevivência. Ir além do fato, das circunstâncias, do resultante é a possibilidade de se questionar. Isso é humano, é o que se chama comumente de subjetividade. Subjetivo/objetivo é um binômio antigo em psicologia e já discorri sobre ele inúmeras vezes. Subjetividade é um termo que implica na noção de vida interior e subjetiva e vida exterior e objetiva. Acontece que o que está dentro, está fora, já falavam os gestaltistas.

Não existe nada que não seja resultado de percepção, da relação com o outro, com o mundo, consigo mesmo. Não há um dentro, não há um fora. Há um dado relacional. A ideia de dentro e fora decorre dos pressupostos dogmáticos e metafísicos de alma, espírito, vocação e talento.

Questionar-se é perceber onde se está, o que está à volta. É a percepção do passado, é memória, é antecipação do futuro, é pensamento. É continuidade, evidência, verificação. Essa mágica correlação de inúmeras variáveis, de infinitas realidades é o que define e caracteriza o humano. Quando religiões, famílias, sistemas políticos, sociedades totalitárias, sociedades democráticas, filosofias comprometidas com valores e ciências dedicadas à facilitação de vantagens econômicas reduzem as possibilidades de perceber e de questionar, elas desumanizam e criam escravos, robôs, servos dedicados a manter o que se conseguiu. Isso desumaniza e esvazia a humanidade. Fazer tudo confluir para resultados, para um programa previamente estabelecido é como a criação de currais, fazendas e empresas que vão extrair e extorquir o máximo de matéria prima, seja da natureza ou do homem.

Somos iguais aos animais enquanto organismos regulados por catabolismo e anabolismo. As necessidades sinalizam, em maior ou menor escala, orientando e determinando a sobrevivência animal, e nós, humanos, somos os mais desenvolvidos animais da escala biológica.

O ser humano deixa de ser apenas um animal quando transcende a sua estrutura imanentemente biológica e através da percepção de si, do outro e do mundo, estabelece relacionamentos que realizam suas possibilidades. É pelo prolongamento desses processos perceptivos relacionais que ele pensa, cogita, utiliza, respeita, admira ou esmaga os que estão diante dele ou ao seu lado.

Em Wittgenstein encontramos a noção de que a vida é um problema intelectual e um dever moral; mais concisamente, ele fala das apreensões cognitivas e morais, fala da ética do humano.

Sobreviver, levando às últimas consequências, aniquila. As guerras, as drogas, as torturas e imolações em função de conveniências, de manutenção e realização dos próprios desejos mostram essa destruição. O dever moral para com o outro e para consigo é a norma que só o humano, quando transcende suas necessidades de sobrevivência, pode realizar, atingindo assim dimensão de beleza, de integração com o que está à sua volta, com o outro, consigo mesmo. É o milagre do amor que tudo supera. É a aceitação que transforma limites. É o questionamento que permite mudanças. Viver é questionar, é se perceber e perceber o outro, realizando a dimensão ética e os deveres morais, não mais percebidos como deveres, como aderências, mas sim como constituintes de si, ao ponto de ser possível dizer: existem situações que, depois de vivenciadas, é melhor não sobreviver a elas.

Quando existe disponibilidade, as situações são vivenciadas com autenticidade, com espontaneidade, mesmo que signifiquem vivências trágicas ou interrupção da vida, mas, se a atitude for de sobreviver custe o que custar, a posterior percepção do que passou leva ao desânimo, depressão e às vezes ao suicídio. Sobrevivente do holocausto, Primo Levi, por exemplo, suicidou-se; no entanto, nos deixou relatos e depoimentos de sua grande humanidade e transcendência, tanto quanto de horrores e torturas às quais foi submetido. O ser humano pode ser submetido, mas às vezes resta um indivisível que não é destruído. A ética, o dever moral, inicia-se na disponibilidade e não em comportamentos como ganhar a qualquer preço, salvar-se não importa como.

Uma de nossas características mais marcantes é a possibilidade de perceber e categorizar e assim entender quem somos e como agimos, entender os acontecimentos e organizar nossa convivência, nossas vidas em comum. Criamos as regras, nos adaptamos aos valores e enfrentamos disputas, conflitos diversos, desvios, ameaças às definições que assumimos como definidoras de nossa humanidade. A capacidade de se sensibilizar com o outro é um desses pilares definidores. Ser afetado pelo outro não só demonstra que o percebemos, mas também que nos envolvemos com ele, nos dirigimos a ele, o cercamos, implicamos nossas vidas mutuamente, enfim. Que outro fundamento poderia definir melhor "humanidade"? Afinal, não é ao conjunto, à vivência em comum, que esta palavra se refere? Mas conjuntos são abstrações conceituais, e a humanidade é, supostamente, formada por seres humanos, por indivíduos. O indivíduo, para ser reconhecido como humano, precisa exercer, atualizar os valores que definem sua humanidade, seu pertencimento a esse grupo de seres que convivem e que só se reconhecem nessa convivência definidora que se pretende contínua e direcionada à abundância, ao crescimento. Por mais que os valores edificantes pareçam preponderantes, esse convívio é balizado por tensões e conflitos dos mais variados.

Muito se valoriza a solidariedade ou a caridade para com os seres humanos desprovidos, por exemplo, principalmente porque são atitudes que atualizam, reafirmam nossa humanidade. E quando o desprovido, o machucado, o sofredor é um animal? Por que, na maioria das vezes, nessa situação prevalece a indiferença, a separação, as razões que reivindicam segurança própria? As raízes estão na subjugação do animal, ao longo da história, como o diferente que utilizamos na construção, manutenção e conforto do ambiente humano. O animal não é o semelhante. Nesse ponto, um desafio nos aflige como humanidade: é mesmo possível desenvolver empatia — ou sensibilidade para com o outro — se a restringimos, se a reconhecemos apenas em função de a quem ela se direciona? Se, em diversas situações "temos permissão" de perder nossa humanidade? Como definirmos o semelhante e o diferente? Na história não faltam exemplos de humanos indiferentes a humanos, assim como a animais.

O olhar voltado para o outro, envolvido com o outro, seja o semelhante ou o diferente, é um resgate definidor de nossa humanidade, que, para ser exercida e mantida, requer não discriminar, não separar o existente como ameaça, qualificando-o como perigoso por ser diferente de si — outra etnia, outra cultura, outra espécie —, pois o que nos define como humanos são nossas atitudes; tanto faz, por exemplo, se nos solidarizamos com um homem que sofre, com um animal abatido, com um gato de rua faminto e machucado ou com uma criança de rua faminta e machucada.

CONVENÇÕES: COMO DECIDIR O QUE É HUMANO E O QUE É MONSTRUOSO?

O filósofo Ernst Cassirer desenvolve em sua obra a ideia de que a consciência de uma diferença é a consciência de uma conexão. Em outras palavras, percepção da igualdade só é possível quando se arbitra uma diferença, ou, ainda, a conexão, os pontos de ligação são os que permitem constatação.

Todos somos seres humanos, habitantes do mundo, e podemos estar como exilados, refugiados ou habitantes de nosso lugar natural. Sem a ideia de pátria, de nação, não haveria a ideia de exilado, apátrida, refugiado. Convenções ultrapassam naturalidades. Autenticidade é transformada pelos usos e costumes, por referenciais que transformam em inautêntico o natural. O legítimo não mais é o autêntico e esse jamais é significado pelo personalizado, desde que esse processo é atravessado por variáveis que o desconfiguram enquanto realidade autóctone.

Estar contido em si mesmo extrapola e transpõe fronteiras, uma vez que as mesmas são linhas imaginárias e arbitrárias estabelecidas segundo conveniências outras, diferentes dos processos possibilitadores de sua legitimação. O devido, o típico de qualquer situação, atualmente é resultante de atribuições arbitrárias. O ter ou não ter direito não corresponde mais à legitimação, pois está cooptado pelo viés de conveniências, de políticas, de objetivos que se quer imprimir. É um momento absurdo no qual a realidade vira matéria prima para criar outras realidades capazes de suprir e ofuscar o real. O atribuído, o arbitrado busca neutralizar o encontrado para dele exaurir significados e afirmar postulados. Equivale a estabelecer o texto a partir do pré-texto. É um pretexto para justificar e estabelecer novas doxas. É a evidência que é resultado de reincidências que confundem, mas que permitem explicações.

Preocupação com diferenças possibilita mudança de posturas tanto quanto enseja insistir em novas conexões que muito explicitam. Revelar oprimidos pode ser uma maneira de justificar opressão, tanto quanto de denunciá-la. Vai depender do que se quer conseguir. Ao se deparar com párias sociais, psicologicamente se descobre como a humanidade, como o homem resiste: ainda é um homem o que mata e destrói, que se comporta como escória, que expressa desumanização, que explicita monstruosidade. Quem separa? Quem decide o que é humano e o que é monstruoso? Ou, ainda, quando se decide isso? Novos critérios, visões pragmáticas e/ou humanitárias permitem manter as diferenças, as conexões, como pensava Cassirer. Ainda é um homem que surge como monstro ou é um monstro que se exila do grupo humano? As diferenças, as repetições não definem, embora muito esclareçam. Ser igual, ser diferente, pouco significa nos processos autenticadores da realidade. Não se trabalha com o múltiplo. O que prepondera é a individualidade, e nela a diferença ou igualdade não significam, pois o que impera é a conectividade consigo mesmo, com o outro e com o mundo.

Estar conectado, estar no mundo, na vida com suas interações, vai estruturar participação, encontro. Os afastamentos — resultantes de enquistamentos sociais e econômicos — criam descontinuidades responsáveis por disparidades, abismos que exilam o ser humano de seu habitat social, reduzindo-o à sobrevivência ao transformar o necessário, o inevitável, no único padrão a partir do qual todas as conexões, consequentemente diferenças e igualdades, são estabelecidas. Assim são criados sistemas de roteamento das trajetórias, de suas diferenças e conexões — é o algoritmo que tudo neutraliza à medida que esclarece e ensina. A tecnologia é um instrumento realizador da apreensão de diferenças e igualdades, tanto quanto é a clava, a maça que tudo esmaga e aproveita à medida que homogeneíza diferenças e impedimentos.

Considerar humano como humano seria o óbvio. Perceber o outro, perceber a si mesmo como ser humano seria a constatação frequente de todos que lidam entre si. Esse óbvio é negado por construções aleatórias determinadas por valores restritivos. As diversas crenças e fés religiosas discriminam. Fazer parte de religiões e iniciações impõe rituais e regras que, quando não atendidas, criam os ímpios, os "filhos de satanás", os bruxos, as bruxas. As ordens econômicas determinam os que mandam e os que obedecem. Visões preconceituosas estabelecem os que são normais, pecadores, doentes, saudáveis, consequentemente os que têm direitos, os que são seres de bem, seres humanos. De tanta fragmentação do conceito de humano, é muito raro considerar humano como humano. Classificações como as de baixa renda ou de grande poder aquisitivo, de merecedor de milhões de clicadas, tudo isso transforma a humanidade em pigmentado cipoal, selva onde é muito difícil perceber o humano como humano.

Nietzsche falava no humano demasiado humano para expressar as variedades das fraquezas, emoções, dificuldades e possibilidades humanas. Essa ideia quantitativa de transbordamento explicitava o início da pressão alienadora da visão do homem (século XIX), que se desenvolve no nada resta ou tudo sobra do humano no humano. A medida é o padrão de conveniência. Breve conviveremos, rivalizaremos com inteligência artificial. Já nos defrontamos com massa mínima estocada — nosso perfil, exibido e construído nas redes.

Quando considerar o humano como um humano? Quando seus estoques de DNA, medula, órgãos e células podem ser trabalhados, comercializados? Quando suas expressões podem ser lidas, ouvidas ou fotografadas? Leis e decretos para subtrair sistematicamente recursos vegetais e hídricos ameaçam a humanidade como já ameaçam e destroem inúmeras etnias. Eliminar o diferente e recusar o migrante são maneiras de destruir, de desconsiderar o humano.

O culto à performance, a ganância desenfreada, o desaparecimento das classes sociais catapultadas pelos mercados emergenciais, criam humanidade desconsiderada como humanidade, desde que agora ela é uma massa aceleradora de senhas, cupons e moedas para aquisição de adornos que aparentem humanidade, pois o que foi criado pela máquina, a própria tecnologia, é o que, agora, faz o humano. A aderência é o estabelecimento de feição, de fisionomia. Tudo é manipulado, chega-se ao ponto de construir aparência humana para esconder torturadores e destruidores do humano.

UNIVERSALIDADE

Hegel dizia que "o universal é a alma do concreto, ao qual é imanente, sem investimento e igual a si mesmo na multiplicidade e diversidade dele".[41]

Universo é matéria, consequentemente é o mundo, tanto quanto, estendendo o conceito, podemos dizer que é o homem, é o ser humano. O indivíduo é a individualização do humano, desta especificidade material universal. Aspectos quantitativos nada mudam na imanência. Ser no mundo encerra em si aspectos quantitativos que explicitam a universalidade enquanto "alma do concreto". A alma do concreto não é quantificável, tudo é ela nas suas explicitações que permitem multiplicidade, diversidade que continua a identificá-la, pois sua imanência relacional constitutiva permanece: é a possibilidade de ser que configura a mudança. É a presença que sempre permite configurar sua imanência. Ser humano é a possibilidade de relacionamento. Quando coisificada, transformada em robô, desvitalizada, a pessoa se desindividualiza

---

41 HEGEL, Georg Wilhelm Friedrich. *Ciência da Lógica*: A Doutrina do Conceito. Tradução de Christian G. Iber e Federico Orsini. Petrópolis: Editora Vozes, 2018, p. 68.

e é também desindividualizada. Nesse decurso, transformada em robô, em máquina, ela perde sua essência universal, sua "alma do concreto" e as suas roupagens. Investimentos são utilizados a fim de pelo menos manter formas e feições humanas. Esse processo cria monstros: ditadores que matam (Hitler, Stalin etc.), mulheres de plástico, homens de ferro, os bons mestres, os incansáveis companheiros que investem nas aparências e regras a fim de manter o esvaziado, o conquistado, em uma atitude desesperada de esconder a desumanização.

As representações particulares frequentemente escamoteiam os destruidores de vida, alimentados por sangue e crenças individualizantes. Criar o ídolo é criar o mito que tranquilamente se transforma em caverna para esconder imanências universais, para esconder verdades individualizantes.

CONSTATAÇÃO: IMPASSE E MOVIMENTO

Mudança depende do impacto resultante de constatações realizadas ao longo da vida ou dos processos psicoterápicos. A constatação decorre sempre de questionamentos. É uma atitude possibilitada pela descoberta de que ocorre o que não se esperava ou imaginava ocorrer. Vida acomodada, psicoterapia de apoio e relacionamentos compreensivos jamais questionam, jamais criam impactos, jamais provocam constatações, pois o caminho de constatar já é ocupado, trilhado pelo do reconhecimento das próprias fraquezas e qualidades, transformando-se em justificativa para validar os acontecimentos. E assim não há constatação, o que existe é reconhecimento do "caber na forma", estar adequado/inadequado aos processos que ajudam e apoiam ou massacram e desestabilizam.

A constatação é sempre um impacto, enquanto as verificações geradas pelas avaliações de adequação/inadequação se constituem em reconhecimentos de existentes prévios. Por isso na constatação não existe familiaridade, é sempre o novo que se impõe, daí o questionamento que traz mudança — as certezas foram derrubadas. Lidar com estas novas configurações é abrir mão de posições anteriormente definidas que já não significam. Quando isso ocorre surge honestidade, surge coerência e reconhecimento das próprias motivações às vezes não detectadas, ou armazenadas no depósito geral da incoerência.

Sair desta linearidade — certezas e certezas — alça o ser humano a situações mais amplas, sejam as de disponibilidade, sejam as de contingências reveladoras. A amplidão das demandas ultrapassa os posicionamentos de certo/errado atribuídos por outros contextos e estruturas relacionais. As motivações individuais podem ser diversas da sociedade, tanto quanto as sociais podem diferir das regras familiares. Sem as amarras do compromisso, o indivíduo se defronta consigo mesmo e estabelece questionamentos que mudam dependências e ampliam seus horizontes. A mudança sempre quebra amarras, pois ela sempre implica em movimento, em ampliação de panoramas vivenciais e relacionais. Sair de posicionamentos e movimentar-se é descobrir, constatar possibilidades, medos, encontros, desencontros; é também estar com o outro integrado ou desintegrado pelas novas constatações.

A mudança amplia ao quebrar posicionamentos, tanto quanto limita ao gerar implicações acerca de constatações inumeráveis que precisam ser vivenciadas — são os impasses. Quando a mudança gera impasse é fundamental não se apegar a resultados compensatórios. O sucesso poderá apenas trazer mais dúvidas, medo e manutenção, fazendo, assim, com que se jogue fora constatações não alienantes. É exatamente aí que se pode perceber como mudar e manter estão próximos, como as pontas do processo se encontram. O cotidiano psicoterápico sempre nos revela isto. É importante não perder de vista que as similaridades criam diferenciações responsáveis por questionamentos, por constatações, por movimentos gerados por teses e antíteses estabelecidas.

TRANSFORMAÇÃO

Transformação ocorre quando se apreende, se globalizam as contradições do existente, do dado vivenciado. É sempre por meio de insight — apreensão súbita de relações configuradoras — que se consegue transformar o percebido e, consequentemente, mudar o comportamento.

Perceber que situações solucionadoras, confortáveis, situações que tudo explicam e satisfazem são também geradoras de dúvidas, medos e distanciamento do que polariza e define o convívio, essa percepção cria uma nova ordem e determina outras percepções. É uma mudança perceptiva responsável pela criação de novos significados: estabelece outros valores, diferentes dos anteriores. Perder a confiança ao verificar o desvio de indicações, por exemplo, temer o próprio pai ao perceber que ele realiza anseios e desejos diferentes nos abraços frequentes pode transformar ações, sentimentos e vivências. Novas percepções, pensamentos, ideias e motivações se instalam.

O que acontece determina mudanças. Quando se descarta, esconde, desconsidera o novo — o que acontece —, se nega a realidade, abraçando a impotência e, assim, se permanece na mentira, no engano, no faz de conta. Essa situação, inicialmente, é confortável, pelo fato de negar e esconder a quebra de confiança, a quebra de certezas anteriores. Entretanto, manter comportamentos como se nada tivesse acontecido, nada tivesse mudado, é candidatar-se a fingimentos, artificialidades, é começar a duvidar de si mesmo como uma maneira de manter o que não mais existe, de negar as transformações vivenciadas. Pensar que tudo foi inventado pelos próprios problemas e carências é atitude desesperada, que põe em dúvida todo o sistema relacional do ser com o outro, com o mundo, criando, assim, impasses e barreiras. Posicionado, paralisado para arquitetar e construir desempenhos, o indivíduo acumula justificativas que se transformam em álibi, arsenal de mentiras que tudo pode resolver. Ao fazer isso, transforma-se em objeto, robô programado para não criar problemas e conseguir algumas vantagens, no mínimo a de manter seus sistemas, apesar de desumanizadores. O posicionamento, a perda da dinâmica, é uma transformação: segmenta, divide e cada vez mais desumaniza, fazendo com que não saiba mais o que é real, inventado ou desejado. Isolado nele próprio, autorreferenciado, perde de vista o outro, perde possibilidade de mudança.

TRAJETÓRIAS HUMANAS: IMPOTÊNCIA E FRUSTRAÇÃO

Para Foucault, a compreensão do indivíduo, de seus processos sociais e psicológicos, pode ser resumida nas relações de poder com a sociedade. A prática do vigiar e punir[42] é exercida nas instituições, nas regras e nas leis. Desde as barcas de loucos lançadas ao mar para garantir a respeitabilidade e tranquilidade dos cidadãos considerados não loucos até a criação de instituições prisionais e

---

42   Na obra *Vigiar e punir* (1975), o autor Michel Foucault trata dessa temática.

de áreas condominiais fechadas, esse poder é mantido. O *pater familias*, os cárceres, as coerções sociais, leis e instituições de regularização ressoam este instrumento: o poder das instituições sociais que regulam e decidem.

É inevitável lembrar de Kafka, que descreve no conto "Diante da lei" o homem simples esmagado pelo poder da burocratização anônima, da disciplina e da vigilância, levado a esperar por toda a vida um acesso à Justiça, que nunca é alcançado:

> Diante da lei está um porteiro. Um homem do campo chega a esse porteiro e pede para entrar na lei. Mas o porteiro diz que agora não pode permitir-lhe a entrada. O homem do campo reflete e depois pergunta se então não pode entrar mais tarde.
> — É possível — diz o porteiro. — Mas agora não.
> Uma vez que a porta da lei continua como sempre aberta e o porteiro se põe de lado, o homem se inclina para olhar o interior através da porta. Quando nota isso o porteiro ri e diz:
> — Se o atrai tanto tente entrar apesar da minha proibição. Mas veja bem: eu sou poderoso. E sou apenas o último dos porteiros. De sala para sala, porém, existem porteiros cada um mais poderoso que o outro. Nem mesmo eu posso suportar a simples visão do terceiro.
> [...]
> — O que é que você ainda quer saber? — pergunta o porteiro. — Você é insaciável.
> — Todos aspiram à lei — diz o homem. — Como se explica que em tantos anos ninguém além de mim pediu para entrar?
> O porteiro percebe que o homem já está no fim e para ainda alcançar sua audição em declínio ele berra:

— Aqui ninguém mais podia ser admitido, pois esta entrada estava destinada só a você. Agora eu vou embora e fecho-a.[43]

Reduzido às motivações e demandas, o horizonte humano se pontualiza nos redutores desejo e poder. Esse reducionismo cria categorias, constrói padrões, estimula contingências e estabelece o Ter como dimensionante do Ser, do estar no mundo com o outro.

Para Freud, o desejo, que com suas vestes atualiza demandas antigas e inconscientes, é a chave que permite compreender toda ação e movimentação do humano. Matar mulheres, por exemplo, não ser capaz de conviver com elas, pode ser uma manifestação de querer destruir a mãe terrível que o rejeitava e o problematizava. Quebrar barreiras, atacar poderosos pode significar a busca da realização de frustrações, de desejos destruidores.

Fixados no poder, dinamizados pelo desejo, pouco resta aos seres humanos. Espoliar e realizar desejos são seus parâmetros. A busca constante de felicidade e apoio frustra, embora dinamize. Permite um vencedor, mas joga a maioria no porão dos não assistidos. É a nova barca de loucos lançada ao mar? É o Édipo furando os próprios olhos quando defrontado com o avassalador desejo que o exclui? Atualmente não há Édipo que fure os próprios olhos. Hoje em dia gritam, reclamam e justificam todos os seus erros atribuindo-os à má fixação das engrenagens.

Acontece que somos seres em relação. Tudo que existe está em relação entre si. É a grande rede, a configuração que tudo açambarca. Somos seres resultantes de interseções. Somos constituídos pelo tempo, pelo espaço e pelo outro. Recortes dessa constituição geram

---

[43] KAFKA, Franz. Diante da lei. *In*: KAFKA, Franz. *O Processo*. Tradução de Modesto Carone. São Paulo: Companhia das Letras, 1997.

pontos ou destaques artificiais que começam a funcionar como peças de quebra-cabeças, possibilitando surgimento de explicações extras para uni-los: poder, sociedade, cultura, desejo, economia.

Sem objetivo utilitarista, sem modus operandi, sem funções predeterminadas, o ser humano deve ser percebido, configurado enquanto possibilidade de relacionamento submetido a condições necessárias e possíveis. É exatamente nesse exercício de necessidade e possibilidade que será configurada liberdade, alienação ou participação. Ser no mundo é, por definição, exercer liberdade por meio de vínculos e contextos possibilitados por seus estruturantes relacionais. É necessária essa configuração para não cair nos determinismos das pontualizações: poder, desejo, sistemas biológicos, genéticos, sociais, econômicos, cármicos, históricos etc. como visões explicativas do humano.

MUDANÇA E MANUTENÇÃO DE HÁBITOS

Adaptação é, em última análise, a manutenção de hábitos, de comportamentos que deram certo, que são eficientes. Estabelecer hábitos saudáveis e eliminar hábitos nocivos tem sido um objetivo educacional, quer na esfera pública (escola), quer na vida privada (família).

Geralmente, o hábito guia, orienta e faz o indivíduo se mover. É o hábito que preserva inúmeras situações, tanto quanto é ele que nos endereça para vícios, compulsões e estereótipos que corrompem o contato com o outro, com a realidade, com o novo que continuamente surge. Estar habituado é andar no automático. É como se programássemos, em nós, tudo à nossa volta, reagindo como inteligência artificial (IA) e automática que decide escolhendo, separando e incluindo. Viver habituado assemelha-se a viver preconceituosamente, no sentido de ser guiado por a priori, por conceitos antecipados. O hábito instala o passado como uma caixa preta, como roteador e determinante do presente, e impede a vivência da totalidade, a integração do que acontece, do que está se dando no presente. Ele decodifica e organiza variáveis, eventos, acontecimentos, e nesse sentido, o que seria bom, necessário e facilitador — o estar habituado — não passa de ação semelhante à de um robô, máquina programada que circunscreve e estabelece diferenciações.

Mudar hábitos é mudar campos genéricos nos quais acontecimentos e percepções da realidade estão configurados. Não é fácil mudá-los, pois implica em dispersar referenciais, criar desajustes, quebrar cascas, cápsulas que protegem pessoas e, consequentemente, grupos e sociedades. A maneira, por exemplo, de se nutrir, se divertir, de sexualmente se relacionar pode criar hábitos que são verdadeiros bunkers, mosteiros, cavernas ou tocas que submergem e neutralizam indivíduos. Do hábito ao rótulo é um pulo. A instabilidade cria insegurança na vivência cotidiana, e, portanto, criar, extinguir ou mudar hábitos é impossível quando não se questionam atitudes.

Atitude é motivação possibilitadora de comportamento. Estar motivado é expressar o estar no mundo com o outro. Os gestaltistas clássicos diziam que o motivo não está dentro, opondo-se à ideia psicanalítica de motivo inconsciente, interno, justificando assim uma das suas metáforas básicas acerca da totalidade, das Gestalten: "o fruto não é miolo nem casca, é tudo ao mesmo tempo".

Sempre afirmo que não existe dentro e fora, interior e exterior, existe o relacional, o que está diante de si, e nesse sentido, a motivação, a atitude é sempre o que se atualiza enquanto percepção do que ocorre. Motivação não é resultado de drives primários, nem do inconsciente, proposto por Freud. Não existe o orgânico nem nada previamente determinante da motivação, não é a linha reta, o ponto de partida e/ou de chegada que determina acontecimentos. Na dinâmica, no movimento, existe o que se movimenta.

Motivação é atitude que transforma, criando repetições (hábitos) ou descontinuidades, isto é, novas ações. É por meio da atitude que se transforma o que se vivencia, tanto quanto é por meio dela que se entronizam, desvitalizam e imobilizam motivações, assim gerando automatismos: hábitos.

Para transformar ou manter, são necessários relacionamentos estruturadores de dinâmicas e também de posicionamentos. Nessa polarização mantemos determinados movimentos, criamos hábitos, que, quanto mais durarem, mais se eternizam como vícios. Atitudes valorativas sequenciadas camuflam as situações. São os chamados vícios positivos ou negativos, assim avaliados em função dos resultados que geram. Em ambientes sociais diversos, como o do trabalho, por exemplo, isso se discute com relação aos estupefacientes, as bebidas e diversas drogas, todas consideradas viciantes e ruins. Manter relacionamentos conjugais falidos e desagradáveis em função do suposto bem-estar dos filhos e da família é também estruturante de vícios, de dependências, de justificativas por não conseguir participar do que questiona e impõe descobertas e transformações.

Em psicoterapia, por meio de constatações de problemáticas e questionamentos delas, se consegue deter o processo de deslocamento da não aceitação, a busca de pontos de apoio para não cair e assim sobreviver, por exemplo. Manter apoio também se constitui em hábito viciante. Essa descoberta é transformadora. O questionamento psicoterápico age sobre o sistema de hábitos e pode estruturar novas atitudes, novas motivações resultantes das implicações situacionais e relacionais dos próprios processos. Quebrar hábitos cria nova atitude, é uma mudança, é sair do casulo, é também começar a perceber os acontecimentos. Pessoas, grupos e sociedades mudam quando há questionamento, e esse processo é antítese aos hábitos enrijecidos. Vida é dinâmica, contradição, mudança, motivação.

CONVENIÊNCIAS: PONTOS DE APOIO E CONSTRUÇÃO DE OBJETIVOS

Reduzir as ações humanas à avaliação de conveniência/inconveniência é pragmatismo, é alienante. O modelo orgânico-sistêmico de homeostase não se aplica a questões éticas, não serve como exemplo para questões psicológicas. Argumentar que seres humanos, em última instância, sempre agem por conveniência e em prol da própria sobrevivência é uma visão organicista, que dificulta o entendimento da vida em comum e justifica comportamentos destruidores. As ações humanas que levam à estabilidade orgânica correspondem à imanência biológica, à sobrevivência individual, mas o ser humano é um sobrevivente com possibilidade de existente, isto é, de estar no mundo aqui e agora com os outros; sem a vivência existencial ele se desumaniza.

Os comportamentos humanos sempre são exercidos em função de contextos, em função de referenciais. Referenciais orgânicos, sociais, familiares etc. são os dados relacionais configuradores das ações, configuradores dos comportamentos. Adequação aos sistemas de referência são traduzidos como bem-estar/mal-estar, satisfação, prazer, insatisfação, desprazer e isto, sequencialmente, formaliza vivências de acertos, erros, propósitos, despropósitos, vivências estas que, por continuidade, geram os conceitos de ações convenientes, lucrativas ou ações inconvenientes, prejudiciais. Perseguindo resultados, detendo-se na satisfação de necessidades, inicia-se o mapeamento do comportamento, buscando o que é bom, o que é conveniente, e evitando o que é ruim, o que é inconveniente. Ao se deter na satisfação de necessidades, o indivíduo reduz seus processos a resultados contingentes, perdendo assim perspectivas de suas infinitas possibilidades, desde que as transforma em alavancas utilizadas para a realização de suas conveniências. Realizar conveniência sempre obriga à utilização dos outros como objetos, como pontos de apoio, como suportes para construção de objetivos.

Utilizar mão de obra necessária para a construção de obras, por exemplo, sem que esta receba seu valor de trabalho através de pagamento adequado, cria a mais-valia; consequentemente, divide as pessoas em exploradas e exploradoras. Nos intercâmbios afetivos, nas constelações familiares, também existem processos que podem ser comparados aos de mais-valia. A criação de dependentes, eternos agradecidos/revoltados e a utilização dos parasitas criados como massa de manobra e utilizados para justificar impedimentos e dificuldades mostram como a manutenção de conveniência destrói utilizadores e utilizados.

Definir-se pelo que se busca ou pelo que se evita implica em alienação causada pela motivação de buscar o que ainda não existe, consequentemente, buscar o impossível. Não há como buscar a inconveniência nem a ela se dedicar, tanto quanto o mesmo pode ser dito acerca da conveniência, são valores alienantes. Conveniência pode ser acerto, consideração, motivação criadora de autonomia e disponibilidade quando reciprocamente estabelecida e vivenciada, e isso é totalmente diferente da vivência unilateral, apropriadora e gananciosa da conveniência fruto de utilização dos outros por medo, inveja e usura. Nesses casos, quanto mais se usa, mais se realizam as conveniências, tanto quanto as dependências, decepções, enganos e traições.

VAZIO E REVOLTA: DESPROPÓSITOS REVELADOS EM QUEBRAS DE ACORDOS

Tudo caminha, mesmo que aos tropeços, mas caminha. De repente as constantes repetições e dificuldades se impõem. Não é mais possível continuar mantendo aquele relacionamento pseudoamoroso, aquele compromisso familiar. Estar junto, constituir família em função de acertos, acordos e imagens que precisam ser construídas e mantidas é sempre desestruturador, solapador da própria individualidade, ou ainda, quando o que sustenta as dependências e dificuldades — as próprias não aceitações — é sacudido e derrubado, aparecem as crateras do medo e das dificuldades não enfrentadas. Cobrança passa a ser o critério, direitos são discutidos, responsabilidades são cobradas. Raiva, vingança, inveja povoam o cotidiano dessas vivências. Sentir-se abandonado, ter seus direitos obliterados por leis parcializadoras passa também a se constituir na dificuldade que precisa ser enfrentada para diminuir o prejuízo. De repente, o que problematiza não é mais a separação, a quebra do acerto, a falta de afeto. Agora, o grave é como sobreviver às penalidades, sanções e regras criadas pelo outro por meio da legalização de seus direitos e obrigações. Ser obrigado a perceber o outro pelos prejuízos que ele infringe é sempre conflitivo e danoso.

Quando as situações privadas, particulares, os acordos que dois indivíduos estabelecem entre afeto e cooperação transbordam para esferas públicas e jurídicas, novas configurações surgem, revelando a precariedade do culto à mente estabelecido anteriormente. Utilizar leis e instituições para punir e abandonar, para manter os propósitos e ascensão social e econômica, revela sempre acertos frágeis mantidos em função de referenciais outros que não os do entendimento e do encontro amoroso.

As situações mudam, amores acabam, paixões arrefecem, tudo isso pode acontecer enquanto superação e dinâmicas frequentes do estar no mundo com o outro. Todavia, quando a própria segurança e bem-estar estão plantados, suportados pelo outro — rejeitador ou receptivo —, qualquer desequilíbrio causa tensão, drama, dificuldade. Procurar resolver com exigências, jogos e imposições revela sempre o arbitrário, o vazio, o despropósito dos relacionamentos. É a utilização do outro, do parceiro. É o ter que transformar atmosferas, situações amorosas, familiares em escoadouros e suportes das próprias dificuldades.

Perder, abrir mão, aceitar o que acontece só é possível quando se iniciam os questionamentos às próprias atitudes, apegos e exigências. Relacionamentos são possíveis e são também impossíveis, quando pelas contingências são transformados em necessários, úteis, inúteis, criando um panorama no qual a coisificação, as regras, os acontecimentos preponderam, construindo tudo o que está em volta. Surgem as torcidas, os dois lados, interferências que sempre prejudicam, principalmente quando existem filhos. Viver nessa atmosfera, nessa discórdia, obriga a enfrentar conflitos, medo, mentiras e desenganos. Toda vez que não se aceita a ruptura dos compromissos, a quebra de acertos, se tem diante de si os próprios problemas e dificuldades. Ter medo de continuar, de ir em frente é ameaçador. Não se sabe para que se existe. Como vai sobreviver quando as capas protetoras desaparecem. Tudo está sendo revelado e, ainda, as dificuldades se avizinham em velocidade estonteante. Não há como parar, e por isso mesmo ter que ser salvo, ter que recuperar os acertos ou, no mínimo, garantir boas indenizações, reparações por perdê-los.

Viver não é lutar, viver é respirar, enxergar, caminhar, desencontrar, estar aberto, estar fechado às contradições que nos situam, definem e motivam. Utilizar o outro para realizar os próprios sonhos é sempre aniquilador, pois o outro é transformado em objeto, massa de manobra, ingrediente das receitas de vida, receitas de como estabelecer uma família, receitas de ajuste e bem-estar. Esse processo de uso é sempre recíproco, só se usa quando alguém se deixa usar, e quando essa permissão acontece, ela se estabelece também como uso mútuo. Nessa situação de reciprocidade, acertos, sonhos são estabelecidos, e à curto, médio e longo prazo fracassos, sofrimentos, dores são garantidos para si e para todos que o cercam.

Compreensão, tolerância, afinidade não são atingidos via acertos. Esse prévio cogitado — o acerto — é sempre devastador, pois transforma em objeto tudo que está em volta ao criar plataformas de compromissos mantidos por obediência, enganos, medos e oportunismos.

DESLOCAMENTOS DA NÃO ACEITAÇÃO

Durante os deslocamentos da não aceitação podem acontecer situações aparentemente paradoxais, difíceis de serem pensadas como deslocamento graças ao caráter contraditório que apresentam, mas que funcionam como drenos de tensão, de alívio, sendo, portanto, consequentes deslocamentos de conflitos e dificuldades geradas pela não aceitação de problemas.

Nas vivências extremas desses deslocamentos, dessas não aceitações, a psicoterapia pode ser também configurada como situação de não aceitação. O cliente não aceita ter medos, ter conflitos e dificuldades, fala de seus problemas, mas não aceita ser questionado, não aceita não ser aceito pelo terapeuta. Ao perceber que o terapeuta, por meio de questionamentos e constatação dos deslocamentos de problemas, mostra que ele, cliente, não se aceita, enuncia que ele embaralha narrativas e desloca, ele, então, se sente aceito ao ser flagrado, ao ser descoberto nos próprios relatos. Essa vivência de constatação funciona como apoio, ela é também o encontro com um outro que passa a estruturá-lo como pessoa viva, diferente das imagens e máscaras criadas construídas e exercidas em sua despersonalização desumanizada.

Esse encontro na relação psicoterápica é humanizador, mas como está contextualizado em deslocamentos da não aceitação dos próprios problemas, se transforma em apoio e é utilizado como mais uma situação de deslocamento. A terapia é, então, o que permite sobreviver e colocá-la no contexto de sobrevivência, é transformar possibilidades em necessidades. Esse contingenciamento gera esgotamento da disponibilidade, da espontaneidade, da possibilidade de mudança. A matéria-prima relacional é transformada em parâmetro de segurança, em compromisso e apoio.

Nesse caso, aparentemente a psicoterapia nada conseguiu no sentido de transformar o processo de não aceitação; entretanto, tudo foi transformado: já não há deslocamento de não aceitação, já não há apoio, o que existe é a manutenção do problema sem deslocamentos e aí as contradições e complicações se instalam, pois, se por um lado, a psicoterapia é usada para manter, por outro lado, o dinheiro, o tempo e desgaste que custa esta manutenção são atritos esfoliantes, excruciantes.

Resolver ser terapeutizado e, ao mesmo tempo, manter os problemas é contraditório com o que significa fazer uma terapia, isto é, buscar mudanças, atingir solução de problemas. Essa contradição destrói os posicionamentos, os pontos de apoio, tanto quanto expõe a total submissão ao que problematiza e desumaniza. O esclarecimento, fruto da percepção desta dinâmica, equivale a ter, na psicoterapia, uma segunda pele, na realidade a primeira, que aglutina e envolve pedaços, restos dilacerados. Integrando a psicoterapia, o indivíduo pode se perceber de uma maneira nova, aceitando seus problemas, já não os desloca, embora se mantenha no impasse de com eles conviver, caso existam outras forças, outras margens. A terceira margem, o outro que transforma impasses, é o mesmo que os denuncia. Perceber isso traz a descoberta de que só através da aceitação dos próprios problemas, da aceitação da não aceitação deles é que se consegue acabar com a submissão a tudo que desumaniza.

O processo de deslocamento da não aceitação, quando questionado, muitas vezes é transformado na manutenção do que problematiza, e essa percepção do que impede e aliena gera antíteses, contradições. Essas contradições criam mudanças, novas percepções, evitando assim depressão, crises de pânico, medos imobilizadores, evitando a "aceitação" comprometida com o que vai destruir e alienar, mesmo quando propicia prazer e bem-estar.

DISPARADORES, GATILHOS E TRAUMAS

Explicações nas quais são construídas justificativas para esclarecer o presente pelo passado — atribuição de efeitos a causas — são constantes na apreensão elementarista e distorcida da realidade, dos acontecimentos e problemas. Essas explicações baseadas em causas e efeitos são tentativas de se deslindar, de sair dos emaranhados. É difícil globalizar, pois a apreensão de totalidade exige que não se tenha a priori, exige se deter no que acontece, independentemente de causas, consequências, vantagens ou desvantagens atribuídas ou imaginadas. A maneira elementarista de apreender fatos, acontecimentos, comportamentos humanos é tão constante dentro do embaralhamento do desconhecimento, que foram criados modos para entender, resumir e explicar dificuldades/facilidades e idiossincrasias, enfim, para explicar características humanas.

Do século XIX até o século XX, a ideia de inconsciente, um termo que era visto como instância psíquica determinante de comportamentos, explicaria o fazer, o não fazer, o gostar e o não gostar, e atualmente a ênfase nesse aspecto é resumida em termos como: gatilhos que são disparadores de reações. Com essa noção de gatilho ou disparador é fácil explicar as crises de pânico acontecendo no trabalho, que nessa visão resultariam de se deparar com o colega barbudo, da mesma estatura que um ex-namorado que enganava, traia e abandonou, por exemplo. Basta apertar um gatilho que são disparados medos, fobias resultantes de vivências desagradáveis e até massacrantes. Os pontos de compressão começam a se constituir em pontes que permitem acessar e esclarecer morbosidades. Essas visões reduzem o ser humano a um enigma, uma esfinge decifrada por meio de seus sintomas. É a total inversão: a parte, quando estigmatizada e transformada em todo, cria muitas distorções. A redução de acontecimentos e das expressões corporais e verbais a condicionantes sociais e éticos veicula apenas reducionismo na apreensão dos fatos.

Não existem gatilhos, não existem traumas. O que existe é um lugar, um arquivo maior onde as coisas são agrupadas e guardadas. Interpretar e deduzir significados desse acervo é sempre reduzir o todo à parte, é sempre lacerar a unidade a fim de contê-la em referenciais exemplificadores de ideias predeterminadas, ideias estabelecidas antecipadamente.

É a impermeabilização ao que ocorre, ao que está acontecendo, que cria problemas e dificuldades. Estar de costas para o que acontece diante de si é uma maneira de caminhar olhando para trás. Até Orfeu, até as lendas e mitos mostram como isso é malsão e perturbador. Não houve gatilho na atitude de Orfeu, houve curiosidade, medo, dúvida e desejo de ver Eurídice, a amada raptada que ele agora recuperava. Esse querer saber, esse medo, essa curiosidade... o passado escurece o presente, fazendo com que ele desapareça, seja negado. Já não há saída, abertura, pois ainda se está fechado. O novo não acontece, a imobilidade ocupa seu lugar. Não existem gatilhos, traumas, existem vidas ancoradas nas impossibilidades, caminhos impedidos pelo medo, desconfiança, despropósito e vitimização.

OPOSIÇÃO E MEDIAÇÃO: DESDOBRAMENTO DE PROBLEMAS

Todos os processos que se configuram como opostos decorrem de mediação. É o acerto, a complementação que cria dissidência, que cria oposição. Essa instabilidade do acordo gera, na esfera individual ou psicológica, ansiedade e medo, pois o que não se completa e solidifica sempre insinua brechas. Os relacionamentos acabam, são transformados, negados e afirmados em outras dimensões. Os pontos de polarização, as influências e acordos se metamorfoseiam. É o crescimento, é o processo natural do estar no mundo com os outros.

Havendo antítese (contradições e oposições), existe mudança — é a dialética do processo. Entretanto a oposição surge quando há continuidade da mediação, algo equivalente a: de tanto suportar e conter o diferente, o contrário, surgem similitudes, mediação que edifica as contradições. O grupo submetido se torna livre, pois a continuidade de submissão apresenta outra estrutura que ao final neutraliza e antagoniza os processos de submissão. Familiarizar-se com o danoso, o despersonalizante, estrutura outra antítese, gerando autonomia à medida que difere dos processos de submissão. É assim que a toda exteriorização de regras surgem limitações das necessidades.

Os próprios sistemas ditatoriais criam suas antíteses, tanto quanto as próprias participações liberais e democráticas também; elas confluem para ilhas de verdades mantidas e assumidas, acertos que começam a funcionar como polos exemplares ou dogmas. Os sistemas se destroem ou se constroem não só pela entropia, mas também pela sua exequibilidade. É como a vida: quanto mais se vive, mais se prepara a morte. Esse não se esgotar em si mesmo propõe outro naturalmente diferente de si e consequentemente a sua antítese, desde que é a continuidade de mediação configurada pelos postos e apostos, posteriormente acrescentados.

Toda confrontação é sempre mediadora desde que inserida na globalidade que a enseja. O oposto a A se faz ao configurar B, sua antítese, responsável pelo resumo mediador de infinitas decorrências prolongadas. Os pontos de união são resumos arbitrários e contingentes de inúmeras oposições. É difícil configurar saídas e soluções nesse labirinto processual. O ver de fora, o ser outro significa não ser campo polarizante dessas oposições. Nesse sentido, as globalizações e questionamentos terapêuticos possibilitam sair de contingências, neutralizar posicionamentos e assim resgatar a oposição: o medo que congela, a inveja e a ganância, regras e ajustes que exibem ação.

Viver contingenciado é uma forma de ajuste. É o apoio que ajuda, mas imobiliza. A necessidade de caminhar, de se movimentar obriga a questionamentos, obriga a ampliar espaços. Esse movimento — alargar perspectivas — é a mediação necessária para questionar oposições esmagadoras.

Quando os processos — a dialética — se instalam, se instalam também as mediações necessárias para configurá-los, para ampliá-los. A não percepção das mesmas cria o vencer ou vencer, e na continuidade cria o ser ou não ser, o saber ou não saber alienadores.

Quebrar é uma maneira de deixar intactos os dados processuais responsáveis pelo ser e não ser, pelo fazer e não fazer, pela omissão, pela participação. Esses antagonismos só são mediados, resolvidos, quando se percebe, quando se globaliza o que ocorre. Não existem direções apontadas, apenas sobra indicação de por onde ir, onde caminhar. Escolher saídas implica em ter portas fechadas, caminhos agora obstruídos que antes eram facilitadores de refúgio.

Sempre que há oposição, existe mediação, ou seja, o impasse aponta para sua solução. Toda vez que o problema é configurado, a solução é atingida. A problemática é configurada como possibilidade, daí a necessidade de questionamento, de antíteses, de outro diante de si, nem que seja por renúncia ou artifício do próprio indivíduo.

A RADICALIDADE DO DESEJO

É muito fácil imaginar ou mesmo lidar com a radicalidade do desejo quando ele é colocado como uma das forças motrizes da vida. A partir dessa posição podemos, por exemplo, dizer que a radicalidade do desejo é o máximo da realização humana e, ainda, que vivemos para realizar isso cada vez que caem as censuras do subconsciente e libertam-se as motivações inconscientes. Esse é o ponto de vista freudiano. O desejo é cego e precisa encontrar o caminho para realização do desejante — o ser humano.

Fora dos dualismos de interno e externo, não admitindo forças operadoras e determinantes — como é o caso dessa abordagem baseada na libido ou energia sexual/impulso vital — e entendendo o desejo como resultante de motivação, a radicalidade do desejo só pode ser entendida quando submetida a seus contextos estruturantes, e aí, falar desta radicalidade é falar de sintomas de não aceitação, é falar de carências e de falta. Nesse sentido, a radicalidade do desejo está bem próxima das explicações budistas acerca do desespero e quimeras humanas. Segundo os budistas, deseja-se o que falta, é a busca para complementar, talvez, o vazio da existência, por isso os conselhos de tolerância, abnegação e desprendimento para viver e suportar a incompletude humana, que encontramos na filosofia de Siddhartha Gautama.

O aspecto que o desejo tonaliza é o da motivação. Desejar é estar motivado, é querer. Sob o ponto de vista da Psicologia da Gestalt, o motivo não é interno, não está no organismo como pensam psicanalistas, behavioristas e funcionalistas cognitivistas. Motivo é o que está diante, é o que é percebido, é o que estrutura o comportamento motivado. Precisamos considerar também que tudo que é percebido pode estar estruturado em autorreferenciamento (referenciais individuais que se superpõem ao que ocorre, que polarizam o ocorrido em função de posicionamentos anteriores) ou pode ser estruturado em disponibilidade, isto é, presente vivenciado enquanto presente. Motivação, portanto, é entendida por nós no contexto relacional e não no do corpo (cérebro), o que implicaria em separação entre corpo e mente, reeditando, assim, o velho cartesianismo.

A disponibilidade, o presente vivenciado enquanto presente, transforma o que se deseja em comportamento. A sequência comportamental, consequentemente, realiza desejos, dá continuidade aos mesmos, às motivações. É o comportamento motivado sem antecedências ou metas. Motivo, desejo, ação, tudo isso é uma só expressão do indivíduo. Nas vivências de aceitação não há fragmentação, não há desarticulação por meio de denominações ou nominações — é a continuidade sem posicionamentos, é o encontro do outro. Só se fica motivado, só se deseja no presente se for além do presente, do vivenciado, é a priori ou meta, continuidade de outras motivações não mais existentes, que para serem sustentadas supõem divisões e posicionamentos, é a ideia fixa.

Quando surgem interrupções, limites, anteparos, a sequência motivacional, comportamental, se fragmenta. Surgem posicionamentos e assim começam as cogitações e considerações. Inúmeras estratégias e planos são estabelecidos para realizar os desejos posicionados. Muitas pontes, artifícios, artefatos são criados, e tudo em função dos desejos não realizados, não atendidos, pois estruturados na esfera da não aceitação. Surgem divisões: de um lado o indivíduo e do outro seus desejos frustrados e não realizados. Nesse momento podemos falar de radicalidade do desejo: nesse processo de fragmentação, o desejo passa a ser, para o indivíduo fragmentado, a base, o contexto a partir do qual sua vida é percebida. Nesse momento, ainda radicalmente guiado por seus posicionamentos, seus desejos coagulados, ele começa a pensar como realizar seus desejos, suas não aceitações percebidas, suas demandas frustradas. Começa a arbitrar e as atitudes onipotentes são geradas pelo contínuo deslocar da impotência não aceita, pelo que vai permitir aplacar seus desejos frustrados, como, por exemplo, mudar a aparência e saber que este impossível pode ser resolvido com química, hormônio, vendo isso como solução. São artifícios que expressam o desejo, são artifícios que, construindo outras realidades, criam novos artifícios. É a busca de resultados sem questionar ao que se propõe, são as ciladas do atirar para todos os lados, do desejar solução sem problematizar questões. Exemplos atuais são dados pela surpresa desesperada de pessoas que transitam pelo universo trans e de repente se descobrem grávidas, quando muitas vezes dessa condição também fugiam, assim como os que passam a ter dificuldade de orgasmo, mas escolhem essa opção, dedicando-se aos seus saltos altos.

A radicalidade do desejo é a transformação das vidas e aparências na realização de objetivos, de metas. É a perda de continuidade do existente, é o isolamento do estar no mundo operado pelas ilhas de desejo posicionado. Cercado de desejos — posições desejantes —, o indivíduo se estrutura entre ser o que aparenta em oposição a ser o que é. Michael Jackson é um exemplo do não se aceitar negro, se produzir como branco, até chegar a todo um comprometimento funcional, orgânico, que, inclusive, por efeitos colaterais, pode tê-lo levado à morte. Muitos outros exemplos existem na esfera econômico-social: os emergentes, os novos ricos estão aí ilustrando essas não aceitações, e também na nossa massificada sociedade, onde novos mercados e paraísos são criados para os desejos de transformação do próprio corpo, de plásticas rejuvenescedoras às próteses liberadoras e, ainda, de todos os itens do consumo de tranquilidade e conforto almejados.

É preciso questionamento quando se quer mudar para que não se aumente as fileiras de seguidores de "novas ordens", tanto quanto de consumidores do mais fácil, do mais solucionador de demandas e aparências. Mudar é fundamental, mas saber o que se muda, como e quando muda é crucial.

O desejo posicionado é um enrodilhado pontilhado no qual só se consegue perceber um ponto a partir de outro ponto e assim a radicalidade do isolamento, a radicalidade do desejo se estabelece, nada se percebendo além do próprio desejo. Dessa maneira se configuram seres sozinhos, isolados em suas próprias realizações de desejo, que nada mais significam que histórias, pontos a ressaltar.

FILTRANDO EXPERIÊNCIAS: SIGNIFICADOS ANIQUILADORES

As vivências psicológicas fundamentam-se em sentidos que atribuímos, em significados e propósitos decorrentes de encontros, frustrações e desejos. Entender essa dinâmica é fundamental para a compreensão dos relacionamentos humanos. A questão dos significados e sentidos é a base da semântica — estudo do significado e relação com o significante; o significado se associa ao contexto e o significante é associado à forma, às palavras ou aos sinais. Em psicoterapia, observar os processos individuais e a atribuição de sentidos e suas distorções é basilar.

Descobrir-se pouco ou muito importante, sentir-se aquém ou além dos outros cria isolamento. Nesse contexto, estruturado como ponto de referência, o indivíduo se transforma em compasso, em régua medidora que atribui significado a vivências suas e às dos outros. É a máquina aferidora, contabilizadora do que acontece. Com esses indivíduos, as descobertas e novidades estabelecem parâmetros que engolem significados intrínsecos aos processos e passam a ser orientadores de comportamentos, gerando significados comparativos como superior e inferior. Exilando-se do mundo, virando alfa e ômega, princípio e fim dos processos, a pessoa se pontualiza, abolindo, desse modo, as redes configurativas de suas vivências, de seus encontros. Tudo é reduzido a comparações, tais como: conseguir ou falhar, acertar ou errar, manter ou perder. Sua vivência diária consiste em verificar lucro, chorar perdas, deter-se no medo, na apatia ou na depressão, tanto quanto pela propulsão de aplausos, deter-se nos lucros e vantagens, estacionar nos pódios da ansiedade, da competição e das vitórias (sempre vigiando, pois constatações frequentes ameaçam). Virar produto cobiçado, ser bem-sucedido, ou virar resíduo incômodo, lixo marcado pelo insucesso, é o cotidiano, é o significado dado ao estar no mundo com o outro.

Como transformar esses acúmulos de rendimentos ou perdas, de afirmações ou depreciações? Mudando a atitude, observando que na vida o como é o fundamental, e que ao negá-lo em função do porquê ou para quê, se aliena, se abate pela vergonha e medo, se perde em usuras e ganâncias. O que é visto como obstáculo não é apoio, não deve ser pensado como base para apoiar e justificar objetivos de vida. Perceber o outro como o opositor ou como o que ajuda, o objeto que alavanca ou derruba, é uma semântica aniquiladora, gerada pela não aceitação de limites, de impossibilidades e possibilidades, vem da busca desenfreada de querer ser o centro, o vencedor, "como os poderosos, os ricos, os bem-sucedidos, ou os belos e inteligentes".

Significados estruturantes de aceitação, de bem-estar são encontrados nas continuidades de vivências presentes, nas quais o presente é percebido no contexto do presente e não no das vivências passadas ou no das aspirações futuras. Presente vivenciado enquanto presente jamais implica em distorção, em mecanização, tanto quanto quando as experiências do presente são filtradas pelo antes (passado) ou depois (futuro), sempre implicam em distorções, em posicionamentos de medo, vergonha, ansiedade, expectativa, inveja, certeza/incerteza e dúvidas, por exemplo. Viver o que se vive é totalmente diverso de viver o que se precisa viver, o que se quer ser ou o que se quer conseguir, atingir ou evitar.

PRESERVAR E CONTINUAR

Pela memória conseguimos a proeza de preservar e continuar. A memória permite manter acesas inúmeras vivências que possibilitam sequência, continuidade necessária para identificar pessoas e tornar possível a manutenção ou abandono de experiências catalogadas como agradáveis, úteis, inúteis e desagradáveis. O potencial do ato de memorizar depende fundamentalmente de quanto se vivencia o presente. Disponível e dedicado ao que se vivencia, consegue-se memorizar e, oportuna e contextualmente, reproduzir.

Os palácios de memória elaborados por Matteo Ricci, por exemplo, eram um engenho para se conseguir memorização por meio de vivências presentificadas. O jesuíta italiano, que viveu como missionário na China a partir de 1596, impressionava os chineses com sua erudição e cultura geral, com sua capacidade de memorizar grande volume de informações. Ricci escreveu o *Tratado sobre as artes mnemônicas* (1596) com o intuito de difundir suas técnicas de memorização e de atrair os chineses para o cristianismo. Para ele, cada acontecimento, situação ou conhecimento a ser memorizado deveria ser "colocado" em um local, como salas de um palácio imaginário, mental, que seria acessado quando desejado. Ricci no fundo procurava contextualizar as lembranças. A memória individualiza, assim como seus registros por meio de álbuns, fotos, livros e museus são vivificadores. Um povo sem história, uma vida sem memória empobrece, esvazia o estar no mundo.

Diferenciação de caminhos, construção de referenciais que explicitam e caracterizam vivências e experiências constituem fundamentos para questionamentos e realização de motivações. Só é possível seguir em frente, sem olhar para trás, quando o caminho é pavimentado pelo que foi feito. Caminho esse que só pode ser mantido ou modificado a depender da condução de suas linhas mestras. A memória é o farol, é o guia, pois ela, ao reviver o que está atrás, o que ocorreu, se torna o presente identificador do sim, do não, do que foi bom, do que foi terrível. Ela é a retenção e manutenção do percebido, é um insight que ilumina no presente, e assim realiza a magia do estar no mundo com o outro sempre.

MEMÓRIA E PENSAMENTO

Ter ou não ter boa memória depende de condição neurológica íntegra e isso é o básico, é a estrutura que armazena os processos perceptivos, cognitivos, desde que perceber é conhecer. Esse processo perceptivo é instantâneo, independe de elaboração dos dados sensoriais, ou seja, independe da elaboração das sensações, como se conceitua na visão causalista.

O mundo não é um caos, é organizado e assim é por nós apreendido, assim as formas (Gestalten) são por nós percebidas e apreendidas. A percepção não é elaboração de sensações, como pensavam os empiristas, associacionistas. No século XVIII, a escola empirista ditava que os sentidos (visão, audição, paladar, tato e olfato) recolhiam os dados sensoriais e a percepção os organizava e elaborava. Essa visão associacionista transforma o indivíduo em um criador de realidades. É a prática idealista que confere ao indivíduo o papel de mago criador do universo.

Os gestaltistas alemães — Koffka, Koehler e Wertheimer —, quando afirmam que o processo perceptivo não é elaboração de sensações, mas sim que é o defrontar com o que existe, interrompem o curso das explicações idealistas, que, entretanto, ainda hoje persistem nas ideias de consciente, inconsciente e outras tantas explicações causalistas.

O processo cognitivo, a percepção, é o conhecimento, é o que permite mantê-lo pela memória ou prolongá-lo pelo pensamento. Pensar é prolongar percepções, não é uma função, não há um órgão, uma zona cerebral, cortical, responsável por isso. Necessário não esquecer o isomorfismo, o conceito de que a toda forma psicológica corresponde uma neurológica, cerebral, não esquecer que é necessária estrutura biológica/neurológica para que se realizem os processos cognitivos.

As vivências do presente, quando ocorrem no contexto do presente, permitem fixação total do ocorrido. É atitude dedicada, totalmente integrada com o que acontece. Isso permite memorização. Quanto mais misturada e quebrada é a vivência do presente — invadida por outros referenciais do passado, do futuro, de comparação, de cortes de adequação —, menos fixação do que ocorre, menos memória. Ao pensar, relacionamos inúmeras percepções, inúmeras constatações, redirecionamos contextos a fim de ampliar configurações e reconfigurar vivências por meio de conceitos, narrativas e explicações.

PENSAMENTO: PROLONGAMENTO DA PERCEPÇÃO

> Perceber é estar em relação com o outro, consigo mesmo, com o mundo. Esse relacionamento é a vivência psicológica. Nesse sentido, ao falar em percepção, já não é mais necessário o uso de conceitos como mente, consciência, intelecto etc., sendo tais conceitos posicionantes, dicotomizantes e unilateralizantes da totalidade ser no mundo.[44]

O conceito de mente está atrelado à ideia de local da racionalidade, uma visão dualista que contrapõe razão/emoção. Nessa concepção, herdeira das ideias dos séculos XVIII e XIX, a mente é o receptáculo de sensações e a fonte da consciência.

Afirmo que o homem é uma possibilidade de relacionamento e que não existem corpo e mente como realidades distintas. É através da relação perceptiva que nos vemos cercados de situações, coisas e pessoas, semelhantes ou dessemelhantes, e assim vão surgindo os significados, os valores que estruturam os níveis de sujeito e objeto. Conhecemos ao perceber. Perceber é conhecer pelos sentidos.[45] Ao unificar estes conceitos, sensação e percepção,

---

[44] CAMPOS, Vera Felicidade de Almeida. *Terra e Ouro são Iguais*: Percepção em Psicoterapia Gestaltista. Rio de Janeiro: Zahar, 1993, p. 69.
[45] "Para os reducionistas, elementaristas, associacionistas, a percepção é uma elaboração de sensações: pelos sentidos — visão, audição, olfato, gustação e tato — captamos a realidade imediata e a elaboramos através da percepção. Kofka, Koehler,

destruiu-se o elementarismo nas abordagens perceptivas, entretanto muitas dicotomias permanecem. Uma delas é sobre o pensamento, e mesmo os gestaltistas clássicos não abordaram o pensamento como decorrência do processo perceptivo.

Para mim, o pensamento é um prolongamento da percepção. Ao relacionarmos percepções, significamos, ao perceber que percebemos — constatação —, formamos sistemas de referências. A memória é o arquivo que mantém a trajetória perceptiva e o pensamento é o que a prolonga. Pensamos ao prolongar percepções, e nesse sentido podemos dizer que o pensamento é a trajetória da percepção. Nada que não existe/existiu pode ser pensado, embora possa ser completado, fabricado por acréscimos perceptivos. Pensar é prolongar o percebido e quanto mais distorcida, desorganizada a percepção, mais distorcido, desorganizado é o pensamento. Mudar a percepção é mudar o pensado, é mudar o comportamento, é ampliar referenciais ou restringi-los. O sistema educacional, tanto quanto os tratamentos psicoterápicos, podem ser beneficiados por esse enfoque. Tudo é percepção, nela as distorções são criadas e resolvidas. Querer ser aceito e percebido pelos outros, por exemplo, é um objetivo destruidor do outro, desde que o transforma em um receptáculo de desejos. Em psicoterapia, quando se percebe esta possibilidade de destruir o que se quer vivo, alguma coisa muda: se percebe a necessidade de antes de querer ser aceito, percebe que precisa se aceitar para não continuar oferecendo ao outro algo que se desvaloriza, que não se aceita. Essas contradições, encontradas nos processos relacionais, nos processos perceptivos,

---

Wertheimer, gestaltistas, afirmaram em 1912 que percebemos Gestalten, estruturas organizadas. Não existia uma função para recolher dados sensoriais e depois elaborá-los perceptivamente; conseguiram assim riscar da psicologia científica, a ideia de sensação como ponto de partida do processo cognitivo, tanto quanto eliminar o conceito de mente como receptáculo de sensações." (*Ibid.*)

desencadeiam pensamentos criadores ou repetitivos, geram insights (apreensão súbita de relações) ou criam posicionamentos de vitimização e culpa.

Perceber, prolongar percepções, ampliando, diminuindo, distorcendo, quebrando, somando ou apreendendo as totalidades configuradas, é pensar.

O HOMEM COMO CENTRO DO MUNDO: ILUMINISMO, ESCLARECIMENTOS SITUANTES

Um dos resultados mais questionadores e inovadores do iluminismo (século XVIII) foi colocar o homem, o indivíduo, como centro do mundo. Essa antítese ao absoluto — Deus —, representado por seus supostos significantes — a Igreja, a realeza —, abriu novas perspectivas para o humano, perspectivas posteriormente desenvolvidas em um movimento, uma ideologia, um legado social e jurídico: a Revolução Francesa. A partir daí, o lema "Liberdade, Igualdade, Fraternidade" torna-se o resumo fundamental que passa a nortear a trajetória do homem ocidental. O homem é, então, igual a seu semelhante, nada os diferencia: nem aparência, nem origem ou posição social, e essa igualdade se reflete nas leis e possibilidades da vida. Quando existem diferenças, elas são determinadas pelos recursos econômicos a partir dos quais classificações de pobres e ricos expõem diferenças que não são intrínsecas ao humano, são circunstanciais, e ainda, geradas pelo acúmulo de riquezas continuadas do absolutismo anterior.

Ser centro do mundo fez o homem perceber que tudo que lhe acontecia dependia dele próprio. Essa libertação dos grilhões de crenças obscurantistas impôs a razão, o conhecimento como chave para abrir novos caminhos, para estabelecer progresso.

Sem o iluminismo teria sido difícil chegar à industrialização, à transformação dos recursos existentes por meio de conhecimento de técnicas específicas.

Mudar, transformar, abrir caminhos se impôs ao homem quando ele ficou entregue a si mesmo. Foi uma radical mudança de modelo que possibilitou autonomia, semelhante à que ocorre na idade adulta, quando padrões familiares são transformados e questionados. O iluminismo enfatizou a razão com consequentes esclarecimentos, questionamentos, ampliação de perspectivas e horizontes, e isso refletiu na sociedade em geral, em movimentos artísticos e também na religiosidade. O acesso a Deus não era mais exclusivo dos religiosos que vendiam "permissos", tais como escapulários e "benzidos" para que se atingisse a divindade. Intermediários diminuíram, ação direta se impôs, mas também outros problemas foram criados: a constatação da fragilidade ou da força diante dos caminhos a percorrer.

Estruturas de uma nova forma de poder foram estabelecidas, reunindo autoridades dispersas e institucionalizadas. Já não basta ser livre, é necessário ser forte para enfrentar obstáculos determinados pelos poderosos institucionalizados. A liberdade se desdobra, torna-se enfático o lema "a união faz a força". Comunidades são estabelecidas, solidariedade é exercida para que o homem se mantenha no centro do mundo. Nessa trajetória, decorrências mutáveis surgem e sob a forma de democracia muito desequilíbrio é gerado, polarizações que em algumas circunstâncias e panoramas sociais e econômicos permitem a volta de poderes absolutos: ditaduras que retiram o homem do centro e colocam, como centralidade, ideias, ideais e objetivos com a finalidade de transformá-lo em massa de manobra para a manutenção de máquinas de poder voltadas para a afirmação de suas ditaduras e plataformas políticas aniquiladoras da liberdade, destruidoras da individualidade.

Novas configurações criam novas antíteses. Agora, recuperação do lugar central e legítimo do homem só é possível pelo exercício de autonomia frente a todas as forças que o alienam e escravizam. O que define o humano é o exercício de suas possibilidades ou a submissão às suas necessidades (que o transforma em mercadoria, o torna alienado). Sucumbir aos fundamentos exploradores dos novos sistemas adoece, neurotiza, desespera, daí ser necessário enfrentar os problemas, questionar-se e assim gerar mudanças. Entender o que acontece é humanizador.

PERCEPÇÃO DE SI E DO OUTRO

A percepção de si e do outro é uma temática relevante em psicologia. As abordagens a esse tema fundamentam psicoterapias.

Freud achava que o outro era percebido em função de desejos, medos e anseios, era a projeção de demandas do inconsciente, e isso era o que lhe dava significado. Nesse sentido, na psicanálise a percepção do outro é uma projeção de motivações e comportamentos inconscientes.

Diversamente, para mim, perceber o outro é uma consequência de estar no mundo. Esse simples fato, entretanto, pode ser uma resultante condensadora de inúmeras contextualizações. A variedade de contextos a partir dos quais o outro é percebido é imensa, embora possam ser significadas, condensadas em seus estruturantes: o outro é percebido como prolongamento de autorreferenciamento ou como presença que expressa outras relações e significados.

O outro é o que está aí, diante. É o destacado que será significado enquanto ser, enquanto surpresa implícita, ou visualizado como coisa cujas funções são mantidas ou negadas. A não percepção do outro enquanto ele próprio caracteriza o processo de coisificação dele. Impasses no relacionamento são criados ao se quebrar a dinâmica eu/outro. Esse desencontro esvazia o relacionamento à medida que o direcionamento é feito para funções e propósitos específicos. É assim que surgem papéis, personagens, imagens e consequentemente vazios relacionais. A mãe que cuida, o pai que protege são fundamentais enquanto funcionamento e bastante esvaziados de dinâmica relacional quando posicionados e imobilizados nessas funções. O mundo sem surpresas, a vida na qual tudo está estabelecido ou nada está estabelecido cria desencontros relacionais. Virar móvel, utensílio necessário é uma maneira de desumanizar o relacionamento. Casamentos úteis nos quais existe funcionalidade necessária e apoios perfeitos são desprovidos de colorido, de amor, de integração, de espontaneidade, nada é novo, nada surpreende, tudo é mantido para bem funcionar e apoiar.

O outro é antítese, é discórdia, tanto quanto é harmonia. A continuidade das vivências e encontros possibilita sempre descobertas, questionamentos que promovem mudança ou impotência (posicionamentos redutores abismais nos relacionamentos, principalmente nos familiares e conjugais). A mudança de atitude em relação ao outro acontece quando se questiona o próprio autorreferenciamento, ou ainda quando se percebe a disponibilidade — possibilidade infinita — do conviver com o outro não marcado por sinalizações aprioristicas, frequentemente preconceituosas e discriminadoras. O outro diante de mim, essa é a grande constante do viver, do estar no mundo. Nunca se está só, mesmo que o outro seja o objeto com o qual nos relacionamos, como: parede, floresta, cama, cadeira. Psicologicamente, enquanto imanência relacional, o outro me constitui. É exatamente aí que são definidos sujeito, objeto e comportamentos. Nesse processo perceptivo, a continuidade estabelece posicionamentos representativos de funções. Essas funções significadas por normas e regras determinam novos relacionamentos. Maria, a mãe, por exemplo, é ampliada pelo genérico mãe, cheio de significados, exigências, direitos, processos e história, regras e normas culturais, e então a mãe, antes de ser Maria, é também a continuidade de processos históricos, culturais, sociais, genealógicos. A mãe, assim, tem diluída sua totalidade na especificidade família. São os outros representativos além do constante processo diante do indivíduo. A reversibilidade dos processos, suas reconfigurações estabelecem permanência e também descontinuidade. Cuidar do filho, além de atender suas específicas demandas e protegê-lo, é também inseri-lo em processos culturais, sociais, familiares, e desse modo o outro próximo é também distante. Essa é uma das primeiras contradições. Educar, ser educado parcializa a totalidade do encontro. Essa característica é comum a tudo que se vivencia.

O que completa exclui, tanto quanto, às vezes, as exclusões complementam. Perceber o outro nem sempre implica em ser por ele percebido. Recíprocas não são instantâneas, e sempre que há posicionamento, se exila dinâmica, consequentemente interrupções aparecem. Esses intervalos se constituem em ilhas, separações que quebram continuidade. São processos que estabelecem divisões que, quando continuadas, fragmentam, e as fragmentações impõem a busca de polarizantes. A familiaridade, ao invadir os processos, cria regras, deveres e valores. O certo, o errado passam a ser anteparos a partir dos quais as preferências e satisfações integram sua estruturação. O outro pulverizado, fragmentado, embrulhado nos seus papéis sociais e familiares é o que se apresenta como definidor de relacionamentos. Os papéis, as embalagens são enormes ou frágeis, de qualquer forma criam novas configurações, e assim são estruturados diversos significados do outro.

Os diversos significados atribuídos ao outro decorrem de ele ser percebido como semelhante ou dessemelhante. A percepção de igualdade é tanto maior quanto menor o autorreferenciamento.

No autorreferenciamento o indivíduo se sente único, consequentemente nada lhe assemelha. Quando, em uma abstração, ele se iguala a alguma coisa, isso é instável, desaparece rápido, pois o autorreferenciamento tudo exclui, tudo engole. O outro é percebido como ameaça ou como complemento. É o igual que completa, o diferente que ameaça. É um prolongamento, é um obstáculo. É desafio, é proteção. A apreensão e percepção do outro por sua utilidade, sua função estabelecida como positiva ou como negativa, é sempre resultante de um processo autorreferenciado. Sem autorreferenciamento o outro é continuidade do si mesmo, é apreensão perceptiva de possibilidades e de necessidades, significa enquanto dado relacional. É o além de si, prolongamento estruturante da polaridade relacional: sujeito/objeto. Sem o outro não se vive, essa é a constatação que dinamiza e permite continuidade do estar no mundo.

Descobrir vantagem, funcionalidade e utilidade no outro é estabelecer submissão, servidão, exploração, coisificação, situações essas que são recíprocas ou unilaterais a depender das diversas configurações processuais. Nos processos autorreferenciados, nas diversas distorções perceptivas, nas quebras de continuidades relacionais são pregnantes as vivências do outro como ameaça, desafio, complemento (satisfação e necessidade), novidade (tédio), proteção (insegurança), exploração (sobrevivência), assim como "o outro sou eu mesmo" (divisão, delírio, esquizofrenia) ou o outro é deus, magia, absoluto invisível.

Com frequência, o que está fora das esferas familiares, das esferas conhecidas e consideradas social, cultural e economicamente iguais, é percebido como diferente. Ser diferente é não possuir pontos de congruência, consequentemente de compatibilidade. Abismos educacionais, o não haver linguagem em comum, enfim, inúmeras situações fazem com que se exclua, rejeite e estabeleça restrições. Assim fazendo, uma multidão de estranhos é criada. Tudo pode ameaçar. O fazer parte de outra ordem econômico-

-social ameaça. Os ricos se sentem ameaçados, os pobres também. O diferente é sempre suspeito. Faltam padrões comparativos. A busca desse padrão gera a tentativa de estabelecer confiança entre os que processam a mesma fé, como, por exemplo, os da mesma religião ou os torcedores do mesmo clube. São fatores aglutinantes que geram familiaridade. O ser adepto de uma mesma coisa diminui a ameaça. Entre as famílias, e também entre bandidos, isso é verdade. Busca-se o apoio do sobrenome, assim como se confia no fazer parte da mesma facção criminosa. Perceber o outro como ameaçador é um deslocamento dos próprios critérios autorreferenciados. Uma das maneiras preconizadas para lidar com o que ameaça é se proteger com direitos, legalidades, ou com violência. Ter armas para subjugar e leis para resolver são formas de se sentir protegido. Quanto maior a necessidade de proteção, maior a vivência de estar à mercê do inesperado, do inevitável. Criar guetos, formar grupos, judicializar tudo, revertendo situações nos próprios objetivos e vantagens, é um jeito de negar e evitar o outro. O outro como ameaça é sempre a percepção do considerado diferente, não familiar, que tanto pode ser o poderoso que tudo consegue ou o pobre que tudo pode destruir ou roubar, são considerações autorreferenciadas, preconceituosas, que tonalizam dificultando ou impedindo relacionamentos.

Em outras vivências, o outro como desafio é o motivador, é a meta a ser atingida. Ter os conhecimentos e habilidade do amigo, conseguir vencer na vida como o vizinho e o patrão conseguiram, tirar do caminho o colega que está em cargo hierarquicamente mais alto são apenas alguns exemplos do outro percebido como desafio. Podemos também lembrar o desafio cotidiano que consiste em querer conquistar, pelo matrimônio, o colega, a colega que são ricos e poderosos. A vida parece ficar resolvida se fizer parte de significativo clã. O chegar lá, o se igualar aos que possuem muito — habilidade, inteligência, bons relacionamentos ou dinheiro, fama e sucesso — são posições constantemente desejadas. Para alcançar metas vale tudo, até tirar do caminho o padre guardião de direitos das comunidades menos favorecidas, por exemplo, e isso é muito comum quando se planeja ganhar com uma situação engendrada e se percebe o outro como muralha que atrapalha escaladas. "Ou eu ou ela", "ou eu ou ele" são frases emblemáticas das lutas que as pessoas se propõem para conseguir realizar suas ambições. Notamos isso desde as armadilhas e concorrências no ambiente de trabalho até o querer o namorado da irmã, a namorada do irmão. Quando o outro é vivenciado como desafio, já existe um vazio de quaisquer atitudes éticas e solidárias. É a lei da selva que impera, e nesse sentido as possibilidades humanas ficam reduzidas à satisfação de necessidades e desejos. O querer é poder, querer é vencer, é o estandarte frequentemente usado e valorizado por essas pessoas.

A percepção do outro como complemento, "as metades da laranja" que se encontram, as almas gêmeas, o reencontro, todas essas ideias animam a busca por satisfação de necessidades e realização de projetos de vida por meio do outro, ou seja, com ajuda, participação do outro. É a ideia de reencontro que valida o encontro, mas esse prévio invalida a vivência presentificada. Nessa distorção sempre tem que haver uma base, uma plataforma identitária comum para que se processe a convivência. O prévio justifica e antecede o acontecimento. Isso é a contravenção total em função dos desejos de realização. Como complemento ele é também a expectativa que justifica o querer o outro para realizar o que não se tem condição. As próprias incapacidades e dificuldades serão sanadas pelo parceiro rico, por exemplo, ou em certos contextos os acessos serão atingidos pelo outro acostumado a sobreviver com feras ou com despossuídos, situações nas quais acessar as quadrilhas ou os grandes salões e corporações se torna viável quando o outro é a senha que possibilita a entrada.

Assim, o outro transformado em objeto é a chave que tudo abre, é o conhecedor de mundos — como os mundos luxuosos —, é quem possibilita vivenciar o que não se podia, o que não se tinha condição. Cinderela, Pigmaleão, Branca de Neve, Alice povoam o imaginário das pessoas. Ser o que não se é, mas que se quer, pode ser conseguido por meio do outro. O antigo "golpe do baú", atualizado pela judicialização de direitos e obrigações consensuais, heranças e casamentos explicitam a realização desses desejos. Não aceitação da própria origem, da própria idade, da própria condição intelectual e social faz buscar o diferente como complemento, tanto quanto buscar o igual caso as dinâmicas estruturantes de ambição ou medo exijam. As ambições — participação em função de metas e desejos — levam a procurar o diferente enquanto não aceitação básica, ao passo que o medo, a omissão fazem buscar no outro, visto como vítima dos mesmos males, ajuda, proteção para se esconder, se proteger do que malefícia. É o famoso "somos do mesmo gueto", "sofremos as mesmas ameaças". Perceber o outro como complemento é uma maneira de se adaptar, de não se sentir um estranho no ninho, e é também conseguir condições de satisfazer e realizar os próprios desejos, diminuir medos e insegurança. É a busca do apoio. O outro é o esconderijo ou a pele de cordeiro necessária para esconder os aspectos malignos de seus propósitos.

E quando tudo é percebido como igual, como monótono, é preciso novidade para acabar com a mesmice que desencadeia o tédio desagradável. Os processos de não aceitação transformam o cotidiano em uma vivência homogeneizante. Nada acontece. Tudo é igual. É necessário que alguém apareça trazendo boas novas. O mensageiro da nova ordem, da nova vida é aguardado. Tudo se resolveria caso aparecesse alguém com recursos, com motivação. Ter uma companhia, alguém que ajude, oriente, participe, tudo ao mesmo tempo, ou não, é o que se deseja. Não conseguir se motivar por não aceitar seu presente cria expectativas. Vive-se esperando que alguém mude a carência, o vazio. Esse deslocamento decorre da não aceitação de si e de sua realidade. Esperar que o outro divirta, que crie novidade, é esperar o príncipe encantado ou a fada que tudo resolverá. Adiar a vida, delegando ao outro e às circunstâncias as dinamizações do que se descontinua é adiar desejos não realizados, cristalizando frustrações. O outro é esperado como a magia que resolverá dificuldades, e ainda não é qualquer outro, é aquele capaz de mudar o estagnado. Na sociedade, na política frequentemente existe essa expectativa, essa procura: é o salvador da pátria, o Messias, o ungido, o escolhido por Deus e capaz de consertar totalmente as situações. No entanto, quando se trata de salvação, só o que existe é derrota, vazio, terra devastada, como dizia T. S. Eliot. Impasses, divisões, não aceitação são os responsáveis por desejar a vinda do Messias, por desejar o príncipe encantado, a heroína que salvará. Quanto maior o processo da não aceitação e alienação, maior a expectativa de mudanças mágicas, maior a expectativa do que deverá ocorrer para que as situações se modifiquem.

Transformar o outro em muralha protetora, em cobertura que ampara é algo gerado pela insegurança, pela verificação de que se precisa de apoios, de boas bases de sustentabilidade para realizar o que se quer. Transformando e dando continuidade às relações familiares que existem ou que não existem, como, por exemplo, pai e mãe protetores, reais ou imaginários, os indivíduos reduzem o grande mundo, os grandes espaços às dimensões de seus impasses, de seus propósitos. Precisar atingir ou quebrar limites e, para tanto, utilizar ou contar com o próximo, é transformar o outro em peça da engrenagem a ser mantida. É também descaracterizá-lo, pois seu modelo estruturante é o das figuras parentais ou o de casas e bunkers protetores. É infantilizador transformar as parceiras em mães, os parceiros em pais, tanto quanto o mestre, o professor e auxiliares em amigos. Relacionamentos calcados na busca e realização de proteção são, por definição, esvaziadores. O outro não é o que é, é o que se precisa que seja. Essa parcialização autorreferenciada é sonegadora da identidade do outro. Desvinculado do que lhe é próprio, de sua totalidade, fica referenciado e reduzido à sua função protetora e de segurança, resumido assim às problemáticas e dificuldades do outro. Nada é novo, a função é manter o que se conseguiu, e conseguir mais para que tudo se estabilize e continue. Como não existem processos independentes do tempo e do espaço, essas quimeras se quebram nas curvas do caminho, e máscaras caem, traições são denunciadas, expectativas frustradas. O protetor vira salteador, e essa é a ironia frequente que acontece, ou ainda, quando a proteção desaparece — na morte, por exemplo —, não se sabe o que fazer da vida que resta viver, ou ainda, se descobre que a proteção era um aprisionamento alienador. Estar desvalido, não ter condições são processos apenas solucionáveis por questionamento e pela aceitação de limites.

A escravidão ou escravização, esse processo que utiliza o outro para exploração, existe em vários níveis: desde a mãe explorada para cuidar dos filhos, deixando de ter vida própria, ou para ajudar o marido cuidando da família com segurança, sem maiores ônus econômico-sociais, até a mão de obra mal paga ou não paga. Usar o outro para satisfazer desejos, dos sexuais aos sociais, intelectuais ou econômicos, é também uma forma de escravização. Toda vez que alguém é submetido, essa submissão serve a algum propósito no qual apenas o dominador lucra e tem autonomia. Necessariamente, em todo processo de exploração ou escravização existe a perda de autonomia do dominado. Virar marionete, ser títere é uma maneira de desumanizar-se. Muitas pessoas só sobrevivem explorando, outras submetendo-se. O engano, o disfarce são formas aparentemente mais suaves de exploração, de submissão, mas são também muito prejudiciais, pois amarram o outro a mentiras, a enganos exploradores. Quantas mães alienam e destroem filhos por amarrá-los com carinhos, com cuidados que sempre exigem recíproca! Querer retribuição, reconhecimento é também uma maneira de explorar possibilidades e condições humanas. É uma forma de seduzir, consequentemente de enganar. Religiosos, líderes políticos, mestres volta e meia exploram, escravizam seguidores em função de seus próprios objetivos e vaidades.

Estar com o outro, ser com o outro é o suficiente. Quando surgem hierarquias, regras, dogmas começam a surgir exploração, espoliação, escravização. As relações afetivas frequentemente nos mostram isso por meio de dependências amorosas e impasses afetivos. Sem liberdade, sem disponibilidade o outro é estabelecido como aderência, vagando conforme as conveniências do agregador. Criar filhos para cuidar de si no futuro e não para o mundo é outro exemplo comum de escravização. Ver no outro o que explorar agora ou no futuro, seja na esfera econômico-social (antigamente escravos na fazenda, agora empregados nas residências) ou na afetiva familiar, é indicador de maldade, oportunismo e desumanidade.

Nas vivências delirantes, nas alucinações psicóticas, no desejo de explorar, de se dar bem, de utilizar o outro — seja filho, parente, amigo ou inimigo para consumação dos próprios desejos —, o processo de autorreferenciamento é encontradiço. "O outro sou eu próprio". Esse é o artifício que exila qualquer possibilidade de reconhecimento e questionamento. "O outro sou eu" — essa divisão — implica em autorreferenciamento. Os níveis do autorreferenciamento chegam a tal ponto de fragmentação que não existe mais questionamento ou comunicação. Como ilhas, nada esbarra, nada questiona. O outro é a própria pessoa. Reduzir tudo a si mesmo, pontualizar a existência é um desejo desesperado de ter um ponto de atuação, um ponto de gravitação a partir do qual as situações se estruturem e se definam. Uma vez pontualizado, só por meio da recriação de retas que se encontram e desaparecem é que se pode recriar processos. No processo psicoterapêutico é frequente encontrar essas estruturas, essas configurações. O indivíduo só sabe o que precisa, o que quer, o que não quer. O mundo é reduzido ao que é bom para si, ao que tem que ser atingido e ao que é ruim e tem que ser evitado. O outro é o aspecto de si mesmo sob forma de imagens, desejos, aprisionamento. É a máquina desejante de Deleuze, a esquizoidia de Guattari. É o não ser, sendo o que não é, o representado, o que é significado, após a divisão de sua imanência dispersa nas circunstâncias que o limitam. São os esconderijos da não aceitação, buscando provar que nada é descoberto. São esfinges que não propõem mistérios, querem apenas aplausos como elucidação de seus enigmas. No nível do delírio já não se busca nada, salvo a não interrupção de seus devaneios, seja por aprisionamento, seja por tentativas de encarceramento. Não há sensação de perda, pois o que se encontra é o perdido: o eu mesmo, que como tal é o outro, mas que passa a ser o eu. Desespero, drogas, pânico, frustrações criam essas vivências geralmente passageiras, descontínuas. Quando elas continuam surge o que se costuma chamar de loucura.

A expectativa de resultados, o constante evitar de fracassos e críticas transformam o cotidiano em uma grande maratona. Juízes, comentadores e adversários estão sempre perto. Tudo fazer para desempenhar bem os papéis é a regra de ouro para o comportamento de quem depende de aplausos, de aceitação e de evitar críticas ou rejeições. Essa atitude transforma a vida em uma constante busca por ser aplaudido, instalando também variações de humor e de motivações. O outro é o índice, é o que assinala se está bem ou mal. Quando aceito, elogiado, tudo caminha bem, caso contrário a vida encalha, arrastando consigo o torvelinho de fracassos, falhas e medo. Viver para cuidar da aparência e estar sempre bem-vestido, por exemplo, é a chave que abre mundos e caminhos. É também uma maneira de estar virando produto no grande mercado mundial. Assim as peças usadas significam, os detalhes revelam muito, a vida pode transcorrer sem problemas quando se acerta com a boa fantasia, a vestimenta que talvez o inclua no considerado mundo bom, no mundo rico. A vida, nesse contexto, é o espetáculo, é o desempenho diário, que quando satisfatoriamente assistido, "propinado", elogiado, resolve problemáticas.

As plateias ampliam-se nas plataformas digitais. Cliques, agora, enfaticamente expressam e conduzem à fama e também ao dinheiro. A monetarização do afeto, os *likes* endereçados são veredas possíveis para o sucesso. É o foguete que foge da terra, atingindo desejados e admirados mundos ilusórios. Cada vez mais reduzido aos cliques pelos risos ou choros, o outro é desvitalizado. Nesse contexto de despersonalização, qualquer robô, qualquer manipulação de inteligência artificial supre e substitui o outro. Precisar do outro, depender de sua aprovação ou depender de sua reprovação é um dos caminhos mais rápidos para neutralizá-lo, para negar sua existência, substituindo-o por qualquer robô, qualquer imitação de vida, de afeto e realidade. Na paradoxal necessidade de apoio, de aplauso, de evitar crítica, se encontra um dos maiores processos de esvaziamento do outro. O outro fundamental e necessário é transformado em algo descartável, substituível, pois sua função é preestabelecida, reduzida a gritos, berros, uivos, aplausos. Estar na plateia, no palco e lutar por aplausos é transformar-se em ator, atriz, palhaço de estraçalhadas ilusões, de constantes juras, de segurar o que escorrega das mãos. Reduzir a vivência a aprovações, evitando críticas e ofensas, é buscar sempre o bom resultado, o acerto, perdendo autonomia, é transformar a própria vida em histórias, narrativas que se esgotam em si mesmas, seladas com aplausos ou vaias. A desvitalização do existir ocorre quando o outro é coisificado e nesse contexto só restam sinalizações de bom, de ruim, de certo, de errado, totalmente efêmeras e contingentes quanto a seus estruturantes.

Assim, a vivência do mágico, do irreal, do absoluto, com frequência é o faz de conta para tudo remediar. Estar impotente, sem saída, desesperado, tanto quanto esperançoso, tendo jogado todas as fichas no depois, no futuro, em alguém, torna absoluto o relativo, cria deuses e Deus. É o faz de conta que as coisas vão se resolver. "A esperança é a última que morre", "a esperança ilumina e sustenta a vida", "os bons vencem, Deus ajuda", enfim, existe um infinito arsenal de conforto. São os equivalentes de drogas lisérgicas, lícitas e ilícitas, que reconfortam, fazem esquecer o estar no mundo com o outro. Esse esquecimento custa caro. Ele aliena e isola, resume todas as distâncias que se faz em relação à não aceitação do outro como semelhante, a não o perceber e consequentemente se pontualizar. A ideia ou sensação de Deus desafia, complementa, seda, anima, protege, escraviza, divide e nega os limites da realidade. Deus pode ser pensado como transcendência, jamais como o outro. Essa antropomorfização é danosa, aderente e solapadora de humanidade. Não esquecer que foi a ideia de Deus, a luta em seu santo nome que estabeleceu a Inquisição, tanto quanto é a ideia de Deus que divide o mundo em fiéis e infiéis. E, ainda, é a ideia de Deus que faz o ato de terror, o sacrifício de vidas ser a excelsa celebração de seu nome. Tudo isso acontece em decorrência da ideia de Deus antropomorfizado, deixando de ser transcendência e passando a ser limite, divisor de águas, fragmentador de povos e famílias, criando assim campos de concentração, patíbulos e zonas de apedrejamento para mulheres infiéis, por exemplo.

VIVÊNCIAS MEDIDAS E CONTADAS: QUANTO SE AMA? QUANTO SE SOFRE?

Lendo *Trem noturno para Lisboa*, de Pascal Mercier, encontrei uma interrogação, uma dúvida, uma perplexidade interessante, mas profundamente reducionista, redutora de vivências e processos, apesar de sua roupagem literária com debruns existenciais e cores questionantes. O autor, por meio de seu personagem, perguntava: "se é verdade que apenas podemos viver uma pequena parte daquilo que há dentro de nós, o que acontece com o resto?".

Pensei: nada há dentro de nós, desde que não há dentro nem fora. A crença nessa espacialização didática — exterior, interior — é redutora dos processos, mas apesar disso é inteligível o que o autor pretende, que é falar de sonhos, memória e desejos. Nesse sentido, teríamos "dentro de nós" memórias, desejos e sonhos satisfeitos e insatisfeitos. Dentro de nós, também, segundo ele, teríamos vazio, frustração, realização. O que é o resto disso? O que não se realiza? Ou será o que não pode ser quantificado? Imaginar que existem limites para realizar vivências é uma busca de quantificação redutora do humano, tanto quanto transformadora de vivências em processos quantificáveis. Quanto se ama? Quanto se sofre? Os dados qualitativos, se reduzidos a quantidades, se transformam em rótulos, índices para marcar o suposto labirinto de realização e satisfação.

Processos podem ser quantificados, mas não podem ser reduzidos a essa quantificação sob pena de se esgotarem enquanto continuidade. O aquecimento de um corpo até 40°C, por exemplo, é uma medida que, ao ser registrada, não interrompe o processo de aquecimento, pois é um registro dele. Uma outra medição do aquecimento do corpo, além dessa já realizada, é outro limite estabelecido, outro instante da medida. A fome satisfeita por uma quantidade de comida interrompe o processo fome, sacia, mas não se pode entender a fome pela sua saciedade. Pensar que a solução, o resultado, o saciar, o aplacar muda o processo é a ilusão do resultado. A continuidade jamais cessa; medida ou não, ela continua. Processos históricos sociais e histórias de cada um de nós estão a mostrar que as vivências ultrapassam datas, limites e marcos históricos. Continuamos escravizados, apesar de pelas leis não haver mais escravidão, mas os processos de escravização, nas mais variadas formas, continuam. Os processos não se esgotam em registros, os dados relacionais existem e estruturam a sua continuidade. O que é quantificável só o é quando medido. A medida expressa um momento do processo, mas não conta sua história, não lida com seus estruturantes. É apenas um rótulo que define momentos.

Costuma-se falar de interioridade como se existisse um lugar do psicológico dentro do organismo humano (mente, inconsciente etc.), e por extensão, subjetivo é o que está dentro e objetivo o que está fora. Mas interior e exterior não existem, o que existe é uma relação, é o homem no mundo, percebendo, categorizando, conhecendo. Perceber é se relacionar. Os marcos civilizatórios, históricos, econômicos ou individuais sempre rotulam, indicam o que ocorreu sem expressar as intermitências processuais. Nesse sentido, o devir, o processo, a continuidade são impossíveis de medir — são imensuráveis. O dado relacional é o configurante que tudo açambarca e define, embora nem sempre seja percebido. É preciso se deter no sutil para visualizar a compacidade do denso, para exercer a vivência do presente, um processo que tudo abrange, sem vestígios. Não deixar vestígios é o esgotar-se em si mesmo que caracteriza o vivenciado, o integrado.

MISANTROPO

Misantropia, antissociabilidade ou fobia social é um dos deslocamentos da não aceitação. Frequentemente, sentindo-se fraco, medroso, incapaz, impossibilitado de se comunicar, o indivíduo se reparte em máscaras e papéis que lhe permitem participar das esferas sociais que o contextualizam. Agindo mecânica e programadamente, esvazia-se. O outro — o ser humano — o horroriza, o apavora e é evitado por ele, desde que o contato o ameaça a sair dos esquemas que criou, desencadeando situações geralmente incontroláveis para si. Imaginar-se sozinho no mundo, senhor de tudo, sem controles exercidos por outros, sem testemunhas, é tanto seu sonho quanto sua realidade de fracasso, pois sabe que os outros existem e que sempre o perturbam. No desespero da vivência desta evidência — a existência dos outros, o não estar sozinho — ele busca constantemente negá-los, expressando preconceitos, raivas, ódios, desenvolvendo comportamentos agressivos que podem chegar à violência: matar pessoas, destruir valores deliberadamente, mascarar-se com tudo que é considerado humano e sagrado, como fazem alguns líderes religiosos, alguns políticos estimuladores de guerras e incentivadores de discórdia e destruição.

A visão literária do misantropo, principalmente a partir de Molière, como um ser radical e indignado que não aceita a hipocrisia social, tanto quanto a visão da misantropia como condição inata de certos indivíduos tímidos, solitários, mas inofensivos, desconsidera uma problemática psicológica que pode se tornar grave e destruidora para si e para o outro. Dificuldades psicológicas não resultam de condições inatas, não existe natureza humana. Problemas psicológicos decorrem de não aceitações estabelecidas pelo relacionamento com o outro, com o mundo e consigo mesmo. Frequentemente, as dificuldades relacionais, o isolamento como forma de recusa ao que se considera hipocrisia social, tanto quanto radicalismos obstinados, são deslocamentos de problemáticas pessoais.

Poderíamos pensar em massacres religiosos, guerras econômicas, genocídios como exteriorização de psicopatias ou de misantropia, mas pensar assim é um enfoque causalista, determinista, no qual a tipologia psicológica estabeleceria tudo. Misantropos, antissociais, psicopatas não são vetores agindo em grande escala (o próprio Hitler não o foi); eles são catalisadores que impõem atmosferas próprias aos seus relacionamentos e que através da sucessão contínua destas atmosferas estabelecem posicionamentos convergentes de verdades/mentiras, manipuladas conforme conveniência e objetivos autorreferenciados, podendo até fomentar massacres e guerras.

Querer viver sozinho, desejar a não existência do outro, a não existência da sociedade, é uma maneira de esconder problemas ou de evitar que eles apareçam. Solidão, nesses casos, é o álibi gerado pelo medo da participação, é também o caminho régio da depressão e das vontades — geralmente perversões — destruidoras do outro.

A CERTEZA COMO ENGANO

Certeza, crença, convicção, dúvida, além de constantes na vida psicológica, são temas tradicionais das discussões teológicas e da reflexão filosófica, amplamente conceituados e sistematizados nas várias teorias, tanto na religião quanto na filosofia e na ciência.

Para nós, a certeza é um estado psicológico que se caracteriza por impermeabilização que impede a dúvida. Tornar as vivências e desejos unilaterais se constitui para muitos em um porto seguro, uma âncora que garante não ser arrastado pelos ciclones das mudanças e da impermanência. Ter certeza, jamais se questionar, jamais duvidar das próprias convicções ou da visão que tem de si é uma tentativa de evitar a ameaça da impermanência e a hesitação que a acompanha, é uma maneira de manter-se focado nas próprias metas. A instrumentalização das possibilidades e da crença de ser honesto, bom e capaz como um a priori, por exemplo, impermeabiliza. Manter a priori, instrumentalizar habilidades ou características próprias valorizadas posiciona, esvazia, quebra a dinâmica relacional do ser no mundo. O vazio e a fragmentação resultantes de posicionamentos transformam o humano em alvo eleito para arregimentação de fiéis (nas várias religiões), para arregimentar amigos carentes e responsáveis (nos círculos familiares e de amizade). Surgem crenças, expressas em frases populares como: "se rezar estarei a salvo das tentações, Deus nos salva". Surgem as instrumentalizações, por exemplo, de ser responsável, cumprir as obrigações. Atos simples e corriqueiros são transformados em crédito, em certeza de que nada será ruim, pois "virtudes" estão sendo cumpridas. Esse processo normalmente resulta em compulsão ou em fanatismo. O compulsivo é o que avalia, se enche de "crédito", regras, senhas e certezas que o beneficiarão; seguindo todas as regras, todo o ritual, nada dará errado. A certeza decorre do exercício da regra, do método. Nessa vivência compulsiva, com todos esses controles, alguma coisa está errada, só que isso não é percebido, isso é o Fundo, o contexto a partir do qual o comportamento é exercido. O compulsivo diariamente tenta evitar enganos. Vive avaliando. Não existe por existir, as evidências não significam, tudo precisa ser avaliado, verificado. A necessidade de certeza se impõe. O natural, o instantâneo desespera. Ele existe por meio de senhas que devem ser cotidianamente acessadas. O fanático, assentado em suas certezas, é basicamente intolerante e agressivo com todos que divergem de suas posições, é igualmente impermeável às evidências, mantendo-se em seu autorreferenciamento.

A falta de disponibilidade, a quebra da dinâmica relacional, o posicionamento nas próprias necessidades são algumas das consequências de posicionar-se em certezas inabaláveis. Sempre podemos ter certeza quando vivenciamos as possibilidades relacionais. Sempre teremos engano quando, pelas necessidades a satisfazer, utilizamos nossas certezas como lemas, regras de conduta.

DESCONFIANÇA

Como seres humanos, somos sistemas relacionais, pontos de convergência/divergência de inúmeras variáveis, somos necessidades e possibilidades de relacionamento. Viver em função de satisfazer necessidades posiciona. Esse posicionamento estrutura autorreferenciamento. No autorreferenciamento procura-se verificar conformidades, confrontar regras e padrões, pois acha-se que é isso que une, que gera familiaridade e confiança. A atitude decorrente dessa estruturação autorreferenciada é a avaliação: verificação do outro e dos acontecimentos da vida. Constantemente medindo e avaliando, consegue-se decidir, aproveitar o máximo e atingir os ideais familiares e comunitários. Dessa forma, se passa a viver sem confiar no que ocorre, no que percebe: nada se explica por si mesmo, tudo deve ser verificado. É a falta de espontaneidade equivalente à pesquisa cadastral e curricular para que se possa entrar em contato com o outro. A confiança assim adquirida é fruto de manipulação e de regras esquematizadas: encontrar o parelho, o confiável é, então, um processo cujos caminhos são determinados por clichês e estereótipos. As aderências são transformadas em características intrínsecas. O preço pago por essa violentação é não discernir, não saber o que está acontecendo, com quem se está.

Viver desconfiado é viver isolado desde quando o outro é percebido, dentro do autorreferenciamento, como um apêndice, uma peça instrumental que ajuda ou atrapalha. Desconfiar é estar à mercê, é não saber, não configurar, não globalizar o que ocorre.

Confiar pode levar ao engano, mas não deixa ninguém inseguro, sem discernimento ou à mercê do que ocorre. Para confiar é necessário não estar autorreferenciado, é preciso autonomia para ser com o outro e descobrir o novo que nega o anteriormente vivenciado ou o lança em outros contextos, em redes relacionais. Confiar é imunizar-se para decepções, pois ao confiar não existe expectativa, regra ou desejos a serem preenchidos.

ORGANIZAR

Perceber o que ocorre e suas implicações permite organizar referências, sinais e processos. A continuidade dessa vivência ao ser descrita, narrada, faz com que se situem e encaixem cenários, paisagens, sentimentos e cogitações. Compreender as implicações dos próprios atos, poder contar a própria história de vida, entendendo seus diversos desenvolvimentos, é organizador. Quando se consegue responder ao que está acontecendo ou ao que aconteceu, se começa a estabelecer ordem. É clássico na psiquiatria, para o diagnóstico diferencial, perguntar: "que dia é hoje? Onde você está? Como é seu nome?". O desorientado não responde, e esse é um dos sintomas típicos da loucura. Comumente, quando não se sabe por que acontece o que acontece ou nem se imaginava ser possível saber, fala-se em alienação ou em inconsciência. Estar imerso na satisfação de desejos/necessidades esvazia, desumaniza, desorganiza, autorreferencia. São os pontos, os fragmentos humanos esperando seus polos de atração, esperando o que lhes vai dar consistência: do guru à Bíblia, ao príncipe encantado ou à princesa salvadora.

Organizar é determinar, discriminar (separar o joio do trigo). O processo organizativo só existe se for resultante do que está diante. Quando isso não ocorre, os critérios da organização são a priori ferramentas, redes usadas para conseguir o que se precisa.

O mundo fica "organizado" em termos do que vai fazer bem ou do que vai causar mal. Nesses casos não há organização, o que existe são esquemas prévios, funcionando como captadores, armazenadores. Organização é sempre intrínseca ao percebido e vivenciado, e quando extrínseca, não é organização, é regulamentação, produção de rótulos e categorias.

O POETA, O ADIVINHO E O REI: DESCOBERTA, CRENÇA E CONSTATAÇÃO

Na Grécia Arcaica, o poeta (aedo), o adivinho e o rei justiceiro tinham o privilégio em comum de dispensadores da verdade pelo simples fato de possuírem qualidades que os distinguiam. É o que nos relata Marcel Detienne em seu livro *Mestres da Verdade na Grécia Arcaica*:

> O poeta, o vidente e o rei compartilham de um mesmo tipo de discurso. Graças ao poder religioso da Memória, Mnemosyne, o poeta e o adivinho têm acesso direto ao além, enxergam o invisível, enunciam 'o que foi, o que é, o que será'. Dotado desse saber inspirado, o poeta celebra, com sua palavra cantada, os feitos e as ações humanas, que assim, entram no esplendor e na luz e recebem força vital e plenitude do ser. De modo homólogo, o discurso do rei, baseado em procedimentos ordálicos, possui uma virtude oracular; realiza a justiça; instaura a ordem do direito sem prova nem inquérito. [46]

---

[46]   Detienne, Marcel. *Mestres da verdade na Grécia arcaica*. São Paulo: WMF Martins Fontes, 2013.

É interessante notar que os personagens escolhidos como dispensadores da verdade podem ser resumidos em características como: sensibilidade, para o poeta (sensibilidade é a percepção do dado relacional direto sem entraves para utilização receptiva dos mesmos); ampliação do percebido segundo padrões rituais e xamânicos, para o adivinho (incorporação dos dados e vivências às malhas estabelecidas para extrapolação do percebido) e distribuição, a repartição do percebido segundo critérios de direito, acerto e propriedade a fim de contemplar com justiça seus súditos, para o rei.

O que é verdade e o que é verdadeiro é preocupação constante desde a Grécia Antiga, e substituir verdade por realidade, objetividade e a isso contrapor ilusão, delírio, subjetividade é um processo que observamos ao longo dos séculos e dos milênios. Os critérios de afirmação, de distinção entre o que é vivo e o que é denso, o querer saber se a pedra que ocupa um lugar no espaço respira, é uma pergunta que nos atinge quando crianças e que continua dominando os povos inuit, por exemplo. Frequência e ocorrência transformam o banal em raro. Pedras nas geleiras esquimós, flocos no deserto são achados fantasmagóricos. Xamãs são chamados a explicá-los. Algumas tribos nômades mantêm essas raridades transformadas em amuletos, em referências indicadoras de eventos raros.

Verdadeiro é o que é lembrado, capturado, é o que não é esquecido. Desde os gregos, a oposição entre memória e esquecimento garantia a polaridade explicadora dos fenômenos. Passar pelo rio Léthe é esquecer tudo que foi vivido, é nascer em branco para outra vida, é também esquecer verdades conhecidas; daí podemos entender a importância do adivinho como dispensador de verdade, ele faz a passagem, vai e volta, não fica do outro lado, não esquece, traz informação, ele tem as ligações, ele vai além do dado, ele conhece a verdade e todo o seu processo. Esquecer é desconectar-se e descontextualizar-se. Essa perda do processo indica as fragmentações responsáveis pela não continuidade causadora da ideia de que tudo começa aqui, neste momento, sem perceber que as interseções traduzem processos que cobram vastas explicações, paisagens que se desdobram e revelam a verdade. Não foi à toa que Heidegger disse que verdade — Alétheya — é desvelamento. O rei justiceiro, que detinha os códigos e as leis, podia abranger o dado — o que ocorre enquanto processo — e ainda, ao apreender essa sequência por meio de narrativas ou histórias explicativas cheias de verdade, ele estabelece os critérios da justiça. O poeta (aedo), o adivinho e o rei, ou seja, a descoberta (insight), a crença e a constatação são intrínsecas ao que é verdadeiro. Essa densidade relacional configura inúmeras variáveis, explicitando, assim, verdades e mentiras.

É interessante salientar que verdade e engano, verdade e mentira sempre andam juntas no pensamento grego arcaico, pois é na estrutura, na ordem do discurso, na fala, na linguagem que as vivências e regras são comunicadas, expressas ou escondidas. Quase que os gregos diziam que o engano mora na verdade quando afirmavam que os deuses conhecem a "verdade", mas também sabem enganar com aparências e palavras. Aparências são armadilhas montadas para os homens. As palavras dos deuses são sempre enigmáticas, ocultam tanto quanto revelam: o oráculo "mostra-se através de um véu, assim como a jovem recém-casada", como explica Detienne, e continua:

> [...] à ambiguidade do modo divino corresponde a dualidade do humano; há homens que reconhecem o aspecto dos deuses sob as aparências mais desconcertantes, que sabem ouvir o sentido oculto das palavras, e também há todos os outros que se deixam levar pelo disfarce, que caem na cilada do enigma. [47]

---

47   *Ibid.*

Em outras palavras, a memória engana, distorções se impõem e a demagogia, o "dividir para governar", a manipulação de fatos, dados, mentes e leis são constantes. Perde-se poetas, adivinhos e reis justiceiros, desaparecem seus guardiões e a verdade é uma bolha de sabão que desliza sobre nós e que, quando a tentamos deter, desaparece.

Ser inteiro, ser poeta, adivinho e rei justo é vivenciado por meio da autonomia; é o que estabelece verdade, o que exila a divisão e permite descobrir, acreditar e determinar o que fazer consigo mesmo e com os outros, neste estar aí com o outro, assim, diante de si e do outro. É verdade, é poesia, é mágico, é lei, é consistência.

POR QUE SE ACREDITA?

A crença, a confiança são estabelecidas pelo encontro, pela participação e vivência. Crença é sempre uma resultante. Entretanto, quando seres humanos se reduzem a sobreviventes desesperados, a crença e a confiança passam a existir como farol, guia e orientação, como uma maneira de suportar as consideradas agruras da vida. Tem sido assim desde as sociedades tribais, nas quais o homem precisa de alguém que o oriente, como os pajés, os adivinhos, os sacerdotes, até mesmo os totens e os tabus, e esse tem sido o caminho da horda. Nas sociedades complexas são implementados novos objetivos, metas e propósitos. O querer ir além, conquistar, enriquecer, ser imortal leva à busca de guias e amuletos, e ainda: leva a acreditar que a crença é o que ajuda e salva.

Superstições, religiões, ambições criam castelos e igrejas. Esse processo esvazia o exercício das possibilidades humanas, desde que confina o ser humano à busca de soluções e resultados. A própria crença, a própria fé é destruída ao se tornar extrínseca. Perder a confiança em si mesmo, na vida e no outro é a base para o estabelecimento de crenças, e nesse sentido o caráter confortante e solidário da religião e de instituições de apoio e ajuda estruturam alienação. Buscar salvação e eternização esvazia. Não estar feliz e satisfeito por estar vivo indica sempre não aceitação da vida, e esse processo é uma problemática que deve ser equacionada e tratada em vez de camuflada por crenças alienadoras. A ambição, a raiva e a inveja são crenças destruidoras. É o olhar para cima, jogar para diante, comparar com o que está do lado, ter raiva do que percebe, é tudo isso que desumaniza, que transforma o ser humano em um sobrevivente buscador de dias melhores.

DESEJO E MAGIA: SARAH BERNHARDT E HOUDINI

Diante de certas situações que acontecem, nada pode ser feito: morte e perdas, por exemplo. É muito difícil aceitar o que nos lesiona ou nos destrói (só sabemos do que nos destrói, do que nos mata, por antecipação), assim como é difícil aceitar o que pode destruir outros, amados e considerados, que conosco convivem. Tragédias e acidentes existem e deixam resíduos na mente, corpo e coração. É a condição humana, são os percalços da trajetória do ser no mundo. Atitudes diversas podem ser tomadas em relação a essa realidade. Podemos aceitar o irremediável, a impotência ou viver sempre na expectativa de que alguma mágica, algum decreto, alguma intervenção divina possa mudar tudo. A superstição, tanto quanto acreditar no impossível, são maneiras de mascarar o inevitável, adiando assim o desespero, mas antecipando a insegurança. Essa atitude mágica transforma o desejo — o que se quer — em possibilidade e se imagina alguém capaz de atendê-lo (Lacan, no conceito do *sujeito suposto saber*, comenta essa questão). A melhor maneira de entender os deslocamentos mágicos é por meio do conceito de não aceitação da realidade, de não aceitação da impotência frente ao que acontece.

Outro dia li que, quando Houdini, o mágico, em turnê nos Estados Unidos, estava fazendo uma demonstração em Nova York, a atriz Sarah Bernhardt — naquele momento uma das atrizes mais famosas do mundo (1916) — foi assisti-lo. À época, Sarah Bernhardt já estava sem uma perna (tinha sido amputada devido a um acidente durante uma apresentação de teatro no Rio de Janeiro). A atriz ficou tão maravilhada com as mágicas feitas por Houdini, com o impossível atingido e realizado que, em um grito de desejo mágico, pediu: "Sr. Houdini, quero a minha perna de volta! Por favor, faça isto". Em entrevista a jornalistas, Houdini confirmou a conversa que teve com ela, acrescentando: "*She honestly thought I was superhuman*".[48] Esse acontecimento deixa clara a ligação entre desejo e magia, isto é, a atitude de onipotência gerada pela transformação do que ocorre em função de ideias fixas a atingir.

A não aceitação da realidade leva à não aceitação como pessoa, como ser social, surgindo, assim, omissão frente às demandas (não vivência do presente). Dessa não aceitação surgem falta de iniciativa, medo, estabelecimento de metas, ilusões de mudança, enfim, não aceitação do sentimento de incapacidade frente às situações presentes que ultrapassam as condições de ação. A não aceitação da impotência e não aceitação dos limites que impossibilitam enseja sonhos de transformações mágicas e gera expectativas que, por mais flutuantes que sejam, passam a se constituir em apoio, criando atitudes onipotentes — da fé fervorosa às obstinações irremovíveis. A onipotência é sempre um deslocamento da impotência — dentro de uma visão relacional, não dualista. A onipotência cria percepções mágicas e estabelece "supostos saberes" que tudo podem resolver, gerando mais expectativa, mais medo, mais dependência. As clássicas soluções para impotência do oprimido por meio de rezas e ebós (trabalhos

---

[48] "Ela realmente pensava que eu era sobre-humano."

para as divindades africanas) são formas mágicas, deslocamentos da impotência, que criam referenciais de onipotência: magia, onde tudo pode acontecer. O desejo é o tapete mágico que leva a outros universos, sincroniza referenciais em função das próprias dificuldades e carências. Esperar o salvador da pátria, o príncipe encantado, pode ser a dedicação de uma vida que, assim devotada e enclausurada, nada percebe do que existe à sua volta. Essa atitude estabelece estruturas propícias a todos os níveis de engodos e mentiras, de crenças e esperanças.

IMPROBABILIDADES QUE SE REALIZAM: CERTEZAS DELIRANTES

Quebrar certezas é o que sempre acontece quando se confronta a realidade não presumida, não aceita. Interpretações e delírios exemplificam satisfatoriamente essa questão. Imaginar um perseguidor e a ele reagir faz, frequentemente, esbarrar em moinhos de vento, quimeras que mostram o vazio das crenças, seus despropósitos. Estar se sentindo perseguido por alguém e começar a jogar pedras ou a disparar tiros pode criar assassinos que outra coisa não faziam que realizar seus delírios. Esses exemplos extremos configuram ampliações exageradas de situações. Se recuarmos um pouco vamos ver que as confabulações em torno de se sentir traído, enganado podem causar vinganças extremas. Matar alguém achando que se defende, que se realizam legítimos direitos é um autorreferenciamento delirante. Essas vivências ocasionam pareceres legais, tanto quanto reforçam as molduras autorreferenciadas.

Situações raras ocasionam compreensão e desculpas dos familiares das vítimas. Abranger, entender e desculpar processos que destruíram pessoas e situações é despontualizar ocorrências. Esta magia, quase acrobacia, só é possível por meio da percepção do outro, de sua entrega, certeza e medo. Professores, médicos e juízes às vezes conseguem isso quando se detêm nos fatos incriminadores ou absolvedores. Na literatura, em *Os miseráveis*, temos o abade perdoando Jean Valjean. No cinema, em *O gênio e o louco* [*The Professor and the Mad Man*], temos o grande encontro amoroso da viúva e do assassino delirante de seu marido. Perceber o outro, resgatá-lo da lama movediça ou cipós embaralhados em que se encontra é bastante improvável, pois ele desaparece, não pode ser percebido, está engolido pelo que o esconde e o faz desaparecer.

Para os que são vítimas dos próprios atos é sempre impossível e improvável ser aceito, ser perdoado, aceitar-se, perdoar-se. Quando isso acontece, é aceito e perdoado por outros, um torvelinho surge, acontece, é quase um tsunami que tudo consome e destrói. Nas vivências de culpa nas quais a impotência está coberta, neutralizada, o ser perdoado extingue a culpa e deixa surgir a impotência diante do outro, de si e do mundo. É um processo aterrador, deixa o indivíduo em carne viva, exposto, sem ter onde se apoiar. Sentir-se impotente, descoberto, sem camuflagem, sem justificativas, sem desculpas equivale a uma quebra de regras e padrões que permitem o mínimo de adequação e sobrevivência. Vulnerável, sozinho e desamparado, o sentir-se sem condição cria imensa impossibilidade, desde a de conviver com o outro e consigo mesmo até a de desistir. Os processos de culpa, o sentir-se culpado era sua proteção. Desprovido desse deslocamento, ele encontra o medo, a omissão, a falta de condição de estar no mundo com os outros. São inúmeros exemplos cotidianos, como a mãe culpada por ter um amante, que se flagrada e absolvida pelo marido, se sente tola e imprestável, sem direitos. Ser perdoada é ser destruída nesse caso, pois se romperam, se quebraram as proteções, aquilo que cobria sua impotência, a culpa.

A culpa é protetora, ela endurece, ela enternece, faz tudo ser reeditado, permite novas maneiras de salvar os outros e a si mesmo, tanto quanto cria obstáculos e perseguidores que castigam, que punem. A culpa, quando questionada, leva à constatação da impotência diante de si, dos outros, da vida. Estar impedido, ilhado, sozinho é, nos casos de não aceitação, nas situações de distúrbios neuróticos, uma pseudossolução para dificuldades e culpas. Em certas situações, por pressões, descobrir que o impossível se torna real, se torna possível, é uma quebra de certezas que atordoa, tira o apoio, deixa sem caminhos, sem perspectivas. Descobrir o que estabelece as certezas, o que estabelece as culpas é a única maneira de ser resgatado dos turbilhões desumanizadores.

COMUNICAR É REMEDIAR: "A LINGUAGEM É PERIGOSA"

Freud, Nietzsche, Barthes e tantos outros viam a linguagem como algo perigoso. O ato falho, a transvaloração dos valores, a semiótica, enfim, os significados que seguem, pulam e espirram do falado deixam claro o perigo que existe na linguagem como expressão do que se deseja comunicar.

Comunicar é expressar. Comunicação pode ter dois aspectos: configuração expressiva do que se vivencia ou artefato criado para veicular o que não se consegue expressar, seja pela distância física, seja pelos parâmetros estabelecidos para comunicação. No segundo caso — como artefato —, comunicação é a roupagem, consequentemente é esconderijo do que precisa ser revelado. Comunicar é também neutralizar distâncias, mesmo que delas se utilizando. A neutralização de impedimentos requer construções, gera projetos, intenções. Expressar o que se vivencia é reproduzir pensamentos e percepções por meio da linguagem (gestos, desenhos, pinturas, falas e escritos). Toda reprodução é uma cópia, tanto quanto originais podem ser idênticos ao copiado. O que os diferencia escapa à sua expressão.

Quando Heráclito fala que tudo é a realização de contrários e pensa no movimento de atirar com arco e flecha, no qual o movimento para trás era o que permitia a propulsão da flecha, ele fala da direção buscada como contrária ao movimento realizado. O movimento para trás, apoio no arco, é o que permite o disparo: o movimento da flecha. Quanto maior a oposição, maior a realização, ou ainda, quanto maior a organização do que é expresso através das palavras, por exemplo, maior a coerência delas. A comunicação é sempre engendrada, porém é preciso lembrar que engendrar, construir é disparar, fazer surgir. Devido às variáveis intervenientes que permitem expressá-lo, nem sempre o espontâneo é o legítimo. Vivenciar a intimidade, o encontro com o que está diante dispensa representações, dispensa explicações, não tem distância a ser preenchida, é percebido sem prolongamentos de pensamentos, sem palavras, sem desenhos e gestos.

Quando a comunicação se refere ao que já passou ou ao que se imagina poder acontecer, a memória — a volta para o passado — gera o devir expresso na comunicação. Nesse sentido, a comunicação é sempre denotativa. Por isso ela se torna perigosa, enganosa e demagógica. Relacionada ao presente, ela é descritiva, pleonástica, ultrapassa sua função denotativa. Ser onomatopaica lhe confere a dimensão de expressão instantânea de vivência, e é a partir disso que se constrói como sinal, signos referenciados, e assim a Babel está criada, seja no universo das línguas, seja na escala individualizada das expressões vivenciais significativas.

Ao apreender e descrever os significados do pensamento — prolongamento das percepções —, são possibilitados resgastes vivenciais para que as narrativas, as histórias sejam compartilhadas. Assim, comunicar é criar parâmetros, conceitos e contextos que possibilitem encontros ou escondam desencontros. As narrativas são verdadeiras quanto mais mentiras sejam neutralizadas, quanto mais se expressa e menos se comunica, no sentido de que elas são contadas independentemente de quem as ouve. Relatos são descrições ou relatos são instrumentos para atingir e cooptar o outro. Para comunicar é preciso estar integrado com o comunicado, quase transformar-se na comunicação. Só assim ela deixa de ser uma ponte, um artefato e passa a unir o separado, o distante. Nas artes, nas ciências e filosofias, quando conceitos e limites metodológicos são coerentemente estabelecidos e estruturados, quando pensamentos continuam percepções contextualizadas, quando existe integração entre o comunicador e o que ele expressa, a comunicação revela.

NÓ GÓRDIO

No centro da atual Turquia, próximo a Ankara, ficava a antiga cidade mais importante da Frígia: Gordion. Pouco se sabe da história da Frígia além dos mitos que envolvem seus reis Górdio e Midas. Em um desses mitos, a linhagem dos dois reis é contada a partir de Górdio, o camponês que virou rei. O antigo rei da Frígia não tinha herdeiros e, quando morreu, o Oráculo disse que o rei sucessor chegaria em um carro de bois. Quando um camponês, chamado Górdio, chegou à cidade em seu carro de bois, foi coroado rei, e em seguida colocou a sua carroça no templo de Zeus amarrada com um nó forte. Esse nó ficou famoso por ser muito difícil, até impossível de ser desatado, ficando conhecido como o nó górdio. Górdio teve apenas um filho, chamado Midas, que o sucedeu no trono, mas que, por sua vez, não teve filhos, não deixou sucessores. Consultando novamente o Oráculo, ficou estabelecido que quem conseguisse desatar o nó de Górdio seria o próximo rei e dominaria todo o mundo. Séculos se passaram sem que ninguém conseguisse desatá-lo, até que Alexandre, o Grande, passando pela Frígia e ouvindo essa história, foi examinar o instigante nó e, após estudá-lo, cortou-o com sua espada. Sabemos que Alexandre tornou-se imperador de toda a Ásia Menor.

A metáfora do nó górdio nos remete ao entendimento de que para resolver é preciso se deter no problema. Sempre que existe um problema, existe solução para ele, isso é infalível, é matemático.

Não perceber assim decorre de deslocamentos de não aceitação das próprias dificuldades e limites. O querer solução, achar um jeito, encontrar uma magia que resolva são cogitações que, quando exercidas, afastam as possibilidades de solução do problema. Às vezes a única maneira de desatar o nó é cortá-lo. Achar que o nó deve ser preservado, ou que as situações devem ser mantidas, é um dos ardis de deslocamentos da não aceitação da situação problemática. Alexandre, o Grande, ao cortar o nó górdio, desmonta uma tradição — a marca do coroamento de Górdio —, tanto quanto realiza a transformação do proposto ao sinonimizar cortar com desatar. Essa primeira mudança em relação aos parâmetros restritivos é o que permite a reconfiguração e a transformação do enigma, do problema. Foi necessário ir além do proposto para encontrar sua proposição básica. Essas mudanças, essas situações aparentemente mágicas que acontecem e possibilitam resolução dos problemas, dependem de iniciativa, determinação e coragem. É isso que desamarra o que fixa e mantém a problemática.

GENERALIZAÇÕES

Generalizações sempre levam a tipificações e classificações; as especificidades se perdem desde que as mesmas só servem para estabelecer padrões que são automaticamente transformados em genéricos definidores. Nesta circularidade, a tautologia se impõe e muitos preconceitos aparecem: "negro é trabalhador", "índio é preguiçoso", "alemães são metódicos", "brasileiros são alegres", "latinos são emotivos" etc.

Nas ciências e nas filosofias, generalizações são problematizadas, pensadas e repensadas e, ainda assim, propostas, mas é no senso comum e nos discursos políticos que as encontramos mais largamente utilizadas: vítimas e dominadores impõem uma série de genéricos embaçadores da distinção e clareza sobre os acontecimentos. Afirmações como "os pobres são sempre vítimas, os ricos são algozes", "os judeus, os negros e as mulheres são sempre vítimas em questões conflitivas" e inúmeros outros exemplos são afirmações débeis e parciais que dificultam o entendimento e as ações ajustadas, gerando incertezas, complexidades e perda das especificidades. O resultado mais evidente dessas generalizações é o preconceito. A vítima de hoje pode ser o algoz de amanhã, tudo vai depender das condições estruturantes dos padrões estabelecidos — a história está cheia desses exemplos demonstrativos da reversibilidade social e política, da alternância entre exploradores e explorados. Militantes e alienados são vítimas, tanto quanto são agentes da manutenção e propalação do que os massacra. As generalizações criam resumos (certezas) para enfrentar ambiguidades, funcionam como enquadramento necessário à sobrevivência, mas são danosos à globalização do que ocorre. Perceber os acontecimentos sem a priori, sem preconceitos, é a única maneira de vivenciar especificidades, individualidade fenomênica, relacional. Os resumos não necessariamente sintetizam ocorrências. O livre-arbítrio é outro exemplo, é uma generalização do ideal de liberdade manipulado pela Igreja como sinônimo de vontade, como se a vontade fosse desvinculada de qualquer posicionamento e contexto ou realidade social, econômica, psicológica, educacional.

Não existe livre-arbítrio, as escolhas dependem dos contextos, dos posicionamentos, dos questionamentos e compromissos. Só somos livres quando temos autonomia decorrente da ultrapassagem dos limites configuradores do nosso quintal/mundo. Generalizar é tentar domar o que escapa, tanto quanto explicar o que não conhece, o que não percebe.

PELE E ALMA: SELVAGERIA E CIVILIZAÇÃO

Somos os animais mais desenvolvidos na escala biológica e nosso objetivo maior ainda é sobreviver. O ciclo evolutivo nos deu adrenalina, córtex cerebral, músculos e inúmeras vantagens orgânicas para isso, assim como para a realização da função de alerta. Acontece que somos mais que isso, pois percebemos, refletimos e constatamos todo nosso processo, criando, assim, transcendência, ou seja, criando condição de ir além, de deter os movimentos desse ciclo e limites orgânicos. Por isso vencemos o mar construindo navios, vencemos o ar construindo aviões, vencemos o espaço e tempo escrevendo, simbolizando, condensando e ampliando. Tudo isso é ir além do próprio organismo, da própria sobrevivência, ou tudo isso pode se voltar para o organismo ou para a sobrevivência. Quanto mais acumulamos enquanto máquina sobrevivente, mais salvamos nossa pele e perdemos nossa alma, nossa humanidade, chegando às vezes a não exercê-la, a sequer conhecê-la. Frequentemente nos encontramos em encruzilhadas, em situações nas quais salvamos nossa pele ou salvamos nossa alma. São várias as situações cotidianas nas quais nos omitimos ou participamos em função de conseguir ou manter vantagens: fingimos não ver o assédio ou denunciamos? Mantemos conivência com o suborno ou o rejeitamos? Constatamos a traição ou fazemos de conta que nada aconteceu? De tanto isso ocorrer, são automatizados avisos, sirenes para salvar a pele, o que cada vez mais acarreta diminuição de humanidade. Viver em função da sobrevivência, do ganho, da meta, do futuro é uma maneira de acumular frustração. Esse não se deter no que ocorre esvazia as possibilidades de transformação, esvazia os questionamentos e neutraliza antíteses, quebrando a dialética, o movimento que nos permitiria ir além dos próprios limites dos círculos sobreviventes. Esse esvaziamento transforma nossa possibilidade de transcender em um agarrar de crenças, de deuses que vão nos resgatar, nos ajudar no futuro, mesmo que ocorra no post mortem. A vida para depois é um estado de selvageria que se opõe a qualquer polimento humanitário.

Ir além do círculo que nos limita, situa e define é ultrapassar medidas, regras e paisagens. Essas ultrapassagens sempre possibilitam descobertas. O novo é o inesperado, a antítese que amplia e transcende referenciais conhecidos. Quebrar a rotina e criar novos ritmos estabelece novos compassos. É transcender, é civilizar, é descobrir novas dimensões para realizar humanidade. Novos parâmetros e descobertas às vezes arranham peles e modificam aparências, mas ampliam horizontes pelos quais liberdade, clareza e evidências dão novo sentido ao sobreviver. Não mais se pensa em manter e cuidar, e sim em participar e integrar. Harmonia surge em lugar de repetição. Não há o que salvar, pois não há o que perder. A vida é continuidade e isso é instantâneo quando não represado pelo medo e pelas conveniências da sobrevivência.

A IGNORÂNCIA É UM SISTEMA

Podemos pensar em ignorância e em ignorante como sinônimos de não conhecimento e daquele que não conhece. Nesse sentido, ignorância significa não perceber. Frequentemente, a palavra ignorante é usada para quem não foi ensinado, não aprendeu, daí o ignorante ser também sinônimo de estúpido e grosseiro. Quando a questão é assim colocada, é clara a necessidade de ensino, de escola, de educação para mudar, neutralizar e transformar o estado de ignorância e os seus detentores: os ignorantes.

A situação não é tão simples, envolve outras dimensões, envolve várias camadas que configuram uma rede, um sistema a partir do qual são estruturados e mantidos os ignorantes e a ignorância. Perceber o que ocorre enquanto evidência implica em estar diante de. Nem sempre a dimensão presente é mantida, é vivenciada enquanto presente. A vivência do presente enquanto tal supõe o presente (Figura) estruturado no presente (Fundo). Se há alteração, se o presente é vivenciado em outros contextos — experiências anteriores (passado) ou expectativas (futuro) —, as distorções, a não percepção do que ocorre enquanto está ocorrendo, se instala. Assim, o percebido não é o que está diante do indivíduo enquanto situação dada que está acontecendo. A situação é filtrada por outros referenciais. São os preconceitos, as informações prévias, as avaliações do que deve, ou não, ser considerado. Isso cria zonas de sombras, formas obscurecidas que impedem o conhecimento do que está se evidenciando. Desse modo, o que se percebe, o que se conhece é o que se pode ou está habituado a perceber, a conhecer, enfim, a percepção, o conhecimento é automatizado em função dos referenciais que o estruturam. Não se conhece, não se percebe o que ocorre, a zona de desconhecimento é total, a ignorância impera, é sistêmica.

Escola, ensino, campanhas para superar medos, fobias e preconceitos pouco significam enquanto mudança do processo comportamental e perceptivo, pois só atingem indivíduos quando criam outras convergências responsáveis por novos entendimentos, por novas percepções. Ao serem atingidos por essas convergências que significam novas maneiras de perceber, de conhecer, os indivíduos mudam o entendimento, mudam a percepção, mas isso é feito em contextos de não disponibilidade. São esses comprometimentos que, apesar de propiciar aparente erradicação do não conhecimento ou da ignorância, mais a mantém, pois ela continua a ser o ponto de convergência das cogitações. Preconceitos, zonas sombrias não são superadas por gambiarras artificiais. As iluminações têm que ser propiciadas pela retirada dos anteparos que as estrangulam e obscurecem. Saber que é ilegal exercer determinado comportamento não é suficiente para transformar o referido comportamento; é necessário que outra motivação surja, e, para tanto, a convivência, a disponibilidade, o perceber o outro, o mundo e a si mesmo de forma nova é esclarecedor e definidor de mudança, de erradicação da ignorância. É preciso outra situação para iniciar a antítese ao sistema da ignorância. Não basta ensinar, tampouco aprender, é necessário perceber as configurações completas, totais, do que é dado, do que está ocorrendo. Cogitações, posições, interesses criam confluência alienadora, egoísta, que não permite perceber o que se dá enquanto dado, mas sim como configuração relacional em função dos próprios interesses e motivações.

Questionamento constante traz clareza. Essa luz, esse esclarecimento, é o que vai iluminar, abranger, permitir a destituição, a desconstrução dos pontos responsáveis pelo não conhecimento, pela não percepção, pela ignorância do dado. Os Vedas — escrituras hindus associadas à filosofia e à religião — falam em *viveka*, isto é, a distinção de dados, a retirada de aderências, de aparências conotativas e até mesmo denotativas, que embaralham o conhecimento. A referência védica é ao conhecimento superior, divino, mas o interessante nos Vedas é a admissão de aderências, de anexos que só fazem dificultar o encontro com a divindade. Pouco significa a fé, o esforço na penitência ou sacrifício, o fundamental é o discernimento — *viveka*. Como discernir em entremeados pântanos, mangues de aposições e sobreposições? Como perceber o completo, a totalidade, em meio a misturas e incompletudes? Detendo-se no que se dá, no que se vê, percebendo e, assim, questionando as zonas de sombras criadas por autorreferenciamento, desejos, torcidas e empenhos.

A ignorância é um sistema que subverte os sistemas responsáveis por lucidez e clareza acerca dos processos. Para o ignorante, as percepções são significadas em função da densidade do que ocorre, ou seja, em função de suas necessidades básicas. Tudo que é relacional, sutil, que implica em configuração é transformado em cenário apenas percebido em função de narrativas, de outras histórias, outras configurações diversas do que está ocorrendo. Quando esclarecimento e ignorância convivem juntos no mesmo indivíduo é possível, pelo questionamento, pela antítese, atingir síntese, mudança. Entretanto, na maioria das vezes a ignorância reina sozinha, ou ocupa, se pudéssemos quantificar, 80% a 90% das percepções e motivações individuais, daí estar em amplo processo de proliferação, nada a detém, pois não existe antítese. Indivíduos ignorantes, tomados pela ignorância, pelo conhecimento do denso, do necessário, não percebem implicações. O imediatismo e o medo organizam suas demandas e vivências. Em situações de crise, de caos, falta lucidez, falta conhecimento, resta ignorância, restam ignorantes que tudo fazem para se desvencilhar do novo, frequentemente vivenciado como enigma e ameaça. Ignorância é um sistema que só pode ser desmantelado quando existe questionamento. Esse questionamento é atingido pela ampliação dos horizontes perceptivos por meio de suas implicações. Quando se percebe que nada permanece onde está, que o movimento é constante, que tudo flui, que tudo é um processo — dinâmica inexorável —, começam a surgir novas percepções, novas atitudes, mudanças. Mudar paradigmas, questionar regras, ampliar os espaços do estar, do conviver, traz luz, novas dimensões e direções. Surgem arestas que podem ser configuradas. Imbricações desmanteladas e aderências, apêndices antes visualizados como estruturas fundamentais são abandonados, transformados.

Pela ignorância são mantidos todos os sistemas alienantes do humano, pois neles residem os alimentadores da submissão, neles também encontramos o ópio que enfraquece o entendimento, neles se esconde o que se supõe abrigar e defender mitos necessários para a própria manutenção dos sistemas, às vezes significados como regras familiares e sociais. E pela lucidez o sistema da ignorância é mudado, assim como pela liberdade e percepções que ampliam horizontes, neutralizando posicionamentos dogmáticos e preconceituosos.

INTELIGÊNCIA: FERRAMENTA OU HABILIDADE?

A velha questão dualista sobre inato e adquirido sempre foi um fantasma dentro das abordagens psicológicas. Ela nada explica, mas persiste, criando círculos viciosos, tautologias responsáveis por opiniões, teses, criação de escolas e saberes corporativos. Humanos e animais — seres no mundo — percebem, decidem, agem. O processo perceptivo é comum a ambos, embora restrito aos humanos quando se trata de constatação da constatação, percepção das próprias percepções. Os animais constatam, percebem que percebem, mas não têm estrutura neurológica apta a armazenar e relacionar essas constatações, percepção de percepções. Eles não dispõem de abstrações significativas e conceituais como os humanos.

Inteligência é insight, apreensão súbita de relações, implicando em constatação de contradições, reconhecimento e continuidade perceptiva. Essa percepção do insinuado é possível graças à reversibilidade entre Figura e Fundo possibilitadora de closura. Comumente, inteligência é sinonimizada com esperteza, treinamento educacional, expressão cultural. Nesse sentido ela é avaliada como um bem adquirido, uma ferramenta útil à sobrevivência. Outros pensam que ela é uma habilidade, um dom que se traz, graças aos genes ou às experiências de vidas passadas, por exemplo.

Eu afirmo que inteligência é reestruturação de campo, transformação e ampliação do dado a perceber em paisagem, referência para novas percepções — destaques. Diante da própria coisa, do fenômeno, do que aparece e se evidencia, encontramos inúmeros caminhos de continuidade — nada se esgota em si mesmo —, tudo possibilita algo desde que não se limite a circunstâncias e necessidades, desde que se ultrapassem as necessidades. Querer, por exemplo, em uma emergência, abrir um armário de remédios sem a chave produz impasses ou criatividade, tudo vai depender da inteligência, da transcendência dos limites postos, da manutenção dos limites apostos e situações contraditórias opostas. O definidor da inteligência é mobilidade, não fixidez, não rigidez. Quanto maior a flexibilidade, mais frequente será o comportamento inteligente (é a apreensão da contradição que unifica).

Não pensar, não lembrar, se deter no que está diante, no percebido, é a vara de salto que possibilita comportamento criativo, inteligência. Situações-limites podem produzir comportamentos inteligentes, bastante diferentes dos típicos de toda uma vida. A confluência de resultados é polarizante, tanto como obstáculo quanto como criação de outras percepções. Percepções novas e por isso mesmo inteligentes.

SUPERSTIÇÃO

Não apreender as relações configurativas dos processos e não querer sofrer suas consequências gera comportamentos medrosos e ansiosos. Esse medo e ansiedade são locais desejados e perfeitos para aninhar, congelar e manter superstição. Bater na mesa e a luz acender faz com que alguém que assista algumas vezes a esse acontecimento passe a pensar que o bater na mesa fez a luz acender, sem sequer pensar em como isso acontece. Se aparece alguém que, ao ver o acontecimento, se pergunta como isso acontece, tal pessoa fica sabendo ou supõe que existe um interruptor, um mecanismo na mesa responsável pelo acender da luz. Essa suposição pode parecer correta, mas pode não o ser, pois é apenas parte da explicação de por que a luz acende. Bater na mesa pode ser o som que avisa alguém a disparar o acender da luz ou, ainda, pode ser o mecanismo que aciona outro mecanismo que faz a luz acender.

Regularidade e frequência não determinam o que acontece, já dizia Kurt Lewin ao criticar as explicações do que ele chamava Teoria de Classe. Na visão de classe, os conceitos são elaborados — como eram na física de Aristóteles — por meio da regularidade tomada no sentido da frequência dos acontecimentos (Teoria de Classe) nos quais a classe arbitrariamente definida se transforma na característica do objeto, do fenômeno que se quer explicar. Na visão de campo (Teoria de Campo), os conceitos são elaborados pela visão unitária da totalidade do universo — como na física de Galileu —, e regularidade e frequência não fundamentam o determinado, ou ainda: "por um fato ocorrer mil vezes não quer dizer que, necessariamente, ele ocorra a milésima primeira vez". São clássicas as explicações aristotélicas por meio de tipos e categorias. Sem conhecer a Lei da Gravidade, ele dizia que a pedra jogada no espaço voltava à Terra pela sua natureza terrena, e a folha flutuava pela sua natureza celeste, por exemplo. Mais tarde esses mesmos fenômenos são explicados pela Lei da Gravidade e assim classes e tipos desaparecem. Encontramos presença preponderante da Teoria de Classe nas explicações freudianas: é próprio da criança, pela natureza humana, pelo seu apego à mãe, nutrir ambivalências e até mesmo ódio em relação ao pai (complexo de Édipo).

De tanto implorar, rezar e pedir, as pessoas acreditam e esperam cura, tranquilidade e solução de problemas. É uma atitude supersticiosa, desde que se considera que o fenômeno A foi causado pelo fenômeno B, que, por sua vez, decorreu da intervenção de C, ou seja: A = necessidade satisfeita que foi causada pela intervenção de divindades (variável B), que, por sua vez, decorre de compromissos, das promessas configuradoras da variável C. Respirar fundo e tudo ficar bem, fechar os olhos e a tranquilidade chegar, concentrar no *japamala*, segurar o patuá, beijar o rosário e a cruz protetora e se acalmar, tudo isso são senhas, superstições, e assim, quando esse indivíduo se pergunta por que tudo isso acontece, conclui que é por ser perdoado, ser merecedor. O autorreferenciamento, o desejo, a expectativa são os constituintes que tudo movimentam nesse quadro de desejo, frustração e ansiedade expectante. A autonomia é corroída, a impotência é transformada em onipotência que tudo consegue desde que acredite, prometa e cumpra as suas promessas. O desenvolvimento desse processo cria medo, omissão, nada enfrentar e esperar que tudo seja resolvido pela providência divina, ou ainda, em outras esferas, é o que se consegue com os padrinhos, as carteiradas, as compras de direito e imunidade, e, nesse último caso, a autonomia se esvai na crença e compromisso com o poder, amigos, dinheiro, resultando também em deprimidos e pervertidos.

ERRO TRÁGICO E PERIPÉCIAS

Tudo que é avaliado, medido implica sempre em erro ou acerto. Certas situações são tão óbvias que delas só deveriam resultar acertos, mas, mesmo quando se tenta "agir corretamente", sem questionamentos e sem globalizações, se incorre em erro, que em alguns casos pode ser um erro trágico. Shakespeare, em *Rei Lear*, retrata magistralmente o erro do soberano ao trabalhar com o óbvio e o evidente. Obviedade e evidência são recortes que tornam parcial o existente, recortes integrados nas estruturas das próprias avaliações (autorreferenciamento). O que se destaca só é globalizado quando percebido em função de seus dados estruturais (presente percebido no contexto do presente). O Rei Lear achava que duas de suas filhas expressavam amor filial quando escolheram o que queriam na divisão de seu reino, e a outra filha, Cordélia, expressava desconsideração quando apenas se propôs a receber o que a ela se destinasse, afirmando que o amava "como corresponde a uma filha, nada mais, nada menos". Irritado com essa resposta de Cordélia, ele a deserda, a expulsa do reino e o divide com suas duas outras filhas bajuladoras. Essa atitude do Rei Lear foi um erro trágico, que encheu de solidão e sofrimento a sua velhice.

Todo erro trágico, já diziam os gregos, acarreta peripécias. As lutas e conflitos muito encontradiços na esfera familiar decorrem de erros trágicos, como, por exemplo: casar com alguém pelo fato do mesmo ter tudo que se precisa, e, logo após o casamento, descobrir a falência econômica do escolhido, ou escolher ser advogado pela conveniência das inserções familiares na esfera do judiciário e do poder e ser surpreendido pela instalação de uma ditadura que suspende todo o poder judicial, aprisionando seus titulares, ou querer ser médico para curar as doenças maternas e descobrir que a mãe está a morrer pelo excesso de trabalho necessário ao financiamento de seus estudos médicos.

Garantir segurança pelo exílio do que denuncia ou mostra o erro é trágico, produz caminhos infinitos, peripécias indignas, valores significativamente transformados em moedas de negociação, como aconteceu com Rei Lear. A tragédia não é o erro, a tragédia é a conclusão equivocada resultante de parâmetros e carência deslocada, de conflitos não questionados que a determinaram. Geralmente, depois das peripécias a verdade aparece e o erro é superado pela constatação do que o ocasionou. Sofrimento, arrependimento são as vivências, os castigos que resultam de querer salvar o impossível, negar o evidente, utilizar o outro.

A perda de autonomia é uma das decorrências que logo surge com o erro trágico, e é nessa cegueira que as caminhadas, as peripécias se desenrolam. Nesse difícil caminho podem ser construídos heróis, que ao se sentirem salvadores, incorrem em novos erros, acarretando novas peripécias, novos personagens. Podem também, ao se saberem heróis, questionar o que os engendrou, recuperando assim autonomia, equilíbrio, disponibilidade.

"TANTO PIOR PARA OS FATOS"

Não há o bem ou o mal, há todo um processo que configura acerto, erro, que explica a catastrófica queda do avião, por exemplo, ou o ruir das organizações políticas, a depressão, a debacle econômica.

O fato não traz em si sua lei, ele nada mais é que um epifenômeno, não muda em nada o processo. Entretanto, é a partir dos fatos que são estruturados novos processos, ou seja, o fato é o desabrochar de contradições que, quando colhidas e enfrentadas, estruturam outros processos, permitindo contradições e mudanças. Parcializar, se deter no fato é negar vida, é negar movimento. Mesmo a morte, fato irreversível na vida de um indivíduo, é um processo, está sempre esclarecendo ou apontando para inúmeras variáveis. A individualidade, a essência de cada indivíduo, sua história, afetos, desafetos não se esgotam na sua morte, embora a partir dela ele não mais signifique como processo, movimento, vida. Quando se explicam fenômenos e acontecimentos com conceituações causalistas, se somam os acontecimentos, são somas agregadas à tessitura deles. São justaposições, aposições, aderências, regras, tentando explicação.

"Tanto pior para os fatos", assim Hegel se referia à injunção dos processos, às dinâmicas, à dialética que, como uma torrente incontrolável, mudava, negava e ampliava o horizonte do factível, do ocorrido.

TRANQUILIDADE

Parar de se esforçar, aceitar o que está diante, mesmo que isso implique em dificuldade, em processo de transformação, é dinamizador. Só quando nos dedicamos ao que percebemos, ao que nos acompanha e situa é que podemos constatar satisfação ou insatisfação. Estar bem, estar mal decorrem dos significados que se percebe e se atribui ao que circunda. Uma cadeira que se usa diante de uma mesa, por exemplo, é um apoio, uma base para se sentar. Se quisermos deitar nela, passamos a gerar transformações incômodas, criadoras de dificuldades só contornadas por meio de muitos esforços. Deitar-se no chão — o que está diante — pode ser mais tranquilizador.

Dizer sim, dizer não, nada dizer são passos para tranquilidade ou intranquilidade. Tudo vai depender da configuração dos processos. Em situação de afirmação e validação pode caber admissão ou questionamento, dizer sim ou dizer não são atitudes que possibilitam antíteses, tranquilizam quando indicam continuidade e criam tensão quando abruptamente impedem que outros aspectos sejam visualizados. Transformar resultados em início é também uma dificuldade que imobiliza. Enfim, o fluir com o movimento é o se jogar para a tranquilidade, embora também se saiba que esse fluir às vezes necessita de artefatos como barcos ou tábuas, ou de habilidades como saber nadar.

O não querer definitivo quando se tem medo, ou não querer mudanças quando tudo se define, é atitude que limita e leva a pensar tranquilidade como permanência, como esforço para manter o conseguido, é não abrir mão do que se pensa ser segurança e garantia. No cotidiano dos consultórios terapêuticos é comum ouvirmos a queixa diária do não ter sucesso, do estar sozinho, do estar desanimado. Queixas e reclamações são, nesse contexto, sinônimos, tanto quanto são a transformação da terapia em busca de ajuda e apoio. Essa transformação intranquiliza, deixa o cliente diante de um balcão de buscas e demandas frustrantes. Quando tudo é visto como um empreendimento, é difícil perceber de outro modo o que propicia mudança, transformação, tranquilidade, aceitação de si, do outro e do mundo.

NORMATIZAR E NORMALIZAR

A frequência e incidência de determinados fatos e comportamentos criam valores sustentados pela persistência de suas ocorrências. Essa frequência, com o tempo (incidência de sua ocorrência), se reveste de significado, de valor. O frequente é o normal, é o constante, o encontradiço, o familiar e, consequentemente, é o diferente do estranho, do novo e até do ruim. Em geral as pessoas sinonimizam bem-estar com familiaridade, segurança com previsibilidade, organização com padronização e, assim, buscam ajuste, normatização. Criar medidas, criar escalas é uma maneira de neutralizar o qualitativo, tanto quanto dele se apossar ou ainda com ele se relacionar.

A incidência da violência, por exemplo, a normatiza, a transforma em constante presença no nosso dia a dia. Assaltos têm se tornado comuns, evita-se sair para passeios com bolsas, carteiras, relógios, joias e até mesmo com bijuterias. Não considerar a possibilidade da violência é uma inadequação, um alheamento que custa caro, muitas vezes custa a vida. Enganos, traições e mentiras também foram normatizadas, são adensamentos modais, são frequentes. Esperar o pior, o desleal e traiçoeiro, tornou-se normal em todas as esferas. Medo e desconfiança, dificuldade de entrega e de participação começam a preencher nossas ocupações e preocupações. Tensão, tédio e estresse surgem e, ao tornarem-se impeditivos, profissionais são procurados, suas avaliações e medidas fazem com que o indivíduo caia em alguma escala que determina o peso da sintomatologia: é um encontro fragmentador. Reduzido à quantidade, os sintomas são escalonados, desaparece o humano e surge o robô quantificado e tratável por meio de procedimentos-padrão. A medicalização subtrai o subjetivo ao transformar o sujeito em objeto normatizável pela ingestão de substâncias químicas que o aplacam, que o sedam e, assim, as camisas de força (do início do século XX) estão espalhadas, não é mais preciso estar internado em hospício para ser contido. As minorias desconsideradas e oprimidas, que agora têm voz e vez, saem das escalas restritivas e ampliam seu universo, mas ainda estão submetidas a normatizações para conseguir consideração.

Universos valorativos e maniqueístas precisam de limites, não importa se amplos ou restritos, mas transcender limites, ampliar universos, impedir quantificação do qualitativo é o que se impõe se quisermos dignidade e humanidade. Por isso, reflexão e questionamentos são fundamentais para que se possa dizer que ser livre é não ser quantificável, normalizável e normatizável. Não há sentido em classificar, em estabelecer interpretações e tipificações para o humano, em atribuir-lhe valores como o são, o doente, o louco, o rico, o pobre, o normal, o anormal. Somos seres no mundo em relação com outros seres, e o que nos define é o exercício de nossas possibilidades ou a submissão às nossas necessidades, mesmo que configuradas e legitimadas pela ordem geral vigente.

FRAGMENTAÇÕES E IMPEDIMENTOS:

SOCIEDADE E INDIVIDUALIDADE

INDIVÍDUO E SOCIEDADE

Metafórica e simplificadamente, a sociedade é a casa, o espaço que habitamos, que vivemos. Esse contexto nos suporta, nos abriga, tanto quanto sinaliza e indica — por meio de valências e significados relacionais — normas, valores e caminhos a percorrer e a evitar. Quanto mais aberta, transparente e verdadeira, no sentido de que o indicado é o indicado, mais consistente a possibilidade de posicionamentos, diálogo e questionamentos. Sociedades regidas por políticas ditatoriais ou sociedades que, sob o rótulo de democráticas, agem escondendo propostas absolutistas e escusas funcionam como ambientes escorregadios onde tudo é mantido em função dos dirigentes ou de propósitos açambarcadores de individualidade para pseudossoluções através de regras coletivas.

Viver com leis que garantam a democracia, a igualdade de todos — e não a sinonimização dessas leis com privilégios, com regras econômicas e religiosas ou com políticas dogmáticas — é o que permite diálogo, mudança, crescimento. A sociedade e a vida em grupo requerem regras, instituições, porta-vozes que estabelecem garantias explicitadas em direitos e deveres. Quando tudo isso é manipulado em função de interesses pessoais (poder, dinheiro) ou de políticas partidárias, se esfacela o sentido comunitário, o sentido societário. Tudo fica polarizado em função dos interesses de poucos, árbitros "democráticos" estabelecidos como reguladores dos outros. Os poderosos seguem e orientam a "massa", o povo. Essa nova configuração transforma nossa casa — a sociedade — em um galpão para abrigar pessoas e abrigar-se de intempéries. O poder se fragmenta, surgem os ajudantes, os capatazes, tanto quanto os alheios ao sistema, os marginais a ele. O bom abrigo vira o difícil, o aleatório esconderijo, mera camuflagem do bem e do mal. Assim, saber como se conduzir, o que evitar, onde encontrar apoio estabelece submissão e opressão, acentuando a artificialidade dos processos.

Cada vez mais dominados pelas regras de como sobreviver, como se safar de armadilhas, como se camuflar, como vender as aparências e suas montagens, como se pautar pelo mais valorizado, pelo mais importante, mais se estabelecem as guias e regras de sobrevivência pelas inserções sociais que orientam das roupas que se veste ao que se come, ao que vale a pena significar e o que pode ser utilizado como base transacional com os outros. A continuidade desse processo gera autômatos, prestidigitadores e espertos. E, assim, o social aniquila o individual, não mais o abriga.

"A MENTIRA SE TRANSFORMARÁ NA ORDEM MUNDIAL": KAFKA ANTECIPANDO A CONTEMPORANEIDADE

Kafka, visionário, profeticamente escreveu em *O Processo* (1925): "A mentira se transformará na ordem mundial". Em sua época, mentira era a resultante processual da necessidade de julgar, enganar, convergir comportamentos e mentes à ordem existente. Estávamos no período após a Primeira Guerra e nos pródromos do nazismo. A mentira era, assim, uma necessidade que supria o esvaziamento de critérios humanitários e personalizados com ilusões e generalizações, preconceitos construídos para validar explicações da fome e do desastre ocorridos. A avassaladora corrida antissemita, a exacerbação da caça às bruxas, a invenção de mentiras, de histórias nas quais homens viram vermes que devem ser destruídos pavimentaram os trilhos para os comboios destinados aos campos de extermínio.

Hoje em dia, com a continuidade das mentiras, foram criados outros universos, outras realidades, outros contextos, nos quais o que vale é o que não existe, é o possível e o provável. Nesse cenário, o fundamental é a venda de sonhos de segurança social, de empregos garantidos, de ajudas individuais que melhorem a performance laboral e garantam a autoestima ao vislumbrar possibilidades de realização de sonhos. É uma vida voltada para conquistas, empenhada em garantias futuras.

Mais que nunca é válida a máxima shakespeareana: "Somos dessa matéria de que os sonhos são feitos. E a nossa vida é circundada pelo sono".[49] É a vontade voltada para metas. Viver em função de resultados, preparar a segurança, tentar evitar doença — acreditando que pela regularidade de check-ups isso é garantido — é uma das mentiras oferecidas pela sociedade do medo e seus mercados cuidadores da saúde ou cuidadores do nosso corpo. Propósitos frustrados e esperanças despedaçadas são constantes na busca da independência social e econômica. Após as graduações universitárias, via de regra, o máximo que o sistema econômico permite é uma ampliação dos compromissos e dos deveres para sustentar os investimentos nos dias melhores. O trabalho dos dias, em nossa sociedade, está cada vez mais comprometido com possibilidades quiméricas e imposições mercadológicas. Essas imposições resultam de grandes mentiras. Cuidar da fome endêmica na África, por exemplo, é uma maneira de conseguir informações, caminhos para utilizar seus mananciais naturais, seus recursos minerais, sua matéria-prima. Mentir, escamotear, esconder é o que permite vencer, é o diferencial que faz vender "gato por lebre", é o que transforma o produto nocivo, letal à saúde, em grande coadjuvante para um corpo bem delineado, aparentemente saudável, embora passe a

---

[49] SHAKESPEARE, William. *A Tempestade*. Tradução de Geraldo Carneiro. Rio de Janeiro: Relume-Dumará, 1991.

abrigar órgãos comprometidos. Transformar tudo em produtos vendáveis é a solução encontrada pelo mercado. A luta por espaço para conseguir vender é constante. Alugar barrigas para gestação, por exemplo, conseguir ultrapassar as condições físicas, estendendo possibilidades infinitas para reprodução, tornou-se comum. Já se pode, aos sessenta anos, ser mãe saudável. É a verdade, mas é também a mentira que ajuda, que compromete, subvertendo possibilidades e ampliando necessidades antes não admitidas.

Pontualizar questões em função de focos desejantes é tornar demandas unilaterais, é impor novas regras diante de antigos limites que geralmente não dão mais suporte. Ser mãe aos sessenta anos é uma façanha, é lançar-se em uma experiência na qual o horizonte é amplo, mas os mapas, as bússolas, os sistemas de orientação estão comprometidos com rotas antigas, não estão atualizados ou, como se diz, as pernas não acompanham a necessidade de andar. Acima de tudo, o que está em jogo, o que se afirma é: "tudo é possível, todos os seus desejos podem se realizar, temos as soluções"... Basta pagar o preço, e não se cogita sobre significados e consequências.

No século XX mexeu-se muito com as propriedades e com os monopólios, foi um período caracterizado pela mudança das colônias para repúblicas independentes, garantidas por outros laços de dominação, não mais o domínio territorial, mas o domínio feito por regras comerciais. Agora, no século XXI, nossos corpos são como eram o campo e as terras conquistadas. Somos reféns da ideia de que podemos construí-lo em função do que pensamos ser desejo próprio, sem limites no que diz respeito às transformações. O que é humano não passa de um produto de novos empreendimentos para a indústria farmacêutica, para a indústria de beleza (cosméticos, vestuário, cirurgias): é o fitness.

Outro campo no qual identificamos mentiras é o cultural, o das artes. Tudo pode ser produzido em vídeo e assistido. A participação do homem está dispensada e seus ícones e sua representação são mais virais, atingem milhões de pessoas, lares, países, em um clicar de botão. Representar permite copiar, essa pasteurização do humano pouco a pouco o está substituindo por ciborgues, androides e robôs. Trabalha-se mais com a inteligência artificial do que com a inteligência. Os produzidos e fabricados se tornam símiles do que imitam, pretendem ser os verdadeiros, iguais ao originalmente imitado. Isso já aconteceu com o leite e o queijo pasteurizado, e essa *new wave* bate à porta de nosso coração, de nossos órgãos e os reproduz. A mentira de que tudo é igual, tudo pode ser imitado sem distinção é a aspiração geral, que consequentemente atinge também as motivações individuais. O que escasseia é a matéria-prima, mas isso também pode ser inventado. Sem limites nesse processo, cada vez mais é oportuno explicitar a validade de Nietzsche:

> Que é então a verdade? Um batalhão de metáforas em movimento, metonímias, antropomorfismos, em última análise, uma soma de relações humanas que foram realçadas, extrapoladas e adornadas, poética e retoricamente, e que, depois de um prolongado uso, uma população considera firmes, canônicas e vinculantes; as verdades são ilusões das quais se esqueceu o que são; metáforas que se transformaram, gastas e sem força sensível, moedas que perderam seu valor de troca e que agora já não são consideradas como moedas, mas sim como metal. [50]

A mentira prevalece na sociedade quando não se oferece segurança para os indivíduos. Não perceber onde pisa, não perceber o

---

50   NIETZSCHE, Friedrich. *Sobre Verdade e Mentira no Sentido Extramoral*. Tradução de Fernando de Moraes Barros. São Paulo: Hedra, 2008, p. 36.

outro, não se perceber, enxergar apenas os fios que o sustentam como marionete e que são indicativos de seus caminhos, dizer que tudo é assim e isso é progresso é a mentira reinante, é a densificação do vislumbrado por Kafka.

VERDADES E MENTIRAS

Quem nunca se perguntou sobre a veracidade ou falsidade de algum relato, de alguma notícia e até da própria visão sobre um determinado acontecimento? É comum surpreender-se enganado, ludibriado. Descobrir que está sendo enganado, por exemplo, é libertador se vivenciado sem as amarras do compromisso. Essa mesma descoberta — ser enganado — é também mortal, aniquiladora de todos os sonhos e confiança depositada (no outro). Acreditar e duvidar são polos de um mesmo eixo: a constatação de um acontecimento, de uma ocorrência. Tudo que acontece pode ser percebido, embora nem sempre constatado. Diante de fatos, acontecimentos, percebemos e também inserimos essa percepção em redes de memórias e vivências. A inserção é a constatação, é a percepção da percepção, às vezes representação ou interpretação do acontecido. Dessas vivências são estruturadas crenças ou dúvidas.

Saber o que é e o que não é, acreditar que tal fato ocorreu ou não, enfim, duvidar é defrontar-se com o lacunar, o incompleto. A dúvida é motivante, mas angustiante: ao gerar a busca de certeza e garantia, desconsidera o que acontece. A necessidade do flagrante ou da prova é redutora das possibilidades relacionais, e só ocorre quando não existe disponibilidade e confiança no que é percebido. Deter-se no que ocorre é suficiente, é revelador. Utilizar o que ocorre para estabelecer os selos de garantia e estabelecer a confiança é alienador.

Crimes, faltas, traições, usos e abusos exigem ocultação e despiste. Essa ideia de falta, de abuso, de oportunismo é característica das relações estruturadas em apropriações e enganos. Focado nas próprias necessidades, o indivíduo lança mão de qualquer coisa para aplacá-las, tornando-se agressor ou vítima. É a sobrevivência, a perversão, a maldade. Nesse nível de sobrevivência, enganar é o paradigma, o modelo usado para estruturar comportamentos. Aceitação do que ocorre ou do que se percebe como ocorrido é estruturante de comportamentos disponíveis, dinâmicos, questionantes. Já a não aceitação do que ocorre estrutura rigidez, fanatismo, certezas absolutas, desconfianças, enganos. Acreditar no que se percebe, acreditar no que se acredita é unificador mesmo quando considerado delirante por outros. O importante não é estar certo ou errado, mas sim estruturando disponibilidade inclusive para perceber engano onde antes havia certeza. Isso é a mudança.

Mentir é buscar se proteger da verdade, da realidade vivenciada. Saber que o que se faz é, no mínimo, criticável e não aceito, às vezes até criminoso, faz com que algumas pessoas procurem esconder ou despistar. A mentira é o álibi perfeito buscado para confundir os outros. Esse processo de confundir outras pessoas embaralha pistas para que não se perceba o que realmente está ocorrendo. Acreditar que a mentira é uma das formas mais simples de enganar os outros é parcialização dos processos. Quando se mente, apagam-se rastros, sonegam-se verdades, solapam-se evidências, criando, assim, outras evidências, outras verdades. Mentir é destruir acesso ao que aconteceu e ao que está acontecendo. Essa alteração de fenômenos sempre satisfaz a alguém ou a alguma ordem que se empenha em manter.

As mentiras sociais e políticas muitas vezes adiam processos históricos iminentes, outras vezes criam inclusive guerras destruidoras de nações e indivíduos. Nas famílias, nas esferas mais íntimas, mentir e omitir se confundem. É o mesmo lado da moeda. Questões de paternidade omitidas, patrimônios solapados e negados, assim como as mentiras relacionadas a inúmeras responsabilidades não assumidas, configuram o trágico dia a dia dos angustiados e desesperados. Nesse contexto das famílias, não saber, por exemplo, quem é o verdadeiro pai, às vezes até quem é a verdadeira mãe, é causa de muito desencanto e desespero. Mentir é a cunhagem arbitrária de moedas, de selos de garantia, de rótulos individualizadores do que não existe. A mentira — esse apagar de traços e trajetórias — sempre escamoteia e esconde realidades. Ela é autoritária, destrói caminhos e despedaça verdades, ocultando resultados. Atualmente, as fake news e a caça constante de *likes* dos desesperados por visibilidade criam mentiras estrondosas, irreais e frequentemente irreversíveis. Mentir, portanto, consiste em destruir a possibilidade de descoberta, ela é a manipulação de dados, sepultando verdades, confiança e sinceridade. O cotidiano fica sinalizado, delineado a partir do esconde-esconde, e o dia a dia é transformado em jogo de cartas marcadas. Nada existindo enquanto possibilidade, tudo cumpre a função de meios para obter resultados satisfatórios. Nada resta, salvo a manipulação.

Nesse contexto, como saber o que é verdade e o que é mentira hoje em dia? Essa pergunta faz imediatamente pensar em fake news. Como distinguir o que é falso? Como distinguir o que é errado? Recorrer a referenciais sociais, políticos e científicos permite essa distinção, basta procurá-los. Na pandemia de covid-19, por exemplo, era muito fácil verificar os abusos feitos em nome da ciência e da realidade, embora essa verificação se transformasse em missão impossível para os que se situavam apenas em bem e mal, acreditando em narrativas baseadas nesse maniqueísmo. Verdades e mentiras também remetem às noções de certo e errado, de cabível e incabível. Nesse caso as motivações individuais precisam ser questionadas. É por meio desse questionamento que as respostas são encontradas. "Sair do armário", por exemplo, no que se refere à realização de motivações sexuais, é uma questão de ser fiel aos próprios desejos, tanto quanto implica questionamento da razão de negá-los. E assim, uma imensidão de esclarecimentos e entraves podem ser configurados.

Conflitos, perguntas, dúvidas, acerto e erro, verdade e mentira são divisões estabelecidas pela busca de outros decodificadores que não os estruturantes dos processos percebidos. Quando colocamos as motivações no contexto dualista de interno/externo, criamos o falso referencial. "O que está dentro está fora", já falavam os gestaltistas. Não há dentro/fora, interno/externo. Existe o que está diante de si e que é percebido conforme os próprios limites, necessidades e possibilidades. Esse é o contexto que transforma verdades em mentiras ou vice-versa. Enganar-se e enganar decorrem do processo de autorreferenciamento. O que é percebido, o que está diante de si é o que possibilita diálogo, reflexão, pensamento, conflito, solução. Quando se lança mão de a priori, regras e preconceitos, se cai em outros referenciais que não os do que está ocorrendo. Enfim, ao vivenciar o aqui e agora, o que ocorre, sempre há verdade, encontro, sempre há presença que possibilita discernir a verdade e a mentira.

Na esfera individual, normas e regras geralmente são responsáveis pelos conflitos engendrados por distorções, contingências aniquiladoras ou niveladoras do que se vê, do que se nega. Distinguir o verdadeiro do falso é tão simples quanto saber se o pedaço de espuma ou isopor não é espaguete, basta morder, por exemplo. Enfim, ao se deparar com e constatar divisões, basta aprofundá-las para esclarecê-las. Os primeiros passos para distinguir verdades de mentiras é questionar divisões organizadoras: interno/externo, desejo/medo, eu/outro, bem/mal, certo/errado, lucro/prejuízo. Organizar sempre requer manipulação, ou seja, critérios outros para organizar o que se quer, e nesse sentido a organização como resposta é sempre uma aniquilação de perguntas. Perguntar, questionar é quebrar regras, exercer possibilidades de transcender os limites. Quando esse processo é contínuo, abre outros referenciais, outros horizontes. Quando transformado em regras, ferramenta de afirmação e desobediência, cria autorreferenciamento e metas, e assim pergunta-se por perguntar, é o mesmo que obedecer por obedecer.

Em suma, só se sabe que se sabe, sabendo; e essa é a fenomenologia do estar no mundo, é a expressão do desejo realizado, da vida presentificada. Ficar no antes (no passado) ou no depois (nas metas de futuro) é se aprisionar nas frustrações, medos e submissão. É atingir a negação de possibilidades e lutar continuamente para satisfazer as necessidades, evitando medos e se orientando pelo poder, pelo certo, pelo bom. É o eterno ensinamento de bem e mal que tudo destrói, inclusive a crença, a ideia de Deus, a fé, a justiça e a caridade.

MENTIRAS SÃO NECESSÁRIAS?

"Se privar uma pessoa comum de sua mentira vital você também a privará de sua felicidade",[51] diz Henrik Ibsen. Lendo *O pato selvagem*, de Ibsen, pensei nessa verdade/mentira. A ambiguidade da situação, uma ambiguidade quase quântica que é gerada pela própria colocação do problema. A mentira, no caso, é considerada por Ibsen como vital, isso porque ele acredita que através da mentira os próprios sonhos são realizados.

Acontece que a mentira exime a culpa, tanto quanto esconde e amordaça a impotência. E sendo assim como afirmo, fazer de conta que tem condição, quando não se tem, não é salvador, pelo contrário, é aniquilador. Essa pessoa sem sua mentira é apenas

---

51   IBSEN, Henrik. *The Wild Duck*: Play in Five Acts. London: Oxford University Press, 1960, p. 97.

uma pessoa com sua realidade — provavelmente significadora de frustração, recheada de medos e vacilos. Sem a mentira ela percebe seu problema, e ao percebê-lo ela tem condição de não o suportar. Ao contrário, quando tolera, se desumaniza, se aniquila. Ficando privada da felicidade construída na mentira, ela percebe seu vazio, sua desonestidade, seu faz de conta e, com isso aceito, ela cresce, se transforma em um ser humano com problemas, embora sem felicidade. Obviamente o melhor é a felicidade em lugar dos problemas, entretanto o que existe, o que é, o que significa são problemas. Sua felicidade não existe, é mentira, ilusão. É Alice no país das maravilhas, sempre criança.

Ser ou não ser feliz não é a questão, mas mentir ou não mentir é altamente problemático, pois usurpa, inventa, finge, engana. Feliz ou infeliz é o indivíduo com ele próprio, entretanto mentir ou não já é o indivíduo com o outro: é manipulação, é trambique e sonegação do real. Acréscimos e decréscimos significam na relação com os outros, enquanto na relação consigo mesmo é o engano, a imagem, o faz de conta que aniquila qualquer possibilidade de estar no mundo com os outros por inteiro, feliz. Nesse sentido, privar da mentira é saneador. É o início do processo do estar no mundo com o outro, é consistência, é perspectiva de mudança. Às vezes, a manutenção da mentira substituída pela percepção da quebra dos sonhos, da impossibilidade de realizá-los, do fracasso, da falta de sentido e do vazio se torna revelação, luz clara, libertação.

CURAR E AJUSTAR: AMORDAÇAMENTO DA SUBJETIVIDADE

Salvação da família, da propriedade privada, a admissão da "cura gay" são tópicos que traduzem desejos de indivíduos comprometidos, atitudes restritivas que, girando em torno dos critérios de ajuste e mais-valia, ameaçam a liberdade, desumanizam e alienam. Em 2017 assistimos à discussão em torno da Resolução 01/99 do Conselho Federal de Psicologia (CFP), que delibera sobre a atuação de profissionais da Psicologia quanto à orientação sexual, determinando que homossexualidade não se constitui em doença, distúrbio ou perversão, e que, portanto, o Conselho não admite os tratamentos denominados "cura gay". A reivindicação por parte de alguns profissionais da psicologia de que essa resolução seja restringida, estabelecendo a possibilidade de tratamento psicológico para reversão de orientação sexual, é um exemplo desse comprometimento desumanizador, alienante.

Essa discussão é universal, e atualmente ela atinge uma abordagem mais ampla que engloba questões de gênero, identidade, transexualidade etc., e voltarmos, no Brasil, ao ponto em que estávamos há três décadas, além de ser uma infração de leis agora existentes, é um retrocesso que nada têm de preocupação científica, como alegam os defensores da reversão da orientação sexual. Como bem disse o presidente do CFP, Rogério Giannini, pesquisas sobre sexualidade humana nunca foram reguladas por nenhum Conselho de Psicologia, e, dentro das Academias, obedecem aos ditames da ética aplicados a qualquer pesquisa que envolva seres humanos, em qualquer disciplina.

Visões psicológicas pragmáticas e subordinadas aos valores de manutenção de regras socioeconômicas reduzem o ser humano a rótulos e ajustes. Nelas não existem subjetividades, o que existe são pessoas fora da regra, fora dos padrões, tanto quanto pessoas ajustadas a eles e ainda outras que precisam ser encaixadas no que pensam ser para o bem ou para o certo. Pessoas não são objetos, suas vontades e determinações resultam de motivações. Admitir que estar "fora da ordem", das regras ou das leis é estar doente é um reducionismo impossível de ser suportado, mesmo em abordagem que medicaliza.

No mínimo de 25 em 25 anos, conceitos, atitudes e vivências são transformados em virtude de novas perspectivas e novos limites. Era frequente na geração passada, por exemplo, cuidar de mulheres grávidas como se fossem incapacitadas para uma série de coisas, até que se percebeu que gravidez não é doença. Dizer que homossexualidade é doença implica em atitude ignorante, aliciante, própria dos que vivem em pequenos espaços gerados e mantidos pelos preconceitos, pelo medo de perder etiquetas vendáveis, identificadoras de segurança. A reivindicação de tratamentos voltados à reorientação sexual é nitidamente pautada em preconceito e engano, que persistindo, abrirá precedente para diversas ações questionáveis e perigosas (como direcionamento comportamental, ajuste, subordinação a autoridades ou a ideologias e a ditames familiares etc.) não só quanto à sexualidade, mas quanto a qualquer área do comportamento humano. Juntamo-nos ao Conselho Federal de Psicologia e também o parabenizamos pela posição em defesa dos princípios éticos da Psicologia e de sua consistência teórica, assim como em defesa dos Direitos Humanos.

Psicologia e psicólogos existem para desenvolver e ampliar as possibilidades e potenciais humanos, não existem para classificar e muito menos para ser capatazes curadores. Identificação de doença, redução de vivências, de perspectivas existenciais e motivações individuais a critérios nosológicos não condizem com psicoterapia. Para o psicólogo, existem indivíduos que realizam suas motivações, seus desejos, e estão felizes, se aceitam, e existem os que, não se aceitando, buscam proteção em ajustes, em rótulos que os permitam sobreviver. Isso acontece em quaisquer comportamentos, inclusive nos sexuais.

As psicoterapias resgatam individualidades e para o psicoterapeuta não existem negros, brancos, homossexuais, bissexuais, transexuais, homens ou mulheres.[52] Simone de Beauvoir já falava: "não se nasce mulher, torna-se mulher". Ela cunhou essa expressão ao explicar as questões de autoritarismo e alienação social, mas essa ideia de tornar-se, esse devir é fundamental na psicoterapia e na compreensão das relações existencialmente estabelecidas e que, consequentemente, quer se queira, quer não, são as bases e alicerces das sociedades.

Também nas religiões que lidam com a transcendência se sabe que alma não tem sexo, que sexualidade nada mais é que metabolismo ou realização de motivações possibilitadoras de encontro quando não destroem ou ofendem o outro. O comportamento invasor e violento pode acontecer no contexto de qualquer orientação sexual, seja ela homoafetiva ou heteroafetiva. E quando a sexualidade é exercida de forma doentia? Quando ela invade, obriga, desrespeita, agride o outro: pedofilia, estupro, violência etc. Viver é ultrapassar limites, é realizar possibilidades — isso é saúde. Doença é o posicionamento para verificar vantagens e desvantagens, é como tomar o poder para manobrar e rotular pessoas, utilizando, inclusive, ferramentas sociais e legais. É histórico o fato de que toda ditadura espoliadora do humano cria

---

52 Não confundir individualidade com identidade. As lutas políticas contemporâneas fundamentadas em questões de identidade, ou seja, as lutas identitárias ou movimentos sociais que reivindicam direitos baseando-se na identificação do indivíduo a um grupo, isto é, na identidade de grupos de pessoas, não são o foco da psicoterapia. O psicoterapeuta dialoga com o indivíduo que está diante dele.

rótulos, discursos e narrativas: lembram de Hitler? Com as estrelas amarelas para marcar os judeus, os triângulos rosa para marcar os homossexuais masculinos, triângulos pretos para homossexuais femininas e os triângulos vermelhos para marcar os comunistas? E "a arte degenerada" por ele rotulada e proibida? Essa arte nada mais era que liberdade de expressão que foi cerceada. Pensem no caso da exposição de artes plásticas fechada pelo patrocinador, o Banco Santander, pois os quadros não agradaram parte da população! E os idos 1964, os anos da ditadura, nos quais até peças teatrais e músicas eram escrutinadas segundo os critérios do que era bom para a família e do que ia garantir a segurança nacional. Tempos sombrios são instalados quando critérios limitados e preconceituosos reinam.

Não cabe a psicólogos direcionar clientes a este ou aquele comportamento, em nenhuma esfera de suas vidas. Cabe ao psicólogo identificar o núcleo da não aceitação e questioná-lo. Perceber e propiciar expressão — e não o amordaçamento de subjetividades — é o objetivo da psicologia enquanto variável configuradora do social.

Para quem se interessar por mais leituras sobre esse tema, nos meus dois primeiros livros, publicados nos anos 1970, abordei a questão da sexualidade humana[53] e, mais recentemente, em dois artigos publicados em revistas: "Comportamento Sexual: Acertos, contratos, preconceitos"[54] e "Sexualidade Humana: Aspectos psicológicos".[55]

---

53 CAMPOS, Vera Felicidade de Almeida. *Psicoterapia Gestaltista*: Conceituações. Rio de Janeiro: Edição da Autora, 1972.
CAMPOS, Vera Felicidade de Almeida. *Mudança e Psicoterapia Gestaltista*. Rio de Janeiro: Zahar, 1978..
54 MEER. Comportamento sexual: Acertos, contratos, preconceitos. Disponível em: https://www.meer.com/pt/17474-comportamento-sexual. Acessado em: 22 nov. 2024.
55 CAMPOS, Vera Felicidade de Almeida. Sexualidade Humana: Aspectos Psicológicos. *Boletim da SBEM - Sociedade Brasileira de Endocrinologia e Metabologia*, Regional Bahia/Sergipe, p. 55-62, jul./set. 1999.

EDUCAÇÃO

A educação é necessária para organizar, sistematizar e desenvolver potencialidades, tanto quanto para "polir arestas", possibilitando encaixes sociais e civilizatórios. Na reversibilidade dos processos, frequentemente só se consegue isso via matrizes sistêmicas, artefatos que se constituem em formas, receptáculos de contenção que modulam, contêm e reprimem dispersões idiossincráticas e anômalas.

Contradições não resolvidas cerceadas pelos mecanismos educacionais transformam propostas individualizantes em regras massificadas. Hoje em dia, por exemplo, o *"mens sana in corpore sano"*,[56] os ideais hipocráticos de saúde e estética, as transcendências preocupadas com equilíbrio e o bastar-se a si mesmo do ioga, as ideias de autonomia e as descobertas psicoterápicas foram transformadas em kits de sobrevivência, moduladores midiáticos e comportamentais, nos quais o como fazer pragmático impera. Educados para sobreviver e conseguir melhor status econômico e poder de manipulação, somos transformados em função de objetivos a realizar, e nesse ponto a educação desumaniza, consentida ou aleatoriamente. Kafka dizia que a educação o prejudicara em vários sentidos, e mencionava os mestres que o orientavam e cobravam adaptações, transformações, exigindo que ele fosse diferente do que era, que convivesse com o que o alienava. Essas reflexões kafkianas eram um grito, uma denúncia da integridade que desintegrava. Quando, no processo educativo, se enfatizam sinalizações unilaterais e valorativas, educar transforma-se em selecionar para possibilitar ajuste, adaptação e eficiência, e o processo educativo passa a se resumir em regras e soluções de como fazer, deixa de ser fundamentalmente um processo de enfrentamento e vivência de contradições.

Educar é conduzir, é criar caminhos, é expandir, é fundamental para estabelecer desenvolvimento de condições restritas a referenciais

---

56   "Mente sã em corpo são."

polarizados em conseguir e não conseguir, em conhecer e desconhecer. Alcançado esse desenvolvimento, amplia-se o campo, o contexto e se torna heterogêneo o antes homogêneo, surgindo diferenciações criadoras de novos impasses. É necessário vivenciar impasses, manter questionamentos, enfim, educar não é resolver, é problematizar: quanto mais se lê, por exemplo, mais se conhece e mais se percebe quanto fica por conhecer. Educação é um processo que cria condições de aberturas relacionais, de perspectivas. Ela não leva a nenhum ponto, apenas é isto: condição de exercer possibilidades sem se deter em necessidades sobreviventes. Estrutura-se, assim, disponibilidade e capacitação para o exercício de qualquer atividade, sendo também o início de questionamento e constatação de superação imediata, mesmo quando posicionado na administração de acúmulos e referenciais de saber fazer.

Mas sabemos que educar é enfileirar, organizar e, consequentemente, homogeneizar dúvidas, incapacidades e criatividade; é um processo necessário, ferramenta que permite sociedade e civilização. No entanto, educar é, também, possibilitar desorganização, heterogeneização, desencadeando questionamentos. Não adianta privilegiar apenas um aspecto contido nessa reversibilidade ou esperar que questionamentos venham mais tarde — na vida adulta, por exemplo — à medida que o básico foi conseguido pelos processos educacionais. Desde o início do processo educativo, e sempre, a totalidade não pode ser reduzida às parcializações necessárias, sobreviventes e contingentes. O ser no mundo pode caminhar, mas é necessário que encontre chão, que encontre espaços, é necessário que ele não ande em círculos, não seja cooptado em função de instituições educativas, enfim, que não se criem jaulas como forma de proteger e ser protegido. Somos educados para consentir, deveríamos ser educados para o questionamento: para mudar a própria percepção do eu, do ego, por exemplo, que segue mantido por prêmios, elogios e aplausos dos educadores e pais. O ser bem-sucedido é uma máxima anestesiante e padronizadora.

ALAVANCA PARA O SUCESSO

É cada dia mais frequente se ouvir falar em educação como remédio para os males sociais, panaceia que especialistas e leigos consideram como instrumento que resolverá desigualdades sociais, inserção em mercados de trabalho e enfrentamento de preconceitos diversos, principalmente os raciais. Por mais que acontecimentos contradigam essa abordagem — com a vigência do racismo e o vigor dos outros preconceitos, com a manutenção das estruturas de poder e privilégios —, a ladainha persiste: "se eu tivesse um diploma universitário, eu teria um bom emprego", "a educação é a única saída" etc. Apesar de todas as evidências nas quais fica claro que o processo educativo foi reduzido a diplomas e titulações, a educação continua sendo proposta como a grande solução, pois nela ancoram todos os índices de sucesso.

A educação — que é um processo de aquisição de habilidades, de ampliação de referenciais cognitivos e comunicativos — foi transformada em instrumento, em alavanca para a realização de condições que permitam sobreviver e realizar sonhos. Ter o título universitário e conseguir passar em concursos habilita pessoas para realizar desejos e propósitos. O processo educativo, quando é assim transformado em alavanca, perde finalidade. É a coisificação instrumental que permite o futuro e nega o presente. É a maneira de manter o rebanho bem-sucedido, que, embora numericamente inferior aos existentes desprivilegiados e famintos, passa a ser o portador de verdades, o guardião de regras que apenas aumentam desigualdades, medo e dificuldades. Sair do "pé descalço" para o "pé calçado" nada muda. Basta lembrar o desejo dos ex-escravizados que, quando conseguiram se calçar, mesmo assim recebiam as chibatadas de terceiros, ou seja, a falta de oportunidades.

Educação é um processo fundamentalmente motivacional que mantém e restaura a curiosidade do estar no mundo. Abre perspectivas, cria demandas e questionamentos. Quando transformada em alavanca para o sucesso, para manter desejos e propósitos, se nega enquanto possibilidade, e assim cria batalhões de apaziguados participantes, empenhados na manutenção do conseguido. Quando o processo educacional é voltado para mudar e criar novas realidades, ele transforma contingências em possibilidades. Só assim a educação amplia. Quando ela se restringe às categorias de manutenção e sacralização do adquirido, conduz ao autoritarismo, discriminação, medo e alienação, deixando de ser um instrumento de transformação, apenas mantendo ilusões e privilégios.

EDUCAÇÃO E ALIENAÇÃO

Os processos educacionais, por definição, são fundamentais para o indivíduo à medida que o habilitam para estar no mundo com os outros. Educação é um processo basicamente proporcionado pelo outro e, assim, é representado pela família e pelos parentes. Chegar à escola é encontrar um prolongamento desse processo, ou, às vezes, sua obstrução pelo antagonismo aos valores familiares. Famílias estabelecidas em critérios de disponibilidade, individualidade e autenticidade de repente têm seus filhos esbarrados em escolas conservadoras e discriminatórias, por exemplo, onde se ensinam técnicas, se ensina a ler e escrever, mas também são acentuados conteúdos alienadores que precisam ser neutralizados pela família. É necessário preparar o filho para viver esse antagonismo não esperando que a escola individualize, sabendo que ela pode polarizar divisão, enfraquecendo critérios de autonomia e liberdade. Como Ivan Illich falava, as escolas que não se baseiam em convívio e autonomia são manipuladoras, hierárquicas, subjugadoras e geralmente defasadas no tempo. Não se pode esperar formação individualizada dada pela escola, é necessário que isso já tenha sido feito pelas famílias, que, por sua vez, geralmente são vítimas, são formadas pelas escolas alienantes. Nesse sentido, a família cria preconceitos e procura escolas compatíveis com eles, ou ainda, por total insuficiência de recursos, coloca o filho onde existe vaga, passando, desse modo, a reproduzir valores, verdades e mentiras do sistema no qual a escola está estruturada. Na Alemanha Nazista, por exemplo, toda escola ensinava a importância da autoridade e da luta pela vida eterna de seus líderes! Os regimes de exceção, as ditaduras — com vieses políticos e religiosos — têm escolas focadas na manutenção de seus sistemas. Aqui fica evidente que a escola é o farol, direciona o que se quer manter, ela é como um curral. É uma ferramenta de adaptação, é um obstáculo. É ainda de Ivan Illich a afirmação de que a escola é uma agência que nos faz acreditar que precisamos da sociedade como ela é.[57]

Mas a escola pode também ser uma plataforma que lança luz para outras dimensões. É preciso sempre considerar isso quando se coloca uma criança na escola. Famílias preconceituosas, alienadas e culturalmente despreparadas podem ter seus filhos transformados, questionando o existente, caso as próprias contradições do sistema econômico e cultural permitam novas visões. O parisiense "proibido proibir", de 1968, transformou minorias, tanto quanto desfez o pavimento de ruas e preconceitos. Atualmente, muitas famílias veem a escola como brevê, o título que possibilita manutenção e convívio com a elite, por exemplo, como o primeiro passo para conviver com ricos, seus semelhantes, e não com pobres. Esse processo é aniquilador do que é considerado ensino edificante, que vê a escola não como uma instituição, mas como um ambiente, uma rede de informação que pode também ampliar horizontes, viabilizando realizações. Aprender a ler, a contar, a conviver com

---

57 ILLICH, Ivan. *Sociedade sem Escolas*. Tradução de Lúcia Mathilde Endlich Orth. Petrópolis: Editora Vozes, 1985.

o outro são processos fundamentais, mas já são marcados, programados, superdimensionados pelas famílias. A escola deve ser percebida como extensão de teses e antíteses e, assim, ela pode ser dinamizada para outros referenciais, o que só é possível quando existe questionamento da sua função educadora.

FORMAÇÃO DE IDENTIDADE

Formação de identidade é um processo decorrente do relacionamento com o outro em um determinado contexto cultural, social e histórico. Todo conhecimento é perceptivo, é relacional, esse processo identifica o humano, permite dizer que ele é constituído pelo outro enquanto ser no mundo. Frequentemente o que se chama identidade se refere às características culturais e sociais. O fazer parte da cultura X, Y ou Z, o estar inserido em determinados grupos sociais, estar inserido em determinada classe econômica determinam oportunidades, impedem satisfação de necessidades tais como a de comer nutritivamente, por exemplo. Surgem os pobres, os ricos, os remediados e medianos, as minorias etc. O acesso à educação é também outro fator usado como identificador. Nenhuma dessas dimensões açambarcam e identificam o humano. A impossibilidade de identificação se faz sentir quando nos deparamos com as pulverizações do conceito de identidade, como a étnica, a cultural, a sexual, a religiosa etc. Sociedade e Estado frequentemente estão voltados para a manutenção da sobrevivência de seus membros. Sobrevive-se e esse processo despersonaliza pela opressão tanto quanto pelo apoio. Os homens reduzidos às suas necessidades transformam-se em massa de manobra social. Oprimidos e apoiados pelas instituições, realizam suas "vocações", buscam melhorar, lutando e sonhando com mundos e sociedades melhores. Sociedade e cultura não são estruturantes do humano, são estruturantes de relacionamentos que humanizam ou desumanizam, que reduzem os homens à sobrevivência, à satisfação de suas necessidades ou que permitem realização de suas possibilidades.

Limites geralmente representados pelo poder exercido por minorias sobre maiorias escravizaram e escravizam o ser humano. A transformação de seres humanos em mercadoria — antigamente o tráfico de escravizados e agora a venda das ditas "escravas brancas" para os bordéis — é um aspecto desse poder destruidor, sinonimizado com ordem econômica ou lucro, não importa como. Cultura e sociedade são sempre estabelecidas sobre hierarquias e interesses econômicos. O homem encarcerado em sua cultura, sua sociedade, sua profissão, seus grupos, suas instituições é um ser posicionado. Agrupa-se, filia-se, satisfaz necessidades e sonha com a realização de desejos impossíveis. Essas metas o transformam em massa de manobra, e seus sonhos, tais como "ter um carro", "viajar", "comprar um imóvel", são manipulados e administrados pelas instituições sociais, ficando, assim, acorrentado a tudo que o limita em função do que deseja. O homem é o retrato de sua época se as contingências enquanto satisfação de necessidades são consideradas (nível de sobrevivência), e ele independe de suas molduras culturais e sociais, ele continua o mesmo em todas as épocas se forem consideradas suas possibilidades de relacionamento com o outro (nível existencial).

IMPLICAÇÕES: VISÕES AMPLAS E VISÕES RESTRITAS

Não se fechar nem se reduzir ao circuito explicativo, geralmente pautado em estímulo/resposta ou causa/resultado, permite que se globalize o que ocorre enquanto implicações relacionais. Nada está solto no universo, nada é isolado. Quando se cortam ou se efetuam destaques, se fazem recortes ampliados de ocorrências, mas ao mesmo tempo as isolam de suas relações constituintes. A recuperação dessas relações é o ato necessário para a apreensão de sua globalidade, sua inteireza. Quando pensamos nas diferenças econômicas que reduzem populações inteiras à mera sobrevivência, podemos imaginar inúmeras causas para explicar o fato, desde a ideia de castigo divino, karma que se impõe diante de atrocidades outrora cometidas pelos indivíduos, até insinuações sobre a falta de vontade e preguiça ou da não disposição para progredir. São diversas opiniões que pretendem explicar as desigualdades econômicas e sociais, mas que na verdade são parcializações, são como uma tampa que encobre as implicações processuais da espoliação, do colonialismo, da transformação do mundo em grande mercado no qual vale o precificado imposto por infinitas injunções. Essas distorções explicativas — pois são destaques parciais — atuam ocultando, não açambarcando nem visualizando as discrepâncias econômicas. Da mesma forma, explicar as dificuldades pessoais como resultantes de causas ou ações de terceiros, de grupos, de ambientes societários, enfim, dificulta e até impede a compreensão dos processos individuais, caindo em justificativas que não esclarecem e não possibilitam transformação, apenas descrevem alienação e dependência, como: se droga influenciado pelos amigos, não sai de casa porque é vítima de preconceito, se submete porque tem medo, não age porque tem muitas dúvidas, está deprimida por causa da pandemia de covid-19, desenvolveu pânico porque o marido morreu, é insegura porque é mulher, é agressivo porque viveu em ambiente violento, é prepotente porque tem certeza do que pensa, está nervoso por causa do concurso que vai fazer etc.

Somente quando os fenômenos, os acontecimentos, as ocorrências são globalizadas é possível perceber sua inteira fisionomia, sua estrutura. Saber que o que acontece está acontecendo, mas explicá-lo pelo que aconteceu antes — aspectos históricos — ou pelo que virá depois — seu desdobrar consequente — não permite apreender o que está ocorrendo. Abordagens parciais, unilaterais, tendenciosas que tentam destacar ou esgotar o que ocorre reduzindo ao passado, ao futuro ou à evidência que não mostra todos os contextos ou relações são solapadoras de sua imanência e, assim, essa configuração parcializada desponta impossibilitando a compreensão. São, então, feitos acréscimos, aposições para que surja entendimento do que ocorre. Quando isso é feito, híbridos são criados. Surge uma soma arbitrária de elementos que para as distorções redutoras tudo explicam, apesar de nada especificarem.

Apreender as implicações processuais é a trilha que vai permitir o encontro ou descoberta das implicações, consequentemente da continuidade enquanto afirmação e negação do ocorrido. Essa apreensão de implícitos é o que mantém a continuidade dos processos, é o continente da realidade e de sua variação. Esgotado em si mesmo o que ocorre, nada explicita acerca do que está ocorrendo, e assim gera dúvidas e desconfianças. Nas vivências individuais, a não apreensão das implicações do que se percebe é o que cria incertezas. É como se fossem destruídas as bases que permitem segurança e conhecimento. Permanecem apenas pedaços transformados em pontos de apoio e assim são construídas as figuras chaves: pais, mestres, chefes, protetores que tudo conhecem e explicam. É o reino do suposto saber, do que orienta, educa e tudo determina. As realidades, as próprias vivências são negadas para que se continue afirmando as explicações do *pater magister* do pai que resolve, do companheiro que decide.

Não apreender as implicações processuais é o início da alienação, dependência e medo. Em situações limítrofes, por exemplo, como nas guerras, pandemia, morte do pai da família ou cortes repentinos, criam-se paredões, anteparos a partir dos quais nada mais é percebido. Transformar a situação limítrofe em válvula propulsora de novas perspectivas é transformador, traz elucidação de implicações que, à medida que são apreendidas e configuradas, estabelecem novas direções do estar e também do ser no mundo. Perceber as implicações é exercer a liberdade do quebrar limites, descobrindo outras configurações sinalizadoras de mudança e disponibilidade.

METAMORFOSES E IMITAÇÕES

> *"O animal arranca o chicote de seu senhor e chicoteia a si mesmo para se tornar senhor, mas, não sabe que isso é apenas uma fantasia, produzida por um novo nó na correia."* [58]

A prepotência, resultado da tentativa desesperada de copiar, imitar, cria os improvisadores precários e emergentes. Sem base, sem estrutura de aceitação de seus problemas e vivências, surgem palafitas, suportes e construções para o que se esvai e se perde nos contorcionismos da labuta para sobreviver. Quando se percebe que a fantasia ou adereço é diferente do legítimo, se percebe também que muito já foi conseguido: várias imagens vendidas foram compradas, bons resultados apareceram. Conclui-se que é melhor continuar ganhando, comprando, plagiando, imitando, e então, renunciando ao espontâneo e vivo, aprimora-se a aparência, a representação — resultando em mais imagem.

---

[58] KAFKA, Franz. *Essencial Franz Kafka*. Tradução de Modesto Carone. São Paulo: Penguin Classics Companhia das Letras, 2011, p. 193.

Imitar é fantasiar. Fantasiar é encobrir o que se considera feio, seja antecipando o futuro pelas metas e realizações desejadas, seja encobrindo o passado com disfarces que podem repaginar ou apresentar um novo ser, uma holografia das não aceitações, roteiro para dinamização do humano forjado. Mas a dinâmica relacional é única e específica, não pode ser reproduzida. É impossível inventar a si mesmo, ainda que usando o outro como matéria-prima. A imitação é um processo que cria inesperados, cria armadilhas: o indivíduo, vivendo em função de faz de conta e de aparência, perde a dimensão do presente, a dimensão do outro e se transforma em máquina construída a ser mantida. Encontramos essa dinâmica em toda parte: nas famílias, nos escritórios, nas repartições, nas redes sociais, na esfera política etc., seres que, imaginando-se senhores livres, apenas apertam suas coleiras e cabrestos.

POLÍTICA

"O homem é um animal político", dizia Aristóteles, ou seja, o homem é da pólis — cidade. Ser cidadão — ser político — é, então, uma característica natural do homem, segundo Aristóteles.

Com o passar do tempo, o conceito de política fica cada vez mais dissociado do significado básico aristotélico e passa a indicar ações de grupos de poder com seus métodos e propósitos, assim como militância e voto. Política, na modernidade, é sinônimo de estratégias necessárias e constantes para realizar e alcançar cidadania. Exercer a política, hoje, é poder decidir, polarizando anseios, verdades e conveniências de seus representados. Toda ação política representa e significa atos libertários ou opressores, democráticos ou ditatoriais.

Os processos históricos das comunidades sinalizam direções que se realizam segundo vetores econômicos. Aqui no Brasil, por exemplo, até o século XIX, vigorava uma sociedade latifundiária e escravocrata, uma organização econômica que mantinha agricultura, engenhos de açúcar, consequentemente hierarquia social determinante de lideranças políticas. O escravizado era o "negro sem alma", sem voz, sem direito, mera força de trabalho. Transformações econômicas, políticas e estratégias o transformaram em homem livre. Mas, nesse processo, desvinculado de seus grilhões, foi transformado em pária social, "negro liberto", sem-teto, sem profissão, ex-escravizado tornado "negro de ganho" e mendigo, e estabeleceram-se preconceitos e estigmas: de "negro sem alma" virou feiticeiro, improvisador e fora da lei. A urbanização, as novas políticas democráticas de inclusão e cidadania fizeram perceber que o negro não é ex-escravizado, que antes de qualquer coisa, ele é descendente de africanos, com cultura e religiões próprias. Essa nova percepção se impôs, e muitos preconceitos e mitos foram mudados ao longo das últimas décadas, em que cidadania e direitos foram alcançados. Mudando a percepção, muda-se o comportamento: perceber-se descendente de africanos em lugar de descendente de escravos permitiu impor-se como herdeiro e detentor de uma cultura, consequentemente de uma religião, permitiu lutar pelo seu reconhecimento e direito de exercê-lo livre e dignamente.

Persistem, no Brasil, mentalidades responsáveis por resoluções que tentam novas políticas, estratégias que levam à destituição de direitos, de liberdades anteriormente estabelecidas. Em 2014, por exemplo, um juiz do Rio de Janeiro tentou inaugurar nova política discriminatória[59] contra grandes contingentes religiosos e sociais de nosso país ao postular que "as manifestações religiosas afro-brasileiras não se constituem em religiões"; fundamentando sua

---

59   FOLHA DE SÃO PAULO. Umbanda e candomblé não são religiões, diz juiz federal. Disponível em: https://m.folha.uol.com.br/poder/2014/05/1455758-umbanda-e-candomble-nao-sao-religioes-diz-juiz-federal.shtml. Acessado em: 22 nov. 2024.

afirmação em um conceito judaico-cristão de religião (segundo ele, religião tem por característica definidora "um texto base, estrutura hierárquica e veneração a um Deus"). O que parecia um ato isolado de discriminação tomou proporções mais aviltosas quando a Associação de Juízes Federais do Rio de Janeiro e Espírito Santo posicionou-se em defesa do magistrado. Dias depois, resultado de forte pressão e crítica da sociedade civil e de organizações — OAB da Bahia, por exemplo —, o juiz voltou atrás e admitiu que existem religiões africanas. A atitude etnocêntrica esbarrava em todo um processo histórico de forte e densa cidadania: as religiões de matrizes africanas têm inúmeros herdeiros e seguidores no Brasil, além de sacerdotisas e sacerdotes culturalmente engajados e considerados na sociedade abrangente. A estratégia, a política não se consolida por meio de ações arbitrárias; quando isso ocorre, o determinante de sua manutenção ou destituição é o processo histórico e econômico estruturante das sociedades e comunidades. Política é um confinamento ou é uma abertura, permite restrição ou realização, é estratégia e deliberação e, como tal, é aderente ao estar no mundo, embora possa ser intrinsecamente ameaçadora da sobrevivência comunitária e individual.

POLARIZAÇÃO, CISMOGÊNESE, DIVISÃO

Atualmente, no Brasil e no mundo, o que mais se comenta é a chamada polarização. Tudo convergir para uma opinião, transformando a mesma em verdade, é um absolutismo que neutraliza processos, exagera e diminui realidades, fatos e acontecimentos. Essa atitude de promover posições em função de convergências ou divergências é antiga e universal. Em 1935, o antropólogo e estudioso de psiquiatria Gregory Bateson criou o termo cismogênese (conforme ele próprio afirmava, desenvolveu esse conceito influenciado pela observação de comportamentos esquizoides), com o qual pretendia designar um padrão de comportamento que consiste na tendência de indivíduos ou grupos de se definirem por contraposição, pelos opostos e contrários em relação a outros, e assim aumentarem as suas diferenças no diálogo, interação e confrontação. Diferenças que antes da interação pareciam menores ou atenuáveis tornam-se maiores e mais intransigentes à medida que ocorre a interação. Essas suas conclusões foram decorrentes de pesquisas etnográficas realizadas na Nova Guiné, mais especificamente entre o povo Iatmul, que vive às margens do rio Sepik (atual Papua-Nova Guiné). Aí vivendo e estudando seus rituais e normas societárias, observou manipulações de gênero e papéis exercidos em determinadas cerimônias chamadas Naven, que comemoram e marcam diversos atos importantes nas vidas de seus membros. Nos rituais Naven, que variam de cerimônias simples a muito complexas e motivadas por acontecimentos corriqueiros e também por acontecimentos extraordinários, o comportamento cerimonial envolve sempre os homens se vestirem como mulheres e as mulheres como homens, ambos imitando e caricaturando o gestual um do outro. Bateson deixa claro que a teatralidade vivenciada nos rituais atenua e equilibra as diversas cismogêneses verificadas na sociedade.

Processos de polarização, de cismogênese são exemplificadores de divisão. Desde o "*divide et impera*"[60] de César, seguido ao longo dos séculos por diversos soberanos como Luís XI e posteriores, dividir para governar continua um lema de muitos. Toda vez que há divisão, há quebra da totalidade, há reducionismo. Acontece que os polos, as pontas, fazem parte do mesmo eixo. É arbitrário dividir seja o que for, de uma simples linha reta à família, aos grupos e às sociedades. Polarizar é subtrair, é esconder o que

---

60 "Dividir para conquistar."

unifica, o que estrutura o eixo. E assim, enfatizando um lado ou outro, vão se criando muros, divisões arbitrariamente construídas. Sempre que se divide se perde o eixo, consequentemente surgem os aglutinadores. Imaginar partes como dentro, fora, sujeito, objeto é estratificar, posicionar e criar engenhos artificiais.

O que está dentro está fora, organismo e meio, por exemplo, não são separados. Essas Gestalten (globalidades) se explicitam e são percebidas como referenciais intrínsecos ou extrínsecos aos processos que se desenrolam. É a superposição de referenciais e contextos que cria metas e a priori (preconceitos), e é a partir disso que surgem os polarizantes, o que atrai, agrega e superpõe significados ao que está ocorrendo, gerando distração, pontos de vista outros que se acoplam ao que ocorre e ao que ocorreu. Nesses referenciais os agrupamentos passam a significar enquanto semelhança, objetivos comuns e objetivos contrários significados por medo, preocupação, alegria etc. A totalidade é fragmentada e as ondas de interesses são expandidas e engrandecidas. Nesse processo já nem se sabe mais o que ocorre, e assim o escondido é insinuado. Enfim, toda polarização, toda divisão resulta de fragmentação. Essa descontinuidade cria buracos, abismos que são como esconderijos, escoadouros de processos.

Toda vez que se briga, que se discute, que se torce para um lado ou para outro, se dificultam condições de discernimento, e então conceitos e referenciais são perdidos. Essa negação de processos esvazia e debilita tanto os indivíduos quanto as sociedades. A partir daí as frequentes discordâncias entre as pessoas (conflitos consigo mesmas e/ou com os outros) decorrem de lutas por vantagens, e quando as posições não são claramente discutidas, tudo se passa como preferência: "prefiro o time A ou B, o político Y ou Z". Acontece que torcida polarizada e de apoio apenas expressa desconhecimento, não percepção da estruturação dos processos em andamento. Essas torcidas são efetivamente dirigidas para objetivos parcialmente apresentados, para lutas e apostas em supostos ganhadores sem nem sequer entenderem o jogo. São jogos dentro de jogos. Totalidades cortadas e englobadas que criam quebra-cabeças impulsionados por slogans, pseudoverdades e fake news.

Toda vez que se pensa e justifica polarização, se afirma divisão e, ao fazer isso, se esconde, embrulha e distorce realidade, situações e vivências. Essas visões também equivalem a imaginar o mundo do sujeito como realidade interna e o mundo do objeto como realidade externa, como se fossem partes separadas. É o idealismo, é a negação da continuidade do estar no mundo, a negação de seus contínuos processos. Exatamente por isso só a mentira, o faz de conta, o egoísmo e o embrutecimento sustentam, servem de apoio a essas divisões estabelecidas. Polarizar é negar, não abranger a continuidade das evidências. Quebrar a lógica dos processos é um método eficiente para criação de preconceitos, regras e mecanismos de controle geradores de medo.

O SILÊNCIO DA MAIORIA

Do ponto de vista psicológico, como entender o surgimento e manutenção de ditadores, torturadores, poderosos corruptos e genocidas, exploradores de toda ordem? Da mesma forma que entendemos o delator, o desesperado, o omisso, o submisso: pelo processo da não aceitação. Não aceitação não é algo quantificável, não existe não aceitação maior ou menor. Da dona de casa, mãe e esposa, do pai, trabalhador e marido, do adolescente ao jovem estudante até aos abusadores de poder (políticos, religiosos, patriarcas etc.), a não aceitação é o denominador comum da inautenticidade, da desonestidade, da maldade. Não se aceitar e querer ser aceito é um movimento contraditório, paradoxal. É a desonestidade, o disfarce, a inautenticidade.

No processo da não aceitação por tudo que viveu, ouviu e fez, pelo esforço satisfeito e insatisfeito, o homem percebe que ele só vale se aparentar ser o que não é. Por meio do disfarce consegue enganar e, ao esconder o que ele considera precário, realiza sua sobrevivência, aplaca seus desejos. Caminha em direção à meta de ser aceito. O indivíduo se sente inaceitável por vários motivos, e não se aceitando passa a querer ser aceito. Agindo assim ultrapassa, nega o perceber-se inaceitável. Consegue isso se dividindo: ele não se aceita como A, mas quer ser aceito como B. A situação A é vivenciada em paralelo à situação B. É uma divisão geralmente vivenciada como aparência e realidade, mentira e verdade, os outros e ele mesmo. Cada vez mais dedicado a aparentar o que não é, a esconder o que não aceita, se adapta ao processo que despersonaliza. A vida de aparências, de imagem aceitável é construída e tem que ser mantida. Esse posicionamento cria imobilidade responsável pelo medo de ser desmascarado. Essa tensão constante aumenta a necessidade de distensionamentos: psicoterapia, remédios, drogas, sexo. O significado dos relacionamentos é vivenciado circunstancialmente, funcionando para a manutenção de imagens. Quando consegue ser aceito, sente prazer. É aceito ao conseguir enganar o semelhante. As possibilidades de relacionamento foram transformadas em necessidades de relacionamento. Cada coisa devorada, digerida, utilizada aplaca e esvazia. A pessoa se sente sempre sozinha. A não aceitação é responsável por essa vivência desde que o outro é utilizado como objeto, coisa para satisfazer desejos, aplacar medos.

É muito comum os indivíduos desistirem de psicoterapia quando seus sintomas desaparecem. Quando mudar não é o propósito, quando a terapia é instrumentalizada, adquirem mais instrumentos para construir imagens, para disfarçar e enganar. Mantendo a não aceitação, seu núcleo desvitalizador, o indivíduo se desumaniza ao ponto de ser capaz de realizar qualquer coisa que o faça sobreviver melhor, até o colapso da depressão ou do pânico total de ser com os outros.

Ao virar uma "massa de manobra" do sistema e dos outros, ao que não se aceita resta se submeter. São os que formam a maioria silenciosa que cumplicia com autoridades e ditadores, são os que matam para não morrer e que assistem às injustiças e genocídios, dizendo: "ainda bem que não é comigo". Do lado dos agressores, dos subordinadores, o pensamento é: "sou superior, sou melhor que eles", e assim justificam suas aberrações e perversões, assim como a manutenção de sistemas desumanizadores por eles criados e ajudados a manter pelo silêncio da maioria.

CINISMO

Com o passar do tempo, o sentido das palavras muda e algumas vezes pode adquirir significados opostos aos de sua origem. Cinismo é um exemplo disso. Em sua origem era postura filosófica caracterizada pela busca de uma vida simples e voltada para a natureza, vivenciada por meio de atitude crítica e de rejeição de todas as convenções sociais, das boas maneiras, das famílias, casamentos, moradias e valores como pudor ou decência — entendidos pelos cínicos como hipocrisia social. Também pregavam a valorização da virtude encontrada em uma vida ideal e na honestidade. Seu maior expoente, Diógenes, vivia nas ruas de Atenas, levando sua lógica ao extremo, indiferente aos valores e confortos sociais (costumes, convenções, riqueza, fama, poder, bem-estar etc.). O cínico era, em última instância, um homem honesto, um crítico da hipocrisia social.

Nos tempos modernos, cinismo está associado a uma descrença nos valores éticos, na sinceridade e na bondade como motivações ou possibilidades humanas. O cínico moderno não busca o homem honesto, como Diógenes fazia, ele exerce a desonestidade de forma insolente e atrevida. A desconsideração do que ocorre, das manifestações elucidativas das questões, estrutura atitudes cínicas. Ser cínico, é, por exemplo, além de fazer de conta que não tem problemas, que nada aconteceu, esclarecendo e evidenciando as direções congestionadas, afirmar-se como defensor e protetor do que foi por ele mesmo destruído. Cinismo e demagogia geralmente andam juntos, desde que são maneiras de impor ao outro pontos de vista sem suporte, sem consistência. Na política são frequentes as atitudes cínicas, desde o consagrado "Vossa Excelência, prezado deputado, é um incompetente, corrupto", até "meu filho, por amor de Deus, vou ter que lhe bater para manter unida nossa família". O cinismo é sempre uma atitude que expressa contradições explícitas entre o que se vivencia e o que se quer demonstrar vivenciar. Essa criação de abismo, de descontinuidade abriga e suporta explicações paradoxais, como: "por amor se mata", "em defesa da honra se corrompe" etc. Nas vivências das próprias problemáticas expressas no contexto de psicoterapia, assim como no cotidiano, cinismo é fazer o mea-culpa, é negar atitudes, postulando outras a elas contrárias.

Ironia, mordacidade, cinismo às vezes são sinonimizados, chegando a se confundir. Em realidade, as situações são tão diversas quanto o são ângulos de 90º, 45º ou 0º — todos são ângulos, mas sequer são parecidos, não passam de encontros com superfícies —, são encontros ou situações nas quais o fazer de conta, o exibir isto ou negar isto são apresentados. A ironia requer um mínimo de lucidez, a mordacidade implica sempre em questionamento, enquanto o cinismo é caracterizado por mentira e engano. O cinismo é um adiamento da constatação, da decisão, utilizando situações que podem confundir o outro.

DEMAGOGIA E ILUSÃO

Assistir aos programas de propaganda eleitoral é assistir manipulação das necessidades e urgências das populações e cidades transformadas em promessas. Todos falam em melhorias na saúde, educação, segurança, transporte de qualidade, geração de empregos. A transformação do que é necessário, das necessidades intrínsecas ao desenvolvimento social, em "projeto eleitoreiro" equivale ao que acalenta sonhos e ilusões — quando se quer usar e enganar amigos, familiares e amantes —, têm os mesmos denominadores.

Ao transformar as necessidades em plataforma política, as estratégias marqueteiras alimentam a alienação; abdica-se da reflexão em prol da manipulação para o alcance ou manutenção do poder. Nas não aceitações das impotências individuais, transformam-se problemas em justificativas, criando motivações alienantes, tanto quanto se constroem os salvadores da pátria e dos sonhos. Medos, dúvidas e incapacidades no lidar com o cotidiano, no fazer frente ao que aliena e explora, criam polarização e busca de mediações redutoras. Quem salvará? Quem mudará este país? O que é a salvação? Perguntas respondidas ao aderir às promessas. Os "santinhos eleitoreiros" passam a ser indicativos do guardião, do governo, ou melhor, da pessoa que mediará e resolverá dificuldades. Os ouvidos atentos da publicidade e mídia constroem escudos artificiais, que são verdadeiras portas de emergência para o escape de multidões atordoadas da mesma forma que, na vida individual, o sedutor realiza os acalentados e antigos, quase desgastados, sonhos de felicidade e realização. Apreender as dificuldades, auscultar demandas é eficiente quando se quer criar caminhos convergentes para a realização dos próprios objetivos. O candidato que luta pelo povo, que conhece a pobreza, que sabe da riqueza, cria plataformas redutoras e transformadoras das motivações. Insinua-se como restaurador, quando, na verdade, quer manutenção de privilégios, compromissos e acordos.

A melhor maneira de enganar é acenar, prometer resolver o que é fundamental. Manipular o cidadão cooptado pelo que necessita gera ilusões. Atmosferas democráticas não são construídas com satisfação de necessidades individuais, não é a comida a mais no prato que as resolve. A atitude de prover se esgota em si mesma, é atendimento funcional que nada constrói, salvo dependências e expectativas de manutenção. Assistencialismo não produz riqueza, é como o apoio terapêutico que nada transforma, apenas mantém. Mudar implica em se deter nos problemas, apreender seus estruturantes. Buscar soluções, saindo do universo das estruturas problemáticas, significa negar os problemas, transformá-los em pressão propulsora, em desejos de mudança que são criadores de novos problemas. Esperar a realização do prometido não contribui para a criação e estabelecimento de atmosferas democráticas e consequentes melhorias sociais, apenas cria submissos. Lembrando Nietzsche: "nossa inteira sociologia não conhece nenhum outro instinto senão o do rebanho, isto é, dos zeros somados, onde cada zero tem 'direitos iguais', onde é virtuoso ser zero".[61]

Denominadores comuns são abrangentes, paradoxalmente redutores, desde que ao condensar e igualar ultrapassem especificidades. O que sobra dessas operações é o resíduo, cada vez maior, dos descontentes e frustrados que resumem os humilhados, ofendidos e enganados, seja no público ou no privado. Na esfera pública, o tudo fazer para manter o poder transforma os cidadãos em peças de um jogo para a realização de interesses do poder; na esfera privada, utiliza-se o outro para a realização de objetivos, desejos e metas individuais.

---

[61] NIETZSCHE, Friedrich. Sobre o niilismo e o eterno retorno. *In*: NIETZSCHE, Friedrich. *Obras Incompletas*. Tradução de Rubens Rodrigues Torres Filho. São Paulo: Abril Cultural, 1974, p. 390.

DISTRIBUIÇÃO: REPRESENTANTES, REPRESENTADOS E DEMOCRACIA

É próprio da distribuição a existência de um centro, uma pessoa ou um distribuidor. Processos de distribuição sempre inscrevem ou estabelecem responsáveis. A ideia de república (regulada por leis e constituição) é a busca de ancorar responsáveis em leis normativas. A coisa pública — a república — só pode sobreviver se regida por democracia (poder dos representados por meio de seus expoentes escolhidos). Representar essa duplicação, essa contenção de iguais diante de iguais é sempre problemática, já que firma pactos desiguais. É um processo que cria os filtros, os locais, as posições, os partidos, os representantes da vontade da população. Representar é simbolizar, indicar, sugerir, e em qualquer dessas condições representar é distorcer, pois estabelece o outro (o diferente), a outra coisa, para representar o mesmo. É como um game, um jogo de semelhanças, dessemelhanças que sempre provoca ambiguidade mesmo quando sincroniza, ou seja, quando um vira o outro. A identidade passa a se impor sob forma de identificação e aí se estabelece o sentido do representar. Ser o outro como forma de ser o mesmo é a complicação a partir da qual vão ser distribuídas regras, conceitos, benesses e aflições.

Duas coisas não ocupam o mesmo lugar no espaço, a superposição exige congruência. Qualquer coisa que sobra ou falta problematiza. Quase que leito de Procusto para exercer a balança, para exercer o equilíbrio democrático. Quem decide? Quem muda? Quem distribui? Quem organiza? Quem administra segundo critérios ideológicos ou desejos de melhoras para si e para os outros ou até mesmo para todos? Democracia é, assim, o resultado de distribuição: de dinheiro, gorjeta, propina, poder, oportunidade, voto distrital, exclusividades e inclusões.

Justiça para todos é uma pretensão da democracia. Mas esse conceito de justiça, do que é justo, passa a ser o que pode ser avaliado, medido, estabelecido e comprado na troca de vantagens. A democracia pretende também que todos tenham direitos iguais, que a distribuição de oportunidades seja equitativa, mas aqui novamente observamos as avaliações e as trocas ou compra de vantagens sempre possíveis no processo representativo. Esse procedimento é antigo, como bem demonstra o *Diálogo dos Oradores*, de Tácito, publicado por volta do ano 102 a.C.:

> Na última distribuição de dinheiro, em verdade, vós próprios vistes numerosos velhos que narravam ter recebido também do Divino Augusto o dinheiro das distribuições uma ou mais vezes.[62] [...][dinheiro era o] congiarium que consistia, na época republicana, em uma quantidade de vinho ou azeite distribuído ao povo pelos candidatos às eleições. Na época imperial tratava-se de uma soma em dinheiro distribuída pelo príncipe em ocasião de uma vitória ou triunfo. O texto refere-se, aqui, à distribuição de dinheiro feito mediante a vitória de Tito, em 72.[63]

Tudo está, desse modo, comprometido com interesses particulares.

---

[62] TÁCITO, Cornélio. *Diálogo dos Oradores:* Dialogus de oratoribus (edição bilingue). Belo Horizonte: Autêntica Editora, 2014, p. 59.
[63] *Ibid.* p. 128.

POLARIZAÇÃO E ASNO DE BURIDAN

Representar impasses como a dificuldade de decisão, como a indecisão que implica em impossibilidade de realizar, constitui o paradoxo representado pela polarização. Certos impasses sociais e filosóficos podem ser considerados tomando o asno como metáfora inspiradora.

Na fábula dos Burros Espertos, os dois atados por uma curta corda avistam dois montes de feno em lados opostos e, tentando comê-los, permanecem paralisados pela corda estirada, puxando-a pelas extremidades a que estão amarrados — cada qual deseja realizar suas motivações, saciar sua fome. Buscando atingir o feno, o capim, brigam sem atingir, sem perceber que estão amarrados no mesmo laço, na mesma corda. Encontram a solução indo juntos a um monte de feno.

Compromisso gerador de polarização, conflitos e lutas que só podem ser resolvidas quando os nós são desatados, quando o que prende e separa é removido. Estar livre é poder seguir os próprios caminhos e não ser induzido, manipulado pela fome, pelas necessidades contingentes percorrendo trilhas arbitradas e parcializadas.

Atribui-se ao filósofo Buridan (século XIV) a discussão sobre o livre-arbítrio expressa no paradoxo conhecido como Asno de Buridan, a imagem de um asno que, sentindo fome e sede ao mesmo tempo, vacila entre o monte de feno e o barril de água, incapaz de se decidir por um ou outro, morrendo ao final. É um exemplo da incapacidade de se decidir entre dois comportamentos quando se sente motivado em favor de um e outro.

O burro é também personagem bíblico iluminado pela entrada triunfante em Jerusalém levando Jesus, tanto quanto é o clássico "burro de carga", o teimoso, o considerado difícil de assimilar, de aprender e o resistente e usual transporte dos palestinos, dos árabes e dos nordestinos.

Não há polarização, não há antagonismos quando as possibilidades são consideradas. As polarizações resultam de fragmentação imantada. Juntar pedaços, cacos, cria polos de coesão que independem do que está acontecendo, pois são previamente determinados por interesses alheios aos próprios antagonismos. Polarizar é sempre um artifício que esconde outras realidades, é criar falso antagonismo e assim estabelecer lugares considerados bons e ruins, variando conforme o que é observado. Esta aparente realidade quântica subtrai densidades, particularidades e tudo engloba propiciando outras visualizações, outros propósitos. Não há o bem e o mal, não há a "direita" ou a "esquerda"; o que existe é uma continuidade fenomênica de variações que não podem ser reduzidas a dilemas. É necessário sair da polarização para que se encontrem os dados, os contínuos processuais.

No caso do Brasil, nas recentes polarizações políticas, a questão não é o bem ou o mal. A questão é o que vai permitir igualdade, liberdade, ou o que não vai permiti-las. É o que não vai aumentar as discriminações étnicas, sociais, sexuais e econômicas. É o que vai permitir ser com o outro enquanto liberdade de ir e vir, sem atropelos nem impedimentos descontinuadores. Essa constatação evita cair em imobilizações como as dos Burros Espertos e do Asno de Buridan. Lutar pela democracia e distribuição igualitária de direitos e deveres é o que se exige. Clichês, meias verdades e leis que permitem escolher quem morre, quem vive, quem é humano, quem é verme, quem é parasita sempre geram campos de concentração, campos de extermínio, campos de tortura. São necessárias ações contrárias, lucidez e luta constante para a manutenção das conquistas civilizatórias e erradicação da barbárie.

PROSELITISMO

Os prosélitos, os que foram atraídos e recém-convertidos para religiões, partidos, seitas ou doutrinas são também os neófitos, ou ainda, os arrebanhados por catequeses e acenos de vantagens propiciadoras de poder ou de bem-estar. Quem mais arrebanha e aumenta suas fileiras é aquele que constrói poder, que ganha força para deliberar, rejeitar e aceitar. Lutar e catequizar são maneiras de conseguir prosélitos, fanáticos, militância aguerrida para manter suas conquistas de poder, trabalho, dinheiro ou vida eterna, a felicidade no reino dos céus.

A acomodação, o se apegar às tábuas de salvação, identifica e ampara os prosélitos. Não podem perder o conquistado, não podem deixar o reino de Deus ser ameaçado (amaldiçoado), partem, então, para criminalizar, destruir, matar o que ameaça, o que já foi conseguido, nada pode desacomodar o que foi conquistado. Acomodação é um dos mais perigosos sinais de alienação. É por meio dela que o outro é destruído: "imigrantes vão tirar nosso conforto", dizem os felizes acomodados, e continuam: "descriminalização do aborto vai virar de pernas para o ar a nossa família", "liberação de drogas trará desgraças e sofrimentos para os nossos filhos". Defender com afinco o que acomoda é manutenção do medo, é exercício de terror e agressão ao semelhante que pensa diferente. Toda ditadura — exercício unilateral do poder — é estribada na pasteurização do humano, do necessário e inovador.

Ditar regras é criar proselitismo, legião de pessoas que tudo fará para manter o conseguido que acomoda e exclui. São funcionamentos previsíveis e facilmente conseguidos, bastando polarizá-los em torno de pseudossoluções — aparentemente óbvias — necessárias e saneadoras e, assim, os efeitos são conseguidos. A multidão cega e manipulada consegue apenas destruir: punir e quebrar o que individualiza e define a liberdade de ir e vir. A criação de rotas, às vezes, é uma segmentação de caminhos fragmentadores das possibilidades infinitas de estar no mundo. Sem polarização, a unificação das pseudoverdades equivale a ser anodizado por correntes anticorrosivas que promovem oxidações superficiais, revestimentos protetores que apenas escondem estruturas comprometidas. Desse modo, tudo se iguala para melhor ser posicionado, utilizado pelos manipuladores. Esse é o mundo do prosélito que nada discerne, tudo discrimina, decide e aprova. Estouro de boiada, uníssona destruição na qual tudo é quebrado quando submetido a tais manobras, unilateralizações preconceituosas e clichês.

SEGUIR É SE PERDER

As militâncias são informes, apesar de densas. É a clássica manada. É o seguir sem saber o quê, apenas garantindo o lugar que lhe é destinado. A melhor maneira de negar processos, mudanças e evidências é valorizando seguidores. Segue-se o que está sendo seguido, que, por sua vez, segue o outro seguido. O que resulta, o que acontece é a expressão da contradição, mas precisa ser catapultado à nova ordem. Em todas as esferas, da individual à social, isso é uma evidência, entretanto quase sempre é obscura, ambígua. A evidência não é percebida, pois muitas variáveis, inúmeras situações se interpenetram. É a confusão, o não discernimento, a descontinuidade. É exatamente nesse momento da descontinuidade que as lideranças manipulam, levando sempre a discriminar e polarizar a multidão que é cega, pois a ela compete andar, seguir. Transformar questões qualitativas — evidências, constatações — em dados, em polarizantes, em formas de angariar adeptos é o que vem sendo feito ao longo dos séculos pelas religiões, partidos políticos, lideranças e diversos grupos comprometidos com o que querem realizar e conseguir. Angariar pessoas para o crime, para consumir drogas, para destruir sítios arqueológicos, para remover indígenas são, por exemplo, maneiras de criar seguidores, multidões que podem sustentar os interesses dos grupos. A economia do capital, com suas propostas de grandes satisfações, cria as multidões consumistas que seguem a moda, o padrão e se perdem em tantas coleções, tantos itens adquiridos!

Questionar as motivações circunstanciais pode ser eficaz quando se quer quebrar regras, dogmas e incentivos. A individualização dos processos requer questionamento e verificação deles. Seguir por entender o motivo pelo qual se quer, por se encontrar é uma forma de não se perder na multidão cega do apoio, do desejo e do medo. Isso é válido para as questões consideradas públicas tanto quanto para a vida privada, divisão questionável, mas que configura espaços de atuação.

PROCESSO DIALÉTICO: MUDANÇA E ACOMODAÇÃO

Todo processo — dos psicológicos aos sociais — é dialético. Isso significa afirmar que todo processo é movimentação permanente, intrínseca ao próprio processo (tensão entre situações diversas e opostas, teses e antíteses configuradoras de sínteses).

É oportuno (mais fácil) explicar o que acontece como se tivesse sempre uma causa interveniente, situações iniciadoras, mas essa abordagem resulta de desconhecer ou de negar o processo dialético, negar o surgimento de impasses que são decorrentes das forças em jogo. A mudança não pode ser explicada buscando causas, origens determinantes dela, pois ao fazer isso instalam-se reducionismos, criam-se culpados e responsáveis alheios ao processo que está se desenrolando, embora pertencentes e contextualizados em outros processos. Essas distorções, decorrentes da não globalização dos acontecimentos, ocorrem tanto no âmbito político e social (partidos políticos, agremiações etc.) quanto no âmbito privado (crises individuais e familiares), consequentemente posicionam, fragmentam e acomodam. A mesma tese em relação a A pode ser antítese a Z e síntese a Y, essa dinâmica esclarece e congestiona. Nesse ponto lembramos de Karl Marx e sua visão de que a humanidade não se coloca problemas que ela não possa resolver.

Tudo que é novo resulta da simultaneidade, do confronto de estruturas antagônicas, não decorre de causas específicas, mas sim de um processo estabelecido pelo encontro de inúmeras variáveis, teses, antíteses e sínteses. Ao perceber que o que acontece é diferente do que se espera acontecer, se instaura o novo, tanto quanto se cria impasse entre situações anteriormente vivenciadas como toleráveis ou intoleráveis, que reconfiguram os contextos, criando algo novo. A vivência do novo é irreversível, está sempre apontando para e iniciando outras situações diferentes das existentes, e isso é mudança. A continuidade da mudança vai depender de não existirem entraves e impedimentos a ela. Utilizar posições e matrizes das estruturas superadas e questionadas é uma maneira de descontinuar a mudança, de fragmentá-la, é uma tentativa de inseri-la em outras ordens que não as resultantes da superação ao impasse, é acomodação.

Na esfera política, movimentos de protesto e repulsa à corrupção e outras arbitrariedades contra a cidadania, por exemplo, podem ser neutralizados por criação de agendas e pautas de atendimento se essas não estiverem direcionadas ao cerne da questão. Essa convergência — satisfazer reivindicações — pontualiza os questionamentos, criando enquadramento, criando contextos descontinuadores da antítese. Direcionar antíteses para reivindicações, pedidos ou soluções é uma maneira de impedir sínteses, é uma maneira de ajustar as contradições, amortecendo-as. Essa tentativa de quebra do processo dialético gera novas atmosferas, gera objetivos que passam a ser sinalizadores de demandas, quando na verdade são resultantes de manobras criadas para descontinuar as situações novas. A substituição da motivação, a inclusão de a priori — medos e experiências — são superposições ao que acontece, consequentemente confundem, escondem e disfarçam o ocorrido. Isso explica tanto os processos individuais quanto os sociais. Sem síntese, as teses e antíteses, os impasses e questionamentos são transformados em divisão, paralelas nas quais a possibilidade de mudança é retardada, deslocada. Amortecer antíteses é a maneira de neutralizar questionamentos. Sem antítese, sem encontro, há um vazio, espaço preenchido por qualquer coisa alheia ao questionado, ao gerador de impasse. Novos questionamentos são necessários para que surja antítese.

Em psicoterapia é frequente a mudança ser transformada em ferramenta de manutenção quando ela é utilizada e reduzida às melhoras factuais e oportunas. Perceber, por exemplo, que o relacionamento conjugal construído em estruturas de sonhos, mentiras e ilusão desmorona e ainda assim tentar reconstruí-lo com novos acertos e contratos negociados é uma maneira de atualizar o superado, o desgastado, de negar o novo, de negar o fracasso do próprio relacionamento, neutralizando temporariamente os questionamentos. Nesses casos, diálogos podem ser apenas paliativos, compreensão pode ser uma maneira de negar o ocorrido, encontrar o bode expiatório — descobrir a culpa — como causa responsável pela modificação do afeto, se transforma em um elemento salvador. Todas essas atitudes são formas de ficar diante do acontecido, neutralizando-o por se estar imerso em outras motivações, desejos e compromissos. Utilizar o alívio dos sintomas desagradáveis para tentar realizar situações e desejos que os determinaram é o oportunismo, a instrumentalização dos processos de mudança. Coerência e fidelidade ao que se questiona, ao impasse criado é o que vai permitir a mudança, a continuidade do novo.

HOMOGENEIZAÇÃO DE CAMPO

Nas dinâmicas relacionais e nos processos perceptivos, inúmeros conflitos, diversas posições e significados contraditórios que não são percebidos em suas especificidades podem ser traduzidos como dificuldades e transtornos psicológicos, tumultos sociais etc., criando assim homogeneizações parcializantes e responsáveis por tipificações de normalidade ou anormalidade.

O desenrolar de situações e suas dinâmicas podem possibilitar percepções que apreendem o que está acontecendo ou podem estabelecer homogeneizações nas quais toda diferenciação é resumida em significados iguais. Isso acontece, por exemplo, quando por causa do pai alcoolista todos os transtornos familiares são por isso explicados. Essa homogeneização impede diferenciações das variáveis envolvidas nas constelações familiares. Da mesma forma, quando episódios de violência ou de manipulação em movimentos de massa são destacados para justificar ações repressoras ou respostas pontualizadas, os questionamentos centrais são dispersados. Buscar o preponderante, o mais pregnante como explicação é um causalismo homogeneizador.

Impactos, sustos e surpresas (perdas, luto, separações etc.), tanto quanto monotonia e repetições, são também responsáveis pela configuração de campos homogeneizados. Superposição de significados parcializa o ocorrido ou pode descaracterizá-lo. Querer saber se o que acontece resulta de outras configurações é um fator homogeneizador. Não identificando as diversas variáveis configuradoras da totalidade, surgem parcializações.

Quando as contradições são neutralizadas, as motivações comportamentais são dispersadas e instalam-se as condições propícias às homogeneizações perceptivas. O indivíduo paralisa-se em expectativas, por exemplo, que nada mais são que aspirações e esperas sem vivenciar contradições, vivenciando apenas demandas e frustrações, busca de sucesso e evitação de fracasso. Vivendo para os esforços, voltado para o futuro, cheio de metas — desejos além de sua estrutura de vida —, sobrevive adequando-se ao que não o amedronta, submetendo-se ao que o domina, perdendo lucidez, motivação e determinação. São situações não configuradas, homogeneizadas, nas quais a percepção não é diferenciada, determinando assim explicações mágicas, arbitrárias, alheias ao que ocorre. Empenhar-se na criação de justificativas é uma maneira de transformar os problemas, as questões contraditórias, em regras, protocolos e procedimentos de atuação. É frequente a preocupação dos pais com as más companhias que "estragam seus filhos"; "tudo ia muito bem, até que apareceu alguém que o levou para o precipício", dizem aflitos. Não conseguindo categorizar as situações específicas que se desenrolam à volta, resumem tudo como influências perniciosas. Percebem e agem sem questionamentos, consequentemente, cheios de certezas proverbiais.

Desse modo, tudo é igual, não existe variação. Igualar para submeter é uma das resultantes gerada pela dispersão, pelo deslocamento. A homogeneização de campo, como dizia Kurt Lewin, faz com que o indivíduo não se motive, tudo é branco, tudo é preto, nada desperta sua curiosidade, não há sinalização.

ÀS VEZES ORGANIZAR É DESTRUIR: DEMOCRACIA DIZIMADA

Uma das grandes demagogias da modernidade é a ideia de democracia como justificativa e solução das questões políticas e sociais. Discursos públicos e análises jornalísticas são marcadas, ritmadas pelo uso da palavra democracia, numa cadência vazia de conteúdo e verdade. A definição clássica de democracia é "governo em que o povo exerce a soberania", ou também "o sistema político em que os cidadãos elegem os seus dirigentes por meio de eleições periódicas", consequentemente, democracia é o governo do povo. Segundo a etimologia, *demo* é sinônimo de povo (originalmente significava distrito), e *krato* ou *kracia* significa poder ou governo. Sendo assim, para que exista democracia, tem que existir um parlamento que efetivamente represente os eleitores e que esses últimos tenham acesso livre à justiça e aos canais de influência nas esferas do poder, com igualdade e facilidade, e onde não existam manipulações e orientações para o exercício do suposto direito democrático de votar.

Como isso poderia ser exercido? Por uma série de escolhas computadas e registradas no voto. Votar é expressar a vontade, é estruturar poder, é efetivar a democracia. Estabelecer regras, normas, preencher os pratos da balança: maioria de um lado, minoria do outro. E assim as coisas andam, as demarcações se estruturam, a vontade do povo, da maioria, seria representada. Toda vez que há contagem, número, há resultado: maioria, minoria. A sequência natural desse processo cria oportunismos atravessadores: o resultado pode não mais expressar a vontade, mas sim a ação que se exerceria sobre a contagem dos votos ou ainda a interferência na própria vontade dos votantes.

Historicamente, o direito ao voto foi sendo ampliado nos últimos dois séculos, abrangendo todos os adultos independentemente de posição social, sexo ou cor da pele, mas é notória a insuficiência desse processo que em nada garante que os interesses e vontade dos cidadãos sejam atendidos pelas políticas públicas do Estado. Cada dia mais as interferências que visam exatamente quebrar o elo de ligação entre vontade do povo e governo aumentam e se diferenciam em estratégias decorrentes das circunstâncias históricas e sociais: desde a compra direta de votos (comum no passado) até as negociações entre grupos de poder e influência (partidos políticos, empresários e mídia); do marketing eleitoral às guerras híbridas (que manipulam mídia, fake news, políticos, poder judiciário, lideranças religiosas etc.); e, nos últimos anos, as redes sociais controladas por grandes empresas tecnológicas que trabalham pelos interesses do capital, escancaradamente manipulando desejos e visões de mundo. Desde as reuniões dos clubes de esquina aos condomínios, das assembleias empresariais até as eleições estatais, nas quais se desenrolam os processos democráticos, voto nada mais expressa que a vontade dos grupos que os controlam. O voto basicamente exprime a manipulação da população — de suas motivações e interesses —, geralmente acionada e conseguida pelas alavancas econômicas, religiosas e político-partidárias. Não é o povo que é representado, mas sim os grupos de poder. A democracia foi destruída ao ser metamorfoseada em figura representativa do que se pretende burlar e esconder. Nesse contexto, o povo não pode ser representado, e essa é a grande verdade que surge cada vez mais forte.

Povo é força, é ação, é totalidade que aparece quando não é polarizada por disfarces despersonalizadores, negado por religiões, por partidos, enfim, quaisquer somatórios que tentem identificar diferenças. O povo se individualiza em suas ações: busca de comida, busca de ar, busca de chão para pisar etc. Esse coletivo de humanidade — povo — serve também de disfarce para esconder o humano, da mesma forma que o voto disfarça e nega a democracia.

Em outra oportunidade escrevi sobre esse aspecto da dinâmica humana nas sociedades contemporâneas, sobre a necessidade de questionamento aos sistemas opressores:

> Opressão e submissão existem quando se faz parte do que é estabelecido sem questionar suas implicações, apenas aceitando sobreviver e ampliar suas zonas de conforto ou mesmo diminuir mal-estar. Aceitar sistemas sociais e

familiares, para neles se apoiar sem perceber o que se perde de liberdade ao manter o apoio esvazia. Como viver bem em uma sociedade que mantém metade de seus membros nas condições mais precárias de alimentação e higiene? Como manter parceria à base de castigos e frustrações? Como viver em função de atingir recompensas? Crime, castigo, opressão, submissão são as constantes, desde que falta justiça, equidade, liberdade e autonomia. Nos últimos dois séculos, metade da população mundial foi validada, passou a significar por meio de leis e direitos, mas nem sempre leis e admissão de direitos permitem legitimação. A pirâmide continua, a opressão continua, a base continua a suportar o topo. Peguemos um exemplo que ilustra todo o modelo: as mulheres começaram a votar, começaram a ganhar dinheiro pelo trabalho. Por que essa mudança? Essa mudança decorreu da necessidade econômica, da falta de fulcro para aplicação da mais-valia (mais uma vez um exemplo de voto que atende a interesses econômicos abrangentes e não simplesmente como expressão de vontade do povo). Legitimidade só vai existir quando os modelos forem transformados ou extintos, daí a constante necessidade de questionamentos, que não pode ser aplacada pela satisfação das reivindicações.[64]

A possibilidade de mudança surge quando o homem se liberta de suas contingências, de sua sobrevivência e esse processo está sendo esboçado. Às vezes organizar é destruir, e as contradições inerentes às atuais democracias estão se impondo e gerando novas visões. A questão climática é uma delas, as convulsões da

---

[64] Ver este texto completo no capítulo "Oprimidos e submissos" (p. 350).

Terra (natureza) são muito significativas para o entendimento dos conflitos criados pela organização, produção e construção exercidos até agora. É fundamental questionar o que foi desenvolvido.

INDIVIDUAL E COLETIVO

"O crescimento populacional transfere a iniciativa do indivíduo para a coletividade", diz Ilya Prigogine.[65]

A transferência da iniciativa do indivíduo para a sociedade não é apenas uma decorrência do aumento populacional, ela é, fundamentalmente, o resultado da alienação, da massificação necessária para suprir, prover e atingir mais-valia de todo o capital investido e propiciado pelo aumento populacional. Controle de funcionamento, apropriação de ideias — à medida que são estabelecidas as convergências necessárias — fazem o caminho para homogeneizar e massificar o homem, e têm um intenso efeito no sentido de seduzir e consumir as demandas sociais. Embriões desse processo foram denunciados pelos luditas no século XIX, foram filmados e explicitados no filme *Metrópolis* (1927), tanto quanto mostrados como nosso futuro próximo no filme *Blade Runner* (1982).

Organizar é, às vezes, uma forma de neutralizar iniciativas à medida que se cria um amplo campo para abrigá-las. Sociedade, escola, famílias que seguem esse pressuposto podem gerar cidadãos supereficientes, ultra-aperfeiçoados em suas habilidades, bons seguidores de demarcações, mas que não conseguem ver além do indicado, além do demarcado — não têm iniciativa. O agrupamento, o estabelecimento de blocos a partir dos quais a situação

---

[65] PRIGOGINE, Ilya. Carta para as futuras gerações. *Folha de S. Paulo*, São Paulo, 30 jan. 2000. Caderno Mais!. Disponível em: https://www1.folha.uol.com.br/fsp/mais/fs3001200004.htm. Acessado em: 22 nov. 2024.

é ordenada para funcionar enquanto viabilidade, transforma a iniciativa individual em um mero seguir de trajetória, em mero percorrer de caminhos indicados ou caminhos sinalizados. Não há como agrupar idiossincrasias, ainda que vistas como sinônimo de individualidades. Resta seguir. Repetir processos bem-sucedidos e evitar os prejudiciais são as opções colocadas para o indivíduo. Sinalizado e traduzido pelos propósitos, pelas ações oportunas, consequentemente pelo resultado, resta apenas seguir, esperar sucesso e evitar prejuízo. Podado em suas possibilidades, dedicado a satisfazer necessidades, a agir metamorfoseado em ingrediente das questões, o ser humano consome e trabalha, assim como concorre e se angustia.

LIBERDADE, IGUALDADE, FRATERNIDADE

A grande revolução social — a Francesa — erigiu este lema: "Liberdade, Igualdade, Fraternidade". A Queda da Bastilha consolida os ideais revolucionários. A partir daí a liberdade se instala, já não se mantêm confinamentos e torturas destruidoras do homem. A Queda da Bastilha na prática e simbolicamente realiza o ideal dos cidadãos livres: é a prisão destruída. No final do século XVIII, com esses acontecimentos na França e a consolidação da independência dos Estados Unidos rompendo com a Inglaterra, assistimos à expansão dos ideais de não submissão a governos absolutistas e a reis déspotas. Duzentos anos depois, no século XX, não conseguimos entrar no reino da igualdade. Malgrado todo esforço do socialismo soviético, suas dachas escureceram esse ideal. No século XXI acirram-se as contradições, a desigualdade é tão forte que ameaça a liberdade. Os indivíduos pensam apenas em sobreviver, não importa como. Tragados pelos mercados que heterogeneízam, o mundo está reduzido aos que podem comer, dormir em suas casas ou tornarem-se equivalentes a dejetos urbanos. Solidariedade desaparece a cada disputa por abrigo, segurança e conforto. Este século é decisivo para estabelecer a igualdade, até como forma de sobrevivência da liberdade, pois sem ela não há como manter a liberdade. Frequentemente liberdade e igualdade caminham em sentidos opostos, é paradoxal, mas é a essência do arbítrio dominador, da manutenção do poder, da mais-valia e do esgotamento de recursos do ser humano e de seu habitat. Todos confinados, submetidos e ameaçados pode vir a ser o confronto, a destruição igualitária que conduza à fraternidade, sendo que antes de ela ser inaugurada, continuaremos assistindo aos canibalismos atuais: exploração de mulheres, pedofilias, redução do homem à condição de boca que come, corpo e músculo que trabalha.

Os grandes ideais iluministas estão, agora, transformados em segurança, o fechamento em ilhas condominiais de conforto e índices de preferências que vão dos vinhos aos prazeres e locais de entretenimento nos quais o fraterno, o semelhante é o que não ameaça, o que contabiliza recursos para manter longevidade.

Acontece que, para o ser humano, a percepção da existência é fundante, não se ancora na necessidade de existir. Essa possibilidade de transcender limites e contingências permitirá mudanças, e assim sairemos das trevas atuais para iluminações vindouras nas quais o priorizado será a fraternidade, a irmandade que implica na percepção do outro como continuação de si próprio e não como alavanca, instrumento a ser utilizado para realizar desejos, metas e necessidades.

Conseguimos liberdade, mas não conseguimos igualdade. Será somente pela fraternidade — que resulta da antítese entre o livre e o igual — que a afirmação humana ocorrerá. O homem povoará a terra enquanto tal, como indivíduo, e não por meio de hordas colonizadoras e engenhos massificadores. Será nosso único resgate possível enquanto humanidade ou então morreremos confinados em espaços murados que nos protegem, que, asfixiantes, nos destroem, nos deixam imóveis sob redomas diferenciadoras e destruidoras. Após a luta entre livres e iguais, atingiremos a fraternidade. Bastando ser, bastando respirar e conviver. Ordens, regras e hierarquias serão quebradas, o Iluminismo buscado no século XVIII atingirá sua verdadeira dimensão: ser no mundo com os outros em espaços iguais, comuns e fraternos, harmônicos. Só com essa mudança será possível manter a liberdade e a igualdade: não há padrão, não há medida, existem apenas seres individualizados em função de seus contextos, suas possibilidades e disponibilidade. Os grupos, as manadas e rebanhos destruídos trazem novos significados a seus integrantes (liberdade) e a igualdade é percebida, ela é agrupadora, pois polariza solidariedade e fraternidade.

IMAGINAR O IGUAL E O DIFERENTE: SOMOS IGUAIS, SOMOS HUMANOS

Necessariamente, coisas, situações, pessoas, processos são comparados. A comparação leva ao clássico A = A, 1 = 1 ao se falar em igualdade. Estabelecer um ponto, um aspecto ou qualquer outra coisa, é o que leva a comparar. É a busca e o encontro de um denominador comum que, enfim, resulta da comparação. Tudo se inicia no arbitrário; desde que é um redutor de infinitas configurações, a comparação é sempre resultado de sobreposição de inúmeros contextos.

Tudo é átomo, tudo é matéria e tudo é energia são noções que permitem falar em igualdade, entretanto esses conceitos nada definem se não forem configuradas suas estruturações. O igual, o semelhante é sempre arbitrário, visto que configurado por pontualizações. É mágico extrair interseção, pontos de encontro tanto de sistemas quanto dos processos vitais. Imaginar como começa uma doença e sua etiologia desvincula inúmeros processos de seus contextos, embora também os evidenciem: são identificados padrões comuns ou prognósticos, mas também a evidência das idiossincrasias, das reações individualizadas de cada doente. Deter-se na história dos grandes encontros, dos grandes amores e a partir daí tudo entender, afirmar ou negar é, às vezes, criar uma caixa de lembranças na qual processos vividos são rotulados e guardados. A lembrança, a memória é também um imobilizador de vivências. São as interseções que desconfiguram.

O igual é sempre o diferente, já que não é o mesmo. O outro, o idêntico, o semelhante ocupa outro espaço, outro tempo. As linhas homogeneizadas são responsáveis pelo estabelecimento de igualdades. A magia que as estabelece como padrão, estabelece também inúmeras diferenças. Sobrepor, acomodar como função são as tessituras da igualdade e da desigualdade também por deslocamento. Imaginar o igual e o diferente em um sistema cria hierarquias, tanto quanto desejos realizadores ou fantasias. As comparações revoltam (por exemplo, os clássicos dramas familiares dos filhos do meio — filhos-sanduíche — comparados ora com o padrão A, ora com o padrão B) e despersonalizam, criando metas: vencer na vida, não viver mais, ser tão poderoso quanto o próprio patrão, ser igual ao sem-teto que anda pelas ruas etc. são alguns exemplos.

Quando o ser humano se compara, busca ser igual ou ser diferente, o que primeiro acontece é a negação ou a aceitação do existente, da própria situação dada pela substituição dessa inclusão, ou não, como critério definidor de seu estar no mundo. No contexto de negação da própria situação, o ser preto, ser branco, ser rico, ser pobre, feio, bonito, capaz, incapaz são sempre aderências, sempre adjetivos negadores e não configuradores da própria individualidade. Amparar-se em uma rede, estar seguro em seus nós de coesão é uma forma de privilegiar apoio e referenciais em lugar de aberturas, caminhos e possibilidades vivenciais.

Admitir que a base de igualdade é necessariamente a diferença vai configurar surpresas: liberdade, ruptura de padrões, de critérios de ajuste e de realização valorizada pelos diversos sistemas que mecanizam e destroem a individualidade humana. Só é possível entender igualdades quando são equacionadas as diferenças, pois desse modo vários padrões igualitários possibilitam a realização de diferenças, quebras de ajustes e de acomodações, e assim não mais é necessário arbitrar igual ou diferente. Poder exercer suas possibilidades, exilando comparações — independentemente de classificações normativas —, transforma todos os seres humanos em iguais no estar no mundo com o outro, na satisfação de necessidades, sobrevivência e vida. A identificação, a constatação da individualidade, da unidade é o que permite a realização, é o que permite a família, a empresa, a sociedade acessar o mundo dos iguais; assim como os números, os tons, as cores, a luz, os processos físicos e químicos permitem as transformações, o descobrimento e as invenções.

DIVERSIDADE: ADAPTAÇÃO E CAMUFLAGENS

No afã de realizar suas necessidades de sobrevivência e seus propósitos de tranquilidade, que em geral são vivenciados como não ter problemas, o ser humano se adapta ao que está em sua volta, mesmo que isso o aniquile como indivíduo. Esse é um processo de submissão ao que maltrata para conseguir sobreviver. É o que acontece, por exemplo, quando o indivíduo se torna membro atuante de algum sistema ditatorial ou autoritário. É, no cotidiano, perceber o outro como praga inimiga a fim de, colecionando escalpos e satisfazendo autoridades, ser promovido, ser o braço direito do chefe, ser bem-posicionado no sistema que tortura e mata. No nazismo — à época de Hitler — essas situações eram mais que frequentes. Estar envolvido em ações que resultavam em destruir, em denunciar era, para essas pessoas, a maneira de triunfar, de vencer na vida e ter sucesso. Se adaptar às atrocidades desumanizadoras era uma maneira de sobreviver. Pensavam seu dia a dia como situações nas quais escolhiam entre matar ou morrer.

Quando os limites do existir, do coexistir se reduzem a contrários, a antônimos, a razão e desrazão, o comportamento passa a ser caracterizado por se adaptar ou morrer. É a lei das gangues assassinas, é a regra de matar e matar, é a adaptação que faz sobreviver sem questionamentos, sem contestações. Na diversidade, no colorido de costumes e nações, às vezes não sobra espaço. Colocar o pé no chão só é possível se o espaço não estiver ocupado por outro pé. Essas superposições obrigam a lutar e a disputar. Quando não se percebem as forças redutoras que diminuíram o espaço, se luta por ocupar o mínimo em vez de tentar enfrentar os redutores dele. Nessas vivências, o que se busca é matar para não morrer, é adaptar para não ceder, sem que se veja que esse processo já é mortal e não oferece adaptação.

Acontece que o outro é o próximo, é o semelhante. Frequentemente ele está coberto, escondido por rótulos nos quais o que se lê é: estranho, nocivo, ruim. Ao constatar ação, ao verificar movimento do envelopado e assim apresentado, mata-se o outro, promove-se antecipada destruição do humano, criando os bodes expiatórios, os inimigos, os que devem ser rechaçados. Adaptando-se às rotulagens, aos padrões discriminadores, criam-se hordas, exércitos de salvação, rebanhos adaptados e controlados por lideranças que apenas desejam reinar, mandar, ter poder. O resultado final desse processo é o encontro de situações às quais não se deve sobreviver quando prevalece um mínimo de lucidez e questionamento, ou ainda, são aquelas situações confortáveis, adaptadoras que causam depressão, morte e desumanização. Jean Cocteau exemplificou bem: "ambientes diversos demais são nocivos ao sensível que se adapta. Era (uma vez) um camaleão. Seu dono, para proporcionar-lhe calor, colocou-o sobre uma manta escocesa colorida. O camaleão morreu de fadiga". [66]

De tanto mimetismo, na diversidade das cores, esgotou suas possibilidades — morreu. Deixar de ser o que se é, de acreditar no que se acredita para ser aceito ou para sobreviver é uma maneira rápida de ser destruído e despersonalizado.

QUERER NÃO É PODER

A instrumentalização do que há de mais legítimo, autêntico e imanente no humano gera seres contingentes nos quais a vontade, a motivação, o querer passam a ser vistos e utilizados como alavanca para se alcançar uma meta. O que era próprio, característico é então modificado, processado e destruído, principalmente de duas maneiras: a primeira, quebrando a Gestalt, a totalidade ser no mundo, por meio de divisões criadoras de interno e externo; e a segunda, criando a falta, que surge pelo pedaço arrancado para a instrumentalização, falta essa responsável pelo desejo, vetor de mercado ultranecessário ao homem que se realiza pelo consumo.

O que era natural, resultante de um diálogo, resultante da vivência do presente, vivência essa geradora de perspectivas (nesse caso, futuro é o que continua o presente), passa a ser artificialismo construído, ponte para realização de metas, ambições que nos impulsionam e alavancam (aqui, futuro é situação ou coisas a se

---

[66] COCTEAU, Jean. *O Potomak*. Tradução de Wellington Júnio Costa. Belo Horizonte: Autêntica Editora, 2019, p. 38.

atingir, é negação dos limites criadores de opressões e insatisfações). Nesse contexto surge o "se propor a", o "lutar para conseguir".

Querer não é poder. Querer é exercer, é fazer. É tão natural quanto andar e respirar. Acentuar a naturalidade do querer não significa reduzi-lo às estruturas biológica e fisiológica. Apenas mostra a continuidade do estar no mundo. Viver é perceber, é querer, é realizar. Sempre que se quer, se consegue, desde que tudo o que se quer esteja em um contexto, em um raio de ação dentro das próprias possibilidades. Quando se quer o que não se pode, mas sim o que se precisa, o contorcionismo se estabelece: torna--se imperativo transformar necessidades em possibilidades. Isso esvazia, é desumanizante. O querer da necessidade é instantâneo, e deixa de sê-lo quando algum comprometimento nos agrava, nos adoece: por exemplo, estar com dificuldade de respirar cria necessidade de sondas, a insônia, a incapacidade de exercer essa coisa tão natural que é o sono, cria demandas, vazio e desejo. É uma quebra de continuidade fisiológica que necessita de artifícios: de máquinas para respirar, drenos, sondas etc. Nessa quebra, nessa imobilização surge o desejo. Reduzindo o mundo ao próprio corpo, ao organismo, sem o outro diante de si com motivações diferentes, o indivíduo se transforma em uma fábrica de desejos, de quereres e poderes falhados, mas sempre buscados.

A transformação do presente em obstáculo a ser transposto, por tudo que nele existe de desagradável e denunciador (problemas de origem, medos, dificuldades — não aceitação), faz com que se queira construir o que é valorizado dentro dos sistemas, começando assim o relacionamento com o próprio corpo, o próprio organismo como se fosse um outro. Essa divisão obriga a mais construções para a realização do que se quer. Cria-se o lema, a meta expressa em "querer é poder". Busca-se o corpo construído, bonito, aceitável, por exemplo, e a sexualidade aplacada, os vínculos relacionais ancorados na família, na comunidade. Tudo que se quer, se consegue, se realiza, não existe descontinuidade, tampouco dificuldade para o ser humano quando ele integra seus limites. As dificuldades, os problemas surgem quando não se aceitam limites, quando não se aceita a realidade, isto é, quando o presente é transformado em obstáculo. Isso é possível por meio de avaliações causadas por divisões. O que ocorre é percebido em outros referenciais não existentes — passados ou futuros — onde são estabelecidas novas percepções criadoras de metas e desejos, por exemplo. O esforço, a dita "força de vontade", o "querer é poder" são estupefacientes, entorpecedores que mantêm os sistemas massificadores, desumanizadores.

VONTADES PSEUDORREDENTORAS

Desejos e propósitos não propiciam mudança, pois ela decorre da presença de contradições. Tudo que vai na mesma direção, buscando encontros que agrupem, que sinalizem mudanças são, por definição, inoperantes. Isso se aplica tanto aos anseios individuais de transformações na vida cotidiana quanto a aspirações de cunho social ou coletivo.

Para haver mudança não basta vontade e desejo de mudar, são necessárias antíteses, situações, realidades que se antagonizem. O querer viver melhor, o desejo de paz no mundo, o desejo de que as guerras terminem, por exemplo, nada mais são que desejos. Só se realizam como atos efetivos quando fazem antítese aos mobilizadores das guerras existentes, e isso não depende simplesmente de vontade ou ação individual. Resolver situações de guerra significa acabar com interesses colonialistas, imperialistas, expansionistas, em outras palavras, interesses de tirar de um povo ou de um país o que é dele. O colonialismo é o roubo oficializado. Nesse sentido, só o enfrentamento, a denúncia e a reprovação do conquistador pode trazer mudança. Acabar com o poder usurpador e colonizador é a única maneira de acabar com guerras de expansão colonialista e atingir a paz. Não se trata de exercer a vontade de mudança, de perceber uma oportunidade, uma brecha que levaria à mudança, mas sim de criar questionamentos exemplificadores de contradições que geram mudanças.

Impedir que presidiários consigam armas é uma maneira de evitar levantes, por exemplo. Armar populações, grupos insatisfeitos com suas contradições — contradições oriundas de constante exploração e/ou privação de recursos — é uma maneira de incitar sublevação, revoltas e guerras, às vezes classificadas como legítimas respostas do direito de existir. É oportuno lembrar que reivindicar direitos muitas vezes se estriba na não legitimidade do pretendido. Mudanças são sempre resultado de processos, são abruptas, não são suaves: são nascimento de novas formas, nova realidade. O fórceps, a indução facilitadora é independente e desnecessária aos processos de mudança. Não é preciso que se aproveite de situações ou que se percebam brechas que levariam à mudança — explicação comum para as transformações sociais e individuais —, pois a mudança não depende de escolha, ela não é resultado do acaso, da oportunidade, ela é resultado de processos, bastando vivenciá-los. Para que essa vivência aconteça é necessário que não se esteja impermeabilizado pelos desejos, pelas metas, pelos compromissos. Mudar requer apenas disponibilidade. Ser disponível em um sistema de sobrevivência é o alfa e o ômega das dificuldades, pois toda sobrevivência está estabelecida em aproveitar o que aparece, em aproveitar o que pode ser melhor e evitar o que pode ser pior. O compromisso com metas neutraliza a disponibilidade, fazendo com que a divisão gerada pelos desejos aumente, e assim ou se negam ou não se percebem as contradições, consequentemente impedindo a possibilidade de mudança, desde que isso aliena o indivíduo em certezas, em dúvidas e conhecimento inadequado, percepções distorcidas do que está diante dele.

Acreditar que se pode perceber e aproveitar algo como uma oportunidade de mudança é colocar o processo de mudança fora de suas condições estruturantes, é imaginar outros parâmetros, outros privilégios, desejos, compromissos e quimeras, negando assim a força gravitacional dos processos estruturantes da mudança. Quando o mundo amanhece em guerra, por exemplo, ou quando catástrofes climáticas acontecem, o que percebemos são mudanças e não oportunidade para mudar. Invocar, nesse processo, a importância da subjetividade é uma maneira de negar os próprios processos.

Muda-se quando se muda, ou ainda, muda-se para mudar, é o final de linha, é o túnel que se ilumina, é não ter mais para onde ir, para onde voltar. Mudar é a nova ocorrência, é o novo que se impõe, é o que resulta da contradição de há muito atenuada, disfarçada, seja na esfera coletiva ou individual. Estabelecer antíteses em vez de atenuá-las, não amenizar contradições é o que se exige para quebrar o compromisso com a sobrevivência, o medo, a alienação e a busca de vantagens salvadoras. É a maneira efetiva de possibilitar mudanças.

INTERRUPÇÃO E CONTINUIDADE

Os processos são infinitos, o movimento é eterno. Ao nos relacionarmos, estabelecemos limites, posições, espaços. Descontinuamos, interrompemos para continuar. Isso cria tensão, cria motivação. Bluma Zeigarnik, psicóloga, estudiosa dos fenômenos da memória, pesquisou e descobriu, no início do século passado, que as tarefas interrompidas eram frequentemente mais memorizadas, mais lembradas que as concluídas. Essa pesquisa é muito fértil. Podemos entender a motivação, o estar interessado em algo ou alguém em função da descontinuidade, da interrupção. O que eu chamo de efeito Zeigarnik explica a tensão criada pelo que não é concluído.

As sequências relacionais vivenciadas em contexto de não aceitação, de autorreferenciamento são ilustrativas de como o interesse ou desinteresse, o ânimo ou desânimo variam em função de metas realizadas, completadas, ou situações instigantes sempre insinuadas e nunca definidas. As técnicas de manipulação política, a propaganda, a demagogia são sempre um exemplo desse efeito Zeigarnik: motivar é gerar esperança, que quanto mais distante fica, mais motiva. Estar motivado é querer continuar o que se está vivenciando. A sensação de completar equivale ao terminar, encerrar, não oferece perspectiva de continuidade, é alívio ou realização. O completo, íntegro é tedioso para quem garimpa sucesso, riqueza e bem-estar, por exemplo. Interrupção, não conclusão do que se realiza gera insatisfação, cria tensão, estabelece meta ou gera perspectivas, a depender da aceitação dos limites existentes. A interrupção, pelos vazios preenchidos de motivação, cria continuidade. Frustrações esmagadas sepultam os desejos que as engendraram. Esse progressivo esvaziamento faz com que não exista motivação. O presente é vivenciado como expectativa. O pregnante, a Figura (elemento figural) é o que vai acontecer, é independente do que se está vivenciando. É o rompimento da continuidade, é a estagnação. Continuidade não é manutenção, continuidade é a única maneira de mudar, desde que ao interromper cada sequência, se recria, continua, graças à motivação que é intrínseca ao processo de interrupção. No indivíduo fragmentado, dividido, parcializado, não há o que interromper, não há consequentemente o que continuar, motivar. São "rochas" inanimadas, pontualizações existentes, nas quais o que se busca é ponte de união, de complementação.

Na Psicoterapia Gestaltista, o questionamento, as novas percepções dele resultantes criam espaços de tensão, de motivação, retornando ao interrompido. Aliviar é sedar, tensionar é acordar. Interrupções conseguem recuperar o contínuo estar no mundo pelas demandas e sinalizações criadas pelos encontros e desencontros do que se faz e do que se deseja, pensa ou precisa fazer.

ZEITGEIST OU ESPÍRITO DA ÉPOCA

A ideia de Zeitgeist perpassa a obra de Hegel pensada como processo histórico. Este é um conceito básico e intrigante para a compreensão da trajetória, do comportamento humano. A atmosfera da época, o contexto dos anos existe independentemente das culturas de cada nação ou é típico das nações mais adiantadas economicamente e passado para as outras. Admitir isso implica em admitir transformações superestruturais independentemente de suas infraestruturas. Ocorre que os sistemas, sociedades ou culturas comunicam-se de diversas maneiras, têm camadas, aspectos relacionados a outros sistemas, sociedades ou culturas diferentes de seus estruturantes. Essa flexibilidade, dinâmica reversível, permite criar denominadores comuns: é a atmosfera, espírito, feições, modas, configurações fundantes a partir das quais frequências são estruturadas e sintonizadas. Processo incrível, permite semelhanças: todas as fotos do século XIX são parecidas, desde a sépia, o resultado daguerreótipo, até as feições, chapéus, casacos etc. Suecos, portugueses, javaneses e nigerianos, por exemplo, participam do mesmo Zeitgeist. O que se lê, o que se pensa, o que se discute, como se ama, o que é crime, o que é pecado, honra, são afirmados nesse contexto, nessa atmosfera.

Nosso passado é comum, nosso futuro também o será, independentemente de quaisquer características individuais. Antes do avião, antes do computador, antes das câmaras de gás, assim como depois de tudo isso, são passagens, manifestações do Zeitgeist. Esse contexto comum é também responsável pela massificação e cópias devido à superposição que cria. Cartola e fraque nos trópicos é um exemplo de transposições que são universalizadas pelo espírito da época. Atualmente, esse espírito está sendo substituído, manipulado, quase criado pelo mercado, perdendo assim sua característica de atmosfera, virando subproduto, resíduo reciclado sem raízes fincadas em processos, fincadas na história, por exemplo. Arbitrário, o espírito da época se transforma em políticas defasadas, em modas massificadas e nichos nostálgicos para a impotência, o medo e a depressão.

SOBREVIVÊNCIA E ANGÚSTIA: INFRAESTRUTURA E SUPERESTRUTURA

Norbert Wiener, em seu livro *Cibernética: ou Controle e Comunicação no Animal e na Máquina*, afirma:

> O pensamento de cada época se reflete em sua técnica. Os engenheiros civis do passado eram agrimensores, astrônomos e navegantes; os do século XVII e primórdios do século XVIII eram relojoeiros e polidores de lentes. Como nos tempos antigos, os artífices faziam seus instrumentos à imagem dos céus. Um relógio nada mais é que um planetário de bolso, que se move por necessidade como o fazem as esferas celestes; e se o atrito e a dissipação de energia têm nele alguma importância, são efeitos a

serem superados, de modo que o movimento resultante dos ponteiros deve ser tão periódico e regular quanto possível. O principal resultado técnico desta engenharia, segundo o modelo de Huygens e Newton, resultou na era da navegação, quando pela primeira vez foi possível computar longitudes com respeitável precisão, e converter o comércio de grandes oceanos de uma coisa relacionada à chance e à aventura, em um negócio considerado regular. É a engenharia dos mercantilistas. [67]

Wiener enfatiza adiante que "[...] se o século XVII e o início do XVIII constituem a era dos relógios, e o século XVIII e o XIX a era das máquinas a vapor, os tempos presentes são a era da comunicação e do controle".[68]

Penso também que atualmente é por meio da comunicação e do controle que as pessoas são governadas, mantidas em seus territórios que vão desde a família até a nação. Esses redutos de mão de obra, de valores, de riqueza em potencial, têm, assim, que ser cuidados e mantidos. São pelos valores, principalmente éticos e religiosos, que esses sistemas são reforçados ou sustentados. Tudo deve confluir para que permaneçam as propriedades e os direitos de explorá-las. As leis, a educação, as instituições médicas e psicológicas são as coadjuvantes consideradas necessárias para a manutenção dos aglomerados: dessas sociedades, escolas, igrejas e famílias. Criar slogans, repaginar o satanás, edulcorar o salvador e trazê-lo à Terra possibilitam estabilidade. É assim que as ordens familiar e social são mantidas em função dos propósitos de dominação e riqueza exercidos pelos poderes estatais.

---

67 WIENER, Norbert. *Cibernética*: ou Controle e Comunicação no Animal e na Máquina. Tradução de Gita K. Guinsburg. São Paulo: Perspectiva, 2020.
68 *Ibid.*

Comunicação e controle permitem manter coesos e reunidos os componentes aos quais são submetidos os indivíduos. Divulgar que todos são iguais — desde que provem e exerçam essa igualdade — é uma das principais falácias do atual sistema dominante, captada em sua fase neoliberal. Virar produto é o exímio exercício diário a que são submetidos os habitantes do planeta. A considerada escória, rebotalho — os que vivem com dez dólares por mês na África e bolsões asiáticos e latino-americanos —, todas essas pessoas não mais precisam ser manipuladas, pois são solo, chão onde se pisa e a partir do qual se erguem contradições que devem ser aplainadas, banidas para que tudo continue fluindo bem. Nesse pântano, sumidouro de capacidades, ainda restam alentos e criatividade humana, reduzidos, entretanto, à descoberta criativa do que comer e de onde dormir, enfim, de como inventar, como criar formas de sobrevivência. Assim emparedados e arrasados pelos mecanismos de comunicação e controle do sistema, o que surge de novo é sobreviver. É o fato de continuar vivo que espanta nessa falta de recursos, de alimentação, de escolas e em meio à destruição ambiental. Arrastado por furacões, aridez de solo, demolição de florestas, o ser humano é criativo: sobrevive. Lamentavelmente reduzido a isso — sobreviver —, negado como possibilidade, ele cada vez mais se capacita a ser abatido por artefatos, por máquinas, pela inteligência artificial que, alimentada de algoritmos (comunicação e controle), vai dominar e controlar os currais, os redutos dos indivíduos reduzidos à condição de sobreviventes.

É urgente transformar os mecanismos de controle e comunicação. É urgente que surja a expressão humana como possibilidade relacional. É urgente, mas também sabemos que é praticamente impossível nesse processo de alienação e coisificação gerado pela sobrevivência como objetivo básico das pessoas. Tudo gira em função disso: famílias, escolas, hospitais, forças de segurança da sociedade. Um dos subprodutos dessa calamitosa sobrevivência é a droga. Por meio dessa obnubilação, disfarce da dor e angústia, se tem a constante busca do prazer, do esquecimento, do se sentir vivo ao estar morto. É a passagem para o paraíso, o outro lado, o outro mundo escondido e buscado.

Quanto mais opressão e coisificação, maior a necessidade de evasão; isso é humano, isso é libertador tanto quanto aprisionador. É o desespero ao buscar sair, ao buscar respirar, sentir alguma coisa, virar gente. Estar esmagado e fazer de conta que é livre por artifícios, pelas drogas, pelo sonho, pela fé, pela crença é realizar e aprovar os ditames apreendidos da comunicação e controle que caracterizam nossos sistemas sociais, culturais e familiares.

MISÉRIA COMO FELICIDADE: VALORES RESPONSÁVEIS POR DISTORÇÕES

Toda vez que um fato, um acontecimento, uma situação ou processos são valorizados é constituída uma rede alheia ao acontecido e a partir da qual os acontecimentos são significados. Os valores são sempre extrínsecos, não são imanentes aos dados, ao ocorrido. Esses significados ampliam a dinâmica do que ocorre, pois, ao colocar o acontecido em outra rede, em outros contextos, estamos agregando ou subtraindo.

Valores, portanto, são molduras, são invólucros, são pedestais e também podem cancelar o que ocorre. Ideias tais como a mãe sempre valorizada, o soldado herói, a droga que destrói famílias, o amor que tudo salva são engendradas nos cadinhos valorativos nos quais as distinções entre o que se considera como o próximo, o semelhante confiável e os distantes, os diferentes perigosos, estruturam as tramas maniqueístas. Essa espécie de cunho de moedas estabelece um valor que com o tempo substitui o valorizado.

A comunicação e a finalidade são assim transformadas em produtos. No contexto dessa arbitrariedade tudo resulta e contribui para felicidade ou infelicidade. Não mais se fala em uma vida humana, e sim em quanto ela vale, ou ainda, melhorando o discurso, que toda vida vale. O próprio fato de precificar, atribuir valor, mostra a ignorância ou desaparecimento do que é básico no ser humano: o humano. Quanto maior a sistematização de valorizações, mais critérios aderentes ou extrínsecos, mais distinção e negação do que é intrínseco ao humano, que é a vida em relação. O ser constituído pelo outro, o estar sempre em relação é negado por meio de posicionamentos valorativos. Ser rico, ser bonito, ser mestre e senhor, por exemplo, passam a significar e determinar hierarquias.

Vida é processo, é movimento, e qualquer posicionamento que a referencia em valores se constitui em aderências esmagadoras. Quanto mais a vida é estruturada em referenciais valorativos, maior a competição, as divergências sociais e culturais, a luta de classe, a rejeição a refugiados (só para citar uma das questões que mais mobilizam discussões nas últimas décadas). Valores são aderências que, como realidades, criam padrões de ajuste arbitrários e referenciados nas próprias conveniências, medos e vantagens socialmente e individualmente exercidas. Isso ameaça não só os indivíduos ou o bem-estar pessoal, mas tudo o que nos rodeia. Assim assistimos às construções de moradias imensas, assépticas e distópicas que são destruidoras do meio ambiente, e que, pelos seus posicionamentos e viabilidade de manutenção e acesso, exigem pontes, ações e sinalizações devastadoras de fauna e flora. Nesse contexto, estilos de vida baseados na extração predatória vigoram alienadamente. Os mares tragados para construções valorizadas são pequenos exemplos das ressignificações de "salário, preço e lucro".

Essas grandes questões da atualidade — como a destruição do meio ambiente, o consumismo predatório, a destruição das espécies vegetais e animais, a discriminação alienadora, os refugiados e o tráfico de mulheres e crianças — não são novas. O fato novo e atual é que nada sobra, resta apenas sobreviver e isso é tudo que se quer, precisa e significa como felicidade, que se traduz, por exemplo, em perfis nas redes e tênis nos pés, e assim a caminhada continua e a vivência dos impedimentos, a sobrevivência a eles, alegra e estimula. Pelos valores, para a manutenção deles, fomos todos transformados em produtos nesse grande mercado neoliberal.

COTIDIANO AMEAÇADOR: MEDO, ANSIEDADE E PÂNICO

O indivíduo reduzido à sobrevivência e dominado por essa motivação — que logo se transforma em ideia fixa — se sente constantemente ameaçado pela possibilidade de frustração de seus propósitos. Querer sobreviver e querer vencer obstáculos o dilacera. Voltado para o futuro, para os resultados, ele está constantemente desequilibrado. Aparentemente apoiado onde está ou onde pisa, mas sempre mirando o futuro em que vai conseguir satisfazer suas necessidades, desejos e ambições, ele se sente pendurado entre abismos. É um estado de ansiedade constante caracterizado por não saber o que vai acontecer, e precisar que não aconteça nada que ameace seus planos. É o clássico vencer ou vencer. Sem alternativas, na homogeneização de perspectivas, ele espera sempre rendição dos próprios atos, espera salvação. Essa ideia fixa, pela persistência e continuidade, gera descontinuidades ao criar buracos, abismos, crateras que o submergem. Para ele, estar submetido aos acontecimentos é uma ameaça. Quanto maior o processo de submissão, mais constante a omissão, ou seja, o medo. O indivíduo assim posicionado deixa de existir como agente, passa a ser cooptado pelas demandas das circunstâncias, e assim é jogado de um lado para o outro, é embalado e embrulhado pelas contingências. Não sabe para onde ir, embora sempre saiba do que fugir. Paradoxalmente passa a ser guiado pelo que o aguilhoa, o que o persegue, e que, por isso mesmo, começa também a definir sua trajetória. Sequer pode ser comparado a um barco à deriva, pois está agarrado ao que o atormenta, ao que o segura e imobiliza, tanto quanto ao que o tira da inércia. O medo — omissão — o deixa agitado e ao mesmo tempo paralisado diante do outro, do mundo e de si mesmo. Essa constante tensão gerada pelo antagonismo da cooptação (ajuste) e da omissão (medo) cria impossibilidades.

O antagonismo congela, é o pânico. De repente só existe o medo de morrer, de desaparecer, de não conseguir o pretendido, de não fazer o necessário. Sumir por meio de desmaios, de remédios, de drogas são as gradações solucionadoras que surgem. Tentando se agarrar a alguma coisa ou a alguém, o indivíduo se transforma em parasita e pensa que alguém, alguma coisa tem de ajudá-lo e suportá-lo. Voos para o infinito (aderindo a crenças religiosas ou políticas, por exemplo) são supostas saídas e tentativas de sobreviver. É assim que emergem os adeptos, os fanáticos e também os mestres e chefes messiânicos. Mudar o mundo, criar nova ordem para sobreviver, geralmente decorre de se sentir estranho e ameaçado pelo existente. Estabelecer "bolhas", cápsulas protetoras e impermeabilizantes é uma maneira de driblar o pânico gerado pela convivência com o outro percebido como discrepante. A diferença ameaça, o além de si é sempre percebido como armadilha, como impasse. A seletividade baseada em discriminações econômicas e sociais exemplifica essa procura por estar com os idênticos a si, com seus pares, como forma de sobreviver.

Buscar segurança e garantia decorre sempre da busca desesperada de superar insegurança e instabilidade, tanto quanto da redução das vivências à superação de barreiras que possam conduzir ao suposto sucesso e aos sonhados paraísos. As drogas, lícitas e ilícitas, nesses casos, funcionam como apoios que permitem e propiciam o mínimo de segurança para sobreviver, isto é, para dar o próximo passo em direção a conseguir e manter apaziguamento, relaxamento, participação e cooperação com o que aliena, amedronta e destrói. A maneira de transformar essa situação é deter-se no que ameaça, deter-se no medo, e assim, começar a sair dele. Ao perceber e questionar o medo, surgem diálogos, constatações impulsionadoras e também novas trajetórias. Esses novos desenhos, essas novas configurações estabelecem dimensões presentificadas nas quais perguntas são colocadas e respostas obtidas. É o estar no mundo com inúmeras possibilidades e perspectivas, sem medo (pois não há omissão, está vivenciando o presente) e sem pressa (pois chegar resulta de caminhar).

A PEDRA NO CAMINHO NEM SEMPRE DERRUBA: IMPEDIMENTOS, IMPASSES E ESCLARECIMENTOS

Estar detido pelo que ocorre (realidade) e pelos desejos ("realidade futura") esmaga, neutraliza e impede ações e iniciativas. Nessa condição, frequentemente emergem as clássicas perguntas: "o que fazer? Como isto aconteceu comigo?". São inúmeras as reações que surgem nesse panorama ou contexto. É comum desistir do enfrentamento e entendimento das situações ao se sentir impedido, e por meio de queixas e reclamações buscar ajuda, compreensão, novos mapas, novas direções. É igualmente comum saltar o obstáculo negando-o e fazendo de conta que ele não existiu (ao afirmar que o acontecido é diferente do que está atualmente ocorrendo), assim como negá-lo em inúmeras manobras para validar ou invalidar acontecimentos utilizando-os como plataforma, explicação e justificativa dos insucessos e desistências.

O impasse é a configuração da contradição, do antagônico, da antítese, e somente quando é assim entendido — como contradição ou antítese — permite mudança e surgimento de novas perspectivas. Perceber a contradição inicia um processo de imersão quando ela é aceita, ou seja, quando é encarada e não repudiada. Responder ao contraditório em vez de negá-lo é libertador e cria perspectivas. No cotidiano humano sempre há esbarros, impedimentos, muros e barreiras que impedem o desenvolvimento de objetivos previamente estabelecidos. Ao compreender essas circunstâncias, os impedimentos são transformados em dados processuais que melhor permitem a globalização, a configuração do que se desenrola e se desenvolve.

Na esfera individual psicológica, quando se percebe o próprio problema, se percebe a própria limitação, mas também acontece de muitas vezes não percebermos a limitação se ela for transformada pelos sonhos e desejos. Nesse contexto de fuga, de deslocamento, o problema passa a ser visto como frustração, fracasso ou falha, e como tal nunca percebido enquanto limitação, incapacidade ou dificuldade. Por isso se torna algo praticamente impossível de resolver, pois não é configurado, não existe enquanto problema.

Para "o problemático", o próprio problema é visto como azar, dificuldade criada pelo ambiente, falha de educação, falha do sistema, falta de oportunidade, enfim, é culpa dos outros. Essa atitude autorreferenciada impede perspectivas, faz com que o indivíduo se sinta vítima, abandonado e sozinho, entregue às adversidades. Sentir-se vítima faz buscar apoio e ajuda. Ao utilizar esse mecanismo de adaptação e sobrevivência, o indivíduo reduz suas possibilidades e amplia seus desejos, suas carências e demandas. Quanto mais se sente prejudicado, abandonado, "azarado", mais ele desesperada e angustiadamente busca saídas. Essa constante busca de saídas, criada pela negação do que ocorre, pela negação de suas dificuldades, pela esperança e autorreferências, desvitaliza: o indivíduo é alimentado por impressões sobre o que foi ruim, o que não aconteceu, o que precisa acontecer. Essas vivências confabuladas, sobras e acréscimos de experiências, sempre despersonalizam, pois apenas mantêm a sobrevivência. Ao sobrevivente só resta surfar nas águas turvas do medo, do desespero, da raiva e da inveja, já que a regra básica do estar no mundo com os outros foi negada: participação, mudança, vivência dos acontecimentos. O sobrevivente tudo valoriza como positivo ou negativo em função de suas demandas e necessidades.

A vida, a autonomia, a alegria e o prazer são resultantes do enfrentamento de contradições. Esse enfrentamento, pela aceitação das próprias problemáticas, possibilita a quebra de barreiras e de impedimentos, necessária à transformação, ao estabelecimento do novo. É a libertação dos limites e referenciais sobreviventes, é a nutrição e a mudança na reestruturação de impasses.

OBEDIÊNCIA: SUBMISSÃO E DESUMANIZAÇÃO

Obediência implica em se anular em função de regras, ordens ou imposições. Obedecer não é simplesmente dizer sim ou seguir. Obedecer é incorporar o solicitado, abrindo mão de toda e qualquer cogitação ou contribuição pessoal. Obedecer requer sempre anulação, por isso ditaduras e certos sistemas educacionais, antes de ensinar, realizam "lavagem cerebral": mentes em branco, criando a base para que se possa obedecer. Em verdade, obediência deveria requerer participação. Antes de obedecer seria necessário discutir, esclarecer para que houvesse concordância e, assim, obediência. Acontece que obedecer está distante de concordar, pois as etapas prévias de discussão e de dilema não são realizadas. Etimologicamente, essa ideia é bem expressa pela palavra obediência na língua alemã. Nela, obediência é *gehorsam*, usam também *kadavergehorsam* para falar da obediência cega, possível pelo abandono da consciência graças à subordinação do cadáver. É interessante recorrer à etimologia da língua alemã, pois encontramos uma acurada descrição do que é obediência: é abandono da consciência, situação máxima no estado cadavérico.

Não há como obedecer mantendo individualidade. É exatamente aí que encontramos os atritos provocados quando se exige obediência, os mecanismos controladores das ditaduras ou as manobras dos políticos prometendo escolas e hospitais para conseguir obediência que vai ser expressa na votação. Só há obediência quando se é negado como alteridade, como indivíduo. Obedecer é permitir, concordar quando são configuradas e decretadas as ordens e regras independentemente dos próprios critérios.

Comunidades estruturadas em obediências, em imposições, matam individualidades, matam possibilidades e realizam necessidades ao submetê-las às ordens que as mitigam. A partir do ponto de vista da psicologia e do indivíduo, nada é pior que educação, sistemas sociais, familiares e relacionamentos mantidos por estruturas de obediência. Ser obediente para a conveniência da manutenção de ordens estabelecidas, e pela realização dessa conveniência, é sobreviver ao que despersonaliza e tira a individualidade. Em 1963, nos Estados Unidos, Stanley Milgram realizou um experimento sobre obediência e suas implicações desumanizadoras que se tornou um clássico muito citado na Psicologia.

Esse foi o primeiro estudo a enfatizar o poder da autoridade na obediência, independentemente das diferenças individuais dos que obedecem. Foram recrutados quarenta voluntários, que sabiam ser parte de um estudo experimental de aprendizagem na Universidade de Yale. Os voluntários eram todos homens americanos, entre 20 e

50 anos, com várias ocupações (funcionários dos Correios, catedráticos de escolas superiores, comerciantes, engenheiros e operários). A todos era dito que se tratava de uma investigação sobre os efeitos do castigo na aprendizagem e, em especial, os distintos efeitos dos diversos graus de castigo e os diferentes tipos de professor. Embora fosse usado um sorteio entre os voluntários, já estava previamente determinado — para os pesquisadores — que o voluntário seria sempre o professor, e o estudante (a "vítima") seria um dos pesquisadores. Amarrava-se a "vítima" em um aparelho que lembrava a cadeira elétrica com elétrodos. O voluntário (no papel de professor) era levado a um cômodo adjacente, diante de um instrumento com o rótulo "gerador de choques". Ao professor-voluntário, dava-se um choque de 45 volts para demonstrar a autenticidade da máquina. Tal gerador de choques continha interruptores com números que iam de 15 a 450 volts, rotulados também em grupos de: "choque suave" até "perigo: choque intenso". O experimento consistia em o professor fazer perguntas ao estudante e, a cada resposta errada, ele deveria administrar um choque, iniciando com 15 volts e aumentando a cada erro. O professor-voluntário era levado a acreditar na autenticidade dos choques. Em cada quatro perguntas, o estudante respondia errado a três delas. A cada choque recebido, o estudante gritava (em verdade era um dos pesquisadores, simulando a dor), pedia para parar e, com o aumento da voltagem (quando alcançava os 300 volts), dava pontapés na parede, simulando desespero, até inércia total. Os professores-voluntários procuravam conselhos junto ao orientador do experimento e ele apenas lhes dizia para continuar: "*please, go on*"[69]. A "vítima-estudante" agonizava. Neste ponto do experimento, os professores-voluntários começavam a reagir de diversas maneiras, com tiques nervosos, gaguejando, suando... Mas continuavam dando os choques. Stanley Milgram

---

69   "Por favor, continue."

afirma que, contra todas as expectativas, 26 dos 40 indivíduos completaram a série, acabando por administrar os 450 volts na agora, silenciosa "vítima". Apenas cinco se negaram a prosseguir após o primeiro protesto veemente da "vítima" (aos 300 volts). Os professores-voluntários frequentemente manifestavam, verbalmente, seu interesse pelo estado da "vítima", mas dominavam suas próprias reações e continuavam seguindo as ordens aumentando os choques até o castigo máximo. Três professores-voluntários sofreram ataques incontroláveis. O conflito que esses indivíduos enfrentaram, nesse experimento, consistia em obedecer a uma autoridade que merecia sua confiança, e em fazer algo que sabiam que era mau.[70]

OPRIMIDOS E SUBMISSOS

Opressão e submissão andam juntas, embora o conceito de opressão seja mais utilizado para caracterizar situações sociais e políticas, enquanto o de submissão fica reservado a atmosferas menos amplas, mais íntimas, como a família e relacionamentos pessoais, por exemplo. Opressão e submissão existem quando há poder, autoridade que configura as regras, os domínios e as posses, que determina o que se pode ou o que não se pode realizar, pensar e até mesmo almejar.

Os regimes, os sistemas absolutistas que exerciam poder até a Revolução Francesa, foram destruídos e substituídos ao longo dos últimos dois séculos por democracias nas quais a igualdade, o direito, a cidadania são os pilares de suas proposições, inspirando-se no que aconteceu na Grécia Antiga, a primeira democracia

---

[70] Os arquivos da Universidade de Yale contêm inúmeros registros do trabalho de Stanley Milgram. Informações sobre esse arquivo no site da universidade: https://archives.yale.edu/repositories/12/resources/4865. Acessado em: 14 dez. 2024.

(poder do povo) existente. A democracia, em última análise, se caracteriza pela representação do povo no poder. Representar é colocar em outros planos o representado, é um deslocamento, uma engenhosidade estratégica que sempre cria distorções. Outro dia assisti ao vídeo da palestra que Yanis Varoufakis fez em Nova York na The New School, na qual ele relembra um conceito muito fértil, o conceito de isegoria:

> Democracia, na Grécia Antiga, era conectada com um conceito pouco falado, mas muito significativo: ISEGORIA, o direito de ter suas opiniões ouvidas, consideradas por seus próprios méritos, pelo que significam, independente de quem está pronunciando as palavras que transmitem estas opiniões, independente da pessoa que fala ser rica, pobre, articulada, capacitada do ponto de vista da retórica ou ser inarticulada; a tal ponto que, se a pessoa era muito articulada quanto à retórica, ela era ostracizada, significando que os cidadãos de Atenas podiam pegar um 'ostrakon' e escrever o nome da pessoa que queriam expulsar da cidade por ser muito articulada, muito influente pelo discurso e isto subvertia isegoria no sentido de atrapalhar ou impedir os outros que eram menos articulados na retórica, de serem ouvidos pelo mérito de suas ideias e não pelo floreio ou beleza do discurso. No final do período democrático de Atenas, mesmo as eleições foram banidas e malvistas porque eles achavam que pela competição era criada uma falsa dinâmica: a competição absorve, neutraliza o essencial intercâmbio de ideias [...]. [71]

---

[71] Palestra: *The future of capitalism and democracy*, de Yanis Varoufakis, realizada na The New School, Nova York, em 26 de abril de 2016. Vídeo disponível em: https://www.yanisvaroufakis.eu/2016/05/07/on-the-future-of-capitalism-new-school-new-york. Acessado em: 28 nov. 2024.

Democracias modernas possibilitam, por meio de maioria e hegemonia partidárias, atingir e garantir o poder, afirmando realizar igualdade e cidadania. Essa ilusão mantém pirâmides onde o topo é sempre sustentado pelas bases esmagadas e obscurecidas. Democracias hoje são semelhantes aos poderes absolutos: se desenvolvem dentro de estruturas piramidais de poder. A maior parte da população trabalha, produz e vota para eleger governantes que distribuem benesses à construção do que é devido e necessário a partir de privilégios e acordos seletivos. A diferença entre as democracias atuais e os poderes absolutistas que caracterizaram os séculos XVI, XVII e XVIII, além do modo de produção, está na mobilidade. Hoje é possível atingir o topo, é possível mudar de status social desde que se arregimente e se identifique com providências e propostas dos poderosos. Os oprimidos podem, também, oprimir e, assim, ser poderosos.

Na família, nos relacionamentos íntimos, as situações piramidais, as situações de poder sempre existiram e foram garantidas pelo *pater familias*, agora substituído pelo dono do dinheiro, pelo que provê necessidades. Obedecer, fazer o que é esperado, faz com que os filhos sejam treinados e orientados para os objetivos, acertos e adequações profissionais, sociais e econômicas.

Opressão e submissão existem quando se faz parte do que é estabelecido sem questionar suas implicações, apenas aceitando sobreviver e ampliar suas zonas de conforto ou mesmo diminuir mal-estar. Aceitar sistemas sociais e familiares para neles se apoiar, sem perceber o que se perde de liberdade ao manter o apoio, esvazia. Como viver bem em uma sociedade que mantém metade de seus membros nas condições mais precárias de alimentação e higiene? Como manter parceria com castigos e frustrações? Como viver em função de atingir recompensas? Crime, castigo, opressão, submissão são as constantes, desde que falta justiça, equidade, liberdade e autonomia.

Nos últimos dois séculos, metade da população mundial foi validada, passou a significar por meio de leis e direitos, mas nem sempre leis e admissão de direitos permitem legitimação. A pirâmide continua, a opressão continua, a base continua a suportar o topo. Peguemos um exemplo que ilustra todo o modelo: as mulheres começaram a votar, começaram a ganhar dinheiro pelo trabalho (trabalhar, já trabalhavam). Por que essa mudança? Essa mudança decorreu da necessidade econômica, da falta de fulcro para aplicação da mais-valia. Legitimidade só vai existir quando os modelos forem transformados ou extintos, daí a constante necessidade de questionamentos, que não pode ser aplacada pela satisfação das reivindicações.

APOIO E PODER: DINÂMICA ENTRE OPRESSOR E OPRIMIDO

Entender os mecanismos e a estrutura do poder como sinônimo de apoio faz perceber a força dinamizadora do comportamento humano e consequentemente seu paradoxal estabelecimento posicionado. Somos seres em movimento. Estamos em um mundo — sociedade — onde tudo se relaciona. Relacional é todo o sistema, a dinâmica geral que nos configura e define. Este caminhar e deslizar exige sempre base, espaço. Quando o espaço, ou seja, quando nossas bases são transformadas em apoio, estacionamos e acumulamos outros referenciais. Esses referenciais são sistemas que atritam a dinâmica ao estabelecer pontos, bases de apoio que sustentam, oprimem e esmagam.

O que apoia, oprime. E quando as relações entre apoio e opressão são rompidas, surgem pontos polarizadores que transformam essas relações criando outras. Não é mais a mesma vivência dialética que ocorre na contradição: o que apoia, oprime. Surge uma nova configuração: o poder do opressor — o agressor — e o poder do oprimido — a vítima. A figura do opressor e a figura do oprimido estabelecem pontualizações ao quebrarem a dinâmica relacional do que apoia, oprime, criando outra dinâmica na configuração do poder.

Poder é a força que apoia e que estrutura posicionamentos como: o poderoso e o oprimido. É paradoxal, mas, embora antiteticamente diferentes, são iguais, pois são estruturados pela mesma força diversificada: o apoio. O apoio que esmaga e o apoio que sustenta. Tudo é definido pelas convergências e divergências, pela questão do direcionamento, de para onde se olha, de para onde as situações confluem. Apoio é o poder, é o que dá força e segurança tanto quanto é o que quebra dinâmica e pontualiza pela polarização de referenciais e objetivos. Estar apoiado no que se amealhou cria os poderosos donos da riqueza, tanto quanto os baluartes da fé, do saber, da caridade, da boa vontade e justiça. O poder dá segurança e permite tranquilidade. O poder também cria precariedade, insegurança e permite intranquilidade e dúvidas. Como entender esse paradoxo? Basta considerar que tudo que apoia, por definição se constitui em outros processos que atravessam, que são interseções, que cortam dinâmicas, mudam direções e caminhos, além de criar fulcros: os próprios apoios.

Apoios são sempre aderências. Segurar-se na aderência enfraquece, desumaniza. É o processo que coisifica, no qual tudo passa a significar pelos indicativos: o dinheiro, o sucesso, a sapiência, a inteligência, a proteção recebida, a ajuda na pobreza, na doença, a vitimização. Essa transformação da parte em todo desvitaliza. As modificações das totalidades — ou seja a individualidade — em parcializações, por exemplo em sociedade, família, capacidade e incapacidade, fragmentam e estigmatizam. É exatamente nessa fragmentação que surgem estigmas poderosos, como o amor que tudo redime, a boa vontade que tudo explica, o dinheiro que tudo resolve. A desvitalização do humano, sua desumanização começa quando ele se apoia — é a quebra da trajetória — criando ilhas de apoio, de poder. Transformar as possibilidades em necessidades satisfeitas e aplacadas vai estruturar vazio, medo e exilar o indivíduo das dinâmicas relacionais ao mantê-lo fixado na preservação do que lhe aplaca e satisfaz. Essa necessidade de cuidado é restritiva, demanda penhoras, concessões e acertos. Podemos dizer que quanto mais apoiado e mais seguro, mais imobilizado o indivíduo se encontra. O poder da certeza do sucesso sempre é conseguido pelo acúmulo, seja de dinheiro, de benfeitores, de proteções, seja da impunidade e até mesmo de direitos. E quanto mais poderoso, mais apoio, consequentemente mais inércia, mais manutenção do adquirido, submetido e conquistado.

Quando se busca o poder, geralmente não se percebe a quantidade de estagnação, de apoio, de carência e medo que isso implica. O desenrolar do processo deixa claro o comprometimento alienado para que se consiga realizar os propósitos de segurança, destaque e vitórias. Sempre partindo de uma insuficiência que se quer sanar — não aceitação de si, do outro, do mundo —, se busca poder para assim ter como transitar sem cair, sem ser esmagado. É o medo e a insegurança que sempre funcionam como diretores de roteiros, de mapas para orientação nessa busca (formação de grupos, clubes etc.). O poderoso é sempre fraco pois é apoiado, camuflado por aderências. Também os movimentos sociais estruturados na busca do poder revelam bem esses aspectos, sua brevidade e contingência, como, por exemplo, colocar uma meta, buscar adeptos ou seguidores, estabelecer um sistema, enfim, regras que nada têm a ver com seus constituintes, e assim, ditadores e poderosos tudo destroem e negam, pois isso é necessário para manter o apoio: manter os oprimidos enquanto submissos às crenças, ao apoio buscado e desejado, mantendo, desse modo, todo o processo de alienação e poder.

SUBMISSÃO

Submissão é desumanização, processo paulatinamente criado ao longo de vivências familiares e sociais. Não sendo questionada, a submissão cria máquinas pensantes, máquinas que agem, que preparam a vida insatisfatória e violenta, é a alienação consentida. Cuidadas e mantidas por outros, em função dos objetivos desses, as pessoas são endereçadas, são transformadas em vale-realização, vale-promessa dos desejos e interesses de seus mantenedores. De uma maneira geral, as famílias, pais e mães, cuidam e mantêm seus filhos, em função de objetivos próprios, desde os mais amorosos, como "assistir ao seu sucesso e felicidade", até os mais utilitários, como "alguém que acompanhe e nos assista na velhice". A submissão a regras, desejos, vontades e interesses do outro, sejam indivíduos, sistemas ou empresas, é impeditiva, pois metrifica, avalia, decide e corta, sempre a partir de critérios que não os da pessoa que está à mercê, à margem dos processos. Sabemos que o que apoia, oprime; consequentemente, estar submetido é estar dividido. Não se sentir aceito, não ter direitos, salvo quando determinados deveres são cumpridos, cria um processo de submissão despersonalizador. O indivíduo percebe que vale pelo que faz, pelo que não faz, adquirindo também um instrumental que permite avaliação, regulação e decisão. Aprende a ter lucro ao exercer as ações corretas e desejadas pelo sistema que o submete, que o apoia, que o incentiva. Em situações-limite, submissão às regras e autoridades sempre gera crueldade: deixar morrer um filho para salvar outro, ter mais um dia de vida em Treblinka, o cotidiano despistar de traições para não atrapalhar a festa de formatura do filho, a omissão que se transforma em cumplicidade ao fazer de conta que não presenciou violências, indevidos e ilícitos, são alguns exemplos. A submissão cria seres-autômatos que apenas seguem e obedecem ao que lhes é imposto.

Virar a mesa, buscar a chave e abrir a porta são pequenos atos, geralmente percebidos como impossíveis: não se tem a mesa, perdeu-se a chave, mas, quando a submissão é percebida e considerada em sua dinâmica, propicia imenso insight responsável por mudança, enfrentamento e soerguimento, início do processo de questionamento à submissão avassaladora, destruidora da identidade.

POR QUE ALGUMAS MULHERES QUE SÃO ESPANCADAS PELOS COMPANHEIROS CONTINUAM COM ELES?

As sínteses, os resultados são gerados pelas contradições inerentes ao processo — é a dialética da relação senhor-escravizado, citada por Hegel e retomada por Marx quando falava que o processo de exploração exercido pelo patrão (o explorador) sobre o empregado (o explorado) é aplacado pela satisfação de necessidades propiciadas pelo explorador. Em meu livro *Mudança e Psicoterapia Gestaltista* eu resumo esta dialética dos processos ao dizer que o que apoia, oprime. O companheiro que espanca a mulher é o mesmo que apoia, que sustenta, que dá status, que dá joias ou comida.

Por que mulheres são oprimidas? Por que não se vê homens espancados por mulheres? Existem diversas respostas, desde a explicação que considera a fraqueza física da mulher em relação ao homem, ou a histórica questão socioeconômica que sempre permitiu ao homem a condição de provedor, ou a passividade, a sensibilidade feminina, ou afirmações do tipo "os homens são de Marte (agressivos), as mulheres são de Vênus (passivas)", até frases como a de Nelson Rodrigues: "toda mulher gosta de apanhar".

Sabemos que a mulher só suporta apanhar quando está submetida, sem perspectiva, acuada, sem saída. A mulher, o homem ou qualquer ser vivo só se submete, só suporta seja o que for, quando não percebe possibilidades de saída. Não existe antítese, o ângulo é zero, sem resultante. Para algumas mulheres, o companheiro que espanca é o que a alimenta ou o que dá carros e joias. Para outras, o companheiro é tão importante e valioso que pode fazer o que quiser, desde que continue com ela. A submissão é sempre um escamoteador de vantagens. Nesses casos, apanhar é a moeda de transação, é o que permite ser alguém na vida, permite ter status social, ter comida ou até sentir o calor da pancada como afago, como carinho. Sempre que há submissão há degradação humana, vira-se objeto.

Apesar de transformado em objeto, sempre se é um ser humano transformado em coisa, em sobrevivente. Pode ser resgatado, pode haver mudança. Um dos primeiros passos para a mudança é a existência de contextos que questionem a situação. Uma lei, como a conhecida Lei Maria da Penha, por exemplo, abre perspectivas. Comentários alicerçados em ordens selvagens, autoritárias e machistas, ou como o de Nelson Rodrigues, fecham a saída ao transformar o problema, ser espancada, em justificativa para espancar. O indivíduo, quando posicionado e degradado, perde a dignidade, rasteja por afeto, esconde a verdade para não desmanchar o castelo de mentiras que frequentemente mantém seus relacionamentos familiares e profissionais. Filhos criados em contextos de submissão serão mais tarde os que batem, os que apanham, os que corrompem e são corrompidos.

Às vezes considera-se uma pessoa "livre" por não depender economicamente de ninguém, mas ela pode ter dinheiro e estar submetida à droga, ao vício, a n formas de submissão psicológica. Infelizmente essa submissão nem sempre é vista assim, é normalmente vista como "escolha", identificação individual de liberdade e poder. Quando os processos, os contextos, as estruturas são esquecidas, surgem discursos deterministas, causalistas e mágicos para explicar os fatos, explicar os comportamentos humanos. Livre não é quem faz o que quer, querer não é poder e não se está sozinho com os outros, tanto quanto submissão não é aceitação. A mulher que apanha é bode expiatório, objeto de deslocamento da raiva e impotência do outro, e isso não é um problema dela, não é submissão. Continuando a apanhar, submetendo-se, essa submissão, sim, é um problema dela.

Autonomia é o que resolve as situações de submissão. A autonomia pode começar a ser conseguida quando se percebe que se está submetido. É uma antítese que leva à mudança, e vale para o estar submetido a maus tratos, tanto quanto a estar submetido ao conformismo gerado pela satisfação de necessidades. Inicia-se a autonomia quando se quebra a submissão, a cumplicidade mantida pela conveniência.

POR QUE O OPRIMIDO ANSEIA POR MAIS OPRESSÃO?

Essa indagação aparentemente contraditória é esclarecida quando se inclui e trabalha com a realidade estruturada no que se percebe como segurança. Segurança é, em última análise, mesmice. A mesmice conseguida pela repetição, a não mutação de variáveis, a manutenção do existente.

A Terra é redonda, os processos existem, é a dinâmica, é o movimento que tudo configura e define, mas isso atordoa. Surge, assim, a necessidade de marcar, criar padrões, regras e normas, estabelecer referenciais seguros e imutáveis. Desde a família, a religião, as leis, os contratos sociais, o poder econômico que tudo solapa e edifica, até as determinações mesquinhas e autorreferenciadas "do que é meu", "do que é próprio, do que é impróprio", "do que faz parte de mim", tudo conflui para a busca de estabilidade e conservação. Essas colocações, mesmo que só indagações, criam referenciais. Saber até onde se pode ir ou não se pode ir gera deveres. Poder e dever são sinonimizados, possibilidades e regras também. Estar seguro, ter certeza, saber quem é o salvador que vai trazer a manutenção do que se precisa se torna fundamental. Surge a luta para obedecer quem lidera, quem ensina, quem organiza, pouco importando se isso implica opressão, mas muito importando a confiança e crença no que é passado pelo líder, o chefe, o guru. Mais regras, mais obrigações, mais renúncias e assim firmam-se as fileiras de seguidores, adeptos, crentes devotados e lutadores pelo que o seu guia, guru ou chefe preconiza. São situações desumanizadoras e é o próprio homem quem propicia a desumanização. Esses processos explicam situações políticas mantidas apesar da destruição de pessoas, como o nazismo, por exemplo (campos de concentração — o holocausto), e o horror cometido por instituições religiosas, como na Inquisição e nas práticas de pedofilia acobertadas pelas instituições, também nas famílias, nas quais pais destroem filhos e filhas em função do pátrio poder ou de motivações autoritárias ou usurárias.

Toda vez que a opressão for traduzida como segurança e certeza, conservação da ordem existente, medo do novo, garantia da sobrevivência, ela, a opressão, criará o oprimido, que anseia por mais opressão para se manter sobrevivendo. Esse paradoxo se realiza por meio da convergência para tudo que é visto como seguro: Deus, família, pátria, governantes. A proteção, a segurança de seguir um único caminho, da não contradição, da convergência de interesses, do não questionamento, é seguir o que é dito ser o certo, e é, em última análise, submeter-se à opressão que permite sobreviver.

NOVO

O novo não é o recente, contemporâneo, tampouco o inédito. Novo é o antagônico entre o que se vê e o que se espera ver. Nesse sentido, novo é apenas o que pode surpreender. Arquitetos, estilistas, decoradores, publicitários, enfim, os que lidam com arte estão sempre trabalhando com o novo, mostrando como o démodé, o vintage é novidade total. Manter o novo é uma maneira de exilar o tédio, o previsível, o padronizado. Seguir regras, etiquetas, sempre foi um fator de monotonia. Poetas rebeldes, a geração *beat* criou o "*épatér les bourgeois*"[72] como maneira de dinamizar, diversificar o dia a dia. Superar, quebrar o tédio também não significa bem-estar ou tranquilidade. Um terremoto em uma zona não sísmica é uma tremenda novidade, desagregadora e destruidora. Organizar não é repetir, criar não é administrar situações para finalidades úteis, aceitáveis.

Esse conceito de novo como surpreendente permite entender o clássico, o estabelecido independentemente de circunstâncias (contingências), permitindo também contextualizá-lo como novidade. Nossas vivências cotidianas sempre são tecidas como diálogos entre novo, clássico e démodé. É a nossa memória, sua atualização e transposição que realiza isso. O familiar é um refúgio existente pela estabilidade e constância que oferece. O estranho é um motivante, é ativador pela novidade que oferece, pela não categorização apresentada.

PRAZER, SEDAÇÃO E REPETIÇÃO

Tudo que é humano só pode ser globalizado se considerarmos que o biológico é a estrutura suporte de toda vivência relacional, perceptiva, psicológica, portanto. Não havendo essa globalização,

---

[72] "Chocar os burgueses."

surgem os elementarismos, os causalismos e pontualizações acerca do que é humano, por meio dos conceitos de natureza humana, instintos, dados culturais como construtores de humanidade.

O que seria prazeroso para o humano, o que propicia prazer às pessoas? Satisfazer suas necessidades ou ampliar suas possibilidades. Prazer como satisfação de necessidades é o alívio, a diminuição da tensão, apontando sempre para sedação. Prazer como ampliação de possibilidades, transcendência de limites das necessidades, por exemplo, leva sempre à integração e à fusão. Os principais prazeres responsáveis pela sedação de necessidade se referem a sexo e drogas. Sexo como aplacamento e drogas (álcool, maconha, cocaína, crack, tranquilizantes etc.) como aplacamento e desaparecimento de tudo que rodeia. Ambos excitam e demandam continuidade, repetição. Buscar esses prazeres esvazia, gera rotinas, monotonia, muitas vezes camufladas por invenções ritualizadas, outras, por variações de parceiros. O prazer como ampliação de possibilidades acontece quando não se esgota na satisfação das necessidades. O mesmo prazer que aplaca pode ser percebido e vivenciado enquanto transcendência de limites. Geralmente isso ocorre na vivência contemplativa — êxtase religioso — ou na vivência de integração — fusão. Não há repetição, não há monotonia. Novos marcos foram encontrados, não há sedação, existem descobertas, motivação para o que está diante: o outro, a arte, o enigma, o descoberto.

O aspecto mais negativo e destruidor do prazer como sedação é o posicionamento que ele cria. Focado na satisfação dos desejos, se perde de vista o outro e a si mesmo. O que está em volta é percebido no contexto da satisfação prazerosa de necessidades, ou é percebido como insatisfatório. A droga se transforma no que vai resolver tudo, o que vai realizar mágica. O outro é o objeto que vai satisfazer, não importa se vivo ou morto. Perversões e vícios caracterizam a vivência do prazer como sedação, como satisfação de necessidades. As linhas de parentesco são violadas, as características etárias desaparecem, o mundo inanimado e até os animais são transformados em objeto de sedação e satisfação.

Infelizmente, muitos psicanalistas (Lacan, por exemplo) privilegiam o prazer como a realização do humano. Freud, buscando a antirrepressão sexual na época vitoriana — século XIX —, enfatizou o prazer sexual como libertador do homem. Visões elementaristas pensam assim, seja a não repressão ou atingir o paraíso e a bem-aventurança, seja o que se conhece como sublimação de instintos. Na sociedade moderna, o prazer tornou-se o referencial de tudo que se precisa, a meta a ser perseguida, tanto pelos prazeres sexuais quanto pelas drogas.

Para nós, prazer é o que existe quando nos percebemos no mundo com o outro. É o encontro, é transformar-se, é o respirar, caminhar, enfim, é o exercício das possibilidades relacionais, resultantes de estar disponível, resultantes de não estar preso e submetido às necessidades que clamam por aplacamento.

TÉDIO E LIBERDADE

Não é muito frequente, mas acontece que a certa altura da vida não se tem por que lutar, não se tem o que descobrir, o que querer. Para muitos isso se resume em uma palavra: tédio. Tudo acontece sem dificuldade. A vida transcorre macia e monótona.

Admitir que o tédio resulta de não ter que lutar ou de estar satisfeito é uma colocação reducionista que transforma o ser humano em um conjunto de necessidades que, quando satisfeitas, o levam à homeostase e assim reduzem suas motivações. A luta vista desse modo é um processo voltado para redução de tensões e necessidades. No entanto, o ser humano não é apenas um sobrevivente, um organismo condicionado, ele é antes de qualquer coisa alguém que diante do mundo percebe, pensa, interroga, caminha, descobre, enfim, transcende e estrutura processos outros, principalmente linguagem, questionamentos e dúvidas. Tudo isso pode ser resumido dizendo que o ser humano, orgânico, voltado para a sobrevivência, tem além disso, percepção de si, do outro, do mundo enquanto possibilidades relacionais que vão bem além das necessidades contingentes. A resultante é que ele pergunta, ele caminha, nem sempre com direção, mas ele vai além do traçado, ele pode ser livre. Liberdade é a possibilidade de parar, de caminhar, de reagir, de não reagir. Viver a vida sem essa dimensão, sem liberdade, cria tédio. Ao realizar propósitos estabelecidos, o máximo que pode ser feito é repeti-los, às vezes ad infinitum até a morte. Essas cadências repetidas, por isso mesmo cansativas, esgotam possibilidades, desde que elas não são vislumbradas. Quebrar continuidades, sair de espaços com os quais se sente familiaridade requer riscos, mesmo que os riscos sejam apenas considerados como não existência de parâmetros. Tudo que está metrificado, dimensionado, contém e constrange no sentido de limitar, e assim, consequentemente, é o repetitivo que impede. O fazer porque faz todo dia é tão igual, que ao ser imaginado, antecipado, cria desânimo, preguiça, monotonia.

Estar em qualquer situação por estar, querer por querer, enfim, a atitude não expectante, não pragmática é renovadora, quebra sucessões, muda a repetição do som da gota d'água que ensurdece e enlouquece. O nada, o devir, o não saber o que vai acontecer, o não querer que nada aconteça, o estar entregue ao limite do cotidiano aparta o tédio, pois não se sabe o que vai acontecer, embora se saiba o que está acontecendo. É a surpresa consigo mesmo, com descobertas e incertezas que mudam, mas que tudo explicam, é isso que vai estruturar a liberdade de estar no mundo consigo mesmo e com o outro. É assim que a mesmice, a certeza, o tédio são quebrados, esclarecidos, transformados. Vida é contradição, é intensidade. Toda vez que esses processos ficam minimizados, a monotonia se instala. Quanto maiores forem os ingredientes pessoais, histórias de vida, processos questionados, continuidades e descontinuidades, mais antíteses, consequentemente mais mudanças, mais novidade, menos repetição, menos tédio. É exatamente esse processo que caracteriza o ser livre, não depender de códigos e regras ou da busca de vantagens e garantias que ao longo dos processos esvaziam. As metas aprisionam, comprometem em função do esforço para manter vivo o conseguido, sejam filhos, profissão, status ou condições sociais.

Liberdade é a dimensão existencial que se configura como humanidade, como espontaneidade individualizada por meio de processos questionadores. Estar preso às aparências, ao que conseguiu e aos medos é desanimador, amedrontador e cria impasses e mais imobilidade, mais aprisionamentos expressos, por exemplo, em nunca se saber o que fazer, onde se divertir, o que vai dar lucro, o que deve ser buscado, o que não vai dar prejuízo e deve ser evitado. São marcos pequenos para uma vida humana. Esse apequenamento ajusta, faz sobreviver, confere vitórias, mas adoece, entedia, deprime ao contingenciar o humano às dimensões do que é oferecido pela família, pela sociedade, pelas religiões confortantes e orientadoras.

LUTAS E ACOMODAÇÕES

Toda revolta, toda proposta de mudança, toda aceitação, enfim, qualquer comportamento está estruturado em um contexto a partir do qual as situações são percebidas. Perceber o que acontece, perceber o que se deseja, tanto quanto perceber qualquer coisa, implica em um Fundo, em um contexto estruturante[73]. Nesse sentido, as motivações individuais criam as diferenças e tonalizam os graus de firmeza ou fraqueza nas adesões, nas ações reivindicatórias. Tomemos como exemplo os movimentos grevistas: médicos em greve, todos reivindicam melhoria de condições de trabalho e salário, mas com contextos e atitudes individuais diferentes, que vão da acomodação à revolta, atitudes essas que determinam cooptação ou oposição.

As reivindicações sempre estão comprometidas com a divisão do contexto, com as pressões do que apoia/oprime. O patrão que explora é o mesmo que sustenta, a família que apoia é a mesma que limita e assim por diante. Nesses contextos, a flexibilização, a contemporização são amortecedores constantes do que é reivindicado. Reivindicar é tentar transformar submissão em atividade, e geralmente se consegue que alguma coisa seja transformada, mas sempre dentro de limites, de regras e concessões. Criam-se novos patamares para que os processos se desenvolvam, no entanto as relações apoio/opressão continuam. Tem sido assim com a luta de classes, por exemplo, algumas mudanças se observam, leis de proteção etc., mas a questão é a mesma: explorados e exploradores permanecem, o paradigma não foi mudado.

Nas relações afetivas dentro e fora da família, pais e filhos, marido e mulher, amantes, amigos, os discordantes também são cooptados quando os processos reivindicatórios se constituem em

---

[73] A organização perceptiva obedece a leis (Gestalt Psychology) cujo princípio básico é o de que toda percepção se dá em termos de Figura e Fundo; percebemos o elemento figural mas o Fundo nunca é percebido, embora seja estruturante da percepção. Existe sempre uma reversibilidade entre Figura e Fundo, o que é Figura transforma-se em Fundo e vice-versa. Quando percebemos um carro trafegando na rua, por exemplo, esta Figura, o carro, está estruturada em um Fundo, a rua; modificações na rua modificam a percepção do carro, e se chamamos a atenção para a rua, esta passa a ser Figura e o carro passa a ser Fundo do percebido.

contexto fundamental de realização das demandas motivacionais específicas. O reivindicante não questiona, ele demanda, busca soluções. Esperar, compreender, aceitar o limite imposto pelo outro sem questionamento transformador, estrutura empecilhos e impedimentos à integração e harmonia. Quanto mais "pistas de obstáculos" são construídas, mais necessidade de regras, habilidades e reivindicações surgem, transformando as possibilidades de relacionamento humano em prisões, em limites, e assim, por meio de reivindicações, melhorias são atendidas e necessidades são minoradas, tanto quanto o ser humano fica limitado às suas necessidades, opressões e desejos de liberdade e mudança.

LUTA POR PODER E VALORIZAÇÃO

Quando se coloca a variável de merecimento, as coisas se bifurcam, se dividem e se complicam. Por exemplo, um lugar ao sol todos têm, todos merecem. Ocupar um lugar no espaço — estar debaixo do sol — é o que caracteriza a vida neste nosso planeta. O uso figurado, valorativo dessa realidade — um lugar ao sol —, aponta para situações de ambição e ganância ou desamparo e justiça. Quem almeja o lugar ao sol pode estar na luta para ser entronizado, valorizado, tanto quanto pode ser a desesperada busca de poder apenas colocar os pés no chão. Desde o desespero de conseguir cura para a doença que impede o pôr os pés no chão até a luta pela recuperação do chão solapado (terras roubadas, casas invadidas, países dominados), o lugar ao sol é a legítima procura de exercer o que é devido e próprio. Crianças criadas para ser objeto de sevícia, para trabalhar, mendigar e trazer dinheiro para casa; mulheres vendidas a redes de prostituição; cães treinados para roubar, para competir e ser metralhados, tudo isso exemplifica como o natural e genuíno é corrompido, negado.

Lutar pelo lugar ao sol pode ser também, e geralmente é, fruto de ganância, de querer significar por se sentir manchado, inferiorizado, sem uma marca definidora de sucesso e vitória. Um lugar debaixo do sol, pisar no chão, poder andar, movimentar é exercer vida, é explicitar possibilidades. Quando isso é negado, o indivíduo é destruído de diversas maneiras: é a criança medrosa, é o adulto submisso, por exemplo. Quando é transformado em objetivo de vida, essa inversão configura a busca de sucesso e de reconhecimento que vão redimir o não conseguido durante toda a vida. Essa busca cria os massificados, sobreviventes que procuram ampliar as próprias condições de vida, figuradamente buscam o lugar ao sol e sempre "roubam" um pedacinho do lugar do outro, além de inventar mentiras para justificar o jogo. A esperteza inaugura novas configurações, instalando novas terras, novos sóis. Querer o destaque é uma maneira de negar a igualdade, ou ainda, de colocá-la em novo plano. Todos somos humanos, somos iguais e temos um lugar ao sol. Quando isso é buscado ou negado, surge desumanização sob forma de escravidão, opressão, exploração, utilizações que vão desde o uso de animais até o de pessoas. Para mudar essa perspectiva, para que não exista luta por um lugar ao sol, teríamos que questionar e agir nas psicoterapias, nas famílias, nas escolas, nos grupos, na sociedade, mudando, assim, esse paradoxal distópico.

MERECIMENTO E DIREITOS: RELAÇÕES COISIFICANTES E ALIENANTES INICIADAS NA FAMÍLIA

"Não tenho direito a nada, mas mereço tudo" é o refrão, a oração constante das vítimas, daqueles que sempre se sentem prejudicados na contabilidade dos empenhos, promessas e desejos não realizados. Ter se sacrificado, tudo ter feito em prol dos outros ou de uma situação, é pensado como trunfo, como aval de garantia de tudo merecer.

Nada mais alienante, nada mais coisificante para o indivíduo, para o ser humano, tanto quanto para suas relações sociais e familiares, do que a certeza de merecer, mas não ter direitos. Quando essa divisão entre o indivíduo e o outro, quando essas fragmentações existenciais são vivenciadas como "não tenho direito a nada, mas mereço tudo", esse postulado inicia um processo de revolta, exacerbando medos e frustrações criadas por estar submetido ao outro, a seus desejos e vontades, por vezes, desumanas. Sacrifícios, renúncia e perdão são os sustentáculos das relações coisificantes e alienantes, principalmente no âmbito familiar. Perceber o que está em volta reduzindo a situações convenientes ou indesejáveis estrutura um forte sentido de oportunidade. Insistir em aproveitar as brechas que surgem cria atitude oportunista, que se caracteriza por esconder incapacidades através de ajudas ou artifícios, transformando-as em capacidade de conseguir através do outro, ou melhor, usando o outro.

Esse direito de usar o outro é reivindicado e neutralizado pela ideia de tudo merecer. Cheio de planos, metas e desejos responsáveis por frustrações, medos e ansiedades, o indivíduo sofre, e assim, se sente vítima do sistema e das pessoas. Lidando com esta distorção de se sentir centro do mundo — distorção criada pelo autorreferenciamento —, cresce a ideia do mérito não reconhecido, aumenta a impressão de não ter os meios necessários à vida, de não ter a mínima retribuição aos sacrifícios e ações realizadas. Esta avaliação, geradora de frustração, é responsável pela exigência de receber e de ter direitos assistidos e mantidos.

Não ter direitos, nada receber em função de tudo que acha merecer, cria derrotados, reclamadores e insurgentes que tudo recebem, tudo pedem, tudo negociam para conseguir suprir suas necessidades e desejos, agora catalogados sob o rótulo de merecimento. Mesmo quando se insurge e se sente explorado nas relações de trabalho, ou quando socialmente discriminado, o refrão "não tenho direito a nada, mas mereço tudo" é mantido, embora tenha suporte na constatação dos processos de espoliação e uso pelos dotados de poder e de capital, pois no contexto autoritário, assistencial e meritocrático, as contradições não são percebidas, apenas se enxergam os grandes vazios e a sensação de falta: fome e carência que urgem ser preenchidas.

A gravidade dos posicionamentos entre direitos e merecimento resulta da divisão e oposição entre eles. Avaliar é reduzir a valores, geralmente incompatíveis com o processo relacional de estar com o outro. Quebrar essa unidade relacional é estabelecer posicionamento de vítima, de senhor; merecendo, castigando, premiando. Ao quebrar a relação dialética, estabelecem-se posições: surge o superior-inferior, surge o senhor-escravizado, o doador-dependente e assim a despersonalização, a divisão é construída, construindo-se também demandas, renúncias e queixas. Quando os pais se relacionam com os filhos por meio de recompensas e castigos, constroem escalas de valores e merecimentos referenciados nos processos de submissão e frustração, que mais tarde vão se atritar com os outros nas diversas situações em que o compromisso, a barganha e a chantagem podem ou não imperar.

Até perceberem que não é preciso "dar para receber", "mentir para disfarçar", as pessoas se sentem estranhas, sem pertencimento, sem saber como agir.

Quebrar a unidade sempre pulveriza a personalidade e cria autômatos doadores e/ou dependentes. Pródigos e mesquinhos começam a povoar o mundo, criando ordens utilitárias e propósitos dilapidadores das possibilidades humanas.

VITIMIZAÇÃO

A manutenção de qualquer sistema — orgânico ou inorgânico — necessita de entrada e saída, input e output. Sistemas necessitam de um escoadouro, de uma porta onde colocar o resíduo, o lixo. Tanto alimentação quanto descarte de resíduos são uma imposição. Sistemas de poder, por exemplo, para manterem-se, necessitam de antítese ao esvaziamento resultante de suas atuações: desenvolvem arremedos de ações comunitárias que aliciam grupos, populações inteiras como massa de manobra e assim evitam a estagnação. A ideia de justiça, que na Inquisição foi abalada pela Igreja, foi também salva pelo sacrifício das bruxas. Nas ditaduras, os mesmos que redigem lemas para a segurança nacional são os que torturam, aprisionando, excluindo, e nesses contextos, vítimas são bode expiatórios, senhas para manter a ordem imposta. Da mesma forma, na dinâmica dos relacionamentos individuais, com infinitas situações e demandas, com níveis de sobrevivência e de existência, os sistemas mediadores são pregnantes (família, escola, trabalho, status, desejos e propósitos): indivíduos precisam de respiradouros e a fragmentação, o deslocamento, passa a ser o canal de acesso a essas estruturas. Automatizando-se pelas demandas de sobrevivência, apoiam-se em conveniências necessárias à manutenção de suas vidas e propósitos.

Ser um ponto de confluência de abusos, de usos e desconsiderações cria as vítimas, os sacrificados, os humilhados. Vitimizar-se é também assinar embaixo e concordar com a própria incapacidade de continuar o movimento de contradições relacionais. Nesse sentido, a vítima é o ponto de fuga, é o tentar qualquer coisa para negar a sua impotência e incapacidade. Perdendo-se em generalizações, o indivíduo continua a coisificação que despersonaliza para sobreviver. Sem questionamento, vem a alienação, o desejo de ser cuidado e protegido, vêm os enganos, consequentemente a infinita criação de bodes expiatórios, saídas residuais dos sistemas.

Vitimizar-se é aguardar e esperar melhoria ou redenção dos próprios atos. Submeter-se aos processos alienantes transforma o indivíduo em um receptáculo de expectativas, deixando-o posicionado, apto a receber todo o resíduo, tudo que sobra ou é demais. Posicionar-se como ponto final de processos é alcançar — recebendo sobras — um sentido de vida, mesmo que seja o de vítima. Essa submissão, essa passividade é negar-se como ser no mundo, é transformar-se no que recebe, tanto quanto no que sofre, é a vitimização. Vitimização essa necessária à sobrevivência dos sistemas de poder, criadores de seres coisificados, objetos à disposição de configurações alienantes e massacrantes, que os alimentam e suportam. Nesse contexto, engrossam as fileiras dos que se vitimizam: os delatores, os torturadores, os empenhados em buscar melhores condições para sobreviver, enfim, os que contribuem para a manutenção de sistemas despersonalizantes. Reivindicar é tentar transformar submissão em atividade, consequentemente é uma maneira de amplificar os contextos apassivadores, os arremedos de ações sociais e afetivas.

IMPACIÊNCIA É INDIGNAÇÃO

Nem sempre impaciência é indignação, mas no contexto de cooptação, imagem e faz de conta, indignar-se, irritar-se, não concordar e lutar pelo que se discorda é atitude denunciante da acomodação sacramentada pelo politicamente correto. Faz diferença dizer não, faz diferença dizer sim. Enfrentar combinações, regras e leis pode ser perturbador, mas é também questionador. Tudo que é explicado pode ser uma revelação, tanto quanto a explicação pode ser uma maneira de esconder o que não se quer que seja percebido.

Na intimidade do lar, no seio da família, quebrar o silêncio característico das omissões é visto como sinônimo de violação da harmonia. Da mesma forma, estar bem com o colega de profissão, os pares corruptos e que abusam dos poderes profissionais é manter posicionamento que evita indignação, que ajuda a sobreviver. Muitas pessoas são prejudicadas para que se mantenham ajustes, mentiras e conveniências. Impotentes para mudar e para denunciar, resta a esses indivíduos aceitar, não criar problemas, não se expor. Essa moral de compromisso é construtora de imoralidade, de impunidade, de neurose — alienação. Impotentes, liquidados como vozes dissonantes, transformados em resíduos descartáveis, ficam sujeitos a processos de reciclagem. Ficam sujeitos a adaptar-se, a seguir a maioria sem indagações, com esperança de se controlar e medo de resvalar em lutas por causas perdidas.

Civilizações clássicas, tradicionais, valorizavam a discordância. Na China, por exemplo, a maioria sempre vencia (50% mais 1), salvo quando havia apenas uma discordância: em 10 pessoas, 9 a 1, por exemplo, sempre que o discordante percebia algo que a maioria não conseguia perceber, ele era considerado certo ou vencedor. Era o novo que se buscava.

Contemporaneamente, o diferente, o discordante, não tem o mesmo significado. Oposição é transtorno, é considerada problema.

Paciência e negociação para incluir, somar, acrescentar é o que interessa. Resultados devem ser acumulados, ajustes devem ser conseguidos. Conviver bem com o já chamado lado B, o lado marginal do colega que vende ilícitos no trabalho, é considerado saber viver. São inúmeros e cotidianos os exemplos.

LEGALIDADE E LEGITIMIDADE

Legalidade não significa legitimidade. Discussões em torno do que é próprio, adquirido, legítimo, natural em geral se constituem em divagações sobre as realidades discutidas ou questionadas. Essa técnica ou essa síntese das contradições pode legalizar, mas não legitima. O que é legítimo dispensa construções em torno. O fenomenólogo Luypen dizia que quando se trata de direito, não há legitimidade.[74] Não se discute a legitimidade da fala, embora se possa discutir sobre o direito de falar, proibindo ou permitindo.

As relações configuradoras de legitimidade são intrínsecas ao legitimado, enquanto as relações configuradoras de legalidade sempre são extrínsecas ao legalizado. Esta questão sobre ser intrínseco ou extrínseco é fundamental, pois estabelece direções e cria também distopias. O legítimo não impõe nem resulta de processos, é o próprio configurador de estruturas, de situações. Quando se tenta julgar ou afirmar legitimidade, já se incorre em complexidades, pois afirmar legitimidade implica em negá-la. Por si mesma ela existe, enquanto a legalidade exige sempre outros referenciais para que possa ser estabelecido seu julgamento. Existem regras, critérios, jurisprudências, tendências gerais que legitimam o suposto natural. Confundir natural com legítimo é também um

---

[74] LUYPEN, William. *Fenomenologia Existencial*. Buenos Aires: Ediciones Carlos Lohlé, 1967.

atropelo que se faz às imanências configuradoras do legítimo, ao seu como processual. Legalizar implica sempre organizar para um determinado propósito, portanto o legal de hoje foi o ilegal de ontem; implica outros contextos, outras deliberações, outras finalidades. Das leis, o legítimo se distancia desde que ele não é questão para elas. Só em certas extrapolações o legítimo aparece, mas sempre incólume, não se deixando aprisionar nas malhas do legal/ilegal. Os sistemas totalitários começam quando leis são criadas para destruir legitimidade, por exemplo: é proibido amar, é proibido ter prazer, certos seres são transformados em escravizados, outros em senhores, algumas etnias passam a ser consideradas não humanas e por isso podem ser dizimadas, ou ainda, o ser humano é o transportador de córneas, de órgãos para vender. Tudo isso é legalizado e assim tenta-se abolir o que é humano, legítimo. Mas o legítimo nunca é abolido, ele é desconsiderado, e deixa trajetórias, resíduos, que algum tempo depois, mesmo que séculos depois, recuperam sua legitimidade.

ACORRENTADOS: DISCIPLINA E INSATISFAÇÃO CONTROLANDO O COTIDIANO

Aceitar regras e compromissos estabelecidos em contextos organizadores de sua validade se configura em limites definidores de funções necessárias. Quando essas regras e compromissos existem independentemente das situações por eles reguladas, quando existem para manter outras ordens, eles escravizam, acorrentam, e assim, estar preso a compromissos e regras faz do indivíduo elo de correntes alienadoras.

Situações simples demonstram a sobreposição das organizações, a sobreposição de regras. Crianças enfileiradas para receber a merenda, por exemplo, para receber o lanche nas escolas públicas, são organizadas por ordem de chegada ou podem ser organizadas por premiações emulativas: melhores notas, melhor desempenho garantem os primeiros lugares ou o acesso à melhor parte da merenda. O ensinamento transmitido nessa atividade através do incentivo a determinado comportamento (incentivar melhores notas pelo acesso ao lanche escolar) cria compromissos de competição que são alienantes: "estudo mais para comer melhor", comportamento que é mais tarde reproduzido para conseguir títulos, pontos para seleção de emprego, melhor projeção social etc. Quando uma atividade não é realizada em função do que lhe é próprio, quando é transformada em trampolim e/ou obstáculo para alcançar ou ultrapassar ordens e critérios, ela se torna escravizadora.

Agregar outros valores aos valores significativos de uma dada situação é somar realidades díspares. Os exemplos dessa atitude são inúmeros e estão em toda parte, da vida privada à vida pública, dos contatos afetivos às transações profissionais: realizar uniões afetivas pelo acúmulo de vantagens que elas oferecem, por exemplo, estrutura os alpinistas sociais. Certas uniões, além de realizarem desejos de convivência mais íntima, realizam todos os desejos que fazem parte do imaginário social. Essas emergências motivacionais vão guiar regras e compromissos escravizadores, alheios às estruturas das motivações intrínsecas ao relacionamento, embora familiares aos desejos de mudança social e aquisição de dinheiro. Nesse contexto, qualquer situação que se busca é por definição alienante, escravizadora, pois é estabelecida pelas não aceitações do que se é, do que se vivencia. Anseios de melhora sempre são recusas ao que se vivencia no presente. Acontece que só ao vivenciar o presente é possível melhorar, ascender a outras situações, a outros níveis, quando as contradições são enfrentadas, quando a prisão do que aliena é desfeita. Seremos sempre escravos, mesmo que nossos espaços de movimentação sejam amplos, caso permaneçamos atrelados, acorrentados a desejos e medos (a futuro e passado).

O próprio viver em sociedades controladas fundamentalmente pelo dinheiro cria regras comprometedoras, alienadoras dos próprios desejos e motivações humanas. É preciso diferençar o que é circunstancial, o que é necessário e o que é a própria superação dos limites estruturantes. As propostas de realização, salvação, transcendência e superação de dificuldades apresentadas pelas religiões e ideologias, frequentemente alienam, comprometem, dividem e desarticulam, pois são geradas em referenciais valorativos, consequentemente enganosos. Acorrentar-se às verdades propagadas e vendidas pode também ser uma maneira de ser esvaziado, explorado.

A maneira de não se acorrentar é através de constante questionamento às regras e compromissos, constatando se eles se esgotam nas ordens e contextos que os engendraram ou se apontam para outras direções às quais eles são estranhos, meras colagens, iscas do que se deseja realizar. Todos podem ser realizados, satisfeitos, caso utilizem as escalas das próprias necessidades e possibilidades. Plantar e colher da própria terra em que se está situado tira da escravidão e estabelece autonomia, liberta.

A CRISE CONTEMPORÂNEA DA IDENTIFICAÇÃO: ILUSÃO E REALIDADE

Ilusão é um dos temas mais escorregadios da filosofia, da política e mesmo da psicologia. Afinal, saber o que é ilusão e o que é realidade, como manipulá-las e entender por que nos iludimos, está, atualmente, no cerne das coisas que se discute e se redefine, no âmago do manejo e falsificação dos fatos sociais e institucionais, e de como nos atraímos pela via fácil das respostas prontas, dos clichês que satisfazem necessidades.

É comum ouvirmos que ter sonhos é fundamental, que "a vida sem ilusão é uma vida triste", numa clara evocação de ilusão como fantasia, como algo que não existe, que não é real, que é inclusive irrealizável, mas que preenche e satisfaz; ao passo que o que é real é insatisfatório e frio. Em outras narrativas, ilusão está associada à alienação, engano e manipulação frequentes nas relações amorosas e até mesmo familiares, a métodos de dominação de massas como acontece nas religiões e nas políticas populistas com suas inferências nas escolas, na imprensa, na difusão de mentiras (fake news), promessas falsas e violência. Em diversas situações, a busca de verificar o que é ilusório, que seria um antídoto pressuposto, não passa de uma armadilha, e o círculo vicioso continua, regressando sempre ao problema inicial: a imersão na ilusão da realização de desejos e metas. Sem questionamentos dos próprios a priori, conceitos e dogmas, continuamos distorcendo e percebendo fatos, realidades e comportamentos em função de nossas verdades, medos e desejos. Por que nos enganamos, por que nos iludimos?

Entendo ilusão e realidade a partir da percepção. A Lei de Figura-Fundo, um dos pilares dos estudos gestaltistas sobre percepção, me permite compreender e desenvolver as implicações dessa questão no comportamento humano. Essa lei afirma que nas relações de Figura e Fundo, o que é percebido é a Figura, o Fundo é o estruturante e não é percebido. Existe a reversibilidade perceptiva; portanto, quando o Fundo é percebido, ele é Figura. Em meu livro *A Realidade da Ilusão, a Ilusão da Realidade*, afirmo que ilusão é o Fundo, o que não é percebido; e real é o percebido, é a Figura. Tudo que é percebido é real, e consequentemente não existe verdadeiro nem falso, pois real é o que é vivenciado, dependendo do que é percebido como Figura. A sequência das vivências, das percepções, pode fazer mudar percepções, ou seja, o antes vivenciado como real. Nesse momento percebemos a ilusão, percebemos que nossos a priori, desejos e medos eram implícitos, eram o Fundo responsável pela percepção. Geralmente, preconceitos, ou a priori, crenças e certezas constituem o Fundo, o referencial de nossas percepções. São os estruturantes de nosso sistema categorial, resultam de experiências prévias e de avaliações, e quanto mais fortes são as certezas, crenças e fé, mais rígidos e menos disponíveis nos tornamos, dificultando inclusive a reversibilidade perceptiva que possibilitaria a transformação desses a priori. Capacidades e incapacidades, medos e habilidades são estruturados pelas experiências. Portanto, vivemos de memórias, é como se andássemos olhando para trás, por isso a necessidade de apoios, geralmente supridos por dogmas e regras.

É necessário renunciar a certezas e crenças largando os apoios, o sistema de avaliação e verificação para reencontrar a disponibilidade, porque sem disponibilidade somos dirigidos por padrões de ajuste/desajuste e de conveniência/inconveniência; ficamos presos ao que nos alimenta e adapta, presos ao processo de desindividualização e alienação. E, assim, todas as vivências ocorrem nesse sistema avaliador. É a alienação que transforma as possibilidades humanas em necessidades circunstanciadas, metas de felicidade, amor, riqueza, fama e imortalidade. Ilusões que, por fim, norteiam o caminhar, o cair e levantar, o desespero e a angústia de estar no mundo querendo justificar, validar a trajetória por marcas de sucesso, de reconhecimento e realização. As expectativas de resultados, de validação de propósitos, de justificativas para a existência são geradoras de ilusão.

Precisamos mudar por meio de questionamentos ao que nos aliena, ao que nos leva a enganar e sermos enganados. Por pior que seja a realidade, ela é estruturante, individualiza, enquanto a mentira, a ilusão desestruturam, criam dependências, pois nesse contexto percebemos o que somos induzidos a perceber, e sem discriminação, sem globalização, embaralhamos e reproduzimos regras e dogmas dos sistemas nos quais estamos situados.

FEROCIDADE: REDES DE CRIME E OPRESSÃO

Ferocidade é característica de feras e também de seres humanos que se tornam violentos, desumanizados e ferozes. É rápido tornar-se feroz e é também fácil reduzir um ser humano às suas dimensões biológicas, às suas necessidades. É eloquente o depoimento abaixo e mostra como a interseção entre sistemas econômicos e sociais é uma regra de ouro, mantida entre opressores e oprimidos:

> 'Oito semanas', recomeça o soldado barbudo, 'oito semanas e tudo o que existe de humano no ser humano desaparece. Os Kaibiles descobriram uma maneira para anular a consciência. Em dois meses, pode ser extraído de um corpo tudo o que o diferencia dos animais. O que faz com que ele distinga maldade, bondade, moderação. Em oito semanas, você pode pegar são Francisco e transformá-lo em um assassino capaz de matar animais a dentadas, sobreviver bebendo só mijo e eliminar dezenas de seres humanos sem sequer se preocupar com a idade das vítimas. Bastam oito semanas para aprender a combater em qualquer tipo de terreno e em qualquer condição atmosférica, e para aprender a se deslocar rapidamente quando atacado pelo fogo inimigo'. [...] Kaibiles são o esquadrão de elite antissubversão do Exército guatemalteco. Nascem em 1974, quando é criada a Escola Militar que se tornaria

o Centro de Adestramento e Operações Especiais Kaibil. São os anos da guerra civil guatemalteca, anos em que as forças do governo e paramilitares, apoiadas pelos Estados Unidos, se veem enfrentando primeiro guerrilheiros desorganizados e, depois, o grupo rebelde Unidade Revolucionária Nacional Guatemalteca. É uma guerra sem trégua. Nas malhas dos Kaibiles caem estudantes, trabalhadores, profissionais liberais, políticos da oposição. Qualquer um. Aldeias maias são arrasadas, os camponeses são trucidados e os seus corpos, abandonados para que apodreçam sob o sol inclemente. [75]

Sobreviver em regiões socioeconômicas onde a desigualdade, tirania e medo predominam é a sobrevivência limitada e determinada pelos sistemas opressores. Uma das maneiras de fugir da opressão maciça é trabalhar para o sistema, é ajudar as máquinas opressoras (tornando-se delator, torturador etc.). Outra maneira é arregimentar condições para violências pseudorreparadoras: roubar, matar, supliciar os que dispõem de dinheiro (não importa quanto), formando esquadrões e gangues de violência.

Para se manterem, as sociedades opressoras usam clandestinos, criam ferozes. Foi assim, por exemplo, nos anos das ditaduras brasileira, argentina, uruguaia, chilena, com a formação de torturadores, tanto quanto agora é esse mesmo suporte residual que se vê no tráfico de drogas, armas e sexo. Qualquer olhar atento para favelas e comunidades de baixa renda revela esse mosaico. Da mesma forma, no Leste Europeu (antiga União Soviética e seus satélites), após a Perestroika, vemos antigos dirigentes e líderes políticos, "promissores quadros do partido", organizando

---

[75] SAVIANO, Roberto. *Zero Zero Zero*. São Paulo: Companhia das Letras, 2014, p. 90-91.

bilionárias operações: redes de tráfico de armas, drogas e mulheres. Para realizar essas operações é preciso esvaziar o humano e fazer surgir feras capazes de manter os negócios. A mídia contribui e é fundamental na geração e manutenção dos desejos: a boa comida, a boa roupa e todos os fetiches de consumo e estilo divulgados e propagandeados.

Toda vez que não se aceitam limites e restrições do que está acontecendo no presente, da condição socioeconômica, se fica reduzido à sobrevivência, à satisfação de necessidades, e assim são criados complexados, pessoas que se sentem inferiorizadas por não serem ricas, não terem tido os brinquedos anunciados na TV, não morarem em apartamentos como aqueles que possuem mais dinheiro. É um início de estruturação de ferocidade, posteriormente aprimorada, efetivada por variáveis de opressão estabelecidas pelos sistemas, pelas famílias. Esse processo de não aceitação estabelece metas, desejos de realização, que também são responsáveis por retirar os pés do chão (sair do presente) e se agarrar aos desejos (metas), se agarrar em ilusões de melhora e a qualquer coisa considerada salvadora, desde exercer torturas para manter a ordem social vigente até a venda de drogas e armas para conseguir amealhar o primeiro milhão de dólares. É o esvaziamento humano gerado pela sedução do prazer, paraísos prometidos e nirvanas criadores de feras tanto quanto de mártires (os que se explodem com bombas), esvaziamento mantido e ampliado por sistemas e situações opressoras.

PODER, EGOÍSMO, ARMA-NA-MÃO E MALDADE

É sempre intrigante constatar que os poderosos, principalmente políticos, roubam, enganam e não se sentem mal! É quase — do ponto de vista deles — "dever de ofício" visto como solução e eficácia. Espanta também ver o assaltante roubar, matar e não ter conflitos, não ter remorsos. Será que pertencem a outra espécie, outra forma de gente, como imaginava Lombroso? Não. São sempre seres humanos. A diferença é que foram transformados em sobreviventes e, portanto, tudo é vivenciado em função dos desejos e necessidades extrapoladas e polarizadas para os deslocamentos da não aceitação. A não aceitação estabelece padrões e regras. É necessário ganhar 1 bilhão de dólares para se camuflar como humano, para se sentir gente e esquecer a bestialidade de seu processo. Outros precisam matar, eliminar cem pessoas ou um número ilimitado, para sentirem-se capazes de ações e de prazer.

Transformar o outro, o diferente ou semelhante, em espelho, em respaldo ou desculpa de comportamento é alienador. Nesses casos, não se é motivado pelo outro, mas sim pelo outro coisificado, transformado em objeto conquistado, destruído ou neutralizado. Para essas pessoas, o poder e a violência afirmam o existir. O indivíduo vale pelo que rouba, destrói e mata. Outros seres humanos são, para eles, objetos que devem ser destruídos para não se tornarem ameaçadores ou comprados para apoiar, para realizar desejos. O mundo, a sociedade são transformados em supermercados, bordéis onde produtos e reciclados podem ser adquiridos e mais, precisam realizar o sonho de estar sozinhos, isto é, serem admirados sem intromissões desfiguradoras e ameaçadoras. É o clássico "o mundo aos próprios pés".

Leis econômicas e societárias podem transformar indivíduos em seres que existem fundamentalmente para sobreviver, para ter o melhor. Seus familiares não questionam, ao contrário, incentivam o processo, ensinam que o que vale é o que se tem, o que aparece, e que poder em dinheiro é a finalidade humana, que vida é isso, e mesmo quando algum viés religioso é oferecido, é sempre no sentido de aproveitar a oportunidade, pagar pelo melhor lugar na igreja, estar junto e sob as benesses das autoridades religiosas. Tudo é utilizado neste processo de atingir, adquirir, ser o melhor, não importa quanto se destrua em volta, não interessa que as escadas de ascensão sejam representadas pelos cadáveres destruídos pela fome, pelo tiro ou pela prisão segregadora do que se considera diferente, denunciante e ameaçador.

O poder, a arma na mão, o egoísmo, a maldade decorrem de reduzir tudo ao processo de luta-fuga, de caça-coleta. Não é "primitivismo", é a negação da harmonia, é a negação do sujeito, é o sentir-se só, como maneira de não ser contestado, contrariado ou denunciado. Hoje em dia, as páginas políticas dos jornais tornaram-se páginas policiais, noticiários de TV dedicam metade do tempo à exposição da criminalidade violenta e indistinta, do palácio ao casebre, com seu caudal de justificativas desprezíveis: "rouba, mas faz", "a política é assim", "o poder corrompe", "todos agem assim", "não tive oportunidade na vida", "lá na periferia a regra é essa", "era eu ou ele" etc. O egoísmo e a maldade não resultam de condições sociais e econômicas adversas, tanto quanto não são instinto humano, não são ausência de Deus, não são a presença do Demônio. Eles são a desumanização criada pelo autorreferenciamento, após impasses não enfrentados, limites não aceitos.

PERSISTÊNCIA E PADRÃO

Seres humanos não são máquinas, mas na maior parte do seu dia vivem como se fossem. É uma realidade massacrante suportar essa desvitalização, esse massacre do humano. É preciso considerar alguns aspectos que minimizam e que desconfiguram esta mecanização.

Estando no mundo, somos organismos, realizamos funções e estamos conectados a inúmeros sistemas que nos caracterizam ao nos descaracterizar como individualidades. Do oxigênio aos pés no chão, à Lei da Gravidade, estamos realizando nossa trajetória humana. Sem essa repetição, sem essa frequência, sem esses mecanismos respiratórios, deambulatórios, estaríamos inertes, imobilizados. Em certo sentido é mecânico sobreviver, subsistir, manter a nossa humanidade. Precisamos realizar as funções mecânicas, automáticas, medulares para realizar o cortical, o relacional, o perceber o outro. A persistência desse processo libera individualidade ou a sobrecarrega. Tudo vai depender de como nos relacionamos com os padrões (ambientais, cerebrais, orgânicos, sociais). Dos aspectos climáticos aos indicadores de liberdade social e política, estamos padronizados. A questão é como compreender, como lidar com esses padrões. Exercer submissão? Realizar questionamentos? Nadar, surfar ou sermos afogados pelas vagas estabelecidas como regras e padrões?

É a resposta individual, a liberdade de dizer sim, de dizer não que vai caracterizar persistências ou mudanças. Persistência pode ser um caminho para mudar, tanto quanto é uma maneira de se adequar, adaptar, submeter-se ao que despersonaliza. Padrão deve ser seguido, não tendo padrão deve-se criá-lo, mas é preciso interagir, tanto quanto modificar o existente para não cair no abraço cego do apoio, do grupo, da chefia. Todo processo de persistência exige autonomia ou abandono. Por autonomia se persiste nos movimentos de revolta, de dizer não às ordens constituídas que engolem individualidades, tanto quanto a governos ditatoriais ou familiares autoritários. Também por falta de autonomia, por abandono da própria individualidade, das próprias motivações, se persiste sendo a mãe escrava do filho drogado, a mulher espancada semanalmente para garantir a ordem familiar constituída ou ainda a filha abusada que persiste em salvar, manter o bom nome do pai, da família. A persistência, quando vira um padrão, é transformada em peça de engrenagem mantedora de compromissos alienantes, tanto quanto ao ser exercida como atitude crítica, como diferencial questionador de padrão, é uma antítese aos mesmos, é a possibilidade de mudar, é a certeza que transforma o ambíguo, que esclarece e permite mudar.

Como diz o ditado: "água mole em pedra dura, tanto bate até que fura", é a repetição que desdobra, cria novos horizontes, muda. Persistir é também começar a cegar, esquecer, embaralhar, pois se vive no automatismo na repetição, de padrões que alienam. Distinguir o que padroniza do que aniquila, o que mantém do que permite mudar é fundamental para não virar máquina de produzir humanidade, beleza, amor, fé, esperança, desumanidade, feiura, desamor, desesperança. Existe muito que se pode açambarcar do padronizado quando se conhecem seus processos, seus limites: macieiras jamais vão gerar laranjas e vice-versa. O padrão humaniza, o padrão desumaniza, tudo vai depender de como ele é utilizado, manipulado. Persistência é saudabilidade tanto quanto é prejudicial, tudo vai depender do seu fulcro, do que constitui sua sustentabilidade.

ARRUMAÇÃO

A organização é intrínseca aos processos perceptivos, a própria Lei de Figura-Fundo possibilita isso, tanto quanto possibilita distorção e desorganização. Tudo depende das relações estabelecidas com o mundo, com os outros. Quando a imanência dos processos relacionais organiza, e isso é permanentemente continuado pelos questionamentos e mudanças, se estrutura autonomia ou, na linguagem comum, se estrutura autoconfiança. Se os questionamentos são decorrentes de metas, desejos e medos, eles geram posicionamentos advindos de certezas e crenças, que ao organizarem o não existente — o futuro —, desorganizam o presente.

As sociedades, por meio de suas instituições, principalmente as educativas e religiosas, procuram organizar, educar e acenar com explicações geradoras de conforto e paz diante das vicissitudes. A educação, quando focada em necessidades a satisfazer, se constitui em um verdadeiro atentado ao humano, e a religião, ao tentar organizar o medo pela fé, mobiliza o egoísmo, prometendo vida eterna e paraíso, ou, quando busca melhorar a impotência, recordando que poderia ser pior, se constitui em fator de alienação. Administrar medos, esperanças e dificuldades é um dos principais objetivos religiosos. Qualquer organização extrínseca aos processos se transforma em poder alienante. As arrumações, então, são necessárias e frequentes para que se consiga exigir subordinação a rituais, regras e padrões. Religião oprime quando busca conduzir indivíduos aos pontos de certeza postulados por outros. Viver sob a égide de uma religião é uma maneira de alienar-se. Religião é sensibilidade, é criatividade quando é encontro consigo mesmo através do outro, quando não é regra/ritual a ser processado em função de arrumações que precisam ser mantidas. Ser religioso é estar livre, aberto ao outro, ao mundo, ao absoluto/relativo da existência. É estar disponível para a possibilidade de transcendência — experiência do além do limite e circunstâncias — aplacando, assim, os problemas ao realizar continuidade humana além dos obstáculos sobreviventes. A religião institucionalizada tenta organizar, mas pode estar alienando quando transformada em mediação entre o contingente e o absoluto. O dito espiritual transcende as formas religiosas e suas arrumações.

Flexibilizações, dispersões também organizam e arrumam ao separar o joio do trigo, ao entender o constituído e o constituinte, ao perceber igualdade e diferenças como sinônimos. Tudo vai depender da liberdade ou do compromisso. A organização transforma se for intrínseca aos processos vivenciais. Quando ela é aderente, fracassa, é armadura esmagadora do humano.

AJUSTES E REGULAÇÕES

Padronizar, regular são adaptações necessárias que realizam o ajuste indispensável ao bom convívio; entretanto, isso pode apenas realizar opressão e submissão. Ao querer dar certo e ser eficiente, se utilizam modelos decorrentes de avaliações circunstanciadas, de esperanças e consequentes ilusões, desde que o padrão, as regras defasadas são transpostas: são anteriores ao vivenciado, são passado, ou são voltadas para o futuro, se referem a limites, espaços diferentes dos agora situantes. Esse posicionamento expectante cria tensões, cria angústias e coloca o indivíduo à mercê de autorização, de validação alheia a seus contextos relacionais. Adaptar supõe sempre um propósito ou uma falha a ser corrigida. Os critérios de congruência e validade são moldes que esperam receber a "massa humana" e adaptá-la a objetivos genéricos, não individualizados. Ser moldado é organizador, adaptador, mas também aniquila a liberdade (autonomia).

As regras para viver bem não podem ser resultantes de avaliação e decisão sobre o melhor ou o pior em detrimento da individualidade. Contingenciadas, valoradas em parâmetros extrínsecos, elas invalidam seu objetivo. Alemanha Nazista, ditaduras populares e militares, Inquisição, por exemplo, foram responsáveis pela entronização de valores destruidores do bom convívio, destruidores de vidas em função de causas arbitrárias. Buscar o ajuste para ter sucesso, para satisfazer pais autoritários é fonte de mentiras e enganos na constituição de famílias ditas equilibradas, famílias que funcionam como cobertura de vidas duplas e esgueiradas do que é considerado desadaptado e anormal. Renunciar aos próprios desejos e certezas para realizar as frustrações e fantasias dos pais cria base para incestos, pedofilias e outras perversões intrafamiliares, por exemplo. É o ajuste para disfarçar e realizar violência e massacre. Todo ajuste deve ser questionado para que não se torne uma máscara que se prende ao corpo, dilacerando-o. Vivenciar e questionar as implicações dos próprios atos e desejos é uma maneira de não cair nas armadilhas do devido, do sensato, terreno fértil para preconceitos. Padrão corresponde sempre às frequências anteriores, regularidades que funcionam, mas que são bitolas defasadas. Comprimir e encaixar subverte o indivíduo criativo e também subverte o "doente", o mórbido, o maléfico. Não há como homogeneizar essa disparidade: o intrínseco do extrínseco, a imanência da aderência.

Liberdade e novidade imperam no mundo humano. Compromisso e repetição limitam o mundo mecânico dos sobreviventes, desumanizados pelos seus anseios e metas. Aceitar a própria condição, seus limites e possibilidades, é a única forma de criar bom convívio e harmonia. A violência, a que assistimos impotentes, é um dos sintomas das regras sociais, econômicas e psicológicas. Paradoxos e contradições não podem ser resolvidas por decretos, regras, submissão ao certo, devido, autorizado.

DESPERSONALIZAÇÃO

Despersonalização é o que acontece quando se vive para ser ou não ser o que os outros (pai, mãe, amantes, amigos etc.) desejam que seja. As imagens construídas surgem para compor os diversos personagens. Rebelando-se ou atendendo às expectativas ou imposições, sendo ou não o que se espera que seja, o indivíduo se circunstancia, começa a concordar ou a discordar com o que lhe é proposto. Surgem os enquadrados e ajustados ou revoltados e marginais. Ambos estão cooptados pelos sistemas, ambos sem autonomia. Não questionam, não fazem perguntas, apenas respondem, reagem ao proposto. Esse processo não cria individualidades, entretanto estabelece espaços, posições, direitos e deveres que demarcam e estabelecem seus caminhos e motivações.

A permanência dessas aderências, dessas "externalidades" inicia o processo de despersonalização. Vive-se para conseguir realizar propósitos, atingir situações a partir das quais pode tornar-se alguém socialmente considerado. Valer pelo que representa e pelo que consegue é o sonho de todo despersonalizado. Ao realizar seus sonhos, resta mantê-los. Passa a viver em função do conseguido, tendo que cuidar da imagem, da aparência. O que se mostra, o que se expressa tem também a função de esconder e calar. Esse jogo impõe malabarismos geralmente aliviados pela criação de personagens, receptáculos dos fragmentos causados pelas constantes e sucessivas divisões. Exemplos extremos mas encontradiços dessas divisões aparecem, por exemplo, nas atitudes de padres que abusam sexualmente de seus discípulos, nos ginecologistas que, sob a máscara de atendimento profissional, abusam sexualmente de suas clientes etc. Freud fala na sublimação de desejos instintivos, exemplifica com o sádico que se transforma em cirurgião.

Para nós, não é o que se faz, mas sim o como se faz que vai determinar a aceitação ou a não aceitação, a sanidade ou a doença. Não existe o sádico, existe o indivíduo autorreferenciado, que, por exemplo, não se aceita e precisa exercer função socialmente aceitável para sobreviver e deslocar seu desejo de matar e destruir sem pagar o preço disso. As situações aderentes, as vivências circunstanciadas, situações vivenciadas em função de necessidades a serem satisfeitas, são responsáveis pela despersonalização, pela não individualização. O despersonalizado procura expressar bom gosto por meio da escolha de objetos, da roupa que impressiona os amigos, procura ser amigo de poderosos, dos admirados, dos vencedores. É uma maneira de se identificar com o poder, sucesso e vitória. Para ele, fazer parte, pertencer é definidor do que ele é, de onde está, de que mundo domina. A vida psicológica vai depender do que consegue, do resultado dos empreendimentos. Quando não consegue, quando falha, vem a frustração. A continuidade de frustrações leva à insegurança, dúvida sobre o próprio valor, revolta, inveja de quem consegue bons resultados e vitórias. A insegurança aumenta a necessidade de se manter, aumenta o autorreferenciamento. Percebendo a partir dos próprios referenciais e nele se esgotando, o indivíduo se esvazia. Esse processo é cada vez mais desumanizante. É como se fosse uma caixa de ressonância, apenas ecoando o que está em volta, é a despersonalização.

SISTEMAS E ROBÔS

Fundamentados no lucro, na mais-valia, na exploração, em habilidades e direitos, os sistemas sociais — desde a família às regras educacionais e legais — se esmeram na produção de robôs bem-acabados ou com avarias de fabricação. Não há lugar para o humano. Doença, neurose, drogas, não aceitação, desespero e maldades surgem.

As psicoterapias são as ilhas onde as paradas e pausas desse processo desumanizador podem existir. Entretanto, para que aconteça transformação é necessário questionamento a todo processo de adaptação em função dos valores desumanizadores. Geralmente isso não ocorre. O que se vê nas terapias é o chamado "recarregamento de baterias" para enfrentar e manter as raivas, invejas, desejos e justificativas. Situações extremas, excruciantes geram sempre a pergunta: sobreviver para quê? Viver para quê? Muitas psicoterapias, pelo compromisso que têm com o sistema, conseguem transformar essas perguntas em meros sinais, em símbolos, e dizem: "perguntas são interrogações, interrogar é procurar o significado, o sentido, a justificativa de ser humano, de ter problema, quem não os tem?". Obviamente esse aplacamento permite reciclagens. Latinhas amassadas podem ser reutilizadas, isso é muito eficaz. Atritar e amassar é recondicionar, é crescer, mas com essa visão temos mais doença, mais desumanização necessária para a manutenção do sistema.

Que fazer? Acirrar cada vez mais as contradições, mostrar que o que é valorizado não significa enquanto liberdade, alegria e tranquilidade, que as trancas e blindagens para garantir o que se conseguiu, sem medo, pânico, depressão, não funcionam. A inveja, o ódio, a ilusão, o "lutar pelo próprio bem", pela própria crença são os fetiches, as bandeiras identificadoras de grupos e pessoas que estão irmanadas por essas atitudes. Os sistemas do robô e da desumanização são mantidos pela apatia, pela depressão. A abulia é assim necessária para seguir ordens. O abúlico, o sem vontade, é fragmentado, pontilhado e paradoxalmente sempre está verificando qual é a sua vontade, qual o seu lucro, o que os outros conseguem e ele não. Nessa ordem estabelecida de sistemas e robôs não há o humano. Nietzsche falava no "super-homem", naquele que via essa mecanização e conseguia ficar fora e além da mesma. Só resolvemos essa complexidade quando nos esvaziamos dos desejos, quando nos questionamos, permitindo não sermos cooptados pela vontade de vencer, de melhorar, de conseguir. A meta gera o vazio individual que é alimentador do sistema social. Ser ambicioso, esperto, tirar o outro da frente, não ter compaixão é a marca do vencedor, do títere social.

Se deter nos próprios problemas, entender suas contradições, entender o próprio vazio é humanizador. Enfrentar esses problemas, ver como eles foram estabelecidos gera mudança. Essa individualização diversifica a homogeneização dos sistemas, dos valores. Antíteses surgem e o sistema já não mais determina o que é bom, o que é ruim. O sistema será o contexto, o espaço no qual se vive, quase sinônimo de uma paisagem física.

ESTIGMAS

Estigma é a marca estruturada por preconceitos. É a predeterminação, a criação de categorias, de conceitos que se transformam em dogmas e a partir dos quais tudo é entendido e até mesmo digerido. Transformar um sinal físico em sinônimo de maldade, por exemplo, é uma atitude que atropela, engole ou destrói. Ao longo dos séculos proliferaram os estigmas tanto para o bem como para o mal. Ser pobre, ser rico, ser mulher, ser homem, ser branco, ser negro estabelece critérios a partir dos quais o mundo e os relacionamentos eram configurados e entendidos.

Quanto mais inclusivas se tornam as sociedades, mais os estigmas desaparecem. Há lugar e sentido para todos. Entre católicos se costuma dizer que "todos são filhos de Deus" e podem ser incluídos desde que sejam batizados, crismados etc., e isso neutraliza vários estigmas, apesar de criar outro: é solucionador de controles, por um lado, derrubando muros separatistas, mas, por outro lado, faz surgir os bons, diferenciando-os dos ímpios. De fato, a palavra "católico" significa "universal" e pretende inclusão de todos, mas a religião estabelece critérios (rituais) de associação que, como todas as outras religiões, mantém o estigma dos fiéis e infiéis. A estigmatização se exerce também hoje em dia como o tijolo e as madeiras de construção dos "currais eleitorais". Agrupar é selecionar o que pode ser controlado, comprado e arrendado. De marcas e sinais os estigmas são atualizados em cores, bandeiras e sinalizações que abrem ou fecham caminhos e portas. Quanto maior a despersonalização, a alienação, maior o processo de agrupamento, e um dos magnetizadores desse processo é a estigmatização. É ela que permite decisões pelos governos e pelas famílias de quem é mais apto, de quem é mais capaz, da separação entre os mais espertos e os mais lentos, dos considerados belos e dos considerados feios, enfim, tudo é selecionado, estigmatizado. Estigmatização é a criação de categorias, padrões que explicam e debilitam o humano, o individualizado.

Felizmente, ao longo dos séculos, estigmas diminuíram pois se desenvolveu o discernimento e o esclarecimento científico. Mas também, infelizmente, a estigmatização continua, mudando os critérios. Chegamos ao ponto de saber que todos são iguais, mas pelos vínculos e controles com os poderosos, uns têm direitos assegurados, outros não são favorecidos, não têm a marca do escolhido, de ser amigo do rei, dos poderosos. Quebrar esse processo será possível quando o significado do indivíduo for auferido dele próprio, pelo estar no mundo e existir com infinitas possibilidades e determinadas necessidades. Quando os processos são apreendidos, os estigmas desaparecem, pois não há como fixá-los, pois não há ponto de partida e nem mesmo de chegada.

CONVIVÊNCIA: MEDO E PRECONCEITO

Estar no mesmo lugar, na mesma família, na mesma cidade é conviver com o outro, é conviver com outros. A simples proximidade é o que define a convivência entre pessoas, entre seres. Proximidade engloba também a temporalidade e é tão abrangente nessa sua acepção que explica os conceitos de contemporaneidade e de antiguidade. Os cenários de convivência são vivenciados (nutridos) no agora, no antes e no depois, tanto quanto no perto e no distante.

Conviver é compartilhar o mesmo espaço, a mesma época, mas é também participar do que ocorre com o outro. A questão da participação na convivência é uma obrigatoriedade que foi reduzida a quase um não sentido de convivência, embora seja o que a mantém em termos de tranquilidade, ou o que a transforma em dificuldade, criando obstáculos, transformando os encontros em choques, disputas, querelas e discórdias. Esses aspectos de desarmonia comprometem convívios, pois as partes foram distorcidamente transformadas em totalidades, contextos a partir dos quais são definidos, são configurados os moldes de convivência. Já não é apenas o estar próximo, no mesmo espaço, na mesma família, que define a convivência: os vetores, as sinalizações que estruturam valores e regras criam grupos nos quais as pessoas sentem-se representadas e são deles representantes. O igual, o diferente, o estrangeiro, o considerado bom ou ruim são integrados ou desintegrados a partir desses significados. A convivência agora é entre iguais e entre diferentes. Sociedades são conjuntos nos quais as direções, os espaços são definidos segundo padrões socioeconômicos. Espaço de ricos, espaço de pobres, locais de deficientes são criados para que a convivência social não seja perturbadora. Zona de usuários de crack[76], espaços proibidos e limites de morte — em certas aglomerações urbanas — estabelecem o sentido do ir e vir. Há o proibido, o permitido, o que vai causar prejuízo, morte, tanto quanto outras situações, outras avaliações podem levar à fama e ao poder. Os lugares significam em função do que neles circula e por onde eles se encaminham, desde igrejas, hospitais, prisões até as antessalas do poder. A questão da convivência já não é uma questão aberta, contínua, não é típica dos seres humanos, ela é uma encruzilhada representativa de tudo que deve ser selecionado, continuado e descontinuado: preconceitos, medos, ansiedade, insegurança preenchem essas lacunas,

---

76   Em algumas cidades brasileiras há zonas onde adictos em crack vivem ou passam horas e dias entregues ao consumo da droga.

suportam esses tentáculos. Valores criam espaços, estabelecem limites, permitem inclusão, invasão e ameaça. Áreas de pobreza, em qualquer periferia das cidades, geralmente têm dejetos a céu aberto, frequentemente criando espaço para convivência com outras espécies distintas: insetos ou até mesmo baratas e ratos criam problemas e doenças, destruindo os homens que com eles convivem. E assim, conviver com o outro é totalmente diferenciado em função desses valores sociais e econômicos, uma convivência geradora de conflitos e dificuldades, bem diferente das situações em que conviver é situar-se em relação ao outro, a si mesmo e ao mundo, questionando, abraçando, descontinuando, continuando o que está em volta.

A lucidez, o questionamento impedem que o homem seja transformado em objeto, possibilitando espaço de convivência, tanto quanto de diálogo, encontro e interação criadora de convivências significativas e humanizadoras.

COMPORTAMENTO SEXUAL: ACERTOS, CONTRATOS, PRECONCEITOS

Preconceitos e restrições estão assumindo novas formas, e essas distorções, decorrentes da não globalização de fenômenos e comportamentos, criam divisões, polaridades e consequentes explicações despropositadas sobre comportamento humano. Exemplificaremos.

Ainda hoje, inúmeras pessoas (inclusive pesquisadores, médicos e psicólogos) falam de homossexualidade e heterossexualidade como imposição orgânica e genética, como atitude ou orientação sexual não escolhida. Persistem, nessa abordagem, duas ideias extremamente problemáticas: a primeira é a da existência de uma natureza prévia, anterior e determinante da construção cultural da identidade (sexo igual a organismo, natureza, e gênero igual a construção identitária, cultural), e a segunda, a de que escolher é exercer liberdade, exercer preferência independentemente de contextos limitadores. Ambas as ideias reafirmam preconceitos seculares, dualismos e reducionismos acerca do comportamento humano.

Não existe natureza humana, não existe prévio natural como condição determinante do comportamento. O comportamento humano não resulta de "forças naturais" e "instintos"; resulta, sim, de dinâmicas relacionais, necessidades e possibilidades relacionais caracterizadas por autonomia, medo, justificativas, metas etc. Pensar na escolha como exercício de preferência é contraditório, é entendê-la como a priori, como compromisso com motivações, com situações, com posições prévias e, portanto, como comportamento condicionado. Penso escolha como evidência. Escolher é estar presente, é a imposição do diálogo. Sempre que participamos estamos escolhendo isto ou aquilo, sem pausa para avaliação, sem conflito, sem dilema. Nesse sentido, podemos mesmo dizer que não existe escolha, a vida é participação, evidência. Parar para escolher é constatar a não participação, é constatar a quebra, é vivenciar o corte e querer emendá-lo.

Há pouco tempo circulou nas redes sociais um pôster que pretendia criticar a discriminação a pessoas e grupos baseada em preconceito sexual, étnico, estético etc. Apesar da "boa intenção", o pôster veiculava os enganos mencionados acima e ainda a ideia altamente preconceituosa de que "o que é natural" impõe-se e justifica-se por si só, ao passo que "o que é escolhido" é passível de condenação e rejeição. Seus dizeres eram:

> Coisas que as pessoas não escolhem:
> Orientação sexual;
> Identidade de gênero;

> Aparência;
> Deficiências;
> Transtornos mentais;
> Cor, etnia, raça.
> Coisas que as pessoas escolhem:
> Ser um babaca com as pessoas por coisas que elas não escolhem.
>
> Crédito: Reprodução/Internet

É lamentável a confusão entre natural e adquirido, entre biológico e social, entre indivíduo e sociedade. Tudo isso junto no cadinho, no liquidificador do preconceito, pois só no âmbito dele é que imanências biológicas como aparência, cor de pele, desorganizações cerebrais, deficiências físicas são consideradas contingências, circunstâncias passíveis de valoração e equivalentes a poder ou não ser escolhidas — situações nas quais colocar possibilidade de escolha é negá-las como evidência humana. Não se trata de ter direito de ser negro, homem, aborígene ou manco, mas sim se é negro, homem, aborígene, manco e isso é humanidade com suas diversificações. Quando se diz que se deve aceitar cor, raça etc. porque não são escolhas, essa afirmação em si mesma é preconceituosa. E mais, o pôster é gerado no bojo do preconceito e do reducionismo biológico ao dizer que orientação sexual e identidade de gênero não se escolhem.

Orientação sexual é atitude, é motivação, é um dado relacional vivenciado enquanto participação ou dificuldade. Aceitar as motivações afetivas em relação ao outro, suas implicações sexuais, independentemente de ser do mesmo sexo ou de sexo diferente, é uma disponibilidade que permite vivenciar as motivações ou, em posicionamentos de dificuldade, impede suas vivências pelo medo, culpa, certeza de inadequação e de erro ao fugir dos padrões estabelecidos. Os indivíduos são livres ou limitados para vivenciar sexualidade, independentemente da diferença ou igualdade de sexo. Sexualidade não se define por anatomia, tanto quanto prazer não resulta de condições anatômicas e sociais. Nas vivências problemáticas, o ser humano é omisso e limitado para vivenciar sua sexualidade, pois para ele essa vivência pode ser apenas uma senha para ser aceito em um grupo, para constituir família, para garantir seu futuro, para permitir exercer suas molduras e escaladas sociais. Falar de identidade de gênero como escolha/não escolha é andar na contramão, "perder o bonde da história", em uma época na qual exatamente o que se discute e admite é não haver gênero, desde que ele seria apenas resultado de autoritarismos enviesados dos "machistas", tanto quanto das "feministas". Identidade é uma organização social e psicológica que independe de diferenças sexuais biológicas, de ser homem ou mulher. Admitir identidade de gênero, dizer que ela não é escolhida, é ressuscitar preconceituosos protocolos de feminino e masculino, é equivalente a reduzir tudo ao azul e rosa.

Escolher ou não escolher não são referenciais importantes. Não podemos polarizar e validar o comportamento nesses aspectos. Escolher sempre implica em compromisso e vice-versa. Pensar em escolha como participação, como disponibilidade e flexibilidade, permite configurar melhor as possibilidades humanas, mas é preciso não esquecer que toda possibilidade pode estar contextualizada em necessidades, e que elas são limites que podem permitir transcendência — exercendo possibilidades — ou podem ser limites polarizantes de possibilidades, estruturando sua redução às próprias circunstâncias configuradoras. Tudo pode ser escolhido, tudo pode implicar em disponibilidade, participação ou limitação, desde que, no encontro com o outro e com o mundo, as contradições, inserções e complementações surgem. Sintonias, distonias e atonias estruturam o ritmo, a sinfonia do ser com o outro, do estar no mundo.

TRANSEXUALIDADE: DILEMAS E SOLUÇÕES

Querer ser o que não se é resulta da não aceitação de limites, não aceitação da realidade vivenciada. Geralmente essas vivências são encontradas em relação a aspectos físicos como gordura, magreza, cor da pele, em relação à situação socioeconômica (riqueza, pobreza), tanto quanto o homem que quer se transformar em mulher, a mulher que quer se transformar em homem são situações exemplares de não aceitação. A questão não é realizar o que se almeja, mas sim questionar esse desejo, essa não aceitação de limites, principalmente quando estamos em uma sociedade que propicia tecnologia para realização de quaisquer desejos.

A questão da transexualidade é bem abordada pelos autores Marco Antonio Coutinho Jorge e Natália Pereira Travassos no livro *Transexualidade: O Corpo entre o Sujeito e a Ciência*. No trecho a seguir, eles expressam:

> Mas a ciência, ao desconsiderar que a expressão máxima da subjetividade é o conflito psíquico, que necessariamente subjaz à questão transexual, responde de modo raso a esta demanda e aciona com excessiva prontidão sua parafernália tecnológica para atendê-la. Em nosso entendimento, é necessário suspender as soluções abruptas que o discurso da ciência fornece, as quais paralisam a possibilidade de elaboração do conflito que o sujeito precisa fazer antes de deliberar sobre as escolhas mais importantes de sua vida. [77]

---

[77] JORGE, Marco Antonio Coutinho; TRAVASSOS, Natália Pereira. *Transexualidade: O Corpo entre o Sujeito e a Ciência*. Rio de Janeiro: Zahar, 2018, p. 47-48.

O que é questionado aqui não é a satisfação, a realização dos sonhos ou da fantasia, mas sim saber se esses sonhos, ao negar limites biológicos, escondem problemáticas e valorizam soluções, assim como acontece nas conhecidas situações nas quais vemos indivíduos valorizarem dinheiro, poder e beleza como chaves para o sucesso e bem-estar. O conflito entre o que se tem e o que se quer, entre o que se é e o que se gostaria de ser, traduz insatisfação e não aceitação. Essa não aceitação só pode ser transformada por meio de questionamentos. Buscar o que se quer não é necessariamente buscar o objetivo do que se deseja: inúmeros exemplos mostram que não se quer ser rico para acumular dinheiro, mas sim se quer ser rico para comprar pessoas, oportunidades, acontecimentos e consideração, ser aceito e reconhecido, por exemplo. Quando um homem quer ser transformado em mulher, ele muitas vezes deseja apenas consideração e atenção; outras vezes deseja evitar ser estigmatizado por seus maneirismos femininos. Muitas mulheres, por sua vez, não desejam barba, bigode ou outros sinais de virilidade, desejam liberdade, direitos não cooptados, segurança física ou, também, evitar discriminações. Enfim, os deslocamentos da não aceitação devem ser considerados pois as configurações que deles resultam frequentemente mudam.

A manipulação dos desejos gerados pela não aceitação de realidades, pela não aceitação de si e do outro, pode ser instrumentalizada pelas ordens econômicas por meio de suas indústrias, técnicos e laboratórios. Mercados são abertos pelos produtos oferecidos para encorpar e polarizar o desejo, a não aceitação do limite, como a insatisfação de ser homem ou de ser mulher, por exemplo, que é indutora de inúmeros problemas físicos, hormonais, assim como exige técnicas cirúrgicas continuamente melhoradas. É quase a mesma relação existente entre spam e antivírus. Acende-se o desejo e os caminhos modeladores, as maneiras de realizá-los. Nesta capitalização de desejos, frustrações e ilusões, nada é impossível, toda esperança pode ser realizada. Nossos desejos de voar podem vir a ser satisfeitos, no futuro, pela existência de asas implantadas que nos levem a planar além do chão, por exemplo.

O novo mundo que se abre é um mundo cada vez maior: satisfaz necessidades e desejos, também anula dificuldades, consequentemente alienando o homem de si mesmo. Nesse mundo é cada vez mais válida a fala de Elie Wiesel, Prêmio Nobel da Paz e sobrevivente do holocausto, escolhida pelos autores do referido livro: "o homem se define pelo que o inquieta, não pelo que o assegura". Na tentativa de ampliar e transformar limites podemos ser vitoriosos, transformar o mundo e a nós próprios, mas também podemos nos tornar massa de manobra para ampliação de mercados exauridos e agora revitalizados; tudo depende do questionamento do próprio desejo, da própria aceitação ou não aceitação de realidades. Não há como realizar nossa humanidade sem questionamento, sem disponibilidade e transcendência. Não há como realizar nossa humanidade sendo cooptado pelas vantagens e desvantagens, pelas dinâmicas do sistema, pela neutralização de conflitos que nos permitem ser-no-mundo-com-os-outros.

"ELE QUE O ABISMO VIU"

Ele que o abismo viu é o nome da Epopeia de Gilgámesh, escrita por Sin-léqi-unnínni no século XIII a.C. Seu canto épico é bem resumido nesse título que descreve sua dor ao se deparar com a morte do amigo, ao perceber a finitude do humano, ao ver a não perspectiva final da vida.

É heroica e épica a vivência de Gilgámesh — rei de Úruk, na antiga Suméria, atual Iraque —, é o mais antigo registro literário da humanidade, bem anterior a Homero, Hesíodo e aos textos bíblicos. Contemporaneamente, ver o abismo é quase um lugar comum. A descontinuidade do viver, a insegurança constante causada pelo pânico, o medo de ser assassinado ou assaltado, faz da pavimentação diária das cidades, abismos, realidades descontínuas. A fragmentação resultante de posicionamentos cria também vazios, espaços interrompidos. É abissal a dificuldade nos relacionamentos familiares quando não se consegue perceber e ser percebido enquanto individualidade. Nas vivências de casais, igualmente, o isolamento criado pelos desejos insulados pela comunicação realizada atrás de regras a cumprir, palavras de ordem do que precisa ser evitado ou mantido é abissal, sem sequer ter alguém que perceba.

Saber do abismo visto pelo outro, dele participar na comoção do desespero, é ainda uma forma de presença, um estabelecimento de continuidade, é empatia, é afeto. Ser afetado pelas dificuldades e impotência do outro é um encontro transformador: gera solidariedade, ou luto, ou constatação de significados além do perdido. Ver o que é visto, perceber a percepção do outro é uma vivência sincrônica de aproximação, de descoberta, de participação, de ver o abismo que ele viu, de entender e louvar "ele que o abismo viu". A Epopeia de Gilgámesh é todo o luto, espanto e descoberta da morte, a morte do amigo. Perda e descoberta se mesclam durante o escrito. Gilgámesh descobre a finitude e ao ver o amigo morto, descobre também a infinitude dos encontros, do amor. Essa radicalidade contraditória continua sua transformação, sua humanização muito bem resumida no comentário: "O sequestrado e o morto: um é como o outro!".[78]

---

[78] SIN-LÉQI-UNNÍNNI. *Ele que o abismo viu*: Epopeia de Gilgámesh. Tradução de Jacyntho Lins Brandão. Belo Horizonte: Autêntica Editora, 2017, p. 118.

ESTÉTICA E ÉTICA NÃO EXISTEM NA SOBREVIVÊNCIA

Viver apenas para sobreviver exige foco, ganância, desconsideração para com o outro. Na sobrevivência[79] só o "salve-se quem puder" significa. Não se considera nada diferente disso. O outro, a ética, o dever, a compaixão não existem. De exemplos corriqueiros a outros extremos convivemos com essas atitudes: o enfermeiro que mata o doente que ele cuida para vender seus medicamentos, o padre que utiliza seus pupilos para satisfazer desejos, os que caluniam, denigrem, "sujam reputações" para, por meio das situações decorrentes, ficar com o emprego; são formas de sobreviver, são "maldades necessárias" para aplacar as necessidades e melhorar a condição de vida. Essa falta de escrúpulos estrutura aberrações e monstruosidades. Quebrar a harmonia, estabelecer o caos, a desordem, é fragmentar o humano, é tirar a beleza — dimensão característica do que é organizado, harmônico. Sem beleza, resta conseguir esconder a feiura, estratégia que demanda próteses que melhoram: "brasões", títulos e histórias que dignifiquem, acrescentem alguma suposta beleza. Essas aposições são massacrantes — as estruturas são ínfimas para suportar tais aderências. Sacos vazios, tubos que toda hora precisam de preenchimento e que rápido se esgotam é o que aparece nesse contexto sobrevivente. A droga, o sexo, a comida, os remédios, os aplausos trazem momentos de

---

[79] "Nível de sobrevivência e nível existencial são intrínsecos ao ser humano. O nível de sobrevivência é a imanência biológica, o nível existencial é a imanência situacional do estar-no-mundo-aqui e agora-com-os-outros. O nível de sobrevivência é o das necessidades, o existencial é o das possibilidades. Enquanto sobrevivente adapto-me e participo, enquanto existente, contemplativo, me transformo e contemplo. O ser humano é sempre um sobrevivente com possibilidade de existente, ou um existente com necessidade de sobrevivência." (CAMPOS, Vera Felicidade de Almeida. *Terra e Ouro são Iguais*: Percepção em Psicoterapia Gestaltista. Rio de Janeiro: Zahar, 1993, p. 48-49.)

felicidade, só assim alguma coisa é sentida, percebida. Utilizar a necessidade de sobreviver de todo organismo como base para o consumo de tudo cria desumanização, gera ansiedade, pânico, sintomas causados pela compressão das possibilidades, transformando-as em necessidades. Antíteses a essas situações podem começar a acontecer, estruturando dimensões de cuidado (ética), de organização (beleza) e assim humanizando, fazendo perceber o outro e a si mesmo sem avaliações, sem pragmatismo, sem canibalização, sem vampirização.

Dostoiévski escreveu: "A beleza salvará o mundo". Outros autores também se dedicaram a pensar a ética e a beleza, como São Tomás de Aquino e Santo Agostinho com as suas prédicas e orações que conduziriam a Deus, ou Kant com seu conceito de "devir", abordagens que por meio da moral e da religião tentavam salvar o homem de seus abismos. Ao pensar que a beleza salvaria o mundo, Dostoiévski pensava na compaixão e buscava remédio para os males humanos. Se pensarmos em profilaxia, beleza é harmonia, não posicionamento, não autorreferenciamento.

SOBREVIVENTE NÃO QUESTIONA

A imanência do ser humano é biológica.

> Essa estrutura biológica está em um lugar, em um tempo com outros seres. Estabelecemos relações percebendo, conhecendo. Perceber é conhecer, perceber que se percebe é categorizar. Essa categorização é o estar consciente de, é o saber que sabe. [80]

---

[80] CAMPOS, Vera Felicidade de Almeida. *A Questão do Ser, do Si Mesmo e do Eu.* Rio de Janeiro: Relume-Dumará, 2002, p. 19.

No mundo da sobrevivência[81] tudo converge para a satisfação de necessidades e de desejos. Os julgamentos e valores nesse nível são binários: bom e ruim, satisfatório e insatisfatório, lucro e prejuízo, eu e outro. A pregnância da imanência biológica desumaniza, não há antítese, consequentemente a dinâmica, a dialética do processo é transformada em paralelas: bom ou ruim, igual ou diferente. Psicologicamente, as vivências são desenvolvidas por meio de divisões paradoxais, tais como: o que apoia, oprime, o marido que espanca é o que sustenta, o patrão que explora é o que permite a sobrevivência da família. Essas contradições não possibilitam antíteses, não permitem resultantes, pois são mediadas pela avaliação do ser sobrevivente.

Ao avaliar se exercem mediações neutralizadoras de possíveis antíteses. Examinando o lado bom e o ruim, deve-se aproveitar o bom. Esse foco polariza o comportamento na sobrevivência. O sobrevivente não questiona a contradição, pois um dos seus aspectos é o apoio, e o outro é a ameaça, o perigo. Segurando-se no lado do apoio, só percebe o que ameaça, não percebe a contradição com seus dois aspectos, experimenta o que dá segurança como contexto de bem-estar (não se enxerga o próprio chão que se pisa, embora se enxergue o chão em volta). O ser, oprimido pela contradição, não questiona, tanto quanto não exerce solidariedade, tampouco tem clareza sobre os próprios problemas, embora exorbite nas soluções buscadas. É frequente não se perceber a solidão, o medo, o vazio resultante do estar comprometido com o casamento a manter, o emprego a defender, por exemplo. Só se percebe a injustiça, a falta

---

[81] "A questão de sobrevivente e existente, participação e contemplação, é crucial em Psicoterapia Gestaltista... Sem a vivência existencial o ser humano desumaniza-se. Só no presente vivenciado enquanto presente é que somos humanos, realizando nossas possibilidades de ser no mundo. O ser humano posicionado na sobrevivência é um funcionante, um programado por necessidades, vive em função de conseguir, de realizar, de atingir." (*Ibid.*, p. 50).

de relacionamento, o abandono causado pelos outros. Estruturam-se assim raiva, inveja, medo etc. Quanto maior a exploração, a opressão, maior a revolta, e quanto mais ela é mitigada, mais é mantida (é o clássico panem et circenses[82]).[83] O sobrevivente não quer mudar, ele quer conseguir, quer se adaptar e ter seus desejos atendidos. Não existe contradição, não existe antagonismo no nível de sobrevivência, as possibilidades foram transformadas em necessidades. A contingência, a circunstancialidade (consumo ou não consumo, por exemplo) soterra qualquer dinâmica existencial.

Uma das funções da psicoterapia é recuperar a possibilidade de estabelecer antagonismos, antíteses, de questionar. O início do questionamento é o início do processo de humanização. Apenas sobreviver nos animaliza, nos deixa à mercê de estruturas que nos manipulam, governam e orientam.

MARCOS CIVILIZATÓRIOS: DUAS CEIAS

Ir além do próprio dia a dia da sobrevivência e manutenção constrói dimensões diversas para o humano. Acompanhar o processo de seu estar no mundo, configurar e atribuir significados aos mesmos estabelece rotinas e rituais. A descoberta do fogo, possibilitando cozinhar, leva a abandonar o cru e, assim, também o perecível, o que não repõe o necessário para a nutrição. A longevidade, a durabilidade do que é caçado como alimento que supre foi conseguida. O fogo conserva! Essas pequenas descobertas no mundo pré-histórico

---

[82]   "Pão e circo."
[83]   "Cobiça e prazer, panem et circenses — eis o que move as massas quando as desampara a crença de liberdade e da dignidade popular." (ALENCAR, José de. *Cartas de Erasmo*. Rio de Janeiro: Academia Brasileira de Letras, 2009)

equivalem à descoberta do transistor. Portabilidade, adequação e simplificação permitem ritualizações que transcendem o mero caça-coleta que caracterizava as sociedades antigas.

George Steiner, no final de seu livro *Nenhuma paixão desperdiçada*, ao contar a experiência de inúmeras significações, a complexidade cênica e os jogos dinâmicos entre sutileza e generalidade, enfatiza nosso legado cultural marcado por duas ceias: o banquete de Platão e o Evangelho do Apóstolo João. Para ele:

> a primeira dessas duas ceias termina com a luz cotidiana de um dia tranquilo na vida de Sócrates, com a água de suas abluções e com sua sabedoria mais elevada que nunca. A segunda termina com uma dupla escuridão: a do eclipse solar sobre o Gólgota e a infindável noite do sofrimento dos judeus. [84]

Estabelecer o marco de duas ceias é muito interessante pois mostra como a ritualização, que se constitui em transcendência a finalidades e conveniências, possibilita também convívio, regras, temores, angústia, amizades e passatempo. As ceias, suas ritualizações, são formas de ultrapassar a necessidade de suprir, de alimentar, e então atingir o conviver com todas as suas agruras e alegrias. Marcar, comparar, identificar são operações resultantes de transcendências, sendo assim, marcos do processo civilizatório. É interessante notar que o alimento também, em sua função precípua de sobrevivência, a ela retorna, ou ainda, os marcos transcendentes civilizatórios de nossos processos societários ainda estão presos à sobrevivência. Filosofia e seus desdobramentos, tanto quanto religião, seus gurus e avatares, continuam sendo

---

[84] STEINER, George. *Nenhuma paixão desperdiçada*. Tradução de Maria Alice Máximo. São Paulo: Record, 2018.

o que vai conduzir a humanidade a algum ponto superior, ou fazê-la evitar despenhadeiros. A transcendência dirigida é como se fosse o colocar de cabeça para baixo, como se fosse o inverter os processos rés do chão sobreviventes que configuram nossa sociedade. Regra, dogma e ética nos organizam, e essas ceias são paradigmas que mostram as duas formas de liberação do humano: confiança e crença. Confiar nos desdobramentos de suas percepções, de seus critérios, estabelece pontos de solução, tanto quanto acreditar na redenção dos próprios atos por meio do Mestre, do Deus, estabelece compromisso e regra que ampliam sua condição de sobrevivente.

A filosofia, a ética, a consideração do próximo, seja por invejá-lo, traí-lo ou segui-lo, é um momento novo, é um marco civilizatório de nosso estar no mundo.

RESSENTIMENTOS E SUBMISSÃO: ÉTICA DO OPRIMIDO

Nietzsche dizia que a moral do ressentimento é a moral do escravizado.[85] O ressentimento agrupa e comanda pessoas submetidas a medos, ódio e raiva, e é nesse sentido que Nietzsche fala em escravos, ou seja, alguém que é diferente do homem livre, pois sem autonomia está submetido a seus opressores.

Ter inveja, ter ódio, ter mágoa e não poder expressá-los produz ressentimentos e frustração. São as vítimas oprimidas que escolhem sempre bodes expiatórios para extravasar seus medos, seus ódios, ou pior, utilizam sugestões, aceitam bodes expiatórios para

---

[85] NIETZSCHE, Friedrich. *Genealogia da Moral*: Uma Polêmica. São Paulo: Companhia das Letras, 2006.

drenar seus ódios. No nazismo assistimos às multidões ressentidas e determinadas destruírem sinagogas. Nas atuais sociedades democráticas, a política, as redes sociais, os pilares democráticos corroídos e destruídos servem para veicular ódio, medo, rejeição a determinados segmentos sociais e étnicos. Ter inveja e raiva e não conseguir expressá-las por medo e submissão, seja a familiares, cônjuges ou ao poder social, cria os dependentes, os submissos, os escravizados das ordens familiares e sociais, constituídas para conter e aprisionar. Seres humanos presos nesses sistemas perdem autonomia, vivem referenciados em salvar a própria pele, e assim, transformados em escravos de suas necessidades, transformam a ética social em moral, ética de ressentimento: vingança e inveja. É uma ética pois essa atitude está submetida a regras, critérios e mandamentos, como, por exemplo, a própria vantagem em primeiro lugar, destruir o que for necessário para sobreviver etc., mesmo que sejam os próprios familiares, as próprias crenças ou o meio ambiente: rios poluídos, assoreados e pessoas desumanizadas. Estar autorreferenciado em inveja, ódio e medo é ser escravizado pela ansiedade, depressão e frustração. É uma maneira de se transformar em robô das demandas alimentares e de sobrevivência; é, conforme Nietzsche, o "sub-homem".

Existe homem, não existe super ou sub-homem, mas existem os sobreviventes alienados em função de suas necessidades, suas fraquezas, frustrações e medos.

O OPOSTO COMO SEMELHANTE

O semelhante é o igual, o oposto é o diferente. Como entender oposto como semelhante, como sair desse antagonismo, dessa divisão? As situações estão colocadas como paralelas, não há possibilidade de antítese, de confronto. Existe, assim, a impossibilidade de surgir síntese, no caso, comparação dessa contradição, quase nonsense. Opostos são contrários, são polos de uma mesma unidade. Só pela mediação podemos categorizar a oposição. Opostos pela condição de riqueza e pobreza, mas semelhantes enquanto seres humanos, por exemplo, é elucidativo. Quando se fala em o ser e o mundo, em opostos ou antagônicos gera-se continuidade, gera-se semelhança, pois é percebida a mediação que os dividiu, que os transformou em opostos.

Ir além das parcializações, dos posicionamentos, possibilita perceber o outro, sua humanidade. Entrincheirado nas classificações sociais e econômicas, nos tipos físicos, nos critérios estéticos, transformam-se as aparências, as resultantes, em sinônimo do que é intrínseco e definidor. "O outro, o diferente de mim, meu antagônico é também o idêntico a mim, meu semelhante".[86] Quando inteiro, individualizado, percebe unidades. Quando dividido, fragmentado, transforma-se em ponto, objeto que tenta se apoiar, segurar, a fim de manter coladas suas fragmentações. A necessidade de funcionar, de conseguir, de brilhar é o polarizante. É isso que mantém as posições conseguidas. Qualquer mudança que ameace esse "equilíbrio", qualquer movimento é malvisto, não é aceito. O indivíduo, assim, vive juntando e escondendo sua divisão, ele é o outro que ele cola e conserta. É a desumanização. Essa situação explica crises de pânico e também explica atitudes de maldade, de tortura, de obediência cega para manter o que foi conseguido. Nesse contexto, o outro é o diferente, sempre o antagônico, nunca idêntico, não há mediação da aceitação, do encontro. Percebe-se o semelhante, mas ele é visto como apoio ou ameaça. O pregnante é o que ele pode significar, representar de bem ou mal. Vazio ou plenitude, solidão ou integração são assim estruturadas.

---

86   CAMPOS, Vera Felicidade de Almeida. *Individualidade, Questionamento e Psicoterapia Gestaltista*. Rio de Janeiro: Alhambra, 1983, p. 112

LIBERDADE, SUA EXEQUIBILIDADE: PRISÕES CONTEMPORÂNEAS

Ser livre é um anseio secular. A vida em sociedade, desde sempre, organiza-se gerando os submetidos, os escravizados e os livres. Na pólis grega, por exemplo, havia forte distinção entre escravizados e homens livres. Platão considerava isso uma realidade inevitável a partir da qual tudo seria estabelecido. Os homens eram escravizados ou senhores por nascimento, e essa era uma associação ou organização não advinda de convenções e acordos, tratava-se de características humanas. Da antiguidade aos dias atuais, a mão de obra escravizada tem sido um dos pilares que sustenta sociedades e seus sistemas econômicos, embora, na contemporaneidade, ambiguidades dispersem e camuflem sua visibilidade.

A vida contemporânea não se assemelha à vida na antiguidade, ao contrário, se afirma como uma evolução em relação a ela. É uma vida na qual o progresso se define positivamente não só como conquistas tecnológicas, mas também como conquistas sociais em prol dos direitos e liberdades individuais (base de reivindicações de inúmeras minorias). Entretanto, nunca vivemos tão aprisionados à produção, à velocidade, ao encaixe padronizado, ao ajuste/desajuste, à burocratização e às dificuldades de relacionamento como agora, consequentemente as escravidões se mantêm e por isso nunca percebemos o que é ser livre!

Costumamos pensar por paradoxo e antinomia e, nesse sentido, a liberdade é percebida como oposta à escravidão ou no mínimo, como o que a exclui. Desse modo, o conceito de liberdade se anula por meio de uma construção oposta: o que é necessário (a escravidão como necessária, por exemplo) e o que é impeditivo (o necessário impede a liberdade). Ser escravizado é não ser livre, ser livre é não ser escravizado, essa tautologia pouco esclarece e em nada amplia o entendimento da liberdade, que, como tudo, é relacional e só pode ser apreendida à medida que seus estruturantes se tornem nítidos.

A questão da liberdade, do ponto de vista existencial, nos remete à definição do humano: a essência humana é possibilidade de relacionamento. O homem é um ser no mundo com os outros e ser livre é exercer possibilidades de relacionamento. Quando se vive para satisfazer necessidades, para suprir desejos e metas, se estabelecem apegos, compromissos, carências, medos, enfim, sistematizações aprisionantes e limitadoras. Para se ajustar, busca-se proteção e segurança em soluções criadoras de relações afetivas baseadas em compromisso, ilusão de empregos solucionadores, oportunismos, dogmas, regras e esquemas. Ser livre é ultrapassar limites, é não ser por eles definidos. Essas alternativas, liberdade e limite, não se colocam como polaridades em função das quais a questão da liberdade ou não liberdade se desenrola. Não se trata de continuidade entre dois polos de um mesmo eixo, senão seria simplesmente ser livre como oposição a ser escravizado, a ser preso, a ser contido, e nesse sentido a questão seria de acréscimo ou decréscimo, de aposição ou oposição. Liberdade é transcender limites, é transcender obstáculos, e essa transcendência não acontece na continuidade dos processos. A ruptura se impõe, ou seja, transcender é ir além, é fazer surgir outro processo. A linearidade das situações estabelecidas é sempre binária, lógica, previsível, enquanto o que transforma, o que quebra e modifica é a apreensão da unidade nela contida (a relação configurativa entre os polos de um mesmo eixo), ou seja, é o espiralado, é a sincronização que atinge outros planos, outros referenciais. Nesse sentido, toda a filosofia religiosa, desde Santo Agostinho e São Tomás, fala nas coisas que não são deste mundo, fala da liberdade em Deus, na fé, por exemplo — é a metafísica.

Sempre podemos transcender limites, sempre podemos ser livres: o amor, o pensamento, a criatividade, as mudanças sociais, os novos paradigmas que constituem a ciência e tecnologia ampliam espaços, neutralizam temporalidade, mas só conseguem quebrar as polaridades estabelecidas pelo sistema, pelo outro e por nós mesmos quando não nos estrutura no passado ou nos apoia no futuro. A insistência e pressão social em nos estimular em direção ao acúmulo, à construção de imagens, à fixação de metas sociais e econômicas impede a vivência do presente, fragiliza, gera ansiedade, depressão, medos, compromissos, ou seja, dificulta o livre exercer da dinâmica de ser com o outro. Viver o presente, sem os referenciais de medo, apego e expectativa, é a única maneira de ser livre. Quanto mais nos estabelecemos em sistemas e referenciais solucionadores ou problematizadores, menos liberdade, mais sobrevivência, mais ansiedade, angústia e adequação/inadequação. Liberdade é ultrapassar limites integrando-os, é viver o presente sem as proteções e interrupções dos desejos, medos e compromissos. Ser livre é ser inteiro. Esta unidade vivencial só é conseguida por meio da autonomia e da aceitação das próprias limitações e dificuldades. Ser livre é a humanização que acontece cada vez que se consegue dizer não à alienação e à cooptação.

LIBERDADE E ESCOLHA

Quando nos colocamos a questão da liberdade, é inevitável lembrar que Sartre dizia que o homem está condenado à liberdade. Lembramos também que Freud, em vez de falar em liberdade, preferia falar no processo da repressão exercida pelo Superego no controle dos recalques inconscientes. E quanto às doutrinas religiosas, essas sempre consideraram o livre-arbítrio como sinônimo de liberdade. Nos anos 1960 estávamos em plena Guerra Fria, a palavra de ordem era participar e comprometer-se com uma causa. Os "pequenos burgueses" eram os ditos alienados e deveriam se engajar para mudar a ordem capitalista vigente. Sartre misturou Heidegger e Marx — alienação com Dasein —, o em si com o para si, criando novos dualismos. A necessidade da inclusão política contra o sistema valorizava a escolha. Em um de meus livros abordo o tema da escolha e em uma entrevista voltei ao assunto:

> Jornal *A Tarde*: Neste quarto livro, você diz que não existe escolha. Dá para explicar isso?
> Vera Felicidade: A escolha vai estar sempre comprometida com alguma contingência. Essa contingência passa a ser necessariamente uma aderência, extrínseca à própria situação escolhida. Quando as situações forem diferentes e você tiver de escolher, você vai escolher em função de algum referencial outro, que não o da coisa escolhida. Esse referencial outro é um comprometedor, desde que ele é um orientador, um determinante de conduta. Então, no que a sua conduta de escolha fica em função de um determinante, a escolha já é uma total aderência, quer dizer, ou ela é um acaso ou é um obrigatório. No primeiro caso, aliena; no segundo, orienta. De 1960 para cá, a escolha foi uma palavra que ficou em moda, porque Sartre começou a dizer que o homem é livre quando escolhe. Isto porque as pessoas eram tão comprometidas pelas engrenagens do sistema que sequer escolhiam. O grande momento humano da não coisa, da geração de 1960, era quando o indivíduo podia escolher. Camus disse que a liberdade é a possibilidade de dizer não. Caetano disse que é a possibilidade de dizer sim. Então, é a liberdade como aquele ato desesperado, quando o indivíduo transcende a circunstância e consegue dizer sim, eu quero isto, não, eu não quero isto. É uma visão meio desesperada, meio aquela frase de Brecht: 'Triste do país

que precisa de heróis'. Quando eu digo que a escolha é o que há de mais negativo, quero dizer triste da pessoa que tem de escolher.[87]

Dentro dos determinantes ideológicos e biológicos restava ao homem sonhar com a liberdade, considerá-la inatingível, desnecessária ou condenatória. Às vezes a traduzia como paz e amor (os hippies, por exemplo), outras vezes achava que experimentando drogas, visitando os "paraísos artificiais" poderia conquistá-la, poderia ser livre. Pensava-se também que tudo dependia da educação, e foi criado um modelo de escola para a formação de "crianças livres", a escola Summerhill, de Alexander S. Neill, por exemplo, cuja máxima era "para ser feliz a pessoa precisa ser livre para escolher seus próprios caminhos". A liberdade era sempre pensada dentro da moldura de externo e interno, antagonismo característico das explicações deterministas e causalistas. Liberdade era quase um dom individual, ou era o que resultava do não autoritarismo. Ela resultava dos sistemas livres. Acontece que liberdade, como tudo, é relacional, é estruturada em contextos que, quando ultrapassados, limites são superados. O homem é um ser no mundo com o outro. Não existe um ser sozinho, um estar sozinho, liberdade não é estar sozinho. Nesse sentido, entendo liberdade como a possibilidade de relacionamento. Exercer possibilidades é exercer liberdade, é ser livre. Quando o relacionamento, seja com as pessoas, com os sistemas ou as situações, é feito pela satisfação de necessidades, de desejos, de objetivos, mantemos regras e situações. Ficamos submetidos ao que nos satisfaz, ao que nos alimenta, nos mantém e apoia.

---

[87]   Nota da autora: Por ocasião do lançamento do meu livro *Relacionamento: Trajetória do Humano* (1988), em entrevista concedida à jornalista Rosane Santana, publicada no jornal *A Tarde*, Salvador, em 16 de maio de 1988.

O desenvolvimento das possibilidades humanas também pode nos sistematizar, nos posicionar, e consequentemente nos aprisionar, no entanto as possibilidades humanas estão estabelecidas no nível existencial[88] — ou seja, transcendência de necessidades — e trazem em si contradições e condições de ruptura, de antagonismo. Se quisermos ser livres, o primeiro passo é conhecermos nossos vínculos, nossos apegos e compromissos. A identificação de necessidades, medos e carências é a identificação dos compromissos, é conhecer a própria vontade circunstanciada em forma de desejos que não permitem estruturar disponibilidade e liberdade. A vontade circunstanciada é a vontade neutralizada, é a vontade transformada em reação. Ao reagir respondemos à programação do sistema, dos outros, dos nossos desejos — não há liberdade.

O ser não comprometido é imprevisível (por isso na atualidade do politicamente correto é comum se pensar que só os loucos são livres, ou pior, que a liberdade é loucura, destempero). A liberdade traz abertura, quebra prisões, muda paradigmas. É a redenção, é o existir com o outro no mundo sem violências. O mundo, o outro, não são percebidos como antagônicos, desde que não existem conveniências e interesses em jogo. Os relacionamentos afetivos, quando se transformam em acertos, compromissos e vantagens mútuas, deixam os indivíduos alijados da dinâmica do ser com o outro. É difícil qualquer mudança, e quando surge alguma situação que poderia libertar da prisão, isso amedronta, imobiliza. Começam as avaliações. Esse pragmatismo obriga a escolhas, por definição impossíveis, desde que estão comprometidas com as circunstâncias. Não há como escolher comer ou não comer, dormir ou não dormir, por exemplo, quando já se está dominado pelas

---

88 Nota da autora: Conceituações sobre nível existencial e nível de sobrevivência podem ser encontradas em: CAMPOS, Vera Felicidade de Almeida. *Terra e Ouro são Iguais*: Percepção em Psicoterapia Gestaltista. Rio de Janeiro: Zahar, 1993.

necessidades que precisam ser satisfeitas. Quebrar as correntes das necessidades aplacadas e satisfeitas é libertador, humaniza. Assim como perceber seus vínculos aprisionadores e transformá-los humaniza. A liberdade é sempre um ato transcendente. Somente indo além da condição de sobrevivência e compromisso podemos realizá-la. Ela é sempre o diferente do esperado. Liberdade é o novo que dinamiza, que transforma. As necessidades precisam ser satisfeitas, precisam ser neutralizadas. A propagação de regras para satisfazê-las cria os mercados, os receptores e distribuidores do que se pode escolher. Liberdade é a transcendência das contingências, das situações escolhidas para ajustar, para acomodar, das situações ditadas pelas conveniências, pelo bem-estar. Situações que eram ótimas, boas e necessárias antes, quando já não significam, existem apenas como paralisantes. Exercer liberdade é transformar. Manter escolhas é manter-se adaptado. Precisamos nos adaptar para sobreviver, mas somente isso não é suficiente, pois o homem é tanto igual quanto diferente de um robô programado. A entrega total, o êxtase religioso são libertadores. A liberdade não gera ganhos, não incentiva pragmatismo. Ela se esgota em si mesma.

VONTADE LIBERTADORA: ROMANTISMO

O exercício de autonomia tem como trajetória a constatação, a realização, o aparecimento da vontade. Descobrir-se capaz de realizar planos, sonhos e propósitos cria firmeza estabelecedora de disponibilidade e de determinação. No contexto da autonomia, a rigidez, a firmeza permite flexibilidade, pois existe em torno do que girar. A vontade é um instrumento de mudança, de libertação, foi assim que Fichte, nos finais de 1770 e início de 1780, trouxe para a humanidade uma transformação considerável: não mais o *cogito ergo sum* ("penso, logo existo"), e sim o *volo ergo sum* ("quero, logo existo"). Neste momento podemos dizer que, através dos ideais românticos, o homem recuperou seu lugar no centro do mundo com seu querer. Explode nas artes, na literatura, na poesia e filosofia esta nova ideia; Nietzsche traz os deuses que dançam e anuncia a morte de Deus. É o "humano, demasiado humano" que se afirma.

Remanescentes dessa vontade — do exercício da vontade como forma de enfrentar seus aniquiladores — são encontrados hoje na psicologia. A busca de individualização, o exercício de questionamentos terapeutizantes promovem a retirada do ser humano da alienação e submissão. É um ideal romântico no sentido do exercício da disponibilidade, do não compromisso com o que o aliena. O homem deixa de ser peça de engrenagem, individualiza-se e restabelece sua centralidade no mundo. Realizar anseios transcendentais transforma necessidades em possibilidades, confere ao ser humano a condição de dínamo propulsor de infinitas variáveis. Assim, o homem não se esgota em seus limites orgânicos, não permanece contido por construções sociais. Esta não submissão cria liberdade e faz com que a criatividade, a imaginação se exerça e, desse modo, literatura, arte, poesia pavimentam sua trajetória. Essa possibilidade de dizer não, conforme Albert Camus, é a única liberdade, é o que faz a antítese, é o que estrutura a mudança, é o que faz o homem ser o centro do mundo e reedificá-lo. Mundo é o que os homens fazem dele, não é mais o que se recebe como dado, como natural. A própria dicotomia entre natural e criado é transformada: tudo é natural, tudo é construído, o que importa é o defrontar-se, o que importa é o diálogo com o existente, com o outro. Transformar, mudar, manter são as questões respondidas para soluções individualizadas, sem regras, por definição, defasadas e opressoras.

Questionar, ultrapassar limites são fortificadores da determinação escolhida como antítese ao que aliena. Este ideal romântico

— tanto quanto questões mais amplas do romantismo de Fichte, Herder e Kant — traduz as novas dimensões do humano na contemporaneidade, gerando a percepção da própria individualidade, permitindo construção da autonomia, disponibilidade e liberdade. Os frutos de ouro dessas atitudes são profusamente encontrados na literatura e na arte em geral. Infelizmente, esse fenômeno não foi universal. A expansão realizada pelo colonialismo nos séculos XVII, XVIII e XIX nas colônias, com suas explorações econômicas, transformaram seus habitantes em massa de manobra, em matéria-prima para indústria e agricultura, em bala de canhão, pouco restando do humano para criar autonomia, disponibilidade e liberdade que resultasse em literatura, arte e ciência não modelada pelos colonizadores. Atualmente, horizontes de alienação, de massificação são os resíduos da trajetória humana. A vontade é rara, apenas estruturada como resposta a demandas contingentes, a demandas mercadológicas, mas, apesar disso, muitas sementes estão plantadas, germinando para novos questionamentos e consequentes mudanças.

CONTROLE: A ILUSÃO DA LIBERDADE INDIVIDUAL

Nossas sociedades e nosso cotidiano se caracterizam por exercício de controle em tudo o que se faz. Conhecer leis, entender protocolos e seus desdobramentos cria capacitação para lidar com o sistema. Grandes aliados são encontrados no mundo digital. O Google é um manancial de informação que permite tudo atingir, basta saber teclar. Esse mundo digital é asséptico, rápido e eficiente para controladores tanto quanto para controlados. Cada escolha, cada caminho é roteirizado, medido, vigiado. Os cookies, o desenho de nossas trajetórias na web, existem, funcionam e são devolvidos a nós, usuários, sob a forma de sugestões para consumo. Nossos perfis são elaborados, nossas preferências motivacionais resenhadas e assim ampliados os mercados. Nossa digitalização alimenta e é verdadeiramente controlada pelo mercado. O controle que exercemos é, em última análise, o que possibilita a captação de dados que são oferecidos para continuidade de controle. As interfaces se confundem. Controlador e controlado são identificados enquanto faces da mesma moeda: são os dados que alimentam o nosso sistema atual, que amortecem e ampliam espetáculos submetidos a protocolos de lucro e consumo. As principais redes sociais planejam seus algoritmos a partir desse referencial — o lucro. Mesmo que o que apareça seja um suposto controle de cunho ideológico, esse é apenas um referencial identificador para classificações mercadológicas. Como manter as pessoas, o maior tempo possível, dentro da mesma plataforma, sem irritá-las com postagens antagônicas a suas crenças, sem que elas pensem em sair ou se desligar? Pelas classificações temáticas, por exemplo, de acordo com as questões mais polarizantes em cada sociedade, que rapidamente organizam os dados, e o próprio usuário facilita e participa dos mecanismos de controle cada vez que assume uma bandeira de luta ou posicionamento em seu perfil: #elenão, #lulalivre, #orgulhogay, #orgulhohetero, #feminismo, #machismo, #proarmamentismo, #abaixoasarmas, *#immigration*, *#HealthCareForAll*, *#AgainstTrump*, *#AgainstBrexit* etc.

Dentro das bolhas maiores, que são cada rede/plataforma, e dentro das bolhas menores, que são os agrupamentos forjados pelos algoritmos e compostos por pessoas afins em valores e posicionamentos, o mercado se mantém e floresce; pensamentos circulam repetidamente, sem oposições, consequentemente sem conflitos e sem novidades. O exercício fácil do controle no mundo virtual fortalece e amplia o controle já há tempos estabelecido na sociedade, nas casas, nas escolas, nos escritórios etc. via manipulação de valores, crenças e diluição de lutas, antíteses resultantes de processos, agora substituídos por palavras de ordem que em última instância remetem ao lucro, como, por exemplo: "a globalização é inevitável", "o crescimento da produção beneficia a todos", "as megaempresas geram empregos", "direitos das minorias são importantes", "se não fosse a superpopulação..." etc.

Numa sociedade baseada no lucro, não interessa excluir ninguém, basta controlar a diversidade, o excesso improdutivo, direcionando-os ao consumo. A liberdade de ir e vir, de decidir, de se posicionar, se opor, de criar e até mesmo de parar, é previsível e controlável, a menos que questionamentos sejam exercidos constantemente, contextualizados nas próprias motivações individuais, para assim neutralizar controles opressivos e vivenciados como ilusão de liberdade, de poder agir, de gerir a própria vida e dar condições para que seus filhos tenham uma vida melhor.

RELIGIÃO: ANSEIO DE ABSOLUTO

Olhando em volta sem nada compreender devido à parcialização de sua percepção, o ser humano busca organização, busca sentido no estabelecido, no percebido como disperso. O anseio de ter o infinito dentro de si, de absorver, compactar e entender o mundo faz com que ele crie Deus sob a forma de absoluto que tudo explica. Pensar no absoluto como separado do relativo gera uma ruptura de imensas implicações, quebra a unidade, a polaridade absoluto/relativo. O único absoluto existente é o relativo, ou ainda, Deus não está acima ou diante do homem, ele está no homem.

O não desenvolvimento das implicações das questões, ao buscar apenas resultados, origina mais dualismos. As religiões organizam o absoluto, um rascunho dele. Rascunhar o absoluto é uma tentativa de separá-lo da ordem reinante e criar sistemas de convergência.

Assim, ser religioso, acreditar nas explicações teológicas e teleológicas é eximir-se das próprias percepções, consequentemente dos próprios pensamentos. É virar morada para Deus, morada para os deuses. Nas religiões consideradas animistas e primitivas, a ideia do corpo como receptáculo é muito enfática; nesse sentido, essas mesmas religiões ditas animistas são mais refinadas na integração da ideia de Deus, do absoluto em si.

Um dos princípios do pensamento religioso que se antagoniza com o pensamento psicológico é a ideia de homem incompleto, homem faltoso, pecador que precisa ser redimido, salvo ou ungido por sua crença e comprometimento religioso. Essa ideia poda o homem em sua essência relacional, transformando-o em ponto de confluência de verdades, anátemas e propósitos absolutistas. Ser filho de Deus é negar-se como senhor e realizador das próprias necessidades e possibilidades. Ter fé no absoluto fora de si mesmo, fora da malha que o constitui, é fabricar bengalas para sua determinação, sua vontade e responsabilidade, encobrindo a relatividade dos processos que o configuram como ser no mundo, entregue aos outros e a si mesmo.

CRISTO, O DESOBEDIENTE: FÉ AUTENTICAMENTE LIVRE

Mudança só é possível com antíteses. Na esfera individual psicológica, antíteses são questionamentos. Um dos primeiros passos para o questionamento é largar os apoios, as barras de segurança, e isso geralmente é feito quando se diz não, quando se desobedece ao que submete, governa e aniquila possibilidades.

Frédéric Gros, em seu livro *Desobedecer* (2018), cita um trecho de *Os Irmãos Karamázov* no qual Dostoiévski fala sobre a volta de Cristo, e vale ressaltar aqui o relato de Ivan Karamázov, narrando esse reaparecimento no século XVI em Sevilha, na Espanha tomada pela Inquisição. A multidão reconhece Cristo em uma praça e assiste quando ele ressuscita uma menina. Na mesma praça aparece o Grande Inquisidor. Cristo, cansado e calado, é carregado pelo pelotão comandado pelo Inquisidor, que o leva à prisão do Santo Ofício. O Dominicano examina o rosto do seu prisioneiro e pergunta: "És tu? Não respondas. Por que vieste nos atrapalhar?". Essa aparição de Cristo ameaça atrapalhar novamente com suas ideias de liberdade, e é uma autoridade da Igreja que o acusa! Há quinze séculos a Igreja vem organizando e exigindo obediência dos fiéis. O Inquisidor fala da desobediência de Cristo nas três recusas dirigidas ao próprio Diabo, o Satã: "Lembra-te, recorda-te do que recusastes ao Tentador". E Ivan Karamázov segue contando como o Diabo apareceu no deserto diante de Cristo, que passava por longo jejum, propondo-lhe usar seus poderes de transformar pedra em pão para saciar a fome dos homens, ao que Cristo respondeu: "Não, nem só de pão vive o homem". A segunda recusa refere-se ao episódio no qual o Diabo leva Jesus ao alto do templo e lhe pede para saltar, lembrando que está nas escrituras que anjos o sustentarão evitando a queda se ele for realmente o Cristo. Mais uma vez Jesus responde recusando-se: "Também está escrito: não tentará o Senhor teu Deus". E a terceira recusa foi quando o Diabo o leva ao alto da montanha e lhe oferece o poder universal sobre todos os reinos com a condição dele se prosternar diante dele. E Jesus lhe responde: "Não, pois só sirvo e adoro a Deus". O Inquisidor relembra essas três tentações e três recusas como prova da desobediência de Cristo, que se recusava a provar sua identidade com milagres, que esperava uma fé autenticamente livre.

Não obedecer ao Demônio significava não ceder à tentação de salvar e ajudar a humanidade, pois Cristo não queria reduzir o homem à servidão. A obediência escraviza. A liberdade, o livre-arbítrio é o que significa, e essa liberdade dignifica o homem, embora o torne desesperadamente só. Como comenta Frédéric

Gros: "Essa é a lição 'demasiado humana': é só na obediência que nos agrupamos, que nos assemelhamos, que não nos sentimos mais sós. A obediência faz comunidade. A desobediência divide".[89] A desobediência de Cristo às tentações do Demônio mostra, conforme Gros, inúmeras características da atitude dele.

> Ele se nega a ser Mestre de Justiça na partilha dos bens, como Mestre de uma verdade garantida para todos e objetivamente verificada e como Mestre de Poder subjugante e agregador. Em suma, Cristo não quer produzir obediência; ele exige de cada um essa liberdade na qual acredita que esteja a dignidade humana.[90]

A fala do Grande Inquisidor, produzida por Dostoiévski, mostra o fundamento exemplar para a condição existencial do estar-no-mundo: liberdade, vazio e disponibilidade. Ser livre, ser humano é atirar-se sem expectativas nem garantias, atirar-se no cotidiano do estar no mundo com o outro. Essa não demarcação, esse vazio é o espaço, é tempo no qual floresce encontro, aceitação, descoberta. É o novo que transforma regras e padrões. Inquisidores, instituições, mapeiam e organizam caminhos, orientam, mas subtraem liberdade, descoberta, criatividade.

A repetição do viver, a garantia e certeza são estabelecedoras de repetição, de monotonia que esvazia, deprime e aliena. Pessoas na sociedade, com espaço e limites seguros, com comida suficiente, viram ornamentos, gadgets de mercado. Conseguir abrir as portas de suas gaiolas, de suas prisões, derrubar o jogo que, por recompensa gera obediência, é o que se coloca enquanto

---

[89] GROS, Frédéric. *Desobedecer*. Tradução de Célia Euvaldo. São Paulo: Ubu Editora, 2018.
[90] *Ibid.*

humanização. Deixar de ser integrante de manada, deixar de ser o que segue sem saber o quê, apenas considerando o que recebe de alimento e segurança. Só assim as necessidades são transcendidas e as possibilidades humanas realizadas.

CRER E CONFIAR: SENTIDO TRANSCENDENTAL DO HUMANO

Perceber o que está diante de mim, o que está comigo, saber o que é e constatar permite consistência, cria sistemas de referência, estabelece direções e guias. Essas orientações tempo-espaciais sustentam o outro, o que está diante de mim. Inicia-se, assim, o processo de confiança, a crença de que não se está só, ou seja, que existem outros. Essas estruturações determinam camadas ou níveis e posições, e então, o familiar e o inóspito são estruturados. Feitos os sistemas de orientação surgem crenças, certezas, dúvidas e medos. Alguns caminhos são percorridos e outros são evitados. Trajetórias relacionais são estabelecidas, assim como são também estabelecidas confiança e desconfiança.

Quando se confia, se acredita. Confiar é encontrar, é descobrir o outro, a evidência, e por meio dos relacionamentos constatar, identificar níveis de certeza e de crença. Essas descobertas, essas vivências situam o ser-no-mundo e permitem que ele exerça suas necessidades e possibilidades relacionais. A crença é uma extrapolação dos dados que foram remetidos a universos mais abrangentes, podendo gerar confiança. Quando crenças são impostas, seja pelas religiões ou pelas ideologias, elas são transformadas em rígidas e mortíferas regras que impedem transcendência e descoberta. Não há como acreditar no que é imposto. Na imposição não há lugar para crença, pois tanto Deus quanto ícones sobrevivem encarcerados nas aparências conseguidas. Ideologias tampouco sobrevivem quando viram regras do que é melhor e do que é único.

Sem constatação não há confiança e não há crença. Os fatos vivenciados são como contas soltas de um colar, pontualizados. Uma continuidade quebrada, restando, por conseguinte, amealhar fragmentos, verificando semelhanças ou dessemelhanças. Nesse contexto, segue-se com padrões e regras sobre os quais superpor as figuras coloridas de desejos e esperança, mas que não se encaixam e não podem ser verificadas. Essas vivências fragmentadas são alienantes e transformam o ser humano em executor de regras, leis e padrões, buscando sempre um momento de luz, de encontro e descoberta. É o vazio, é o medo que norteia os atos, não há confiança, não há crença, sequer personalização, desde que identidades há muito foram perdidas. Cada vez mais o semelhante é percebido e o diferente desconsiderado ou percebido enquanto objeto e impedimento que atrapalha. Preconceitos sustentam e mantêm desconfianças, passando a estruturar as certezas do que é bom, do que é ruim, sinalizando todos os caminhos das interações.

Viver é confiar. A crença e a confiança em si mesmo — a partir de descobertas e constatações — estruturam autonomia. Não havendo confiança, o que existe é submissão, estruturando seres despersonalizados, dirigidos para sobrevivência, agarrados em propósitos, buscando manter seu bem-estar no mundo, aguardando dias melhores ou sociedades mais condizentes com seus interesses.

A CRENÇA QUE FECHA E ABRE CAMINHOS: DISPERSÃO E CONCENTRAÇÃO

Acreditar em alguma coisa, ou em alguém, é uma atitude que configura confluência, encontro de motivações, vivências e acontecimentos. É um processo que se estabelece ao transcender, tanto quanto ao cristalizar padrões, comportamentos e vivências. Quando se acredita, se transporta, se aglutinam expectativas assim como certezas. Nesse sentido as crenças sempre resultam de esperanças, desejos ou constatações ampliadoras.

A percepção do tempo, a certeza e a crença em um depois traz ampliação de perspectivas. O alargamento do tempo levado às últimas consequências geralmente faz acreditar na vida eterna, por exemplo. Esse processo explica também a fé, a confiança cega no amor materno, paterno, filial, tanto quanto as certezas na dedicação dos escolhidos e dos amados. Acreditar é habitar os sonhos construídos. É a validação da fé, da esperança, é o recolhimento constante de tudo que foi investido durante processos educacionais, religiosos e familiares. Essa concentração de propósitos amplia a perspectiva ilusória de possibilidades e, assim, dá força, armas e coragem para enfrentar o cotidiano, ampliando magicamente limites e escondendo frustrações.

A crença que supostamente constrói e abre caminhos é o bólido, o carro de corrida que avança e vence. É o supermotor, a fé triunfante, a certeza que tudo ultrapassa, realizando propósitos e objetivos. Mas essa orientação em função de metas e desejos é danosa para o ser humano, pois o transforma em marionete ou vítima de manipuladores. Nesse contexto as escolhas e destinos são determinados, resta às pessoas aceitá-los, melhorá-los ou ainda deles se impermeabilizar pela fé, pela crença que remove dificuldades e ajuda a vencer impasses. E assim, concentrado em seus propósitos e desejos, o ser humano é esvaziado do que o configura: seu presente, seu relacionamento com os outros e o mundo enquanto vivência, realidade configurada do estar aqui com os outros enquanto descoberta (criatividade), e constatação de ser com o outro enquanto possibilidades e necessidades.

Tudo que concentra, dispersa. A organização, também, ao gerar novas organizações, desorganiza anteriores. Esse processo, essa continuidade dispersa ao configurar novas crenças, bem como as destrói. As crenças são resultantes, são expressões de aglomerados. Suas sustentações exigem pilares. É exatamente aí que elas se desconfiguram, pois são estabelecidas em outros contextos. Essa imersão progredida, essa alienação, por exemplo nas religiões em que o transcendente é esquematizado e antropomorfizado, gera regras. Ser regulado, regrado, é uma forma de dispersão, contingenciando motivações e constatação. A crença como dispersão cria os sonhos, as motivações, as frustrações amenizadas pelo esforço de que "há males que vêm para o bem", de que "a justiça tarda, mas não falha" e outras conclusões, remendando verdades, constatações que esvaziam e frequentemente revoltam. Acreditar é sempre uma forma de negar ocorrências, quando elas, as crenças, se constituem em ponto de chegada, em abrigos. Crença como dispersão é o deixar para depois, o ponto no final do arco-íris que tudo propicia, e que realizará sonhos e transformará o mal em bem, bastando, para isso, tudo fazer para merecer.

Centralizada no indivíduo e na sua vivência com ele próprio, nos processos de relacionamento que o configuram e constituem, a crença é o ponto de partida, o chão que se pisa, o caminho que se percorre, que sustenta — é determinação. Podemos, nesse caso, entender crença como a determinação que concentra possibilidades e permite configurar e resolver necessidades. Infelizmente, quanto mais massificados, despersonalizados, mais os indivíduos compram, aceitam e usam varinhas de condão destruidoras de suas capacidades de questionar e transformar realidades. Surgem, assim, os rastejamentos, indignidades, perda de individualidade, acordos sonegadores da própria legitimidade do estar vivo, com os outros em inúmeros sistemas personalizadores e não personalizadores. Chavões, clichês, certezas e crenças explicam, negam, são mecanismos de substituição, são adições intrínsecas ou extrínsecas aos processos vivenciados. A crença esvazia, tanto quanto individualiza e realiza humanidade. Tudo vai depender de como ela é estruturada, adotada e usada.

MALABARISMOS

Todos que lidam com a fé, o medo, os desejos e frustrações sabem como enviesar ângulos para criar distorções responsáveis pelo estabelecimento de confiança, certezas e crenças em relação a mediadores de situações a atingir. Agem como prestidigitadores, mágicos para exercer sedução e enganos. Fazer tudo convergir para o que se percebe ser o desejo do outro é uma das maneiras mais eficazes de criar novas configurações responsáveis por inseguranças, tanto quanto por certezas enganadoras.

Distorcer, às vezes, cria ilusões responsáveis por enganos, que viram certezas, verdades inquestionáveis. Nesse universo são costuradas mentiras e fabricadas lendas a salvo de qualquer teste verificador ou que esvazia. Não importa o que é, mas sim o que se pensa ser, tanto quanto pouco significa estar enganando ou iludido, o que vale é sonhar, ter esperança — um dos pilares onde malabarismos e trapaças se desenvolvem. Dos heróis nacionais aos apoiadores individuais, da proliferação de religiões às aspirações sociais de grupos reivindicadores, são inúmeros os exemplos. Tudo alcançar é um ideário no qual grandes frustrações são ancoradas e, assim, trapaceando e iludindo, se adquirem hábitos mantenedores destes propósitos, o esforço legitima as ações, pensa-se que as dificuldades serão resolvidas, o ânimo é inquebrantável. A consistência e persistência do presente, a nitidez do vivenciado é transformada em horizontes dúbios. Nas nebulosas escorregadias, só o malabarismo, a trapaça se mantém. Ela não cria discordância, não estabelece conflitos, pois está ancorada em dubiedades. Ao sabor das ondas, em função das instabilidades, a necessidade de apoios é constante. Estabelecer sistemas de proteção e apoio é o que importa. Dependências, apegos, impasses, tudo conflui para o estabelecimento de poder, ferramenta necessária para "fincar o pé" no conquistado, na fluidez domada.

Transformar o engano em verdade, o dito em não dito, o esperado em conseguido é a grande transformação que aliena ao criar poderosos chefões, seja do crime, da política ou da vida familiar e afetiva.

ORAR, ACREDITAR E ESPERAR

Quando o indivíduo se sente impotente ou acuado e quer uma saída, ele amplia o desejo de solução rezando e esperando. É tão intenso o deslocamento das impossibilidades que os cascalhos ou resíduos da tensão construirão caminhos para a solução dos impasses. Assim, rezar, fazer promessas para conseguir o emprego, dá a certeza de que o emprego virá. É instalado o universo mágico no qual a espera é solidificadora, pois tudo virá a seu tempo. Não há ansiedade, ela é substituída pela fé e os rituais (compulsões) que a entronizam. A transformação do desejo, sustentada pela impotência, cria, por meio do deslocamento, a esperança e o otimismo. A fé é o pilar que tudo sustenta, e este outro mundo criado aos poucos é corroído pelas areias e pedras da realidade. Os suportes dessa crença, dessa fé decorrente do deslocamento da impotência, são a alienação e o medo; portanto, quanto mais se humilha, mais vitimização e necessidades nutrem seus sonhos e desejos. Jogar os desejos na infinitude da espera e da esperança é estar seguro na expectativa de receber as divinas dádivas e assim ter adormecida qualquer contradição que lhe permitiria andar, participar e lutar para transformar o que lhe deixa incapaz e impotente.

Enfrentar problemas é ultrapassar limites sem condicioná-los às expectativas de solução. Enfrentar esperando, enfrentar desejando, apenas divide a ação da motivação. Essa divisão desumaniza ao ponto de a esmola, a doença, a necessidade passarem a ser percebidas como soluções enviadas pelos emissários de suas preces e desejos. É assim que, ao entrar no universo não existente, criado pelo deslocamento de não aceitação do desemprego, por exemplo, da fome, da doença, da separação do que ama, o indivíduo desloca e pela miragem atinge oásis onde crescem delírios e alucinações conduzidas pela ansiedade, pelo medo e pela fúria que tudo destrói. Negar a realidade é surfar no abismo do vazio no qual nada cresce e toda vitalidade evapora e é drenada pelos desejos construtores de abundâncias imaginadas.

SOCIEDADE AUDIOVISUAL

A motivação para exibir-se, para "ver e ser visto", resulta de problemas, de dificuldades, de não aceitação, enfim, resulta do que se costuma chamar de esforço de superação. Essa é a atitude que determina o relacionamento entre pessoas, no qual as demandas são contingenciais. Assim, as circunstâncias esclarecem e decidem, e é através delas que os relacionamentos se fazem. Por exemplo, João e Manuel são vistos, são percebidos como grandes amigos, pois frequentam os mesmos lugares, os mesmos bares e gostam das mesmas bebidas. O estabelecido é confundido com o estabelecedor. A evidência obscurece a imanência. O resultado é destituído de significado e motivação.

Nas redes sociais as vivências são compartilhadas, discute-se sobre elas, tanto quanto elas funcionam como mapas, caminhos direcionadores. Fica fácil discutir sobre o livro que se quer ler ou o filme que se quer ver, não é mais necessário ler o livro ou ver o filme, basta *linkar* uma série de opiniões e comentários. Está na rede, está no site, existe. Encontrar é estar online, é estar em rede, é estar conectado. A notícia é o fato, o indivíduo passa a ser o selfie, vale mais quando está bem arrodeado de celebridades ou postagens previamente consagradas, assim como de posturas inéditas. Na sociedade audiovisual, ser é parecer, é levar a crer; desenha-se o que se é pelo que se aparenta ser. Esse processo distorce, é equivalente a transformar conteúdo em continente e vice-versa, é despersonalizador à medida que constrói identidades em função de demandas motivacionais como: "eu quero aprender", "eu quero me relacionar", "quero satisfazer meus desejos"; a identidade é construída em função das necessidades, e temos então, perfis bonzinhos, perfis estilo *dark realism*, perfis pornô, perfis intelectuais, perfis descontraídos etc. Nesse processo, a legitimação do que é considerado adequado ao perfil é feita sem escrúpulos: diplomas são comprados ou inventados, riquezas são exibidas através de grifes, produções literárias são utilizadas no "copiar e colar" como sendo próprias, enfim, construção de referenciais e imagens para validar estratagemas e esconder embustes.

Nas atmosferas nas quais a direção audiovisual é absoluta, nada é o que parece ser, pois tudo é apenas o início de inúmeras direções resultantes de específicas motivações não explicitadas. O que se pensa completo está sempre incompleto, a totalidade é exposta em aspectos parciais e tudo isso estabelece possibilidades de frequentes distorções perceptivas mantidas pela ansiedade, desejos e carências estruturantes do "ver e ser visto", do querer ser aceito exatamente pelo que não se é, desde que se considera inaceitável e insuportável o que se é. A ênfase no aspecto audiovisual permite mostrar e esconder a pessoa e, assim, frases feitas, clichês, expressam as motivações, ou seja, pouco é comunicado, embora tudo seja alardeado. A sociedade audiovisual viabiliza um dos aspectos mais típicos da neurose: a aparência. Parecer ser é o que importa e assim são montadas as imagens, as plataformas de relacionamento e são estabelecidas as motivações.

O CARÁTER EFÊMERO DA COEXISTÊNCIA: AGRUPAMENTO E DISPERSÃO

Os entrelaçamentos, assim como os agrupamentos, podem constituir níveis de convivência responsáveis pela criação de plataformas e redes a partir das quais são estruturados os mais diversos encontros, laços e grupos de amizade ou confluência de objetivos comuns. Um dos exemplos mais evidentes disso hoje é a coexistência exercida no ambiente digital. Os entraves à coexistência são explicitados por esbarros, impedimentos, cooptações da mesma forma que seus aspectos solucionadores se caracterizam por ações participativas, solidárias e libertárias.

Nem sempre a coexistência é pacífica. Tensão e conflito acontecem quando os fatores responsáveis pela convivência entre os indivíduos e os grupos são arbitrados em função de objetivos outros que não os de seus grupos. É frequente assistir pessoas se organizarem e coexistirem a partir de demandas alheias às suas estruturas grupais. Essas aderências solapam, constante e sutilmente, as imanências dos grupos. Quanto mais fraca ou mais inconsistente é a coesão do grupo, menor a coexistência. Mesmo nas famílias esse aspecto é o que caracteriza desavenças e discussões, ou seja, coexistência mantida e cooptada por outros interesses. Quando os objetivos, as motivações do grupo estão fora do mesmo, sempre surge um ponto fraco, as zonas mortas que se constituem em áreas conflitivas, pois devido às fragmentações de interesses existentes não há autonomia grupal. Os grupos são fracos ou são fortes a depender de sua consistência estrutural — consistência essa definidora do grupo —, pouco importando a similitude entre seus elementos. Decidir pela semelhança parcializa, pois polariza principalmente os aspectos implicados nessa busca de similaridade. Priorizar semelhança e identidade fragmenta e secundariza outros elementos que estruturam o grupo. É esse aspecto que permite, por exemplo, entender como a atitude da mãe que privilegia cuidar dos filhos mais fracos, ou dos mais fortes, fragmenta todo o grupo, no caso a família.

Coexistir é participar, não é decidir ao concordar ou discordar. A participação requer motivações e estruturas comuns, afins, ou seja, conformes, próximas. Quando a coexistência é fabricada em função de objetivos aderentes, ela é invadida por outras ordens e assim destituída de suas coordenadas fundantes. O objetivo, o que se propõe jamais pode ser o estruturante do coexistir sob pena de contingenciar o processo e a estruturação da continuidade. Essa constatação explica também a volatilidade da maioria dos grupos digitais ao pretender aglomerar pessoas, assim como de qualquer grupo enquanto objetivos circunstanciais para coexistir. Movidos por equivalentes a palavras de ordem, a objetivos imediatos, tudo coexiste, embora nada se estruture fora desses objetivos buscados. Esse caráter efêmero é por definição a coexistência apenas enquanto participação que captura e expressa demandas objetivas e reivindicações circunstanciadas, consequentemente responsáveis por soluções, por resultados atrelados ao sim ou ao não, que passam a ser valores polarizadores e criadores de divisão. Surgem daí grupos que coexistem em função de resultados, e, portanto, sem feição, sem características próprias. Coexistir assim passa a ser a ferramenta que agrupa em função do objetivo previamente decidido e estabelecido, apriorístico, valorativo, e disso depende a realidade estrutural desses agrupamentos, donde se pode dizer que os grupos de hoje não têm condições de continuar amanhã, pois são constituídos no império das contingências, que tudo levam de roldão, mas que não sabem onde ancorar.

O que é efêmero é, obviamente, instável e transitório, e essa característica logo se constitui em obstáculo, fazendo com que coexistir se transforme em sinônimo de cooptar. Essa mudança decorre de como são estruturadas as antíteses aos processos. Na família, nos relacionamentos afetivos, nas sociedades, nos diversos grupos, nas escolas, nos partidos políticos, nas religiões, tanto quanto nas relações do indivíduo com ele próprio (sinônimo de primeiro grupo), esse processo de transformação da coexistência em cooptação é uma constante.

REALIDADE VIRTUAL

Na história da computação, o conceito de realidade virtual começou a ser usado na década de 1970, no início alternando entre realidade artificial e realidade virtual, e designava um tipo específico de intercâmbio homem-computador, no qual era criado um ambiente que permitia a interação de vários participantes. Com o desenvolvimento da internet e sua democratização, o conceito caiu no senso comum, alcançando enorme abrangência. Estar online é estar no mundo virtual. Seja entre técnicos da computação ou entre usuários comuns, o fundamento do conceito de realidade virtual é a ideia de simulação: a "realidade verdadeira" é simulada pelos computadores, seus sistemas e seus usuários. Várias questões e debates surgiram sobre as consequências da vivência desta "nova realidade", como se um novo mundo estivesse surgindo e, com ele, um novo homem. Foi, inclusive, cunhado o termo "geração virtual" para os que nasceram a partir de 1980, e todos os que nasceram antes dessa data são estrangeiros no mundo virtual.

Para Husserl, o aparente é o real. Concluímos que não há realidade de verdade ou realidade de mentira. A realidade da ilusão e a ilusão da realidade são vivenciadas pelo homem. O real e o ilusório sempre interessaram aos filósofos, aos cientistas, a todos. Para as pessoas comuns isso é pensado, em última análise, como verdade e mentira. A verdade e a mentira interessaram também a Nietzsche. Ele escreveu sobre elas em seus livros, especialmente em um livro sobre verdades e mentiras, no qual afirma:

> O impulso à verdade começa com a forte observação de quão antipódicos são o mundo efetivo e o mundo da mentira, bem como de que quão incerta se torna a vida humana, se a verdade convencionalmente estabelecida não valer de modo incondicional: há que se ter uma convicção moral acerca da necessidade de uma firme convenção, caso uma sociedade humana deva existir.[91]

Descartes, Pascal, Wittgenstein e muitos outros se debatiam com esses temas: realidade, ilusão, imaginação, sonho, conhecimento, reconhecimento. Aristóteles, por exemplo, afirmava que as coisas existem em ato e em potência. Existir em potência é tender a ser outro, é guardar em si a possibilidade de ser outro, como a semente que é a planta em potência. Existir em ato é a existência realizada; no exemplo anterior a planta é a semente em ato. É conhecido

---

[91] NIETZSCHE, Friedrich. *Sobre Verdade e Mentira no Sentido Extramoral.* Tradução de Fernando de Moraes Barros. São Paulo: Hedra, 2008, p. 83.

também o seu exemplo da estátua que existe potencialmente ou virtualmente no mármore e passa a existir em ato pelas mãos do escultor. Para ele, tudo é tanto ato quanto potência, mesmo a planta que é a semente em ato, é também potência que pode vir a ser alimento. As classificações, as tipologias — novamente Aristóteles! — criam diversas realidades: realidade simbólica, realidade virtual, realidade escondida, realidade imaginada etc.

Acontece que realidade é uma só, realidade é o que percebemos. Para mim, a percepção — seus processos e contextos — permite resolver essas questões. Nas relações de Figura-Fundo,[92] o percebido é a Figura. O Fundo é o estruturante, nunca é o percebido. Afirmo que real é o percebido, é a Figura. Ilusão é o Fundo, o não percebido, portanto não real. Quando estamos online (dito virtual), percebemos. A percepção sempre ocorre por meio da visão, audição, gustação, olfação e percepção táctil. Online não sentimos gosto, cheiro e não temos contato táctil. A percepção é igual à que ocorre diante de um quadro ou durante uma leitura — apenas percepção visual. A globalização e closura dos dados insinuados pelo contexto é feita pela memória e pelo pensamento. O pensamento é o prolongamento das percepções, não é uma outra atividade psíquica como pensavam os elementaristas aristotélicos. A memória armazena tudo o que é percebido, e assim entendemos por que determinadas percepções causam sinestesias, como o vermelho percebido no morango que exibe também seu gosto e cheiro. Real é o percebido, virtual é real. O tema realidade e ilusão está desenvolvido com detalhes e explicações em meu livro *A Realidade da Ilusão, a Ilusão da Realidade*.

---

[92] CAMPOS, Vera Felicidade de Almeida. *A Realidade da Ilusão, a Ilusão da Realidade*. Rio de Janeiro: Relume-Dumará, 2004.

QUAL O IMPACTO DAS REDES? MÍDIAS SOCIAIS E ROBOTIZAÇÃO

Marshall McLuhan escreveu em 1970:

> [...] quando se vive em uma era de informação, a cultura se torna um grande negócio, a educação se torna um grande negócio e a exploração da cultura através da explosão de informação torna-se cultura por si mesma, derrubando todas as paredes entre cultura e negócios.

Nos últimos cinquenta anos, desde essa afirmação de McLuhan, assistimos à criação e desenvolvimento de plataformas online que passaram a integrar nosso cotidiano via computadores, smartphones e outros dispositivos, uma verdadeira revolução na comunicação e difusão de informações, que, ocupando cada vez mais horas de nossos dias, são percebidas como positivas e como essenciais. Estamos todos plugados, conectados, abrangendo todas as gerações, não importando a idade. No entanto, passados os primeiros anos e estabelecidos os tentáculos das mídias digitais, alguns dos pioneiros construtores de redes sociais como Facebook, Google, Instagram, Twitter e Pinterest já se posicionam denunciando e criticando o avassalador avanço das redes que ajudaram a criar: nelas o homem virou produto, é vendido e comprado. Além de entrevistas e palestras, esse debate voltou à tona com força com o lançamento do documentário *O Dilema das Redes* [*The Social Dilemma*], e nele, Tristan Harris — ex-especialista em ética de design do Google — afirma: "*Never before in history have 50 designers made decisions that would have an impact on two billion people*".[93]

---

[93] "Nunca antes na história 50 designers tomaram decisões que teriam um impacto sobre dois bilhões de pessoas."

Essas considerações nos levam a pensar que a grande questão do século XXI é a ampliação de mercados para que tudo seja vendido e comprado. A imposição do mercado, sua dinâmica, suas atividades, ideias e produtos coisificam o homem. É equivalente ao efeito destruidor e alienador sofrido pelas sociedades e culturas invadidas por colonizadores nos séculos XVIII e XIX, quando línguas, desejos, hábitos, roupas, comidas, maneiras de ser e de pensar foram destruídas. Hoje em dia as redes sociais manipulam comportamentos igualando-os por meio de cliques, curtidas que funcionam como geradores do que pode ser conhecido, amado e valorizado.

Somos utilizados como massa de manobra para a manutenção de plataformas online que permitem vender e propagandear não só produtos, mas também verdades e mentiras. Tudo está igualado. Um cidadão de Myanmar, outro de Botswana, outro de Nova York se igualam nos desejos e apreciações por meio de seus *likes*. Do mesmo modo, suas emoções, seus desejos de aprovação existem em função do que é programado. Os engenheiros das redes são também os construtores e demolidores de sistemas sociais, a própria democracia é ameaçada. Polarizações — esquerda x direita, ciência x obscurantismo — infiltram-se no cotidiano. O saber não é mais enciclopédico e iluminista. Agora tudo é fragmentado e setorizado. Discute-se sobre vacinas, posiciona-se contra o avanço de decisões democráticas e procura-se destruir minorias que não compram, que não estão conectadas às redes. Viver é clicar, é a série de *likes* ou não *likes* que estabelecem o que se vivencia como escolha, decisão, democracia, mas que, em verdade, não decorrem de atuação autônoma, pensada ou livre; decorrem de manipulação minuciosa, precisa e planejada das emoções humanas. O conhecimento científico, suas verdades edificadas em evidências são substituídos por fake news, por "achamos que", "pensamos assim". Outro ponto a se considerar nesse obscuro universo é o de que a luz das redes sociais (Twitter, Facebook, Instagram etc.) atinge pessoas como qualquer luz atingiria (faísca, candeeiro, lâmpada, farol), apenas clareando superfícies, mas a opacidade predomina. Essa indistinta polarização aumenta o caudal de indivíduos que não discriminam, não conhecem, ignoram o que se discute, ignoram o contexto no qual são desenvolvidas as discussões, enfim, pessoas para as quais o denso apresentado tudo explica, e as sutilezas, pálidas nas aparências, não atraem.

Desse modo, o reinado do explícito se instala, a vida perde nuances, a monocromia domina: ou é preto ou é branco. Não há meio-tom, o máximo que se consegue é imaginar espectros responsáveis por explicações genéricas. É a cultura do enfático, do resíduo, do que se mostra para descarte ou apreensão.

É importante lembrar que as redes sociais estão inseridas em contextos econômicos nos quais predomina a busca de lucro, de ganhos desmedidos, e que o nível de manipulação via dispositivos viciantes é preocupante. Não é exagerada a afirmação de seus fundadores quando alertam para a mercantilização do humano. Transformado em produto, o ser humano é canibalizado, e o que é pior, sem dor, sem sangue, pois tudo já foi drenado e industrializado.

NOVOS ASPECTOS DA INTELIGÊNCIA ARTIFICIAL: O OUTRO NÃO É MAIS MEU SEMELHANTE

Ultimamente temos sido invadidos por reportagens, *lives*, debates e artigos sobre inteligência artificial. Tornando-se um dos temas mais importantes dos últimos anos, a questão da inteligência artificial é assunto diário. Como sempre, o maniqueísmo, a polarização impera nos debates. Para muitos, falar de IA é falar dos males que ela ocasionará em futuro próximo, como o desemprego, as ameaças e os erros de programação; para outros é a redenção da humanidade, pois a IA realizará o trabalho difícil, e além disso, as minúcias impossíveis de alcançar e operar serão resolvidas ou possibilitadas com IAs melhorando diagnósticos médicos e associações de dados em pesquisas científicas, por exemplo.

Sempre antropomorfizada, a inteligência artificial é vista como amiga ou como inimiga, porém o mais preocupante é ser antropomorfizada. Esse virar pessoa, ser constituída como pessoa, é quase uma desistência nossa de nossa humanidade. Imaginar que uma máquina, um programa de computação se torna símile do humano é plausível, pois já assistimos à criação de mãos e pernas mecânicas, ouvidos ultradesenvolvidos etc., mas pensar e afirmar categoricamente que a IA é um quase humano é negar nossa humanidade.

Como chegamos a isso? No contexto do capitalismo neoliberal, nós, humanos, fomos transformados em produto. Essa transformação não é uma realidade, visto que nada efetivamente nos destruiu enquanto humanos, mas nos anulou, nos protegeu, enquadrou e inseriu em um sistema no qual significamos em função de ganhos, lucros e produtividade. Essas extrapolações econômicas envolvem e amordaçam a humanidade. Surge a coisa, o alienado, tão bem descrito por Hegel e explicado por Marx.

Existem, ainda, as pequenas ilhas de humanidade, lutando contra massificação, alienação e despersonalização. E existe também o acúmulo constante de desumanização, despersonalização, alienação, e assim se gera a humanidade submetida, esmagada pela indústria de armas (guerra), de remédios (saúde) e alimentos, por exemplo, sendo já há muito um criadouro de humanidade artificial. Nesse contexto, a inteligência artificial vai trabalhar melhor, vai "pensar" exato, realizar tarefas sem custos, sem medo, sem sindicatos, sem lutas ideológicas e identitárias. Não ter reivindicações nem existir nada que as possibilite é o ideal para o reino do artificial, do fabricado, do apenas eficiente, enfim, do executor de ordens. Conviver com tudo isso é bom, é ruim, é novo e é velho. Vai trazer segurança tanto quanto empecilho. No entanto, o grave é que vai transformar o outro, nosso semelhante.

Um dos conceitos fundamentais que desenvolvi na Psicoterapia Gestaltista é o de que o outro me constitui; eu sou o que o outro me permite ser. Essa ideia é a base dos processos de aceitação e de não aceitação de si enquanto ser no mundo com os outros; é o que nos estrutura como sujeitos. É o olhar para si mesmo a partir do olhar do outro. É exatamente aí que se estrutura medo, liberdade, aceitação, não aceitação, confiança, desconfiança, enfim, é assim que se estrutura personalização/despersonalização. O outro, o semelhante, inicialmente pai/mãe, pode nos situar no mundo enquanto possibilidades, perspectivas, questionamentos transformadores, ou nos transformar em objetos, seres alienados e comprometidos. Portanto, psicologicamente, enquanto imanência relacional, o outro me constitui em estar aberto para a realização de possibilidades ou escorado na satisfação das próprias necessidades.

O momento que vivemos é um marco: daqui por diante, o outro será a máquina, o robô, o programa de computação, que não é nosso semelhante. O outro, a IA, poderá ter aparência humana que esconde sua programação. Essa realidade é bem diferente da que tivemos até o presente, mesmo que o outro tenha sido um humano alienado e mecanizado, era um outro semelhante, um humano. O outro, agora, é um robô, uma máquina, um programa computacional. O outro é o criado por mim. Essa é a grande questão. Solipsismo de Berkeley e literatura borgiana, por exemplo, não conseguem abranger nem identificar isso. O outro, por mim criado, faz com que eu seja o que o outro me permite ser: a máquina, minha criação.

Questionamentos ontológicos, questões humanas e psicológicas se tornam obsoletas, assim como a antiga e sempre atual questão do ser ou não ser. As reconfigurações esvaziam ao realizar possibilidades. O eterno querer ser sempre respondido pelo outro, pela configuração de desejos que ultrapassam limites e estruturam possibilidades agora é contingenciado, explicado e determinado pelos programas computacionais estabelecidos. O outro é a máquina, e ela tem limites, pois apesar das aparentes infinitas possibilidades de arranjos e combinações programáticas, ela está sempre esgotada pelo além de si mesma: a programação que a estabelece é alienante, sem vida — não é uma célula orgânica, é um byte.

Muda o mundo: a matéria orgânica não é mais o produtor de vida; vida passa a ser resultado de byte, peças, chips. É uma vida que abrange muitas áreas, desde que tudo é exponencialmente apreendido e configurado. É bom, é ruim, não é o outro semelhante a mim, é o não semelhante, o estranho, o diferente, o não humano parecendo humano.

Essa é uma grande questão filosófica e psicológica que teremos que enfrentar, ou, quem sabe... IAs as resolverão, e nós seremos as máquinas humanas, agora reconfiguradas e com programações bem mais aprimoradas, bem mais difíceis de destruir. Atualmente, chamamos de monstro inimigo tudo que apenas obedece a comandos inalcançáveis e pode nos destruir. O surgimento e desenvolvimento contínuo da inteligência artificial como interlocutor antropomorfizado é o próximo passo de nossa despersonalização, desumanização e transformação em objetos reféns de sistemas. Por mais atrativo e lapidar que seja esse início, é também lápide sobre o outro enquanto meu semelhante; nesse novo mundo, o outro não é mais meu semelhante.

A mudança no meio ambiente, resultante do desenvolvimento industrial que extinguiu jardins (lembram da tese de Epicuro?), que destruiu florestas, mares e alterou sistemas climáticos, terá seu equivalente agora na transformação e esvaziamento do humano. O relacionamento com o outro, com o mundo, consigo mesmo, as cogitações e descobertas serão muito diferentes e mudadas pela existência do pensante fabricado, ultrapassando inimagináveis limites das possibilidades humanas.

PAPEL EM BRANCO E CRIATIVIDADE: SOLIPSISMO E REPETIÇÃO

Ter diante de si um papel em branco, uma tela, um horizonte, o outro, o mundo, enfim, é ser estimulado, é estar motivado, é iniciar e também continuar processos. Falar em papel em branco é uma maneira de resumir a pluralidade de encontros, de vivências que nos ocorrem.

O dado perceptivo é destacado de inúmeros contextos. Esse destaque pode ser espontâneo, ao acaso, ou pode ser resultante de alguns direcionamentos, em outras palavras, o papel em branco voa ao sabor do vento ou é apresentado em suportes que o acentuam. A percepção do papel em branco, embora em destaque, é também configurada por seu suporte, pelo que o sustenta. O direcionamento de opiniões e vivências — a propaganda e atualmente a política — se esmera na produção de suportes responsáveis pelo encontro do que se deseja e do que se quer evitar. Propagandear, ampliar consumo, aumentar cliques de aceitação, "fazer política", todas essas ações hoje em dia estão grandemente baseadas no "boca a boca" digital. Teclados, memes, postagens vendem e motivam, falam e explicam tudo a todos. Verdades e mentiras sucumbem aos teclados. Nesse contexto o que importa é transmitir, é o meio, mesmo que adulterada a mensagem, os objetivos iniciais do que se quer comunicar. Marshall McLuhan já intuía isso quando dizia que os meios de comunicação eram uma extensão do corpo humano e que isso transformaria nossa sociedade. Ele queria dizer que o meio é o que faz a mensagem ser compreendida, ou seja, cada mensagem tem que ser exposta no meio correto, caso contrário será perdido totalmente, ou em parte, o seu objetivo. Imaginarmos a possibilidade de um tambor sendo tocado por algo que não seja uma pessoa, para transmitir mensagens de aldeia a aldeia em plena África, exemplifica bem a ideia. Esse insight de McLuhan foi deglutido e metabolizado, e atualmente postagens, *lives* e memes aprisionam verdades, fatos, acontecimentos, disseminando apenas o que é conveniente e lucrativo a seus interesses de venda, propaganda e adesão. A comparação de fatos, a determinação de tendências e escolhas segue o caminho da manipulação baseada em fake news e em supostas escolhas e decisões lúcidas. Criar vilões e heróis, estabelecer o parque de diversões, buscar o sonhado nirvana são os caminhos que endereçam as escolhas contingentes e arbitrárias.

McLuhan não imaginou que a democracia e mesmo conclusões científicas poderiam ser assim destruídas. Chegamos ao homem reduzido a si mesmo, a seu corpo, com suas escolhas, medos e pensamentos, e com os meios de comunicação sendo o reduto da mensagem. É o solipsismo colocado no mais absurdo patamar: eu sozinho tudo sei, tudo comunico, critico e ajuízo, decido e oriento. Essa postura é alucinatória, tanto quanto causa a neutralização do humano. O ser humano, ao se igualar à inteligência artificial, se aniquila, se nega como humano, reduzindo-se ao xadrez de possibilidades alternativas, ensejadas por progressões. Ele se circunscreve a possibilidades imaginadas e buscadas.

Pensar é perceber, e quando a percepção se refere ao passado, a testemunhos defasados, tudo vai de roldão. Assistimos à cristalização, ao pensamento que é um repetir de acertos e automatizações do que se deseja manter. Não há mais mudança, vive-se para manter a sobrevivência, o sistema social e as crenças que os suportam. Nas eleições de 2022 no Brasil vivenciamos uma espécie de placebo democrático. O cenário foi dominado e orientado por plataformas, memes e fake news, buscando manipular o eleitor para resultados desejados. Mas felizmente alguma coisa foi salva: o questionamento do que é vida, do que é democracia, do que é sociedade e uma pequena sobra de lucidez que afinal se manteve. Foi o não cooptado que fez a roda girar e conseguir ultrapassar bandeiras, partidos e fake news, desmanchando mitos e histórias de bicho-papão. Não foi Lula quem venceu, o que venceu foi a luta contra a tortura, contra a mentira e usurpação de terras indígenas, contra a degradação do meio ambiente; o que venceu foi o resgate de um país continental das cavernas das mentiras e ilusões. Foi uma disputa acirrada e uma vitória por pouco, faltou pouco para a lucidez sucumbir aos ditames da ilusão, do negacionismo, do retrocesso científico e moral que se entronizava no país.

PRESSENTIMENTOS E INTERPRETAÇÕES

O insinuado é percebido enquanto prolongamento do que ocorre. Essa é uma das leis perceptivas postuladas pelos gestaltistas clássicos: é a Lei da Closura ou do Fechamento.

O percebido é estruturado relacionalmente (é resultante da relação sujeito-objeto). Havendo preexistências que invadem o dado, o presente, o que ocorre fica nublado, fragmentado por desejos, medos e lembranças. Esses posicionamentos determinam as interpretações, as constatações e catalogam as vivências. No dia a dia da clínica psicológica, trabalhar com referenciais, com conceitos que posicionam — inconsciente, por exemplo —, gera interpretações, reflexões e conclusões redutoras das vivências, explicações baseadas principalmente na visualização dos desejos e dos medos. Frequentemente, o cotidiano das pessoas é invadido e estabelecido a partir de clichês (que são closuras estabelecidas em outro contexto e reutilizadas) e a partir dos pressentimentos gerados pela transformação de índices em totalidades indicativas. Por exemplo, os próprios desejos ou medos são indicativos do que se deseja ou teme acontecer. Ao privilegiar as partes, se perde a globalidade, repete-se pensando estar descobrindo, antecipando. Essa incapacidade de constatar o que ocorre, essa substituição do que se dá (do presente) pelo que se deu ou pelo que se antecipou por desejo e temor, instala ansiedade, intranquilidade, assim como certeza resultante de dogmas. A certeza é o alicerce das interpretações, das "descobertas", são verdadeiros achados redutores das dinâmicas conflitivas e paradoxais. Isso gera muitos preconceitos e distorções. Dessa forma, a certeza do que ocorreu confirma os pressentimentos. Considerar-se privilegiado, capaz de intervir e pressentir, cria os que estão descobrindo, antecipando e determinando as ordens reguladoras e aniquiladoras dos relacionamentos.

A invasão do presente pelas superposições geradoras de esfacelamentos e de fragmentações é sempre alienante, gera profetas, sensitivos e experts, assim como cientistas comprometidos com regras e ordens a manter ou destruir.

O ACASO

O acaso às vezes pode ser reconfigurador de situações. Tudo que está neutralizado por tensões iguais e constantes é facilmente desequilibrado, modificado. Ser motivado pelo novo, pelo inesperado, é um exemplo de acaso como reconfigurador de situações. Acontecimentos súbitos podem desarticular o anteriormente estabelecido: acidentes, mortes trágicas e imprevistas subvertem o existente ao criar novos contextos. Da mesma maneira, encontros inopinados, paixões arrebatam, descontextualizam, transformam situações estáveis, gerando mudanças dinamizadoras ou estagnadoras.

A superação do existente frequentemente gera conflitos, que se transformam em obstáculos, tanto quanto em dispersores do novo. Motivação e aversão criam soluções e resistências determinantes de novos comportamentos. No desenvolvimento das relações, atingem-se pontos imobilizadores ou transformadores. Deparar-se com casualidades, perceber o novo, impõe mudança de atitude, entretanto essa reconfiguração pode negar convicções, negar certezas e gerar insegurança, fazendo com que a percepção do que, até então, era familiar, se torne estranha. Desespero, dúvidas, coragem se impõem. Não saber o que fazer diante do novo, do acaso reconfigurador, é um esforço para negar o que ocorre, é a tentativa de deter a impermanência, de manter o que já mudou.

Ao visualizar a imprevisibilidade somos remetidos ao acaso. Lidar com o acaso como interseção de probabilidades e possibilidades, espacializa-o, conferindo-lhe assim, condições de previsibilidade, desde que abrangidas todas as variáveis dependentes, independentes e intervenientes que o configuram. Pensar no acaso como um ponto, privando-o de sua malha constituinte, liberta-o de qualquer previsibilidade; abstraído de seus constituintes, ele se afirma como Figura (sentido gestásltico da palavra) contextualizada no limite, pois ao afirmar-se como acaso, deixa de ser continuidade de probabilidades, de possibilidades. Metafisicamente, o acaso pode ser compreendido como emergência desvinculada de qualquer realidade processual. Fenomenologicamente, descritivamente, o acaso é percebido como facticidade, evidência. Popularmente, o acaso é percebido como fatalidade em sua acepção ampla de bem ou de mal. Independente de critérios valorativos, o acaso é o inevitável. [94]

O acaso geralmente é reconfigurador, entretanto a nova situação pode ser utilizada como fator de manutenção do que foi negado e, quando isso ocorre, incompatibilidades e divisões são frequentes: o antes não combina com o depois; a passagem de situações, o novo sobrevivente ao velho criam descontinuidade, dúvidas e desadaptações; a motivação é vivenciada enquanto necessidade, conveniência, compromisso, imagens etc. É a parcialização despersonalizadora, é ajustar-se na impotência desumanizadora, geradora de omissões (medos) e impasses. O acaso é esclarecedor ao trazer reconfiguração, transformação do dado, apontando para possibilidades que podem ser vivenciadas como limites ou como aberturas, embora sempre modificadoras do estabelecido, antes vivenciado como permanência definidora.

DIFÍCIL É TUDO QUE É INÚTIL: O QUE PROPICIA DIFICULDADE E O QUE A NEUTRALIZA

Nestes tempos de dificuldades e inutilidades, pragmatismos e vantagens, é bom lembrar o que dizia Epicuro: "o ser bem-aventurado e imortal está livre de preocupações e não as causa a outrem, de modo que não manifesta cólera, nem favoritismo: tudo isso é próprio da fraqueza".[95]

---

[94] CAMPOS, Vera Felicidade de Almeida. *Relacionamento*: Trajetória do Humano. Salvador: Edição da Autora, 1988, p. 50.
[95] EPICURO. *Cartas & Máximas Principais*: "Como um deus entre os homens". São Paulo: Penguin Clássicos Companhia das Letras, 2020, p. 127.

Valorar acontecimentos e situações estabelece prioridades, criando valias e desvalias, proveitos e desproveitos. Isso varia de pessoa a pessoa, de lugar a lugar, de contexto a contexto. Os valores são sempre aderentes e circunstanciais, entretanto se cristalizam em sentidos mais amplos, como os de utilidade ou inutilidade. Pensando em Epicuro, diremos que difícil é tudo que é inútil. O fácil, o útil, o necessário à continuidade da vida sempre existe, não precisa ser buscado. Quando Epicuro pensava nessas questões de valores — por exemplo, em útil/inútil —, ele as subordinava ao natural, ao biológico, ao não construído, manipulado ou industrializado. Era a Grécia onde imperava a pujante natureza: as plantas, o ar, os animais. No entanto, tiranos e organizações se apropriaram do mundo natural e o utilizaram para matéria-prima do caos. E assim, o útil, o necessário, passa a se constituir na busca incessante do necessário para sobreviver. Trata-se do além da existência e que a ela se sobrepõe: a sobrevivência passa então a ser a negação da própria humanidade. É a morte diária que se realiza pela fome, pela exaustão conseguida ao lutar para continuar olhando e andando. Na sobrevivência só interessa o útil, e isso define o pragmatismo. O diletante e o espontâneo, geralmente considerado inútil, foi substituído por funcionalidade. Funcionar é o procurado, e assim mecanizado o ser humano é programado para sobreviver, buscando o útil, agora transformado em sua dificuldade diária.

Buscar o útil e evitar o inútil é objetivo constante em nossos sistemas sociais e vivências individuais. Descobrir que tudo que é útil cria resíduos e precisa ser descartado engendra novas sinalizações: o útil se transforma em inútil, tanto quanto o inútil, a depender de recuperação, é criador de utilidades. Essa reversibilidade funcional e perceptiva gera antagonismo, propiciando perplexidade. É um pragmatismo devastador, principalmente no campo das relações, mas é o que há de mais comum: quanto "investimento" é feito em relações amorosas, por exemplo, desprovidas de sentimentos autênticos e cheias de visões relativas a suas utilidades, seja para neutralizar solidão, facilitar ascensão social ou até mesmo estabelecer comprometimentos com a criação de filhos! Encontramos essas atitudes entre casais, entre pais e filhos, entre amigos e colegas de trabalho. Todas essas relações iniciadas como úteis diante de um propósito podem se tornar obstáculos diante de outros propósitos inúteis; assim como em outros contextos podem volver à utilidade.

Ao quebrar circuitos relacionais estabelecemos apoios e impedimentos. A pontualização dos processos responsáveis pelos valores, pela vivência do bem e do mal, sempre exaure, pois divide, fragmenta processos ao estabelecer direções completamente alheias ao ocorrido, estabelecendo, assim, valores e gerando atitudes do que deve ser buscado e do que deve ser rejeitado ou desconsiderado. Nesses casos a imanência é abalada nos processos relacionais. Basta pensar como é fácil manter e realizar o imprescindível à vida, como o oxigênio, o ar e a água, que são fáceis de encontrar, exceto em situações anômalas e impróprias à vida, como encontrar água em desertos ou inspirar/expirar algum ar quando se tem pulmões congestionados. Recentemente, a covid-19 tornou difícil, mesmo impossível em certos casos, respirar. Quando os tubos de oxigênio escassearam, desapareceram, por imperícia ou por políticas genocidas, respirar se tornou uma impossibilidade.

Enquanto persistirem valores e a priori, as imanências são negadas e tudo passa a ser justificado por finalidades ou resultados, a própria vida passa a ser percebida como conveniente ou inconveniente, útil ou inútil. Isso cria situações nas quais as circunstâncias são decisivas, e assim o fundamental passa a ser o resíduo, a aderência.

SIMPLES E COMPLEXO

Perceber o simples decorre da neutralização de acréscimos e atalhos geradores de distorções e de dificuldades. Perceber a simplicidade é quase impossível, é muito difícil, pois o contexto, as diversas variáveis, as inúmeras circunstâncias camuflam e obscurecem. Não é uma questão de significado, é uma questão de aposições e justaposições.

O Princípio de Ockham[96] diz que tudo sempre tende para o mais simples, e cientistas afirmam que a natureza é parcimoniosa, essas são diretrizes apropriadas quando constatamos processos contínuos. Tudo que é aderente é agregado. Esses agregados são também suportes, às vezes ocultadores, do que está acontecendo. Ao se deter no que ocorre, sem objetivos nem explicações, consegue-se perceber o que está acontecendo. Ao querer incluir o que está acontecendo em alguma função ou propósito, atribuem-se valores, novos agregados, situações extras. Tudo fica muito complexo. Precisa-se de mais informação, verificação e garantias para saber se o que se percebe é o que se percebe. Complexidades passam a existir e fica difícil desenrolar o fio da meada. Assim, nada é simples, e os efeitos têm que ser explicados pelas suas causas. Cortes abruptos e separações arrebentam, reduzindo as situações

---

[96] A Navalha de Ockham ou o Princípio de Ockham são expressões que resumem a ideia básica do filósofo medieval inglês William of Ockham, século XIV (Guilherme de Occam), que criticava a metafísica medieval; ele propunha uma separação entre filosofia e metafísica na qual ficava clara a abordagem "direta e econômica" da filosofia e a abordagem "dos excessos" da metafísica, sobretudo no campo do conhecimento. *"Entia non sunt multiplicanda praeter necessitatem"* ("não se multiplicam os entes se não for necessário") é a máxima que fundamenta sua separação entre filosofia (e ciência) X metafísica (e teologia). Esse princípio lógico é também associado à *Lex Parsimoniae* (Lei da Parcimônia), que recomenda a explicação mais simples ou a teoria que implique menor número de premissas. Obviamente essa não é uma regra a ser seguida cegamente, mas um alerta aos excessos, à dispersão no supérfluo.

às suas simplicidades. É a Navalha de Ockham mal-usada. Com mutilações e fragmentações, chega-se ao simples decepando.

O simples é o inteiro que só é percebido quando se trilham suas decorrências, quando se percebe que o complexo não é o diferente dele: é outro simples a ele agregado. No dia a dia da clínica psicológica, vemos que tudo é reestruturado quando se percebe o que é problema, o que é desejo, o que é solução, quais os valores que estão atrapalhando a percepção da boa forma (Gute Gestalt). Infelizmente a complexidade ainda é percebida como antagônica à simplicidade. Conseguimos utilizar a Navalha de Ockham quando nos detemos no presente, quando vivenciamos os problemas enquanto problemas, sem os desvios criados pela busca da solução deles.

TRÁGICO E CÔMICO É VIVER SEM AUTONOMIA: ILUSÕES E COMPROVAÇÕES

Lendo Baudrillard, deparei-me com a afirmação: "Ocupar-se de si mesmo é a ilusão cômica de nosso tempo. Ocupar-se dos outros é sua ilusão trágica"[97].

Além do antagonismo entre cômico e trágico, Baudrillard também coloca o eu e o outro como antagônicos. Espacialmente visualizado, o outro é o meu antagônico tanto quanto é meu semelhante ao me continuar enquanto encontro. O outro como continuidade estabelece referenciais igualitários dentro dos quais eu sou o outro, assim como o outro também me situa e esclarece. Isso é a própria explicação de grupo, tanto na sua pluralidade

---

[97] BAUDRILLARD, Jean. *Cool Memories II*. Tradução de Angel Bojadsen. São Paulo: Estação Liberdade, 1990.

estruturante quanto em sua unidade identificadora: o menor grupo é o que o indivíduo faz com ele próprio, com ele mesmo. Nesse sentido, pensar o outro é se pensar e vice-versa. Essa reversibilidade dinâmica estrutura a pluralidade, o grupo, e consequentemente as sociedades. Quebrar essa totalidade, essa Gestalt — eu e o outro enquanto Figura-Fundo —, é trágico e igualmente ilusório e cômico. A oposição entre cômico e trágico é uma antítese, mas também podemos pensá-la como continuidade do excesso de drama carregado em cada vivência. Quase que por exaustão oscilamos do trágico ao cômico e vice-versa.

Quando o indivíduo se autorreferencia, ele fica reduzido aos seus desejos, medos, metas, cogitações. Ao descontinuar seus processos relacionais, criando supostas e quiméricas estruturas, ele se insere na ilusão, ele vive nos sonhos, nos medos e desejos. Suas apreensões criam padrões que vão funcionar como algoritmos que tudo açambarcam. Viver em função de economizar para realizar o "sonho da casa própria", por exemplo, pode tirar a vitalidade, criar privações, dificuldades de nutrição, de recreação e participação no cotidiano. Esperar o "príncipe encantado", esperar o amor necessário que transformará tudo é também ficar impermeabilizado ao que ocorre. É cômico e é trágico. O ocupar-se de si mesmo como caminho de realização e satisfação constrói barreiras de egoísmo, medo e desespero que geram afastamento, deixando o indivíduo isolado. Esse viver engaiolado e protegido enfraquece, mutila, pois afasta o indivíduo de seus referenciais nutridores e criativos: os outros. Diante desse quadro, dessa frequência problemática de existência, muitos arbitram que cuidar do outro, ocupar-se do outro é a solução. Surgem revolucionários, religiosos e espiritualistas dedicados a salvar a humanidade, propiciando comida, educação, prazer, bondade e transcendência das dificuldades.

Não existem paraísos, não existem eldorados. Negar o existente e querer transportar pessoas para outros lugares é estabelecer processos alienantes. É trágico o esvaziamento que se consegue ao tentar "salvar almas" ou melhorar a condição de vida dos outros. Almas salvas, estômagos preenchidos, vidas bem-sucedidas não são suficientes para açambarcar a complexidade, a dinâmica motivacional do ser humano. O próprio ato de criar convergências — almas salvas e estômagos preenchidos — é alienador. Direcionar toda a existência para a consecução de objetivos é estabelecer processos arbitrários nos quais os condutores são autoridades, grupos, instâncias superiores que dirigem e organizam. Sem autonomia, os espetáculos são orientados e executados. Um dia riem, outro dia choram. Esse estar ao sabor das ondas, esse não ter autonomia é o que configura a grande tragicidade cômica, ou a comicidade trágica que habita nosso horizonte social (abundante e identificável em inúmeras ações políticas criadoras de espetáculos tragicômicos), ou seja: fabricar e habitar sonhos ampliadores ou amesquinhadores das realidades vivenciadas deixa à mostra palhaços, títeres, domadores e marionetes que habitam nosso mundo.

Trágico e também cômico é viver sem autonomia, é ser transformado em massa a ser manipulada diariamente na construção de cenários que prometem maravilhosos mundos, infinitas transformações do que é ruim em deserto ou em bom e fértil. Comprar e vender ilusões é cômico, é trágico, aliena e desvitaliza, destrói e massacra.

ISOLAMENTO

Heidegger dizia que o ser-deixado-vazio é a experiência essencial do tédio e da solidão.

Penso que o ser não esvazia, pois o ser é uma possibilidade de relacionamento, e quando conceituo ser como possibilidade, estou falando de processo, de trajetória. Entretanto, todo relacionamento gera posicionamentos, geradores de novos relacionamentos, que, por sua vez, geram novos posicionamentos, indefinidamente. Em outras palavras, o movimento, ao exercer sua trajetória, estrutura posições, aparecem referenciais, contextos e esses contínuos intervalos criadores de novas relações são responsáveis pela estruturação do vazio. É como se tivéssemos sequências alternantes, nas quais os pontos de junção são também de separação. Em um de meus livros afirmo que:

> O vazio é intrínseco ao processo relacional. A relação estrutura o vazio à medida que estabelece posições pois a continuidade da dinâmica, do movimento é possibilitadora de infinitas antíteses. Cada ponto de junção é um ponto de separação, isso porque ponto nada mais é do que interseção... Quando esse processo do vazio se torna pregnante, quando ele deixa de ser fundo estruturado, quando ele passa a ser figura percebida surge a possibilidade do ser humano continuar a sua dinamização relacional ou eternizar o seu posicionamento, estabelecendo-se na sua ilha de vazio. Literariamente poderíamos dizer que o vazio é um oásis — passamos por ele —, ou uma ilha — moramos nele. [98]

Tédio, falta de motivação decorrem de posicionamentos, defasagens geradas por metas representadas por desejos e ganâncias frustradas. Só há motivação enquanto vivência presentificada. Quando se vive por (passado) e para (futuro), instala-se a monotonia do equilíbrio, da pendularidade entre esses polos, substituindo as espontâneas respostas e expressões diante do que ocorre e do outro. Isso

---

[98] CAMPOS, Vera Felicidade de Almeida. *A Questão do Ser, do Si Mesmo e do Eu*. Rio de Janeiro: Relume-Dumará, 2002, p. 80.

gera falta de motivação, desde que os focos objetivados (desejos e metas) polarizam todas as necessidades e possibilidades relacionais.

Enquistados e posicionados, os relacionamentos acontecem por meio de propósitos agregadores/desagregadores dos que estão se relacionando. Não há mais a integração entre dois indivíduos. O que surge é entrosamento de dois indivíduos em função de uma outra situação ou pessoa, ou seja, o objetivo comum é o que agrega ou desagrega. Essa somatória parcializa encontros, esvazia ao transformar os indivíduos em ingredientes, partes necessárias à consecução de suas demandas. Atingir, por exemplo, o prazer, a felicidade, a tranquilidade é o que motiva. Acontece que a motivação não é um prévio, não é um programa, ela é o que resulta do encontro com o outro, com o que nos contextualiza. Programar o bom, evitar o ruim, correr atrás do necessário ancora possibilidades. Isolado, sozinho, só resta construir pontes de acesso aos castelos sonhados e/ou imaginar nirvanas paradisíacos. Solidão, tédio e isolamento decorrem da onipotência em se sentir separado, responsável absoluto pelo que lhe possa acontecer.

Relacionamento é dinâmica, mas infelizmente explicações causalistas, que reduzem o todo às partes, persistem na abordagem psicológica. Encontro é transformação. Autorreferenciamento e objetivos em comum impedem esta integração — encontro — que só acontece quando há disponibilidade. O autorreferenciamento, o estar contido e preso aos próprios referenciais, transforma o outro em mero objeto satisfatório/insatisfatório, possibilitador/impossibilitador, e isso quebra a dinâmica, gera falta de motivação, posicionamento criador de desejos preenchidos ou frustrados.

SOLIDÃO

Estar só, sem alguém para namorar ou para conversar, é problemático para muitas pessoas. Imediatamente é desencadeado o processo de procurar alguém ou de manter um relacionamento que se considera desagradável. Poucos se questionam sobre o que aconteceu ou acontece para que se fique só. Se o outro é percebido e usado como objeto, sobrevive-se, aliena-se, coisifica-se. A não aceitação estrutura deslocamentos, metas criadoras de vazio. Esse vazio — carência afetiva como necessidade de relacionamento — gera demandas, faltas, fome que tem de ser saciada. Algumas avaliações são nítidas nesse processo: tudo foi conseguido, a vida está estabilizada, falta apenas um relacionamento que gere prazer, ou falta a realização de desejos e demandas, ou precisa de ajuda, enfim, é necessário um relacionamento, alguém participando, ajudando, ou ainda, sozinho o despropósito é completo, urge um relacionamento. Nesses casos o outro é sempre um objeto, é necessário ou é suporte. Essa visão coisificadora do outro é gerada pelo despropósito da própria existência. Não se sabe quem é, não se percebe a si mesmo como um ser no mundo, se percebe com valores, territórios a defender, situações a manter. O sobrecarregado precisa de ajuda, o esvaziado procura motivação nas companhias, o entediado busca prazer. Só existe solidão quando o outro é percebido como um instrumento, quando é resultado das próprias demandas e carências. Assim, a solidão permanece quando se está acompanhado pelo outro ou entregue a si mesmo.

Solidão não é falta de companhia, solidão é o vazio resultante da transformação da carência afetiva — possibilidade de relacionamento — em necessidade de relacionamento. O outro não pode ser necessário; quando isso ocorre ele é destruído, transformado em objeto de prazer, segurança ou cuidado. O outro é o possibilitador, mesmo que acidental, despropositado e intangível.

DIVERGÊNCIAS: POLARIZAÇÃO DA SOLIDÃO E IMPOSSIBILIDADE DE ENCONTRO

Ao exercer comparações surgem congruências e divergências frequentemente discrepantes. Nas vivências psicológicas essas constatações resultam das adequações dos desejos à realidade. Verificar congruências e adaptações traz realizações, aplaca e satisfaz desejos, assim como o não conseguir realizá-los, a verificação da total impossibilidade de efetivação deles, ou seja, a constatação das discrepâncias, gera vazios, defasagens muitas vezes preenchidas por raiva, medo, inveja, ciúme e revolta.

Não realizar os próprios desejos geralmente é frustrante. Quando, além da frustração, se estabelecem questionamentos, surgem esclarecimentos, antíteses que demonstram a impossibilidade de concretizar os desejos, propósitos ou metas. É esclarecedor quando se aceita a impossibilidade demonstrada. Verificar o não ter condição, o não caber na realidade, a não existência de possibilidades e condições para atingir o almejado, o desejado, é educativo. Apreendem-se limites, descobrem-se diferenças em supostos possíveis ou até em imaginados impossíveis, e assim se adquirem meios, condições de perceber a própria realidade, os próprios impasses.

Perceber o que é considerado discrepante sem questionar as estruturas que o geram — desejo e realidade, solução e problema — é um contínuo chorar sobre o leite derramado, ou ainda, imaginar que se houvesse leite ele seria derramado, ou que é preciso aparar, conter o leite. Essas metáforas remetem a um pensamento simbólico de Nietzsche: "O deserto avança de todos os lados, ai daqueles cujo deserto está dentro de si".[99] Nietzsche, apesar da

---

[99] NIETZSCHE, Friedrich. *Ditirambos de Dionísio*. São Paulo: Companhia das Letras, 2007, p. 101.

clássica e arbitrária divisão entre externo e interno, elucida bem a quebra da continuidade do estar-no-mundo-com-o-outro, tanto quanto mostra a impossibilidade de isso acontecer se a pessoa não se aceita. Não se aceitar é se esvaziar como individualidade, como possibilidade de relacionamento, consequentemente como ser — que é a possibilidade de relacionamento. Percebendo-se como ilha, ou mesmo oásis no deserto, ponto de concentração ou ponto de difusão, o indivíduo se esvazia. Essa espera do outro, essa espera das circunstâncias é fatal, pois mitiga as possibilidades relacionais e cristaliza as necessidades de sobrevivência. Na metáfora de Nietzsche — deserto —, o outro é transformado em água, produto vital para ser tragado, engolido e metabolizado. É o desespero de conseguir, suprir, atingir, ter o outro, ter a família, ter a tranquilidade, ter o padrão do bem-estar. É a desumanização, o virar robô executante de tudo que lhe é exigido. Esse virar deserto mitigado é a demolição do estar, do morar no mundo, de ser com o outro. Virar deserto é a coisificação, a desumanização criada pelo atendimento constante das propostas e exigências situacionais: — "seja feliz, organize sua família, aproveite seu tempo, não abra mão de suas conquistas, insista em seus sonhos". Colocar propósitos diante do ser humano é uma maneira de direcioná-lo, o que automaticamente implica em negar suas possibilidades de descobertas, sua curiosidade de buscar, sua certeza de encontrar.

Vazio, despersonalização, descrença, frustração são bem resumidos nessa metáfora do deserto, assim como lembram e fazem pensar no mito do eterno retorno, outra grande passagem de Nietzsche acerca da vivência humana, de sua memória e desejos:

> E se um dia, ou uma noite, um demônio lhe aparecesse furtivamente em sua mais desolada solidão e dissesse: 'Esta vida, como você a está vivendo e já viveu, você terá de viver mais uma vez e por incontáveis vezes; e nada

haverá de novo nela, mas cada dor e cada prazer e cada suspiro e pensamento, e tudo o que é inefavelmente grande e pequeno em sua vida, terão de lhe suceder novamente, tudo na mesma sequência e ordem — e assim também essa aranha e esse luar entre as árvores, e também esse instante e eu mesmo. A perene ampulheta do existir será sempre virada novamente — e você com ela, partícula de poeira!'. — Você não se prostraria e rangeria os dentes e amaldiçoaria o demônio que assim falou? Ou você já experimentou um instante imenso, no qual lhe responderia: 'Você é um deus e jamais ouvi coisa tão divina!'. Se esse pensamento tomasse conta de você, tal como você é, ele o transformaria e o esmagaria talvez; a questão em tudo e em cada coisa, 'Você quer isso mais uma vez e por incontáveis vezes?', pesaria sobre os seus atos como o maior dos pesos! Ou o quanto você teria de estar bem consigo mesmo e com a vida, e não desejar nada além dessa última, eterna confirmação e chancela? [100]

DESAMPARO: IMPORTANTE DESENCADEANTE DE PARANOIA

Estar sozinho e consequentemente sentir-se abandonado e desamparado estrutura indivíduos entregues à própria sorte, a si mesmos. Pais intensamente dedicados ao trabalho, pais que deixam filhos com avós ou em instituições sem acompanhar seus cotidianos transformam as vidas de seus filhos em um campo, um contexto no

---

[100] NIETZSCHE, Friedrich. *A Gaia Ciência*. Tradução de Paulo César de Souza. São Paulo: Companhia das Letras, 2001, p. 230.

qual os referenciais são explicitados principalmente por mensagens como: "não atrapalhe", "tudo tem que dar certo", "nos ajude, não crie dificuldades". Esse contexto relacional transforma o indivíduo em um equivalente de comando, um botão que, quando apertado, tem que funcionar.

Crianças que crescem em ambientes de abandono e comandos subliminares desenvolvem dificuldades graves. Ouvir ruídos, não saber como reagir ao inesperado, ao que não foi pautado é angustiante. Não se sabe o que fazer. Essa insegurança é lesiva, incomoda e aniquila, tornando-se, assim, exemplo de situações a evitar. O indivíduo abandonado, sozinho, começa a evitar se expressar e a evitar qualquer coisa que o deixe sem saber o que fazer. A continuidade desse processo gera pânico, que é, por sua vez, evitado pela omissão, pelo não fazer nada. Não se expressar, não falar o que pensa, não expor opiniões, satisfações ou insatisfações é a maneira de não entrar em colisão com o ambiente que o rodeia.

Ter medo de tudo que possa levar a perder o controle, que possa explicitar vulnerabilidade passa a ser seu objetivo. Nada fala, apenas grita ou sussurra quando solicitado a participar. Dificuldades aumentam com o passar do tempo, pois conviver com uma pessoa assim estruturada é difícil e desagradável. Essa pessoa estabelecida como problema é, então, mais uma vez abandonada. Caso exista contexto, pode ser encaminhada para tratamento psicológico, que muitas vezes não é sequer tentado pelas diversas dificuldades de acesso, como custo e credibilidade, principalmente. É mais fácil tentar resolver os sintomas com médicos, levar a um psiquiatra com a certeza de que remédios acalmam. As raízes, os contextos da problemática não são configurados e destrinchados. Espera-se pelos resultados e índices de adaptação, o que se constitui em mais uma forma do abandono e também no ingresso nas estatísticas dos mentalmente alienados.

Quando as dificuldades não são explicitadas em função de seus contextos estruturantes, muitos enganos passam a existir. Distúrbios comportamentais causados pela carência, pelo isolamento, pelo abandono afetivo podem condenar com rótulos de incapazes, indivíduos que nada mais são que seres abandonados aos pedregulhos áridos de seus contextos familiares. Integrar o filho inadequado é essencial, é o caminho, embora isso exija disponibilidade e amor, ou seja, exige interesse em cuidar, em ouvir, em acompanhar e participar de seus processos enquanto demandas de possibilidades e impossibilidades.

Ser abandonado é tornar-se campo fértil do autorreferenciamento, é tornar-se no mínimo dois para estabelecer monólogos configuradores de diálogos inexistentes. Viver é troca, é participação, e quando, para realizar isso, tem que se dividir em um outro, que é o mesmo, surgem amputações danosas para o existir no mundo com os outros. Ser abandonado é receber um impeditivo de participação, tanto quanto um incentivo às ações destruidoras de consistência e congruência. Tudo é delirante, tudo é incerto pois o outro é ele próprio. Sem referências e montando referenciais reutilizados, a vida e a comunicação emperram e o que sobra é medo, angústia, sentimentos persecutórios, repetições obsessivas e compulsivas, e pensamentos de autodesvalorização ou de supervalorização.

ISOLAMENTO SOCIAL E COVID-19: SER E TER

O ano 2020 iniciou sacudindo e ameaçando a humanidade no que se tornou, a cada dia, uma das mais perigosas pandemias que já enfrentamos: a disseminação do coronavírus, ou covid-19.

Estudos epidemiológicos já realizados mostram que sua rapidez de disseminação foi desafiadora. O espalhamento global da doença colapsou sistemas de saúde de todos os países, sem exceção, inundando unidades de tratamento intensivo tanto com o número de doentes em estado grave quanto com o tempo de permanência nas unidades, ocupando leitos e aparelhos especializados por mais tempo que outras enfermidades respiratórias. Trata-se de uma doença que afeta vários sistemas no organismo, principalmente o sistema respiratório, mas também o imunológico, o digestivo, o sistema nervoso periférico etc., deixando sequelas nos pacientes que sobrevivem à infecção. A Organização Mundial de Saúde (OMS) elegeu a prevenção ou o isolamento social como principal arma para enfrentar a pandemia, diluindo sua ascensão, dando tempo aos governos das diversas nações de se organizarem para enfrentar esse novo problema de saúde. Sem precedentes na história moderna, o isolamento social das pessoas foi adotado em todos os países (com exceção de profissionais de saúde e profissionais de serviços essenciais como alimentação, energia etc.).

As dificuldades econômicas ligadas ao isolamento social são óbvias, mas e as dificuldades psicológicas? Por que se isolar em casa, sozinho ou com familiares, por 15 ou mesmo 30 dias, se tornou tão assustador? Estudos psicológicos sobre os desafios ligados a quarentenas médicas, ou isolamento devido a doenças contagiosas, mostram o aparecimento de sintomas semelhantes aos de estresse pós-traumático, episódios de raiva e frustração, tédio e ansiedade, além de medo e até mesmo pânico. O medo da doença e da morte aumenta com a falta de informações claras e de atitudes consequentes por parte das autoridades, aumentando, assim, também o pânico. Medo e pânico não são causados apenas por pandemias ou desastres naturais. Aspectos psicológicos interferem na exacerbação dessas vivências, desses sintomas.

O isolamento social é um procedimento eficaz (comprovado na prática), mas saber dessa eficácia não neutraliza as problemáticas psicológicas individuais.

Atualmente virou lugar comum a análise de Erich Fromm sobre Ser e Ter. Em meados do século XX, Fromm denunciou uma mudança de atitude na sociedade, mostrando que as pessoas estavam substituindo o Ser pelo Ter, e que isso era evidenciado na excessiva e constante dedicação aos seus desejos de consumo. Chegamos ao século XXI e isso é cada vez mais forte. As pessoas são definidas pelo que elas têm, pelo que conseguem, pelo que exibem. Desaparecem as proposições existenciais, o objetivo é conseguir sucesso, exibindo grifes e posturas socialmente admitidas como vitoriosas. Nesse contexto de humanidade substituída pela coisificação, surge uma pandemia, a covid-19, e ter que ficar em casa isolado leva ao reconhecimento da ponte caída: do Fazer como elo de ligação entre Ser e Ter. Nesse contexto, Fazer é a viabilização de metas, é o caminhar para o futuro. Isolado do convívio social, sozinho em casa ou convivendo apenas com familiares, o cotidiano aborta projetos e distancia futuros sucessos, consequentemente criando frustração, ansiedade e medo.

O presente se esvazia quando ele é percebido como preparação, como ponte para o depois, para o futuro. Para essas pessoas, o presente vivenciado como passagem nada significa sem seus referenciais de chegada, de meta. A pista de corrida só existe em função do pódio, da faixa de chegada. Preparados para atingir o depois, vivendo na expectativa de realizações futuras, os indivíduos se sentem perdidos, desperdiçados, amassados pela vivência entre quatro paredes. Perder as possibilidades de deslocar problemas é um impasse, tensiona a neurose, a não aceitação de si e do outro. Ao perder esse recurso, pela obrigatoriedade do isolamento e do convívio restrito a familiares, frustração, ansiedade e medos se ampliam.

Substituir o Ser pelo Ter privilegia o Fazer, que é a estrada para atingir o que se deseja ter. Sem esse caminho, sem direção, as pessoas se esgotam, não sabem o que fazer pois sentem ter perdido, ou com a ameaça de perder, tudo. A armadilha de só significar enquanto consumo, seja em termos das necessidades ou das disponibilidades, esvazia o humano, que, de uma maneira geral, passa a ser mais uma mercadoria na prateleira a ser manipulada e consumida pelos detentores do poder, donos do capital.

A grande reviravolta que pode surgir é a percepção do Fazer no contexto do Ser, gerando questionamento e transformação. A continuidade da percepção do Fazer no contexto do Ter manterá submissos, aniquilados pelos ditames do consumismo e de ordens pragmáticas que, por exemplo, para salvar jovens, sacrificam os que já produziram, os aposentados. É o mundo do Ter, é a vantagem, a conveniência, a não solidariedade justificada pela crise, pela falta de leitos e pela improdutividade geral, onde o atualmente não produtivo deve ser descartado para que outros cresçam, tanto quanto para que a sociedade e a economia floresçam.

Ser é o único caminho do homem. No contexto do Ter, só resta viver agindo em função de meta do futuro e assim qualquer pedra que cai do céu, qualquer obstáculo no caminho é dizimador. Quando o indivíduo se posiciona, quando se detém em objetivos pragmáticos e contingentes (Ter), se transforma em objeto de manobra de conglomerados, de ordens que o desumanizam, e é levado a Fazer, virando peça das engrenagens que mantêm o sistema. É o clássico "o trabalho liberta" ("*Arbeit macht frei*") dos campos de concentração, sem esquecer os *gulags* soviéticos, tanto quanto as urbes americanas, europeias e latino-americanas.

Situações difíceis e inesperadas possibilitam enfrentamento ou pânico, tudo vai depender de se estar inteiro ou dividido na vivência do presente, que mesmo quando ameaçador pode possibilitar participação e coragem. Qualquer inesperado maltrata e atrapalha os que estão comprometidos com divisões. Para enfrentar o inesperado é necessário disponibilidade e inteireza, vivência do presente sem divisões, sem cogitações do depois.

ENCURRALADO

Quando não se tem a perspectiva de futuro, quando as situações se congestionam e se pontualizam, surge a vivência do encurralamento, do estar sem saída. Nessa situação densa, a ansiedade rapidamente se transforma em pânico. Não ter para onde ir, não ter amortecedores, sentir que tudo aproxima do abismo, do final, da não saída, é desesperador.

Situações-limite imobilizam quando as possibilidades de mudança, que exigem novas abordagens, não são percebidas. Os arquivos, as memórias, funcionam como chaves que abrem perspectivas. Saber-se íntegro, capaz de vencer obstáculos, amplia o imediato, o estreito. Quanto maior a aceitação de si mesmo e de suas vivências, mais perspectivas são estabelecidas. Kurt Lewin tem uma interessante abordagem sobre o assunto: "[…] uma mudança no comportamento se verifica quando a conexão funcional entre o nível de realidade e irrealidade é reduzida, isto é, se elimina a ligação entre fantasia e ação".[101]

Durante a pandemia[102], tomando o exemplo das vivências de confinamento/quarentena, pudemos afirmar que quanto mais aceitação das próprias vivências, maior a perspectiva de tempo,

---

101 LEWIN, Kurt. *Teoria de Campo em Ciência Social*. São Paulo: Livraria Pioneira Editora, 1965, p. 144.
102 Em 11 de março de 2020 a covid-19 foi caracterizada pela OMS como uma pandemia. Em 5 de maio de 2023, após três anos e três meses, um comunicado da OMS marcou o fim da pandemia, ou seja, de seu status como emergência global.

a disponibilidade, a motivação, o ânimo. Ao contrário, quando os acontecimentos são negados, a realidade subestimada, surgem aspirações, metas e desejos que inviabilizam a vivência do que está ocorrendo. O medo de adoecer, de morrer, o medo das perdas financeiras e do caos social são ameaçadores e desestruturantes. Desse modo, o que acontece é vivido como um caminho para o caos e assim o futuro se constitui apenas em ameaça, não oferecendo perspectivas.

ACÉDIA E MAL-ESTAR NA ATUALIDADE

Acédia é um estado de desânimo que frequentemente sinaliza o mal-estar gerado nas sociedades contemporâneas. Ficar deprimido, desmotivado, sem saber o que fazer, caracteriza o dia a dia dos indivíduos há bastante tempo, independentemente das quarentenas geradas pela covid-19, por exemplo.

Não saber o que fazer diante do abandono, das decepções, da destruição de patrimônio, da desestruturação do país e da própria família cria depressão e desmotivação. Sem perspectivas, com horizontes temporais e relacionais diminuídos, o ser humano se encolhe e desiste. Não há como resistir pois não existe porquê nem para quê. Ficar reduzido a um presente esmagador no qual não há condição de deslocamentos exila o indivíduo da sua própria pele. Sem morada ou confinado em quatro paredes, ele sobrevive em função do que o mantém. Isso gera acédia, desânimo. Sem para quê, sem metas que o iludam — a cenoura na testa que o mobiliza —, resta ao indivíduo os lamentos. Esse lamento é convertido em esperança, e exatamente assim o processo de alienação se instala, a desumanização surge, ele se mutila. Destruído, suplica por melhoras, esperança inalcançável que apenas o distrai da contagem dos últimos próximos dias. Acédia, melancolia, depressão e medo são seus referenciais. A vida é esvaziada e povoada por fantasmas do que poderia ter sido caso não fosse o que acontece.

"A BOLSA OU A VIDA"

Com o exemplo "a bolsa ou a vida", Lacan procura demonstrar o absurdo da escolha, que sempre implica em perda não apenas do que não se escolheu, mas também daquilo que pretensamente se escolheu. Escolhendo a bolsa, se perdem as duas, bolsa e vida, e escolhendo a vida, o que se escolhe é uma vida (sem a bolsa). As obviedades ampliadas para condições paradoxais criam o faz de conta que é a escolha. Durante a pandemia da covid-19 tivemos o equivalente com as pessoas que entendiam a necessidade de isolamento como uma escolha e não como uma evidência que se impõe. Escolher o trabalho e o não isolamento, em última análise, era escolher a possibilidade de se contagiar e aumentar o risco de morrer. Ficar em casa é o óbvio, inelutável, sequer deveria ser pensado como passível de escolha.

Certas situações sempre nos lembram a escolha de Sofia: com os dois filhos a seu lado, exigem que ela entregue um deles para ser sacrificado, e se não o fizesse perderia os dois. Nesta situação de explícita impotência e desespero, o que resta é a mãe, que diante de ter que escolher, já está destruída. Uma reação possível e transcendente seria a "explosão" da impotência ou assunção dela, por esta mãe, mesmo que a consequência fosse a morte dos três, pois assim ela não teria que descobrir mais tarde que há situações às quais não vale a pena sobreviver. Nessa escolha, o que sobrevém não é o triunfo de uma mãe que salvou um dos filhos, mas uma mãe destruída pela culpa insuportável, culminando com seu suicídio como alívio e solução demorada de desesperos acumulados. A escolha sempre revela uma impotência que quer ser metamorfoseada. Escolha, parecendo coisa nova, aponta sempre para perspectivas inexistentes. Triste de quem pensa ter que escolher, carta marcada que nada de novo oferece, apenas repete avaliações, compromissos e alianças. Impotente, cooptado, desumanizado, ter que escolher é uma mentira, um faz de conta aliciador. Não existe a possibilidade de escolha, e quando ela é insinuada, colocada, parece um jogo com supostos critérios de solução. É quase a fábula do gato e o rato contada por Kafka:

> Ah, disse o rato, o mundo torna-se a cada dia mais estreito. A princípio era tão vasto que me dava medo, eu continuava correndo e me sentia feliz com o fato de que finalmente via à distância, à direita e à esquerda, as paredes, mas essas longas paredes convergem tão depressa uma para a outra, que já estou no último quarto e lá no canto fica a ratoeira para a qual eu corro. — Você só precisa mudar de direção, disse o gato e devorou-o. [103]

Lacan, Sofia, Kafka são exemplos que resumem desejos e mentiras que assolam o indivíduo quando ele faz de conta que o que acontece não está acontecendo. Nesse sentido, até a matemática engana: é o clássico seis por meia dúzia, enunciado como algo diferente para a mesma situação. Triste o indivíduo que pensa escolher, ele apenas adia e eterniza conflitos. Escolhas são situações que explicitam conflitos, conflitos decorrem de divisão, e divisão remete às possibilidades de autonomia, submissão, medo e cogitações sobre perdas e conveniências. Em outras palavras,

---

[103] KAFKA, Franz. *Essencial Franz Kafka*. Tradução de Modesto Carone. São Paulo: Penguin Classics Companhia das Letras, 2011, p. 171.

escolher é sempre uma avaliação pragmática e conflituosa ditada por medo e, principalmente, por despersonalização.

O DIÁLOGO NOS CONECTA TANTO QUANTO NOS DISTANCIA

Toda e qualquer percepção é estruturada, isto é, depende de seu contexto. Essa é a explicação da Lei de Figura-Fundo (Gestalt Psychology). A cor verde percebida no contexto de azul é diferente da cor verde percebida no contexto de amarelo, muda o Fundo (azul e amarelo, neste exemplo), muda a percepção do verde. A variação do Fundo muda a percepção da Figura. Transpondo essa lei para escalas mais amplas, para comunicação e interação humanas, por exemplo, verificamos que tudo que é percebido depende de seu contexto, depende de seus estruturantes relacionais — posicionamentos e temporalidade.

Os posicionamentos contribuem para o estabelecimento de regras, a priori e expectativas, tanto quanto estabelecem os limites das comunicações e interações. No diálogo, por exemplo, são estruturantes as regras do que se pode falar, do que se deve falar ou não se deve falar, do como e quando falar. As finalidades do diálogo estão sempre subordinadas às necessidades deles, transformando-os, assim, em instrumentos para consecução de objetivos e demandas. Falar, dialogar, não é mais uma expressão do que se percebe ou pensa; transforma-se, nesta contingência de necessidades, em uma ferramenta para buscar realização do que se quer, tanto quanto serve para dirigir motivações e comportamentos. Nesse sentido, quanto mais nos aproximamos dos desejos resumidos no outro, mais nos afastamos de nós próprios (extinguiu-se a interação), pois o outro foi transformado em objeto, em receptáculo de reivindicações.

Quando se percebe o outro como quem está consigo, os diálogos são estabelecidos e assim são criadas confiança, participação, crítica e autocrítica, modificadoras de vivências. É uma conexão continuada que acena para novas perspectivas, inaugurando, desse modo, ampliação de possibilidades relacionais. O contexto, o Fundo onde o outro é percebido enquanto ele próprio, estabelece a significação e, desse modo, diálogos são encontros, questionamentos e descobertas vitalizadoras, tanto quanto se o outro é percebido como um objeto a ser ultrapassado ou aglutinado às próprias necessidades e demandas, o diálogo, pela sua contingência e limitação, é esvaziado, desde que apenas indica, é apenas um marcador de regras, liberações ou punições. Quando o outro não é percebido como o diante de mim com quem dialogo, mas como receptáculo do que se precisa dizer ou do que o outro precisa saber, o diálogo aumenta a distância, tanto quanto invalida a interação e expressão das percepções humanas, ao transformá-las em veiculações valorativas. É o diálogo do porta-voz, de outros contextos, outras circunstâncias, outros momentos.

Dialogar é encurtar distâncias, é sincronizar vivências, tanto quanto passar a duplicar verdades/mentiras, nada mais que dogmas que esvaziam a possibilidade humana de estar com o outro, independentemente de regras, limites, medos, finalidades e concordâncias/discordâncias.

EMPAREDADOS PELO VAZIO: A OBSESSÃO APRISIONA

Viver dedicado ao que se ama ou ao que se deseja pode ser uma decorrência do estar voltado para esse encontro, essa descoberta, essa base, esse objetivo, tanto quanto pode expressar a obsessiva busca de realização, compromisso e vitória. Buscar atingir o que se deseja é sempre um comportamento resultante de motivação que pode expressar preenchimento de vazio, de insatisfação e de ambições. Desejar esvazia, pois ao lançar o indivíduo no futuro, nas suas expectativas de realização, o arranca de suas bases, de sua realidade. Não viver o próprio presente, a própria realidade configuradora de insatisfações e satisfações exila da realidade, do contexto vivencial. Estar exilado, destacado do que o define, situa e contextualiza é uma maneira de cortar raízes, tirar bases, de ser descontinuado. Ápodo, só lhe resta flutuar em função das circunstâncias magnetizadoras. Esses polarizantes são determinantes de regras e padrões obsessivos, itens necessários a preencher para que se consiga atingir os objetivos. Todo um caminho para o sucesso é traçado e explicado. Só resta adquirir força e condições para percorrê-lo.

O desprendido — ou desapegado — e o ambicioso partem do mesmo contexto, do mesmo ponto, da mesma realidade, diferindo apenas em função do que os detêm ou impulsiona. Ser detido pelo que se percebe, se vê, ou pelo que situa — o presente — é integrador, permite constatação e aceitação, estrutura possibilidade de transformar e motiva. Por outro lado, quando a vivência do presente, da própria realidade é considerada lesiva e desagradável — pois outros contextos, temporalidades interferiram —, o indivíduo passa a se estruturar por valores de bem/mal, confortável/desconfortável, e assim, nessas aderências, ele passa a flutuar buscando apoios, bases que permitam realizar seus desejos, ambições de nova vida, novas oportunidades que substituam tudo que considera ruim e pouco. Desse modo, não pode ficar solto, a espontaneidade ameaça, é preciso superar o que não aceita, viver em outra realidade. O estar voltado para o futuro, para o depois, para os desejos e ambições esvazia, desumaniza, tanto assim que cria ilusões, geralmente ampliadoras dos pequenos mundos que emparedam. Viver o depois deprime, pois transforma o ser humano em uma máquina executora de tarefas, desde o exercício das responsabilidades familiares às realizações e vitórias sociais. Nesse contexto, estar disponível é uma condição rara, apenas existente em poucos momentos, pois o compromisso, as regras engessam e exigem cuidado e observação constantes. Compromissado, o contexto de atuação é caracterizado pelo medo diante de tudo que o cerca. Nada é garantido, tudo ameaça, e é necessário tempo para realizar as ambições. São inúmeros os sintomas que caracterizam a obsessão, seja insegurança e medo ou rigidez e vazio, ambição e metas, eles sempre denotam a não aceitação do presente e a necessidade premente de ter onde se apoiar: tudo ameaça, e o comportamento obsessivo gera uma ilusão de segurança, eficiência e controle diante das múltiplas variáveis, pois, inibindo participação, pontualiza os relacionamentos que passam a ser mantidos apenas em função da variação funcional e neutralização de imprevistos. A obsessão, assim, cria ou amplia um fosso entre o indivíduo e seu mundo, constante atrito diante da inevitável impermanência dos processos, tanto quanto a expectativa de que dinheiro ou sorte, eficiência ou prêmios, além do reconhecimento dos esforços e sacrifícios, tudo soluciona.

A obsessão aprisiona, o medo esvazia e o tédio, a mesmice, é o que resulta do presente negado, da vida adiada. Alegria, descoberta, novidade só existem enquanto presente, em si mesmo vivenciado, esgotado. Ser detido pelo que ocorre é revelador. É o êxtase da descoberta, da espontaneidade, do estar na própria pele, seguro pelos próprios pés. Essa apropriação do corpo unifica, universaliza o estar no mundo. É o fazer junto, participar do que se vê, do que se percebe, sente, decifra, aprende.

PERCEBER O PRÓPRIO
PROBLEMA É LIBERTADOR

Estar triste, desconfiado, inseguro, sem saber o que vai acontecer, sem saber como se comportar, cria expectativa, desejo de melhorar, de buscar soluções, tanto quanto, pela continuidade de frustrações e não realização dos objetivos, gera medo, depressão. Viver entre as quatro paredes de suas certezas, submetido às incertezas do que ocorre, separa o indivíduo de seu ambiente, aumentando também o seu autorreferenciamento, pois tudo que acontece é por ele percebido, entendido e traduzido como frustrações, ameaças e despropósitos à sua pessoa, aos seus planos e desejos. A culpa, o problema é sempre dos outros, do sistema, da educação, dos pais, do racismo, injustiças e preconceitos reinantes no país, no mundo, e desse modo é criado o círculo vicioso no qual tudo o que acontece é explicado pelo que não está acontecendo, pelo que poderia ou deveria acontecer. São instituídas, assim, as vítimas, os párias, os necessitados de ajuda, apoios e cuidados, e também a grande legião de revoltados, infelizes e deprimidos.

Toda vez que a constatação das próprias dificuldades é atribuída aos outros — pais, professores, educadores, sistema —, o que se almeja é anular a própria participação, o próprio estar no processo. É essa atitude que cria submissão/revolta, enfim, que cria marginalização, pois pela omissão o indivíduo se transforma em objeto, se desumaniza. Sempre há possibilidade de dizer não, de dizer sim, embora dificilmente haja possibilidade de assumir as implicações desse sim, desse não, se o indivíduo se circunstancia em função dos resultados de sua atitude: de seu sim, de seu não. As metas e os desejos despersonalizam e então as atitudes são confrontadas com os contextos que as estruturam. Ir além das motivações circunstanciadas individualiza enquanto percepção de si mesmo, suas possibilidades, necessidades e limitações.

Perceber posicionamentos despersonalizados, constatar compromissos alienadores só é possível pelo questionamento que permite descobrir a extensão das próprias impossibilidades, tanto quanto das possibilidades de transformá-las. Viver é lutar ao enfrentar as constantes contradições e antagonismos que possibilitam a continuidade do estar no mundo com os outros. Viver é também desistir e assim quebrar a continuidade dos processos, criando ilhas, situações que parecem ser solucionadoras para viver em paz, para viver bem. Nesses processos — genéricos e globais —, perceber que o problema não é do outro, não é do mundo, mas que é seu problema, é libertador, pois possibilita o controle e conhecimento das variáveis e total discernimento do que ocorre. É um insight, uma percepção esclarecedora, pois configura e reconfigura situações. Novas perspectivas surgem, outras possibilidades se apresentam, grilhões são quebrados, espaços ampliados, transformações surgem, e assim a magia de estar vivo, além das necessidades, uma infinita possibilidade, se impõe. É o questionamento resultante de lidar com o próprio problema, sem deslocamentos, sem culpa, sem medo, sem esperança, com determinação, objetividade, motivado pela vida: percebendo, constatando, aprendendo, realizando, desistindo, concordando, discordando, vivenciando tudo que está diante de si.

O FASCÍNIO PELA DESGRAÇA

Outro dia me pediram para falar sobre o fascínio pela desgraça, pela ruína, queriam também saber por que programas televisivos apelativos têm grande audiência. Processos de identificação geram motivação. O familiar é percebido enquanto semelhante, e essa semelhança é englobada como proximidade. Essas leis perceptivas — semelhança e proximidade — regem os processos da percepção, do conhecimento, consequentemente do relacional, da montagem de estruturas sociais e psicológicas, dos relacionamentos consigo mesmo, com o outro e com o mundo.

Vivendo em condições economicamente subdimensionadas, sofrendo provações e privações, participando de cotidianos abjetos, o ser humano se motiva, se fascina pelo superdimensionamento do que lhe é próximo. Ampliar, às últimas consequências, o que está presente, limitado pelo exíguo espaço, ver como pode explodir tudo que está gestado, é revelador. Fascina. Freud explicava essas identificações e fascínios pela projeção da agressividade, das vivências recalcadas.

Não são necessários mecanismos arbitrários, pois as situações se apresentam genuinamente, não se está encenando nem produzindo títeres, apenas as situações estão ampliadas, inquestionavelmente postas, sem dubiedade. É esse esclarecimento que identifica, é a percepção do semelhante que fascina. O outro — próximo, semelhante — vive tão soterrado no dia a dia que inexiste. Pai e mãe são agressores, predadores, ameaçam. Tudo significa enquanto ameaça, pois a condição cotidiana é de constante perigo. Quando embelezada por luzes, por molduras, por vozes e ternos bem/mal talhados dos apresentadores, surge a própria realidade de pés para cima — de cabeça para baixo —, vem o fascínio: é o semelhante que está aí.

Importante considerar a desagregação criada pela desumanização: o outro só é percebido enquanto fragmentos, pedaços, restos sub-humanos, só é percebido enquanto destruição e miséria. Exatamente aí podemos entender o fascínio pelo destruído, pelo destruidor. É uma recuperação dos pedaços que faltam, são os resíduos humanos reconhecidos. É lamentável que apenas em sua fragmentação, em sua destruição, o outro se faça presente, motive e fascine. Nesses casos, ser o que o outro permite que se seja é mais um recuo aos reles patamares sobreviventes do processo, da constituição relacional como desencadeante motivacional.

PECADOS E PATOLOGIAS: EXPLICAÇÕES QUE DESRESPONSABILIZAM

Pensar em pecado geralmente implica supor ordens divinas, transcendentais ou, no mínimo, famílias e outras instituições sociais. É sempre algo além do próprio indivíduo, que o situa por meio das responsabilidades ao acatar normas, tanto quanto pela admissão dessas responsabilidades. Uma implicação disso é o estabelecimento de culpas quando as obrigações não são atendidas, quando os padrões estabelecidos não são mantidos e questionados.

O maniqueísmo das explicações referenciadas em absolutismos de base religiosa ou científica baseiam-se em preconceitos, além de reforçá-los oferecendo justificativas alienantes e compromissadas. Inúmeros indivíduos, em vez de enfrentarem preconceitos sociais ou suas próprias não aceitações, seguem a via fácil — e socialmente aceita — das justificativas forjadas em explicações que negam escolhas e responsabilidades. A culpa expõe a responsabilidade e questiona motivações e ações individuais. Essa atmosfera medieval foi modernamente substituída pelos conceitos de doença ou patologia e de naturalidade. São conceitos que eximem culpa, criam escusas, desresponsabilizam o indivíduo por seus atos. Tempos atrás alguns membros de comunidades gays vibraram quando se supôs que homossexualidade tem origem genética, chegando a dizer: "minha culpa acabou, nasci assim", "não escolhi ser homossexual, assim como não escolhi ter olhos azuis". As explicações são dadas por causas biológicas, genéticas, enfim, causas passadas e irremovíveis, das quais os indivíduos não têm responsabilidade e por isso não deveriam ser criticados ou culpados. Ignoram os preconceitos e, em última instância, apenas aprofundam esses mesmos preconceitos quando aceitam explicações biológicas ou sociais como determinantes de suas motivações, negando-se assim como indivíduos, sujeitos responsáveis pelos seus atos. Não questionam os preconceitos, apenas se justificam e se apoiam em explicações preconceituosas.

Nessas visões, os pecados acusam, denotam responsabilidades, e as patologias desculpam, escusam. Se é vítima das patologias, nada se pode fazer para revertê-las. Essa divisão entre genética e escolha nas motivações sexuais, por exemplo, vitimiza ou culpa caso não se assuma as próprias motivações.

Considerar-se tomado por forças cegas, por obsessores, por vozes que acusam e orientam também pode se constituir em patologia, delírios que podem ser transformados em justificativas para ações inconsequentes e antissociais, eximindo-se de culpas. Sentir-se culpado implica em se sentir responsável pelos próprios atos, consequentemente não justificá-los por suposta doença ou obsessão que configura deslocamento de inadequação, medos e não aceitações.

A vivência do pecado e da culpa são transformadoras nas interações e dificuldades humanas, ao passo que se considerar vitimado por patologias, das físicas às sociais, é uma maneira de eximir-se da responsabilidade de estar no mundo com os outros, desde que, mesmo quando portador de uma incapacidade, dificuldade ou característica discriminada, não é esse dado que se constitui em causa do comportamento; sempre existe a motivação e a determinação que transformam o posto, o colocado como diferente e fatal. Pecado e patologia estruturam culpas e desculpas, despersonalizam ou personalizam os indivíduos a depender de sua autenticidade ou inautenticidade em relação às questões vivenciadas. Não é por precisar de dinheiro que se mata, essa justificativa expõe caráter desumanizado pela sobrevivência enquanto luta predadora. Humanizar é ser estruturado desde o que se cativa até o que se é responsável, nesse sentido é o processo resultante do convívio com o outro, sem se perder ou deter nas patologias, nas desumanizações causadas pela utilização dos problemas, dificuldades e doenças, até mesmo estigmas, como justificativas que expiam maldades. Questionar as possibilidades e viabilidades do que é considerado pecado cria transcendência, humaniza. Instalar-se nas explicações que consideram aspectos genéticos e biológicos como responsáveis pelos comportamentos complementa e amplia as necessidades de sobrevivência tanto quanto aliena o indivíduo de suas possibilidades de transformação.

Não há culpa, não há perdão, não há pecado diante das infinitas possibilidades humanas de realizar vontades, desejos e determinações. O que existe é lucidez resultante de questionamentos. Referenciar as próprias atitudes aos seus únicos e isolados desejos é uma forma de errar, destruir, quebrar continuidade relacional e, assim, ser culpado, errar não se justificando por patologias que desculpam seus atos. A busca de bodes expiatórios é sempre uma forma de neutralizar o que se considera pecado, de se desculpabilizar, de se transformar em vítima. É frequente saber, por exemplo, que torturadores se sentem vítimas de regimes autoritários, por isso torturam; tanto quanto filhos que são abusados, que são vítimas de pais abusadores, por esse motivo se sentem justificados em abusar de seus filhos, como se a sequência de horrores pudesse ser justificada. Optam pelas justificativas, evitando questionamentos transformadores, desse modo reduzindo seus comportamentos a determinismos causais.

VILÕES CASTIGADOS: AUTORIDADE E CRUELDADE

Desobedecer a um deus ou desobedecer ao poder divino na Grécia Clássica gerava punição e severos castigos. É memorável o castigo imposto a Sísifo, que eternamente tinha que carregar imensa pedra até o alto de uma montanha e, sempre que se aproximava do topo, a pedra rolava para baixo até o ponto inicial, obrigando-o a repetir o esforço ininterruptamente. O suplício de Tântalo, castigado por realizar um banquete antropofágico do próprio filho e oferecê-lo aos deuses, é exemplar. Ele fica privado de beber e de se alimentar, embora rodeado de mesa farta e de todo tipo de alimento: carnes, frutas e outros acepipes deliciosos. Sempre que tenta saciar a sede, a água escoa, quando tenta pegar algo para comer, o alimento se move para longe de seu alcance. Íxion também é castigado, sofre punições terríveis pela insistência em seu desrespeito aos deuses. Quando se apaixonou a primeira vez, prometeu dar vários cavalos ao futuro sogro em troca do casamento com sua filha. Casou-se e negou-se a entregar os cavalos, ao que o sogro reagiu pegando os cavalos à força e Íxion, por vingança, o jogou em uma câmara incendiária para matá-lo. Ao ouvir os gritos do sogro sendo incinerado, arrependeu-se e tentou salvá-lo; não conseguindo, enlouqueceu quando o viu carbonizado. Foi neste momento que Zeus, por pena, o salvou da loucura, restituiu-lhe a sanidade e o convidou para um banquete. Nesse banquete, Íxion desafiou o deus insistindo em seduzir sua esposa. Para testar sua ousadia, Zeus metamorfoseou uma nuvem em sua própria esposa, que assim foi engravidada por Íxion (os filhos foram os centauros, salvo Quíron). O deus, então, o fulminou com um raio e o jogou no Tártaro (inferno) condenando-o a rodar eternamente amarrado em uma roda.

Quando Sísifo aceita o castigo, segundo interpretação de Albert Camus, ele se liberta, pois entende que o castigo não acaba ao completar o trajeto, tudo se reinicia, a pedra derrubada tem que ser outra vez levada para cima, esse é o castigo. Esse insight, a exata dimensão dos limites, é libertador — não há mais deslocamento para esperança, consequentemente para ansiedade.

Se Tântalo percebesse que sua morte por inanição, por falta de comida e água, foi um castigo causado pelo fato de ele transformar ser humano em comida, que além disso era seu filho, implicaria perceber que sua crueldade e prepotência em enganar os deuses, utilizando seu semelhante, o aniquilou, o impediu de viver. Perceberia que não era um castigo, mas uma consequência de seus atos, perceberia que ele próprio inviabilizou a sua vida. Da mesma forma, Íxion descobriria sua finitude quando foi transformado em peça de uma engrenagem, quando se viu como objeto — o desumanizado que sempre foi —, uma caixa que apenas guardava ódio e desejos.

Sentir culpa, medo, remorso e desespero são também tentativas de neutralizar responsabilidade, desejos destruidores, invejas conflitivas e omissões justificadoras. A não aceitação de erros e falhas, a extrapolação dos limites dados pela sociedade ou pelo outro criam atitudes onipotentes de destruir e matar. Aceitar punições, sanções e mudanças causadas por tais comportamentos é uma maneira de se humanizar, ao passo que se lamentar e se sentir culpado mantém a impotência e o faz de conta causadores de culpas e mentiras. Os julgamentos da lei, tanto quanto as transformações causadas aos algozes pelas suas vítimas quando os abandonam, expressam justiça e castigo. São reações necessárias para questionar os malefícios causados, para fazer com que os indivíduos aceitem as consequências de seus atos, percebendo que certos sistemas podem ser suprimidos e transformados, enquanto no caso de outros, a única forma de superação é a paz e tranquilidade causadas pela admissão da punição. Essa vivência é humanizadora e cria novas perspectivas para a sociedade e para o próprio indivíduo. Aceitar se responsabilizar pelo que faz é restaurador, cria harmonia e paz.

Culpa, medo, irresponsabilidade, agressividade diminuem e deixam de açoitar os indivíduos quando limites são aceitos. Essa vivência é profilática, tanto quanto terapêutica e curativa. É uma forma de enxergar nexo, continuidade nos processos do estar no mundo com os outros, é uma maneira de conter seus deslocamentos de raiva, inveja, de busca do próprio prazer sem limites.

TEMOR E TREMOR: MÁSCARAS E IMAGENS

Kierkegaard explicava a sensação de estar mascarado, a utilização do disfarce como algo estreitamente ligado à consciência do pecado original. A vivência da vergonha provocava, segundo ele, o desejo de se vestir, de esconder a nudez. Nesse sentido, para ele, a máscara era a vergonha do pecado estendida ao próprio rosto. A não aceitação do pecado, a não aceitação de ter falhado, resulta de ilusão, resulta do querer fazer de conta que não falhou, que não caiu, que não foi corrompido pelos desejos e tentações. Para Kierkegaard, esta "vertigem de liberdade" faz com que o homem, de modo inautêntico, negue a tentação, o diálogo e a sedução da serpente que o vitimou. Para ele, o homem afirma, culpado, sua vontade de realização e de autonomia, e acredita que pela máscara, pelo disfarce, pode torná-la impecável. É a salvação pela mentira, pelo disfarce.

Sentir-se culpado geralmente obriga a buscar absolvição. Dos confessionários aos habeas corpus, das misericórdias divinas às blindagens legais, os indivíduos procuram transformar chumbo em ouro, transformar erros em caminhos para acertos. Fazer sacrifícios, dar esmolas são, para algumas pessoas, formas de expiar culpas. Essas máscaras são imagens a partir das quais são construídas estruturas de poder, de bondades, de suficiências e de autonomia. Psicologicamente, construir máscaras e imagens aceitáveis é uma maneira de esconder aquilo com o qual não se suporta conviver. É uma forma de esconder e negar as próprias não aceitações. Neste momento se instala divisão que pode ser resumida por conflito entre autenticidade e inautenticidade, entre liberdade e aprisionamento, entre verdade e mentira. O enganador é também o cúmplice da própria servidão, como explica Kierkegaard.

Quando se fazem ou utilizam máscaras, quando se disfarça com imagens, é para esconder, para negar uma vergonha, uma não aceitação, um demérito. Nas sequências comportamentais isso implica na negação da própria pessoa que afivela a máscara, que cria a imagem. Negando-se como pessoa, afirma-se como artifício, deixa de ser sujeito e passa a ser objeto. Nega-se como ser-no-mundo, afirmando-se como objeto, como referencial valorizado pelas circunstâncias. Submetido a essas contingências, a essas facticidades, é destruído enquanto autonomia. Começa assim a servidão humana: seja ao buscar absolvição de culpas e medos, ficando refém de crenças que resgatem, seja acumulando riqueza, poder que cria distância do que se acredita estar inferiorizando, diminuindo, deixando sem valor, sem sentido, ou sentindo que é apenas um representante do que envergonha e desvaloriza, como a pobreza.

A não aceitação, a tentativa de escapar de si mesmo, se manifesta continuamente, o que reforça a sensação de máscara, a necessidade de imagem. Como diz Kierkegaard em seus escritos, toda sua vida era uma interjeição, o que ele considerava uma desgraça pela instabilidade que isso gerava.

Circunstanciar só existe em função das demandas de sobrevivência, ou de vergonha e medo, por exemplo, que estruturam não aceitação expressa sob forma de incapacidade, culpa, avidez, maldade, dependência. A construção de máscaras, de imagens, implica sempre em culpa, em sobressaltos avassaladores, daí a constante necessidade de ser resgatado, remido, aliviado dessa carga. A expectativa de vida eterna, de redenção dos atos, de paraísos celestiais onde as culpas e medos, as mentiras sejam neutralizadas, é muito atraente. Ser salvo do pecado é uma saída no labirinto das mentiras, maldades e culpas. Todo problema não enfrentado, tortuosamente contornado, cria deslocamentos infinitos. São os constantes enganos diários, é a inautenticidade, a não legitimidade gerada pelas imagens afiveladas que iludem e manipulam. Agremiações políticas, escolas, comunidades religiosas e famílias são fábricas de máscaras, são, muitas vezes, locais considerados sagrados, que precisam ser questionados, enfim, precisam ser desmascarados.

Quanto mais imagem, mais vergonha, mais não aceitação, mais problemas escondidos e consequentemente mais fragmentação do humano, mais desespero, mais maldade, ou como dizia Kierkegaard, mais temor e tremor. O temor e o tremor para ele é o recurso da aparência, é o medo e a expectativa de poder sofrer ação demoníaca. Para ele, a máscara, com o auxílio da qual se mente e engana, é um dos instrumentos favoritos do demônio.

APORIAS: TORPOR E MASSACRE

Aporias são limbos. Tudo é escorregadio, nublado, nada se explica por si, consequentemente nada continua, nada abre perspectivas. Nos dicionários, "aporia" é "a dificuldade ou dúvida racional decorrente da impossibilidade objetiva de obter respostas e conclusões para uma determinada indagação filosófica".[104]

Aporia é a falta de saída, o esbarro que cria perplexidade: o que era passagem ou saída vira obstáculo. As certezas caem por terra, faltam palavras para expressar o que se vê, o que se ouve, o que se está sentindo. Essa sensação de estar fora do mundo, de abismo deglutidor existe quando os laços que sustentam participação e acertos são cortados. Ver fantasmas, saber que o grande guru era um charlatão, descobrir que por meio do internamento incentivado para tratamento tem uma rede montada para captar órgãos e vendê-los é desnorteador, é a não conformidade com o que é legal, com o que é apregoado pelos sistemas. A vida orientada pelo lucro e restrita à captação de recursos, captação de matéria e dinheiro transforma tudo em ganhos, privilegiando evitar perdas. Nesses casos, leis são ineficazes ou apenas ocultam o que se quer

---

[104] HOUAISS, Antônio. *Dicionário Houaiss da Língua Portuguesa*. Rio de Janeiro: Objetiva, 2001, p. 258.

esconder. Ser iludido, ser enganado é frequente, mas isso faz parte de outro plano no qual o sentido e as pessoas são transformadas em matéria-prima, em fatores para outros lucros. É aterrador, tudo fica solto, sem fé, sem lei, sem rei.

Uma das principais aporias de nosso sistema foi a transformação de seres humanos em escravizados, em mercadoria para implementar agricultura, indústria e riqueza. A utilização de redes caçadoras de mulheres para prostituição, de crianças que suprem córneas e diversos órgãos revela o lado miserável e desumano dos homens, acobertado por, sistemas estruturados no lucro e na ganância. Não fosse assim, não teríamos as recentes tragédias ecológicas, ambientais e humanas. A falta de manutenção das máquinas que geram economia empresarial ceifa vidas. Elevadores falham, aviões caem, construções desabam, lamas residuais matam, tudo isso é afirmação dos interesses econômicos que são exercidos para baratear custo e incrementar lucro, mas que matam e deixam perplexos e sem saída comunidades, sociedades e indivíduos.

Nas frequentes perguntas "para que tudo isso? Para que viver?" e "como aconteceu isso comigo?" encontramos a perplexidade, a falta de perspectivas, o não discernimento. Somente por meio de constante questionamento individualmente exercido é que se consegue neutralizar perplexidade, mas, nos diversos contextos sociais, também é necessário falar de transformação e engano. Por isso é fundamental denunciar, ter leis que possibilitem punição, que impeçam perdas e prejuízos ambientais e humanos. Frequentemente donos de indústrias pensam que é mais vantajoso prejudicar o meio ambiente ou ter perdas humanas para obter maior lucro e calculam que multas e gastos com indenizações por gerar desastres ambientais e humanos saem mais barato do que investir em manutenção, segurança e prevenção. Da mesma forma, na área da saúde, industriais consideram que, quanto mais doenças, maior a venda de remédios, ou ainda, que quanto mais mortes, mais fabricação de enterros e de incinerações, ou de órgãos para comercializar.

O bem-estar não pode ser comprometido em favor de fáceis soluções societárias e maximização de lucros. Não é preciso mudança revolucionária para evitar que isso aconteça, basta apenas que se considere o humano como humano e não como matéria-prima para ampliação de lucros. As crianças no Laos, Vietnã e Myanmar, por exemplo, que são utilizadas como mão de obra na confecção barata de produtos com lucro maximizado, são comprometidas e massacradas sem que isso signifique problema para as empresas, pois o foco está apenas no lucro.

Todo dia surgem aporias, perplexidades, situações sem saída. Não adianta dar a volta, fechar os olhos, descobrir que o melhor é ficar parado. Esse posicionamento destrói todo o caminho, toda perspectiva de ser no mundo. É preciso não virar mercadoria, não ser escravizado do poder, da mentira ou de aparências alienadoras.

A DOR

Geralmente todo corte abrupto é sem anestésico. Psicologicamente, a vivência da dor, da falta de alguém, por exemplo, ou do medo ou traição causada pelo próximo cria paroxismos dolorosos. A continuidade dessa vivência gera hábitos como maneira de suportar o vivenciado, de deixar de sofrer ou de ter dores, mas é ficar na expectativa do inesperado que pode ser mais doloroso. Apanhar dia sim, dia não do pai, da mãe, do marido ou do amante cria regra. Frequência que passa a modular pelos seus intervalos: as intermitências preparam os momentos para apanhar. Conviver com o que maltrata ou destrói é, muitas vezes, viciante.

Na sociedade, as explicações econômicas e as atitudes dos exploradores passam a ser esperadas, pois trazem pão, água e às vezes afagos. Come-se o pão que o diabo amassa para se chegar ao alívio da fome ou até para se chegar a Deus. Assim, o conformismo é muito oportuno, é pela submissão que se sobrevive e continua sendo alimentado e mantido. "O homem é o aprendiz, a dor seu mestre" é situação tão frequente que até mesmo merece poesia, como essa de Alfred de Vigny. Submissão, despersonalização, coisificação, alienação é transformação do ser humano em objeto, massa de manobra para alimentar as fogueiras ditatoriais, sociais, afetivo-familiares e religiosas. Quando o ser humano é reduzido à sua dor, o que sobra dele é o grito, o uivo ou a foto resumidora do desespero. O quadro de Ernest Munch (*O Grito*), o poema de Ginsberg ("Uivo") e a foto da criança queimada por napalm são ícones edificantes de nossa sociedade, pilares que marcam e mostram que o indivíduo, mesmo destruído, permanece e ilumina, educa, ensina.

A POSSIBILIDADE DE TRANSFORMAÇÃO É INTRÍNSECA ÀS CONTRADIÇÕES PROCESSUAIS

Estar no mundo acorrentado, amedrontado e submetido a suas problemáticas de não aceitação é despersonalizador, esvazia. Entretanto, quando esse processo é percebido e questionado, as transformações podem surgir. Perceber os pontos de contradição e asfixia é impossível para o próprio indivíduo. Não há condição, não há contexto, não há antítese ao seu autorrefenciamento. Ele não percebe o chão que pisa, percebe em volta e consequentemente acha que os outros são culpados e responsáveis pela sua frustração e insatisfação. As contradições constantes e sequenciais criam brechas, permitindo assim algum clarão de discernimento. Ao procurar e encontrar tratamento psicológico — uma psicoterapia —, as possibilidades de transformação começam a surgir, tanto quanto o alívio dos sintomas problematizadores. Geralmente o indivíduo se satisfaz com a supressão de sintomas, mas também descobre que seus problemas são dele, por ele nutridos e mantidos. Essa descoberta é uma transformação intrínseca ao próprio processo. Entretanto, a maneira de lidar com essa constatação varia em função de inúmeras variáveis. Pode achar que tudo está dentro dele e consequentemente ele tem o controle, ou pode achar que não há solução, enfim, caindo em pontualização, em justificativa para sua problemática, ele a transforma em instrumento que tudo explica e resolve, reeditando, assim, prepotência, depressão, medo e ansiedade. Novas configurações, outros comportamentos e mudança se insinuam. É o processo, é a vida, é a descoberta do além de si mesmo. Essa descoberta pode infelicitar ou causar felicidade. Ao descobrir que tudo depende de suas motivações e atitudes, ele se sente incapaz e impotente, esvaziado em seus desejos, ou se sente com amplas possibilidades a realizar — sua autonomia é sua base.

O HERÓI

O desespero resultante de suportar, de viver e escorregar na mesmice do indiferenciado, homogeneíza pela neutralização de contradições que são vivenciadas como necessidade de sedativos, de amortecedores ou criadores de bem-estar. Quanto maior o apaziguamento — a negação do que infelicita — por meio de crenças e esperança de melhoria, maior o desespero, maior a imobilização no que esmaga e tritura. No aclamado filme *Coringa,* as sequências vivenciadas pelo personagem central são bons exemplos dessa situação. Na fragmentação, vivendo de sobras, resíduos de afetos mentirosos, o Coringa é comprimido e esmagado; entretanto algum alento, algo humano sobra. Tecendo impossíveis cordas para evadir-se, o personagem enlouquece e nesse processo descobre outros alienados também esmagados por submissão às máquinas trituradoras representadas pelos sistemas socioeconômicos vigentes. Seus gritos e passos de revolta o transformam em herói. É o predestinado, quase o Messias, o milagroso que todos esperavam e necessitavam. Seus atos descontrolados, e até criminosos, são redimidos e entendidos como heroísmo.

Ser herói atualmente é quase sinônimo de ser enlouquecido, de ser aquele que quebra, destrói, mata e assim consegue abrir caminhos. Os moinhos de vento foram substituídos por viaturas policiais, carros e barreiras a destruir. O Coringa é o herói sem bandeira, sem lema. É o desorganizado, o enlouquecido que polariza fragmentação e submissão. Ele tem um ímã polarizador de vazio, conseguindo assim, por meio de heterogeneização, marcar e estabelecer novos critérios que podem ser antíteses aos existentes. E é por isso que é festejado como libertador.

Brecht dizia: "triste do país que precisa de heróis", pois sabia que só o caos, a miséria e as explorações os engendram. Hoje podemos dizer que o herói que nos resta é o que dá colorido em torno do previsível branco/negro, da monotonia e mesmice de ter tudo controlado, submetido e administrado. O louco, antes bode expiatório dos sistemas, se transforma em herói deles pela ousadia e liberdade ao negá-los, pela forma tosca, louca e heroica de enfrentá-los, e assim o Coringa é o herói dos nossos dias.

HARMONIA

O sentido da impermanência, da finitude, só é aceito sem divisões por meio da coerência. Coerência é ultrapassar divisões, é, detendo-se no instante, transcendê-lo pela ultrapassagem dos limites, pela ultrapassagem dos propósitos. Nesse sentido, coerência é iluminação, é destruição de sombras criadoras de espaços, de finitudes arbitrárias. Diante do outro, do dado, sem linhas de convergência ou de divergência, neutralizam-se direções, polaridades. É o equivalente do equilíbrio da chama da vela falado pelos iogues: impermanente e sutil.

Essa vivência do presente continuamente presente é o que permite unidade. Sem divisão não há constatação, não há avaliação, existe apenas conhecimento, fruição da permanente impermanência, da continuidade do estar no mundo. Ser com o outro é o único definidor. Estar desvinculado de tudo e integrar-se no vivenciado é o que permite vida, sensibilidade e conhecimento. Sem essa vivência, a possibilidade humana é drenada nas contingências: vivifica coisas e se desumaniza. Percebendo que percebe, constatando, se avalia, se compara, se decide e se esgota como possibilidade nesses processos, embora se afirme como individualidade estruturada e passível de autonomia. Coerência é o que se impõe para globalizar todo o percebido, contrastes e individualizações. Quanto maiores forem as segmentações, pontualizações, divisões e recortes, mais sombras, iluminação comprometida com efeitos densificadores, contradição e ilusões de permanência na impermanente continuidade do estar no mundo.

Disponibilidade, integração e dedicação — a aceitação e a determinação ao enfrentar o contraditório integrador ou alienador — são os estruturantes de coerência, de harmonia. Viver é se relacionar com o possível e o impossível, é aceitar o limite, a impotência e a possibilidade infinita de estar no mundo, detendo-se em abismos, superando-os ou sendo por eles tragados ao exercer certezas e enganos. Na coerência não existem ilusões, ou essas são as premissas das transcendências estruturantes, desestruturantes, mas infinitas por definição, pois tudo iluminam.

PROBLEMÁTICAS HUMANAS:

ENCONTROS E DESENCONTROS

TROCAS E RECRIAÇÕES

Bernard Shaw dizia: "Se você tem uma maçã e eu outra, e as trocarmos, continuamos tendo uma maçã cada um. Porém, se você tiver uma ideia e eu tiver outra, e as trocarmos, cada um de nós terá duas ideias".[105]

A discussão e o diálogo transformam o sentido e ultrapassam qualquer contingência, superam todas as igualdades e desigualdades. Podemos pensar em transcendência de limites, podemos imaginar como os encontros recriam e estabelecem vivências responsáveis por criação e transformação. Nesse contexto, não é importante ter ou amealhar. O importante é ser capaz de ter, ser capaz até de amealhar. Acumular impede mudança, enfatiza a repetição. Repetir é manter, é segurar, impedindo transformações. Garantir o que se precisa, manter a própria parte, ter estoque para trocas faz com que a imutabilidade permaneça.

O questionamento é o elucidativo das questões, é o que muda trevas em luz. Sem questionamento não haveria mudança, a realidade das pessoas jamais seria açambarcada. Dialogar, colocar ideias para o outro e ouvir as dele é tecer o imponderável, é atingir horizontes etéreos e fluidos onde as densidades e medidas adquirem novas configurações. Do contrário, aumentam-se os haveres, perdem-se quando tudo é reduzido a aspectos denotativos e de utilização. Maçãs só seriam comidas, jamais pintadas.

---

[105] Essa frase é atribuída a Bernard Shaw e citada por Imre Simon e Miguel Said Vieira em: SIMON, Imre; VIEIRA, Miguel Said. O Rossio não rival. *In*: PRETTO, Nelson De Luca; SILVEIRA, Sérgio Amadeu da (org.). *Além das redes de colaboração*: internet, diversidade cultural e tecnologias de poder. Salvador: EDUFBA, 2008, p. 15.

PROBLEMÁTICAS HUMANAS: QUESTÕES ESTRUTURANTES

Toda problemática humana — ou, em outras palavras, todo comportamento neurótico — decorre da própria pessoa não se aceitar e sempre precisar ser aceita, validada, reconhecida, considerada. Sentir-se subdimensionada, diminuída, incapacitada e diferente do que é considerado agradável e harmônico obriga a uma verificação constante do estar sendo aceita e considerada. Essa frequente avaliação dos resultados de seus comportamentos estrutura o processo de insegurança. Pontualizado em função de resultados, o indivíduo é polarizado para evitar falhas e buscar acertos, pois foi educado para conseguir bons resultados, para vencer na vida, superar seus deméritos, suas dificuldades e incapacidades.

As vivências de aceitação e de não aceitação decorrem do relacionamento com o outro, inicialmente pais ou quem os esteja substituindo. Frequentemente os filhos são aceitos pelo que significam enquanto realização de sonhos e desejos, medos e temores e, consequentemente, educados para repetir vitórias ou superar fracassos. Ser avaliado como igual ou diferente dos próprios pais orienta os valores de vida e educação. É para o amanhã, ou para continuar ou negar o passado que as pessoas são cuidadas. O significado e o sentido das vivências são sublinhados e estruturados por essas relações. Nessa configuração, tanto são definidos significados quanto orientações e valores de comportamento e de vida.

Ao se estabelecerem diferenças em relação ao que é bom, ao que é socialmente valorizado e aceito, aparecem exclusões. Admitir que essa diminuição será vencida pela conquista de dinheiro e honras institucionalizadas gera batalhadores que, mesmo quando vencedores, sentem suas chagas e cicatrizes estremecerem. É a revolta e o júbilo por ter conseguido vencer. Quanto maior a superação, maior o comprometimento com o lugar reconhecido e conseguido na sociedade. Ser reconhecido e vitorioso é apenas uma capa que encobre cicatrizes — o processo de não aceitação permanece, pois só foi diminuída a insegurança e a instabilidade, mas não foi superado o se sentir inferior, não aceito. Tudo foi empenhado para viabilizar, para conseguir sucesso. É uma vitória, mas não é uma transformação, e assim o processo de não aceitação está aplacado, mas não resolvido. O mundo, a sociedade, os outros são pensados como instrumentos, oportunidades, situações amigas ou inimigas que viabilizam bons ou maus resultados. Continua a se pensar que tudo depende de ser pobre ou rico, poderoso ou incapaz. Quando situações sociais ou causas são os determinantes motivacionais, o que se busca são bons resultados. Essas vivências lineares são as pistas de corrida onde vitórias e fracassos se estabelecem. A vida é sinonimizada como luta contínua, encontros definitivos para sorte ou azar. Tudo depende do que se consegue. Nessas vivências, feridas e cansaço são adquiridos e as cicatrizes são os marcos que precisam ser superados ou apagados. Quanto mais se luta, mais se desarmoniza com tudo que está em volta. Na neurose, estabelecer direções cria pontualizações e, consequentemente, vitórias e derrotas nada expressam, salvo resultados.

    Havendo globalização dos processos, não importa aonde se chega, desde que se valorize o caminhar. A vivência, o estar com o outro, o estar consigo mesmo é o que permite descobrir capacidades e incapacidades, acertos e desacertos. Essa descoberta constante decorrente dos encontros, desencontros e impasses estrutura humanidade. Sair da sua própria realidade ao estabelecer propósitos e metas sempre esvazia, pois não totaliza, não engloba as diversas possibilidades humanas. Ter sido dragado e engolido por uma direção, mesmo que a mais privilegiada, é anulador de possibilidades. O privilégio de hoje, de ontem ou de amanhã é uma circunstância aderente e configuradora de valores que posicionam, não é essencial. As circunstâncias são trajetórias, não se constituem como qualitativo definidor do humano. São como pegadas de processos, marca de pés, mas não o caminho, o estar se deslocando, pisando e andando. Ter seus caminhos traçados e estabelecidos pelos dados do que é bom, necessário e produtivo é sempre violentador, pois a principal característica desse processo é a defasagem. É um determinado a priori, um prévio que sempre aniquila todo ou parte do humano que nele se encaixa. A defasagem cria avaliação, obriga a estabelecer critérios de bom, ruim, médio, ótimo, obriga a configurar padrões e, assim, estabelecer definições, vantagens e desvantagens. São criados os parâmetros de vitória, de derrota, e consequentemente os indivíduos começam a ser negados e traduzidos por essas medidas configuradoras de validade ou fracasso. A sobrevivência e a vitória ficam então mais importantes que a vida, a harmonia, o estar-aqui-assim-com-o--outro. Esse processo neurotiza, desajusta, esfacela, problematiza. Sintomas decorrentes de insatisfação e de não aceitação começam a ser estruturados.

Ao se confrontar com os valores culturais é colocada a questão de adequação ou de inadequação. É a verificação, a constatação do estar ou não estar dentro do padrão valorizado. Saber se representa, se significa o que é socialmente considerado bom, melhor e adequado cria escalas de medida, padrões. Caindo em índices inferiores, estando abaixo da média ou fora dela, do que é considerado válido, bom e passível de investimentos e aplausos, o indivíduo se sente subtraído, inferiorizado, mas se amolda, se adapta ao lugar que lhe é destinado. Esse processo é caracterizado por constantes ajustes e desajustes. Buscar adaptação quando se está abaixo do estabelecido como bom constrói pistas de competição onde driblar é uma constante. Nesses casos, parecer ser o que não é passa a ser um despiste fundamental para conseguir sucesso. Truques e muitos recursos são utilizados na mesma medida em que um arsenal de comparações é mobilizado. Ostentar o anel de doutor no dedo ou ser afilhado da autoridade paroquial e citadina, por exemplo, pavimenta caminhos e remove obstáculos. A continuidade de vivências desse processo — colocar-se dentro do padrão valorizado — cria inúmeros artifícios que se constituem em regras. O importante é parecer, negar o ser, a própria individualidade. Esse sacrifício da individualidade é o desenvencilhar-se necessário para o triunfo (em diversas sociedades o artifício da miscigenação era a chave mestra para melhorar a "raça", que era entendida como aparência física, hábitos e características). Negar a própria origem (filtrada pelos contextos de escravização) alisando os cabelos ou calçando sapatos, por exemplo, era um objetivo constante perseguido pelos relegados à sobrevivência subalterna e discriminada. Na Ásia, China e Tailândia, principalmente, é comum "ocidentalizar-se" via plásticas nos olhos.

Querer ser a cara ou ter o jeito do opressor, do colonizador, do vencedor é a luz no fim do túnel, é o que orienta quando se quer parecer com o poderoso e se entende que isso é o que leva à vitória, realização e consideração. Negar o que se é significa, nesses contextos, esconder o que envergonha e vitimiza, o que exclui e impede consideração, o que exclui do padrão valorizado. Estar no padrão é garantir aceitação, é ser valorizado. O processo de caber no padrão aleija, fere, esvazia, robotiza, aliena. A vitória social é a derrota existencial porque só significa à medida que nega suas estruturas relacionais, parentais e também seus contextos históricos. Desse modo, a vitória do indivíduo é a ocultação do que o constitui, ou seja, todas as suas configurações anteriores: pobreza, etnia, história de vida — ser filho da prostituta tem que ser negado, por exemplo. Nesse sentido, encontramos histórias de superação que se traduzem por constante obstinação em negar vivências, vicissitudes, encontros e desencontros.

Valer e significar pelo poder e pelas vitórias é se incluir no exército de máquinas treinadas para conseguir sobreviver, superar e triunfar. Esse processo cria medo, insegurança, fobias e angústias. Sentir-se constantemente na selva, onde o outro é visto como o inimigo que tem de ser conquistado e destruído, gera atritos. A vida é caracterizada pela luta, pela destruição, pelo engano e desespero. Não há aceitação de si nem do outro, já que todo o processo relacional — vivencial — se caracteriza pela construção de disfarces aceitáveis, aparentemente protetores ao destruir o que ameaça. Esses processos de buscar aceitação por meio de adaptação e vitórias são despersonalizantes, geram insegurança, hipocondria e ansiedade. Estar entregue a si mesmo, estar sozinho é a constante situação dominante. O que motiva é a luta/fuga, a caça/coleta, o poder, o ter que dominar essas realizações que esvaziam.

Quando o fundamental é esconder fragilidades — não aceitações —, se busca trocar de pele, de aparência, removendo marcas ou cicatrizes. Sem certeza do sucesso, começam as desistências. Os topos, cumes de montanhas foram alcançados, mas as marés, quando mudam, quando crescem, tudo submergem. Ansiedade, tensão, medo e expectativa constroem angústia e o desespero do estar no mundo sem certezas e sem garantias. A única certeza, que é a morte, o final de processo, apavora. Essa desintegração do indicado estabelece depressão, delírios, taras nas quais o outro é usado para aplacar e servir sua impotência, sua degradação enquanto indivíduo. Maldade e crueldade contra os mais fracos são constantes. Submeter e utilizar crianças para os próprios prazeres sexuais — substitutivos do não conseguir se realizar sexualmente —, maltratar e oprimir são exemplos da incessante repetição da utilização do outro como exercício de poder, de prazer e crueldade. Quanto mais esse processo fragmenta, mais o indivíduo se acomoda à não aceitação da não aceitação, à busca do poder, e mais artifícios são criados. Grupos de extermínio e casas de prazeres raros e proibidos começam a surgir. Torturas dilaceram para destruir os restantes resíduos de humanidade. Essas são práticas comuns em organizações terroristas, estatais, milicianas e entre bandidos das diversas sociedades, buscando apagar mínimos resíduos do que possa desestabilizá-los, ameaçando e sufocando a liberdade humana.

O querer ser aceito para vencer cria um exército de derrotados, abrigados por culturas, sociedades e sistemas nos quais quanto maior a opressão, maior o poder e o horror. Alemanha Nazista no século passado, e todas as grandes metrópoles no atual século, são caracterizadas pelo extermínio de determinados grupos, seja por assassinatos, seja pelo exercício da opressão democrática sem limites, no qual quem não tem dinheiro sucumbe, é morto. Lutar para viver e querer sobreviver passa a ser o destino buscado, não importando que fantasia, que aparência tenha, contanto que vença e assim destrua tudo que atrapalha, que impede. Nesse contexto, não se aceitar, querer ser aceito e lutar por isso é gerador de calamidade, de horrores contra os outros e contra si mesmo.

Quase a totalidade das pessoas que buscam psicoterapia o fazem para diminuir ou resolver sintomas que atrapalhem seu bem-estar na sociedade: angústia, ansiedade, desespero, medo, inibição, insônia, apetite compulsivo, anorexia, desejos sexuais compulsivos e obstinados, por exemplo. Esse tipo de busca psicoterápica já esclarece o que se deseja adquirir, o que se deseja normalizar. Essa escolha — fazer psicoterapia — esconde a chave que tudo explicita: a não aceitação, o não se sentir aceito, o não se aceitar. Essa estrutura de não aceitação é deslocada por meio dos sintomas, e aplacá-los promove ajuste, satisfação, mas não transforma as individualidades. Quando não ocorre esse processo de transformação, o indivíduo é sedado em suas demandas existenciais e adequado às suas necessidades de sobrevivência. Geralmente as psicoterapias são exercidas como processos educativos que oferecem as melhores possibilidades para exercer antigas necessidades. Não se deve esquecer que elas refletem os principais valores das sociedades nas quais estão inseridas. Pensam o ser humano como um organismo em uma sociedade, lapidado por culturas e sistemas e que agora vai conseguir adequação, melhor sistematização de suas precariedades e de suas dificuldades, e assim sobreviver melhor, convivendo com os outros. Esse poder aglutinador, aparentemente individualizador das psicoterapias, as transforma em instrumentos protetores de sistemas nos quais a individualidade está encaixada, adaptada e consequentemente subdimensionada.

Na Psicoterapia Gestaltista, por meio de suas conceituações e abordagem teórica, o indivíduo é percebido como uma possibilidade de relação. Não há régua, não há compasso, não existem medidas, existem possibilitadores que se realizam no viver com o outro, em sociedade, no presente. As possibilidades humanas só podem ser percebidas e exercidas quando sistemas e regras são questionados. Não há por que se ajustar ao que aliena. Por essa razão, para mim sempre foi fundamental que, antes de discutir ajuste e adequação, devem ser discutidas alienação, individualização e autonomia.

Ter autonomia é ser gerido, regulado e orientado pelos próprios referenciais de sustentação. Essa é a base relacional e processual que permite vivenciar o que acontece enquanto esclarecimento. É o diálogo com o que se dá, com o que ocorre e que delineia direção e motivação. A globalização desse processo implica na manutenção da unidade individualizada, fazendo com que não se vivencie o que ocorre em função de referenciais passados ou perspectivas futuras. Estar contido, limitado ao presente é estar sendo esgotado e situado no que acontece. Essa totalização de demandas e de configurações unifica, pois o vivenciado é açambarcado enquanto possibilidades realizadoras e superadoras da própria vivência. Não se fragmenta em circunstâncias, não se divide em conflitos. Fundamentalmente, essa vivência impede a trituração que fragmenta, dispersa e faz ancorar, estacionar nas circunstâncias que aplacam necessidades. Estar coeso e inteiro é o contexto no qual se estrutura autonomia. Exercendo a constante distinção entre aderência e imanência, e ainda o saber que está enfrentando e seguindo o próprio processo, as próprias motivações, evita atalhos. Cortar caminhos é uma maneira de adquirir novos critérios, polarizar eventos, perseguindo soluções. Essa atitude descentraliza, faz se perder nas circunstâncias, nos próprios desejos, pois as motivações foram circunstanciadas. É exatamente aí que inúmeras forças são somadas. São utilizados apêndices, ajudantes e boas situações para que os propósitos, desejos e motivações se realizem. Perde-se autonomia ao circunstanciar, o que também é responsável por gerar insegurança, ansiedade e expectativa. É o ir além das próprias condições buscando os melhores resultados que impede autonomia, pois ela implica em se manter dentro dos próprios limites, das próprias incapacidades e capacidades. Perder autonomia gera oportunismo — capacidade de transformar incapacidades usando outras pessoas e/ou situações —, gera subordinação e submissão escoadas em atitudes onipotentes, pois a onipotência é uma maneira de esconder impotência. Aceitação dos próprios limites é a única maneira de transformá-los. Esse processo é constante, e quando não realizado passa a ser preenchido por metas, sonhos, necessidades de apoio e ajuda. Assim surgem medo, ansiedade, angústia, não aceitação de si, dos outros, do mundo, expressas nas clássicas queixas: "que vida insuportável", "mundo cão!", "ninguém me ajuda", "bastaria uma ajuda para iniciar tudo certo". É a neurose, perdeu-se autonomia.

Autonomia é a chave da transformação que possibilita perceber a contradição em relação ao que conflitua e esmaga. É o grande enigma, o Graal a ser encontrado. Autonomia é o que começa a pavimentar disponibilidade, caminho para ser aceito pelo outro e por si mesmo, removendo sintomas, embaraços, inadequações. O ser humano se percebe como infinita possibilidade de relacionamento, e assim transcende suas contingências, mostrando-se como ponto de partida, como ponto de encontro de processos relacionais, estabelecendo situações. É a descoberta do estar no mundo com o outro, consigo mesmo, é a transformação diante dos obstáculos gerados pelos desejos, pelos propósitos e pelas metas de vencer, de conhecer, de conseguir. É a humanização, a personalização enquanto individualidade, e desse modo os andaimes da causalidade, efetividade e poder são abandonados. Viver é tão simples e fácil quanto respirar, dormir ou andar, quando essas funções básicas e vitais não são subtraídas pelas doenças, guerras, fome e danos ambientais.

MUTILAÇÕES E REALIZAÇÕES (BIID)

Os processos da alienação, da não aceitação do próprio corpo robotizam em relação a ele, atingindo dimensões incomensuráveis e espantosas. Outro dia, lendo, fui surpreendida pelo conhecimento da *Body Integrity Identity Disorder* (BIID) (Transtorno de Identidade da Integridade Corporal, TIIC, como é conhecida em português). A BIID é rara, pouco estudada e de condição escondida, secreta. Consiste no desejo de mutilar-se e na realização de amputação de membros saudáveis (pernas ou braços) ou em mutilações como provocar cegueira em si próprio ou quebrar a própria coluna vertebral. Nela existe fundamentalmente um desacerto, um desencontro, uma não aceitação entre o corpo que se deseja e o corpo que se vê. Nesse sentido, a BIID se insere em toda a problemática do desejo, meta, não aceitação, em medos e dificuldades ou até mesmo na clássica definição de Krafft-Ebing sobre parafilias, expressa em seu livro de 1886, *Psychopathia Sexualis*.

O característico dessa não aceitação, dessa não integração é a transformação do corpo em obstáculo. O corpo é percebido como resíduo, obstáculo, é um outro, algo alheio a si mesmo. É enfática a fala de alguém com esse transtorno: "perder uma perna é encontrar a mim mesmo".

Os deslocamentos da não aceitação de si, ou seja, das possibilidades de ser — o ser é a possibilidade de relacionamento —, são configurados pelo outro, por meio de relações familiares e sociais e, a depender do grau de impotência e limitações relacionais, isso fica restrito ao próprio corpo, ao corpo alienado, estranho, não integrado. Das lipoaspirações às plásticas rejuvenescedoras, das ablações e inserções penianas à retirada de seios, as pessoas se submetem ao que acreditam libertador e transformador. A maleabilidade das crenças e as possibilidades de deslocamento variam em função de demandas e soluções oferecidas, tanto quanto dos avais médicos e sociais. Modificação mandibular, por exemplo, assim como as plásticas embelezadoras, não são vistas como mutilantes, são a reparação, a transformação que embeleza.

Avariar propositalmente a própria coluna vertebral, remover membros saudáveis ou até se cegar para garantir condição de incapacidade é uma justificativa para os próprios processos de não aceitação, impotência e incapacidade perante o mundo. Diante do espelho, se percebe o que se vê como decepcionante e horrível ou como o que se aceita. Mudar, cortar, acrescentar, retirar se impõe diante do horror percebido. Não ter uma perna, possuir um braço pela metade traz justificativa, oferece deslocamentos e possibilidades de novas imagens, de se descobrir de outro modo, de se tornar sexualmente desejável para alguns grupos já existentes e motivados sexualmente por mutilados. É um deslocamento da não aceitação que estabelece propósitos. Passar a não enxergar — ser cego — vai mudar tudo, vai possibilitar ser cuidado, vai receber afeto, carinho, ou, ainda, passa a explicar o nada a fazer, o nada conseguir.

A BIID é a constatação da infinidade de deslocamentos que são atingidos quando não se aceita o próprio corpo, as próprias dificuldades e frustrações. Constatar situações que são vivenciadas como insuportáveis e frustrantes requer que elas sejam enfrentadas. Esse processo traz novas dimensões às percepções do que dificulta, do que atrapalha, do que não é aceito. É assim que as situações mudam e se transformam: pode perceber impossibilidades sem aceitação delas e estabelecer ações que as transformem ou neutralizem. Em certos casos o limite é soberano no sentido de irreversível, e essa constatação é ampliadora. Percebida sob outro contexto, ela é apenas um impedimento, uma pedra passível de remoção. Onde se coloca o vivenciado? No presente, no passado ou no futuro. A temporalidade é esclarecedora. Só quando o vivenciado ocorre no presente enquanto presente é que permite mudança, aceitação. Quando estruturado em função de metas e desejos, o limite é negado, utilizado como pretexto. Se vivenciado em contexto passado, se torna anátema, que precisa ser escondido, descartado.

Apesar de ser um deslocamento da não aceitação e estar totalmente cabível dentro de sua estrutura geradora, causa espanto o ser humano querer quebrar a coluna, amputar pernas ou ficar cego. É também eloquente como a restrição do espaço de vida e do espaço social se transforma em propulsionador desses deslocamentos de não aceitação. A dificuldade de sobrevivência, os espaços ocupados por bilhões de pessoas e a escassez de recursos econômicos naturais, as sociedades voltadas para a busca do bem-estar por meio de lucro, sucesso e acesso à tecnologia, tudo isso massacra. Cada vez mais espremidos e empurrados, só resta cair no abismo do desespero, da maldade e autodestruição.

A BIID é um alerta! Mostra a infinita capacidade do ser humano de se destruir quando não encontra saída, quando não dialoga com as suas não aceitações.

MECANIZAÇÃO, VAZIO E DESESPERO

"Sangro, logo sou." [106]

Lendo Byung-Chul Han encontrei o seguinte:

> Como quer que o chamemos, *Ritzen*, *cutting* ou o ato de se cortar é algo que se tornou hoje um fenômeno de massa entre os adolescentes. Milhões de adolescentes na Alemanha mutilam-se a si mesmos. De modo proposital se flagelam, causando feridas para sentir um alívio profundo. O método mais comum é se cortar com uma gilete. O ato de se cortar se desenvolve até se tornar um autêntico vício. Tal como ocorre com qualquer outro vício, o intervalo entre os atos de se cortar se torna cada vez menor, assim como as doses cada vez maiores. Assim, os cortes ficam cada vez mais profundos, sente-se 'uma urgência de se cortar'.[107]

A descrição acima nos impõe uma série de constatações. A alienação, a coisificação estruturada pelos sistemas sociais e econômicos é de tal ordem que o indivíduo só sobrevive ao se transformar em máquina. As proposições familiares, que poderiam ser antíteses aos processos que coisificam, são lubrificantes, mantenedoras desses processos, e assim uma série de máquinas são geradas. Os indivíduos trabalham, consomem, se exercitam, participam de competições, são treinados para o bem, para o mal, exercem desejos, evitam frustrações, mas o resultado final é que não sentem — são máquinas. Não sentir é estar isolado, é viver em monólogo gerando

---

[106] HAN, Byung-Chul. *Capitalismo e impulso de morte*: ensaios e entrevistas. Tradução de Gabriel Salvi Philipson. Petrópolis: Editora Vozes, 2021. p. 79.
[107] *Ibid.* p. 78.

o impossível, pois aumenta a sensação de morto-vivo, de zumbi que precisa sentir. Assim, a dor é o passaporte para se sentir vivo, é preciso doer, sangrar para se situar, para alguma coisa sofrer além de seus mecanismos reflexos.

A dor é, então, o passaporte para a alegria. Essa inversão tantaliza. Como Tântalo, nada pode ser usufruído, tem que estar sempre em um limiar. É o limbo promissor que acena para surpresas. É o escorregar na possibilidade limitada que faz caminhar. É a inversão de possibilidades em impossibilidades.

AFETOS ALUGADOS: FILHOS E PARENTES

Em um primeiro instante fiquei estarrecida com a reportagem da *Revista Piauí*: "Teatro familiar: alugar parentes é um negócio que floresce no Japão",[108] mas logo depois percebi a obviedade e banalidade da situação.

Essa situação é banal e óbvia do ponto de vista das trajetórias do capitalismo de mercado, no qual tudo é produto que pode ser consumido, mas é avassaladora enquanto despersonalização e redução da individualidade à condição de mera função representativa de seus pilares institucionais e afetivos. Sentir falta de um companheiro que morre e alugar, de uma empresa que trabalha nesse negócio, uma pessoa que decora um script, aprende hábitos e atitudes para ocupar o vazio da carência deixada pelo companheiro que morreu é, no mínimo, revelador de compromissos e conveniências.

Nos atuais sistemas político, econômico e social tudo pode ser significado pela representatividade; nesse sentido, tudo fica reduzido à funcionalidade. Funcionar é estabelecer satisfação, é

---

108 BATUMAN, Elif. Famílias de aluguel - Teatro familiar: alugar parentes é um negócio que floresce no Japão. *Revista Piauí*, n. 147, p. 52-60, dez. 2018.

preencher vazios, é capacitar para a manutenção das ordens que apenas exigem estar bem, estar adequado aos padrões. Quando afetos, vivências e memórias são triturados neste cadinho, sendo solução homogeneizante, surgem mil e uma possibilidades. Imaginação, simbolização e realidade são resumidas nas suas funções representativas. Assim como se pagam prostitutas para ter prazer, também se pagam cidadãos que se habilitam para representar e manter o que nunca existiu ou mesmo deixou de existir. A onipotência de realizar fantasias, tornadas densas e consistentes pelos suportes de mentiras e aparências que as afivelam, se transforma em praxe redentora. Para esses seres humanos apenas se coloca o ser capaz de comprar, alugar, mentir, representar.

No Japão é vantajoso copiar e imitar, e assim se estruturou uma das maiores economias capitalistas. Também é corrente o fato de que o que aparece é o que significa, ou seja, aparecer é tudo açambarcar, tudo esgotar. As opressões imperiais permitiam mimetizações, possibilitando aos japoneses os refúgios na imitação, no fazer de conta que criavam, fazer de conta que existiam em seus personagens desejados. Esse mimetismo cria a representação transformada em reprodução de tudo, chegando ao extremo agora com o aluguel de famílias, de parentes, iniciando uma nova dinâmica: a função individual está definitivamente superada, apesar de existir enquanto desejo, delírio e solidão. As cerimônias do casamento *"single"* — o casar-se consigo mesmo — são outra proeza que levam o indivíduo a se desindividualizar. Essas passagens de concordância com a sociedade são importantes e nelas quaisquer narrativas podem ser inventadas ou encenadas. Hamlet não mais se questiona e não mais segura a caveira, ser ou não ser não é a questão. A abolição de monólogos, de "vida interior", de questionamento, de indivíduo diante de si mesmo recoloca e muda uma série de questões ontológicas seculares.

Na reportagem de Elif Batuman para a *Revista Piauí*, é interessante reproduzir:

Como muitos outros aspectos da sociedade japonesa, com frequência os parentes de aluguel são explicados por meio dos conceitos de *honne* e *tatemae*, isto é, os sentimentos individuais genuínos e as expectativas da sociedade. Autenticidade e coerência não são necessariamente valorizadas em si mesmas. A dissimulação da *honne* autêntica sob a *tatemae* convencional é muitas vezes vista como um ato de altruísmo e sociabilidade, e não como engodo ou hipocrisia. Um exemplo: o homem que alugou pais de mentira para seu casamento porque seus pais de verdade haviam morrido acabou por revelar a verdade à mulher. Funcionou muito bem. A mulher disse que compreendia que seu intuito não fora enganá-la, e sim evitar complicações na cerimônia. E chegou a agradecê-lo pela consideração.[109]

As não aceitações e carências também são expostas:

Um casal contratou um filho para ouvir histórias sobre a má sorte do pai. O filho de verdade morava com eles, mas se recusava a ouvir aquelas histórias. Além disso, o neto já não era mais criança, e os avós sentiam saudade de tocar a pele de um bebê. Uma visita de três horas de um filho e uma nora de aluguel, de posse tanto de uma criança pequena como da paciência necessária para ouvir histórias tristes, custava cerca de 4.300 reais. Outros clientes incluíam um jovem casal que alugou avós para o filho, e um homem solteiro que contratou mulher e filha a fim de experimentar o tipo de núcleo familiar que vira na tevê.[110]

---

[109] *Ibid.*, p. 58.
[110] *Ibid.*

O Japão, sociedade tecnológica de ponta, é um dos principais representantes do capitalismo de mercado. O país sai na frente e inicia o processo de institucionalização da mercantilização de todas as instâncias sociais. Terá inúmeros seguidores pelo mundo afora e cada vez mais o ser humano será reduzido a funções econômicas, encoberto por roupas e aparências socialmente significativas que protegem e escondem suas carências, motivações, frustrações e alienações. Vive para comprar ou alugar, inclusive as singulares funções individualizantes. Nada é, pois tudo será. Do vazio surgiu o funcionamento permitido, confiável e sem atritos. Alugar individualidade alheia é um consumo possibilitado pela coisificação do capitalismo alienante, e alugar a própria individualidade é o resíduo que sobra desse processo indistinto de funções falhadas, de funções preenchidas.

FUGA: EVASÃO DE DORES E FRACASSOS

Frequentemente as drogas e os vícios são fuga da realidade, uma maneira de se proteger dela. Quando o presente é percebido como ameaçador, lidamos com isso de forma presentificada e estruturante ou lidamos com isso por meio de filtros — medos, desejos, ansiedades, valores —, perdendo autonomia, gerando conflitos, vivenciando tudo como insuportável na família, na escola, no trabalho, entre os amigos ou nos relacionamentos íntimos.

Não se detendo no percebido, não se detendo na realidade, não integrando limites, o indivíduo cria deslocamentos, fugas que se expressam em sintomas, isolamentos e vícios (drogas lícitas ou ilícitas, trabalho, sexo, comida, redes sociais etc.). A repetição imobilizadora — a tentativa de evitar tensões — configura o submisso, esvaziado, posicionado entre se sentir bem e evitar se sentir mal. Essa imobilidade adquirida cria pontos de tensão, dores equivalentes aos pontos criados por escaras. Quanto mais aumenta o processo de imobilidade, de subordinação e de falta de autonomia, mais se protege da dor e da frustração, e mais atinge a impossibilidade de qualquer ação. Essa vivência atordoa, a realidade machuca. Drogas e vícios são os deslocamentos que se impõem para evitar a dor, para evitar o fracasso. Neste momento, a droga e a fuga da realidade são transformadas em proteção contra a realidade, são um amortecedor que permite conviver com humilhação, frustração, impotência, incapacidade, e assim se sentir capaz e operoso no "caça à droga" ou nos esconderijos perpetrados contra vigilâncias familiares ou policiais.

O drama humano começa quando as possibilidades de relacionamento ficam restritas, reduzidas às necessidades, desvitalizando o ser. Conceituar drogados como dependentes químicos é, paradoxalmente, uma generalização e uma redução (determinismo biológico), pois a partir dessa conceituação, praticamente tudo pode ser entendido como droga: ecstasy, remédios, drinques socialmente compartilhados, café e alimentos diários, assim como sexo e a sensação de prazer advinda de aprovações e elogios. O organismo cria hábitos e dependências na busca de saciedade, de êxito, mas é a vivência psicológica, contextuada em bem-estar/mal-estar que vai estabelecer o vício. Viciados posicionados nas drogas ilícitas, no sexo, na comida, no trabalho, nos jogos, nas redes sociais etc. restringem enormemente suas possibilidades, pois são fixados em seus desejos. Tudo converge para satisfazê-los, e esse objetivo passa a ser o estruturante do ser: as possibilidades de relacionamento ficam reduzidas à busca do que satisfaz, do que alivia dores e mal-estares, enfim, comer é ser, embriagar-se é ser, picar-se é ser, trabalhar é ser e assim por diante. O drogado, o fugitivo, é o esvaziado cheio de escudos, desculpas, álibis e propósitos. Fugir da realidade frustrante é uma tentativa de se proteger e de evitá-la. A dor, o medo, a dúvida são brumas que incapacitam a visão. Nada é distinto nem distinguido. A droga (álcool, cocaína e outros) funciona como lanterna que evita buracos, embora faça submergir neles. Essas novas vivências, no nível de sobrevivência, no underground, colocam o mundo de ponta-cabeça ao devolver e criar novos paradigmas e sintaxes.

A reaprendizagem de situações vai permitir sobrevivência dentro desse emaranhado estrangulador. Fugir é uma maneira de encontrar novas portas, fechadas ou abertas a novas fugas. Fugir é o deslocamento por excelência, que destrói a individualidade transformando o indivíduo em um braço a ser picado, uma boca para fumar, um nariz para cheirar. Essa desconstrução cria parcializações infinitas e muitas vezes irrecuperáveis. As atitudes transformadoras iniciam quando alguma força de coesão surge. Buscar polarizantes e deter a fuga é necessário para desencadear mudanças nesses casos e sempre. Como costumo dizer, se considerarmos droga como sinônimo de remédio ou de alívio, precisamos verificar seus efeitos colaterais; se pensarmos em droga como fonte de prazer, teremos que arrancar o homem do vazio das gratificações e satisfações, teremos que humanizá-lo; e enfocando droga como índice de transgressão, é necessário verificarmos o que foi transgredido.

Independentemente do aspecto orgânico do vício (dependência química reforçada pelo núcleo acumbente), sua vivência é psicológica, e qualquer psicologia que reduza o ser humano à sua condição biológica ou à sua condição social, cultural ou econômica falhará, pois parcializa, limita o humano às contingências e necessidades satisfeitas ou insatisfeitas, oferecendo apenas soluções adaptadoras. A fuga da realidade é transformada quando existe questionamento, aceitação, vivência do presente, ou seja, quando existem estruturantes de autonomia, estruturantes de possibilidade de relacionamento.

ANSIEDADE

O processo da não aceitação — a neurose — cria posicionamentos e imobilização. As frustrações, as impotências, o medo, o pânico de estar no mundo com o outro são também sintomas desse processo. Viver sem conseguir realizar desejos deixa o ser humano angustiado. E ao estabelecer planos e metas para mudar o que o estigmatiza, ele aumenta sua não aceitação, iniciando assim o processo de ansiedade. Cada meta atingida, cada desejo realizado, esvazia. O desejo saciado não satisfaz, pois ele, o desejo, surgiu de uma fuga, de um deslocamento, de uma vivência não presentificada; falta base, falta chão, falta estrutura. É o vazio sob a forma de despersonalização, submissão, sobrevivência, massificação. Tudo isso aparece de várias maneiras no comportamento de quem está vivenciando esse processo, e pode surgir como vício, como apego, compulsão ou ganância, por exemplo. É o popularmente expresso como: "quanto mais se tem, mais se quer".

A realização das metas gera a necessidade de mantê-las, criando assim novas metas e insegurança: medo de perder o conseguido e de não mais atingir o que deseja. A ansiedade se estabelece, e ela é um sintoma que desorganiza a vida psicológica. Novos problemas surgem e com eles a tentativa de aplacá-los: mais amigos, mais apoios, mais resultados, mais sedativos, mais prazer etc. Desse processo, segue-se a imobilização, a depressão, que muitas vezes é uma maneira de fugir da ansiedade, é mais um deslocamento, pois a depressão acalma, tira "aquela agonia". Ela revela e amplia o vazio, o despropósito do existir. Se tudo era meta, se a vida só tinha sentido pelo que podia ser conseguido, depois da repetição de satisfações e insatisfações, a pessoa estaciona na depressão. A ansiedade é um ciclone que deixa escombros; a depressão incapacita, esvazia e desumaniza. Ansiedade e a depressão que geralmente a segue são um só processo.

A angústia foi considerada a doença do século XX, mas, na visão do senso comum e de vários profissionais, tudo tem seu lado bom e seu lado ruim, e se descobriu nela um aspecto bom: ela engendra e provoca a criatividade. A ansiedade é a doença do século XXI (alguns afirmam ser a depressão, pensando que ela é diferente da ansiedade). Continuando com a ideia reducionista de que "tudo tem seu lado bom e seu lado ruim", a ansiedade é boa pois é o dínamo que nos faz agir, que nos desacomoda. O que se chama de transtorno bipolar pode ser reconhecido nas configurações do processo de ansiedade e sua resultante, a depressão.

Os comprometimentos valorativos de um século dividido, de um século cravado em polaridades: da Guerra Fria até as definições de certo e errado, adequado e inadequado, virtuoso e impuro, familiar e devasso etc. que pautavam a vida só podiam angustiar, estreitar, comprometer a existência humana a padrões alienantes. No final do século XX, muitos desses padrões foram derrubados, muitos muros desapareceram, mas nenhuma unidade, nenhuma integração do humano surgiu; pelo contrário, assistimos a infinitas divisões geradoras de ansiedade e depressão.

A sociedade atual ampliou a ideia de que é possível conseguir o que se quiser e tudo está ao alcance, de que não existem mais estigmas, não existem diferenças, não existem limites. O grande shopping está aberto, o mercado se amplia. Se nos anos 1970 o conflito era entre ser e ter, agora é entre ser e parecer. A divisão atual é basicamente entre o que é e o que parece ser. É o século dos reparos, das próteses, da construção de imagens. Tudo isso serve para alimentar ansiedades e depressões, tanto quanto para vender seus antídotos.

ENLOUQUECIMENTO: ESTRANHEZA E PARADOXO

As normas societárias iniciadas na família, ampliadas pela escola e ratificadas pelas comunidades e grupos de atuação exigem adaptação, que é, normalmente, transformada em sinal de obediência, submissão ou revolta. O ser humano está sempre diante de alguém — do outro —, e é exatamente esta relação que o estrutura como humano, que o faz se sentir aceito, humanizado ou é através desta relação que se coisifica, se posiciona, criando imobilidade.

Ser marcado pelo ritmo aceita/não aceita, conforma-se/rebela-se cria monotonia. É equivalente à escuta do som de um pingo d'água que repetidamente cai de uma torneira. Interromper o movimento compassado é também privar-se de um processo ritmado, calculado e controlado.

Nesses processos de adaptação, vencer etapas e quebrar obstáculos possibilita vitórias e fracassos. Os ritmos são ampliados, variações melódicas surgem, embora sempre previsíveis. Acertar o passo, não sair do compasso, se impõe. O sobrevivente sente-se vitorioso, cada passo em falso e cada erro é também uma referência, uma marca, uma sinalização para o caminho de acerto. Nesse processo, deslocamentos aparecem: para ele não basta mudar a si mesmo ou ao outro, também paisagens e ambientes têm que ser reconfigurados. Dominando regras, preocupando-se com acertos e erros, o indivíduo percebe-se isolado, preso à manutenção de esquemas e a constantes sonhos de realização. A vida é constância e monotonia que nada definem além da manutenção do controle. Desse modo, certeza, confiança, autonomia e perspectivas desaparecem. Sozinho, o indivíduo torna-se a própria pontualização de suas fragmentações. Quando ele considera suas vivências boas e satisfatórias, ele sente necessidade de compartilhá-las, mas esta mesma necessidade do outro destrói o que ele busca, o outro, que é então transformado em um receptáculo das informações.

Quando suas vivências são consideradas ruins e negativas, ele tenta escondê-las. Permanece dando voltas em torno de si mesmo, nada acontece além do isolamento e solidão, que se caracterizam por exibição de deslocamentos e frustrações, assim como por apologia e estabelecimento de regras controladoras.

Balizado pela opinião dos outros acerca de si mesmo, perde toda e qualquer condição de entender quem é, o que faz, o que sente, o que o motiva. Esse autorreferenciamento é o início do enlouquecimento. Crises, surtos e depressões surgem quando ocorrem inserções de outros parâmetros impossíveis de serem absorvidos no isolamento. A crise é a impotência gerada pela necessidade e incapacidade de quebrar o processo anterior de adaptação monocórdica, de submissão concedida a divisões conflitantes. Se instala a alienação, a desorientação total. Nesse momento, geralmente surge socorro ao enlouquecimento, e não ao ser humano que enlouquece.

As circunstâncias, aderências e sintomas estabelecem o processo considerado loucura, e a partir disso tenta-se libertar o indivíduo dessa situação, esquecendo que em toda doença tem um doente e que a tipificação desconfigura o sujeito ao criar seu personagem: o enlouquecido. Nessa visão, não existe um sujeito doente, existe um objeto — a doença — a ser modificado, manietado. A medicalização e a socialização, tanto quanto as explicações religiosas e fatalistas, são maneiras de apoderar-se do desespero humano a fim de transformá-lo em algo não perigoso, útil e adaptável. São novas torneiras, com ritmos mais amplos, atingindo universos mais significativos e transtornantes.

É necessário evitar essa beira de abismo — o enlouquecimento —, pois a partir dela, dessa margem, os retornos são cada vez mais difíceis, aderentes e esvaziadores. A questão não é tratar o enlouquecimento, é evitá-lo. Para isso, sair dos padrões impostos é fundamental. Ter processos ritmados é sempre resultante da quebra de totalidades significativas do estar no mundo, ou seja, da presença do outro ser transformada e substituída por senhas de acolhimento ou rejeição, sinais de aprovação e reprovação, consequentemente, parcializações que desvitalizam. A reestruturação dos processos que permitem a percepção do outro, quando iniciados, possibilitam a quebra dos ritmos enlouquecedores e das distorções perceptivas, e reintegram o indivíduo; essas situações são encontradas nas psicoterapias assim como nos relacionamentos caracterizados por disponibilidade e aceitação. Caso contrário, a continuidade de crises, surtos e depressões leva a ancoradouros flutuantes: vícios, dependências medicamentosas e constantes sobressaltos representados por medo e pânico diante do que é esperado e inesperado. É fundamental ser o que se é: uma possibilidade de relacionamento e não uma necessidade de relacionamento. Ser não é parecer. Relacionar-se não é submeter-se.

RAIVA

Sempre me espantei com a raiva. Essa forma de deslocamento da impotência, da frustração, da omissão é destruidora, congestionante, pontualizante. Quanto mais se extravasa a raiva, mais se aumenta o autorreferenciamento. O outro destruído e agredido significa vitória alcançada. Ela é o vetor transmissor de desejo. Quando se consegue satisfazê-la, se consegue realizar o desejo de destruir.

A raiva, esse contorcionismo — transformação de necessidades em possibilidades[111] —, é frequentemente gerada em situações de falta, de carência, de nunca ser considerado, de estar sempre pisado, ofendido, humilhado e oprimido. Ao trucidar, ao matar ou destruir, seja um carro, um animal, um ser humano ou a festa

---

[111] Conceitos desenvolvidos em: CAMPOS, Vera Felicidade de Almeida. *Psicoterapia Gestaltista*: Conceituações. Rio de Janeiro: Edição da Autora, 1972.

comemorativa de promoção do colega de trabalho, por exemplo, o raivoso se sente vitorioso. Não existem pequenas ou grandes raivas, raiva não é quantificável; o seu efeito é que vai depender do seu contexto estruturante responsável, desde envenenamento de cachorros a planos de genocídio. A raiva aplacada e satisfeita às vezes conduz à culpa. A culpa não é fator de reparação como pensam os freudianos, principalmente Melanie Klein, com o conceito de culpa reparadora, fator necessário ao crescimento psíquico. Lembram da descrição do *split* (divisão) feita por Klein, quando o bebê percebe que o "seio bom" e o "seio mau" fazem parte do mesmo corpo, que são os seios da mãe? Os psicodramaticistas valorizam muito a expressão da raiva no contexto terapêutico, usam almofadas para que a violência e a raiva sejam expressas. Os sistemas políticos utilizam bodes expiatórios como captadores da raiva coletiva em função de seus próprios interesses (os judeus foram bodes expiatórios no período nazista, por exemplo). Assim, o deslocamento, o disfarce, o faz de conta são bem-vindos, desde que sejam úteis.

Culpa é a maneira psicologicamente viável de camuflar seja a impotência, seja a maldade. É melhor, mais útil, mais bonito se sentir culpado do que se sentir impotente, incapaz, alheio ou responsável pelo drama do outro. A culpa de existir, tão ouvida nas sessões psicoterápicas, remete sempre a questionamentos da impotência de estar no mundo com o outro. Culpas antigas, usadas para esconder impotência, às vezes geram raiva, entre outras coisas. Cuidar do outro, estar com o outro, é impossível para o autorreferenciado. É necessário transformar o outro em objeto, espelho refletor de imagens. A transformação do outro em objeto é um processo violento e raivoso. Pais e mães, pelo faz de conta, conseguem isso quando o cuidado não é legítimo.

A raiva é uma resultante de processo falhado. Oprimidos, revoltados, quando conseguem ser "alguém na vida, no sistema", extravasam diariamente sua raiva, vivem tensionados, porque têm que manter o conseguido. A intriga, o estar alerta são seus combustíveis para garantir suas posições arduamente conquistadas, nas quais sinceridade, solidariedade, harmonia e paz não existem. É espantoso, na raiva, ver o isolamento criado pelo autorreferenciamento, que deixa o indivíduo cego, surdo e inatingível.

TRISTEZA: A AUSÊNCIA DO QUE SIGNIFICAVA

A tristeza sempre decorre de interrupções: perdas, mortes, mudanças não desejadas, ou ainda, é o esclarecimento de processos que se delineavam, gerando saudade e frustrações. Ficar triste é a grande dor diante do abrupto, ainda que pressentido e esperado. A unificação desses opostos — abrupto e esperado — é costurada pela tristeza, linha que acende e apaga vivências, encontros e referenciais, criando seus desdobramentos de saudade, de nostalgia.

A morte de um filho, de um ente querido, de um animal estimado provoca tristeza. É o desaparecimento dos sinais, da presença, das vivências. Tudo fica branco e sem marcas: o que agora são sinais é a lembrança de antes. O presente é engolido, só a lembrança, a memória impera, realizando a magia de trazer de volta, de fazer ouvir e ver tudo como era antes. Nesses momentos, tristeza é um abismo, a quebra que impede continuidade, satisfação e tranquilidade. A persistência desse processo transforma o presente em receptáculo de lembranças, instala a nostalgia, a saudade. Esse olhar para trás e lá se deter, quando muito prolongado, transforma-se em um poço onde tudo é tragado, guardado, e assim surgem revelações; a tristeza foi o sinal, a senha para atualização dos processos de não aceitação de si mesmo, da realidade, do limite.

Ficar triste e ser tomado pela tristeza é um encontro frequente quando se vivencia afetos, quando esses são transformados, quando são perdidos — separações, mortes, acidentes — e desaparecem. O desaparecimento, a ausência do que detinha e significava, causa tristeza. É o escuro que tudo apaga, obscurece e nada permite enxergar, salvo aos tropeços. Tristeza é a queda no vazio da realidade quando ela é transformada, quando é um marcador apenas de temporalidade: antes e depois. Esta tensa transição é a passagem que estreita, angustia e faz chorar. Conviver com essa tristeza passa a ser uma marca, um pano de fundo, uma referência, um contexto que permite transformação e novas vivências ou gera persistência, posicionamentos destruidores da dinâmica do estar no mundo.

Tristeza é uma ocorrência, é processo de vida, é a passagem, o desaparecimento do que nos detinha, do que significava. Transformá-la em ponto de apoio, em referencial a partir do qual tudo é percebido, transforma esse aspecto do encontro e das vivências em um poço sem fundo para justificar a não aceitação de limites, de perdas, separações e mudanças.

INQUIETAÇÃO: TRAMPOLIM PARA O ABISMO

Entregue a si mesmo, reduzido a seus desejos, medos, dúvidas, certezas, sucessos e insucessos, o homem se desconcerta, se segura em expectativas, não sabe se haverá continuidade do que lhe ocorre, seja para o bem, seja para o mal. Procurando certezas, garantias e respostas para manter o conseguido ou para superar o desacerto, ao se voltar para o outro (também apostando no que vai conseguir), cria expectativa. Estar voltado para o futuro, essa saída do presente gera ansiedade, é a inquietação. Estrutura-se, às vezes, comportamento supersticioso: tudo significa enquanto sinal de bem ou de mal. A capitalização, a instrumentalização são constantes. O sinal significa que o caminho está aberto ou fechado.

Locomovendo-se nesse universo simbólico, o real é transformado em uma mistura de passado e futuro.

Inquietação é o sintoma explicitador do vazio, é o colapso decorrente de estar no mundo segmentado e posicionado. A ansiedade gerada pelo despropósito traz medo, anseios e torcidas para que tudo dê certo, para que o mal cesse. Nesse estado, qualquer coisa é acolhedora: a droga (lícita ou ilícita), a despersonalização gerada pelo compromisso com o trabalho alienante, o agarrar-se com "unhas e dentes" ao parceiro, amante, amigo ou ao orientador religioso. Subordinação, dependência, obediência, até dedicação são constantes nessas vivências. Sedar a inquietação é uma das mais eficientes formas de esvaziar, de desumanizar.

Entregue a si mesmo ou ao outro (sistema, sociedade, religião ou instituição) o homem não se questiona, consequentemente não se percebe integrado ou alienado. É sempre possível se questionar. Só por meio do questionamento podemos perceber o que é liberdade ou o que é alienação.

SIMBIOSES DOENTIAS

Bondade cruel e simbiose doentia são oximoros e são também o que acontece em relações de dependência/cuidados obrigatórios, relações fundamentadas em não aceitação, relações que respondem a necessidades. Nesse contexto, tudo pode acontecer, até dependentes que agem como algozes e independentes que se submetem.

A dialética dos processos e dos relacionamentos nos mostra que todo apoio é opressor, que o que apoia, oprime. É físico, é espacial, é nítido que o que está seguro está apoiado. É fundamental para a continuidade do processo relacional humano — para o processo de ser no mundo — não estar seguro, não estar apoiado, não estar posicionado. Todo relacionamento gera posicionamentos, geradores de novos relacionamentos e assim infinitamente. Exercer essa dinâmica é fundamental para a existência de movimento, de reversibilidade perceptiva, para se perceber e perceber o outro sem os posicionamentos do autorreferenciamento ou da renúncia de si para cuidar do outro, sem os posicionamentos da pregnância alienadora do que está diante de si.

Suportar a necessidade de ajudar e prover esvazia e aniquila as boas intenções e propostas. É exemplo de como o cuidar do outro sem aceitar suas limitações é desumanizante. O posicionamento desumaniza. As vias únicas resultantes do posicionamento, resultantes da não interação, coisificam. O filho drogado, depois de algum tempo, escraviza os pais, que passam a ansiar por libertação, passam a desejar a redenção que virá com a morte do filho, por exemplo. O que redime gera culpa tanto quanto disfarça a impotência cotidiana. Parceiros e amigos deprimidos, voltados para a vivência de suas tristezas e mágoas, se transformam em fardos, caixas de surpresas desagradáveis. Cuidar dos pais velhos ou doentes, quando esse cuidado não está contextualizado em disponibilidade, cria obrigações insuportáveis para quem se obriga ou é obrigado a esse processo. E o filho incapacitado após um acidente, sem perspectiva de melhoras? Sem disponibilidade e integração esses relacionamentos esvaziam e coisificam, são simbioses doentias. Não existe "instinto materno ou paterno ou filial ou fraternal", tampouco "instinto humano".

A obrigação imposta, o submeter-se existem, não importa como são estabelecidos, não importa se contextualizados anteriormente no que se vivenciava como amor, gratidão ou como retribuição ou dívida, tudo isso é alienador, gera simbiose, fusão que pode até atingir o equivalente de torturador/torturado. São fusões que posicionam, reduzem e prejudicam à medida que pontualizam o processo do estar no mundo. Tudo que responde a uma necessidade, tudo que nos deixa sem saída é sempre questionável. O questionamento permite que a situação seja mudada, reestruturada: saídas surgem e/ou aparecem possibilidades que mudam a rigidez, a mesquinharia, possibilidades que podem até transformar maldade em solidariedade.

RESPONSABILIDADE

Responsabilidade só é possível quando existe autonomia. Ser responsável não é simplesmente cumprir tarefas, não se caracteriza por obediência. Responder pelos próprios atos ou pelos praticados por aqueles pelos quais somos responsáveis é a definição sociojurídica de responsabilidade. Ser responsável é não usar os outros e não se deixar usar. Obedecer a ordens, cumprir o dever sem questionamento é apenas servir de base de sustentação para sistemas alienantes e até cruéis.

Perceber as implicações do que se faz é ir além do que é feito. Esse ir além só significa responsabilidade se for tomado como contexto estruturante. Desincumbir-se de tarefas e ações sugeridas pelo mestre, mentor, pais ou qualquer autoridade pode significar grande irresponsabilidade se não houver autonomia que permita o questionamento das tarefas, missões ou obrigações. Desde seguir a mesma profissão do pai até votar em seu candidato pode ser apenas obediência, simpatia irresponsável.

Saber que o que se faz é feito com autonomia tira o peso das coisas. A gravidade, o peso das coisas resulta de relações intrínsecas a elas. Elas não necessitam de suporte, precisam apenas de contextos adequados para que possam ser configuradas, globalizadas, permitindo deixá-las ou abrigá-las. Isso vale para os relacionamentos, não pode haver responsabilidade para com os próprios atos e para com o outro — filhos, pais, amigos, amantes — se não houver autonomia e aceitação.

Responsabilidade como obrigação e regra é uma camisa de força para conter os deslocamentos da sobrevivência e da neurose.

CARÁTER: FORÇA E DEBILIDADE

Noções de caráter, temperamento, vocação, índole, enfim, situações prévias determinadoras de comportamento e motivação humana são uma constante no pensamento leigo e, infelizmente, também no pensamento psicológico. A tentativa de entender os problemas humanos em geral baseia-se em ideias de causa, de elementos determinantes da realidade, de anterioridade e substancialidade como fundamentos explicativos dos acontecimentos presentes, gerando tipificações, preconceitos e justificativas.

Perceber e entender o que existe por meio de sua evidência é atitude fenomenológica defendida por Edmund Husserl, mas que foi pouco compreendida e aceita nesse universo de causalismo elementarista. Para Husserl, o que existe aparece, se evidencia, e isso traz toda a configuração, toda a fisionomia que identifica, individualiza e caracteriza.

Entender caráter como estigma criou teorias preconceituosas, classificações nada científicas, embora adotadas desde muito tempo pela ciência, como é o caso de Cesare Lombroso, que decidia a superioridade e inferioridade de seres e raças pela variação das medidas do lobo frontal, lobo occipital e outras medidas do crânio, criando uma classificação responsável por traços de caráter. Seus estudos influenciaram, durante décadas, a criminologia e sistemas jurídicos ocidentais, com a priori, com explicações a respeito de "personalidades criminosas" e "caráter predisposto ao crime".

A ideia de temperamento também é responsável pela explicação apriorística de comportamentos humanos. Atualmente, o conceito de temperamento é um dos pilares do *Diagnostic and Statistical*

Manual of Mental Disorders (DSM) (Manual de Diagnóstico e Estatística de Transtornos Mentais, em português), manual que é referência mundial para tipificação e diagnóstico de transtornos psiquiátricos, e que nos últimos anos vem recebendo inúmeras críticas e acusações de que suas definições das desordens mentais variam em função dos melhores encaixes mercadológicos para ampliação da venda de medicamentos.

A diferença entre os homens não consiste em seu aspecto físico e racial, tampouco em sua condição social e econômica. A diferença entre os homens consiste na sua humanização e desumanização. Tornar-se cruel e desumano acontece em qualquer lugar do mundo, em qualquer sistema social e econômico; resulta sempre de transformar possibilidades relacionais em contingências necessárias, em que a sobrevivência se impõe, e esse processo se verifica tanto na pessoa mais lúmpen (miseráveis, escória social) quanto nas detentoras das maiores riquezas, geralmente fortunas construídas pelo uso e apropriação do outro. Atualmente ainda vemos em vários quadrantes do planeta o tráfico de pessoas, indivíduos que aproveitam a fome, o medo, a ignorância, que utilizam seres humanos transformando-os em resíduos, em matéria-prima e meio de ganhar dinheiro, transportando-os em balsas, vendendo seu trabalho, transformando-os em escravos, prostitutas, doadores de órgãos etc. Crueldades como essas não decorrem de "traços de caráter", de "caráter fraco", de variações temperamentais ou de aspectos inatos; decorrem, sim, da desumanização criada pela ganância focada na sobrevivência e satisfação de necessidades.

A força ou a fraqueza humanas não resultam de um dom, de uma característica inata (caráter, temperamento). Elas resultam de como nos relacionamos uns com os outros e com o mundo. Aceitar limites, integrar possibilidades, questionar usos e abusos cria novas perspectivas, estabelece relações configuradoras de ânimo, consistência, aceitação das frustrações e sua transformação.

Ser forte é se aceitar como humano, ser fraco é querer ser reconhecido como humano, é instrumentalizar esse reconhecimento, essa marca humana. Viver a contingência, a ferocidade de sistemas enquanto continuidade sem posicionamentos fragmentadores impede a construção de bunkers que isolam o indivíduo e dificultam a participação do semelhante, criando espelhos que despersonalizam. Força é aceitar o impasse, por exemplo; fraqueza é dele fugir, criando justificativas e deslocamentos impeditivos da antítese que transforma, que traz o novo quando os impasses, os limites e as dificuldades são enfrentadas.

CORAGEM

Três principais acepções caracterizam o que se pensa ser coragem: heroísmo, salto no escuro e destemor. Um denominador comum entre elas é a rapidez da ação, a não avaliação, a espontaneidade, enfim, o ato presente cuja implicação pode trazer alívio, mudança, liberdade; é o ato que se caracteriza pelo perigo, pelo risco. O corajoso é o herói, o destemido, o desapegado até da própria vida. Em contextos massificados, coordenados para vantagens e utilidades, é cada vez mais difícil encontrarmos corajosos.

Para ter coragem basta ser honesto, nada difícil, nem impossível. Mesmo nas estruturas neuróticas ou processos de não aceitação, a honestidade, a coragem surge quando se aceita que não se aceita, e se age conforme isso. É honestidade, por exemplo, não continuar nas fileiras de um grupo, ou uma agremiação, ou uma sociedade religiosa quando se percebe motivações e ajustes de conveniência. Romper acertos, quebrar compromissos, mudar paradigmas, renunciar às vantagens do lucro que sustenta, assim como romper relacionamentos que se transformaram em pilares de sustentação, posições estabilizadoras de bem-estar e inércia, podem ser exemplos de atitude honesta, corajosa.

Agir de acordo com o que se percebe e não de acordo com o que se precisa ou deve é honestidade, gera coragem, rompe compromissos asfixiantes, oxigenando e dinamizando. A coragem tira da imobilidade, dinamiza. Nesse contexto, as acepções da coragem são honestidade, renúncia e liberdade. Indivíduos comprometidos com o sistema não podem ser honestos, não podem ser livres, e passam a traduzir renúncia como sacrifício. São seres queixosos, seres falhados, como a legião de mães e pais que tudo fizeram pela felicidade dos filhos e se sentem sacrificados, não reconhecidos. São os sustentadores, a base que reclama, sempre amedrontados. Aceitar os próprios problemas, aceitar que não se aceita é uma atitude de honestidade, de coragem, diferente de medo, de acomodação.

"CARA EU GANHO, COROA VOCÊ PERDE"

Matthew Hopkins era, na Inglaterra do século XVII, um caçador de bruxas. Dedicado a seu trabalho, desenvolveu um teste para detectar bruxas. Colocava um peso na mulher acusada — com pedras amarradas nela ou à cadeira na qual estava sentada — e jogava-a dentro de um rio ou lago. Se ela flutuasse, significava que era bruxa e merecia a fogueira, e se afundasse e morresse afogada, era por ser inocente.

A necessidade de provas, os testes, por definição improváveis e impossíveis, povoam nossa sociedade, nossa vida, transformam nossos relacionamentos. Thomas Szasz, falecido em 2012, era um grande psiquiatra que lutava pela humanização do tratamento psiquiátrico, ele dizia: "se der cara os rotuladores ganham, se der coroa os rotulados perdem". Em seu livro *Esquizofrenia, o símbolo sagrado da psiquiatria*, lemos:

> O sujeito, o chamado 'paciente esquizofrênico', não tem o direito de rejeitar o diagnóstico, o processo de ser diagnosticado ou o tratamento ostensivamente justificado pelo diagnóstico. A própria ideia, nesse esquema psiquiátrico, de 'direitos' do paciente psicótico, é tão absurda quanto a ideia do esquema escravocrata dos 'direitos do escravo'. O paciente esquizofrênico é usualmente considerado 'perigoso para si mesmo e para os outros', de um modo indefinido e indefinível, mas que é diferente do modo como outras pessoas — ou todas as pessoas — são 'perigosas para si mesmas e para os outros'.[112]

Estar à mercê de qualquer sistema, comunidade, família ou outra pessoa estabelece o caos, cria a desrazão, a perda de autonomia, deixa os seres aprisionados, dilacerados, estigmatizados, transformados em massa de manobra, peças de sistemas e de pessoas manipuladoras. Os oprimidos, tanto quanto cidadãos de bom senso — a grande maioria cooptada —, são atormentados, vitimizados e crucificados pelos dilemas contemporâneos do lucro, da vantagem e da conveniência, representados pela indústria de armas, de medicamentos e de alimentos. As guerras provocadas, as velhas-novas doenças tratadas, os animais (galinhas, porcos, bois etc.) confinados para o abate, os alimentos processados são os pilares que mantêm a caçada dos inimigos, tanto quanto a doença e a fome. Enquanto dependermos dos sistemas, seremos por eles utilizados.

---

[112] SZASZ, Thomas. *Esquizofrenia*: O Símbolo Sagrado da Psiquiatria. Rio de Janeiro: Zahar, 1978.

RENÚNCIA: UNIFICAÇÃO DE CONTRADIÇÕES

A única maneira de a renúncia se efetivar é por meio do desprendimento, da disponibilidade. Desapegar-se é um caminho para a renúncia, um caminho possível somente quando se é questionado no autorreferenciamento e nas suas implicações de motivações vivenciais.

As garantias responsáveis pela satisfação de necessidades são também aprisionantes. Manter-se dentro desses referenciais neutraliza descobertas, implicando principalmente na renúncia à liberdade. A renúncia por apego ao que satisfaz impede a disponibilidade, impede a unificação das contradições opressoras, cria os renunciantes apegados, aqueles que buscam salvação por meio do bom funcionamento, da obediência constante e da salvação eterna. Desprendimento é a não avaliação, o largar. Como já dizia o poeta: "[...] e um gesto irônico ao que não alcanças".[113]

Abrir mão, soltar, largar, não reter é renunciar. Aceitar limites só é possível quando se renuncia a metas, propósitos e desejos. Entender que a morte faz parte da vida, que perder é ganhar, enfim, unificar contradições é o que permite renunciar. Essa ultrapassagem de contingências é possível quando os medos, os valores e limites foram transcendidos e as divisões unificadas.

Tudo é igual quando as diferenças são estabelecidas. Os resultados diferem, mas o processo é sempre o mesmo: continuidade, questionamento, posicionamento. Pular para fora do limite e ir além do estabelecido é sempre unificador, sempre soluciona pendências e contradições. Crescer é renunciar à manutenção do conseguido.

---

113   Raul de Leoni em *"Et omnia vanitas"*.

PERGUNTAS E RESPOSTAS

Kafka, em seu livro *Parábolas e fragmentos,* diz que não entendia como as perguntas dele não obtinham respostas, comentando ainda não entender como podia fazer perguntas.[114] Perguntas são fundamentais para questionamento e mudança, podendo também ser impeditivas de constatações e reflexões quando transformadas em busca de respostas substitutivas das próprias vivências. A pergunta deve resultar da dúvida, do questionamento, da antítese, e não ser um recorte verificador de regras e padrões.

Perguntar a alguém por alguma coisa é um direcionamento que supõe outras realidades além das configuradas. Essa expectativa gera necessidades responsáveis por familiaridade, estranhamento, dúvidas e certezas. Cria e aplaca ansiedades. O estabelecimento de posições, o acreditar em delineamentos e descobertas, antes de qualquer coisa, funciona como trincheiras, abrigos e caminhos a conquistar e desbravar. Esse se colocar em xeque faz aprender e adequar da mesma forma que padroniza e adapta. Matar a curiosidade é sedar a motivação. A psicopatologia do cotidiano nos mostra isso claramente nas compulsões, hábitos obsessivos e loucura administrada. A flexibilidade do perguntar é estagnada pelas respostas.

A pergunta é o início da travessia, é a passagem para outro contexto. É uma ponte que deve ser destruída após sua utilização pois não há motivo para usá-la novamente. Quando perguntar se torna regra e hábito vira código, monumento, torna-se caminho

---

[114] "Outrora eu não podia compreender que minhas perguntas não obtivessem resposta; hoje em dia não compreendo que jamais tivesse admitido a hipótese de formular perguntas... Bem, eu não acreditava então em coisa alguma — só fazia perguntar." (KAFKA, Franz. *Parábolas e Fragmentos*. Tradução de Geir Campos. Rio de Janeiro: Philobiblion Editora Civilização Brasileira, 1956, p. 42.)

construído que sempre supre direções anteriormente marcadas, tão necessárias que se tornaram obsoletas.

VALE O QUE SE TEM: VITÓRIA DE PIRRO

É muito comum ouvir explicações acerca da marginalidade, do uso de drogas, da violência como sendo causados pela pobreza, pelas condições econômicas e educacionais sub-humanas ou precárias. As implicações dessa explicação, dessa visão, é que "ter" é o estruturante, o constituinte do humano. É verdade, sim, se apenas considerarmos o homem como um organismo.

Melhorar condições econômicas virou lema. As pessoas querem ter, e as que têm querem mostrar que têm. Tudo gira em torno do que se conseguiu: riqueza amealhada ou melhoria das condições de sobrevivência. As próprias reivindicações são contingentes, problemas geradores de novos problemas. Valorizar o ter sem questionar a coisificação, a alienação que isso implica, leva ao hiperconsumo, à sociedade do descartável. Somos escravos do que consumimos e produzimos, não faz diferença vender ou comprar, o horizonte temático é o mesmo: ter, mostrar, aparentar. A educação também foi transformada em bem de consumo: os certificados de doutorado e as certificações técnicas são fundamentais para construir carreiras bem-sucedidas financeiramente. Apresentação de currículo ficou mais importante que avaliação direta de qualidade profissional. Vale-se pelo que se tem e exibe: moradia, carro, roupas, cultura e até o próprio corpo. O corpo escondido existe pelas grifes usadas e tatuagens exibidas. Empenho, esforço e expectativa. Querendo e tendo se é feliz. Não tendo se é invisível, nulidade, infeliz. Nessa visão são vitoriosos os que conseguem ter. Triste vitória. Vitória de Pirro.

HEDONISMO ALIENANTE: DESEJOS E BARGANHAS

Tudo o que se quer ou que não se quer é passível de ser desejado ou rejeitado pelo outro. Esse é um dos contextos em que as trocas e relacionamentos ocorrem. A comercialização de bens e de mercadorias é sempre uma troca, geralmente viabilizada pelo dinheiro. A moeda, os padrões de aquisição permitem a circulação de produtos e ideias nas sociedades.

A comercialização foi ampliada, atingindo também os relacionamentos humanos. É cada vez mais frequente trocar afetos e experiências sexuais, transformá-las em objeto de consumo, cujo preço varia em função de habilidades e enganos admitidos. É uma prática existente no dia a dia das sociedades, evidente entre prostitutas e michês, menos explícita ou não rotulada em outros relacionamentos. Muitos casamentos, uniões estáveis, amizades inabaláveis e compromissos seculares são acertos estabelecidos em barganhas não explicitadas.

O mundo moderno, no século XXI, facilita o que antes era problemático, quebra tabus, mas possibilita distorções: o prazer e o desejo podem ser realizados em uma rápida discagem ou digitação, conseguindo o que se precisa, na hora que se quer. Essa facilitação, frequentemente, impede a vivência autêntica, a vivência legítima. Tudo é produzido, até mesmo o desejo. Ao indivíduo só resta administrar e criar recursos: desde o dinheiro às motivações para ter desejos e realizá-los. São máquinas desejantes, como falavam Guattari e Deleuze, só que não mais resultantes de traumas e experiências anteriores, mas sim guiadas por selos de garantia, slogans de felicidade, de liberdade sem preconceitos. Esses paraísos anunciados criam demandas, motivam. Os protagonistas não são apenas os considerados pervertidos, são, principalmente, curiosos motivados por ter experiências sem continuidade, sem compromisso, quase anônimas, apenas marcadas por prazer, nas quais o outro é transformado em um objeto, um produto a ser consumido, mesmo que isso implique em sua destruição após descarte.

O ser humano conseguiu encurtar a distância entre a fonte de produção e o consumo do produto ao virar ele próprio produto, produzido para produzir. Vivendo para o prazer que satisfaz, consequentemente apenas para realizar o que dá prazer, se autoconsome pelo posicionamento autorreferenciado, criado pela perda da dinâmica, pela inexistência do outro, reduzido a uma única dimensão: fonte de prazer. É o equivalente da síndrome autoimune, na qual o próprio organismo se devora. Mercantilizar afetos, negociar relacionamentos e desejar satisfação é paradoxal, esvazia a própria barganha, cria autômatos dependentes do outro, assim como automatizados dependentes da aleatória cotação de mercadorias: qualquer coisa serve e torna-se necessária. Uniões que acontecem em função de acertos são, por definição, contingentes e, consequentemente, flutuantes. Assim, para mantê-las, surge a necessidade de contratos, compromissos e ilusões. É uma perversão que também cria pontos de resistência, por exemplo: esperar consideração, esperar ter prazeres no que é dado, no que é disponibilizado, mesmo que tudo seja realizado através de engano. Entrar nesse processo requer constante verificação, requer garantias para assegurar novas barganhas; não há liberdade, não há amor, só existe ansiedade e compromisso.

Não se pode dar o que não se tem, não se pode ligar quando não existem elos, não é possível continuidade na dispersão, não é possível humanidade quando esta foi perdida nas trocas aliviantes, nas sedações alienantes dos desejos e possibilidades. É o império da automação, que dirige a maneira alienada e coisificada de se situar em relação ao outro. As drogas lícitas e ilícitas, as dependências afetivas, as insatisfações sexuais, o medo e o desespero são os sintomas resultantes e denunciadores de todo esse processo de desumanização.

ESTRUTURAÇÃO DE NECESSIDADES: DESLOCAMENTO DO VAZIO

Como organismo, nós, seres humanos, sobrevivemos ao realizar nossas funções vitais, tanto quanto ao superar e enfrentar o que as ameaça. Esse processo contínuo é avassalador, provoca realizações e frustrações, humaniza ao permitir transcendência dos limites, ou desumaniza, animaliza ao transformá-los em determinantes comportamentais.

O processo de humanização depende fundamentalmente da existência do outro, um outro que aceita o que está diante dele, ou seja: um ser humano com possibilidades infinitas e necessidades circunstanciadas à sua sobrevivência cotidiana. Esse simples, efetivo e evidente momento (encontrar o outro e ser por ele encontrado) é crucial, definitivo para a estruturação de aceitação ou de não aceitação, com suas decorrências de disponibilidade (abertura para o que acontece) ou de vazio (fechamento em função de seus referenciais de sobrevivência).

Ser aceito pelo que é ou pelo que pode ser ou não deve ser determina processos diferentes. Filhos e filhas, por exemplo, ao serem percebidos como entrave ou como saída para as próprias limitações e cogitações, são transformados em instrumentos, coisas que podem ser utilizadas para melhorar, para a realização dos próprios sonhos ou, por outro lado, como coisas que urgentemente precisam ser destruídas, doadas, negadas — não se quer aquilo, é o fruto despropositado. Às vezes se é percebido como estorvo indesejado e corporificado, e, então, é isso que se é. Essa configuração perceptiva — relacional — estabelece consistência, mesmo que aparentemente desagradável diante do que se imagina ser o filho, o novo ser.

Perceber o estar sozinho definitivamente constrói autonomia, mas também pode destruir as possibilidades de autonomia pelo desenrolar constante de atitudes omissas, medrosas, carentes e mendicantes, gerando a submissão, o aceitar ser coisa que merece chutes e esmolas e assim sobreviver. Frequentemente a vivência de ser rejeitado e desconsiderado pelo outro — mãe, pai ou pelos nichos sociais nos quais não se encaixa — cria observadores que aprendem como agradar, como sobreviver, como dar certo. São instruídos e emocionam as famílias no dia da formatura ou no dia do casamento, por exemplo. Quando vencedores, transformam tudo em pódio, estruturam suas motivações para conseguir, para vencer. Esse oportunismo, essa excelência de atitudes, de adequação e adaptação, cria as autoridades, mestres nas gavetinhas do saber fragmentado, administrado e guardado. É a transformação da possibilidade em necessidade. O indivíduo é desumanizado nesse processo, mas adquiriu condição de se fantasiar de humano. A aparência, a máscara, tudo consegue ornar. Desse modo também se desloca o vazio, pois tudo que se sente, tudo que motiva e empolga resulta do que se tem, do que se consegue, do que se amealha. Esse processo esvazia, visto que é por meio dos polarizantes do bom resultado, futuro e passado garantidos e gratificados, que tudo se percebe, discrimina e satisfaz ou frustra. Pelo reflexo se configura o existente, pelo resultado se determina a validade da ação, do existir, e assim se preenche o vazio, com suas características plataformas de inveja, medo, raiva, apego, dedicação ferrenha e comprometimento com o que constrói seu poder e proteção. Dedicando-se à satisfação de suas necessidades de sobrevivência, o ser humano dorme, bebe, come e se multiplica em inúmeros filhos, que são iguais, opacos e semelhantes a ele próprio.

Estruturar a vida e relacionamentos em função de resultados, evitando fracassos e atingindo sucessos, esvazia.

EXPECTATIVAS

As expectativas são fontes geradoras de medo mesmo quando o esperado é bom e desejado. Temer o que pode acontecer de ruim, ter medo da morte, por exemplo, é uma expectativa na qual o espectro do ruim se impõe, mas a expectativa do desejado, a festa de formatura e outros desejos, pode também criar medo e apreensão. Toda meta esvazia, todo vazio desumaniza, cria espaços de não ser, responsável por temor.

Frequentemente as expectativas não são contidas pelos próprios limites do corpo. É comum saber dos infartos, acidentes e outros problemas físicos às vésperas da realização do grande sonho, dos casamentos próprios ou dos filhos, por exemplo. A expectativa aponta sempre para caminhos divididos: o que é bom e o que não é. Ter expectativa é ser direcionado para avaliar e esperar, e isso cria tensão e mal-estar. Esperar que tudo dê certo é aniquilado pela homogeneização perceptiva — desaparece qualquer motivação, resta apenas conferir. Quando as expectativas ainda comportam dúvidas, mais aniquilantes se tornam, pois requerem divisão para serem suportadas. A inutilidade e o despropósito criam pântanos preenchidos por dúvida, insegurança e medo. Lançar-se em confronto e tirar os pés do chão é jogar-se no não existente. Essa falta de dimensão e referenciais nadifica.

Kierkegaard, no seu livro *Temor e Tremor* (1843);[115] Heidegger, em *Chemins qui ne mènent nulle part* (1950) [*Caminhos de floresta*];[116] ou Álvaro de Campos (Fernando Pessoa), no seu poema "Tabacaria" (1933),[117] expressam bem a alienação e desespero criados pelas expectativas.

---

115   KIERKEGAARD, Sören Aabye. *Temor e Tremor* (Coleção os Pensadores). Tradução Maria José Marinho. São Paulo: Abril Cultural, 1979.
116   HEIDEGGER, Martin. *Caminhos de Floresta*. 3 ed. Lisboa: Editora Calouste, 2024.
117   PESSOA, Fernando (Álvaro de Campos). *Tabacaria. In: Revista Presença*, Folha de Arte e Crítica, n. 39, Coimbra, 1933.

Sociedades movidas por políticas manipulativas e demagógicas cada vez mais estruturam alienação em seus membros ao manter as expectativas de melhores dias. É próprio das ditaduras e das democracias forjadas a construção da expectativa de futuro melhor, tanto quanto do sacrifício recompensado. A crença em um além de ou além daqui é também um provedor/solucionador de expectativas e frustrações.

PREOCUPAÇÃO X OCUPAÇÃO

A preocupação é uma vivência do não presente, é uma antecipação da ocupação. Ocupar-se de é relacionar-se com algo existente. Em geral, o indivíduo, em vez de se ocupar com os próprios problemas, se preocupa com os sintomas que os encobrem como se os problemas não existissem. Assim, se torna preocupado com a velhice, com a conquista de um emprego valorizado, com o desempenho profissional, com relacionamentos garantidos e seguros, com o desenvolvimento dos filhos, com a aparência física e a imagem social, com os sintomas que surpreendem, em vez de deter-se na problemática da qual tais preocupações são decorrentes. Ocupar-se da própria problemática e não de como ela aparece possibilita a vivência do presente.

Preocupar-se com imagens e com sintomas esvazia e desumaniza por transformar o outro no testemunho circunstancial do fracasso ou do sucesso. Isso faz perder autonomia, transforma os referenciais relacionais em sinalização de apreço ou desapreço, consideração ou desconsideração, aceitação ou não aceitação. Decorrente desse funcionamento fragmentado, já não se sabe se o que se sente é o que se sente, se o percebido ou pensado é real ou imaginado, desejado ou temido. Nessa constante dúvida, a necessidade de avaliação e controle se impõe. Cheio de preocupação, antecipação e ansiedade, paira acima do que acontece, sendo impossível viver o presente. Saber o que os outros estão pensando a respeito de si, saber se agrada ou desagrada, se é aceito ou não, é o que importa. A contabilização, a permanente verificação de resultados conseguidos e de empreendimentos realizados e a realizar gera uma rede administrada de empenhos e negociações. O domínio do que acontece é mais importante do que o que acontece. Das perdas ao luto, do ganho às vitórias, tudo deve estar sob controle. Eliminar o que atrapalha ou tira do sério é valorizado como adequação e eficiência. Esse gerenciamento de aparência e imagem é o controle dos sintomas. Não importa o problema, o que importa é que ele não apareça, não atrapalhe.

Ter febre e esfriá-la sem ver que ela geralmente indica uma infecção ou algum transtorno orgânico é comum no imediatismo gerado pelas vivências pontualizadas. Ignorar, não ser treinado educacionalmente gera imediatismo, ansiedade que logo se converte em limites que podem ser aceitos e transformar ou, não sendo aceitos, estabelecem uma maneira de ser e fazer continuamente fragmentada. Preocupação e ansiedade andam juntas, transformam o cotidiano em uma arena na qual tem que se vencer ou fugir para não morrer, fazendo com que se funcione como máquinas tops de linha ou defasadas e obsoletas. O funcionamento como objetivo e meta desestrutura. O ser humano é uma estrutura relacional que, ao se pontualizar no exercício de funções e resultados, minimiza suas possibilidades e maximiza suas necessidades.

COVARDIA

O resultado da avaliação e omissão em uma estrutura autorreferenciada é a covardia. Quando se está travado pelas conveniências, decisão e tomada de posição não existem. Medo e covardia são, usualmente, considerados sinônimos. É como se a omissão (o medo) fosse ampliada pela conveniência. Avaliar lucros e perdas faz com que o indivíduo se retire da situação vivenciada. Muitas vezes essa retirada só é conseguida pelas mentiras, falsidades e hipocrisia. Não querer enfrentar uma situação faz com que sejam utilizados vários expedientes, clichês sociais como "não se meter na vida alheia", "evitar denunciar" ou em determinadas situações "é melhor denunciar", "ninguém sabe o que vai acontecer".

Delatores, assim como indivíduos discretos que jamais interferem, são alguns dos covardes escondidos sob o politicamente correto ou o comunitariamente necessário. Quanto maior o autorreferenciamento, quanto mais estiver a vida focada na realização de necessidades contingentes, maior a valorização do que é conveniente, maior a avaliação de lucro e prejuízo, assim como da vida protegida pelo nicho da hipocrisia, medo e covardia. Sem atitude solidária, as pessoas dedicam-se à realização das próprias demandas, que estão escondidas nas conivências e conveniências consideradas necessárias à manutenção da boa ordem, do bem-estar, do equilíbrio, dos compromissos satisfatórios e alimentadores. Ser covarde é não ter condição de estar no mundo com o outro, é o resultado do exílio exercido pela garantia da isenção diante do questionante.

Dos comportamentos reinantes, desde os encontrados nos regimes de exceção (ditadura brasileira e o "inocente útil", por exemplo) às denúncias e silêncios impostos pelas quadrilhas, gangues e máfias instauradoras de violência e devastação, temos a covardia como uma constante. Comunidades, congregações, agremiações, inclusive religiosas, subsistem graças à manutenção de subordinação às regras estabelecidas, jamais questionadas, e por isso mesmo são ninhos protetores de mentiras, incestos, apropriações, fraudes e atitudes escusas mantidas pela submissão covarde aos poderes de suas lideranças. A conivência e a cumplicidade são também geradas pela covardia — muitos lares ou famílias se mantêm pela adaptação, pela covardia de fazer de conta, ignorando infidelidades e escândalos. Nessa atmosfera, ser covarde é ser adaptado, adequado, tanto quanto estar submetido ao que o desumaniza e infelicita. Salvar a própria pele ferindo e destruindo a alheia é também um dos aspectos do comportamento covarde.

PERDÃO

No cristianismo, perdoar é praticamente uma regra definidora do bom cristão, que tanto pede perdão constantemente (confissão e expiação dos pecados) quanto, mirando-se no Cristo, busca perdoar seus agressores sistematicamente.

Saindo do referencial cristão e popular, perdoar, sob o ponto de vista psicológico, é quase sinônimo de generosidade, nesse sentido é o oposto de mesquinharia. Mesquinho é o avaliador, aquele que tudo conta, considera, aproveita e não esquece. Limitada pelos referenciais do que beneficia, do que atrapalha, do que dá segurança ou pressiona, a vida é diminuída, amesquinhada; nenhum crescimento, desenvolvimento cultural ou expansão podem acontecer. Restringindo-se a esses parâmetros, tudo é avaliado e assim se vive. Nesse contexto de avaliação, ou se perdoa facilmente, quando perdoar não atrapalha nem prejudica, ou se contabiliza a situação e se torna implacável, jamais perdoando. O foco não é o outro, não é o perdão, mas sim evitar o que atrapalha. Nessa contabilidade, por definição pragmática, não existem resíduos, qualquer sobra é prejuízo, tudo é aproveitado, relações são vistas como investimento, ganho ou perda.

Perdoar é o ato generoso de ser com o outro, mesmo quando a única maneira disso ocorrer seja pela mobilidade relacional. Saindo dos próprios referenciais e contextualizando-se nos do outro, percebem-se as tessituras do considerado erro a ser perdoado. A magnanimidade de abrir mão dos próprios referenciais e atingir os do outro, por mais intransitáveis que sejam, é o início do processo responsável pelo perdão.

HIPOCRISIA

Mentiras e traições originam a hipocrisia, mas ela tem diferenciadores necessários: atitudes convenientes, solidárias, um fingimento constante. Como dizia Tartufo: "não há nenhum pecado se pecar em silêncio". Mentirosos e traidores, ao serem descobertos, desaparecem, metaforicamente são sementes que não geram frutos. Na hipocrisia, as benesses e colheitas prometidas são esperadas, disfarçar o evidente pelas mentiras e traições é o que a caracteriza, gerando frequentes situações enganosas. É como caminhar no gelo: sólido ou fragilmente inconsistente a depender da temperatura sazonal.

Ser enganado pelo que é familiar e confiável é demolidor: o sócio, o cônjuge que devagarinho tudo transfere para o próprio poder, o filho que se apodera de joias e bens para financiar vícios e desejos, o que se coloca como amigo, mas se esquiva quando solicitado, os exemplos são muitos. Hipócritas são melífluos, amigáveis e prestativos no desempenho de seus planos e disfarces. Na esfera social são os demagogos que tudo prometem para enganar seus adeptos. Nos regimes totalitários, hipócritas são os reféns do poder, são os espiões, os denunciadores, os governantes que lutam pela boa ordem e pela salvação de indivíduos criando campos de concentração, prisões e destruindo vidas, matando para não serem desmascarados, denunciados. Falsos ideólogos e falsos religiosos são acobertados pelos sistemas. Aparentar ser o que não se é e não ser o que se é representa constância na atitude hipócrita. Negociações e compromissos enriquecem o dia a dia desses seres.

Se desmonta a hipocrisia quando se questionam mentiras e traições, tanto quanto para montá-la é suficiente realizar sintonia com conveniências e inconveniências. As conivências, os ajustes, as associações, alianças e negociações com demandas desleais, mesmo que aparentemente inócuas, criam espaço para construir o empoderamento baseado em hipocrisia. Quando qualquer situação é transformada em sistema, a autonomia individual desaparece nas múltiplas e intrincadas leis que o formam. Quem aperta o botão pode ser o salvador ou o vilão. Ambos podem estar preparando mentiras e traições por meio de despistes e programas enganosos. O hipócrita gosta sempre de ser o cavaleiro das boas novas. O disfarce exige amplos espaços para ser construído e permitir realização. As instituições, com seus poderes, podem abrigá-lo satisfatoriamente. Grandes causas, assim como propósitos humanitários utilizados e advogados em função dos próprios desejos e não aceitações, abrigam, escondem e revelam hipócritas.

Ao nos determos na atitude hipócrita, entendemos por que os antigos falavam que quem mente, rouba, e, ainda, quem rouba, mata. Radicalismo exagerado, mas que apreende a configuração geradora da hipocrisia: disfarce de mentiras e traições para atingir resultados considerados necessários e fundamentais ao seu bem-estar, seja roubando, fingindo ou "queimando arquivos", vidas que podem denunciar seus crimes. A hipocrisia exercida pelo "dentro da lei" é também um de seus aspectos mais desumanizadores. Forjar situações é a maneira de transformar mentira e traição em lei e direito, conseguindo-se, assim, vantagens e concessões.

No âmbito psicológico, o hipócrita é o despersonalizado, o sobrevivente siderado pela realização de metas abolidoras de suas não aceitações. O problema começa ao se dividir entre o que vai trazer-lhe vantagens e o que o derrota. Ele se sente derrubado, mas também se sente um vencedor ao conseguir trilhar por um caminho que o levará a esconder e neutralizar suas não aceitações sociais, econômicas, biológicas, familiares. Dividido, parcializado, não fica em pé — arrasta-se para sobreviver e realizar seus desejos, mas sabe que só o consegue disfarçando as mentiras e traições feitas, realizando sua cissiparidade. Ambiguidade e inconsistência são suas permanentes atitudes, e essa hipocrisia (aparência, flexibilidade e adaptação) destrói lares, amizades, infiltra-se no trabalho, nas agremiações e se perde na contingência.

DISCERNIMENTO

É difícil existir discernimento quando se está preso ao passado (a priori) ou ao futuro (expectativas e metas). Todos os processos e evidências são nivelados em função do que se deseja e, assim, separar o joio do trigo fica impossível, pois a homogeneização é feita percebendo ambos como plantas que alimentam.

Transformar problemas em justificativas é uma maneira de validar a submissão e acomodação ao que impede liberdade e crescimento. Manter as "válvulas de escape", o uso do outro, as mentiras viabilizadoras de sucesso, por exemplo, gera hábitos, vícios que solapam o discernimento. Sucesso a qualquer preço cria teias, armações necessárias à consecução do planejado. Vivendo para o futuro, as avaliações e cogitações se referem sempre ao que ajuda ou atrapalha, tanto quanto transforma o apoio anterior em obstáculo que agora deve ser ultrapassado. Cumplicidades e acertos são estabelecidos. Nessas estratégias se perde coerência e continuidade. A flexibilidade é transformada em rigidez, em tenacidade para obter o necessário, a peça mínima e fundamental para o álibi que cria obcecados.

Preocupados em realizar planos, os indivíduos tendem a desconsiderar o que não é favorável à concretização de seus propósitos. A impermanência dos processos aponta sempre para a mudança, mas isso cria desespero quando se está agarrado ao "tem que acontecer como eu planejei". A constatação de estar sendo superado, ultrapassado ou levado pela corrente é assustadora e apenas se percebe que os sonhos estão sendo roubados, ameaçados pela vida. Ilhado pela depressão, pontuado pelos fracassos a evitar e vitórias a obter, o indivíduo não sabe o que fazer. Tudo que parecia bem já não o é, as certezas se convertem em dúvidas. Medo, angústia e ansiedade surgem e sequer são percebidos. Não há discernimento, apenas constatação de perda, abandono e solidão. Mesmo nesse momento ele não percebe o que ocorre, se sente perseguido, ameaçado, privado de tudo que tinha direito.

Perceber tanto diferenças quanto igualdades é necessário para conviver, para ultrapassar os limites de receitas e regras de sucesso e realização. A homogeneização gerada pelas necessidades antagoniza-se com a realização da possibilidade de estar no mundo com os outros. Cumplicidade não é solidariedade, segurança não é autonomia, omissão não é aceitação de limites e dificuldades. Assistir ou propiciar ajuda pode ser a forma de manter o outro submetido às estruturas alienantes. Estimular andanças e caminhadas à beira do abismo é destruidor, principalmente quando se alega, como álibi redentor, o não saber do perigo.

É necessário liberdade para ser com o outro, para não viver em função de imagens aceitáveis e manutenção de biombos que escondem o que se considera escuso e inaceitável. Discernir é exercer liberdade, é globalizar contradições, e isso é impossível quando se está comprometido, preso às estratégias, às regras dos jogos que podem possibilitar conquistas.

O SER QUE É NÃO SER

Nas sociedades, famílias e grupos nos quais as diferenças não são acatadas e aceitas, é criada uma série de graduações e maneiras de lidar com o díspar. São ferramentas próprias para aplainar diferenças, aparar farpas, são bitolas mais amplas ou mais estreitas. Essas atitudes ficam refletidas na linguagem cotidiana, das ruas às academias, das salas de jantar ao noticiário de TV, quando ouvimos: "o índio ideal é o índio um pouco civilizado, consequentemente o índio que não é índio mesmo", "o pobre educado e gentil é perfeito, é o pobre que não é pobre mesmo". Tudo isso nos lembra o antigo dito escravocrata "negro de alma branca" e a ideia do bom selvagem (visão colonialista e etnocêntrica).

Graduações são sempre baseadas em referências de completo/incompleto, inteiro/dividido, implicitamente bom, ruim, verdadeiro, falso. A pureza alegada, a construção "índio mesmo", por exemplo, é uma rotulação que impede contato.

Quando se é, se é inteiro, igual a si mesmo, não há avaliação, comparação, graduação. Não respeitar o indivíduo é sempre necessário quando se quer colonizar e destruir. O inteiro que não quebra, que não se fragmenta, é insuportável, não pode ser cooptado e utilizado.

Do ponto de vista psicológico, aspectos étnicos, sociais e econômicos não configuram individualidades, apenas são condições, contingências do estar no mundo, significando enquanto valores admitidos e engendrados pelos sistemas para catalogar e desumanizar. Por isso a separação entre fechado em si mesmo (índio mesmo) ou aberto às manipulações, aos acordos e às negociações. As demagogias e políticas criam grupos coesos, apresentam pontualizações de resistência que apenas servem para diluir as próprias conformidades restritivas em parcializações.

É preciso evitar que se chegue ao "ser humano mesmo", o que vai supor a existência de androides e humanoides.

USURPAR, PLAGIAR

Apoderar-se do que é do outro sob a forma de plágio, roubo ou concordância utilizadora é uma maneira desesperada de tentar ser o que não se é, de conseguir um brilho para realce do que se considera fosco, desprezível e inaceitável: a falta de inventividade, a falta de originalidade, o não perder oportunidades de se afirmar e significar positivamente.

A não aceitação de si gera metas, desejos e objetivos de ser aceito, de ser considerado, de significar algo para alguém ou para a sociedade. Aceitar o que se considera inaceitável é um caminho de mudança, mas querer que esse inaceitável seja camuflado, escondido pela utilização do que é do outro é usurpação, é disfarçar as próprias dificuldades e incapacidades. Plagiar, roubar para aparentar, para esconder o que considera incapacidade é um duplo atentado: ao outro e a si mesmo.

Na ganância de dinheiro, títulos e conhecimento, as pessoas se fantasiam, mentem, se colocam como capazes/incapazes, se transvestem em líderes, em conhecedores, pensadores e executores de obras anteriormente concebidas por outros. Usurpar é enganar, tanto quanto é destruir processos históricos e relacionais.

Ao apoderar-se de pensamentos, vivências e bens dos outros, descontinuam-se contextos nos quais estavam situadas e estruturadas essas vivências, pensamentos e objetos. Tentar ser o outro para com isso legitimar as coisas usurpadas, é um recurso que faz efeito, mas que também gera imprecisão, pois cria contradições a todo instante. O copiado, ao ser enxertado, gera descontinuidade, cria impermanência flagrante ou sutilmente percebida, e ao longo do tempo tudo se perde, o que fica são clichês, atitudes e comportamentos que nada explicam. Quando se trata de objetos, terras e contas bancárias, o que é usurpado, embora signifique, também condena e expõe o usurpador, daí só poder ser mantido como números e papéis.

Usurpar e plagiar é criar verdades para o outro que são mentiras para si mesmo. Essa contradição gera tensão e medo, neutralizá-los passa a ser o objetivo. Por isso contradições não são vivenciadas pelos usurpadores, elas são neutralizadas, diluídas, transformadas em solo sobre o qual se pisa e realizam os deslizamentos de mentiras, desonestidades e enganos.

STALKER: PERSEGUIÇÕES CONSTANTES

As redes sociais, a mídia e os grandes espetáculos apresentam ídolos, apresentam celebridades e também evidenciam as trilhas, os caminhos para tentar atingi-los quando visados por pessoas obsessivas ou referenciadas em metas de sucesso e realização. Nesse último caso, imersos em suas próprias frustrações e insatisfações, certos indivíduos supõem que, se conseguirem atingir pessoas de sucesso, serão também conhecidos, ficarão famosos.

Fã-clubes eram comuns em tempos passados e em escala menor realizavam o desejo de contato com um ídolo, vivenciando esse contato como homenagem e reverência. A motivação principal era a expressão do carinho, apoiada na necessidade de contornar carências insatisfeitas, se quisermos vislumbrar algum dimensionante psicológico.

O contato obsessivo, repetitivo, indesejado, não consentido, enfim, o assédio resultante de obsessão e fixação e que, consequentemente, causa na vítima de desconforto a medo e tensão é o conhecido *stalking*, bastante diferente do contato do fã. O *stalker* ameaça, é perigoso, pode se tornar violento, invade a privacidade, interpreta tudo como sinal de comunicação consigo, obriga a vítima de sua fixação a relacionar-se com ele, mesmo que seja pelo medo e pela obrigatoriedade da mudança de hábitos voltados à segurança e estabilidade emocional. Não só os famosos são vítimas de perseguições obsessivas. As estatísticas internacionais identificam as mulheres como as maiores vítimas de *stalkers*, a grande maioria seus ex-parceiros, mas também podendo ser amigos, colegas de trabalho ou mesmo desconhecidos. Homens vítimas estão em número bem menor. A caçada e o acuamento é o que motiva indivíduos obsessivos, vazios, autorreferenciados, e essa atitude de constante perseguição a celebridades, ou a pessoas comuns, cria verdadeira violência e invasão de privacidade. Tudo é feito no sentido de atingir, por bem ou por mal, o buscado, a pessoa perseguida, e obrigá-la a um relacionamento. Com a facilidade tecnológica lançam mão de e-mails, mensagens de WhatsApp, mensagens abusivas, envio de presentes e também do assédio presencial. Sem limites, tudo é definido por perseguir e vencer, e violência e agressões são frequentes. Boatos, bullying, *trollagem* e efusivas manifestações de afeto e apreço coexistem nesses cenários. Volta e meia, suicídio como última tentativa de atingir sua vítima, assim como ciladas e emboscadas de morte, são noticiados.

O perseguidor constante é a nova figura ampliada pela utilização das amplas redes e trilhas relacionais, quando o que se deseja, quando o motivante é preencher o vazio com a fabricação de uma nova personalidade, de um novo perfil, ou através da mesma roupagem criada pelo que é dado ou oferecido pela pessoa comum ou pela celebridade perseguida. Constitui-se o *stalker* pelo que ele persegue e, assim, destruindo o mito buscado, ele encontra seu próprio vazio e suas não aceitações camufladas, disfarçadas pela apropriação feita de pedaços alheios, diferentes dos próprios resíduos fragmentados e não aceitos, consequentemente despersonalizantes. Para ele, os pontos de referência mudam, já não é o zé-ninguém ou a Maria vai com as outras, ele é o amigo do mais célebre jogador de futebol ou o responsável pela briga com a superfamosa celebridade, ou ainda, em seu autorreferenciamento, já não é um ser solitário e isolado, mas sim um amante desejado.

Os paparazzi também podem ser considerados *stalkers*, embora acalmados pela confluência pecuniária, pelo objetivo de ganhar dinheiro que os caracteriza. O que os acalma, esse ganho, é também o que gera muita ansiedade e ambição quando querem mais e, desse modo, quando não conseguem, chantageiam. Esses comportamentos, essas perseguições caracterizam insatisfação, frustração, desespero e maldades, e são causadores de grandes males como insegurança, medo, violência, intranquilidade e desarmonia.

Stalking, em vários países, é objeto do Direito Penal, é crime, mas, independentemente das nuances e reveses da lei, suas vítimas geralmente passam anos de tensão, medo e angústia, necessitando também de acompanhamento psicoterapêutico. As agressões psicológicas a que são sujeitas podem se tornar irreparáveis. Várias situações equivalentes a essa, diversas inadequações e problemáticas sociais sempre existiram, "nada é novo debaixo do sol", já dizia Salomão, mas também dizia Heráclito: "as águas do rio que o homem se banha nunca são as mesmas". Tudo depende dos contextos, nesse caso, plataformas e mídias de acesso.

URGÊNCIA

Acidentes são insinuados ou, às vezes, são alheios e estranhos, ocorrendo em estruturas que não os engendraram. O inesperado, quando não resulta de contextos responsáveis por seu aparecimento, surpreende e pode gerar urgência em relação ao que ocorre. Urgências relacionais geradas, por exemplo, pelo susto de descobrir a filha grávida, o filho drogado, o marido vivendo com a melhor amiga criam desespero, um motor para a ansiedade, também acionador de depressão ou raiva. A solidez e as certezas se desfazem, surgem buracos, vazios, abismos a serem transpostos participando do que emergiu, do novo avassalador e destruidor da confiança. Neste contexto, entender e ao mesmo tempo ter pressa são situações díspares, mas têm um ponto em comum: são geradas pela urgência, pela quebra do estabelecido.

Catástrofes naturais, sublevações sociais e guerras são também urgências, contextos específicos que obrigam abandono, solidariedade, pressa e ações repentinas.

Nas urgências, pressa e ansiedade se confundem, entretanto diferem ao serem confrontadas com seus estruturantes. A pressa é desencadeada em relação ao dado, ao que ocorre, enquanto a ansiedade é um prévio que abriga e contém o que ocorre. Vetor e receptáculo estabelecem diferenças. Na ansiedade, surgem posicionamentos usados como trampolim para avaliação e superação dos acontecimentos; esses posicionamentos impedem ação espontânea, são movimentos comprometidos, inadequados para enfrentar as variações e vicissitudes das novas situações, das dinâmicas agora surpreendentes. Medos e ganâncias criados pelas atitudes ansiosas funcionam como blindagens diante do inesperado, impedem participação e solidariedade.

Vivenciar o que ocorre, o que gera urgência com disponibilidade e aceitação é estruturante de transcendência, solidariedade e questionamentos. A urgência em transpor obstáculos, neles se apoiando, é o *turning point*, o pulo do gato necessário à transcendência de referenciais obsoletos e defasados; é a crise que gera mudança, é a avalanche que destrói paisagens, é a participação no que está acontecendo.

INTIMIDAÇÃO

Intimidar o outro é coagir, aproveitando os espaços vazios criados pelo medo, pela falta de determinação. Inseguros, apoiados no que oprime, criam fragmentações responsáveis por descontinuidades, e estes intervalos geralmente são preenchidos por significados advindos de contextos estranhos ao que se está vivenciando. Premonições, intuições, sinais e avisos passam a ser os configurantes relacionais. Referenciados pelo que pode acontecer ou pelo que aconteceu, esvaziam o presente, fugindo de tudo que ameaça e, assim, tornam-se cada vez mais passíveis de ser intimidados. O medo — omissão — é pregnante e, consequentemente, participação, motivação e individualidade estão submersas, comprometidas.

O medo de ser surpreendido por descobertas de erros e de situações comprometedoras, por exemplo, gera angústia. Sempre na expectativa de ser desmascarado, se vive intimidado. Qualquer situação pode revelar o que se esconde. A vivência do medo é constante: é a omissão caracterizadora, paralisante, é o comportamento dirigido e mantido por adequações e inadequações. Esses parâmetros, frequentemente vivenciados como sucesso ou fracasso, transformam tudo que está em volta em vivência intimidadora; o insinuado é visto como denso e objetivo, invade-se o existente, acrescentando ao mesmo situações alheias ao seu processo, dificultando o entendimento, a clareza sobre os acontecimentos; vive-se ameaçado, tudo pode intimar. Os exemplos dessa situação são inúmeros, tanto na esfera privada quanto na pública: nos relacionamentos extraconjugais, nos comportamentos reprimidos e proibidos pelas famílias ou por instituições (religiosas ou mundanas), nas imagens construídas para camuflar não aceitações, nas vivências de discriminação etc., qualquer menção aleatória ao que se esconde reveste-se de significados, torna-se sinal, ameaça e intimidação. O presente é solapado, invadido por inserções e acréscimos, sinalizações que indicam direções, mas impedem caminhos.

E quando somos vítimas de violência, chantagens, injustiças, por exemplo? Reagimos vivenciando o que acontece ou colapsamos, nos omitimos. Ao participar do que está ocorrendo não somos intimidados, conseguimos aceitar o inesperado trágico, permanecemos presentes diante do súbito desestruturador.

Criar novas configurações neutralizadoras das existentes é a única maneira de romper o massacre do apoio, a alienação das aderências transformadoras do ser humano em objeto, foco de ações intimidadoras, seja na família, seja na sociedade.

EXPERIÊNCIA

Uma ideia compartilhada por inúmeras pessoas é a de que a experiência traz serenidade, discernimento e acerto. Nem sempre "a voz do povo é a voz de Deus" como se pensa, ou poucas vezes a maioria expressa e distingue as tessituras que estruturam o comportamento. Experiência é acúmulo de vivências formadoras de matrizes. Se por um lado isso fala dos processos que permitem conhecimento, discernimento, por outro lado, explica a força do a priori, a força dos preconceitos. O encaixe dos acontecimentos no lastro, no tabuleiro do vivenciado é o criador de padrões e regras, como sempre defasadas em relação ao que está ocorrendo. Adquirir experiência geralmente é acúmulo na vivência autorreferenciada. O autorreferenciamento, que contém e reserva essas vivências, é responsável por parcializações e dogmas. Amealha-se experiência e, assim, começa-se a conhecer, entender e perceber tudo que ocorre. O antes se torna significante para entender o agora e preparar-se para o depois. Os indivíduos experientes são dogmáticos, ressabiados, precavidos e aptos a resolver o que acontece. Esse respaldo da vivência — a experiência — cria divisórias insignificantes para conter e explicar o novo, o que ocorre no presente, e assim se constrói a luta diária entre pais e filhos, entre experientes e iniciantes. A experiência como aprendizagem é um processo repetitivo que tranquiliza, gera acerto, mas boicota o inesperado, o criativo.

Amplidão de possibilidades, entendimento e conhecimento só existe quando resulta de disponibilidade, de perceber o que ocorre enquanto está ocorrendo. Isso não é experiência, é relacionamento resultante da apreensão do que está acontecendo, é o insight, a constatação do percebido com suas direções configuradoras. O bom de hoje não necessariamente será o bom de amanhã, tanto quanto não o foi o de ontem. Valores preenchem demandas e necessidades, porém não significam enquanto disponibilidade, embora até permitam tolerância e compreensão. Experientes são tolerantes/intolerantes, compreensivos/incompreensivos, conhecem atalhos e simplificam, parcializando fenômenos. Ser experiente é ter acúmulo de vivências, histórias que são sempre defasadas e obsoletas quando a elas se recorre. A experiência é apenas um arquivo útil/inútil. Catalogação e referências mapeiam a vivência do experiente e isso é uma sobreposição aos acontecimentos quando usada como ponto de partida para o entendimento do que ocorre. Os movimentos de convergência gerados pela experiência sinalizam autorreferenciamento danoso para os relacionamentos, para a percepção do presente.

Muitas vezes a disponibilidade é destruída ao se satisfazer com o bem-estar proporcionado pela convivência com pessoas experientes, que tudo resolvem e sabem dentro de seus adequados e confortáveis referenciais, frequentemente neutralizadores de ansiedade e medo, mas também neutralizadores da continuidade, da possibilidade de mudança e novidade.

Quando a experiência se torna o contexto por meio do qual conflitos e discordâncias são resolvidas, tudo é amortecido, neutralizado por situações alheias aos acontecimentos. Surgem acordos, dependências e valorização do aderente considerado necessário e útil. Valorizar a experiência, seja de homens, seja de mulheres, de profissionais ou amigos, é uma maneira de transformá-los em objetos úteis e necessários.

A experiência, quando transcendida, deixa de ser um posicionamento sempre gerador de conhecimento autorreferenciado. Ao questionar o que se percebe, ao questionar as experiências que suportam e mantém repertórios de comportamento, vitalizam-se certezas e dúvidas. A experiência questionada é o que permite disponibilidade. O importante é estar sem divisões e dedicado ao que se faz. Essa é a verdadeira experiência que permite mudanças.

DESLOCAMENTOS E PÂNICOS

A ansiedade se caracteriza pela atividade repetida irrefreável, que vai desde o pensar, repensar, pensar de novo até agir, andar de um lado para o outro, fazer, refazer, antecipar ações, sem saber o que ocorre. Impedindo concentração e continuidade, a ansiedade desestrutura o indivíduo. É exatamente por causa dessa desestruturação que ela é bem-vinda, por mais estranha que essa afirmação pareça.

Estar ansioso é não perceber as não aceitações, os medos, as culpas e os conflitos. Na dinâmica psicológica tudo é globalizado enquanto interação, mas ela não é percebida quando surgem os curtos-circuitos, tal como acontece na ansiedade. Deter-se na ansiedade, estar nela posicionado, cria outros deslocamentos, o pânico, por exemplo. Não saber como agir, estar submetido ao turbilhão de dúvidas e demandas posiciona o indivíduo, e neste momento, o pânico aparece.

O pânico, como deslocamento da ansiedade, é um ponto de segurança, permite que, detendo-se nos sintomas desconfortáveis e incômodos, a pessoa se situe e consiga ter indicações para funcionar, nem que sejam as de como evitar o acréscimo do pânico. Os estados anteriores de ansiedade, a aceleração constante impedem quaisquer paradas, não dando sequer brechas para se deter, se organizar em relação ao que acontece. Falta de sono, sensação de parada respiratória e cardíaca são, então, amenizadas: o pânico cria o *delay*, uma extensão de sintomas que possibilita cuidados. Entender o pânico como deslocamento de ansiedade é uma forma de globalizar os estados ansiosos e, assim, modificá-los.

O medo de fracassar, de não atingir e cumprir o necessário, faz com que o indivíduo se pressione, se exija. Esse processo divide, e na continuidade essa divisão fragmenta, surgindo os sobressaltos, a descontinuidade, a falta de concentração, o vazio constante da ansiedade. Entrar em pânico, nele cair, é como se fosse um oásis em relação aos estados ansiosos. O pânico é a pausa do estado ansioso, é a ansiedade posicionada, pois obriga o indivíduo a se deter, sendo, consequentemente, tranquilizador. Essa parada aflige, mas substitui o desespero da ansiedade, a angústia obriga a mudar comportamentos, a perceber os próprios problemas.

Infelizmente essa situação, que possibilita inúmeros questionamentos, é camuflada, tratada com remédios, que apenas conseguem dopar, minimizar mal-estar, minimizar sintomas. Esses sintomas contidos e "tratados" posteriormente fazem aparecer as depressões, resultado da não aceitação deslocada e comprometida com o alcance sistemático de metas e desejos. O pânico é uma maneira de dizer, de gritar: "me faça parar, me faça perceber e me deter em meus problemas, em minha alienação e concessões".

O MEDO DA MORTE

Ao antecipar o futuro, ao continuar as implicações do que ocorre caminha-se para abismos, pois não há terra onde caminhar. No seu processo de vida o indivíduo descobre que existem finais. A morte, o cessar da vida, é um desses finais comuns a todos os humanos. Esse conhecimento é tão simples e completo quanto saber que se é um corpo, um organismo constituído de células, tecidos, órgãos, que se mora em uma cidade, que se tem uma família. É uma informação, um referencial. Certos acontecimentos, e o passar do tempo, tornam relevante e pregnante a constituição finita do humano. A dramaticidade ou não dessa pregnância depende de quem, como e quando é vivenciada. Os limites, a doença, a idade, a época, a pandemia, a guerra tornam muito próximo esse referencial, sempre percebido como condição humana, embora distante. Quanto mais próxima a possibilidade de morrer, maior a aceitação ou a não aceitação, menor ou maior o medo da morte. A morte, quando vista como decorrência do processo de vida, é aceita. Quando não é assim percebida, ela é rejeitada, temida.

Quando morrer é percebido como o que faz parte da vida, temos o processo configurado em toda a sua dinâmica, e essa configuração de totalidades humaniza. Quando a morte é vista como corte, como final, como nada mais resta, tudo acabou, ela é percebida como abrupta, alheia à vida. Nesse contexto ela é temida, tudo se faz para adiá-la, até mesmo não viver, como faz o hipocondríaco que pensa que só a morte cura a doença.

Acreditar em outra vida, na eternidade do espírito, é uma maneira de negar a morte. Não há vida eterna, e mesmo que houvesse, não seria vivenciada pelo indivíduo que morre; outras esferas estariam existindo, nas quais a morte não é mais ela. Assim, acreditar na vida eterna é uma maneira de negar a morte e, consequentemente, a vida. O importante do morrer é que não sabemos quando isso está ocorrendo, nesse sentido nunca morremos, salvo por antecipação: pelo medo, pela aflição que dificulta a vida. Somos eternos se vivermos no presente, mesmo quando imersos em aflição e doença.

METAS E VACILAÇÃO

Só é possível decidir quando se está inteiro. O indivíduo dividido, circunstanciado e dependente de aprovações e resultados não decide, avalia segundo critérios e valores e, ao se resolver por algo — significante positivo em relação ao que quer —, estabelece uma contradição com outras situações também significativas para si.

O medo de perder, de ser retaliado e outras contrapartidas despersonalizantes gera dúvidas, tristezas traduzidas por choros, dores e desespero. Decisões fruto de avaliação são facilmente mudadas, são contingências estribadas em valores. Avaliações sobre o que será bom ou será ruim são usadas como pressões para fazer o outro agir conforme interesses. Criar situações funciona como verificadores do exercício do domínio/submissão que estão em jogo. Quanto maior a fragmentação, mais difícil encontrar situações polarizantes. Nada é recomposto por muito tempo. Todo arranjo facilmente se quebra, as dores e incompatibilidades aumentam, consequentemente diminui a condição de decidir. Não aguentar mais situações que são mantidas por conveniência cria abismos, divisões impossíveis de gerir. A vivência dessa impossibilidade desencadeia sintomas: crise de pânico, medo, dores e dificuldades de enfrentar o próprio cotidiano. A depressão pode aparecer como trégua necessária ao desespero de não saber o que fazer ou de saber e não conseguir, não querer, não poder.

Para o ser humano, renunciar à sua condição de decidir é abrir mão de sua individualidade, é virar realizador das vontades alheias, instrumentalizador e gerenciador de vantagens/desvantagens. Sem decisão, apenas se segue a corrente. Essa ação de circunstanciar esvazia e desumaniza ao criar apegos, hábitos e vícios deslocadores das tensões geradas pela impotência, que é criadora de ansiedade.

Sem questionar a impossibilidade de decidir, ocupa-se e preocupa-se com resultados, com garantias, e assim constrói ansiedade, ciclone responsável por tirar do próprio corpo e contexto toda possibilidade de motivação e bem-estar. Essa perda de espontaneidade, de decidir, de responder à totalidade do que ocorre faz perder autonomia, gera dependência e despersonaliza. O processo de despersonalização gera seres apegados, submissos, fragmentados, cheios de raiva, medo, revolta e contradição. Abrir mão da própria vontade em função de ser aceito leva a situações nebulosas que arruínam as próprias bases estabelecidas de controle e avaliação.

ESCURIDÃO

O todo não é a soma das partes, conhecimento não é acumulação, não é errando que se aprende (ensaio e erro). Achar que tudo depende de significados acumulados, pouco a pouco descobertos, gera ilusão, cria os processos de distorção perceptiva, de ignorância, escurece o mundo.

É por apreensão das configurações que se estruturam clareza e nitidez responsáveis por compreensão, decisão e comunicação.

Não globalizar o que ocorre, não entender, não perceber seus contextos configuradores gera percepções fragmentadas e parcializadas dos eventos. Sem discernimento, sendo apenas atingido pelo que lhe toca, o indivíduo gerencia os processos às apalpadelas. Pouco a pouco vai diferenciando significados, as conclusões são realizadas pelo somatório de elementos que o atingiram e que só assim significam. Esbarrando, tateando, vai descobrindo o que acontece. Nesse processo, algumas situações são apoios necessários para permitir entendimento dos acontecimentos. Acredita que amealhar dados vivenciais, somar referências, experiências, permitirá estabelecer códigos e verdades para a vida. O acúmulo das pequenas experiências, a parcialização é gerenciada para conclusões orientadoras, que surgem sem globalização, apenas somando vivências, que passam a servir de normas, de referências para a vida.

Decidir, escolher e resolver, em função da satisfação de necessidades sobreviventes, é a norma do comportamento parcializado, autorreferenciado. No escuro das necessidades, segue-se a promessa que acene satisfazer necessidades, não se enxergam atitudes, não se percebem implicações, tampouco as configurações do que ocorre ou do que é prometido. Na escuridão, segue-se o que leva para alguma direção, só se enxergam saídas e impedimentos. Tudo é homogeneizado em função do que se busca. Esbarrões e tropeços servem como indicação do procurado e assim, através de tentativas, se esboçam caminhos, decisões — a partir de parcializações — que direcionam a escolha de situações cotidianas, de relacionamentos, de profissão, de governantes e até o que vai definir e dar sentido à própria vida.

DERIVAÇÕES

A reversibilidade, a impermanência, sempre criam separações, e exatamente neste processo é que se realiza a honestidade, a desonestidade, a coerência e a incoerência. Posicionados e flutuantes, criamos quimeras, construímos artefatos, que resumem situações e processos. Ao perder de vista essas transposições, perdemos discernimentos; ao não entender, não perceber essas construções, lamentamos ou nos agarramos em seus resíduos, frequentemente ruínas que exibem tentativas e até mesmo outros referenciais de comunicação. Nietzsche escreveu, em 1873, sobre verdade e mentira no sentido extramoral:

> Que é então a verdade? Um batalhão de metáforas em movimento, metonímias, antropomorfismos, em última análise, uma soma de relações humanas que foram realçadas, extrapoladas e adornadas, poética e retoricamente, e que, depois de um prolongado uso, uma população considera firmes, canônicas e vinculantes; as verdades são ilusões das quais se esqueceu o que são; metáforas que se transformaram, gastas e sem força sensível, moedas que perderam seu valor de troca e que agora já não são consideradas como moedas, mas sim como metal. [118]

Isso nos leva a pensar no que é importante. É a matéria-prima, o metal ou são as moedas? A utilidade, o pragmatismo leva a objetivos outros além do existente. A necessidade de trocas e manutenções cria novas verdades, que já não significam. Se tomarmos a verdade como intrínseca, imanente ao evidenciado, ela aparece como metal e não como moeda. A moeda, a utilidade é a mentira criada pela invasão significativa e utilitária. Pensar verdade como metal esvazia o sentido contingente de sua utilidade (moeda). Tudo que é utilitário é contingente.

A circunstância está sempre impregnada de funcionamento, de valores, enquanto seus constituintes intrínsecos, a matéria-prima que a estrutura, que a constitui, não tem função, consequentemente

---

[118] NIETZSCHE, Friedrich. *Sobre a verdade e a mentira no sentido extramoral*. Trad. Fernando de Moraes Barros. São Paulo: Hedra, 2008, p. 36.

resiste às circunstâncias, por exemplo: o metal faz moedas, faz joias, faz barras de proteção e grades aprisionantes, nenhum uso o define, portanto ultrapassa os valores que o contingenciam. Verdade é o intrínseco, mentira é toda aderência; verdades são os dados relacionais, mentiras podem ser tudo ao que eles se referem.

IMPOSSIBILIDADE DO POSSÍVEL

Perder a vez, não ter conseguido aproveitar o que foi possibilitado gera constatação de incapacidade, entretanto nem sempre isso é assim vivenciado. Frequentemente se atribuem várias causas, explicações, que vão desde o azar até a interferência do outro pela inveja etc., tanto quanto pode surgir culpa gerada por deslocamento de não aceitação em que o indivíduo se sente incapaz, frustrado e prejudicado. Crítica, agressão, desespero, medo e ansiedade são resultantes desse processo de não aceitar perder a vez. O processo de não aceitação de si mesmo, cada vez mais, vai se estruturar em função do que foi perdido, não aproveitado, não recebido.

Perder o "grande amor" por medo de enfrentar situações ou, em certas situações, não perceber que a mudança de cidade era o caminho para o enriquecimento em um novo emprego cria frustrações, verdadeiros quistos que esvaziam perspectivas e disponibilidade, vivências de impossibilidade. Impossível é tudo que não foi percebido, que não foi vivenciado ou que é percebido por meio de contextos, categorias e tipificações alheias, anteriores, que sobrepõem o percebido com significados aderentes à sua imanência, sua estrutura constitucional. Nas vivências resultantes desses esvaziamentos, gostar de uma flor, por exemplo, é percebê-la no contexto das avaliações e contingências: vê-la como cara, exótica, uma sobreposição de questões extrínsecas à flor, dela circundantes, não intrínsecas à mesma.

Tudo que é percebido é possível, são os dados relacionais, entretanto, se for apropriado enquanto significado circunstancial, fica destituído de sua configuração (Gestalt), de sua totalidade, e passa a receber aposições que o desconfiguram. É o possível costurado, coberto, manuseável, mas cada vez mais impossível de ser percebido enquanto ele próprio.

Possíveis transformam-se em impossíveis, e vice-versa, pela maneira como lidamos com eles. Esconder, estigmatizar, utilizar o possível gera sua impossibilidade, e de tanto querer não perder a vez, o ser humano vira objeto de manobra, objeto de si mesmo, se divide, se perde e quebra a unidade de estar no mundo aberto a infinitas possibilidades, enfim, esgota-se em necessidades sobreviventes, perdendo a vez.

SUBTERFÚGIOS LEGITIMADOS

Cada vez é mais frequente e necessário estabelecer critérios e preferências por meio de situações validadoras. Isso permite operacionalização, escolhas e garantias. Em um sistema, em uma sociedade que privilegia resultados, inúmeros parâmetros são estabelecidos, e essas bitolas permitem separar o adequado do inadequado, o útil do inútil. Valorizam-se títulos institucionalizados que garantem legitimidade de operação. Acontece que, quando se arbitra o que é legítimo ou ilegítimo, negam-se processos, pois legítimo é o intrínseco, não pode ser padronizado, e quando o é por artifícios como as transformações ou as molduras adquiridas pela institucionalização, por exemplo, legitimidade se transforma em selo de garantia, consequentemente em aderência padronizada e hierarquizante.

Fazer parte de uma instituição não garante ter condições nem habilidades para o que é construído e criado pela instituição. Instituições também sofrem desgastes em seus processos, e quanto mais se firmam e significam, mais são ampliadas no sentido de proteger e garantir os que nela se escoram. Vemos essa distorção nos prêmios e concursos literários, assim como no Oscar, no

Nobel, lembrando também das Academias, instituições de pesquisa e escolas. Geralmente, premiações e títulos são concedidos e são necessários em função de estratégias políticas, estratégias comerciais, que ultrapassam e derrubam o conceito estabelecedor das instituições. Ser incapaz e, mesmo assim, ser abrigado em uma dessas instituições é uma maneira de exercer legitimamente o que não se tem condições, mas se tem autorização. Ancorados em posicionamentos residuais, funcionam cada vez mais à mercê do arbitrário, das manipulações políticas e do mercado. Nessa atmosfera, as garantias institucionalizadas se transformam em polarizantes que acobertam insuficiências e inadequação.

Desse processo surgem a impunidade, o autoritarismo e também distorções responsáveis por imensos preconceitos na esfera individual, na qual o correto, o legítimo, passa a ser sinônimo de institucionalizado, gerando a atitude de verificar os sinais, as molduras, percebendo, cada vez menos, o que está emoldurado. Basta uma boa moldura e garatujas são compradas como arte abstrata, por exemplo, e assim por diante segue esse processo de distorção, de transformação da parte em todo, que permite admirar o escuso legitimado.

VÍNCULOS

Tudo é relação, e psicologicamente isso pode ser traduzido como estabelecimento de vínculos. Estar em relação é estar vinculado, e quando ocorre em relação a A, deixa de ocorrer em relação a B. Não há sobreposição, ou sempre que tal pareça ocorrer, surgem fragmentações. Estar, por exemplo, em relação com uma pessoa ou situação em função de outra é uma transposição que desvincula, pois na sobreposição os elos se quebram. Quebrar e colar é uma constante quando o outro é percebido como objeto de desejo, como meta, como resultado de avaliação: tem a ver comigo, não tem a ver comigo, me é conveniente ou inconveniente etc.

Quando digo que tudo é relação, que pela relação perceptiva se estruturam sujeito e objeto tanto quanto se categorizam as dimensões temporal e espacial, estou afirmando que a percepção é o estruturante relacional. Ao perceber, sou sujeito que percebe objetos; ao perceber que percebo, sou objeto e o sujeito é a minha percepção. O perceber que percebe é o reconhecimento, a constatação, a vivência de memória, o pensamento. Em situações cotidianas, é a divisão existencial. O contexto do fenômeno perceptivo é a essência humana, ou seja, a possibilidade de relacionamento.

Perceber o outro sem a priori estabelece um vínculo, seja de amor, de ódio ou simpatia. Esses vínculos são as trajetórias relacionais, arquivadas pela memória, pelos dados do passado atualizados quando presentes. Viver em função de manter vínculos ou de alcançar novos vínculos é alienador, pois o que se torna pregnante e importante é a manutenção, é o alcançar, e consequentemente os vínculos desaparecem ao tornarem-se hábitos ou premências a serem atendidas. Vínculos permitem continuidade tanto quanto aprisionamento quando transformados em posições, regras e compromissos a partir dos quais o mundo é percebido; eles configuram as possibilidades de vida e quando reduzidos à satisfação de necessidades criam dependentes, sobreviventes escorados nas possibilidades, transformando a dinâmica em alternância pendular, medida por fases e ritmos.

RECOMPENSA E AMBIÇÃO

Sentir-se capaz por ter cumprido etapas e conseguido o mínimo de representatividade é transformado em ter direitos, em merecer cuidados e atenções. Nesse posicionamento autorreferenciado, colocando-se como centro dos processos, o indivíduo busca, pelo que é justo e "de direito", suprir suas carências e necessidades. Essa atitude permeia todos os esforços e costura "cortes e remendos". Na dimensão social, na qual tudo é avaliado enquanto "pertencimento" a comunidades, a grupos que significativamente indicam merecimentos e direitos, os reconhecimentos das capacidades individuais são transformados em estratégias dirigidas a outros objetivos — políticos, de preferência.

Psicologicamente, quando alguém se sente capaz e imediatamente merecedor de direitos, trilha seu caminho relacional oscilando entre impotência e onipotência, flutuando entre ser vítima e capataz. O constante interesse em descobrir pontos fracos nos outros — incapacidades e desejos — é uma arma que permite apoderar-se dos considerados direitos alheios. Isso é bíblico. O prato de lentilhas, desejado por Esaú, fez com que ele renunciasse à própria primogenitura — direito legal conferido na época aos filhos mais velhos.

Frequentemente ouvimos falar de jovens belos/as e inteligentes que decidem tudo merecer: uns buscam a sedução de pessoas ricas poderosas, outros se envolvem com partidos e associações que recompensam bem os mais capazes e espertos, outros ainda se dedicam a quaisquer ilícitos ou golpes, pois decidem que precisam e merecem o melhor. Processos de sedução geralmente decorrem dessas atitudes desesperadamente prepotentes, de pensar tudo merecer. A prepotência é um deslocamento da impotência. Quanto maior a impotência, mais se desloca para o faz de conta de poder, para o esforço de conseguir. Pensam a vida como um fardo que precisa ser carregado, bastando esforçar-se, tudo tem que ser obtido e eles têm que ser triunfantes. O exercício dessa motivação, transpor obstáculos desconsiderando limites, cria frustração, vítimas, marginais, malandros e até iconoclastas. O outro não importa, o que significa são os meios e técnicas para envolvê-lo, neutralizá-lo, e, assim, se apoderar do que pode ser agarrado.

Para quem deseja atingir horizontes de benesses infinitas, as situações se tornam absurdas, principalmente na política, pois são aproveitadas queixas e lamentações populares para estabelecer pontes de acesso aos merecimentos desejados. Falsas demandas são estabelecidas, direitos são arbitrados e a fragmentação social e psicológica é acentuada em função de atingir o que sempre se acha ser um direito. Situações responsáveis por questionamentos, desigualdade social e econômica, por exemplo, são transformadas em manancial de raiva e revolta, geradoras de violência que tudo permite, desde que percebidas como ponte, como condição para atingir os prêmios estabelecidos pelo sistema. Nas ditaduras, é comum pessoas, "cidadãos de bem", serem cooptados para denunciar, deixar torturar e matar, ajudar a segurança nacional para não serem confundidos com quem é contra a ditadura, com quem é considerado subversivo.

Incentivar a transposição de obstáculos é colocar metas que transformam o ser humano em máscara, camuflagem das próprias não aceitações. Em psicoterapia, quando o indivíduo lida com suas não aceitações, ele percebe que elas o estruturam, não são obstáculos diante dele. Percebe também que só com constante questionamento sua percepção das questões que o infelicitam é ampliada e assim possibilidades surgem, neutralizando o que antes era percebido como obstáculo.

FAZ DE CONTA

Estabelecer objetivos que se julga realizadores e satisfatórios e achar que alcançá-los significa segurança e tranquilidade é um faz de conta. Toda vez que se pretende realizar ou alcançar alguma coisa, se busca suprir um desejo, uma necessidade. Esse esforço de realização, esse empenho, transporta o cotidiano, o dia a dia, para depois. O futuro, pelo desejo que se precisa que aconteça, invade o presente, e como tal, cria o vazio. O presente atropelado, esmagado pelas expectativas, é apenas o ponto de tensão. Voltados para o depois, não se vê o que está acontecendo, pois que tudo é percebido no contexto do que vai acontecer, do que se deseja que aconteça. O cotidiano, a vida é lançada para depois, os marcos variam desde o dia do casamento à formatura do filho e até ao ficar esperando ganhar na loteria, por exemplo.

Quando não se tem mais o que desejar, o que esperar, espera-se, teme-se perder coisas: o que foi conquistado, ter prejuízos e mesmo a morte. Adiando sempre para depois, vivendo em função de desejos e realizações responsáveis por criação de solos férteis para construir vida e poder, os indivíduos se transformam em operadores, removedores do que os atrapalha, e, assim, acreditar em alguém ou em alguma coisa é considerá-lo capaz de dar ajuda; a própria crença nas divindades realiza propósitos utilitários: "Deus vai me ajudar", "Deus está comigo" são resumos de seus pensamentos, suas preocupações e ligações com o divino. O autorreferenciamento tudo esfacela, sistemas e processos são filtrados, tudo deve convergir para a realização dos próprios desejos, tanto quanto para evitar os próprios temores e dificuldades. Sentir-se merecedor e privilegiado é uma vivência frequente dentro do faz de conta da realização de objetivos adiados.

Buscar a paz ou qualquer outra coisa é estabelecer guerra, tensão, conflito, pois se transforma o cotidiano, a própria vida, o presente em um palco onde são encenadas circunstâncias sem vínculos, efêmeras e distantes do que está se pretendendo, do que está se buscando. O fazer de conta começa ao negar limites, negar evidências, negar impasses que se antagonizam com regras, desejos e metas. Psicologicamente, fazer de conta é alienar-se de si mesmo, quando não se sabe o que fazer com as próprias questões. Esse processo só é possível pelas omissões, mentiras que criam aparências, imagens capazes de esconder e camuflar. Enganar o outro é a melhor maneira de se esconder, mas também é uma forma de negar a si mesmo. No curto prazo é uma afirmação vista como positiva, esconde deméritos e problemas, e no longo prazo é destruidora de espontaneidade possibilitadora da convivência com o outro.

Fazer de conta é construir impossibilidades, obstáculos, sinalizações que isolam o ser humano de seu referencial básico, fundamental e vitalizador: o presente — suas infinitas e limitadoras configurações, responsáveis pela dinâmica do estar no mundo com os outros e consigo mesmo.

ADIAMENTO

Tudo que resulta de uma meta — expectativa do futuro — gera ansiedade que só é detida, só é diminuída, pela constatação da impotência diante dos limites impeditivos da realização de desejos, da realização de necessidades. Aceitar a impotência é abranger os limites responsáveis pelos adiamentos, pela não realização.

Esperar que aconteça o que se quer ou o que é necessário acontecer é uma situação que cria ansiedade e impotência. Frequentemente a saída é também o fechamento, o impedimento, ou seja, se usa a impotência, o estar limitado, o não ter condição, como maneira de ampliar espaços para conviver com frustrações e adiamentos. Quando isso é feito surge a divisão entre conveniências (manutenção) e inconveniências (desistência). Essas divisões que ampliam espaço são, na continuidade, fragmentadoras. A quebra dos limites por divisão — a pulverização deles — reduz artificialmente as expectativas e consequentemente as frustrações ao direcionar atitudes e motivações para constatação de resultados. Dedicado a coletar dados e informações, sintomas e sinais que esclarecem sobre possibilidades e impossibilidades, o indivíduo procura acompanhar seus processos. Acompanhar traz ao presente, mas também, por transformar o presente em anexo, em algo a ser acompanhado, cria defasagens geradoras de expectativas, suportes de adiamentos.

Esperança, ajuda, compreensão constroem turbilhões nos quais se instalam desespero, desamparo e não entendimento. Aderências são sempre responsáveis por sinalizações alienadoras. Esperar o resultado de um projeto ou de um empreendimento é se retirar deles ao polarizá-los em função das próprias demandas e apreensões. Aguardar a mudança, a eliminação do que fragmenta, é uma forma de neutralizar vontades, neutralizar a determinação própria em função do que é necessário. Esse adiar de esclarecimentos e constatações passa a ser um contexto de manutenção, um posicionamento criador de estabilidade, de entendimento, de frustração e vazio. Divisões infelicitam, pois transformam o presente em ponto de apoio, em circunstâncias amenizadoras das frustrações adiadas.

ENVOLVIMENTOS DESINTEGRADORES

Alguns envolvimentos afetivos sedam e apenas aplacam necessidades. Aplacar necessidades, das sexuais às de sobrevivência, é transformar o outro e a si mesmo em objeto, ou ainda, é manter e preservar um posicionamento contingente. Perceber o outro como possibilidade de satisfação e realização é uma maneira de estancar dificuldades, pendências e carências.

A percepção do outro, quando se esgota em si mesma, quando não atribui valores, vantagens ou desvantagens, cria um contexto de disponibilidade, de vivência não atributiva, que pode integrar individualidades díspares. É a magia do encontro, do amor, frequentemente acontecendo, mas raramente continuando. A disponibilidade, a descoberta de outro ser pode existir, mas, quando as estruturas são fragmentadas, posicionadas, autorreferenciadas, a duração deste processo é curta. São os átimos de paixão, os arroubos de ilusão, o desespero do desejo, facilmente atropelados, superados pela realidade da não aceitação. Quando o indivíduo não se aceita, ele quer ser aceito, está sempre buscando isso e consequentemente encontra, só que tenta desconsiderar esse preenchimento, raciocinando no contexto de sua não aceitação: "se me aceita, é pior do que eu", não vale à pena manter. Essa avaliação e constatação impulsiona a continuar buscando — é a conquista. Procurar, encontrar e não valorizar são alienantes e esvaziam. Alguma coisa, aparentemente diferente disso, acontece quando as pessoas são rejeitadas, quando não são aceitas. É o estímulo, a motivação para a conquista, vira objetivo de vida, configura vítimas e eternos apaixonados, esperando redenção dos atos, realização dos desejos.

Não se aceitar é o verdadeiro drama humano, pois estabelece a meta de querer ser aceito, meta desorganizadora e que esvazia quaisquer relacionamentos, principalmente os íntimos. Nesse panorama, a solução encontrada é virar objeto de desejo, ser cobiçado. Toda a massificação do sistema hodierno, na indústria da beleza e no que pode parecer poderoso, cria ícones, verdadeiros duplos, formas que podem abrigar a estereotipia e as demandas de sedução. O exercício desse aspecto processual gera outro processo: o deslocamento sob forma de doenças, depressão, fobias, inseguranças. Surgem necessidades de remédios, massagens fisioterápicas, aulas de reeducação postural, psicoterapias etc. Todo um trabalho para manter o impossível de ser mantido: a fragmentação, o desespero gerado pela desumanização, pela insatisfação, pelo vazio, pelo estar situado, apenas com envolvimentos mecânicos, anestesiadores e úteis.

O NADA: SEM EXPECTATIVAS

Estar contido e limitado pela vivência do presente é o que acontece em situações prisionais, conventuais e de exílio, nas quais a falta de perspectivas caracteriza a vivência cotidiana. Geralmente, toda situação de sobrevivência transforma o presente, o aqui e agora, em um ancoradouro, um porto seguro. Órfãos de guerra, crianças abrigadas por conventos e outras instituições são um exemplo de onde a vida começa no intervalo do término. Não há antes, não se tem mais laços, não se tem contatos com o anterior estruturante de vivências. A nova vida é esgotada no agora, qualquer interrupção dela é a descontinuidade estruturadora de questionamentos, dúvidas e conflitos.

Sem referenciais, sem respaldos, sem história — arquivos responsáveis por preferências e antipatias —, o indivíduo colapsa e, ao se voltar para o existente, percebe estranheza: as familiaridades circunstancialmente estabelecidas não se mantêm. Da mesma forma, ao se voltar para o novo, ele é tragado por incertezas geradoras de buscas constantes e de garantias. Neste momento a ordem sobrevivente se restabelece: o que virá depois? A incerteza da resposta aumenta o desespero da pergunta. É criado um caminho privilegiando a não expectativa, o nada acontecer, o nada como tranquilidade. Essa parada é a pausa necessária para instalar a transformação e permitir quebrar ilusões (expectativas já amealhadas). A entrega, a não expectativa é o nada que permite superação de conflitos e de ansiedades, é a entrega à própria realidade, o reconhecimento de sua curta história — depois do período de sobrevivência — que já estrutura vínculos e finalidades.

Aceitar o vazio é uma forma de renovação, é a quebra de expectativas. Todo momento de decisão implica em superar compromissos. Não ter expectativas é uma maneira de não deslocar propósitos, não deslocar compromissos, não criar novos contextos para eles. Quando nesses dilemas e dúvidas a não expectativa é pregnante, surgem possibilidades que geram o nada aliviador. A possibilidade do não configura tranquilidade e esperança. A vida muda ao permanecer.

EMPENHOS

Frequentemente, no afã de realizar os próprios desejos, se estruturam processos de cuidar do outro, de se dedicar ao outro. Pais e mães dedicados aos próprios filhos, por exemplo, os absorvem de tal modo que impedem o desenvolvimento de vida própria deles, construindo, assim, representantes de si próprios, mais tarde responsáveis pela manutenção e continuidade dos desejos familiares. Esse empenho leva a sintonias, mas também pode ser dissonante, dissociado da própria individualidade. Realizar o esperado pelos pais é anulador: a transferência de sonhos e propósitos se dá sempre em um outro contexto e atmosfera, causando tensões aparentemente inexplicáveis, criando incapazes, viciados e desorganizados, tanto quanto brilhantes representantes do que foi ensinado, representantes dos treinamentos que despersonalizam.

Em função dos empenhos buscados e realizados, as relações dentro das famílias vêm se desagregando cada vez mais. Hipotecar desejos e sonhos, por exemplo, cria dependências, compromissos e medos. Tudo fazer pelo marido ou pelo parceiro é uma maneira de comprometê-lo quando os objetivos estão além do próprio exercer do cuidado. O mesmo ocorre com o constante satisfazer, prover e proteger, propiciado por homens às suas mulheres. A extrapolação de propósitos, desejos e medos amplia os territórios de adaptação, criando impessoalidade, e isto é totalmente diverso do que se busca, que é algo específico e apenas dirigido ao amado, ao cuidado, ao protegido. Propiciar, proteger, cuidar são transformados em alavancas dinamitadoras da individualidade quando se substitui realidades a serem vivenciadas por resumos eficientes.

Enfrentar as próprias dificuldades, lidar com dúvidas, medos e ansiedades é estar no presente com o outro. Caso esse presente seja sonegado, obnubilado, surgem ambiguidades incapacitantes ou até mesmo realizadoras, que substituem processos e estabelecem regras — o "como fazer" diante do outro, do mundo e de si mesmo — que, embora realizem propósitos, criam frustrações e ansiedades. Medo, falta de iniciativa, rigidez, preconceitos, tédio e depressão são os lucros (prejudiciais) auferidos desses empenhos.

Empenhar-se é quebrar, limitar, diminuir e solapar possibilidades e amplitudes vivenciais. Certezas de ajuda e compreensão criam também os empenhos de manutenção e cuidados. Seguir a linha, o caminho indicado, geralmente é uma repetição que acena para vantagens, tanto quanto cria as regras, métodos e soluções não individualizadas.

Viver é descobrir, não é repetir. Toda repetição traz em si condições alienantes, pois se refere a horizontes temporais diversos dos presentificados. Agir pela memória é utilizar arquivos, resumos, ao passo que descobrir é ampliar os processos perceptivos, é pensar diferente, é não repetir, é criar.

PRECARIEDADE

Quando se vive com expectativas, esperando resultados, torcendo para que sonhos e desejos se realizem, instala-se precariedade no cotidiano, na própria vida. A instabilidade, a insegurança, a vivência de falta, de não atendimento de demandas é constante. Essa precariedade resulta de não se viver o presente, de não se aceitar dificuldades e frustrações. Querer melhorar e ultrapassar dificuldades, sem considerar o que as determinam e ensejam, é uma atitude de não aceitação que gera revolta e ansiedade, matéria-prima da raiva, inveja, medo e intranquilidade. Flutuando, sem apoio no existente, pois o existente é o que se deseja ultrapassar, o indivíduo inconsistentemente movimenta-se em função do que o protege e justifica, paradoxalmente se abriga nos próprios problemas, pois eles justificam todas as suas dificuldades e vicissitudes.

Agarrar-se em dogmas e em crenças utilizando respaldos do que é garantido ou do que funciona cria instrumentalização e reutilização. Nada é original, nada é próprio, tudo é de segunda mão, de reapropriação. Nessa utilização são fabricados protetores e imagens que estabilizam as inseguranças. A insegurança estabelecida, conhecida ou escondida cria hábitos e até mesmo disciplinas, rotinas que quanto mais repetidas, mais estabelecem monotonia e tédio. É a depressão: tudo é pouco, tudo falta. Acontece que perceber isso também é limitador, e como essa vivência não está ancorada, estabelecida no presente — é baseada em não aceitação de limites —, surgem deslocamentos gerados pela constatação da não saída. O indivíduo descobre que nada significa, nada tem sentido, coroando, assim, a precariedade de sua existência no despropósito da insatisfação, frustração e desespero. A dinâmica continua até que surgem processos equivalentes a autofagia, o devorar-se a si mesmo como maneira de ocupar tempo e espaço. Esse processo de divisão cria duplos, clones, cascas e resíduos, verdadeiros entulhos que mais aumentam o viver precário. A abundância da representação e das imagens esvazia, enfatizando a precariedade.

Povoar o presente esvaziado, agarrando-se ao que se deseja, ao que se fantasia, cria quimeras e medos. Destrói bem-estar, gera intranquilidade, afetando também o ritmo orgânico: sono, fome, sexo são enfatizados, seja por excesso, seja por falta. Precariedade se caracteriza pelo que falta; o que se repete, o que sobra, é o limite não aceito, é o presente negado. Enfrentar o dia a dia, limitações e frustrações propicia motivação, e isso faz superar limites integrando-os ou superando-os, transformando o anteriormente vivenciado como precário em fonte de abundância e realização.

DESENTENDIMENTOS

O relacionamento entre duas pessoas cria desentendimentos quando os acontecimentos são percebidos em função dos referenciais específicos de cada pessoa. Memórias, não aceitações, autorreferenciamentos e frustrações geram atitudes de desconfiança, concorrência, afirmação de pontos de vista e utilização de oportunidades como afirmação dos próprios desejos de ser aceito e considerado.

Quanto mais o contexto, quanto mais a vivência do presente é o denominador dos relacionamentos, mais neutralizadas são as diferenças individuais; entretanto, os antagonismos causados pelo autorreferenciamento, pela não aceitação, pelas problemáticas não resolvidas interferem, pois não são neutralizados, são apenas acobertados, contidos pelos interesses comuns. Quaisquer expectativas não atendidas de um dos indivíduos causa desequilíbrio, quebra o contexto comum e remete às configurações individuais. Discussão, desentendimentos e agressões surgem. Nos relacionamentos nos quais predominam desentendimentos é constante a falta de motivação para o dia a dia, as pessoas procuram se refugiar e se proteger em suas aspirações frustradas e geralmente transformam os problemas em justificativas. Vitimizar-se é uma tentativa de salvar o que resta, de amealhar resíduos de incompatibilidades e desencontros, é também estabelecer-se como poderoso(a), curador(a) de mazelas e propiciador(a) de melhoras e mudanças, é uma forma de ratificar domínio e autoritarismo. Desentendimento resulta da necessidade de ser aceito pelo outro dentro dos próprios padrões e critérios autorreferenciados.

Quando duas pessoas olham apenas uma para a outra, não há desentendimentos; entretanto, olhando na mesma direção, para o que está diante delas, desentendimento se impõe, pois surgem as apreciações valorativas; critérios se interpõem ao percebido e assim aparecem as diferenças. Esgotar-se no olhar o outro e ser por ele olhado cria, no mínimo, um contexto de entendimento, de familiaridade, a partir do qual os acontecimentos são percebidos. Esse denominador comum homogeneíza diferenças e permite compatibilidade, encontro, entendimento.

NEUTRALIZAÇÕES

Desejar o que não está contextualizado na própria realidade equivale a desejar o impossível. É uma meta, um sonho, um deslocamento de situação conflitiva, situação frustradora e de não aceitação que desemboca em vazio deslocado e saturado por desejos. Isso cria tensão, impede tranquilidade, gera ansiedade e expectativas. Não há como realizar o desejo, tanto quanto não se consegue abrir mão dele. Aceitar mortificações, sacrifícios e disciplina são maneiras clássicas de enfrentar esses dilemas, entretanto o abandono do desejado deixa um rastro de fragmentação, de divisão que passa a habitar o cotidiano sob a forma de insatisfação e frustração. Matar o desejo sem questioná-lo em suas motivações e implicações estruturantes é uma forma de iniciar processos de renúncia e de impossibilidades, é pavimentar caminhos depressores nos quais nada é possível, não se consegue realizar o que se deseja e a constante vivência é a de renunciar para evitar complicações. A permanente estruturação dos resíduos — do renunciado — cria obstáculo, barreira que aumenta os posicionamentos que despersonalizam, consequentemente aumenta o isolamento e a solidão, criando, assim, mais possibilidades de depressão, tristeza e medo.

Diante do dilema, do possível ou impossível, do desejo proibido ou plausível, cria-se uma gangorra que desequilibra. A necessidade do ponto zero, do equilíbrio, é constante, e assim, neutralizar é fundamental. O ser humano se transforma em um cemitério de desejos enterrados. As memórias do não vivido, do não realizado, mágica e fantasiosamente enfeitam o não existido. Abrir mão do que se deseja sem questionamentos, apenas considerando impossibilidades e conveniências/inconveniências, é estabelecedor de amarguras, revoltas, inveja e depressão.

Todo desejo se realiza quando contextualizado no nível relacional dele gerador.

IDEIA FIXA

Obsessão, obstinação são os vários nomes para a redução do mundo aos próprios interesses e princípios, assim como a dogmas e pensamentos religiosos. É uma atitude resultante de insegurança e medo, que se caracteriza por necessidade de ter onde se apoiar, por precisar resolver as coisas o mais rápido possível.

Geralmente essa atitude rígida é fruto da não aceitação do presente. A rigidez faz com que não se perceba nada além do desejado, e quando o indivíduo se transforma no próprio desejo, ele aspira a uma concentração sem desperdício de pensamento, de ação, de motivação.

As ideias fixas resultam também da incapacidade de apreender e aceitar a multiplicidade de variáveis ameaçadoras dos próprios interesses, e nesse sentido, a ideia fixa é transformada em talismã, alavanca aceleradora das realidades pretendidas e ideadas. Sendo sempre um prévio, um a priori ao que acontece, a ideia fixa inibe participação, cria relacionamentos pontualizados, relacionamentos resumidos dos valores mantidos pela fixidez funcional. Não saber improvisar, ficar frustrado por tudo que não cabe nos planos ideados, é característica dessa atitude.

A continuidade da manutenção de ideias fixas faz com que o indivíduo seja tomado, substituído pelas suas obsessões. Podem surgir perversões nas quais "tudo é prazer", "tudo é orgasmo", ou surgem indiferenciações, criando pedófilos, necrófilos, por exemplo. Da mesma forma, "salvar a pátria", "ajudar os pobres" enaltece, dá lucros, cria militâncias políticas violentas e destruidoras de qualquer coisa diferente das próprias pretensões, das próprias ideias. Frequentemente a ideia fixa é quase sinônimo de deslocamento, escape de tensões, descoberta de algo que sirva de receptáculo para empenhos, habilidades e dedicação. A unilaterização de vivências pela ideia fixa cria um fosso entre o indivíduo e o seu mundo, o indivíduo e o outro, pois apegos impedem disponibilidade e criam atritos com a constante impermanência dos processos. Ter ideia fixa é começar a construir solidão, mesmo que aparentemente protetora de medos, dificuldades e frustrações.

DESVITALIZAÇÃO

Viver esperando realizar os próprios sonhos, esperando atender às necessidades e ter reconhecidas e satisfeitas suas demandas desconecta o indivíduo de sua realidade presente, realidade essa geralmente cheia de embaraços e obstáculos. Frequentemente esses obstáculos são considerados incômodos e o pressionam a esquecê-los, escondê-los em expectativas e desejos solucionadores.

Estar desconectado da realidade, seja por negá-la, desconhecê-la ou detestá-la, cria interrupções destruidoras da continuidade do estar no mundo, produzindo fragmentação e posicionamentos polarizadores de direções alheias às sequências processuais das vivências individuais. Esse processo implica em perda de autonomia, gera insegurança e deixa a pessoa entregue às expectativas que escapam de sua ação e controle: ela se circunstancializa. Circunstâncias sempre são aderências, sempre são estruturadas em outros contextos diferentes daqueles que contingencia, e viver em função de circunstâncias exila, aliena e segmenta, dificultando sequências relacionais. Viver a circunstância é iniciar o processo de falta de motivação, de desânimo. Motiva-se quando atinge metas, embora nada continue, nada signifique, pois as circunstâncias são anódinas, nada identificam, mesmo quando revelam e caracterizam situações. O bem de hoje, o péssimo de amanhã, esta reversibilidade estonteia, confunde e gera ansiedade. Quanto mais atinge objetivos, mais confundido, mais ansioso fica. A ansiedade desorganiza, homogeneíza e transforma tudo em positivo ou negativo ao gerar valores, aumentando a circunstancialização e a expectativa. Ela cria autômatos que seguem ou evitam oscilações. Extenua, desanima e infelicita. Nesse emaranhado, busca-se escapar, sonhar, desejar e consequentemente se estabelecem as linhas de espera. Aguardar o que vai acontecer inicialmente reforça os sonhos e desejos, para logo em seguida esvaziá-los. São como bolhas de sabão, sopradas e frágeis, arrebentando ao menor encontro, ao pequeno atrito com qualquer superfície delas diferente.

O cotidiano pautado na espera desanima. Só se espera quando se abandona o presente, a realidade que se vivencia, o que define e nutre as vivências. Perdendo essa fonte alimentadora surge o enfraquecimento, o indivíduo fenece, desanima. Enfrentar o dia a dia, seus obstáculos, dificuldades e possibilidades, é sempre motivador. Evitá-los, substituindo-os pelo que se quer, pelo que se sonha e anima, é um deslocamento criador de desânimo e desvitalização.

DECEPÇÃO

Sempre que as expectativas não são atendidas, vivencia-se decepção e frustração. Esses momentos devem ser enfocados à luz de questionamentos, pois a vivência de decepção sempre supõe avaliação, normas e regras.

Não se decepcionar, não se frustrar, é perceber e globalizar contradições que existem quando se está vivenciando o presente. Quando as vivências presentes são invadidas por passado (pela memória: regras, padrões) ou por futuro (pelas expectativas: esperanças e medos), sempre há possibilidade de decepção ou ratificação de compromissos e expectativas. Decepcionar-se é um indicativo de autorreferenciamento, de exílios relacionais frequentemente não percebidos. Acreditar no outro pode ser resultado de compromisso, regra, obrigação, tanto quanto pode espelhar a apreensão de possibilidades e características dele. Ao enfatizar o que se espera, o que considera certo, o padrão, se escoa a individualidade do outro nos filtros dos próprios desejos e medos, assim como, ao se perceberem as possibilidades e impossibilidades, necessidades e circunstâncias do outro, diluem-se as evidências nos contextos estruturantes dos processos relacionais, e então não há falha, não há acerto, nada decepciona nem atende ou corresponde a desejos. As coisas acontecem, estabelecendo proximidade, distância, sem valorizações atributivas, apenas se percebem mudanças, estranheza ou familiaridade. Não há o valorativo da decepção, da frustração. Todas essas dificuldades e frustrações decorrem da necessidade de aproximação, do passo antecipado para transformar os obstáculos do estar no mundo, para transformar impasses.

Tudo que decepciona indica sempre expectativas não atendidas. Nos relacionamentos, se o problema do outro o atinge, o problema não é dele, é seu. Essa percepção se impõe e cria condições de questionamento, de mudança. Nesse sentido, o futuro, a nova evidência, aparece como transformação, revitalizando desertos, alterando direções configuradoras de confiança e ilusão.

DISPERSÃO

Perder perspectivas e posicionar-se nas frustrações impede de participar no que ocorre enquanto situação que está ocorrendo. Tudo é percebido através de filtros de avaliação, vitimização e queixas. As tensões aumentam, a não aceitação da não aceitação do que problematiza é cada vez mais enfática e demanda escoamento para que haja um mínimo de dinamização ou mesmo de locomoção. Deslocamentos aparecem, não se sabe o que se faz. As circunstâncias decidem, e assim, o desespero é o contínuo esfacelamento de possibilidades e questionamentos. Vive-se para suprir necessidades, esquecer dores e exibir, propagandear soluções, tentando através de companhias, de ajudas, conseguir bem-estar.

Sempre que decisões são adiadas por envolverem dificuldades, medos e riscos, os dilemas e contradições se transformam em "caixas-pretas" assoberbadas. O voo cego é constante, as direções, as motivações são dispersas, contingentes. Nesse mundo circunstanciado não há sintonia, pois não existem frequências contínuas. A permanência de demandas se realiza pelo acúmulo de necessidades, tanto quanto a diminuição delas é, cada vez mais, fonte do acaso. Quanto maior a dispersão, menor a organização. Pontualizar, fragmentar e setorizar determinam as motivações. Almeja-se suprir a falta, conter o que se extingue, o que desaparece. Lutar para recuperar, não saber como fazê-lo, é típico dessas vivências. Processos de constante dispersão esvaziam as possibilidades relacionais e capacitam para a construção de situações emergenciais, que nada definem, embora realizem escoamentos de contradições ao criar apegos, medos, regras e hábitos. O hábito é uma tentativa desesperada de conter a dispersão, é também uma maneira de simular organização, vitalidade e comprometimento com o que ocorre, criando assim compulsão. A rigidez característica das vivências compulsivas nada mais é que arrumação da dispersão: o aparentemente flexível é o estilhaço da tensão, dos blocos de impedimentos alimentados pela frustração.

Livrar-se da compulsão é possível quando se recorre às trajetórias dela ensejadoras: desconfiança, frustração, posicionamentos não questionados quando circunstanciados, dispersões amenizadoras que mais tarde se transformam em impedimentos: dispersões que impedem conectar, organizar o vivenciado. A impossibilidade de organizar cria impasses e obriga a utilização de alavancas desvitalizadas para que se consiga continuar vivendo, instalando assim as ordens compulsivas como substitutivos de vida, dinâmica e realidade. Dispersar, perder-se no que acontece é se candidatar a futuras algemas para se situar, para se encontrar na infinita possibilidade e reversibilidade do estar no mundo.

DESVIOS E CAMINHOS: DONS E TALENTOS

Considerar que, ao escolher um caminho ou uma profissão, se deixa, se abre mão de outras tantas, atordoa. Essa disponibilidade infinita causa sensação de fracasso, de despropósito. Solto, sem amarras, tudo soçobra. Não é por acaso que surgem as predeterminações, os talentos, dons e finalidades familiares e/ou sociais que tudo definem e materializam. Escolher uma profissão, uma forma de viver, um parceiro/acompanhante para a vida, é o predisposto. As dispersões exigem essa viabilidade. Qualquer atitude que fuja do padrão determinado é considerada excêntrica, desviante, e ameaça tanto quanto motiva.

Quebrar paradigmas abre novos panoramas, tanto quanto dizima tediosas atmosferas. Desvios se transformam em caminhos, pois sempre levam a novas configurações ao exercer sua função de passagem. Exatamente nessa mediação (passagem) surgem antíteses reveladoras e possibilitadoras de insight. Essa mudança é que valida o estar no mundo. Geralmente se chega ao momento de antítese com a escolha. Mas, nesse contexto, escolher é repetir, é avaliar mais do que afirmar, pois sempre decorre de compromisso, de avaliação que permite separar o que se quer do que não se quer. Escolher, nesse sentido, é o arsenal que se dispõe: sempre se escolhe o que se tem aptidão, o que se tem condição, o que se deseja, mesmo que sinonimizados com dons e talentos.

O a priori de se sentir capaz ou incapaz é traduzido como ter aptidão, ter talento para X ou Y. Constatar esta familiaridade cria, imediatamente, a ideia de aproveitar, operacionalizar a dádiva recebida, criando assim duplos de si mesmo, transformados em produtos aceitáveis, vendáveis. São duplos que submetem o que os originou. O indivíduo talentoso só existe à medida que é aplaudido, reconhecido e comprado (é um produto), consequentemente negado como ser humano e realizado como lídimo representante dos sistemas que valida e propagandeia. Realizar seus dons e talentos ocorre no contexto de escolhas e compromissos, transforma sua realização e sucessos em máscaras e imagens que acobertam e negam sua individualidade. Instituições, funções e titulações absorvem o esgotamento do estar no mundo e criam ícones: o papa, a mãe de santo, o pai, a mãe, a professora, o pivete, a garota de programa etc.

REJEITADOS

Ser sempre desconsiderado, percebido apenas como ocupante de um espaço faz com que o indivíduo aceite não existir significativamente, admita existir apenas em função de demandas, de respostas ao solicitado, ou faz com que construa motivações para ser alguém, para chamar a atenção, para ser considerado, nem que seja por indisciplina e maldade.

Ser isolado do mundo, do relacionamento familiar ou ser julgado inútil, desagradável e prejudicial cria os submissos, tanto quanto os revoltados. É frequente nas famílias de renda abaixo da média e cheias de planos de ascensão social (metas) considerarem os filhos "uma boca a mais, um fardo" e, como tal, desconsiderados enquanto individualidade. Submetidos à diária alegação de como eles precisam retribuir o que foi e é gasto, são cada vez mais exilados do afeto, despersonalizados e programados para mais tarde retribuir tudo que receberam.

Agradecer toda a ajuda, o pão cotidiano e correr atrás da meta, da realização, é uma constante que esvazia, embora suportada em função do que vai se conseguir. Lutar para ser considerado na família e na sociedade exige trunfos, artimanhas, espertezas. Lançar mão de experiências e repertórios alheios, tudo é válido para aqueles que querem significar, parecer aceitáveis e assim conseguir consideração. Quanto mais realizam, quanto mais conseguem, mais precisam conseguir. O poço sem fundo, o vazio da despersonalização é, assim, supostamente preenchido. A sobrevivência individual se desenvolve na busca de matérias-primas para "fazer imagens", criar estratégias e despistes. Sempre sozinhos, nada os atinge, salvo suas imagens ameaçadas ou realizadas. Estão sempre participando de grupos e encontros idealizados, ou seja, disfarçando e negando a própria solidão, estão sempre em guarda e prontos para a ação.

Quando esses indivíduos conseguem construir tocas, bunkers de segurança, eles se transformam nos emblemas do que querem provar e são assim considerados. Não conseguindo essas construções, a segurança de um mínimo de poder garantido, esses seres se isolam em hospícios, hospitais, prisões. Sempre o impeditivo, quer dando possibilidade de participação, quer impedindo-a. As mesmas queixas e constatações constroem e desconstroem seus propósitos: sobreviver sempre à mercê de ser considerado, de significar, mesmo que seja um grande inimigo da ordem pública, um marginal, um meliante. Buscar o impossível, para eles, é uma maneira de serem considerados, é uma forma de significar, de existir.

CONFUSÃO E PERVERSÃO

Quebrar a ordem, a congruência e as diferenças existentes é típico das perversões. Confusão resulta de ambiguidade. Não perceber o que está diante em seu próprio contexto estruturante leva às distorções perceptivas, estruturadas principalmente no autorreferenciamento. Frequentemente essas distorções criam ambiguidades, confusões na distinção de dados. As religiões, as psicoterapias, a psiquiatria, ao classificar, procuram resolver essas ambiguidades e estabelecer códigos e normas que permitam diferenciar comportamentos; entretanto, as perversões sempre ultrapassam esses referenciais ao remeter para o indivíduo que transgride essas normas. Que monstruosidade é essa? É uma simples anomalia resultante de condições adversas? Como pode um ser humano seviciar, utilizar para desejos eróticos o próprio filho? Existem vários mecanismos, socialmente validados, para decidir o que pode ser considerado perversão.

É interessante o que nos conta Mary Douglas, citando a obra de Evans-Pritchard:

> [...] por exemplo, quando um nascimento monstruoso ocorre, as linhas que definem os humanos dos animais podem ser ameaçadas. Se um nascimento monstruoso puder ser rotulado como evento especial, então as categorias poderão ser restauradas. Assim, os Nueres tratam nascimentos monstruosos como bebês hipopótamos, nascidos humanos acidentalmente, e, com este rótulo, a ação apropriada fica clara. Eles, gentilmente, os colocam no rio que é o lugar ao qual pertencem. [119]

Virar "trash" de sistemas e demandas individuais desumaniza. Ao perder identidade, pode-se ser "o hipopótamo que volta ao seu lugar" ou, como diz, ainda, Mary Douglas,

> enquanto a identidade está ausente, o lixo não é perigoso. Também não cria percepções ambíguas, pois pertence,

---

[119] DOUGLAS, Mary. *Pureza e Perigo*. São Paulo: Editora Perspectiva, 1976, p. 54-55.

claramente, ao lugar definido, um monte de lixo de uma espécie ou outra... Onde não há diferenciação, não há contaminação.[120]

As vítimas dos campos de extermínio, as ossadas das execuções de Pol Pot e os milhões de outras vítimas de pervertidos são estatísticas, números estabelecidos dos males, das fases sombrias dos processos civilizatórios.

Transformar o outro — não importando quem e como — em objeto de satisfação sexual ou objeto de satisfação alimentar é perversão: necrofilia, incesto, pedofilia e canibalismo (menos frequente na atualidade). Além das classificações tradicionais, a perversão se alastra invadindo nosso cotidiano. Quando o outro é transformado em objeto, tudo é possível: utilizações espúrias, arbitrárias e destruição o convertem em verme, "saco de pancadas", receptáculo de prazer, assim como em bode expiatório de políticas falhas. É preciso não acumular "o outro lado", não estabelecer ambiguidade geradora de confusão, como mais uma possibilidade humana; é necessário perceber tudo isso como acúmulo de autorreferenciamento, desumanização transformada em ferramenta de destruição do semelhante.

Submeter o outro aos próprios desejos é a perversão característica da ganância, da impotência, do autorreferenciamento, em qualquer âmbito que aconteça: sexual, uso de relacionamentos, realização socioeconômica. É a mais-valia, a realização de desejos e prazeres, quebrando referenciais e limites, subordinando e obrigando.

---

120   *Ibid.*, p. 194-195.

DILEMA

Estar diante de dois problemas, necessidades ou caminhos excludentes gera vacilações e dilemas. Desejar, simultaneamente, situações ou afetos que se excluem, que são opostos cria tensões quando não são aceitos, gera irritabilidade, ansiedade e desespero. Frequentemente, os consultórios psicoterápicos são procurados por pessoas que desejam realizar as próprias vontades, mas que constatam como elas destoam das regras familiares e sociais, e tentam conseguir situações em que as aparências sejam mantidas. Inicialmente se consegue estes esconderijos estratégicos, mas de repente tudo fica comprometido: descobertas na traição ao melhor amigo, que também é sócio na empresa, por exemplo, e a respeitabilidade e o negócio são atingidos. Abrir mão do relacionamento, impossível. Desistir da sociedade, impensável. O dilema se instala, a ansiedade é constante e, após muito desespero, se procura tratamento psicoterápico.

Percebendo que o sintoma — o dilema — é apenas um deslocamento de não aceitação, frustração e desejos não realizados, se inicia o processo de questionamento, de mudança, que também é o da constatação das não aceitações e dificuldades não resolvidas. As não aceitações percebidas, seus deslocamentos e contemporizações geram o dilema. O dilema é uma resultante da divisão existente entre ser e parecer, entre perceber o outro como algo que pode ser utilizado como matéria-prima de sonhos e propósitos.

Nas situações de dilema é pregnante a utilização do outro, a transformação do mesmo em objeto para suprir necessidades. Nas vivências de dilema sempre estão inseridos valores que vão permitir avaliação e decisão, entretanto eles aumentam os dilemas, pois é impossível avaliar, mensurar o que só está ocorrendo enquanto possibilidades, enquanto cogitações. Probabilidades indicam, mas não asseguram, indicam que coisas podem acontecer, mas não garantem seus acontecimentos.

Todas essas cogitações estruturam a vivência do dilema — funcionalmente é assim. Estruturalmente, havendo não aceitação, divisão e autorreferenciamento, sempre existe condição para avaliação, verificação de vantagens, escamoteamentos consequentes do dilema.

Jamais o "ser ou não ser" pode ser entendido como dilema, pois não implica em escolha, mas em dúvida. A dúvida não estabelece dilema, já que é uma afirmação negada que possibilita pergunta, enquanto o dilema sempre é gerado por avaliação de vantagens, desvantagens, conveniências, inconveniências. Exatamente por esse aspecto o dilema tensiona e despersonaliza, enquanto a dúvida questiona, ampliando os horizontes de possibilidades e impossibilidades.

DISSIMULAR

Uma das estratégias frequentes de sobrevivência é a dissimulação. Negar os próprios desejos, fazer de conta que não tem necessidades, tampar carências, medos ou dificuldades é uma atitude valorizada. Nas esferas economicamente menos privilegiadas, quanto mais se sente discriminado, mais se mantém no faz de conta, mais aparenta ser o que não é, mais valoriza o fingimento. Dizer o que pensa, expressar fraquezas, discutir é considerado "feio", "é grosseria".

Não vivenciar faltas e problemas, tanto quanto negar as experiências desagradáveis, se constitui em comportamento desejável. São atitudes omissas que privilegiam crimes e desrespeitos à individualidade. Apanhar do marido e esconder é uma maneira de continuar a ser uma família respeitável; ocultar os abusos sexuais presenciados é um sacrifício valorizado para a manutenção da ordem familiar. É a submissão às agências públicas, ao que pode ser considerado bom, o equivalente do "arrumar para dominar". Criar e manter aparências, nelas se escondendo, é manter condições de ser considerado, é também uma forma de ficar à mercê de demagogos, dos que prometem melhorias e salvação, sejam os políticos, que iludem com riquezas e oportunidades, sejam os religiosos, que prometem vida e salvação eternas, propiciando ainda algumas vantagens neste "vale de lágrimas" mundano.

Indivíduos assim estruturados valorizam o faz de conta, a mentira, a superficialidade. Situações nas quais conflitos aparecem os desnorteiam, criam maniqueísmos, pois é o diferente do que eles valorizam, promete sofrimento e é rejeitado. São atitudes que motivam regras ditatoriais, permitem "caça às bruxas", tanto quanto motivam, pelo populismo, os indigentes e marginalizados. Aprofundamento e conflitos vivenciais também não são suportados. Quando surgem são taxados de falta de educação, agressão, prepotência e arrogância, além de serem caracterizados como loucura ou como "coisa de rico", de quem não sabe o que faz, de quem "acha que tudo pode".

Dissimular, fingir é a maneira encontrada para se adequar aos vazios criados pela ignorância. Sem acompanhar as implicações processuais, posicionam-se em clichês característicos de contingências que dividem: para eles, o bem e o mal sempre têm alguma face que ajuda o reconhecimento. Nesse processo, entre aparências, mentiras e vazios, situações insólitas e absurdas surgem, como: "vou ter que lhe estuprar, é uma experiência tipo laboratório para minha tese de doutorado, não gosto disso, vou ter que ser violento... estou explicando para você saber". A vítima sente-se amedrontada, mas também considerada, a situação de estupro é maquiada, "os fins justificam os meios", ou seja, tudo pode desde que se mantenha aparência e harmonia fictícias.

ENIGMAS E ENCAIXES

O resultado, a vantagem, o uso tudo definem, validam e significam, esmagando a vida, a felicidade, a descoberta, a perplexidade da inocência que sempre possibilita transcendência, possibilita ampliação de limites, preservação da curiosidade e maravilhamento de estar no mundo com o outro. Lembrei da historieta sobre alguém que diz a Dante Gabriel Rosseti, que estava escrevendo sobre o Santo Graal: "mas, Senhor Rosseti, quando encontrar o Santo Graal, o que vai fazer com ele?".

Para a maioria das pessoas a vida se constitui em unir pontos, descobrir trilhas de erros e de acertos, quase o equivalente de um jogo de sete erros. Descobrir os encaixes, o adequado, o inadequado se constitui em objetivo de suas vidas. Nesse propósito sempre encontram ajudas: cartilhas, programas, prospectos e mandamentos de como agir, de como não errar. No afã de sempre acertar, conseguir resultados é a tabela máxima que tudo supervisiona e determina.

Resultados diferentes do esperado ou que explicitamente demonstrem o ser desconsiderado ou o ser rejeitado são vivenciados no contexto do resultado, como tranquilidade quebrada, desarmonia estabelecida. A própria meta de ser aceito e considerado polariza o que acontece, transformando-o em indicativo da paz quebrada, causando tristeza e mal-estar, quando na realidade o que aconteceu foi uma explicitação do quanto não é aceito e considerado, apesar de toda a luta mantida para conseguir isso.

Mães e pais se desesperam pela toxicomania e vícios dos filhos. Isso os desagrada, os questiona, não admitindo que se trata de um processo relacional, que se trata da não aceitação e da transformação do filho em um robô, em um emblema, que, por fim, atingiu esse ponto. Tristeza, frustração e decepção passam a encobrir as responsabilidades falhadas, os acordos não estabelecidos e adiados, a vida negociada e renegociada, que caracteriza suas vivências afetivas.

Não existe enigma, não existe encaixe, existe apenas a constante descoberta do estar agora no mundo com o outro, no infinito movimento que nos cerca.

IRREVERSIBILIDADE

Sempre que acontece o irreversível, acontecem também desejos e atitudes que procuram negá-lo ou modificá-lo. Pensar em modificação do que é vivenciado como irreversível equivale a negá-lo. É uma atitude resultante da ignorância — do não conhecimento do que ocorre — e de suas variáveis estruturantes, o que implica em distorções perceptivas. Essas distorções parcializam os fenômenos, tanto quanto os ampliam em contextos deles alheios. Vários híbridos surgem, provocando a criação de faz de conta, de ilusão responsável por configurações outras que não as existentes.

A impotência, a não aceitação do que acontece é responsável pelos deslocamentos que, procurando negar a irreversibilidade das situações, as aumentam, como as construções existentes apenas no campo do que se deseja, do que se teme, sem bases factuais. Transformar o que se quer ou o que se precisa em factualidade é uma mentira, um faz de conta complicador do enfrentamento de dificuldades. Para manter-se, outras variáveis e estruturas são invocadas: do destino aos deuses, castigos, punições e também benesses, premiações pelo que se considera válido e bom.

Culpas, medos e aspirações fantasiosas são provenientes dessa atitude de negação da irreversibilidade, de negação da imutabilidade dos acontecimentos. Perdas, mortes, abandonos estão sempre a ensejar esses malabarismos. Não se conformar com o término de um casamento, não aceitar que os filhos exerçam sua liberdade de escolha, não tolerar que o apego à droga e outros vícios seja mais forte que as regras educacionais ensinadas gera impotência, impedimentos destruidores se não aceitos como algo irreversível.

Para mudar a irreversibilidade é necessário admiti-la. Nem sempre a admissão é suficiente para transformá-la em reversível, em possível. Certos coeficientes e limites de transformação podem ter sido quebrados, ultrapassados, e aí a irreversibilidade se instala, demandando apenas ser aceita, admitida. Admitir a irreversibilidade dos processos que ocorrem ou que ocorreram é uma maneira de deles participar, conseguindo assim apreender, compreender suas configurações e aceitá-los sem justapor desejos, metas, inibições e medo.

O irreversível nos situa, é um mestre que ensina limites, exila necessidades e aumenta possibilidades. A magia do diálogo recria o outro, possibilita participação, tanto quanto faz perceber o infinito das possibilidades existentes.

ARTIMANHAS

Vencer obstáculos é enfrentar dificuldades. Nem sempre essa obviedade é realizada: medo, preguiça, oportunismo, "queimar etapas" para mais rápido atingir o que se deseja se interpõem para neutralizar dificuldades e aproximar resultados. É uma contravenção, uma interrupção do processo responsável por criação de novos contextos enfraquecedores de obstáculos. Esse arranjo cria variáveis diluidoras. As dificuldades, os problemas são escondidos, metamorfoseados.

As vitórias ou fracassos não mais se referem aos obstáculos, e sim aos resultados propiciados pelo disfarce deles, ou seja, se referem aos suportes, imaginados, solucionadores ou problematizadores. Em lugar de vitoriosos ao enfrentar dificuldades, surgem arregimentadores de contradições que possam escamotear dificuldades. É o jogo. Tudo se desenvolve nesse contexto de estratégias que orientam ou engrandecem problemas em função de interesses, comprometimentos outros que não os da própria situação originadora das dificuldades.

Nas situações legítimas de enfrentamento de obstáculos, formam-se consistência, firmeza, determinação. Ao burlá-los, as pessoas se pressupõem espertas, oportunistas, que tudo conseguem ao se apoiar em situações extrínsecas ao contexto de dificuldades para escondê-las em função de resultados previamente cogitados e acertados. Roubar, desviando águas de rio para criar escassez e com esta dificuldade vender água, por exemplo, é uma maneira de criar obstáculos, vender soluções e estabelecer lucro e poder, ou ainda, criam-se os vírus para vender os antivírus. São, assim, estruturados os oportunistas, pragmáticos e desonestos. Gerar medo e insegurança é um terreno para propalar esperança, otimismo e luta por melhores dias.

Enfrentar dificuldades é a única maneira de vencer obstáculos, de transformar limites e descobrir novas paisagens, tanto quanto a própria capacidade de mudar, tolerar e realizar. Nas artimanhas, tudo isso se perde. Nada se edifica, salvo quantidades de dinheiro, poder e alienação. Abrir mão das possibilidades humanas, do estar no mundo com o outro é se dedicar a construir gaiolas de abastecimento e proteção. Este *Homo faber* posiciona suas possibilidades em função de sobreviver, fazendo cada vez menor seu universo.

FALTA E EXCESSO

Falta e excesso dependem sempre de avaliações, pois supõem um padrão a partir do qual elas são configuradas. Para Lacan, a vivência da falta é a definição do desejo, enquanto para Deleuze, é o excesso que o caracteriza. Nesse paradoxo estabelecido entre Lacan e Deleuze, o desejo como a mola, como o propulsor de comportamento, é o ponto de concordância entre eles. Desejar o que nos falta é querer mais e mais, não por "carência, mas por excesso que ameaça transbordar", pensa Deleuze. Para ele, somos máquinas desejantes e não vamos nos satisfazer com o alvo desejado, com o suprarreal, com a transcendência, como afirmam o cristianismo e Lacan.

Para nós, desejo é deslocamento do impasse, é a maneira de negar o existente, seus limites e configurações, buscando outros horizontes nos quais, instalados os pontos de fuga — desejos —, as realizações aconteçam. A falta ou excesso são iguais se consideramos a realização insatisfeita. Nada há que satisfaça, sobram situações que precisam ser transformadas e diante disso deseja-se outra situação, outra pessoa. Sentir falta de alguém ou alguma coisa é estar insatisfeito, é não aceitar os limites ou abrangência do que acontece. Querer mais é saber-se insatisfeito e acreditar que na variação e na repetição do que acontece se descobre satisfação e bem-estar. Nas vivências de vício-droga, no desejo insaciável de comer e de ter alguém apoiando sempre presente, é muito frequente o desejo transbordante. Nada aplaca, o vazio é imenso.

O desejo se transforma em sinônimo de ansiedade quando, de tanto dar voltas e ritualizar o impasse, surge o esgotamento das referências estruturantes do que se vivencia, do presente. Não há para onde correr, só se pode esperar, e nesse momento se transforma o desejo em espera, em expectativa que cria ansiedade. Acontecer ou não acontecer, viver para que aconteça, não desistir faz com que se comece a funcionar como um buraco negro, engolidor das possibilidades humanas:

> Depois que uma estrela massuda queima todo o seu combustível — o hidrogênio — ela acaba se extinguindo. O

que resta já não é segurado pelo calor da combustão e desaba esmagado pelo próprio peso, até curvar o espaço tão fortemente a ponto de afundar dentro de um verdadeiro buraco. São os famosos buracos negros.[121]

Desejar é negar a própria realidade, limites e certezas, é querer o que falta, é continuar querendo até transbordar de vazio e insatisfação. Desejar é a maneira mágica, criada pela não aceitação, de estabelecer os pontos de realização, as roupagens da própria identidade que se crê capaz de assim ser aceita e gerar satisfação e alegria.

Tudo se coaduna e integra, as interações existem e são os determinantes do comportamento. Sem avidez não há vivência de falta, nem de excesso. As motivações comportamentais resultam do que se vive, do que se encontra, e não do que se espera e precisa. O que cria falta é a vivência dissociada das contradições, tanto quanto o excesso só é configurado enquanto dificuldade e desequilíbrio. Não se aprisionar no que falta ou no que sobra é uma maneira de continuar livre e disponível, sem avaliações redutoras e discriminadoras.

CRIANÇAS DESOBEDIENTES

Conviver com o filho desobediente que congestiona o dia a dia é uma situação difícil, desagradável. É um obstáculo, gera frustração, decepciona, é um problema. Sempre que se precisam resolver situações problemáticas, se estabelecem níveis de soluções satisfatórias, se lista o que é necessário mudar, o que é necessário resolver, e poucas vezes surgem questionamentos acerca de por que esta

---

[121] ROVELLI, Carlo. *Sete Breves Lições de Física*. Tradução de Joana Angélica d'Avila Melo. São Paulo: Objetiva, 2015, p. 16.

criança, por exemplo, por que o filho, está assim. Essa segunda pergunta muda o contexto de percepção dos distúrbios causados pela criança, mostra que muito do que atropela e desagrada é causado por outras questões. Nesse momento abrem-se maiores perspectivas de mudança, pois a criança é vítima, além de agente das dificuldades. Existem nela condições de se comportar diferente, pois muitas frustrações e rejeições sofridas devem ser consideradas, devem ser resolvidas. O psicoterapeuta é importante para mostrar novos aspectos, para fazer entender, por exemplo, que a criança está sendo "bode expiatório" de todo um desencontro doméstico, escolar, social.

Quanto mais demorarem as intervenções possibilitadoras de mudanças perceptivas, quanto mais for mantida a visão da criança como criadora e responsável por seus desatinos e dificuldades, mais ela é transformada em objeto, em não-criança, em não-ser, até tornar-se o que deve ser destruído, o que se deve passar adiante, tirar de casa, o que não requer nem cuidados, nem atenção. As dimensões trágicas são estabelecidas. As mães se transformam em Medeias criando infinitos malefícios, quase mortes psicológicas: desde a falta de amor e de carinho até o esquecimento de administrar recursos necessários à sobrevivência da criança, pois fazer sobreviver a criança é também fazer sobreviver, manter o problema que infelicita. E quando quem tem o papel de mãe é a madrasta ou quem escolheu adotar? Máscaras, fantasias, obrigações existem. Cada coisa tem que significar em seu respectivo contexto, em seus estruturantes. A verdade é que, por exemplo, o arrependimento de ter aquela criança impede afeto por ela. Não há como propor ou cobrar atitude ética, responsável ou consequente de quem está quase pontualizado pelo desespero de não fazer frente às frustrações, de quem desiste, exige, cobra. Transformada em objeto e, ainda, em objeto de ódio e frustração, a criança precisa ser resgatada. Não se conta com pais ou amigos para isso. Não havendo continuidade de atendimento — desde a escola, os professores, o psicólogo —, a criança pode ter que se defrontar com os limites de sua solidão, de não ser mais amada, considerada, exceto se ela se comportar bem, engolindo o amargo de seu desespero e carência.

Qualquer deslocamento da não aceitação gera situação pantanosa, podendo instalar um caos, o desespero na vida de seus participantes ao criar bodes expiatórios, os que vão ser sacrificados em função do bem-estar familiar. Geralmente as crianças são vítimas do não atendimento de regras e desejos, e por isso sempre são obrigadas a obedecer, a se submeter, a agradecer o teto, a escola e a comida recebidas.

MUNDO INFANTIL: CARACTERÍSTICAS RELACIONAIS

Não existe um mundo infantil, um mundo adolescente ou um mundo adulto, não existem tipos nem categorias para os processos relacionais. Influenciados pela psicologia do século XIX e pelos conceitos freudianos de desenvolvimento da sexualidade, desenvolvimento da libido (fase oral, anal, fálica e genital), extrapolou-se para pensar o que seria próprio e característico das idades, fases da vida, começando assim os padrões, as regras: mundo infantil, mundo feminino etc.

Todo conhecimento é processo perceptivo. Quando percebemos que percebemos, categorizamos, sabemos que sabemos. Geralmente o chamado mundo infantil é descrito como cheio de brinquedos, cores e situações descomprometidas. Mas existem também crianças que trabalham, que dormem na rua, que não têm brinquedos. São crianças em um mundo não infantil, diriam.

Não existe mundo infantil ou mundo adulto, o que existe são contextos em que as categorizações são estabelecidas a partir da realidade que se vivencia. A criança bem alimentada não precisa mendigar pela comida; para ela, comida não é um referencial para categorização, por exemplo. Uma criança filha de traficante tem o referencial do dinheiro, do crime e da morte como dia a dia, como contexto cotidiano, e essas situações são percebidas dentro de seus referenciais, nos quais ganhar ou perder se impõem. A aglutinação de categorizações, o referenciamento das percepções nos poucos contextos existentes fazem com que se misturem, confundam as vivências. A criança, nesse contexto, repete, exerce maldades. É a crueldade da ingenuidade, a bestialidade do inocente, resultado de achar que tudo pode e deve morrer, pois vê seu pai bandido matar e comemorar. Crianças repetem o que veem, vivenciam o que lhes é permitido. Crianças nascidas em um bordel agem como sedutoras, imitam o percebido, no qual se submeter ao outro e fazer o que ele pede é o considerado bom, é o que lhe dá dinheiro e comida.

Poucos anos atrás, vimos na TV um criminoso ensinando seu filho pequeno a assaltar: colocava o revólver na cabeça de uma boneca e gritava "passa o dinheiro!". O filho sorria e aprendia o que o pai-bandido lhe ensinava. Em seu referencial era um comportamento novo que estava aprendendo, não era um crime ou maldade. Mais tarde as coisas ensinadas e praticadas pelos pais ou mais velhos são identificadas com seus nomes e estruturas constituintes. É o choque, é o drama, é, por exemplo, o abuso sexual identificado. Não há mundo infantil, ou adulto, ou feminino etc., há um mundo relacional no qual são transmitidas vivências que humanizam ou que desumanizam.

CONTINUIDADE E VITALIDADE

Quando se percebe que felicidade, infelicidade, saúde, doença, que o que se quer ou precisa independe do que se deseja ou necessita, se aceita a contingência, o inesperado ou a resultante continuada do que se estruturou e estabeleceu. A aceitação de limites e realidade permite lidar com o inesperado, com o determinado por inúmeros processos, de uma forma contínua. Permite presença, vitalidade diante do inóspito, tanto quanto diante do aprazível.

É a atitude diante do que ocorre que estrutura humanos cheios de possibilidades, de continuidade, ou que escanteia seres mecanizados, programados por ilusões, por medos (omissões) e mentiras. Enfrentar o que pode nos aniquilar, pode ser, como já dizia Nietzsche ("aquilo que não me mata, me fortalece"), uma forma de nos fortificar. No cotidiano, o estruturante é enfrentar tudo que é vivenciado, mesmo sob a ambiguidade de dúvidas geradas pela constatação de descobertas estonteantes. Saber-se traído, por exemplo, é uma forma de libertar-se de crenças, de dependências e mentiras. Descobrir mais possibilidades e alternativas para desempenho profissional, que implicam em mudança de status e imagens há muito estabelecidas, pode ser libertador, realizador de motivações antigas, anteriormente sepultadas como inúteis, como não realizadoras. Abandonar parcerias, casamentos mantidos pela conveniência social e bem-estar dos filhos pode ser rejuvenescedor, pode trazer continuidade, pode trazer vitalidade do acordar ao adormecer.

Viver é participar, é estar inteiro diante do que acontece, sem meias verdades, sem escudos de dúvidas e medo. Enfrentar obstáculos, discriminá-los, questioná-los ou integrá-los modificando paisagens vivenciais e relacionais é a forma de aceitar limites, de continuar e modificar o que abruptamente destruiu organização ao configurar impossibilidades e interrupção. Sempre é necessário concentração, dedicação e disponibilidade para superar as descontinuidades causadas pelo inesperado ou pelo unilateralmente estruturado e posicionado, pois o importante não é isto ou aquilo e sim estar pronto, apto para isto ou aquilo.

FUNCIONALIDADE

Organizações sempre aparecem em função de algum referencial, quer para o bem, quer para o mal. Bem ou mal, aqui, estão considerados como valores atribuídos e necessários às organizações e, nesse sentido, a organização é extrínseca, é regra aderente ao que se quer estabelecer. É isso que constitui a funcionalidade necessária aos processos.

Observando a sociedade, podemos ver aderências e imanências em sua organização. Quanto a esse aspecto, vários fatores já foram enfatizados. Explicar as organizações sociais em função dos meios de produção (Karl Marx) permitiu muito esclarecimento, embora não considerasse o humano ao basear sua análise em explorados e exploradores. Dicotomias como essa, estabelecidas em função do capital, da ordem econômica, criam tipos de homem: o pobre, o rico, o explorado, o explorador, e com essas categorias e configurações obscurecem a percepção do indivíduo, ainda que explicando organizações sociais e econômicas. Organizações propostas pelas religiões igualmente geram categorias classificatórias: os filhos de Deus, os ateus, os ímpios, os infiéis, realizando a negação do humano ao estabelecer essas tipologias. Da mesma forma, ciência e tecnologia também dilapidam as organizações intrínsecas do humano, do indivíduo.

E quando se considera a organização intrínseca, o que se processa? O que se faz? As explicações psicológicas são reservas mantenedoras das organizações intrínsecas, inerentes aos seres humanos. Mesmo quando se fala no instinto, equalizando psicológico e biológico, a análise é focalizada no humano, a humanidade é reconhecida em todos os indivíduos, embora reduzida a aspectos orgânicos neste tipo de abordagem. O foco, na psicologia, é o humano.

Considerar a relação ser no mundo é a única maneira de organizar o intrínseco, o imanente, tanto quanto de organizar seu espaço em função das externalidades alienantes. Essa abordagem pode ajustar e alienar em função de funcionalidades, tanto quanto pode levar à transformação de limites em função da realização de possibilidades, da realização de liberdade. A organização é intrínseca ao processo do estar no mundo, decorre de suas estruturas e imanências relacionais, tanto quanto é alheia, aderente aos processos, quando eles são polarizados em função de regras e propostas organizadoras de outras imanências situacionais e relacionais. A transformação da dinâmica em prolongamentos à realização cria funcionalidades alienantes, regras devastadoras, papéis sociais, por exemplo, nos quais o confinamento do humano é destruidor.

DIFICULDADES CONTÍNUAS

Nos processos psicoterápicos é frequente assistir às insatisfações expressas pelos clientes e geradas pela constatação de que a solução surge, mas os problemas permanecem. É uma contradição que é entendida e resolvida quando se percebe que a solução estabelecida e desejada para uma problemática específica não é admitida quando ela não se realiza como imaginado. Problemas existem e são solucionados quando se percebe e muda seus estruturantes, isto é, as situações que os governam. Problemas jamais são resolvidos quando se busca solução para eles sem considerar as realidades e estruturas que os engendraram.

Basta haver problema para que exista solução, então, por que as pessoas permanecem com problemas, por que não encontram solução? Por buscá-las independentemente dos dados do problema, buscá-las além deles, além do que é problemático. Em geral, todos admitem ter problemas, no sentido de ter dificuldades, mas não admitem, não percebem que suas motivações, atitudes, medos e dificuldades decorrem de suas não aceitações, decorrem de suas problemáticas.

Considerar-se feio e sem atrativos, por exemplo, faz com que se busque ser considerado, elogiado ou no mínimo não ser criticado. Quando as críticas ou desconsiderações acontecem, isso é vivenciado como discriminação. A solução seria, pelos questionamentos, constatar as não aceitações, os modelos e padrões que criam o critério de feio, de sem atrativos, em lugar de querer ser aceito, ser elogiado.

Deter-se nas dificuldades, deter-se nos medos é solucionador. É a maneira de estar disponível para os próprios problemas.

INEVITABILIDADE

A perspectiva do inevitável cria, para certos indivíduos, medo e apreensão, tanto quanto desencadeia desejos constantes decorrentes de fugir da percepção de impotência paralisante. Varia de indivíduo para indivíduo o que é considerado inevitável. Variações são iniciadas desde os critérios de "não quero que aconteça isto, não é bom para mim" até a irremediável perspectiva da morte. Quanto mais afastados e incompatibilizados com a própria realidade, mais condições de inevitabilidade são estabelecidas. Nas situações de vício, por exemplo, é frequente como a irreversibilidade do processo é transformada em detalhe, ficando a depender de vontades e desejos pessoais.

Existem indivíduos que diante de qualquer possibilidade de variação na rotina sentem medo, imaginam catástrofes, interpretando como amedrontadora desde a reprovação do filho em uma determinada disciplina na escola até o emagrecimento de dois quilos como se fosse sinal de doença mortal.

A condição de inevitabilidade é uma antecipação gerada pela impotência diante do que ocorre. Não aceitar isso cria deslocamentos de onipotência geradores de prepotência expressa pelo medo, pela certeza da inevitabilidade. Pessimismo e ideias catastróficas são maneiras de eliminar a não aceitação da impotência diante do que ocorre, dos desejos não atendidos.

Nos relacionamentos afetivos, a crise de separação e o medo de ser abandonado/a criam ideias de inevitabilidade, prolongadas por apegos e mentiras — técnicas de sedução —, destinadas a envolver e manter o outro, que são bastante comuns: desde o conhecido "golpe da barriga" até o arranjar um amante para não sofrer o abandono.

Desistência da vida também é um aspecto de vivência de inevitabilidade, às vezes caracterizada por suicídio, por abandono da vida, já que, nessas condições, é impossível entender as intrincadas inevitabilidades de seu desenrolar.

OPORTUNISMO

A habilidade de tampar incapacidades, transformando-as em pseudocapacidades, se constitui no que chamamos de oportunismo. Não ter condições, não ter conhecimento, não ter dinheiro, não ter mobilidade para realizar propósitos e objetivos, desejos ou necessidades, pode levar o indivíduo a transformar o outro, os recursos alheios, em instrumentos úteis para superar suas próprias incapacidades. Essa apropriação é sempre um oportunismo pois é resultado do uso do outro.

Não ter condições de realizar o que se propõe, ou o que é necessário, implica em admitir essa impossibilidade. Não se deter na impossibilidade e querer superá-la, sem recursos nem condições, estabelece redes de empréstimos, de utilizações que vão desde plágio e roubo até espoliações escusas. Engendrar mentiras, criar máscaras, criar imagens para conseguir expressar o que é necessário à realização de objetivos é manipular fatos, manipular acontecimentos e realizações em função de objetivos diferentes dos que se expõe e explica. Manipular o outro, contextos e situações implica sempre em uma atitude onipotente. Essa onipotência é um fator potencializador do que se crê necessário para a realização das próprias necessidades. Fraudar assinaturas, destruir documentos, gerar documentos, inventar histórias, inventar narrativas para justificar dificuldades, desencontros e disparidades é comum quando se quer resultados, empregos, relacionamentos, absolvição de faltas, mas não se está capacitado, adequado aos mesmos. Comportamentos oportunistas sempre são enganosos, sempre se constituem em autorreferenciamento que transforma os outros em objeto de satisfação dos próprios desejos ou que os destroem para que eles caibam dentro de seus propósitos.

QUANDO DESPERTAR É ENTORPECER: PARADOXO E CONTRADIÇÃO

Às vezes, abrir os olhos e enxergar em volta significa nada perceber, salvo medo, impossibilidades e ameaças. Doenças terminais, por exemplo, em meio a seus processos sinalizam para chances de cura, de pequenas modificações, pequenas melhoras, ou para inviabilidade total de recuperação. Nesses casos, saber o que vai acontecer pode emudecer, entorpecer.

Tudo que destrói perspectivas, destrói também a motivação e a espontaneidade cotidianas. Não saber o que fazer por saber o que vai acontecer é a velocidade que alucina quando se descobre não haver o pedal, o manômetro, o sinal que freia. Estar entregue à própria sorte, ao processo estruturante que imobiliza, mas também desperta, leva a descobrir onde reside o humano, onde está a mola que distingue o vivo do inerte, o humano do desumano, o determinado do indeterminado. Os acontecimentos inesperados, portanto, vistos como novos, resultam da simultaneidade, do confronto de estruturas antagônicas, não são decorrentes de fatos específicos. Em geral eles estabelecem impasses diante do que se percebe como intolerável ou tolerável, que irreversivelmente apontam para novas situações, e é isso que precisa ser percebido, apreendido.

Vida é continuidade, é processo, não há como reduzi-la a causas geradoras de efeitos, criadoras de novidades, como se fosse uma série de sucessões que se desdobram infinitamente. Quando falamos em processo, é preciso entender que todo processo é passível de ser configurado enquanto dialética. Significa afirmar que existe movimentação permanente, intrínseca ao próprio processo, como: tensão entre situações diversas e opostas, teses e antíteses possibilitadoras de sínteses, ou seja, impasses que decorrem das forças em jogo, das inúmeras variáveis que precisam ser globalizadas para não cairmos nas conclusões unilaterais, reducionistas, que explicam os acontecimentos como se tivessem uma causa iniciadora, uma origem determinada. Limitar o processo da vida a causas e efeitos é um reducionismo que nos custa caro, dificulta a compreensão e nos mantêm fragmentados, impedindo globalizações.

A vida é regulada e difundida por ela própria e, quando acontece o que não se deseja, são criadas explicações quiméricas, absurdas, para entender falhas e fracassos. Quando uma situação determina outra, que por sua vez determina outras, deter-se em uma delas pode fazer surgir sinais que indicam o que se supõe ser causa ou o que se supõe ser efeito; entretanto, esses indícios não passam de sinalizações, etiquetas que apenas escondem o dado, a continuidade, escondem o fato de que nada começa nem acaba, as situações continuam e se interpõem, cruzam e enrolam. O que existe é interseção, agrupamento de contradições e confirmações. Planícies, montanhas e vulcões são apenas paisagens em configurações visíveis. É inevitável lembrar de Chuang-Tzu e sua dúvida ao acordar e lembrar que sonhou ser uma borboleta: "será que eu era Chuang-Tzu sonhando ser uma borboleta ou sou agora uma borboleta adormecida sonhando ser Chuang-Tzu?".[122]

O que pensar? O que fazer? O que sentir? Tudo isso é abrupto, são pedradas jogadas pela interposição arbitrária de vivências. Distinguir, diferençar é apenas assinalar. Precisamos entender que essas marcas criam novos referenciais que permitem perceber detalhes ou totalidades inseridas em outras dimensões. Essas "conversas" ou esse diálogo constante é o que nos motiva, anima ou também desanima. É o contato com o outro, com o mundo. É espelho que nos revela. É o que permite percepção, constatação, mudança, aceitação/não aceitação.

SINCERIDADE

Sinceridade é o que se manifesta ultrapassando o próprio contexto da expressão enquanto julgamento e expectativa de resultados. É difícil ser sincero pois ao se dirigir ao outro, necessário se torna negá-lo como existente, como expectante, e afirmá-lo como participante, equivalente a englobá-lo, integrá-lo. Dizer a verdade, expor os próprios desejos, dúvidas e questionamentos é quase transformar o outro em extensão de si mesmo, é tirá-lo de contingências, criando participação. Essa dificuldade da vivência de sinceridade faz com que ela apenas seja encontrada, geralmente nos encontros terapêuticos, nos quais não há busca de finalidade e resultados para justificá-la. Ser sincero, se colocar do jeito que se é, dizer o que se pensa é também passar a ser compreendido em sua verdade, e dizer a verdade é mais fácil, pois há menos compromisso,

---

[122] CHUANG-TZU. *Basic Writings*. Translated by Burton Watson. New York: Columbia University Press, 1996, p. 45.

uma vez que a impermanência e efemeridade caracterizam o verdadeiro enquanto fala informativa.

Sinceridade, verdade são construídas na clareza, no não referenciamento dos próprios desejos e medos, mesmo quando deles decorrentes. Expor esses paradoxos, clarear o nebuloso é o que constitui a expressão sincera, a verdade do que se fala. Não há subterfúgios, não há estranheza, não se é sincero para enganar, não se é verdadeiro para iludir, não há manipulação quando existe sinceridade, verdade. O outro é percebido enquanto tal e não como alavanca, objeto, imã para realização dos próprios propósitos, da própria "verdade interior", que nada mais são que divisões arbitrárias e oportunas.

É difícil ser sincero pois é difícil integrar o outro, uma vez que disponibilidade é uma resultante de descomprometimento, de inúmeros questionamentos e constatações, perguntas negadas possibilitadoras de novas percepções e de evidências. Aceitar e vivenciar a própria mudança acompanhando suas implicações cria novas atitudes. Sinceridade pode ser uma delas, pois não mais se quer enganar.

MUITO DESESPERO CRIA ESPERANÇA

É quase um oximoro dizer que desespero cria esperança. Psicologicamente essa situação não é vivenciada enquanto paradoxo graças à divisão criada pela não aceitação do que se vivencia, do que ocorre. O auge do desespero pode ser vivenciado enquanto submissão ou revolta, pode neutralizar contradição ou acirrá-la a depender de como seja vivenciado.

Submeter-se ao que desespera, amargura e infelicita é típico de indivíduos habituados à passividade. Para eles, não agir, não reclamar é a garantia de alguma coisa receber, alguma coisa conseguir. A omissão, resultado da submissão, abre portas. Essa é a esperança acalentada: quanto mais se suporta, quanto mais se sofre, quanto maior o desespero, melhor e mais possível é a recompensa, não há contradição, pois o que desespera é o caminho para o final feliz, é a esperança de melhora. Chegar ao "fundo do poço" abre perspectivas, cria esperança, já que pior não pode haver, e assim se unificam contraditórios, se acredita em mudança.

É necessário sempre se deter nos estruturantes individuais para compreender e perceber suas divisões, distorções e contradições, frequentemente neutralizadas pela magia do não percebido, do não configurado por eles. Na submissão tudo pode ser apaziguado, desconsiderado, divisão e antagonismos negados em função de carências e expectativas. A certeza de que nada há além do fundo do poço é uma figuração que torna densa, que dá corpo à esperança, propicia saídas solucionadoras nas quais nada confortante é vislumbrado.

Não aceitar o limite, negá-lo por meio de hipóteses solucionadoras é alienante. Cada vez mais afastado de si mesmo, o indivíduo se encontra no outro, que assim é reduzido ao braço amigo ou à mão que alimenta. Viver para receber suprimentos cria fileiras de pseudoincapacitados esperando ajuda. A passividade, decorrente da submissão, estrutura os alienados esperançosos de melhores dias, esperançosos por chefes e políticos amigos, salvadores e Messias.

Quando o desespero, em seu limite máximo, é vivenciado como revolta, tudo muda. O novo se instala e o indivíduo percebe sua alienação, sua submissão, e já não há esperança. É necessário agir, agora buscando parar a roda do que desespera, seja aceitando-a, por impotência, seja desmantelando-a. Destruir o que desespera é destruir o que aprisiona, limita e engana. Nesse caso não há paradoxo, a atitude é unitária, o indivíduo inteiro confronta o que o desespera e assim recupera suas dimensões humanizantes, seja por aceitar, seja por mudar o que o desafia, comprime e massacra. Quanto mais desespero, mais alienação, mais esperança, consequentemente mais submissão, da mesma forma que quanto maior for o questionamento ao que desespera, menos alienação, menos desumanização, mais libertação.

CHANTAGEM

Quando o indivíduo se dedica a conseguir realizar suas metas e desejos, nada o detém. A própria estrutura voltada para o futuro, para o depois, faz com que ele fique imune a qualquer vivência da realidade. Os tijolos e pedradas do real, a obviedade contundente, não o atingem, ele está impermeabilizado, seus planos e estratégias o blindaram, tanto quanto o seu cinismo, a sua maldade e o não comprometimento com nada além de seus interesses e objetivos. Viver para o futuro a fim de superar situações que considera limitadoras e desagradáveis, utilizar o outro, oportunidades institucionais e falhas descobertas, municia esses indivíduos, confere-lhes grande poder de destruição.

Ir ao ponto certo, atingir alvos e assim comprometer pessoas ou instituições cria os chantagistas, os que tudo podem e conseguem ao se alimentar dos medos, apreensões e inseguranças de suas vítimas e de seus objetivos de conquista. Ser vítima de chantagem é uma possibilidade quando se tem metas e medos, coisas a conseguir, coisas a esconder e a omitir. A ação malévola de chantagistas, atuando sobre indivíduos cujas motivações são divididas e fragmentadas por interesses e conveniências, cria espectros de respeitabilidade. Esses fantasmas só existem pela manipulação diária e constante, são protegidos pelas mentiras, despistes e encenações de pseudodisponibilidade e honradez. Assistimos a isso desde as escrituras que garantem as terras griladas ou usurpadas até a imunidade das funções parlamentares ou os funcionários das diversas instituições que esquecem ou escondem papéis, processos ou atualizações de rotina a fim de contornar e criar novos recursos. Toda vez que ocorrem ataques, toda vez que se estabelece chantagem, implodem-se reputações, exacerbam-se prerrogativas e o vale-tudo de explicações e justificativas constrói novas barreiras e novas bandeiras de luta e reivindicação.

Chantagear é aproveitar os resíduos de fragmentações compactadas pelas molduras institucionais, familiares e políticas, e assim criar títeres e vilões. É querer transformar o outro em um ser despersonalizado, que vive para manter posições à medida que satisfaz e realiza expectativas e desejos do outro. Aceitar a chantagem é aceitar a própria destruição, é antecipar a morte em vida, isto é, omitir-se, fazer-se cúmplice, e geralmente atingindo também outras pessoas.

CIÚME: OBSESSÃO E FRAGILIDADE

Ter ciúme é sentir-se perdendo o controle, sendo rejeitado, substituído. Quanto mais insegurança, quanto maior suas não aceitações, seus problemas e dificuldades, maior a necessidade de trunfos e certezas. A fidelidade, a manutenção dos compromissos faz com que o outro esteja sempre presente, consequentemente à mão para reafirmar poder e possibilitar segurança. Essas situações são bem explícitas e frequentes nas relações de casal, embora também existam entre pais e filhos e entre amigos.

Focalizando as vivências do ciúme no contexto da carência afetiva, surgem situações espantosas que aparecem sob forma de coisificação ou de antropomorfização. Ter ciúmes de objetos que foram tocados ou mereceram atenção do "ente amado" é estar inserido nas vivências psicopatológicas. Humanizar objetos (antropomorfização), livros, roupas, carros, por exemplo, é imaginá-los como uma continuidade do outro, à medida que são escolhidos e tocados. A antropomorfização é um processo que apaga as barreiras, os limites e as diferenciações do real, do existente, para que se consiga ampliar os medos, fantasias, confabulações e silogismos que permitem equacionar as justificativas das vivências ciumentas. Na coisificação, o outro é transformado em objeto, polarizador de atenção, de afeto e, assim, consequentemente, passa a ser odiado. Metonímia realizando funções despersonalizantes.

Ter ciúme é explicitamente lamentar, expor suas dificuldades, suas fantasias e obsessões, reclamando de lhe tirar os controles, os arranjos solucionadores. Exatamente este aspecto caracterizador do ciúme o contextualiza na vivência de medo e impotência. Sem autonomia, com dificuldades, querendo ajuda, não se pode abrir mão, perder o que se tem. Qualquer ameaça dispara o ciúme, o controle, a reclamação reivindicatória cheia de alegações.

A relação estrutural entre ciúme e não aceitação, problema, dificuldade, enfim, a conhecida baixa autoestima é muito visível quando lidamos com comunidades economicamente carentes, onde os clássicos exemplos de domínio e autoridade do homem são mantidos. As mulheres a tudo se submetem, até suportam ser espancadas para manter o direito de proteção e ajuda oferecidos pelo parceiro, seu suporte-espancador. Frágeis, essas mulheres tipificam as vivências de ciúme, tudo fazem para manter e controlar seus parceiros, que mesmo quando as jogam na prostituição para complementar orçamento, não têm ciúme, embora as deixem cada vez mais ciumentas.

Ciúme é impotência, é geralmente o desespero de não mais conseguir interessar, motivar e monopolizar o outro. Perder essa influência deixa sem direção, no chão, derruba e desanima. O ciúme é também um dos indicativos da vontade de ser o outro, o merecedor das atenções. A situação é antagônica: detesta-se, odeia-se o causador do ciúme, mas é o que se quer como modelo, como parâmetro, como objeto de transformação. Essa divisão é uma duplicidade; cria vítima e agressor simultaneamente vivenciados pelo mesmo indivíduo, daí as situações de ciúme sempre possibilitarem desejos de vingança, ódio, humilhação e frustração, buscando alívio e ajuda para os males. Medeia, com sua trágica história, e Otelo de Shakespeare, com seu drama, nos mostram esses aspectos, essa polaridade agressor (vingativo) e vítima (imolado), simultaneamente vivenciados, que caracterizam o ciúme, seus elementos fantasiosos e trágicos, situações sempre contemporâneas, ocorrências frequentes de reclamações nas sessões psicoterápicas e nos noticiários sobre crimes passionais.

UNILATERALIZAÇÕES

Sempre que se negam as consequências e implicações de atos e desejos, são construídas responsabilidades, mentiras e disfarces (imagens e máscaras) como forma de lidar com o outro, consigo mesmo e com as próprias limitações, dificuldades e vícios.

O que se faz ou não se faz implica em alguma coisa, já que existimos enquanto relação com o outro, consigo mesmo e com o mundo. Eternizar e manter posicionamentos como absolutos é mais um faz de conta destruidor. Todo relacionamento gera posicionamento, gerador de novos relacionamentos indefinidamente. Mesmo nas necessidades biológicas ou orgânicas isso é visto: excesso ou falta tanto alimentam quanto adoecem. Dormir é descansar e é também sedar e alienar a depender da intensidade com que é exercido. Comer sustenta e destrói sob forma de inúmeros desequilíbrios metabólicos: dos açúcares às gorduras até a carência ou excesso de tais substâncias. O mesmo se dá com as satisfações e insatisfações sexuais.

Tudo que problematiza, soluciona, se enfrentados e configurados seus pontos de interseção, de prisão e amarração. Tudo que ajuda ou que apoia, atrapalha e oprime. É a dialética dos processos. Nas não aceitações, nas neuroses, os indivíduos querem absolutos sem implicações: querem que os problemas não apareçam, que as boas imagens aplaudidas, por eles conseguidas, se mantenham eternas, que o outro, por eles conquistado, esteja ao seu dispor, à sua mão, aos seus pés. Esse desejo de absoluto unilateraliza as vivências e transforma tudo no vencer ou vencer para não cair no perder ou perder. Eles não aceitam, não admitem a transformação, a mudança. Pensam que o objetivo é o encaixe, a adaptação, pois acreditam ser o mundo um grande quebra-cabeça que eles decifram ou têm que aprender a decifrar, a adquirir a chave, descobrir a senha, conviver com o mestre, de preferência conquistando-o ou mantendo o infalível amigo. Essa é a pretensão, a busca insaciável. Ter problemas e escondê-los, evitar que eles prejudiquem é o objetivo na não aceitação de dificuldades, medos e reversibilidade de processos.

Quanto mais viverem em função do futuro, de resultados, mais desvitalizados ficam ao perceber os confrontos e mudanças que a todo momento acontecem. Vida é movimento, é antítese, não há como permanecer sem mudar. O medo de mudar sem permanecer é o que desorganiza a não aceitação da reversibilidade do estar no mundo, ou do outro como limite. Essa omissão e esse medo inventam absolutos, transformam a multiplicidade em polaridade, criando assim convergências e divergências estranhas, anômalas ao que se processa e movimenta.

Determinar solucionadores das próprias dificuldades, estabelecer o que vai resolver, o que permitirá superação são tentativas de coagular o movimento. É um posicionamento tão violentador do existente que fragmenta, obriga movimentos em outras dimensões, traz pontos em volta de uma órbita, em volta das não aceitações. Querer manter problemas e dificuldades — medos e desejos — em função das próprias conveniências e achar que eles não vão aparecer ou ser expressos no cotidiano é ilusório. Problemas enfrentados desaparecem ao criar novas realidades, novos relacionamentos e reconfigurar comprometimentos e desejos.

PERFÍDIA

Engano deliberado, traição, insídias e estratégias para consecução de objetivos que vão desde encobrir o que se considera vergonhoso até realizar o que se ambiciona podem ser resumidos como perfídia. O característico do engano pérfido é a deslealdade, é o fingir, o fazer de conta. Pode haver traição sem perfídia. E embora na traição haja também deslealdade, pode não existir o faz de conta, o despiste, as máscaras, que, além de esconder, indicam outras fisionomias.

A pior máscara é a do bem, pois não se pode apoiar o bem naquilo que não é verdadeiro. Máscara é aparência e aparentar é enganar. Disfarçar-se de bondoso é perverso, seduz e impede dúvidas desde quando novas configurações são indicadas por meio da nitidez que dispersa sombras e ambiguidades, mas que esconde sempre outros interesses. Pérfidos são os indutores. Levam indivíduos a situações que jamais seriam acatadas pelos mesmos, mas que por meios e artifícios aparentam ser diferentes do que são, explorando e confundindo as vivências de proximidade e intimidade. Traficantes de drogas, proxenetas, chefes de quadrilhas, alguns religiosos e gurus, espontaneamente, perfidamente conduzem seus seguidores, devotos, prosélitos quando buscam usar esses amorfos dependentes para objetivos próprios e desejos espúrios.

Deslealdade, falsificação de regras e normas, de acertos e crenças constituem a manipulação da confiança que se adquiriu e, assim, amantes são enganados e traídos, crianças são corrompidas na sua educação e orientações realizadas, fiéis são iludidos e explorados.

As metamorfoses, as transformações, social e familiarmente aceitas, são as ferramentas das pessoas que sempre estão produzindo imagens e se mantendo por engano, deslealdade, traição, perfídia.

A vítima de perfídia se imobiliza em tal nível que sequer pode reagir. Fica imobilizada pelos laços de medo e compromisso, são amordaçadas e manietadas, reduzidas a meras testemunhas do que ocorre, sem voz, sem vez, sem sequer poder gritar. Pérfidos sempre agem por meio de engodos, de compromissos que chantageiam e emudecem.

ALEATORIEDADE

Sempre que há uma expectativa fundamentada em continuidade de processos, estruturam-se certezas decorrentes das sequências processuais. Somente o aleatório quebra essa continuidade consistente.

As características de consistência e aleatoriedade variam conforme os sistemas que as estruturam. É totalmente aleatório chover em desertos, tanto quanto é aleatório soluções humanitárias em regimes ditatoriais. Quanto menos consistente é a pluralidade dos sistemas, mais porosidade e possibilidade de outras configurações o invadirem. Nesse sentido são exemplares as atitudes individuais, às vezes heroicas, formarem sistemas de resistência aleatórios, pois não são previsíveis. Zumbi dos Palmares e Tiradentes são individuações aleatórias diante da sistemática opressão escravagista e colonizadora, mas, como polarizantes dos submetidos, dos desconsiderados, quanto mais essa polarização cresce, mais se sistematiza consistentemente a fabricação de heróis.

Thomas Szasz, psiquiatra defensor da psiquiatria anticoercitiva, quando fala dos processos institucionais fabricadores da loucura, é exemplar ao mostrar as mudanças propiciadas pelo dado aleatório. De tanto proibir relacionamentos da filha com amigos, por exemplo, chega o momento no qual não se entende por que ela não conversa, não come, tem surtos e delírios e enlouquece, segundo os padrões da família.

É o cisco no olho, é o bumerangue surpresa que, às vezes, propicia mudança. A gota d'água, ou ainda, a mesmice do garantido cria contradição, revela pontos de opressão, que também são de cisão, responsáveis por quebras, fraturas interrogadoras do porquê, do para quê e, assim, novos processos surgem.

O aleatório é sempre o denunciante da desordem ou da ordem; é pergunta que desestabiliza ou resposta que cada vez mais acomoda pela fragilidade, pelo fiapo exposto que tem que ser cortado. Tessituras existenciais podem transformar o acaso, o inesperado, em novo padrão, algoritmo que referencia e determina cogitação, formulação e reformulação.

O processo tudo dinamiza, nada é estático. O aleatório de uma sequência é também o previsível de outra sequência. Nessas diversificações se estruturam as motivações, decisões, dificuldades, medos, dramas e frustrações humanas. Viver em função de expectativas, de metas, sempre esvazia: cria buracos, abismos que engolem sonhos, desejos e possibilidades.

"TENHO TUDO, NÃO PRECISO DE NADA E NADA ME DEIXA FELIZ"

A frase do título é um desabafo que aparenta tratar de vazio e tédio, mas concluir isso é ilusório, incongruente. Jamais tédio e vazio resultam de avaliação. A consistência da avaliação, ou seja, o enumerar possibilidades e neutralizar conflitos é a medida, o peso que tudo determina e contabiliza. Fazer a conta, pesar, medir, avaliar é estabelecer recursos, etiquetas e rótulos. Preencher espaços jamais enseja vazio e tédio.

Nada ver, nada deter, nada sentir esvazia e entedia, mas avaliar é um procedimento que obriga sempre a completar, e, quando isso ocorre, não há o que fazer, a não ser renovar o processo, destruir e buscar complementar, enfim, iniciar novas avaliações que permitam constatar e não ter o que fazer, apenas manter o conseguido. Essa constante repetição é como Sísifo ainda na esperança de conseguir libertação. Como aconteceu com Sísifo, tudo foi entendido. Ficou claro que sua vida é fazer e refazer, mas ir além disso, constatando não ser feliz, é ainda estar na espera de realização, de libertação.

Jamais o ter define o ser, jamais confinamento define liberdade. Estar em uma prisão pode até significar liberdade, tanto quanto solto no meio de ruas equivale à prisão quando se está comprometido com realização e definição para os próprios processos. Não são as circunstâncias que definem as trajetórias, embora às vezes as configurem. Estruturas do terreno e dos espaços criam referenciais delimitadores tanto quanto ampliadores. Restringir ou ampliar sempre se referem a condições aderentes. Onde se pisa e caminha, se pisa e caminha independentemente da medida dos passos. Medir caminhos percorridos equivale a outras considerações, não mais se refere apenas a pé no chão.

Vivenciar os próprios espaços e condições é assumir a temporalidade do aqui e agora sem medi-la nem avaliá-la. Quando se entra nesse contexto de avaliação, já não se fala de vivência, mas sim de desejos que sempre traduzem frustrações e metas, falta e anseio que funcionam como necessidades, areia movediça que tudo traga e engole. Avaliar é criar pântanos, buracos incomensuráveis, daí a ideia de nada tangível, inclusive a felicidade, o ânimo, o presente, o novo.

CARIDADE, SOLIDARIEDADE E AMOR

Ir além de si mesmo é condição básica para estar no mundo, para perceber o outro como algo diferente de objeto útil, de apoio necessário, de refrigério buscado, de ameaça ou perigo estabelecidos. Quanto maior o limite, quanto mais amarras e menor espaço, menos se tem condição de ir além de si mesmo. O que se disputa e valoriza é mais ar, mais espaço para sobreviver ou para relaxar. Ter que conseguir tudo para melhorar as condições de sobrevivência estrutura processos autorreferenciados. Sempre garantir, manter mais espaço e salvar a própria pele cria total impossibilidade de convívio com o outro, independentemente de vantagens ou desvantagens que ele pode trazer, criar ou resolver. Não há solidariedade, não há empatia, pois não se vai além de si mesmo.

Acontece que grupos e sociedades só se mantêm por meio de participação, de estabelecimento de limites, direitos e deveres. Esses referenciais passam a ser os prolongamentos dos próprios desejos e motivações, e, assim contingenciados, os espaços são sempre ampliados. É a magia, é fazer de conta que está indo além de si mesmo, quando na realidade o indivíduo só duplica e neutraliza, por meio das instituições, regras e deveres que o representam. As instituições religiosas ensinam que é bom, que vale a pena, que o reino dos céus será alcançado se fizermos bondades. Apoiar, ajudar o próximo é moeda amealhada para entrada no paraíso, é a garantia de nele ingressar, é ter crédito, base e condição. As leis, as regras do viver em comum, em sociedade, também decidem sobre atos solidários. Escola, religião, clubes são plataformas externas para ir além de si mesmo, entretanto, como cartas marcadas, paisagens desenhadas, pouco é conseguido, pois os processos confluem para a própria melhoria e integração. As contradições são mascaradas e resolvidas por amistosas competições criadoras de vitoriosos e derrotados.

Geralmente, não se vai além de si mesmo, pois não se vivencia o presente. O que é cotidianamente vivenciado é dirigido ao que vai ser conseguido, superado. É a meta, é o futuro. Não se vai além de si mesmo, salvo como estratégia para apoiar suas bases de sustentação, seu autorreferenciamento, e assim, caridade, solidariedade, amor escasseiam.

Só por meio da percepção do outro em seus contextos precários ou contraditórios é que se descobre suas necessidades, possibilidades e impossibilidades. Só assim se pode ajudar, resgatar, ser solidário, isolar, rejeitar, amar. Essas atitudes dinamizam o existir e tanto permitem perceber as flores do pântano quanto as lamas depositadas e escondidas no ouro e prata dos ornamentos e salões festivos. Ajudar o louco da rua, salvar o animal ferido, recusar conviver com eméritos benfeitores que estão escondendo suas próprias maldades apresentadas e exibidas como marcas de ternura exige o ir além de si mesmo.

REPRODUÇÕES ESTEREOTIPADAS

Frequentemente as pessoas explicam suas dificuldades, tanto quanto buscam entender seus acertos, considerando a ideia de que têm uma missão, que seus comportamentos são fruto de educação familiar, ou, ainda, que representam resumo da aprendizagem e das regras sociais. Pensar que suas atitudes e comportamentos dependem da aprendizagem, da profissão, dos treinamentos pode até ser verdade, mas reduzir o entendimento das próprias atitudes a esta abordagem, esgotar nela a compreensão de comportamentos e, a partir dessa visão, tudo explicar, desejar ou lamentar é uma apreciação redutora da humanidade.

O a priori, a crença em reencarnação, por exemplo, em carmas, destino ou equivalentes, também sempre desindividualizam.

Essa perda de autonomia faz correr atrás de causas para que essas explicações possam garantir bons resultados, justificar as dificuldades ou os acertos. É uma absolutização que neutraliza a visão do relativo. Existe uma fábula hindu antiga, mas atual e interessante em sua visão relativista (apesar de seus dogmas e nuances preconceituosas), muito ilustrativa na neutralização dessa necessidade de se deter em causalismos absolutizantes:

Dois amigos se encontraram em uma tarde ensolarada. Um disse que iria ao templo rezar, enquanto o outro disse que iria encontrar uma cortesã. Quando o amigo que foi ao templo rezar voltou, um espinho perfurou seu pé. Quando o amigo que foi ao encontro da cortesã voltou, ele encontrou uma moeda de 1 rupee na rua. Os dois amigos decidiram consultar o professor e pedir uma explicação para o que achavam discrepante no ocorrido. O professor disse: "O amigo que foi ao templo e rezou era para ser picado por uma cobra, ao passo que o amigo que foi ao encontro da cortesã era para ganhar uma fortuna. Então o bom comportamento suavizou a picada da cobra para um espinho, e a má ação reduziu a fortuna a uma moeda".[123]

O que define e decide processos é o como, e não o para quê ou o porquê. Não são as boas ações, nem as más, que vão configurar resultados, independentemente dos contextos vivenciados. No contexto de autonomia não se age para realizar objetivos, se age. Comportamentos repetitivos e voltados para objetivos geralmente são questionáveis. A aprendizagem, necessária para adaptação social, nem sempre esgota as possibilidades individuais, consequentemente não é explicação delas. Análises que se baseiam em estereótipos são repetições ineficazes, reproduções de padrões ou referenciais que mais engessam do que explicam ou libertam,

---

[123] Texto original da autora, uma versão adaptada de uma sabedoria popular hinduísta transmitida oralmente..

em suma: não globalizam as especificidades do que ocorre. Na psicologia, por exemplo ("você precisa se valorizar mais", "vamos, você consegue, faça" etc.), nas ciências sociais ("profissionalização é possibilidade de atingir melhores condições sociais") ou até nas áreas tecnológicas ("isso está funcionando bem, vamos manter"), as reproduções de chavões não explicam, não levam à compreensão e transformação, apenas anestesiam frustrações, tanto quanto impulsionam para um depois, admitido como solucionador.

COMPORTAMENTOS ESQUEMÁTICOS

Seguir um esquema é procurar seguir uma receita, é procurar ter bons resultados. Esse comportamento é sempre deficitário, pois estruturado em outros contextos funciona como encaixe rapidamente transformado em quebra-cabeça ou acerto de figurinhas que se parecem. Assistir aos esforços das mães querendo educar os filhos de acordo com tudo que é preconizado por psicopedagogos e psicólogos é exemplificador dessa atitude. A agenda recreativa, lúdica, cultural e esportiva é movimentada, tudo é dado, menos o contato direto com os pais, única possibilidade de amor e de carinho. É um caminho que valoriza ganhos, sucesso e a questão do ganhar dinheiro, do exercício profissional, que sempre cria outras demandas e variáveis.

As dietas e a fixação em alimentação saudável são outro exemplo de comportamento esquemático. O esforço inviabiliza a espontaneidade. Se dedicar a fazer o que é necessário, o que é considerado bom, é sempre ruim, pois busca realizar metas ou propósitos. As barras de proteção, o que se segura atravessa o vivenciado e assim transforma o presente em ferramenta para atingir o futuro. Essa utilização interfere e atrapalha. Os mecanismos de proteção e de ajuste são também mecanismos de isolamento. O protegido se perde enquanto possibilidade de transformação.

Endereçamentos são úteis e necessários, tanto quanto são pontualizadores e discriminadores. A receita e o esquema são sempre precários, pois percebem o todo como soma de partes: são etapas, patamares, escadas que transpostas levam ao pódio, mas reduzem possibilidades, ações e interações.

A vida não pode ser esquematizada. Educação de filhos e relacionamentos afetivos, por exemplo, não devem ser esquematizados sob pena de instalar a meta, a busca de resultados como principal objetivo das vivências. É fundamental não esquecer que todo ponto atingido é rapidamente superável e superado, e é bom lembrar que a dinâmica, o movimento são constantes. Envelopar e encaixar geram bolhas destrutivas de criatividade, e assim assistimos, por exemplo, ao surgimento de líderes sociais, de manipuladores que utilizam como matéria-prima o que era passível de felicidade e de alegria. Viver programado para bom ou mau resultado é sempre desumanizante, pois eles são constituídos para outros momentos, outras individualidades. O bom de hoje, em geral, é o péssimo de amanhã e foi o esforço desesperado de ontem.

ADEQUAÇÃO TRANSFORMADORA

Saber que se é o que se é traz tranquilidade e motiva para continuidade de vivências, de sentir-se apto e capaz de estar no mundo consigo mesmo e com os outros, transcendendo os limites das circunstâncias. Essa transcendência polariza energia e motiva para a apreensão das contradições que desnorteiam.

Entregue a si mesmo em questionamentos e descobertas, o indivíduo atinge novas dimensões, renova constatações, aumentando suas crenças nas próprias possibilidades, pois ao abandonar caminhos endereçados, contingências e circunstâncias, ele realiza o caminho enquanto possibilidade e expressão de sua individualidade, de suas motivações. É o ir além dele próprio determinado pelas suas próprias motivações. Esse processo, esse ir além, só é possível enquanto autonomia, ou seja, autonomia é um processo que exila expectativas e no qual, consequentemente, não há ansiedade.

O predomínio da tranquilidade, da aceitação do que ocorre, do que se é, do que se tem, descortina horizontes de infinitas possibilidades. A vivência delas é realizada enquanto aqui e agora, o que ocasiona um conhecimento discriminativo, um deter-se no que acontece que impede distorção, que neutraliza dúvidas e anseios. É a congruência determinante da coerência, do estar aqui e agora assim, confluindo contingências e nadificando-as pelos questionamentos estruturados pelas vivências disponíveis e não circunstanciadas. Assim se estrutura a fé, a certeza do estar no mundo com os outros em um processo: a vida, pois estar vivo é estar apto e disponível para polarizar questionamentos possibilitadores de mudança e integração com os dados vivenciados, é a congruência do humano enquanto transcendente de sua sobrevivência, de suas necessidades circunstanciadas. Encontro permite descoberta, é a adequação que transforma.

DESAPEGO

Aconselhamentos religiosos e orientações espiritualistas propõem desapego como neutralização de sofrimentos baseando-se na ideia de estar protegido e definido por algo além de si que justifica o sacrifício de deixar, de largar o que se tem afeição, libertando-se para um caminho direcionado a metas espirituais. Nesse contexto, buscar o desapego é negar afetos e condição material como características humanas, e assim, a busca do desapego torna-se mais um elemento de pressão e repressão, gerador de culpa e medo. Desapegar-se, nessas visões, implica sempre em ir além deste mundo, buscando outros considerados paradisíacos que redimem culpas e dificuldades.

O desapego é também muito frequente nos estados depressivos: nada interessa, nada significa, não existe sentido na continuidade, tampouco nas novidades e surpresas.

Apoios, segurança e significados entravam processos graças às polarizações, às confluências realizadas por sonhos, desejos e propósitos. "Viver é lutar", "viver é superar", "viver é aceitar" são os rótulos, as senhas que escondem fragmentações e omissões, tentando funcionar como alavancas, como estímulos para ação e mudança.

Vivenciar o presente sem utilizá-lo em função de metas e objetivos futuros, tanto quanto não o vivenciar respaldado no passado, aponta sempre para novas dimensões. Disponibilidade depende de não estar autorreferenciado. Perceber o outro e o que está em volta autorreferenciadamente é responsável pela decepção, desesperança e insatisfação de desejos.

Ficar inteiro, entregue às descobertas, participando do que acontece é um desprendimento, e isso descortina e endereça para as nuances do que ocorre, recriando assim a continuidade da sequência do estar no mundo com os outros. É não estar autorreferenciado — portanto, desapegado dos próprios referenciais —, é o estar solto que cria entusiasmo e participação no que se vivencia.

É necessário não estar olhando para trás nem buscando pelo futuro, pelo que se deseja ou teme.

AVERSÃO

Toda vez que alguma coisa ou alguém é excluído de uma situação ou sistema, podemos dizer que a aversão, o não suportar, o detestar, o não querer conviver com aquela pessoa ou situação foram os responsáveis pelo comportamento de exclusão. De uma maneira geral podemos resumir a aversão em dois grandes grupos: a resultante dos a priori ou preconceitos, e a resultante de dor, sensação intolerável. Os preconceitos existem nas diversas culturas e sociedades, e criam comportamentos de aversão: evitar o diferente (etnia, posição profissional, posição social e econômica); a discriminação aos fisicamente deficientes (lesados ou portadores de comprometimento francamente visíveis, assim como os que não são considerados belos, bem-vestidos); e acontece também evitar o familiar, pois ele pode desmascarar projetos, pode saber "o caminho das pedras" e assim pôr tudo a perder. É comum o novo rico odiar encontrar os vizinhos da comunidade onde passou a infância. É comovente ver o desespero da mãe faxineira para se apresentar bem na formatura do filho em medicina, é estarrecedor ver o desespero do jovem médico em não conseguir esconder as mãos calosas da própria mãe. Aversão é tudo que pode provocar dor, que pode desmascarar, que pode também deixar cair a máscara que esconde maldades. A esposa que apanha do marido, a filha estuprada pelo próprio pai têm aversão total ao que possa iluminar esses escondidos, por exemplo.

A aversão ao que causa dor resulta sempre de experiências anteriores. Ser torturado, ser humilhado, ser submetido ao que discrimina, determina comportamento aversivo. Nesses casos a aversão é o sintoma da impotência. Sentir aversão é continuar submetido ao que destrói, ao que humilha e maltrata, apesar de isso ser questionável. Por que continuar submetido? Por que temer o que pode ser destruído? Nesse ponto a aversão é sempre deslocamento de algo não resolvido, e esse deslocamento cria as vítimas, os histéricos e desesperados que reagem gritando, despistando, escondendo o que os infelicita. Nesse sentido, a aversão pode ser uma manutenção, um ajuste ao que infelicita e destrói. É a matéria-prima de que são feitas as vítimas, os sonhos e as buscas de eldorados. A aversão é uma maneira de fugir e negar o presente que se vivencia.

MECÂNICA DOS MECANISMOS

No contexto do que é programado e mecanizado, se consideramos as engrenagens, uma parada inesperada do mecanismo possibilita o surgimento do que é espontâneo, ou seja, do não programado. Pensar a espontaneidade a partir da interrupção de programações anteriores contingencia o que é espontâneo, define-o como o não mecânico. Ser não mecânico e ainda estar contido nos mecanismos sistematizadores do mecânico é de extrema complexidade.

Pensar o que é espontâneo independentemente de seus contextos é quase impossível, pois o espontâneo em relação a B pode ser o mecânico em relação a A. O que é espontâneo enquanto tal requer outros referenciais para ser apreendido. Seria o que salta aos olhos? De onde vem, de onde parte? É o que está contido em um outro referencial? É um antes? Um depois? Ou uma contingência transformada em contexto a partir do qual tudo agora é percebido?

Terremotos e inundações, por exemplo, quebram os sistemas e seus sistematizadores. Criam outras configurações, outras ordens, e nelas inúmeros acontecimentos e atos espontâneos surgem. Nas guerras, nas doenças, nos lutos familiares, a solidariedade, a descoberta de perdas são importantes reconfigurações. O choro diante da cadeira vazia, as constantes ausências presentes capturadas por sutis índices fazem perceber continuidades, tanto quanto descontinuidades e perdas. Gritos, choros e raiva são expressões dessas descobertas insinuadas.

Quanto maior a desconfiança, a quebra de certezas e evidências, mais frequente a insegurança e o medo, e também mais comum e espontânea a dúvida alimentadora de descrença. Descrer é espontaneamente reviver, reavaliar toda ocorrência. Não mais ter fé, não mais acreditar é um sentimento/pensamento espontâneo que surge após a destruição de evidências que tudo esclareciam e orientavam. O ídolo derrubado, o dogma destruído, o encontro desmistificado, o desengano personalizado e categorizado criam espontâneo caos, espontânea destruição. Surgem, assim, outras ordens geradoras de ocorrências espontâneas. É o *"après moi, le déluge"*,[124] é também o acordar do sono e sonho despersonalizantes, é descoberta, é lucidez, mesmo que catastrófica. Muitas vezes é o que se sente quando se perde alguém, um ente querido, ou ainda quando se perde a grande oportunidade, a estrada que conduzia ao sucesso, às vitórias.

PACTOS

Goethe, no *Fausto*, resume o desespero da falta de recursos e da ambição humana no pacto que se faz com o Diabo. Comprimidas e confrontadas entre o bem e o mal, as pessoas gananciosas e desesperadas faziam pacto com o Demônio. Usar essa ajuda era sair do limbo, da mesmice, era o prazer, o poder total.

Atualmente, os pactos estão ampliados. Não é preciso vender "a alma ao Diabo", é possível vendê-la a inúmeros compradores ou a inúmeros diabos, sejam eles o chefe, o policial, o patrão, o

---

[124] "Depois de mim, o dilúvio."

marido, a mulher, os companheiros de casa, de cama e de cruz. Tudo é garantia de diminuir infortúnios: o colega que denuncia outro para conseguir promoção, a esposa que suporta violências para garantir o futuro dos filhos, o amigo que nega acertos para obter lucros, o vereador e o governador que pagam pelo voto, o que ocupa o lugar na fila enquanto o outro descansa são diversas formas de vender a alma ao Diabo, inclusive com menos problemas, pois a ideia de alma e Diabo já foram diluídas. Alma, agora, é o interesse, é o propósito, e isso nada significa de ruim, já que a ideia de alma foi totalmente circunstanciada. Diabo é o pastor, é o governador, é o padre que pede para esconder "certas coisas" a fim de não ficar sem possibilidade de salvação e melhoras.

Pactos são acertos, e todo acerto é uma conta de chegar ou de zerar que redime, submete, satisfaz e demoniza. Fazer o acerto é negar espontaneidade. É escada que redime, mas também aprisiona.

Buscar solução geralmente é negar o problema quando não nos detemos nele. Dedicar-se ao problema é se extasiar com o novo, a solução que emerge, a mudança que aparece. É constatar, é aceitar. É não se perder em acordos que despersonalizam, pactos que destroem a dignidade, espontaneidade e responsabilidade.

"SE EU FOSSE DIFERENTE DO QUE SOU, EU SERIA FELIZ E SATISFEITO"

A frase do título resume as contradições dos processos psicológicos da não aceitação biológica, social e existencial. Deter-se na própria vida, em sua própria existência, em suas condições sociais, econômicas, biológicas, favorecidas ou não favorecidas e resumir que tudo seria bom se fosse diferente é assumir que o diferente, o não existente, configura satisfação, prazer e bem-estar. Achar que todo mal-estar é causado pelo cabelo liso, pelo cabelo crespo, pelo nariz afilado como o de um santo barroco, por exemplo, é resumir possibilidades, necessidades, questões existenciais/relacionais a índices, a fatos configuradores de significados além da individualidade. Almejar o que não se tem como forma de tudo resolver, de ser feliz, é colocar o desejo atendido como realização e satisfação, é a frustração superada. Isso exemplifica a solução de problemas pelo aplacamento e deslocamento de não aceitações estruturadas.

Não se sentir considerado e aceito, quando não se aceita tal vivência, cria atitudes semelhantes a quebra-cabeças, buscas de saídas do labirinto, do enrodilhamento da não aceitação. Buscar saída é uma maneira de negar o problema. Só quando se detém no problema, no estruturante do que desvaloriza, do que aflige é que possibilidades são configuradas e apreendidas. Aceitar a evidência, não contabilizar resultados nem extrapolar vivências de fracasso ou vitória é deter-se no que ocorre. É milagroso, pois traz de volta o mundo, a si mesmo, suas possibilidades e dificuldades. É um encontro, é revelação. Ao descobrir o que se é, se percebe alegria, encontro, felicidade, pois molduras, embalagens, blindagens são removidas. É um processo difícil, demorado, cheio de antíteses e contradições, mas que se consegue por meio do relacionamento com o outro. É o relacionamento terapêutico, o outro enquanto tal que revela o si mesmo, que resgata possibilidades e transforma contradições.

TENACIDADE

Tenacidade é uma propriedade do aço, e também pode ser um aspecto do humano quando ele é estruturado sem estar ao sabor das contingências, do aleatório. A têmpera do aço, a educação do homem, nos faz pensar. Infelizmente, todo processo educativo, nas mais diversas sociedades e culturas, é voltado para o futuro, para conseguir resultados eficazes, quando o que deveria ser feito, em termos de educação, deveria ser em função da consistência, do preenchimento de vazios. O bastar-se a si mesmo para assim se relacionar com o outro deveria ser o objetivo educacional básico. Mas, ao contrário, justamente buscar complemento, encaixe e ajuda são as noções que norteiam os passos de nossos educadores, família e escola.

Nascemos e crescemos. Desenvolvemos habilidades e adquirimos conhecimento pela ampliação das percepções. É a constante movimentação do estar no mundo com os outros que nos faz desenvolver, humanizar ou desumanizar. O embate diário, a descoberta incessante configura novos horizontes, novas dimensões, e essas reconfigurações criam impasses, acordos, sucessos e insucesso. Sem tenacidade só nos resta nos encaixarmos, nos adaptarmos, entrarmos nas gaiolas ou nos palacetes. O pequeno espaço ou o grande espaço sempre são limitados. O entrar e o sair são pontes que escondem o presente, a forja onde as vicissitudes se difundem, onde as vitórias e facilidades são transformadas.

Vida é encontro, é confronto que causa desencontro, distância, desistência e paradas. Tenacidade é diferente de resiliência. Tenacidade é a característica que resulta de enfrentar diversidades, enquanto resiliência é adaptação, é a submissão que fortalece e enrijece. Partir de é sempre mais importante que chegar a, enquanto imanência estruturante, enquanto força individualizante.

A ARMADILHA DA SUPERAÇÃO

O desejo de ultrapassar ou neutralizar obstáculos é uma das mais legítimas condições de superação, entretanto essa legitimidade se ancora em desejo. Ancorar no flutuante — no desejo — é em si um entrave a qualquer possibilidade de mudança, apesar de ser um forte alarde, um grito contra o fato de estar submisso, aprisionado a obstáculos imobilizadores. Superar vicissitudes físicas, orgânicas, que invalidam o comportamento e o desempenho físico, depende de constante aceitação de limites e paciência diante da demorada melhora e remoção desses mesmos limites por meio de exercícios e remédios. Esse é um embate diário com o que é limitante, e é o que traz transformação ou mudança.

Nem sempre a questão da superação é decorrente de impactos e dificuldades ligadas a contingências e circunstâncias limitadoras. Frequentemente ouvimos e sabemos dos desejos e motivações de superação em relação aos impedimentos, dificuldades oriundas da não aceitação, por exemplo: o desejo de superar a timidez, superar o medo dos outros, que são sempre sintomas esclarecedores de não aceitação. Ao não se aceitar de determinada forma, com determinado aspecto, determinada origem social e/ou econômica, cria-se motivação para copiar, para lutar e conseguir chegar no lado bom das ilhas isoladas. Copiar os vitoriosos, usar marcas e modelos de luxo é frequentemente um dos determinantes de motivações comportamentais. Ser capaz de conseguir e mostrar o que é conseguido e usado por pessoas de sucesso traz luz e cria aspectos iluminadores dos caminhos para os pódios, os locais de sucesso. Nessa luta, superar é vivenciado como sinônimo de copiar, fazer igual, e é por meio dessa imitação que se espera ser aceito, ser considerado e vencer. Esse comportamento de imitação esvazia, despersonaliza e infelizmente ele é encontrado em todas as instâncias sociais. Crianças no jardim de infância, alunos de mestrado, executivos em suas empresas, donas de casa em seus contatos com vizinhos esmeram-se nesse colar-copiar que desestrutura e despersonaliza.

A perda de autenticidade e legitimidade cria fileiras de revoltados/vitoriosos empoderados pela superação, pela luta do que se deseja que ponha ordem com poder, brilhando e comandando. É impossível validar como autênticos os mecanismos criadores do desejo de superação, pois resultam sempre da não aceitação do que existe, do que se vive; são, portanto, os geradores de desejo, meta, que não são mais que abismos, impossibilitando forma e local onde desejos podem ser realizados. E assim, nesse vazio que preenche esse antagonismo irreal, o indivíduo se nutre de cópias e modelos, que quanto mais adotados e copiados, mais aniquilam sua espontaneidade, sua individualidade, promovendo máscaras que escondem roubos, usuras, mentiras e o implacável "tudo fazer" para conseguir ser o que não se é e passar a ser o que se deseja ser. Em outras palavras: artificialidade, mentira, despersonalização, máscara que esconde o humano que precisa ser desenvolvido.

TORCENDO PARA QUE ACONTEÇA

Apostar no futuro é gerar expectativa. Esperar é temer quando se imagina que nada do necessário e prometido vai acontecer, tanto quanto esperar é comemorar o que já está para acontecer, o que se deseja que ocorra. Valorar como positivo ou negativo o que vai acontecer cria ansiedade à medida que antecipa acontecimentos. As antecipações funcionam como apostas. É o indivíduo com ele mesmo decidindo. Esse autorreferenciamento implica sempre em divisão. O indivíduo se transformou em outro que é o juiz, a vítima, o que vai decidir o processo. São criados os atores, outros eus resultantes da divisão suportada por contextos e atmosferas de ansiedade.

As vivências voltadas para resultados sempre são apoiadas em ansiedade, e é por essa condição desvinculada da realidade que elas angustiam e atritam, é a poeira que cega. Não há discernimento, não se sabe o que está acontecendo, nem mesmo como acontece.

Aspectos culturais incorporam vivências. Existem ciclos e datas viáveis e prováveis. A expectativa da formatura, do início do trabalho, da época do casamento são marcos que, mesmo envoltos em expectativas, se configuram como sinalizadores, neutralizando e alicerçando expectativas individuais, como, por exemplo, as relativas à morte: não há expectativa de morte, há o temor de morrer, salvo quando é pregnante o processo de doença, de deterioração da saúde; o desejo de casar e constituir família, que geralmente é fonte de ansiedade para as mulheres, pois elas, via de regra, são escolhidas, não escolhem; e a dependência econômico-social, que também aumenta a expectativa. A falta de autonomia propicia sempre ansiedade, pois tudo que acontece depende dos outros: família e convenções sociais.

Quanto menos autonomia, mais despersonalização, mais vazio enquanto vivência do presente, o que acarreta deslocamentos para um tempo no futuro. É a torcida para que tudo dê certo, para que se consiga o melhor. Essa atmosfera é também propícia à afirmação do sobrenatural como definidor de processos. Sempre que há expectativas, surgem os porta-vozes do futuro: o padre, a mãe de santo, o vidente, o astrólogo, enfim, pessoas que podem trazer as coisas do céu — o futuro, o que vai acontecer — para a terra, para o presente. Social e politicamente, a espera de dias melhores vai, assim, depender das crenças, das ilusões, dos salvadores da terra, do povo, dos que podem ser santos milagreiros criados pela demagogia, pelo populismo, pela fome e opressão, e todas essas circunstâncias são vivenciadas como praga e castigo celestial por resultado das más escolhas anteriormente feitas.

Vivência do presente e questionamento é o que permite lucidez para lidar com o que acontece, independentemente do que se deseja ou teme acontecer. Isso vale para a vida privada, para o indivíduo ou para a coletividade, o social.

INDIVIDUALIDADE E GRUPO

Como sobreviver sem o grupo? Sem a família, sem sociedade, sem instituições? São perguntas constantes e implícitas em todo desenvolvimento individual. O semelhante, o outro, é o duplo. O primeiro grupo social é o que o indivíduo forma com ele próprio por meio de posicionamentos representativos de conjuntos e sistemas que o identificam. Ser de uma família, um extrato social, um país, são determinantes explicativos de seus limites e poderes. Essa demarcação é indicativa de limites, de compromissos e também de liberdade, possibilidades de transformação.

Já nascemos situados, consequentemente imbricados em todos os sistemas que nos configuram, definem, apoiam e oprimem. São as engrenagens que comprometem, tanto quanto protegem, adaptam e isolam. Essas bolhas sofrem impactos. Inúmeras variáveis, como guerras e intempéries, criam mudanças. Dos acontecimentos político-econômicos aos climáticos, a dinâmica determina e aprimora. Os estáveis são questionados e dinamizados. Das tradicionais configurações familiares às consagradas maneiras de obter o pão cotidiano, tudo passa por modificações. Questões biológicas, questões de supremacia e inferioridade se transformam, se alteram, se retraem ou expandem. As reservas de poder são mescladas para que novos poderes apareçam.

A quebra de posicionamento estabelece novas dinâmicas, novos posicionamentos. É exatamente aí que o ser humano exerce seus comprometimentos ou sua liberdade. Não há uma liberdade absoluta, abstrata, seta solta no ar. Sempre haverá contextos, direções, sinalizações para que se exerça liberdade ou compromisso. Dizer não ao sistema e lutar pela sua transformação é libertário, tanto quanto compromissado.

O fazer por fazer, o agir por agir, a antítese enquanto antítese esgotada nela própria é sempre libertadora. O dizer sim, o dizer não por imposição do apresentado, sem contabilização do resultado, é libertador. É o questionamento, é o se colocar de outra forma, pois as percepções são novas, são diferentes. Esse é o momento no qual o indivíduo ultrapassa seus constituintes, suas posições e limites. Pode ser revolta, pode ser criatividade, pode ser inventividade, mas é sempre o novo. Nesse sentido, dialeticamente processada, liberdade é sempre síntese às teses colocadas pelo compromisso e questionadas pelas antíteses, pelo poder ser diferente, pelo perceber de outro modo que abre caminho e que, assim, enseja a liberdade, síntese possibilitadora de novas teses, novos compromissos. Nesse processo caminhamos, nem nos achando, nem nos perdendo, mas estabelecendo compromissos e gerando liberdade.

AVALIAÇÃO E VAZIO

Verificar tudo que se tem e que não se tem, a condição e falta de condição para realização de objetivos, gera, entre outras coisas, atitude pragmática. Nesse horizonte, o principal é avaliar o lucro e o prejuízo para que se possa evitar este último. É uma maneira de preencher o vazio. É o contar e recontar, é ver se armazena para somar, enriquecer, atingir bem-estar na vida, em um mundo considerado ameaçador e perigoso.

Transformado em autômato — desde criança quando o que importava era a boa nota no boletim escolar, o não quebrar coisas e não criar problemas —, o indivíduo se endereça para obter a chave do que considera válido e útil, cuidando também para que ninguém o atrapalhe e prejudique. De tanto fazer conta, descobre que nada serve. O que vale é que não corra risco, ou, ainda, tudo aproveitar. Transformar situação de gasto em situação de lucro é uma arte, um malabarismo diariamente por ele praticado. Essa magia acaba extenuando e colapsa. Buscando lucro está sempre no prejuízo, não sabe o que perdeu, pois a ele só importa ganhar traduzido como constante amealhar de moedas, números e resultados positivos de investimentos econômicos e sociais. Dedicar-se ao resultado lucrativo de suas ações é "passar batido" pelo que acontece. Não se sabe o que está acontecendo, só se sabe aonde chegar e o que evitar. Essa dissociação do presente é criadora de insegurança, de vazio, medo e incertezas. Vivendo para utilidade, para preenchimento de padrões arbitrados, se vive para ganhar, não perder, ou no mínimo tentar que isso não aconteça. Esse aparente movimento meritório traz em sua configuração a redução do mundo, do outro e da vida em um sentido no qual se vence e se evita perder. Esse movimento também está sempre dividido, pois as metas e perdas de hoje não são as de amanhã, e assim, por definição, já se perdeu na corrida. No decorrer da existência, esse processo se caracteriza por depressão, desânimo e inseguranças, no qual as vitórias são traduzidas como amontoados que naufragam, pois são méritos e ganhos defasados, não operacionalizáveis. O prazer do bem-estar, o tudo ter nada significa: a vida realizada é a vida protegida entre quatro paredes, é o leito bem-cuidado.

O erro inicial foi a fixação do propósito para o depois, para sempre, negando assim tudo que acontecia e obrigava a questionar, buscar mudanças e ampliar horizontes independentemente de resultados.

Vida é imprecisão, é mutabilidade, surpresa e movimentação constante. Posicionamentos funcionam como antítese polarizadora de atrito e despedaçamento. É interessante notar como o famoso choque de gerações é basicamente causado pelo questionamento de atitudes pragmáticas e utilitárias que estabeleceram as normas familiares.

SOLIDARIEDADE

Solidariedade é a ampliação de si pelo reconhecimento do que é familiar: o outro que continua sentidos e direções. Incluir-se em grupos, fazer parte da humanidade cria solidariedade. Atualmente a desumanização — a alienação do humano — torna difícil o exercício da solidariedade. Agir por tabela, ajudar a quem precisa porque sempre se ajuda a quem precisa cria um direcionamento contingente negador da própria solidariedade, pois nesse esquematismo falta humanidade, sobra ação contingente, mecânica e utilitária.

Ser solidário é ser com o outro, é continuar-se. As pontualizações de mecanismos alienantes muitas vezes transformam a solidariedade em uma sequência de ações alienadoras. Bastar ver campanhas para ser solidário: é como se a aderência prevalecesse sobre a imanência. Ajudar não é seguir uma receita ou uma rota; é necessário criá-la independentemente de campanhas e aplausos. O voltar-se para os sentimentos de amizade, compaixão e boa vontade independe e é indiferente à felicidade, à necessidade, às virtudes, aos pecados ou ao vício das criaturas. Não existe valor na solidariedade, existem apenas fatos, acontecimentos que precisam ser contornados. O frio ou a fome, o medo, o desespero devem ser neutralizados independentemente de quem os sinta. Estabelecer diferenças é como criar o "quem tem direito, quem não tem". Essa diferenciação aniquila os atos que se pretendiam solidários, pois parte de valores e considerações discriminatórios. É impossível avaliar quem precisa mais ou quem precisa menos, essa atitude abre a porta para critérios e preconceitos. Solidário é o que ampara, que assiste diante do inesperado, do calamitoso, do questionante.

VINGANÇA

A vingança é sempre planejada. Essa antecipação e expectativa é um deslocamento de frustração. Não podendo destruir ou infelicitar o que magoou e infelicitou, o indivíduo adia, guarda sua mágoa e começa a planejar, a desejar se vingar, a desejar fazer com que o outro sofra como ele sofreu, sinta a mágoa que ele sentiu, tenha o mesmo prejuízo, o mesmo sofrimento.

Nascido no contexto da rejeição não suportada, o desejo, o planejamento da vingança é o que resta como motivação de vida. Parar e colocar todos os propósitos relacionais em função de uma vingança cria ideia fixa, obsessão, às vezes percebida como determinação. Isso passa a ser o filtro, o foco de toda a motivação. Reduzindo o mundo à expectativa de se vingar, de infringir ao outro o mal sofrido, o indivíduo se reduz a uma espera. Tudo significa à medida que se conecta com esse desejo. O alvo da vingança é que determina o que se faz, o que se pensa, o que alegra, o que entristece. Constituído pelo outro percebido como receptáculo do ódio, vem a coisificação, a despersonalização. Sozinho, o vingador se constitui pelo que imagina ser a vivência do vingado, correndo atrás de si mesmo, de seus desejos e sonhos perdidos, até realizar seu objetivo: se vingar. Quando isso acontece — a vingança — ele explode de felicidade, de alegria, de realização.

Ter conseguido se vingar traz uma situação nova: não há mais o que desejar, não há o que planejar. Essa vivência de sonho realizado remete a todas as mágoas e frustrações. Conseguir se vingar é também começar a se perceber sem propósitos, esvaziado, sem leme. Tudo foi sacrificado, destruído e queimado para manter aquecida e realizada a vingança.

FIDELIDADE

Como tudo, fidelidade ou traição pressupõem contextualizações relacionais. Ser fiel a si mesmo ou ao outro é a movimentação instantânea que existe quando se é livre, quando se é coerente, quando se aceita. Enganar, iludir é estar comprometido com metas, é querer conquistar, querer vencer e utilizar o outro como artefato. O indivíduo, quando dividido, fragmentado, trai, engana, negocia. Quando unitário e inteiro, é fiel, é coerente. Viver querendo ser aceito, criando imagens e referenciais que possibilitem esse processo é comum quando se procura conseguir bem-estar e tranquilidade sem condições para isso. Consequentemente, as garantias de sucesso e aprovação partem de traições diárias feitas a si mesmo e aos outros. É o trambique, a propaganda enganosa, o uso do outro para aplacar incapacidades, a omissão, a submissão. Aliciar menores, por exemplo, utilizar as necessidades carenciais do outro para o que se deseja, é também traição. Quando se pensa no amor como algo a ser construído e conseguido, começam as traições, infidelidades, pois o outro é visto como a presa, o butim, o prêmio, a recompensa.

Na neurose — na não aceitação — não é possível ser fiel, mesmo quando o indivíduo a isso se propõe. Não há liberdade na neurose, não há coerência, aí só existem medos, metas e imagens a manter, esconder e construir. A fidelidade implicará sempre em traição quando não há unidade, quando existe divisão de propósitos: o fiel a X é infiel ao diferente de X, ao não X. Judas, o ícone da traição, foi fiel aos seus desejos de usura e de vingança.

Essas visões relacionais eliminam uma série de cargas, tais como culpa, medo, raiva, sempre vivenciadas autorreferenciadamente como impotência/prepotência e omissão, resultantes de deslocamentos das situações não enfrentadas. O importante é estruturar unidade, o que só acontece quando detidos os deslocamentos e neutralizadas as divisões criadoras das infidelidades, das traições.

SEDUÇÃO

A manipulação do que se supõe ser a motivação do outro é a sedução, é encurtar caminhos, criar atalhos para objetivos almejados, enganando seja pelo fingimento, seja pela dedicação total. Trata-se sempre de um artifício. Frequentemente, sedução é pensada e tratada como uma característica ora boa, ora ruim, expressa pelos seres humanos: pessoas seduzem pela beleza, pela inteligência e também pela falta de tudo isso. É vista como arte ou como dificuldade, e até mesmo como dom. Mas sedução é todo envolvimento proposto determinado a transformar o outro em objeto de dedicação e cuidado, ou em objeto para o exercício das próprias habilidades, enfim, tudo que neutraliza ou mesmo destrói o outro enquanto ser aberto a inúmeras possibilidades. Estar seduzido é ficar preso aos referenciais por outro elaborados, a partir das expectativas ou necessidades do próprio seduzido, que siderado, magnetizado pelo que lhe foi colocado, prometido e insinuado, é aliciado, seduzido.

O sedutor corporifica as necessidades e metas do seduzido. Esse processo é encontrado em relações familiares, profissionais, afetivas e ainda nas situações político-sociais. Ideologias e carismas construídos frequentemente seduzem por suas auras salvadoras e redentoras: lideranças e amores que resultam de acertos, acordos e compatibilidades são anestesiantes, são posicionamentos estabelecidos, são verdades, mentiras e demandas que delimitam espaços, regiões, feudos que precisam ser defendidos a qualquer preço. Ser seduzido impõe lutas pelo que seduz — é a fidelidade exigida para manutenção dos enganos e apoios. A sedução só se efetiva em relações contextualizadas na falta de autonomia ou nas necessidades, expectativas e metas do outro.

CONFRONTOS

Perceber que os outros têm satisfação e conseguem sucesso muitas vezes causa inveja quando não aceitações e metas determinam o dia a dia. Viver comparando e verificando que não consegue o que os outros conseguem caracteriza o cotidiano dos sobreviventes posicionados em resultados. Decidir que merece mais e que significa além dos padrões estabelecidos cria expectativas dificilmente realizáveis. Viver em função de realizações gera ansiedade, que por sua vez impede concentração, impede continuidade e cria vivência fragmentada — consequentemente o presente não é vivenciado —, dificultando atividades nas quais tanto concentração quanto continuidade são necessárias. Por exemplo, não se consegue ler ou, quando lê, não sabe o que foi lido. A ansiedade tudo apaga, de estudos a desempenhos, tudo fica comprometido. Sempre em função de um marco a atingir, o cotidiano se torna uma eterna competição, e assim, não basta o que se vivencia, o importante é saber se o que se vivencia é melhor e mais significativo do que o que acontece aos outros.

Comparar e confrontar são maneiras de verificar se é aceito e considerado. Os níveis sociais, as marcas econômicas — ser rico, ser pobre — estabelecem situações confortáveis ou desconfortáveis a partir das quais são estabelecidas metas e propósitos. Estar situado, social e economicamente, diminui a necessidade de superações e realizações, tanto quanto a aumenta. Conseguir ser bem-posto na vida requer, diariamente, confrontos retificadores e mantenedores dessa posição. Vive-se para conferir, para verificar. O mundo, o outro, são marcas, peças que validam o jogo diário pelo poder e realização. Confrontar é isolar-se, separar-se dos outros. Viver assim sozinho, esperando o que supre ou aumenta o vazio, é o resultado final das constantes comparações realizadas. Avaliar, esvaziar e isolar desumaniza.

PESSIMISMO

Orientar a existência em termos de resultados cria tanto otimistas quanto pessimistas. A antecipação e a expectativa geram insegurança criadora de confiança e desconfiança, otimismo e pessimismo. Controle para evitar, para antecipar, impedindo que condições adversas atrapalhem processos, é típico de pessimistas. O controle existe também no otimismo pela manutenção constante de tudo que traz bons ares, tudo que ajuda seus projetos.

Conviver com otimistas ou pessimistas é se inserir em cálculos repetitivos que desgastam novidades, tanto quanto impedem surpresas. Tudo já é esperado, para o bem ou para o mal, e essa atitude amordaça o novo. As coisas sempre se repetem, dando certo ou sempre dando errado, mostrando sua verdadeira face. É um tipo de avaliação desgastante, não se vivencia o que acontece, apenas se utilizam, se sublinham acontecimentos para guardá-los na caixa boa ou na ruim. E assim o ser humano torna-se um robô etiquetador e tedioso. Mães e pais não devem antecipar, não devem construir expectativas, tampouco exibir valores diferenciadores de vivências que apenas classifiquem o cotidiano. A vida é para ser vivida, não é para ser valorada. As fronteiras entre o bem e o mal são tênues, pois tudo depende de motivação, de contextos. O bem de hoje é o mal de amanhã. Estabelecer fronteiras valorativas é sempre arbitrário e, como tal, aderente, flutuando entre os conceitos de adequado e inadequado, e apenas criando objetivos não globalizantes.

DE REPENTE, O OUTRO

Olhar para o outro, ouvi-lo e estar atento a ele é uma das formas mais puras de generosidade, dizia a filósofa Simone Weil. Ouvir, deter-se diante do outro, olhar por olhar, ouvir por ouvir, estar diante sem a priori nem objetivo é raro, é difícil, é disponibilidade. Em psicoterapia, pelo treino e aprendizado psicoterápico se faz isso; entretanto, na vida, no cotidiano, é quase impossível esse comportamento, pois o outro é sempre um acesso, um caminho, uma parede, um esbarrão, e não significa enquanto encontro, embora só se realize enquanto tal. Perceber, ouvir, se deter é enfocar, é verificar e constatar, e essas são importantes etapas e caminhos de descobertas. É o enigma que se esclarece, é a mensagem que se lê, é o outro que se descobre, que se revela quando recebe atenção. Deter-se diante do outro, além de generosidade e descoberta, é encontro, é desafio. O outro quando ouvido deixa de ser enigma, deixa de ser antítese, é a descoberta que revela, é o texto que ensina, é o novo que aparece. Quando não se dá atenção ao outro, ele é engolido em classificações: é bom, é ruim, é o rico, o pobre, o empregado, o patrão, o que tem que ser acatado, considerado, o que deve ser descartado, enfim, é um apoio ou um impedimento. Deixa de ser o outro e assim nunca será percebido, descoberto. Dar atenção, se deter, olhar o outro é descobrir o infinito de contradição, de aceitação, de rejeição existentes nos universos relacionais.

MANIPULAÇÃO

Enfatizar um detalhe é criar totalidades decorrentes de situações parcializadas. Essa ampliação de dados frequentemente gera distorções perceptivas, tanto quanto altera acontecimentos a fim de possibilitar percepções e pensamentos decorrentes de outras configurações não existentes. Alegar, por exemplo, que se bate em uma criança para educá-la, mostrando o transtorno criado pelo seu comportamento, é enfatizar consequências e resultados. Não se bate para educar, se bate para castigar, para exercer domínio, para gerar submissão. As manobras educacionais, a série de incentivos, de emulações com prêmios e castigos, são mecanismos alienadores e que submetem.

Trocar o contexto, extrapolá-lo cria expectativa de resultados e manipula os referenciais de compreensão, desvirtuando comportamentos, comprometendo motivações e o pior: faz com que o que acontece jamais seja percebido enquanto tal, pois a tessitura estrutural do ocorrido é transformada. Propagandas enganosas, mobilizações políticas estão sempre usando esses artifícios para realização dos objetivos desejados. Manipular é enganar, pois há interferência no que ocorre. Colocar maquiagem ou retirá-la é sempre comprometedor, pois cria submissão e expectativas de resultado.

Mulheres sem autonomia e homens transformados em peças de máquinas produtivas são coisificados, são transformados em objetos que devem ser ejetados das ordens deliberativas; existem para realizar função, gerenciados por quem pode parcializar totalidades, que podem ser os parceiros, os familiares, os amigos, até os empresários ou políticos salvadores.

Manipular é utilizar vivências, é utilizar indivíduos e atmosferas relacionais, tanto quanto dados situacionais, conforme as próprias demandas e necessidades, negando o outro, sua participação, interesse e empenho. Nas relações mais íntimas, nas relações mais exclusivas, manipulações são responsáveis pela criação de submissão, de dependência, pois não há para onde correr, não há espaço para questionar e só se consegue obedecer e seguir. Manipular e enganar assemelham-se e sempre criam distorções responsáveis por inúmeras configurações instáveis e alienantes.

ORGANIZAR E PROBLEMATIZAR

As soluções estão sempre ao nosso alcance, embora, geralmente, o que é vivenciado e pensado são as soluções buscadas fora do contexto gerador dos problemas. Basta haver um problema para que haja possibilidade de solução, que só é alcançada se as pessoas se dedicarem aos problemas e não a buscar a solução. Não pode haver solução sem problematizar. Em psicoterapia essa questão é enfática. Sempre que se busca uma solução fora da situação problemática, ela não é encontrada ou ela surge como tapa-buraco excludente, remendo que embaralha informações e dados. As soluções surgem a partir de como se colocam as questões, de como são questionadas as atitudes, as motivações e as dificuldades. Para mudar não é necessário sanar situações consideradas problemáticas, consideradas desagradáveis. Basta questionar os referenciais criadores das dificuldades.

Dificuldades, problemas são sintomas de situações malpostas, mal-arranjadas, parcialmente configuradas. Às vezes, basta olhar para o lado ou para frente, e tudo se esclarece, tudo muda, ou como dizia Wittgenstein: "problemas se resolvem não por dar novas informações, mas por ordenar o que sempre soubemos", em outras palavras: não é o sintoma, não é o desequilíbrio que problematiza, é a atitude que se tem com ele, a atitude com o que infelicita, que traduz outros interesses e configurações além dos existentes, exigindo reconfigurações, mudanças e novas organizações.

BIOLÓGICO CENSURADO E REGULAMENTADO

Criar caminho para escoar as necessidades biológicas gera regras. Estabelecer regras e padrões sempre existiu ao longo da história nas várias sociedades. Ordenar é fundamental para sanear e manter convívio entre indivíduos e entre várias espécies, mas os bons resultados dessas organizações extrapolam seus usos.

Sistemas de transporte e armazenamento para alimentos, criação de estruturas de saneamento, estabelecimento de passagens e caminhos, tudo se faz eficaz; entretanto, seguir esta matriz, definindo o que é bom para a felicidade e o bem-estar dos seres humanos ao determinar o que é adequado e inadequado para realizar sua sexualidade, por exemplo, extrapola limites e possibilidades individuais, tanto quanto cria a censura do biológico, enfatizando aparências.

Para o humano, sobreviver é exercer suas necessidades biológicas. Fome, sexo, sede e sono são necessidades biológicas responsáveis pela realização do homem como organismo. Fome e sede foram contingenciadas, deixando de ser necessidades a satisfazer, passando a ser expressas em função do capital, da propriedade privada e dos meios de produção. O homem come o que seu dinheiro lhe permite comer, e essa situação determina seu processo de estar no mundo, transformando-o em braço para conduzir indústrias, transformando-o em mão de obra alienada. Sua sexualidade também foi cooptada por regras, orientações religiosas, que sob pseudoaspectos éticos, inventam modalidades, contratos e regras modeladoras de motivações. O indivíduo extenuado por tanto preço a pagar, tanta regra a manter, perde a tranquilidade, seu sono, por exemplo, já não é natural, tem que ser conseguido via sedativos, via mercadorias que necessariamente escorrem pela esteira do consumo.

Ao censurar e ao regular o biológico, se neutraliza toda a motivação e produção humanas. O organismo é a infraestrutura através da qual o ser humano cria, ama, estabelece família, faz arte, poesia e ciência. Comprometido, resta-lhe apenas sobrevoar este horizonte caótico, impossibilidade esta que se tenta quebrar com estupefacientes: remédios, drogas e outros alteradores, tais como imaginar mudanças com regras subtraídas dos próprios reguladores. Viver sob censura e regulações é ter limitadas as suas possibilidades, é transformar o infinito em quintal produtivo, em curral confinado que alimenta para o próximo sacrifício, deixando de exercer possibilidades e de realizar transcendência e vivendo como um dos mais evoluídos animais da escala zoológica.

RESTRIÇÕES E REALIZAÇÕES

As supostas liberdades ilimitadas são sempre invocadas quando se criticam regras, métodos e parâmetros determinantes de comportamentos. Qualquer pessoa pode ser o que desejar, em qualquer esfera: das sociais ao exercício individual de seus desejos afetivos relacionais. É um fato, é uma realidade, é o exercício de possibilidades. Entretanto, essa possibilidade de realização só se exerce quando há determinação, quando há adesão ao que se deseja vivenciar. As determinações não se formalizam por ensaio e erro e por jogos aleatórios no exercício do que se quer.

As vivências geram comprometimentos, afetos, apegos, desapegos, tanto quanto implicam em satisfação ou insatisfação. Elas não são exercícios de poder ou de querer, inocuamente realizados. Elas impõem escolhas, impõem renúncias que sempre delineiam necessidades, temores e prazeres. Quando se confunde necessidade com realização, surgem dicotomias e indiferenciações responsáveis pelo "querer é poder". Centralizar as escolhas comportamentais no querer é esvaziar as consequentes vivências relacionais. Por exemplo, não se pode exercer a profissão de médico, engenheiro e advogado simultaneamente. Quando se escolhe uma profissão, isto implica em diversos contextos em que ela se realiza e se mantém.

Na suposta arbitrariedade para o comportamento humano, em reação aos impedimentos e regras repressoras, muitos teóricos, artistas e psicólogos falam em ser tudo possível, até que o indivíduo, beneficiado ou prejudicado por essas vivências, escolha o que quiser. As motivações não se desenvolvem no horizonte do ensaio e erro, elas não são ferramentas de experimentação. Motivações correspondem às dedicações, aos empenhos continuados de propósitos, de referenciais polarizantes e/ou contraditórios responsáveis por ampliação ou restrição consistentes de encontros e buscas. É o que oxigena e dinamiza as possibilidades humanas, impedindo que elas ancorem na necessidade de sobreviver e manter o que foi conseguido e desejado. Imaginar seres humanos onde todos os comportamentos são possíveis é ignorar estruturas motivacionais individualizadas e individualizantes, é negar os dados relacionais, transformando os indivíduos em ilhas onde tudo pode ocorrer desde que se queira.

Para haver determinação não é necessário experimentar. O homem não vive a reboque de fatos, pois ele os determina e dirige. Quando isso não acontece, ele segue a corrente. Seguir a corrente requer repetição para que se estabeleçam os posicionamentos, o que é bem diferente da liberdade exercida pelas infinitas possibilidades esgotadas no encontro com o que realiza e desperta, com o que mantém e recria a dinâmica do estar no mundo.

Quando se pode ser tudo que se quer, como se deseja, o indivíduo transforma o outro e o mundo em objeto e plateia de suas experimentações, alienando-se, negando-se como propósito e proposta.

APLACAMENTO: REIFICAÇÃO AD INFINITUM

Na falta, às vezes, qualquer coisa completa. O complemento é o preenchimento que aplaca. Fome e sede, sempre que são satisfeitas e saciadas, estabelecem bem-estar, neutralizam desesperos e anseios. A continuidade dessas vivências cria a busca e a espera. Essas demandas propiciam direção e objetivos, ou seja, em função de faltas são estabelecidos mapas, padrões e sistemas sinalizadores do que resulta bom, do que supera desvantagens e aplaca prejuízos.

A vivência binária, de ter ou não ter aplacadas as necessidades básicas, transforma as possibilidades relacionais humanas em constantes, em frequentes realizações de comportamentos endereçados ao objetivo de buscar satisfação, de evitar insatisfação, de evitar resultados frustradores, que não atendem ao pretendido como satisfação necessária à sobrevivência. A repetição gera a manutenção do processo responsável pela substituição de possibilidade em necessidade. Tudo tem que ser preenchido e realizado, o ser humano torna-se máquina que verifica bitolas, que aplaina diferenças e aperta os parafusos necessários à sua própria sobrevivência. Voltado para si mesmo, aliena-se do outro e do mundo, perde suas possibilidades relacionais enquanto disponibilidade, vira um autômato. Regras, ajustes e normas lhe permitem manter sua coisificação e assim flutua direcionado a resultados: substituindo o ser pelo ter, aplaca suas necessidades de sobrevivência, vira uma coisa, objeto entre outros, apenas sedado por drogas, lícitas ou ilícitas, apoiado por sua comunidade, pela família que o ajuda e mantém, tanto quanto o suporta na exata medida da realização de suas necessidades, compromissos e obrigações. Neste horizonte de regras e compromissos não existe espontaneidade, não existe amor enquanto disponibilidade, não existe aceitação enquanto reconhecimento do que está diante, embora haja comprometimento, utilização ou dispensa do que se encontra.

Substituindo e aplacando, as contradições são sempre amortecidas, o humano é esvaziado, as ordens alienantes são mantidas: o caos e a desordem passam a imperar, exigindo novos aplacamentos e substituições — novas sedações.

COMPENSAÇÕES

Nos processos de esvaziamento do humano, decorrentes de vivências de escassez e de sobrevivência, as pessoas podem passar a se caracterizar pela falta, pelo medo de não ter, pelo receio de continuar sem nada. Quando não são destruídas, quando sobrevivem, vivenciam a sobrevivência árida como intolerável e se esforçam para sair dessa situação a qualquer custo, desenvolvendo avidez, objetivo constante de adquirir, de conseguir, de abastecer-se. Nesse contexto, a falta de dinheiro e a pobreza criam uma necessidade de tudo aproveitar. Vivem, por exemplo, pedindo objetos, dinheiro, consultas gratuitas, remédios, vagas em escolas e creches públicas. Manter o trabalho, mesmo inseguro, rastejar, agradar o patrão são caminhos que acreditam levar às melhorias. Competições, medos e falta de escrúpulos caracterizam seus comportamentos.

Por outro lado, pessoas que vivem sem dificuldades econômicas e até com fartura de bens materiais podem ter uma outra vivência de falta, igualmente despersonalizante: a carência, o desejo de ser amado e considerado. A carência afetiva — quando não aceita — cria atitudes dependentes, ávidas. Traições, mentiras, enfim, estratégias para conseguir ser considerado, para ter opiniões consideradas, passa a ser uma constante. Essa carência, essa falta, se caracteriza pelo medo de ficar só, de não conseguir sobreviver, e assim, sem limites, sem compaixão, o carente dependente, vitimado, transforma o outro em muleta para o próprio apoio, em chão para sustentá-lo. Dependências afetivas e muitas vezes ordens familiares são construídas com estes posicionados e também são mantidas por pessoas que, acostumadas a mendigar, manipulam filhos e companheiros para manter essas ordens transformadoras de seres humanos em artefatos aglutinadores de propósitos e dificuldades.

Mentiras, avidez, perversões são frutos das faltas preenchidas por oportunismo, ganância e medo. Inúmeras atitudes consideradas de menor gravidade, como viver em busca de boa aparência mesmo que enganosa; manter relacionamentos pró-forma, mas socialmente valorizados; se dividir e culpar-se por relacionamentos escondidos; todas essas atitudes, frequentemente toleradas, se originam na mesma falta e esvaziamento humano que criam a voracidade, a cobiça e a manipulação perversa. Fidelidade, integridade, compaixão não existem nestes universos, pois foram substituídas por oportunas combinações de desonestidade e maldade.

MANUTENÇÃO DO RITMO

As ordens estruturadas esvaziam o indivíduo caso não haja autonomia na sua apropriação. Agarrar-se ao existente e seguir a corrente criada pelo mesmo é traçar caminho, traçar esteiras mecanizadas pela obviedade. Instala-se o tédio e o despropósito. Isso cria tensões e quanto maior o acúmulo delas, maior a necessidade de destruí-las. A destruição das tensões só acontece quando se atingem seus estruturantes, ou seja, quando questionamentos são feitos e comportamentos de mudança aparecem. Essas simples transformações são difíceis, pois existem os comprometimentos e as vantagens que são inibidoras de ação, inibidoras de mudança.

Quanto mais tempo se leva para transformar esses comprometimentos alienadores, mais se estabelece tensão, mais se estabelecem as ordens de conveniência que a mantêm. No desenrolar paradoxal o indivíduo utiliza escoamentos. Tudo que pode fazer esquecer a tensão serve para escoá-la. Mas como esquecer a pressão constante do que tensiona? Criando envolvimentos atordoantes, que pelo barulho, pela percussão unívoca, tudo açambarcam. O repetir de situações, o executar mecanismos que caminham sozinhos — transtornos obsessivo-compulsivos (TOC) — são exemplares. Para esquecer medos, dúvidas, apreensões e preocupações esmagadoras, a repetição funciona como amuleto. Anestesia-se para não ver, para não ouvir. Não pensar é também uma maneira de fugir dos estímulos que tensionam, das configurações familiares às demandas de trabalho. Bebidas frequentes, atividade sexual desenfreada, remédios, orações, participações comunitárias, jogos e outros prazeres conseguidos pela repetição ocorrem enquanto sequências residuais, são os hábitos, vícios que deslocam a tensão.

Surpreendentemente, quanto mais se deslocam tensões acumuladas, mais se estrutura ansiedade, pois é através da ansiedade — atitude prevalente, sequenciada e avassaladora — que são tecidas outras realidades fora do real tensionador. A ansiedade, sendo tecida do inefável, nada detém, nada modifica. Atividades construídas pela ansiedade podem neutralizar tensões, pois é próprio da ansiedade impedir concentração. Quanto mais se repete, menos concentração; as sequências viciantes andam sozinhas, não é necessário se concentrar e por isso não acumulam tensão.

Exatamente aí, nessa manutenção do ritmo, independentemente de concentração, de autonomia e motivação, é que o deslocamento de tensão é feito, tanto quanto seu processar deixa o indivíduo sem nada sob o ritmo de seu deslocamento, de sua ansiedade. Acontece que a ansiedade, para se manter, precisa de contornos, e surge, assim, a overdose: remédios, drogas, bebidas. Surge também o pânico, surge o "não consigo parar", aparecem cortes, decisões abruptas para quebrar o ritmo ensurdecedor e que manieta.

DÚVIDAS E MEDOS: COMO SÃO RECONFIGURADOS

Estar sempre em dúvida faz com que se busquem referenciais que funcionem como pontos de apoio, pontos de segurança. É exatamente aí que são criados os sistemas e métodos de avaliação. Avaliar faz estacionar o desequilíbrio. Não se cai mais para um ou outro lado, cessam as dúvidas e, consequentemente, os medos decorrentes de cogitações. Consegue-se um ponto de equilíbrio que mais tarde se transforma no posicionamento autorreferenciado, responsável pela informação do que vai ser bom, do que vai ser ruim, do que vale a pena ou não. O que está à volta existe em função dos critérios avaliadores. Engloba-se o circundante e assim se cria capacidade, potência, eficácia, tanto quanto se constatam as fragilidades e ineficiências.

A partir desse ponto, as vivências de dúvida são engessadas pela propriedade da eficácia, pelos resultados que trazem boas novas, boas colheitas assegurando paz e bem-estar. Não há medo, tudo está regularizado, funcionando, tanto quanto as desconfianças foram abrigadas. O inesperado que pode ocorrer é um fantasma que volta e meia requer cuidados, supõe espreitas. Ser cauteloso, não abusar da sorte, desconfiar do existente estabiliza, permite controles, checagens.

Novas sofisticações, novos patamares surgem nos sistemas de avaliação. Cuidar do que está em volta garante certeza, exila dúvidas e traz sossego. Não há mais medo, só o de — de repente — morrer e tudo perder. Essa vivência de inevitabilidade provoca desespero, gera dúvidas, cria medos, agora decorrentes de certezas.

As situações foram tão deslocadas que atingiram um ponto de não deslocamento. Esse bater contra o muro encontra o inevitável: a morte. É uma certeza responsável por gerar medo. O medo de morrer, de acabar, substitui todas as dúvidas, não há mais o que verificar, o que avaliar: já se sabe o desfecho final do processo. Não aceitar isso cria novas mágicas, tentativas de negar limites e realidade. A questão agora é o final intrínseco ao processo vital: adiar a morte. Nesse momento, as verificações e avaliações de saúde, de saudabilidade, de controle da morbosidade passam a ser constantes. As dúvidas e medos, como atitudes básicas em relação ao mundo, ao outro e a si mesmo, foram transformadas em certezas criadoras do extenso painel, do arsenal de verificação, de avaliação do que permite enfrentar doenças, fracassos, abandonos e morte.

E assim, acorrentado ao que segura, o indivíduo realiza sua trajetória de camuflar dificuldades e realidades. Apenas quando percebe que é de sua condição humana o limite e a finitude é que surge a libertação. Acabam dúvidas, medos, avaliações, certezas, verificações. Acaba o aprisionamento, já não se precisa de portas e janelas. O caminho, a saída, está aos e sob os próprios pés.

MISTÉRIO E OBVIEDADE

Outro dia li no "Brihadaranyaka Upanishad 4.2.2": *"The Gods, it seems, love mistery and hates the obvious"*.[125]

---

[125] "Os Deuses, aparentemente, amam o mistério e detestam o óbvio". Também dito como: "... *because Gods in some ways love the cryptic and despise the plain*" ("... porque os Deuses, de certa forma, amam o enigmático e desprezam o simples"). (OLIVELLE, Patrick (org.). *The Early Upanishads: Annotated Text and Translation*. Oxford: Oxford University Press, 1998, p. 109.)

Não se pode, não se deve amar o óbvio? O explícito é desprezível? O simples deve ser descartado? O raso e superficial é bobo? Só é dignificado o trabalhoso? O misterioso? O que não se dá e não se oferece?

Sempre surgem planos diferentes do que está aí. O aqui-agora fracionado é um ângulo para manter dualidades. O misterioso, o incrível, o indecifrável, o instigante caracterizam o suposto mundo dos deuses. Mistério é o que envolve essa realidade. Não há outro mundo, salvo o que percebemos e vivenciamos aqui e agora. O que se apresenta na evidência do encontro é o outro. Perceber é conhecer, conhecer é aproximar, constatar, integrar — amar. Mistério é o suposto, o desconhecido ou imaginado como deslocamento do existente insatisfatório, incompleto e incongruente.

Como amar o inexistente? Como amar o não conhecido? Por meio da suposição, da imaginação, da concordância fantasiada, da extrapolação dos dados dispersos. O mistério é um deslocamento de autorreferenciamentos. Seres humanos só podem amar o conhecido, o outro, não podem amar o mistério — a invenção deslocada de suas autorreferências —, pois assim encontrariam apenas espelhos. Admitir ou criar o misterioso é dizer que não se vê um palmo adiante do nariz, ou seja, só no espelho alguma coisa cria, acontece, e que no resto, o óbvio, o outro, o diferente de mim — é um semelhante — nada significa. Amar é descobrir, é encontrar, ao passo que odiar é comparar, confrontar e se desvalorizar na avaliação.

Quando o relativo se torna absoluto, neste momento, o mistério pode ser descoberto. Podemos até dizer que o amor é um mistério, pois o encontro transcende limites e configurações, é quase uma magia, uma fissão de núcleo, enquanto a obviedade do ódio se ampara na insatisfação e frustração decorrente de tudo avaliar, comparar e capitalizar. Nesse sentido, a verdade exala do *Upanishad*: os Deuses aparentam amar o mistério e detestam o ódio, ou seja, amam o amor, a dificuldade e detestam compromisso e capitalização fácil que fragmentam a unidade do ser (do estar no mundo).

INSINUAÇÃO DE PRESENÇA

A insinuação de presença — outro dado e contexto — é realizada pela transformação da parte em todo, por meio da closura, fechamento e complementação do percebido, que, colocado em seus contextos anteriores, recupera totalidades. A complementação do insinuado, apresentado e percebido, é feita com auxílio da memória, de outra Gestalt, outra forma, outro contexto que alavanca e cria novas direções, completando o vazio, a ausência do que não se mostra, do que não aparece. Percepção de ausências, senhas para continuidade, pinceladas reconstrutoras, como, por exemplo, ver o sapatinho do filho no meio da casa, desencadeia medos e apreensões. As fotos que ilustram o livro *O Destino da África*,[126] por exemplo, fazem perceber a tristeza do pai ao ver o que restou de sua filha, reconstituindo-a para nós. Em uma delas existe apenas o resíduo — a mão e o pé da criança — demonstrativo de todo o horror desumanizador exercido pelo rei Leopoldo no Congo.

A reconstrução do todo por meio de suas partes é frequente, é característica do processo perceptivo, é assim que se configura a Lei do Fechamento ou Closura — da Gestalt —, entretanto esses constantes processos perceptivos atingem novas dimensões quando tornam visível o invisível, quando mostram e trazem de volta o perdido. São esses fragmentos da realidade (totalidade) que, de forma densa, configuram acontecimentos ou fatos. A prancha de

---

[126] MEREDITH, Martin. *O Destino da África*: Cinco mil anos de riquezas, ganância e desafios. Rio de Janeiro: Zahar, 2017.

skate estraçalhada conta uma história, o lugar à mesa vazio também conta uma história, a lápide profanada — os ossos que não estão mais ali — é a morte repetida, é tudo de novo, pois o resíduo, os ossos que ancoravam e suportavam a presença, sumiram.

Reencontrar o próximo na distância ou ver distâncias e situações passadas e configurar esses momentos que esvaziam é um forte e denso real, apesar de sua presença ser a marca do ausente, do insinuado, do fragmentado. Vivenciar o abandono pela presença da traição, às vezes impressa em uma fatura de cartão de crédito ou marcada por vermelhos que tingem pedaços de camisa, é a mensagem que explicita e esclarece dúvidas. Constatar é, no mínimo, armar pedaços de figuras, descobrir o insinuado e, assim, dar corpo ao sutil ou recuperar o perdido, o desaparecido.

Arqueologia, paleontologia, psicologia reconstituindo realidades, monumentos, cidades descobrem e iniciam o desenvolvimento de histórias, fazem mágica ao vivificar o desaparecido. Luto, melancolia, desespero, angústia, amor e encontros são recriados e mostrados pelas presenças insinuadas. Dar consistência aos mesmos ou descrevê-los é o que se realiza quando se abraçam e encontram essas insinuações, esses arremedos, fantasmas ou consistências evidenciadas do que está aqui e agora, do que é, do que foi.

ESFORÇO

Olhar em volta e se sentir inferiorizado e estigmatizado provoca medo, revolta, não aceitação e também pode criar determinação para mudar esse estado de inferioridade e de submissão.

Há um erro inicial, há uma distorção que tudo compromete. O sentir-se inferior e estigmatizado já decorre de avaliação, ou seja, da introdução de valores estabelecidos pelo outro — família, sociedade —, que são percebidos como parâmetros, padrões, critérios, espelhos nos quais se olha, se contempla, se percebe e vê a não correspondência com o que é considerado bom, valorizado e válido naquela família, naquela sociedade e por seus semelhantes. Viver em função dessas regras e avaliação, desses critérios e com eles dialogar é se transformar em objeto. Essa metamorfose cria rigidez, endurecimento, posicionamento. O indivíduo vira objeto, é despersonalizado em função do que vai realizá-lo, dinamizá-lo, enriquecê-lo. É o vazio, é a construção de metas e objetivos a fim de "virar gente", de significar e ser alguém. Estimulado por concorrência e vantagens, orientado pelas demandas sociais e culturais do que dá dinheiro, poder, fama e sucesso, o indivíduo se esforça para conseguir, para realizar, para superar seus problemas e dificuldades.

Grandes doutores, cientistas, poderosos empresários, tranquilos sacerdotes são frutos dessa determinação, desse esforço. Assim também são forjados grandes artistas que divertem e trazem felicidade para o povo. O coroamento dos propósitos e a realização dos esforços trazem vitória para poucos, e muitos se perdem nessa busca e se abrigam em hospitais gerais e psiquiátricos, em prisões, repartições espúrias e organizações marginais.

A militância e a subordinação são maneiras de realizar esforços como o de se salvar para mais tarde, reintegrar o esfacelamento; são também uma maneira de adquirir experiência que passa a ser vista como integradora. Muitos acreditam que o que faltou foi o exemplo de como lidar com as maldades do mundo. O esforço malogrado geralmente transforma, cria a certeza de que a vida é uma guerra contínua na qual o mais fraco é destruído. Mas tudo começa pela avaliação quando se coloca na crise dos valores as possibilidades, as necessidades, sem questionamento. O esforço é sempre um problema, resulta de uma meta estabelecida por uma não aceitação, e assim é um ir além das próprias possibilidades; nesse sentido, sempre esvazia, gerando ansiedade, não aceitação de limites, onipotência, pois é deslocamento de impotência não aceita. Casamentos fracassados, ilusões perdidas, sonhos destroçados e carreiras profissionais estereotipadas e realizadas pelo esforço, acerto, disciplina e correspondência com as boas regras explicitam o vazio criado pelo esforço, o "pulo do gato", o jeitinho para conseguir.

ESPONTANEIDADE COMPROMETIDA

Transformar vivências e relacionamentos em instrumento para realização de desejos e objetivos acaba com a espontaneidade do encontro, do estar com o outro. Instalado esse processo, artificialidade é o que passa a determinar a forma de se comportar e se relacionar. Os clichês, as regras de conduta, o "politicamente correto", a sensatez e parâmetros legais (judiciais), o que se pode ou não fazer, o que é certo, o que é errado passam a ser os determinantes do comportamento. Impedida a espontaneidade, fica o convencional, o arbitrado em função da boa imagem e do que se julga ser o bom ou mau padrão comportamental. E assim, independentemente do que se utiliza, o que acontece é o esvaziamento dos relacionamentos: o outro passa a ser trash, um depósito de boas e más intenções — apenas um referencial que acumula e amealha atitudes. Não se sabe mais como agir, tudo tem que ser filtrado, observado e julgado pelos filtros do que vale a pena ser feito. Esse processo de imagens e resultados é a solução que exila o outro, exila o vivo do contato, do relacionamento. Vivendo entre regras, barreiras, limites e padrões que atendem critérios de adequação/inadequação, adaptação/inadaptação, o ser humano se coisifica, se desumaniza.

Vida é dinâmica, não é um encaixe, não é artifício, não tem regra. Vida é processo, seus referenciais situacionais pouco significam enquanto individualidade. Fabricar instrumentos é conseguir operar bem, mas é uma extensão artificial das próprias necessidades e possibilidades. Queda livre no espaço pode gerar campos gravitacionais que ordenam situações bastante artificiais. O dado bruto, o esboço, o rascunho ainda são os que melhor configuram o humano. Aprisionar o indivíduo em malhas sociais, familiares e políticas é neutralizá-lo enquanto individualidade. As situações são apenas contextos, jamais expressam individualidade ou, quando o fazem, é por ter homogeneizado os indivíduos a seus padrões configurantes. É como se percebêssemos o corpo vestido como sinônimo da roupa vestida.

O artefato, o que é feito, pressupõe fazedores, tanto quanto objetivos do fazer. Se o propósito é operosidade e utilidade, qualquer robô ou inteligência artificial pode desempenhar funções. Aquilo que é feito e para o que é feito — o artefato — pressupõe criação que, se não estiver ancorada em humanidade, é artificialidade, um engenho aniquilador do humano. Artifício é o engenho responsável pela aplicação e negação das possibilidades humanas. Essa dicotomia, quando apreendida, permite a ultrapassagem de limites e amplia possibilidades. Quando não percebida, ela aprisiona os indivíduos em jaulas, entre poder e não poder, criando autômatos seguidores de ordens propostas.

"SE QUEREMOS PRESERVAR A CULTURA DEVEMOS CONTINUAR A CRIAR CULTURA"

Outro dia, lendo Johan Huizinga, em *Nas sombras do amanhã*, me detive na afirmação: "Se queremos preservar a cultura devemos continuar a criar cultura".[127] Nesse sentido podemos entender cultura como acúmulo de conhecimento, como baluarte civilizatório, e assim perceber que a educação é o que vai possibilitar a continuidade dos processos culturais. Ir para diante, continuar cultura e ampliar confortos civilizatórios sempre aparece, mesmo em pequenas soluções diárias, como manter a caneta e o tinteiro agora substituídos pela esferográfica, ser capaz de transportar líquidos, como Coca-Cola e água engarrafada, entrar em contato com o outro e suas ideias pelos livros e blogs, a digitalização dos processos, os botões que em um aperto tudo resolvem, e até a destruição dos mesmos via acionamentos perigosos e proibidos. Tudo isso é cultura, é civilização, principalmente agora exercida pelos avanços tecnológicos, aspectos que atualmente caracterizam a nossa cultura. Esse esquema que hoje se apoia no binário — 0101010 — invade até nossa maneira de sentir, de pensar, de decidir. Os corpos são transformados e transições se impõem quando tudo é reduzido à mecanização do humano. Tudo pode ser feito, desde que se queira. Essa utilização e redução de processos a propósitos convergentes ou distorcidos é aniquilação da humanidade, pois está servindo indústrias biológicas e armamentistas. Chegaremos a poder escolher ter feições de pessoas ou de animais, ter acréscimo e simulação de patas, por exemplo? Enfim, a escolha do que

---

127   HUIZINGA, Johan. *Nas Sombras do Amanhã*: Um diagnóstico da enfermidade espiritual de nosso tempo. Tradução de Sérgio Marinho. Goiânia: Editora Caminhos, 2017, p. 8.

vai ser tatuado se amplia, outras dimensões são atingidas e os deslocamentos das próprias não aceitações são realizados.

Cultura não é apenas tecnologia, ou melhor, a tecnologia é uma dimensão da cultura que vai permitir sua continuidade e preservação, caso os pilares sustentadores dela sejam preservados. A educação, o convívio com o outro, o dispor de mecanismos para expressar ideias (na nossa cultura: alfabetização, acesso a escolas, leituras, computadores etc.), a tecnologia como neutralização de limites e dificuldades são fundamentais. A globalização, as guerras, os destruidores de núcleos específicos podem diminuir a possibilidade de continuidade cultural, desde quando instalam objetivos e propósitos nos quais todos devem ser inseridos indiscriminadamente. Esses processos, no mínimo, criam dois blocos consequentemente opostos, adversários, polarizados, por meio dos quais tudo é pensado, vivido, "culturalizado", e assim, o que consequentemente desaparece é a possibilidade de antíteses, pois as conversas de surdo são instaladas. Tudo se fala, nada se ouve, por isso não há interlocução. A mesmice e a sobrevivência se impõem. Nada caminha, desaparecem as possibilidades de continuidade, e o único que continua é a divisão, o antagonismo, que não é antítese, já que os pontos em comum foram destruídos. Quando essa subtração se estabelece, não há como preservar nem continuar uma cultura, apenas se repetem dogmas, regras, alardes falsos, notícias mentirosas. A continuidade é exercida pelos sobressaltos, pelos pulos e vazios que passam a estruturar o estar no mundo.

Conflitos familiares e sociais, guerras são situações nas quais a continuidade do viver, do sobreviver é quebrada. A cultura enquanto aprimoramento civilizatório é transformada em slogan, dogma, e assim ela é descontinuada, não há preservação. Os processos de alienação e desumanização aparecem, substituindo a satisfação de estar no mundo com o outro, de estar com o semelhante, o igual, o que fala a mesma língua. Desenhos, fonemas, ideogramas são sinais que a todos norteiam, que permitem este falar: é continuidade, é preservação de contextos, de atmosferas culturais e civilizatórias.

O INSURGENTE TRANSFORMADO EM BODE EXPIATÓRIO

Frequentemente, nas famílias, nas comunidades e até mesmo na sociedade surgem situações nas quais se deseja o desaparecimento de indivíduos ou grupos para trazer bem-estar, calma e prosperidade. O filho drogado, delinquente, que rouba, que agride irmãos, avós e pais, que quebra objetos em casa, quando oferecido como vítima propiciatória e é morto pela prepotência policial, por exemplo, gera alívio, bem-estar e tranquilidade. Nos grupos de trabalho ou nas escolas, às vezes tem alguém que reage contra injustiças, contra prepotências do patrão ou arbitrariedade de professores, e essa reação o isola fazendo com que ele seja considerado ameaçador quando punições ao grupo são esboçadas. Inicialmente a reação contra a opressão e injustiça é aplaudida; entretanto, à medida que surgem ameaças que a todos atingem, como corte de salários, demissões, corte de água e luz das casas etc., aparecem também pressões dentro do grupo para que o insurgente se desculpe e se redima. A vítima, o injustiçado e agredido que se rebela, quando não cede, passa a ser visto como insidioso, ruim, aquele que tudo faz para destruir a tranquilidade do grupo, da família, da comunidade.

Ter um filho subversivo nos anos da ditadura brasileira era, em muitas famílias, a mancha, a vergonha, a ameaça. Não se criticavam torturadores, mas se criticavam os que lutavam pelo fim da opressão e da ditadura. Também é conhecido o desespero causado quando se denuncia o pastor ou o padre amigo. Espera-se que todos finjam que nada foi visto e que calem diante do que oprime para que a ordem estabelecida não seja quebrada, mesmo que isso implique na continuidade da exploração e alienação.

Maias, incas, iorubás, bantus eram exímios nas artes de utilizar as vítimas propiciatórias ritualmente sacrificadas. Destruir um, desde que vários sejam mantidos, é o lema. Essa redução dos processos humanos à quantificação é lesiva, e foi isso que instalou a sobrevivência como objetivo fundamental do humano, consequentemente reduzindo-o à satisfação de suas necessidades básicas: fome, sede, sexo e sono.

É importante não esquecer que Jesus Cristo foi um insurgente, uma vítima propiciatória e que também se torna bode expiatório quando seu nome é utilizado em vão: vide proselitismos cristãos católicos e evangélicos e o dia a dia de fé, esperança e caridade que anestesiam e assolam nossa sociedade.

VALOR E AFETO

A trajetória humana se desenrola, geralmente, em torno de valorizar e ser afetado. Uma das implicações desse processo é situar o indivíduo, o ser humano, como receptáculo, como reagente. Nada é próprio, nada é legítimo. Apenas cadeias e circuitos são continuados. Os causalismos deterministas aristotélicos, tanto quanto as quimeras platônicas, povoam esse universo, são as balizas que se deve seguir. As orientações criam expectativas e metas; é sempre um além do dado, além do que acontece. Não se está solto, desencadeado, descontínuo. Família, comunidade, país, época representam valores que situam, apoiam e significam.

Ir além do valor, ir além do situante, buscar novos referenciais é criar antíteses libertadoras e também aprisionadoras, mas é o que possibilita andar, descobrir, ser livre para novos valores e novos afetos. As contingências são limitadoras, pois visam apenas satisfazer necessidades e manter compromissos. Nesse sentido, a liberdade é sempre ilusão, visto que estar solto de A é estar preso a B. Não há como estar sem situantes, mas sempre se pode transcendê-los quando eles são questionados — processo necessário para a transformação deles. É o cara ou coroa da humanidade, do indivíduo. Um conflito ilusório, pois as alternativas são apenas lados da mesma moeda. Novas moedas, novos valores, novos mecanismos de troca é o que se tem buscado, seja sob a forma de mudanças sociais e políticas — monarquia, feudalismo, republicanismo, capitalismo, socialismo, democracia, anarquismo etc. —, seja sob a forma de orientação, de afeto que guia — família, nação, sacerdotes, gurus; sempre moedas, sempre dois lados.

Estar no mundo, viver, é constatar, defrontar, questionar, seguir, esperar, desesperar, conseguir, fracassar. Tudo vai depender de quais estradas, de quais caminhos são seguidos. Ao não se apoiar nos valores, nos significados, o novo se impõe; é o presente sem decodificação, sem tradução, que passa a ser um dialogante, um motivador, e então tudo é novo, instantâneo e significativo. O antes e o depois são ultrapassados, quimeras desaparecem e só assim valores são evidências e afetos são encontros.

ENGENHOSIDADE

A capacidade de tentar superar obstáculos criando apoios é exemplar como característica humana capaz de contornar e vencer dificuldades. Da descoberta do fogo, passando por colheres e panelas e chegando às naves espaciais, do enfrentamento de intempéries à adaptação e superação de doenças, a vida humana se caracteriza por criar e inovar. As mudanças biológicas, tecnológicas e sociais são uma resposta às dificuldades que foram enfrentadas e consequentemente mudadas. A neurose, o oportunismo, o uso e abuso do outro também se inserem nesse delineamento. Esse uso do outro — neurose, coisificação — é sempre construção, artefato, substituição, bengala para suprir deficiências, medos, incapacidades. Por exemplo, o desejo sexual por crianças — a pedofilia — geralmente resulta da tentativa de driblar a impotência, a dificuldade e o medo diante do outro. Da mesma forma, a exploração do trabalho alheio, mais-valia e plágios intelectuais e profissionais atestam a engenhosidade e também o autorreferenciamento.

Canibalizar, em seu sentido mais amplo, se alimentar do outro, é devastador enquanto possibilidade de exercer humanidade. Hoje em dia, aparentemente mais leves, mas igualmente destruidores, os plágios e as fake news são "iscas" para conseguir o que se quer, são desumanizadores e sonegam caminhos e perspectivas de mudança. Quando a continuidade e a engenhosidade se transformam em catapulta de ganância e avidez, elas apenas escamoteiam crueldade e consequente desumanização. O ser humano se desumaniza ao buscar regimes de exceção para realizar-se como capaz e poderoso. Fazer tudo confluir para os próprios interesses, para superar as próprias deficiências, é danoso para o outro, que é transformado em matéria-prima para realização de anseios de conquista e riqueza.

Para o vendedor de caixões e sepulturas, quanto mais gente morre, mais seu negócio cresce. Como, então, vender sepulturas e não querer mais e mais mortes? Isso é possível quando o sentido, a necessidade de sepultar não é negócio, é função, é resultante de processos, escoadouro de sistemas. Esses limites configuradores devem ser bem claros para que inversões, distorções não surjam. Engenhos mortíferos são aniquiladores da sociedade, basta pensar na indústria de armas, de medicamentos, de entretenimento. Industrializar soluções é sempre questionável; os problemas é que deveriam estar em foco, na mira dos engenhos, e não o que os soluciona.

AMBIÇÃO E FRUSTRAÇÃO

É muito frequente as pessoas se perceberem inteligentes, capazes e habilidosas. Essas percepções, quando existentes em contextos que impossibilitam ou dificultam sua expressão, criam revolta, frustração e também ambição e ganância.

Sentindo-se especialmente inteligente e belo, por exemplo, mas não conseguindo ser reconhecido como tal, o indivíduo começa a construir seu caminho de realização criando metas, propósitos e projetos. Aparecem, assim, os que fracassam e os que conseguem. Quanto mais fracassos, quanto menos se aceita a constatação de não conseguir, mais revolta, inveja e agressividade. Essas pessoas formam a fileira dos ressentidos, e muitas vezes até mesmo dos marginais que tudo querem dilapidar. Por outro lado, quando são vitoriosos nas realizações de suas metas e objetivos, desenvolvem maior ambição, insatisfação, vazio e desprezo pelo semelhante (que é então visto como inferior, igual a si mesmo) e a supervalorização de quem pode lhes abrir portas por estar no alto da pirâmide social econômica.

Fracassados e ambiciosos constituem a massa de manobra, a matéria-prima que cria os prepotentes. A impotência não aceita, de ser pobre, por exemplo, ou de não ser socialmente reconhecido, ou não ser visto como dentro do ideal de beleza, de não habitar os padrões de excelência aprovados pelo sistema, todas essas constatações geram oportunismos expressos em afirmações como: "sou pobre, mas sou gênio"; "sou feio, mas tudo decido pois controlo a liderança da empresa". Sentir-se socialmente falhado, não reconhecido, não recompensado é a base dos revoltados e subservientes, pelegos e submissos.

O primeiro passo para atingir resultado é virar produto, é se coisificar, é alienar-se. Esse problema começa quando se resolve avaliar, quando se verificam o posicionamento, as vantagens e desvantagens dentro do sistema, e então passa-se a agir em direção a metas estabelecidas: vive-se para atingir índices, situações e sucesso. É a velha questão do ajuste a padrões para conseguir bons resultados, agora mais ampliados pelos contextos neoliberais, como monetização, ou seja, transformação de tudo em dinheiro, em fonte de lucro, em sucesso, em resultado, em bem-estar. É submeter-se à alienação igualando-se à medida, a critérios de escambo, assim negando a própria realidade humana, psicológica e vivencial.

A realidade da vida é a não medida, é a vivência do qualitativo, do estar com o outro e consigo mesmo, vivendo seu presente, sua realidade, seus limites, e com eles dialogando e se transformando ao transformá-los. Vida é processo, não é resultado. A continuidade do existir não pode ser emparedada e contida em "caixinhas" de aceitação, decepção, glória ou frustração.

INCERTEZA: CAMINHO PARA DEPRESSÃO

Ter tudo sob controle é, para muitos indivíduos, a única maneira de garantir a tranquilidade. Esse evitar surpresas, esse conhecimento de sequências comportamentais cria tédio, tanto quanto garante estabilidade e segurança. Inseguro quanto ao que conseguiu, sentindo-se sozinho, embora acompanhado de inúmeras pessoas, o indivíduo cria regras, senhas para garantir a manutenção de suas conquistas. A vivência de estar ameaçado é uma constante. É um estado de contínua ansiedade que tira o sono, impede concentração e transforma a vida em uma série de acontecimentos sem unificação, sem organização. Tudo é incerto, nada significa, exceto a nebulosidade, a organização fragmentada e polarizada pela contabilização de perdas ou lucros.

Esse processo segmenta, divide o indivíduo, pois ele vive para conseguir, para realizar demandas e assistir à complementação delas. Duplo de si mesmo (já que se fragmenta, tornando-se um observador das próprias conquistas e fracassos), o processo de esvaziamento se instala, pois um tem que manter o outro. A divisão em função de aparência e interesses exige imagens mantidas à custa das próprias certezas, agora transformadas em incertezas. É um processo autofágico. Imola-se o ser em função do ter, do parecer, e assim se perde contato com o si mesmo, isto é, com a possibilidade de relacionamento enquanto vivência presentificada. Tudo que é vivenciado é por ou para. Os processos relacionais são transformados em configurações indicativas de bons ou maus resultados.

Pendurar-se na finalidade e no resultado é asfixiante, gera atordoamentos diante do que acontece, é a incerteza alimentadora da ansiedade, que desorganiza o dia a dia. Utilizam-se vários estratagemas para assegurar-se e para drenar a ansiedade: medos, compulsões, vivências obcecadas como forma de ritualizar o imponderável, como base de alguma organização que gere paz, que gere tranquilidade.

A continuidade do processo de incerteza faz com que, paradoxalmente, o indivíduo se acalme ao saber que morrerá, que tudo findará. Assim, a ansiedade encontra um freio, mas em compensação cria vivência de depressão: a única certeza é o final. As situações de incerteza geram fantasias e justificativas. Tudo é inventado para tentar criar ordem, organização que situe e possibilite saída. Quando isso é feito, a manutenção impera, consequentemente, o isolamento aumenta. Cada vez mais sozinho, o indivíduo colapsa, e seu grande acompanhante passa a ser o remédio que alivia e aplaca.

Vivenciar incerteza exige questionamento. O que mudou? O que foi transformado? O que deixou de existir ou passou a ter outra configuração? Responder a essas questões traz novas percepções, novas realidades, que embora não aceitáveis ou confortáveis, possibilitam diálogo e transformação. Sem questionamento, as mudanças são negadas e, assim, cria-se nebulosidade responsável pela vivência de incertezas, labirintos a percorrer, esfinges a decifrar, movimentos a controlar, que ocupam por algum tempo, que motivam, mas, depois, tensionam e entediam. A monotonia do existir — a desvitalização — deprime.

RISCOS

Após experiências de abandono, tristeza e isolamento, o indivíduo pode concluir que nada há de mais seguro que a imobilização. Essa conclusão traz tranquilidade, mas também desespero. Ele começa a ter medo de perder a paz encontrada na imobilidade solitária, e assim se desespera. Acontecer alguma coisa que ele não consegue controlar, cujo domínio o exila, é aterrador.

No tratamento psicoterápico, a recuperação dessa configuração é difícil e lenta. Fazer a pessoa descobrir que existe um outro além dela própria, e que não a ameaça nem cobra, mas assiste, é o início da restauração, é a descoberta de estar no mundo e a recuperação do perdido. É uma vivência de tateios, de insegurança, de expectativas, mas é uma vivência de algo além de si mesmo, e isso é dinamizador. É se arriscar a viver, é sair da casca, é se levantar do chão.

Socialmente, o equivalente dessa situação psicológica é encontrado no modo como as mulheres (metade do planeta) são tratadas. Pequenas leis, novas políticas trazem de volta universos. A mulher descobre que pode decidir, que não precisa se submeter, que teto e segurança não são pagos se sujeitando à opressão e até a espancamentos. É uma mudança e é um risco enfrentar a fera (companheiro ou Estado) que agride e mata. Toda vez que se visualiza risco, que se percebe que, para sair de situações desalentadoras, é preciso mudar, é preciso enfrentar o poder, se percebe que isso é quase sinônimo de cair no abismo.

Ter vontade, ter individualidade, fazer escolhas, decidir é uma maneira de quebrar regras, romper grilhões aniquiladores. Em certas situações, correr riscos é uma vitória, é o pomo de ouro conquistado.

NATURAL E ARTIFICIAL: IMANÊNCIA E ADERÊNCIA

Outro dia, lendo o romance *A Trindade Bantu,* de Max Lobe, encontrei: "quem come não é o que tem fome, quem come é o que tem comida".[128]

Imanência e aderência, necessidade e possibilidade vieram à minha cabeça. O ato natural de beber água quando se está com sede, comer quando se tem fome é alterado pelas injunções econômicas e sociais do sistema. O básico, o necessário à vida passa a ser contingente, embora não supérfluo. É preciso dinheiro para ter comida, não basta ter fome. É como se para andar não fossem suficientes as pernas, pois os caminhos foram explodidos, destruídos. Todo o natural ou originário está submetido. Esse processo se agrava quando pensamos no transcendente, no relacionamento com o próximo enquanto percepção do outro, o semelhante. O outro é geralmente pensado como objeto útil ou inútil. É o necessário ou o depreciado, e ainda pode se transformar de necessário em obsoleto a depender de circunstâncias (é assim que mães e

---

[128] LOBE, Max. *A Trindade Bantu.* Tradução de Lucas Neves. Belo Horizonte: Âyiné, 2022.

pais idosos ou dependentes são abandonados, filhas/filhos são desprezados e até vendidos, por exemplo).

Humanizar é naturalizar possibilidades. Desumanizar é construir acessos rápidos às necessidades ou ao que foi transformado em necessidade. Dinheiro e poder são as principais senhas, principais códigos que permitem essa inversão.

FINALIDADE

Existir por existir é considerado um despropósito. O pensamento corrente, principalmente nas áreas psicopedagógicas, é o de que sem propósitos, sem objetivos, nada significa, nada se constrói. Acontece que não há finalidade no existir, pois existir só existe enquanto existência. Buscar finalidade é uma maneira de negar ou absolutizar continuidades, processos. A necessidade de ter controle e poder cria parâmetros destruidores de continuidade. Isso pontualiza, fragmenta, desestrutura contextos estruturadores de apego e de afetos. Fazer tudo convergir para situações julgadas ideais, boas e necessárias, por exemplo, é estabelecer objetivos que pretendem validar e justificar o existir. O fundamento dessa ação é o de que existir não basta. Esse não bastar por si mesmo aniquila espontaneidade e uniformiza vivências. É a vida para depois ou a vida a partir de (algo). São referenciais que enjaulam possibilidades, que despersonalizam em função de necessidades satisfeitas, tarefas cumpridas. Por conseguinte, estar adaptado, ajustado, cria couraças, capas protetoras que se tornam o esconderijo de sucesso que tudo permite, e assim surge "agir por baixo dos panos", manter a aparência como desejo máximo. Estando protegido, sendo bem-sucedido, é possível realizar tudo que se quer, desde que escondido. Esse esquema, que é comum e marginalizado, é um subproduto do enjaulamento aprisionador que se torna resíduo do humano e, consequentemente, desejos são expressos enquanto anseios proibidos. Prevalece a busca por realizar vontades não permitidas. É como se, com regras e proibições, fosse criado um universo no qual tudo que é errado, marginalizado e proibido pudesse ser expresso. Raiva, inveja e apego são constantes. É a traição, a perseguição, o incesto que florescem nesse universo onde tudo pode acontecer se as aparências forem mantidas. Em uma sociedade que promove cada vez mais a busca de finalidades, paralelamente cada vez mais é necessária a ajuda de instituições para cobrir e coibir esses descalabros, esses transbordamentos do humano.

DESISTÊNCIA COMPROMETIDA

Abrir mão de si é um dos mais encontradiços estados de não aceitação, consequentemente de neurose. Não se aceitando, não se suportando, o indivíduo escolhe padrões, situações pelas quais se vê reconhecido, significativo e aceitável. É agir como os famosos agem, ser como os ricos e bem-sucedidos são, também esconder e tentar apagar tudo que considera denunciador de suas origens e aspectos de sua não aceitação, para assim se classificar para as situações de sucesso. A vida passa a ser resumida entre aparentar o valorizado e esconder o que pode ser demérito. Copiar e seguir a escada do que é considerado sucesso exige reinicialização. É preciso apagar todo traço que possa desabonar, é preciso reconfigurar vivências, parentescos e amizades. Sem história, sem traços que o denunciem e comprometam, o indivíduo segue sozinho para novos horizontes. É necessário manter amigos, alianças, mesmos caminhos, que o tornem aceitável e respeitado. Renunciar a si, a sua história, é seu novo nascimento. Surgir como único, herói de adversidades, promissor de futuro é tudo que dele se espera. Esse novo ser, assim entronizado, tem diante de si infinitos caminhos, inúmeras possibilidades, apenas o "onde tudo começa" é a sua direção e dificuldade. Não há como apagar, pois das cinzas ressurge a todo momento o que se é, o que se deixou para trás. Caminha apagando os rastros, tentando novas sendas, e nada consegue pois renunciou a si para realizar desejos, metas e ambições. O que deixa é sempre o que configura o seu ser. É o medo, é a ganância, é a competência do não deixar rastros e assim atingir novos patamares.

Quando se abre mão de si mesmo, jogam-se fora vivências de frustração e desespero, e utilizam-se planos de robotização e mecanização arrasadores de sua legitimidade enquanto ser no mundo. São os pigmaleões, os robôs, os mestres inventados que nada mudam, pois apenas restabelecem novos desenhos sobre o que não agrada, sobre ele próprio. O processo da não aceitação é implacável. Quanto mais se é aceito pelo que aparenta, utiliza e compra, mais é questionado e mais disfarça pelo que nega e esconde. Renunciar a si é o equivalente a vender a alma ao diabo para tudo conseguir de êxito e riqueza. Não se abre mão de si, e quando se intenta isso, se continua o processo de não aceitação que tudo amesquinha, problematiza e infelicita. Negar a si mesmo é destruir conflitos, sonhos, ilusões, medos e história. É apagar caminhos que são personalizantes quando vivenciados e questionados.

IMPOSIÇÕES

Geralmente o encontro funciona como imposição, seja no sentido da continuidade, seja na configuração do obstáculo que destrói ou muda as situações. É a pedra no caminho falada pelo poeta Drummond.

Mudança de rumo, descoberta de congruência, validação de motivação, enxurrada de novidades, aberturas infinitas começam com encontros. Os encontros também podem oferecer próximos passos abismais, engolidores de motivações, propósitos e verdades. O encontro sempre transforma, é como uma reação química que muda a estrutura dos corpos, das substâncias, dos elementos químicos. É a irreversibilidade, pois o ser tocado é propiciador de mudança e de descoberta. Reunifica antíteses, transforma teses, que são continuadas em outros contextos em níveis diversos. A diferença entre os valorativos: encontro bom, encontro ruim, encontro construtivo, encontro abismal dependerá das estruturas de disponibilidade ou de compromisso que estão em jogo, que estão se deparando para o encontro.

O encontro é basicamente estruturado pelo acaso, e nesse sentido pode ser integrador, revelador ou pode ser um esbarro, um choque destruidor. As possibilidades ou limitações dele dependerão das estruturas em ação. As dinâmicas de disponibilidade, aceitação, de limites e não aceitações determinam o que vai acontecer, podendo até mesmo neutralizar o encontro, pois os impermeabilizantes das não aceitações individuais funcionam como impeditivos do que ocorre.

Vivemos em encontros, sejam eles percebidos ou não percebidos, que estão referenciados em circunstâncias, em confluências definidoras. São totalidades estruturadas/desestruturadas, ou partes descartáveis tornadas descontínuas pela interferência de a priori, ou metas geradoras de certezas, omissões, insegurança e ansiedade.

Negar o que ocorre sempre enrijece, neutraliza possibilidades, impedindo abrir, ampliar espaços, e permitindo construir proteção. Enfrentar imposições é gerar caminhos e soluções, mas ignorá-las ao fugir delas é esquivar-se, fazer de conta que nada foi percebido. De nada em nada, se encontra o vazio, o medo, a depressão, os ajustes, a raiva, a impotência e a prepotência.

PILARES CONTRADITÓRIOS

Muitos dizem: "não chame atenção, faça tudo para não causar inveja, medo, raiva". Mas dizem também: "brilhe, chame atenção, ocupe seu lugar, seja o melhor, o mais valorizado".

Culturas, comunidades, famílias em geral são sustentadas e esmagadas por esses dois pilares. Desde as linhas de produção econômica, as defesas e conquistas territoriais, até os núcleos íntimos estruturantes das comunidades, das famílias ou ainda do indivíduo com ele próprio, os limites são essas orientações antagônicas. Evite e lute, esconda e mostre. Antagonismos básicos, crivos dilacerantes cortando em pedaços a vida desses seres. Desse modo, o que se ensina é fingir, garantir o devido, não perder oportunidades. Estar sempre apto para aproveitar é "não deixar passar o cavalo selado". Essa divisão é a cisão dos processos individualizantes. A depender de como se vivenciam essas contradições, as divisões podem ser inúmeras, como podem também ficar reduzidas a quatro, duas divisões. Conflitos e despersonalizações se estruturam. Procura-se tudo decidir, regular, sempre aproveitar o bem maior, não perder vantagens que apareçam. Bandidos, heróis, diabos e santos passam e povoam nosso cotidiano, revestidos de diversas roupagens. É o religioso, é o digital influencer, é o político, é tudo que pode orientar para um lado ou outro. Não há propósito de unificar divisões, o que se propõe é sempre escolher o melhor, evitar o pior, descobrir o melhor lado.

Propósitos unificadores geralmente surgem por meio de questionamentos filosóficos, psicológicos, ou gritos utópicos, fora da realidade, impedidos e criticados apesar de exatos, pois quebram os vidros, as lentes que distorcem o percebido.

Só pela unificação da divisão e do contraditório a continuidade se restabelece, possibilitando percepções não distorcidas, não estruturadas em parcialização de vantagens e desvantagens. Estar dividido é estar em pedaços, é estar coisificado, desumanizado. Viver desse modo é uma função do que deve ser conquistado, realizado ou descartado, superado. Fazer com que o humano se desfigure no desumano leva as necessidades a ultrapassarem e destruírem as possibilidades relacionais humanas.

QUANDO TUDO É EXPLICADO POR A PRIORI, NADA É EXPLICADO

É muito comum e muito difundida a noção de que a causa dos nossos problemas sociais atuais está na herança de comportamentos de nossos antepassados, e que a solução desses problemas estaria, em grande parte, no enfrentamento de preconceitos.

Explicar o presente pelo passado é um vício, uma rua sem saída. O antes não explica o depois. A continuidade de consequências, o querer entender o que acontece pelo que aconteceu cria explicações de causa e efeito, perguntas e respostas nas quais se sacrifica e nega a ideia de totalidade e contextualização. Explicar a dificuldade que a criança tem de aprender pelo fato de ter um pai muito rico, um pai muito pobre, uma mãe russa ou ainda uma mãe indígena é estabelecer um sistema de bodes expiatórios falantes e explicadores do fenômeno.

Qualquer análise histórica, política, social, comportamental e psicológica deve se ater às forças estruturais do que está sendo estudado. Não são as funções, os símbolos, os padrões que determinam comportamentos, embora os classifiquem. Categorias e tipificações não explicam os fenômenos, apenas estruturam padrões, estabelecendo configurações, e, a partir das mesmas, tornam perceptíveis os fenômenos, o que ocorre. A ideia do brasileiro cordial, por exemplo, do brasileiro feliz e risonho, às vezes preguiçoso hedonista, é um a priori que apenas serve como rótulo para vender produtos. Não nos habilita a entender os graves problemas sociais que temos, ao contrário, os encobre.

Sem a priori, ou seja, sem preconceitos e também sem padrões, podemos perceber os problemas em sua totalidade presente, sem fragmentação, sem distorção.

Da mesma maneira que preconceitos com relação à nossa origem ("portugueses degenerados", "negros tribais escravizados" e "indígenas selvagens") são abordagens repulsivas e apriorísticas que distorcem e impedem a compreensão de nossa cultura, a visão oposta, de enaltecimento da herança de determinadas características culturais desses mesmos povos, nada explicam ou contribuem para o entendimento de nossa identidade cultural, nossos problemas sociais e suas possíveis soluções. Cheios de boas intenções, imaginando neutralizar preconceitos e discriminações, muitos exaltam os saberes proporcionados pelos povos originários — os indígenas —, o acervo cultural trazido pelos africanos, suas danças, comidas, seus deuses, sua religião, enfim, como chaves para nos desembaraçar de nossas atribulações. Esse se voltar para o passado, escolher excelências formadoras de motivação e comportamento e considerá-las significativas no processo é também um questionável destacar de fatos. O todo não é a soma de suas partes. Não é o bem ou o mal que definem o presente. O a priori de herança ruim ou boa são questionáveis enquanto a priori, independentemente de suas valorações negativas ou positivas.

Explicar o agora pelo antes é fragmentador. Caso nos ancoremos nesses aspectos, nesses pontos fragmentados, quebramos o tecido que constitui nosso ser no mundo. Questões existenciais, ecológicas, familiares não podem ser fundamentadas em boa ou má herança, pois isso nos transforma, entre outras coisas, em seres sem autonomia, em buscadores de boa ou má realização.

Preconceitos impedem a vivência e compreensão do que está diante de nós. Dificultam os relacionamentos, a troca de ideias, o intercâmbio, a identificação e resolução de problemas, ao passo que o diálogo é o que propicia esclarecimento, dúvidas, mudança. É preciso estar livre e disponível para decidir. Vida é continuidade, e isso é frustrado e prejudicado quando nos apoiamos em a priori, sejam eles discriminadores ou enaltecedores de condutas.

SATISFAÇÃO: FELICIDADE E HARMONIA

A maior parte da humanidade acredita que vida bem vivida é aquela que se caracteriza pela realização de sonhos, propósitos e desejos, tanto quanto pela resultante de inserções felizes, sinonimizadas como sucesso e valorização profissional, familiar e social. Nisso também estão inseridas as visões místicas, as afinidades e sincronias eletivas realizadas com o divino. Enfim, vemos que o que é sempre privilegiado é o externo, o além do próprio indivíduo.

Imaginar que a realização da individualidade se faz por meio do plano interno/externo fraciona. Estabelece um dualismo que leva o ser a se perder no mundo ou se isolar do mesmo. É um mero artifício imaginar abordagens do tipo dentro e fora, externo e interno como configuração da individualidade, como configuração do ser humano. E quando isso é feito, se é feito com coerência e lógica, se descobre que tudo depende do sujeito, do indivíduo, mesmo que se refira a subjetivo imaginando-o diferente de objetivo.

O ser está no mundo. O mundo é o seu espaço, seu tempo, sua morada, como dizia Heidegger. No início do século XX, Wittgenstein trabalhava com a ideia de que uma vida boa se baseia em decisões subjetivas e não em motivações objetivas. Essa era uma ideia resumida de seu empenho em devolver ao homem sua humanidade em vez de tratá-lo como uma peça de organização reducionista e mecanicista, como era a visão biológica do homem, que afirmava que aquele que nasce, cresce, procria e se satisfaz é feliz na consecução de seus objetivos enquanto espécie *sapiens*.

Responder ao que é proposto, seguindo ou mudando o proposto, deixa o ser humano em uma configuração binária de errar/acertar, manter/mudar, concordar/negar que não esgota suas infinitas possibilidades. Sem transformar as contradições em sínteses geradoras de novos questionamentos, de antíteses, nada continua. Tudo para, estanca. É a conservação, a manutenção, a sobrevivência. Desse modo, o ser humano é transformado no animal inteligente e perspicaz que melhor sobrevive, e que morre quando não aprende as lições. Reduzido apenas a respostas, seja sim ou não, acertando ou errando, cria uma rede artificial de objetividade, de coisa de fora que o atinge. Manter o conseguido, o ensinado, aperfeiçoando e ampliando, é também uma maneira de seguir, de continuar sem transformação. Há repetição e geração de ancoradouros, bunkers, sistemas de segurança que criam vazio, tédio, despersonalização, tristeza, depressão e medo.

Não existe a divisão subjetivo e objetivo. Sujeito e objeto são polos de um eixo. O pensamento filosófico/psicológico enfocou os polos, os posicionamentos, quebrando ou desprezando o eixo, a relação configurativa de sujeito e objeto. Pensar no ser humano como separado de seu mundo (sociedade, família, outros) é um erro. O indivíduo é uma interseção de infinitas variáveis, e quando ele as transcende, ele realiza o que Wittgenstein afirma ser uma vida boa, aquela que se baseia em decisões subjetivas e não em motivações objetivas, enunciado de uma maneira dualista por Wittgenstein, mas que aprende a totalidade. Em minhas palavras, o indivíduo tem uma vida boa quando suas decisões são coerentes, consistentes com suas vivências.

Viver, ter uma vida boa, em última análise é apreender contradições e assim realizar sínteses que trazem o novo, trazem perspectivas e surpresas. Ir além do posto e determinado é o que faz a roda girar, é o que traz transcendência de limites, faz vivenciar o presente e ter decisões libertadoras.

A descoberta da liberdade de exercer suas infinitas possibilidades é o que realiza e satisfaz o ser humano. Fora dessa liberdade, ele encontra aprisionamentos que apenas esclarecem acertos, erros, dificuldades, facilidades, tudo centrado em carências, em situações além da própria individualidade. A liberdade de descobrir o limite do que aprisiona é configuradora de eldorados mágicos e realizáveis. Isso é o que traz felicidade, harmonia e satisfação em estar no mundo com o outro, com os outros, consigo mesmo.

"RECONHECI A FELICIDADE PELO BARULHO QUE ELA FEZ AO PARTIR", JACQUES PRÉVERT

Não vivenciar o presente, estar sempre avaliando e amealhando gera frustração e arrependimento. É o resultado de não participar do que é vivenciado, do que ocorre, por estar constantemente verificando, calculando, constatando, medindo, ou seja, de não estar inteiro diante do que ocorre. Infelizmente, para muitos, a realidade, o mundo, o que ocorre é um extenso e complicado quebra-cabeças, com peças faltando ou escondidas.

Essa ideia de completar, de resolver enigmas ou problemas cria finalidades que ultrapassam o que está acontecendo ao gerar linhas de convergência. Lançar-se no futuro com a urgência de chegar a determinados pontos previamente estabelecidos e valorizados, buscando conclusão, comprovação, faz perder de vista o presente, a realidade. Esse processo cria desconfiança, percepção de ser enganado, de ter perdido oportunidades, de não ter visto o que acontecia. É dessa não percepção que fala o poeta Jacques Prévert quando diz: *"J'ai reconnu le bonheur au bruit qu'il a fait en partant"*.[129]

ALEGRIA, CONTENTAMENTO E DEPRESSÃO

As mais simples realizações humanas, que decorrem do fato de estar vivo, de estar no mundo, são quase inalcançáveis. Por que essa dificuldade de estar alegre, de estar contente? Metaforicamente: por andar olhando para trás ou pulando para a frente, assim o ser humano vive desequilibrado, desestabilizado.

Superar o que acontece, melhorar ou ultrapassar o acontecido, "curar-se do trauma, do fracasso e da decepção" é um pensamento que guia ou norteia a maioria. Olhar para trás ou evitar o que advém é estar preso, é não ter disponibilidade para viver o que acontece. Tanto bons quanto maus acontecimentos solicitam ação, presença total. Não se pode vivenciar nem o bem, nem o mal divididos. A fragmentação cria experiência caleidoscópica que altera a vivência e integração do que ocorre. É o que comumente se comenta quando se fala de buscar a plenitude do estar neste mundo. Só há plenitude, consequentemente alegria, contentamento, quando se vivencia o presente, o que está ocorrendo.

A alegria antecipada e almejada é quimérica. Se atinge um estado de graça, por exemplo, com antecipação de vitórias e riquezas imaginadas, com o sonhado casamento ou sucesso profissional dos filhos, validadores do exemplo de vida e de sacrifícios diários. Existe êxtase, alegria e contentamento em imaginar, fabular

---

[129] "Reconheci a felicidade pelo barulho que ela fez ao partir."

resultados de lucros em investimentos, desde os ganhos em loterias até as realizações societárias que, em golpes de sorte e esperteza, podem render milhões. É um mundo fictício, ilusório. Desse modo, no imaginário, toda essa fantasia é causa de depressão, frustração, empenhos desesperados.

Quanto mais se busca alegria, mais se mantém tristeza, desespero. Viver com expectativas ou apegos, viver com situações a superar é sempre solapador, esvazia o indivíduo do único que o constitui: seu presente, suas contradições, suas dinâmicas.

ACEITAÇÃO DO QUE OCORRE E DO QUE PODE OCORRER

Será possível viver sem padrões e sem regras? Conseguiríamos ter motivação para agir? Essa é uma questão pertinente à medida que a visão mais aceita e difundida é a de que nos organizamos na vida em função de experiências passadas e de objetivos a alcançar. Em outras palavras, precisaríamos de regras e padrões como referenciais, como indutores de motivação, pois construímos nossas vidas individuais e em sociedade, em função das normas, regras que resumem um compromisso padronizado de comportamento, possibilitando nossa sobrevivência individual e coletiva.

Acontece que essa organização, por mais eficiente que seja no enfrentamento do cotidiano, por mais útil que seja diante dos desafios, cria uma defasagem entre o que ocorre e o que se percebe. É um processo que aliena, que coisifica o humano, tornando-o peça da engrenagem do sistema. Assim despersonalizado, essa avaliação da vida em função de como e com que finalidade as coisas acontecem favorece a ansiedade, o medo, o vazio, impede a vivência do presente, a percepção do que ocorre como o que ocorre. É um contexto de distorção no qual a possibilidade relacional humana é abalada, e o homem passa a buscar saídas em expectativas de resultados úteis, de metas vitoriosas a alcançar, gerando, consequentemente, mais ansiedade e medos.

A cada ano que passa temos mais pessoas que se sentem engessadas pelas expectativas de suas famílias, de seus grupos sociais e sociedade abrangente, desenvolvendo neuroses e psicopatologias graves; vemos um aumento de suicídios que, segundo a OMS, teve um crescimento de mais de 80% entre adolescentes na década de 2010 a 2019. As psicoterapias têm um papel importante no enfrentamento desses problemas.

Entendo que o processo psicoterapêutico se constitui em um constante questionamento para mudar a atitude, para que a pessoa perceba a vida, perceba o que ocorre como o que ocorre, e não a partir de seus próprios medos, desejos e não aceitações. É libertador entender isso, perceber as próprias limitações e possibilidades; é uma descoberta que neutraliza ansiedade, recupera humanidade, suas possibilidades relacionais. Possibilita a vivência presentificada, que se organiza não em função do passado (experiências anteriores) ou do futuro (expectativas e metas), mas sim da percepção dos acontecimentos enquanto presente.

O que confere autonomia e liberdade é a aceitação da dinâmica do estar no mundo com o outro. Como já afirmei em outra ocasião:

> A sociedade, em certo aspecto, é uma vitrine na qual são expostos o que se consegue e o que se pode conseguir, dos adereços às metas; ela se constitui em uma sugestão graciosa para vencer, melhorar, realizar. Tudo pode aplacar o vazio, a dor, o medo, o desejo; basta ter a senha de acesso: dinheiro, poder, influências. As consequências são: não aceitação aplacada, mais necessidade de avaliação, mais não aceitação, mais desumanização. Todo relacionamento gera posicionamentos, geradores

de novos relacionamentos e assim indefinidamente... Antítese, impactos psicoterápicos resgatam e podem mudar esse esvaziamento desde que sempre estejam ultrapassando os posicionamentos gerados pelo processo. A psicoterapia reorganiza, abrindo assim perspectivas, reintegrando as possibilidades relacionais ao dia a dia conturbado pela contingência, pelas necessidades, estruturando aceitação da não aceitação responsável pela abolição de limites e de obstáculos. O ser humano está no mundo com possibilidades, necessidades, caminhos, direções, limites, questionamentos e motivações a serem enfrentadas, realizadas ou abandonadas.[130]

À medida que a aceitação dos próprios limites se realiza, acontece também a construção de autonomia, única forma de vivenciar liberdade, que é, em um sentido kantiano, a única maneira de ter condições de exercitar o imperativo categórico, responsável por viver em um mundo presentificado, sem padrões e regras, com disponibilidade e aceitação. É a aceitação do que ocorre e do que pode ocorrer enquanto limitações e perspectivas.

BEM-ESTAR E SUAS IMPLICAÇÕES

Buscar felicidade, paz, tranquilidade, enfim, buscar bem-estar é o objetivo, o desejo e a luta de qualquer ser humano, e talvez até de qualquer ser vivo. No entanto, a ampliação dessa perseguição ao bem-estar como busca de felicidade e paz não se aplica a todos os seres vivos, pois os limites dos organismos não permitem atingir

---

[130] CAMPOS, Vera Felicidade de Almeida. Criação, questões e soluções da Psicoterapia Gestaltista. *Revista E-PSI*, Portugal, v. 1, p. 50-51, 2012. Disponível em: https://revistaepsi.com/artigo/2012-ano2-volume1-artigo2/. Acessado em: 13 nov. 2024.

transcendências ampliadoras e também unificadoras das vivências homeostáticas.

Vive-se, mas vive-se também por e para, indo além de contingências, de limites. Ir além do que se vive, ir além do próprio presente é uma mágica que se consegue fazendo emendas, dando continuidade aos propósitos desenhados. A somatória resultante é sempre arbitrária. É querer estender o que está acontecendo para que ele se eternize, sempre permaneça, ou ao contrário, fazendo subtrações para que passe logo, para que acabe. Segue-se estendendo ou encurtando o que se vivencia, acreditando que o exercício do dever e da obrigação, por exemplo, livra de toda a infelicidade aí contida.

Nesse processo de completar, esgotar, fazer o que tem que ser feito e se ver livre, criam-se controles, regras e métodos promotores de bem-estar. Ficar livre do que malefícia, conseguir "domar a fera" que persegue, calar os "grilos" irritantes são percebidos como vitória, trazem bem-estar. Assim, bem-estar é o que resulta de destruir atrapalhação, impedimento, tanto quanto é o que se almeja alcançar. Sempre posicionando-se em antes ou depois. A meta a ser alcançada ou o impedimento vencido são o que trazem tranquilidade nesse anseio desesperado, responsável pela desconsideração de que tudo que acontece, acontece.

Essa simples evidência, estar no mundo com o outro, se transformou atualmente em um tour de force neste mundo distópico onde paisagens são destruídas, meio ambiente contaminado e indivíduos jogados na rua com fome e doença. Essas compressões de espaço são também responsáveis por comprometimentos vitais.

Bem-estar é o que se sente por estar vivo no mundo com o outro. Nesse contexto, o bem-estar é sinônimo de não estar escorraçado, de fazer parte de alguma coisa que equilibra e possibilita questionamento e mudanças, e talvez, por isso, o bem-estar se configure no indivíduo com ele próprio, na aceitação e em todo questionamento que isso implica. Só assim tranquilidade e felicidade são atingidas ou mesmo ultrapassadas.

VIVER: SENTIDO, OBRIGAÇÃO E RESULTADOS

Atualmente quase não se coloca a questão do sentido da vida, ou, quando isso é feito, sempre o é na direção de justificativas, de resgate ou desespero que ocorrem quando tudo desaba, quando as ilusões estão perdidas e os sonhos desaparecem. Conhecer a si mesmo, saber o que significa estar no mundo com os outros, descobrir e atingir o absoluto — Deus — são diversos sentidos que podem ser dados à existência. Os problemas, as dificuldades, a destruição começam a se estruturar quando o sentido da vida é transformado em justificativa da existência ou em sua finalidade.

Posicionar-se em porquê ou para quê faz perder o processo, o como da existência, do estar no mundo, do presente, e consequentemente da transitoriedade e impermanência, únicos constituintes que permitem permanecer inteiro, apto e capaz de acompanhar o sentido, o ritmo, os processos do estar aqui e agora com o(s) outro(s) no mundo.

Fazer frente aos compromissos e atender obrigações necessárias à sobrevivência criam impasses, tanto quanto ampliam possibilidades, atendendo ou negando necessidades. Sobreviver como organismos em sociedades moduladas por configurações econômicas, por desenhos e papéis socialmente estabelecidos, seguir scripts, criar novos textos, resulta de participação. Participação exige organização, disciplina, solidariedade para que não se transforme o convívio em trágico "salve-se quem puder", reprodutor de destruição, de selvageria (mesmo os animais têm organização que possibilita funcionamento normativo). O homem precisa de ética, de juízos e valores delineadores da verdade, de confiança para atingir o bem-estar conjunto, a possibilidade de participar, de acreditar. O social é a veste do humano, uniformiza, mas protege, abriga, endereça, organiza perspectivas; faz com que o natural (no sentido físico da natureza: luz, calor, frio, chuva etc.) seja configurado.

Esperar qualquer resultado de um empenho, de uma vivência, de uma escolha ou participação é negar o que foi escolhido, o que foi vivenciado. Colher frutos nos distancia do plantar; fundir tempo é estabelecer caos, destruição. Planta-se, frutos virão mais tarde e serão colhidos por outros que sequer são remetidos à visualização do plantio. Misturar funções cria objetivos e resultados, que, por sua vez, transformam o humano em seu receptáculo. Ele vira objeto, gerado pelo seu vazio, pelo esperar e também pela busca do resultado, o que é desumanizador.

Vivemos para realização de necessidades e possibilidades, e isso se esgota e se realiza no próprio viver, no estabelecimento de nossos perfis, nossas personalidades (arquivos de memórias e resumos de nossas ações), nos nossos encontros, diálogos, participações e omissões. Somos inteiros, unificados pelo questionamento de estruturas relacionais, ou somos por elas fragmentados, pontualizados.

A vida é "som e fúria", nos diz o poeta, emitem-se uivos, fala outro poeta, ou se canta, murmura, sussurra.

MEDICALIZAÇÃO DO AMOR

Em fevereiro de 2015, dia 10, o jornal *The Independent* noticiava que o eticista Brian D. Earp[131] declarou à revista *New Scientist* que aprovava as pesquisas que estão desenvolvendo o "remédio anti-amor" (*"anti-love drug"*). Ele disse que também aprovava a

---

131   Brian D. Earp é pesquisador do Oxford Uehiro Centre for Practical Ethics e consultor do Institute for Science and Ethics da Martin School de Oxford. Recebeu o Prêmio Robert G. Crowder em Psicologia, da Universidade de Yale.

concepção subjacente a essas pesquisas que consideram o uso de medicamentos para limitar os sentimentos associados ao amor, ou seja, o amor ser tratado como se trata o vício e a depressão, pois pensa que:

> [...] estudos recentes do cérebro demonstram um paralelo entre os efeitos de certas drogas viciantes e as experiências de estar amando. Ambos ativam o sistema de recompensa do cérebro e podem nos oprimir de tal forma, que esquecemos de outras coisas, podendo também gerar síndrome de abstinência quando não estão mais disponíveis. Parece que não é simplesmente um clichê, que o amor é como uma droga: em termos de seus efeitos no cérebro, ambos talvez sejam neuroquimicamente equivalentes.[132]

Reduzir o ser humano ao organismo, ao seu cérebro, é pensá-lo como um objeto fabricado, completo ou incompleto, com desequilíbrio ou não, supondo que tudo que acontece nele depende de seu funcionamento orgânico, biológico, neuroquímico. Essa redução organicista subtrai do humano o seu universo relacional, equivale a pensá-lo sozinho no mundo, à mercê de substâncias e acionamentos.

Ser é ser com o outro no mundo, em determinadas atmosferas, em determinados contextos; isso motiva, frustra, realiza ou massacra. A continuidade desses relacionamentos gera mudanças ou cria estagnações, posicionamentos — é a dinâmica relacional. Pensar a motivação humana em um de seus aspectos — o amor

---

[132] THE INDEPENDENT. Scientists are getting close to a cure for love, but should they go ahead with it? Disponível em: https://www.independent.co.uk/life-style/health-and-families/scientists-are-getting-close-to-a-cure-for-love-but-should-they-go-ahead-with-it-10037161.html. Acessado em: 30 nov. 2024.

— como subproduto cerebral, tendo efeitos semelhantes ao das drogas viciantes, não passa de uma abordagem ou um projeto de estudo e pesquisa necessário para ampliar mercados. Para vender armas é preciso ter guerras; para vender remédios é preciso ter doentes. É irresistível não lembrar da Idade Média, de um de seus pilares institucionais — a Igreja — vendendo bem-aventuranças, escapulários e outros itens semelhantes para garantir a salvação eterna de "almas danadas" e corrompidas pelo viver na Terra. Tanto antes quanto agora, pelas instituições e seus representantes sacralizados, a tranquilidade é vendida. A absolvição dos males, o bem-estar e o conceito de "cura" criam verdadeiras piras destruidoras do humano. Alan Turing e a castração química a que foi submetido a pretexto de curar sua preferência homossexual, as lobotomias, os programas de recuperação da CIA mostram o que se atinge quando se parte de conceitos reducionistas, maniqueístas, valorativos e destinados à manutenção de poder que permite lucros e domínio. A venda de antidepressivos após 40, 50 anos se exaure, é esgotada pelo fraco cumprir do prometido; as "curas" são questionadas, as remissões sintomatológicas são frágeis, surgem novidades no mercado: além da cura da depressão, propõem fazer também a cura da animação (do amor), pois como diz Brian D. Earp com seu reducionismo, o amor geralmente deixa sequela como a "dor de cotovelo" e "mina a capacidade de pensar racionalmente por si só".

AMOR

A antropomorfização do amor, desde os gregos com o Cupido, é responsável pela construção medieval e renascentista do que se imagina ser amor. Seria o amor natural ou construído? Esse debate continua contemporaneamente, das novelas às teses doutorais, passando pela clínica psicoterápica, assim como dentro das associações espiritualistas e congregações religiosas.

Amar é uma condição comum a todo ser humano? É uma mágica que surge como atração rápida, fatal? É ilusão, desespero, engano?

Relacionamentos que se mantêm por compromisso ou obrigação, ou relacionamentos vistos como apoio, ou baseados em tolerância são contextos nos quais amar é confundido com exercer compatibilidades, adequações e acertos, e é até mesmo gostar de satisfazer necessidades.

Amor, no sentido compassivo ou romântico, deve ser entendido como disponibilidade. Ser disponível resulta de se aceitar, de não se perder em limites e metas, padrões configuradores de regras, de erros e acertos. A disponibilidade possibilita perceber o outro enquanto ele próprio. Transcender a si mesmo é a maneira de ficar disponível para o outro, é amor. Sem reciprocidade, o movimento, a transcendência desaparece nas redes de proteção. O que sustenta, o que apoia, esmaga. Essa fragmentação cria descontinuidade, responsável pela transformação da disponibilidade em compromisso — é o clássico "você é responsável pelo que conquista", de Saint Exupéry em *O Pequeno Príncipe* (1943).

Amor não é uma entidade, não é um estado, é resultante, é expressão de disponibilidade. A maneira de eternizar a disponibilidade é pela integração, é o ser com o outro. Essa fusão não se cria, ela é resultante, é configurada além dos seus estruturantes, além do estabelecido. Amor, liberdade, tranquilidade, disponibilidade são expressões do ser no mundo com o outro sem se reduzir às necessidades de realização ou de manutenção dos encontros.

PAIXÃO

Estar preso a um desejo, estar detido na percepção do outro como sonho, como passagem para o infinito, para o absoluto da felicidade, do bem-estar, do prazer é o que configura o estar apaixonado, é o que configura a paixão. É um encontro, que por ser foco, se torna polarizante, inclusive de posicionamentos.

Paixão implica em fragmentação ou resulta da unidade, inteireza e motivação? Ao buscar o que falta, o que completa, o ser humano se encaminha para o abismo, para a descontinuidade de propósitos criadora de posicionamentos. Nessa atmosfera, nessa estrutura, o encontro é resultado de buscas, expectativas e necessidades, é alienador, complementa, mas divide: o simétrico é o oposto, é o duplo, não é o mesmo. Quando somos surpreendidos pelo que não percebíamos e não conhecíamos, o encontro se configura como revelação, descoberta, conhecimento, é o encontro sem prévio, sem busca: apodítico. Descortina-se outra configuração, outra realidade, outra vivência: paixão pelo encontrado, pelo descoberto.

Nesse fluxo, o desenrolar de arrebatamentos resulta das estruturas relacionais existentes. É o caos, o conflito ou a imensidão do ser com o outro no vórtice que transcende limites, regras e padrões. Paixão é quebra, fragmentação, ou é fusão, integração. Quebrar ou integrar vai depender das atitudes de manutenção ou de mudança. Enjaular essa descoberta em limitadores aprisionantes relacionais dá pouco fôlego, vida curta ao êxtase, à paixão. Implodindo estabelecidos funcionais e cenários ramificados, criam-se espaços, atmosferas possibilitadoras de contínuos mananciais possibilitadores de paixão pela paixão. É o cuidado, o zelo, a atitude de deixar fortificar. Nesse momento, o outro não é o simétrico, é o contínuo. Disponibilidade caracteriza o estar apaixonado enquanto integração, ao passo que, nas fragmentações provocadas pelo exercício e uso decorrente da percepção do outro como simétrico vital e satisfatório, a posse, a garantia dada por esse outro transformado em objeto, também esvazia seu possuidor.

Frequentemente se diz que paixão passa e amor fica. Essa visão dualista sonega a continuidade. Paixão é o caminho para o amor ou dele resulta. Não há gradação no encontro. A intensidade, a entrega pode ser contínua em estruturas disponíveis, ou fugaz, apenas momentos que posicionam, criadores de vícios, frustrações e conflitos em estruturas comprometidas com deslocamentos dos processos de não aceitação, consequentemente fechadas para o novo, para o relacionamento integrador.

ARTE

Adorno dizia que a arte é antissocial. A arte é superestrutura, nesse sentido é reflexo da infraestrutura econômica, e por ser reflexo não é antissocial, apenas reflete a infraestrutura que a gerou. Entretanto, pode possibilitar novas percepções, questionamentos e constatações, pode expressar contradições, pode ser antissocial. Quanto maior a liberdade e a crítica, mais filtrados os componentes infraestruturais.

Sociedades reguladas por ditaduras (nazismo, stalinismo, castrismo, macartismo, inquisição, por exemplo) obrigam os criadores a tornarem-se reprodutores das ordens vigentes, reprodutores de suas palavras de ordem e conceitos, facilitadores da dominação. A arte soviética, as edificações nazistas, a beatificação geral do dia a dia são artes que reproduzem as ideologias que as abrigam e engendram, e ao existirem assim, negam-se como arte, não são criações, são reproduções. Na arte é necessário ter um *não*, um diferente, um discordante, não legalizado, não estabelecido. Esse diferente desautorizado é o antissocial, o que faz diferença e se propaga, se estabelece como arte. A criação regulada por códice político, sob forma de regras e acordos jurídicos, não é arte.

O caráter de antítese, o caráter de discordância da arte faz seu aspecto antissocial no sentido do não enquadrado, não regulamentado. É exatamente esse antivalor que cria novos modelos e padrões responsáveis pela mudança, pela novidade. O artista, por meio de sua arte, capta contradições sutis e estabelece novos padrões discordantes e antissociais. O pseudoartista se arregimenta de benesses e garantias e tenta se manter incólume e eterno dentro de modelos exíguos do que é aceito, mas o máximo que consegue alcançar é concordância e afirmação dentro do vigente.

Na Idade Média, os pintores ilustravam provérbios e histórias, principalmente as bíblicas. Bosch, com seu *Carro de Feno* (1515), é exemplar: sua ilustração do real trouxe novos assuntos, novas revelações que se escondiam nas admoestações e, assim, a arte realizava sua função de antítese ao discurso dominante e justificador de como se vivia.

Abrir perspectivas, criar novos espaços, isso é arte e isso só é possível sem limites às infinitas variáveis que configuram e constroem o processo criativo, o processo artístico. O artista pode ver, pode perceber o que não se vê, o que não se percebe, ele transforma o detalhe em totalidade, possibilitando que novos detalhes e totalidades surjam a depender dos diversos contextos percebidos de sua arte, de sua criação. Lançar no espaço sem o objetivo de controlar onde vai cair é criação, é arte.

FENOMENOLOGIA DO GRAFITE: ARTE E EXPRESSÃO URBANA

Trabalhos artísticos realizados nas ruas, nos espaços públicos, diferente dos que acontecem em espaços institucionalizados (museus, galerias, teatros), são denominados arte urbana (*street art*). Essa arte se expressa no campo da música, do teatro, do circo, do desenho etc. São inúmeras performances nas ruas das cidades, onde fundamentalmente os artistas buscam receber pagamentos dos transeuntes que param e assistem seus desempenhos. É a arte exercida nas ruas como ganha-pão diário. O grafite é diferente. Grafiteiros são também diferentes de vândalos. No mundo inteiro, inúmeros grafiteiros escrevem, desenham e pintam nas paredes desde a Antiguidade (desde as pinturas rupestres nas cavernas). São objeto de muitas controvérsias quanto ao reconhecimento e legalidade de seus trabalhos; alguns assumem suas identidades, outros se camuflam em pseudônimos, muitos passam desapercebidos e outros se tornam famosos: Basquiat, por exemplo, Os Gêmeos, em São Paulo, e o supercriativo Banksy (pseudônimo do artista guerrilheiro), que teve um de seus painéis coberto de tinta por funcionários contratados pela prefeitura da cidade britânica de Bristol, posteriormente tendo todas as suas obras preservadas pelo conselho municipal da mesma cidade. Condenação e proteção de grafites estão sempre acontecendo, gerando controvérsias entre os poderes reguladores do uso das cidades, em toda parte.

O contexto das ruas, mais especificamente de seus muros e paredes, se constitui na tela, na moldura escolhida para grafitar. Grafitar é expressar em desenhos, em frases o que se sente e percebe do cotidiano, principalmente em relação à urbe, à cidade vivenciada, tanto quanto é também trazer para as pessoas seu próprio modo, sua forma onírica, sua própria maneira de perceber. Grafitar é gritar, é expressar o que se sente. Esses gritos, essas expressões resumem clamores individuais, fracos e não expostos, e exatamente aí se encontra a motivação, a sutileza e popularidade dos grafites: expõem o que se murmura, aos gritos, e assim toda a cidade pode ouvir.

O importante no grafite é grafitar o que acontece, sob a forma de desenho e/ou palavras, é estabelecer resumos que se abrem como dinamites, explosões esclarecedoras do que rola nas ruas, nas casas, nas cabeças. Nesse sentido o grafite substitui as charges dos jornais, tanto quanto resume as "tirinhas" de super-heróis. É a banda animada das histórias em quadrinhos, é também as confissões escondidas dos banheiros públicos. Sempre há um aspecto de explosão individual diante do que aprisiona. O grafite pode ser também uma expressão de revolta, de crítica ao sistema alienante. O grafite é libertário, pois expressa o que se sente. Tudo que é colocado no grafite é um ato contra uma situação estabelecida, é a manifestação de um desejo, é uma cogitação, uma crítica, por isso o grafite exemplifica um protesto urbano.

Estamos em um sistema no qual, infelizmente, tudo é capitalizado, aproveitado, imitado, e assim, desde que o grafite se popularizou nas cidades modernas, pessoas, empresas, organizações, até mesmo instituições religiosas, mandam grafitar propaganda, palavras de ordem, versos e desenhos sagrados, tentando angariar clientes, consumidores, ou pescar almas.

Essa arte espontânea, esse grito do povo, coagulado e expresso nas paredes também se transforma pela mediação dos marchands — donos e agentes de galerias — em um objeto de luxo, pintura cara, e aí temos as ruas nas paredes, decorando livings imensos. Grafite vira moda e começa a ter valor agregado; seus gritos são, então, mecanizados seja por ampliação, seja por amordaçamento.

TATUAGEM

Sempre que identificamos, tornamos nítido e pregnante, criamos novas configurações onde a Boa Forma (lei perceptiva) se estabelece, ocasionando diferenciações contextuais ou reorganizando o existente.

Mudar e identificar, sinalizar determinando novas escolhas, novos caminhos, é um processo característico das dinâmicas relacionais humanas. Essa construção de espaço — formador de ideologias, comportamentos, modas e hábitos — tem tido, ao longo dos séculos, várias expressões configurativas de marcas desejadas como diferenciadores culturais e psicológicos. Das casas — moradas construídas — às roupas — proteções costuradas —, atingiram-se outros níveis nos quais as aderências foram transformadas em limiares.

A pele é o fim e o início, protege tudo que não aparece e expõe tudo que indica. Sinalizadora por excelência, recebeu em várias culturas a função de superfície a ser desenhada, papel indicativo de ações sociais e funções religiosas. No Japão, os *irezumis* — desenhos pintados na pele pela inserção de tinta — visavam deixar uma marca definitiva, geralmente embelezadora e em alguns casos, após a morte, a pele pintada passava a fazer parte de painéis artísticos. Nas Américas, Oceania e Ásia, povos autóctones sempre fizeram uso das tatuagens como símbolos de tribos e comunidades religiosas. A corte europeia, depois das expedições de James Cook, se tatuou, gerando um período de modismo, no final do século XIX, que via na tatuagem sinal de embelezamento. Essas marcas embelezadoras de específicas culturas foram estigmatizadas com o passar do tempo: os sinais, os desenhos começaram a representar estratos sociais economicamente menos privilegiados, como as tatuagens dos marinheiros, por exemplo.

Todo relacionamento gera posicionamentos geradores de novos relacionamentos, esta infinita continuidade cria, no que se refere às marcas identificadoras, estigmas, discriminações, aceitações e não aceitações. O cotidiano dos indivíduos e épocas históricas também trazem significados nas marcas na pele: cicatrizes, frequentemente, são percebidas como marcas de vida ou sinais de acidentes, doenças, ameaças e, nos anos 1940, os números inscritos na pele denunciavam a crueldade, barbárie sofrida nos campos de concentração nazistas.

Tudo o que é indicado possibilita globalizações unificadoras ou distorções fragmentadoras. A marca que identifica, quando é parcializada, pode ser fator de estigma, de preconceito. Construir perfis que buscam afirmar ou negar situações de riqueza, pobreza, confiabilidade ou incerteza são maneiras de manipular marcas ou critérios identificadores.

Para conhecer (perceber que percebe, constatar) é necessário ir além do tatuado, do marcado, do estigmatizado e, assim, ir além é a única maneira de se deter no existente percebido. Delineado este caminho, infinitas possibilidades são abertas para o dado, o indicado, o percebido: tatuagens, marcas, máscaras, individualidades.

ÉDIPO: AÇÕES E CONSEQUÊNCIAS

Graças ao viés psicanalítico, a história ou o mito de Édipo sempre foi exemplificador do desejo incestuoso, do inesperado, da fatalidade determinada pelo destino, determinada pelo inconsciente. Ao resolver, consciente e criativamente, o grande enigma proposto pela Esfinge, Édipo cai na armadilha do desvendado: caminha para a realização inconsciente de desejos não pressentidos, como diria Freud. O prêmio pela decifração do enigma é casar-se com a rainha Jocasta. O prêmio emoldura a afinidade entre os protagonistas sem destacá-la, mas essa questão não se coloca, é o absurdo conseguido e não são percebidas suas implicações. Mais tarde, quando isso ocorre, quando Édipo descobre estar casado com sua mãe, ele fura os próprios olhos, se castiga por ter sido cego, não ter visto que Jocasta era sua mãe, e assim, consequentemente, assume as decorrências de sua cegueira. Jocasta, por sua vez, se suicida.

Esses atos trágicos são exemplos de ações consequentes, que em nosso cotidiano são desleixadas, desconsideradas. A divulgação do mito de Édipo para mostrar o incesto deixou implícita a lição que o mito ilustra: a inevitável consequência de nossos atos, as implicações relacionais dos desejos e comportamentos, assim como a demonstração de como o indivíduo responsável e consequente não convive com enganos, acasos e necessidades arbitrárias, não convive com impunidade. Tudo pode ser feito e descoberto, o importante é que haja assunção, participação, crítica e autocrítica das atitudes. Ao perder de vista esse desenrolar consequente da existência, surgem escamoteações, justificativas, tolerâncias e ambiguidades que, ao quebrar a nitidez dos processos, criam a impunidade.

O Édipo moderno, o homem desumanizado e contingente, não é consequente, não quer pagar o preço de nada, muito menos dos erros ou males que causa aos outros: das relações familiares às sociais, dos "laranjas" aos incongruentes inquéritos fabricados e autenticados por diversos detentores da lei e da ordem, se constrói o caminho da impunidade.

Consequências, paradoxos e afinidades compõem a trajetória que diferencia o necessário do possível. As contingências são as aderências que nada definem, apenas significam enquanto redes relacionais. O intrínseco, a possibilidade de ser, não se esgota. Não saber que o grande prêmio recebido — a rainha Jocasta — era sua mãe transforma Édipo em cego e alienado, e por justiça, exatidão e coerência, ele fura os próprios olhos, cegando-se como maneira de recuperar a visão, recuperar a coerência, a aceitação e respeito próprio.

Não fugir das consequências dos próprios atos, não buscar impunidade para eles, nos transforma, nos faz humanos. Pagar o preço e ser responsável é ser consequente com o praticado, é o que civiliza e mantém a roda rodando, é processo civilizatório. O mito de Édipo nos fala sobre isso mais que qualquer outra coisa.

SOBREVOANDO O CAOS

Sobrevoar dificuldades, sobrevoar o caos é possível quando há disponibilidade. Essa ultrapassagem de contradições não se constitui em alheamento ou negação delas. Conseguir ir além do aprisionante e esmagador é uma maneira de transcender limites, e isso não surge por acaso. Quando se toma conhecimento dos impasses e das dificuldades, se toma também conhecimento da possibilidade ou impossibilidade de resolvê-los.

No autorreferenciamento não se consegue querer resolver, querer enfrentar nada, tudo é massacrante, dificuldades são vistas como causadas pelos outros, apenas o que está no próprio mundo significa, e os problemas do outro são sempre causadores de mal-estar e indignação. Nesse contexto, como conviver com doenças, velhice e restrições econômicas? O que fazer diante do filho que diariamente se droga?

As crianças portadoras de necessidades especiais, por exemplo, são transformadas quando aceitas em suas limitações, são socializadas em pequenos grupos. Essas mesmas crianças vivenciadas como problemas "atrapalham", são o inesperado ruim, cada vez mais são obstáculos e impedimentos, transformadas em problemas, situações que devem desaparecer.

O interesse pelo outro, a compaixão, a solidariedade são tapetes mágicos que permitem planar sobre dificuldades, e é frequente encontrar esse interesse pelo outro, só que por pequenos momentos polarizantes: tragédias, enchentes, desastres vários. Não é nas emergências que compaixão e solidariedade deveriam ser estruturadas, e sim no cotidiano, na continuidade do existir, do estar com o outro. Disponibilidade é magia, "varinha de condão" que transforma as dificuldades e vicissitudes em situações à resolver; transforma a dor, a tristeza, amplia os horizontes e faz descobrir soluções, alegrias. Disponibilidade é o tapete mágico que sobrevoa o caos, realizando transcendência de contingências e limites.

UNIFICAR, NÃO DIVIDIR

É sempre importante ressaltar um conceito que desenvolvi em meus escritos sobre percepção, de que a polaridade resulta da unidade, e nesse sentido o duplo é uma expressão do uno. A divisão expõe a unidade implícita. A continuidade relacional, quando não apreendida, estabelece posicionamentos. Psicologicamente é esse processo que cria o autorreferenciamento, tanto quanto na esfera epistemológica é o não perceber a unidade que gera categorias e divisões como matéria e ideia, corpo e alma, consciente e inconsciente etc. A ideia de supostos antagônicos, de diferentes responsáveis por divisões é consequentemente arbitrária. Basta pensar nas oposições de bondade versus maldade, riqueza versus pobreza, por exemplo, na tentativa de explicar o comportamento humano.

Lutar para que categorias explicativas dos fenômenos desapareçam é lutar pela unificação dos conceitos que as enfocam. Esse processo — o entendimento do que ocorre — na pluralidade de situações e fatos abrangidos tem se perdido em atalhos laterais. A questão da identidade, por exemplo, a busca de resultados, as vantagens das explicações têm distorcido o processo de elucidação dos fenômenos ao cair na tipificação do que é considerado válido/inválido. Toda vez que se utilizam situações são criados vieses, pontos de vista, focos a defender.

Na busca de explicar o processo social, econômico e psicológico do ser no mundo, se caiu em tipificações. Peguemos a questão do trabalho e da exploração. Um exemplo abrangente de como a tipificação fragmenta é o de que não se fala do trabalho do ser humano, se fala do trabalho do homem ou da mulher. As parcializações identitárias foram lesivas ao entendimento do processo humano. O próprio Marx, conforme Silvia Federici — filósofa e feminista italiana —, ao subestimar a força do trabalho produtivo da mulher em casa, nega a existência produtiva de metade da população. Mulheres trabalham, produzem: geram filhos, lavam, cozinham, passam, amamentam. Parir é pôr um produto no mundo, e essa é uma força produtiva que não pode ser negada. Mesmo Federici, apesar de lutar pelo reconhecimento do trabalho feminino, continua com a dicotomia homem/mulher em suas análises.

> Sugiro que Marx ignorou o trabalho reprodutivo realizado pelas mulheres porque ele permanecia ancorado em uma visão 'tecnologicista' da revolução, na qual a liberdade é conquistada através da máquina, assumindo-se que o aumento da produtividade do trabalho é a fundação material para o comunismo, e a organização capitalista do trabalho é vista como o modelo mais elevado de racionalidade histórica, sustentado por todas as outras formas de produção, inclusive a reprodução da força de trabalho. Em outras palavras, Marx não reconheceu a importância do trabalho reprodutivo porque aceitou os critérios capitalistas sobre o que constitui o trabalho, e porque acreditava que o trabalho industrial assalariado era o estágio no qual se desenvolveria a batalha para a emancipação humana. [133]

---

[133] FEDERICI, Silvia. *O Ponto Zero da Revolução*. Tradução do Coletivo Sycorax. São Paulo: Elefante, 2019, p. 201.

Focando os principais antagonismos sociais geradores de lutas identitárias, não existe homem, mulher, preto, branco; existem seres humanos. É a partir disso que tudo deve ser enfocado, pois o dividir para explicar reproduz o dividir para governar. A luta é do ser humano contra sua coisificação, desumanização e alienação. Esse processo se dá em inúmeras esferas, e enquanto não for apreendido como unidade é enfraquecido, criando grupos, revelando medos, invejas, raivas e frustrações. Os que buscam organizar em função de grupos já iniciam destruindo realidades. Não há um homem explorado nem uma mulher massacrada. Nessa visão unitária, o que existe são seres humanos aos quais são negadas possibilidades, inclusive de coexistência quando são separados pelas ordens de dominação, poder, direitos e privilégios, enfim, quando outros sistemas invadem os relacionamentos e as possibilidades humanas de construi-los e exercê-los.

É fundamental apreender e perceber o todo para que se perceba tudo dele integrante. Transformar partes em todo é culpar situações, é subtrair dados, negando realidades e distorcendo processos. Essas distorções, por definição reducionistas, criam pequenos mundos, esferas, bolhas, e assim armam o palco para o que se desenrola hoje em dia: lutas identitárias, buscas de resultados quase que idênticas aos matchs futebolísticos. É o perde/ganha, novo *panem et circenses* da contemporaneidade, todos embriagados pelo que conseguem. Amealhar gols, ganhar pontos é um quantitativo que impede questionamentos, é também a maneira atual de anestesiar, dopar e esconder mazelas. Isso é o que está ocorrendo no enfoque populista e na identidade. O querer trocar de camisa, vestir a do time vencedor explica uma série de desejos atuais, pode inclusive explicar todo o desespero em buscar ser rico, ser poderoso, ou ser homem, ser mulher.

Dividir é criar campo para florescer narrativas, desespero, distorções, pois sempre é suposto um unificador já destruído pelo dividido. É o pote no fim do arco-íris que motiva pelo enganar, pelo não existir.

Os processos dualistas nas ciências, na filosofia e no cotidiano, equivalendo ao "suponha que", tudo englobam e negam. É o contorcionismo sedutor, é dividir em grupos para destruir, negar. Só a percepção do todo, da unidade, permite a configuração dos processos por ela estruturados, acabando com o "dividir para governar".

FONTE Gotham, Minion Pro, Ubuntu
PAPEL Pólen Natural 70g/m²
IMPRESSÃO Paym